지방분권시대의

한국지방재정학

[제 2 전정판]

김 동 기 저

法 文 社

제2전정판 머리말

『지방분권시대의 한국지방재정학』이 출간된 지 5년, 전정판이 나온지도 3년이 흘렀다. 그간 지방재정관련 법령과 제도가 많이 바뀌었고, 각종 지방재정관련 통계도 오래되어 학계와 실무계 그리고 지방의회계에서도 보완의 필요성을 제기하여 왔다. 또한 본인이 대학원에서 강의를 하면서 보완의 필요성을 많이 느끼기도 하였다.

그래서 금번 제2전정판에서는 그간에 바뀐 법령과 제도를 소개하고, 최신 통계로 up-date하였다. 특히 지방채총액한도제, 부동산교부세, 지방세출의 분류, 사업예산제도, 지방재정분석지표 등을 중점적으로 보완하고, 폐지된 지방양여금제도와 시의성이 부족한 장기미집행시설은 삭제하였다.

또한, 내용에 따라 제8장 「지방자치단체 자산관리」에서는 국·공유재산의 관리, 채권관리 이외에 제4장의 자치단체 금고 및 자금관리를 묶어 체계화하였으며, 지방구매관리는 제4장의 지방세출론으로 이동시켜 편제하였다.

전문서적은 일반 교양서적과 달리 수요의 제약으로 수시로 책을 수정·개정한다는 것이 매우 어려운 것이 현실이다. 그럼에도 불구하고 이를 적극적으로 수락해주신 법문사관계자 여러분께 감사를 표한다. 바쁜 가운데도 최신 자료를 보완해준 행정안전부 재정정책과 김광용서기관과 관계공무원 그리고 자료입력과 교정을 도와준 인천도시개발공사 황진환비서에게도 지면을 통하여 감사를 드린다.

2008년 10월

김 동 기 씀

전정판 머리말

광복 이후 50여년 만에 우리나라 지방재정제도가 대대적으로 변화하고 있다. 지방재정운영의 기본 틀이 투입과 통제중심에서 자율과 성과중심으로 바뀌고, 단식부기・현금주의회계가 복식부기・발생주의 회계제도로 변화되고 있으며, 지방예산제도에도 Top-down 예산제도와 프로그램예산제도가 도입됨에 따라 성과관리가 강화되게 되었다.

지난 14년간 지방의 도로 등 SOC확충에 기여하였던 지방양여금제도와 증액교부금제도가 폐지되고, 분권교부세와 국가균형발전특별회계가 도입되는 등 지방재정조정제도가 대폭적으로 변화되었다.

또한, 인천 등 3개 지역이 경제자유구역으로 지정되어 개발됨으로써 지방경제의 활성화가 기대되고 있으며, 그 동안 국가발전에서 소외되었던 낙후지역이 신활력사업, 소도읍육성사업 등으로 인하여 활력을 되찾을 수 있는 계기가 마련되고 있다. 부족한 지방재정을 보충하기 위한 수단으로 주요 SOC사업에 대한 민간투자가 활발하게 이루어지고 있다.

본 전정판에서는 이와 같이 변화된 지방재정관련 제도와 현실을 반영하고 초판에서 다소 소홀히 다루었던 계약, 민자유치, 채권 등의 내용을 보강하였다. 그러나 현업에 종사하면서 개정작업을 진행하다보니 일부 미흡한 부분이 있는 것도 사실이다. 미흡한 부분은 앞으로도 지속적으로 보완해 나갈 것을 약속한다.

전정판이 나올 수 있도록 자료를 협조하여준 행정자치부 지방재정국과 지방세제국의 직원여러분께 사의를 표한다. 특히 자료정리에 노력을 아끼지 않은 행정자치부 재정정책과 김광용사무관과 인천광역시 서상호군과 백미영양에게도 감사를 표한다.

2005년 1월

김 동 기 씀

머 리 말

우리나라에서 지방자치제가 부활된 지 10여년이 흘렀다. 지방자치실시과정에서 선심성 행사의 개최, 방만한 예산집행 등 지방재정적인 측면의 각종 부작용이 발생하기도 하였으나, 그럼에도 불구하고 지방자치는 풀뿌리 민주주의(grass-roots democracy)라는 본래의 의미처럼 우리의 생활 속에 뿌리내려 가고 있으며, 수천년 동안 유지되어온 중앙집권적 체제를 지방분권적 체제로 바꾸면서 지방이 역사의 주변에서 중심으로 나서는 계기가 되고 있다.

그러나 아직도 선진 자치제도로 뿌리내리기 위해서는 요원한 감이 있다. 국가의 각 부처에서는 위상과 권한 약화를 이유로 지방으로 권한이양을 미루고 있고, 지방자치단체는 자구노력을 게을리 하는 경향이 있다. 지방자치이념에 입각한 실질적인 지방분권만이 천도(遷都)의 효과가 있게 될 것이다. 따라서 지방자치관련 제도개혁과 국가재원의 지방이양, 국가・지방공무원과 지역주민의 행태혁신이 동시에 이루어져야 한다.

21세기 지방행정은 국제적으로는 세계화와 블록화(EU, FTA 등), 국내적으로는 고도의 도시화, 정보화, 고령화 등 변화의 큰 흐름(mega-trends) 속에 있다. 이러한 지방행정 환경의 변화 속에서 지방자치단체가 지역발전을 촉진하고 지역주민에게 양질의 지방행정서비스를 공급하기 위해서, 국가는 거시적인 틀 안에서 세원을 합리적으로 배분하여 지방교부세, 국고보조금, 지방양여금 등 의존재원을 적정하게 지원하여야 하며, 지방자치단체는 자주재원의 확충을 통해 지방재정력을 키우고, 지방재정을 합리적으로 운용하는 등 지방재정의 생산성을 높이기 위한 다각적인 노력을 기울여야 한다.

저자는 지방자치제가 실시되는 과정에서 행정자치부와 대통령비서실의 지방재정제도의 운용자로서, 일선 시・군과 도의 지방재정운용 책임자의 한 사람으로서 느낀 점과 아쉬운 점 그리고 발전과제를 수록하고자 노력하였다. 또한 1996년 민선자치단체장선거를 앞두고 지방재정발전기획단의 실무책임자로서 보다 현실적인 장・단기적 지방재정대책인「지방재정발전계획」의 수립에 참여하기도 하였다.

학문적으로는 미국의 위스콘신대학교의 도시계획대학원에서 미국의 지방재정을, 그리고 한·일 내정관계자회의(5, 6회)에 참석하면서 일본의 지방재정실태를 살펴볼 수 있었고, 대학원에서 지방재정력평가에 관한 연구를 진행하면서 이제 우리의 지방재정에 관한 연구도 『론』(論)의 차원을 넘어서 독자적인 『학』(學)의 단계로 발전시켜야 한다는 생각을 하게 되었다.

이 책은 지방재정에 관한 일반적인 문제에 관한 사항을 제1장 총론으로 담았고, 이후 각론으로는 지방세입론(자주재원, 의존재원) 그리고 지방세총론, 지방예산론, 지방재정관리제도론, 지방공기업론으로 장을 달리하여 체계화하였다. 또한 최근 지방재정의 중요한 화두인 지역경제와 남북한의 교류협력 촉진과 통일시대에 대비한 접경지역 등 특수지역개발, 환경관리정책 등 지방재정이 안고 있는 여러 가지 문제를 세분하여 다루었다.

지방재정력을 배양하고 생산성을 높이기 위해서는 지방재정에 관한 학문적 발전과 아울러 제도의 개혁과 실무적인 이해가 요청된다. 이 책이 우리나라의 지방자치제 발전의 필요·충분조건이라고 볼 수 있는 지방재정의 발전에 기여하기를 기대해본다. 따라서 본 저서가 지방재정을 담당하고 있는 지방공무원과 지방의원에게는 지방자치시대의 실질적인 지방분권을 위한 한국지방재정의 과제에 대한 대안제시가 될 것으로 본다. 또한 지방재정을 학문적으로 연구하고자 하는 학생들에게는 외국이 아닌 한국의 지방재정 실태와 발전과제를 이해하는데 일조하기를 바란다.

끝으로 이 책이 나올 수 있도록 자문과 조언을 아끼지 않은 오랜 친구인 서울대학교 행정대학원 오연천 원장님, 연구방법에 대한 고견을 주신 국가전문행정연수원의 모성은 교수님, 최신통계자료의 수집과 자료입력을 도와준 행정자치부의 김광용사무관과 바쁜 업무에도 불구하고 원고를 교정해준 지방재정경제국과 지방세제관실의 담당분들 그리고 본서가 나오기까지 노력해주신 법문사 전충영 영업이사님께도 지면을 통해 사의를 표한다.

2003년 2월

김 동 기 씀

차 례

표 차 례

그림 차례

제 1 장
지방재정 총론

제 1 절　지방재정의 의의

Ⅰ. 지방재정의 의의

1. 지방재정의 개념

지방재정(local public finance)이란 지방자치단체(지방정부)[1]의 재정으로 국가재정에 대칭되는 개념으로서, 지방자치단체가 하나의 독립된 경제주체로서 행하는 종합적인 경제활동을 말한다. 구체적으로 말하면 주민생활의 안정을 도모하고 지역발전을 촉진하기 위하여 소요재원을 확보하고 확보된 재원을 집행하는 일련의 경제활동을 의미한다. 지방재정과 지방행정은 표리(表裏)의 관계에 있으며 그 나라의 지방재정을 이해하기 위해서는 지방행정제도의 내용과 운영을 동시에 이해하여야 한다.

지방자치가 이루어지기 위해서는 주민, 지역, 자치권의 3가지 요소가 필요하다. 자치권은 자주조직권, 자주입법권, 자주재정권 등으로 이루어지며 특히 자주재정권이 가장 핵심적인 요소이다. 자주재정권이 중요시되는 이유는 지방자치단체가 재정적 기반이 취약하면 지방예산의 상당부분을 국가로부터의 지원

1) 지방정부란 주권을 가진 국민국가 내부의 지리적 분할체로서 연방제의 주(州)가 가지고 있는 준주권보다 미약한 한정된 범위의 하위주권을 지니는 통치조직으로 엄격히 규정하고 본서에서는 지방자치단체로 통일하여 사용하고자 한다.

에 의존하여야 하고, 이는 결국 건실한 지방자치제의 발전을 저해하기 때문이다. 자주재정권이 성립되기 위해서는 지방자치단체가 처리해야 할 공공사무의 범위가 명확히 획정되어 있어야 하고, 소요재원이 골고루 배분되고 자주적으로 확보할 수 있는 제도가 확립되어 있어야 한다.

오늘날 세계화, 지방화, 정보화, 시민사회의 성장이라는 국내외의 급격한 환경 변화는 지방재정의 적극적인 역할 변화와 이에 대한 인식의 전환을 요구하고 있다. 1991년 30년만에 지방의회가 부활되었으며, 1995년 6월에는 4대 지방선거가 실시되어 지방자치단체장까지 선출되는 등 완전한 지방자치를 실현하게 되었다. 또한 1996년에는 우리나라가 OECD(경제협력개발기구)에 가입하고 2001년 11월에는 도하개발아젠다(뉴라운드)[2]가 그리고 2005년 2월에는 교토(京都)의정서[3]가 각각 발효되어 경제의 개방화가 가속화되고 있다. 그리고 정보화는 정치·행정으로부터 주민의 일상생활에 이르기까지 광범하게 영향을 미치고 있다.[4]

2. 국가재정과의 구분

오늘날의 경제는 국경이 없는 개방체제(open system)이다. 개방된 경제체제 하에서는 경제주체가 가계부문, 기업부문, 정부부문, 해외부문(수출, 수입)으로 구성되며, 정부부문은 다시 국가재정과 지방재정으로 나누어진다. 그런데 국가재정과 지방재정은 행정서비스를 제공하기 위한 재정현상이라는 측면에서는 유사한 점이 많이 있으나 지방재정은 〈표 1-1〉에서 보는 바와 같이 국가재정과 여러 가지 측면에서 차이가 있다.

---

2) 도하개발아젠다(DDA)란 WTO(세계무역기구)에서 진행되고 있는 다자간무역협상이다. 2001년 11월 카타르의 도하에서 개최된 제4차 WTO각료회의에서 농산물 및 서비스시장의 추가개방뿐만 아니라 공산품의 관세인하 등 광범위한 의제에 대하여 포괄적으로 협상하는 방식이다.

3) 기후변화협약에 가입한 선진국들은 2008년부터 2015년까지 이산화탄소 등 6가지 온실가스 배출량을 1990년 당시보다 5.2%줄이되, 각국의 경제적 여건에 따라 −8%에서 +10%까지 차별적으로 감축하여야 한다. 우리나라는 아직 감축의무는 없지만 정부와 산업계는 에너지 다소비형산업의 비중축소 등 산업구조의 개편과 함께 온실가스의 배출을 대폭 감소시키는 친환경 에너지를 개발하여야 한다.

4) 우리나라 인터넷 이용자가 인구 100명당 51명으로 세계 5위 수준이고, 2002년 11월 1일 대한민국 전자정부(www.egov.go.kr)가 공식적으로 출범하여 국민이 주민등록, 호적 등 400여종의 민원서류를 직접 행정기관에 가지 않고 안방에서 신청하고 받아볼 수 있게 되었다. 이로써 행정의 생산성이 크게 향상되고 의사결정이 신속해지는 등 행정 패러다임이 변화되어 열린 시민의 정부, 참된 민주주의를 실천하는 고객지향적인 정부가 실현되게 되었다.

표 1-1 국가재정과 지방재정의 비교

비교 기준	국가재정	지방재정
재정의 기능	포괄적 기능	자원배분의 조정에 주안
서비스의 성격	순수공공재의 성격이 강함	순수공공재의 성격이 약함
재원조달의 방식	조세 의존적	다양한 세입원
보상관계	일반적 보상관계위주	개별적 보상관계 첨가
부담의 설계	응능부담원칙의 중시	응익부담원칙의 가미
평가기준	공평성 중시	효율성 중시
대표성의 수준	일반적 대표성	지역적 대표성

자료: 오연천(1987: 15).

Ⅱ. 지방재정의 특징

1. 복수성과 다양성

국가재정은 세입이 국세로 일원화되고 세출주체도 기획재정부로 일원화된다. 그러나 지방재정은 상호 독립된 다수의 지방자치단체의 재정을 망라한 것이다. 따라서 지방재정은 246개 지방자치단체(16개 시·도, 230개 시·군·자치구)5)가 각각 세입과 세출의 주체가 된다.

지방자치단체마다 위치·지형·기후 등 자연적·지리적 환경과 인구·산업구조·지역총생산 등 경제·사회적 여건이 다르므로 재정규모와 구조가 다르다. 광역자치단체와 기초자치단체 그리고 같은 행정계층의 지방자치단체간에도 천차만별한 양상을 보이고 있다.

2. 자율성과 타율성

지방자치단체는 자기의 책임아래 지역주민에게 지방행정서비스를 제공하기 위하여 전체적인 국가법질서아래서 자체수입을 최대한 확보하고 재정지출을 행한다. 최근에는 지방재정의 자율성을 제고하기 위한 다양한 방안이 마련되고 있으며, 지방공기업 특히 민·관협력형태의 제3섹터 방식과 민간투자사업방식

5) 2006년 7월 1일부터 제주특별자치도가 설치되면서, 기초자치단체인 제주시, 서귀포시, 북제주군, 남제주군이 폐지되고, 제주시와 서귀포시의 2개 행정시가 설치되었다.

이 광범위하게 도입되어 활용되고 있다.

그러나 지방자치단체는 국가의 제도적 산물로서 국가재정이라는 커다란 제도적 틀 안에서 운영되어야 하므로 국가는 지방세에 대한 통제, 지방재정조정재원의 교부, 지방채발행의 승인 등을 통하여 지방재정 운용에 관여하고 있다. IMF 경제위기를 겪으면서 국가의 관여 범위에 대한 논의가 활발하게 이루어지고 있다(인센티브제와 역인센티브제 운용 등).

3. 정치성과 경제성

지방자치단체가 제공하는 행정서비스도 다른 행정서비스와 같이 비경합성(non-rivalry)과 비배제성(non-excludability) 성격을 갖는다. 또한 지방재정은 지방정치와 지역경제를 연결하는 교량이라고 할 수 있다. 지방재정 특히 예산과정을 통하여 지방공무원, 지방의회의원, 지역주민 등 이해관계인의 다양한 의견이 정치적 수렴과정을 거쳐 반영된다.

지방재정도 경제현상이므로 경제적 관점에서 합리성이 요구된다. 따라서 운용과정에서 계획적이고 생산적인 지방재정의 운용과 과학적인 관리방법의 도입 등이 요구된다.

4. 국가재정에의 의존성

어느 나라에서나 지방자치단체가 국가로부터 완전하게 재정적으로 자립한다는 것은 불가능하며 국가재정에의 의존정도는 그 나라의 경제발전 정도, 통치체계와 방식, 지방자치단체의 재정구조 등에 따라 다르다.

우리나라는 국고보조금, 지방교부세 등 국가재정으로부터의 지원이 많아 국가재정에의 의존도가 높다. 이에 따라 지방재정의 자립도는 매우 낮은 실정이다.

제 2 절 지방재정의 기능 및 기본원칙

Ⅰ. 지방재정의 기능

머스그레이브(R.A. Musgrave)는 재정의 3대 기능으로 소득재분배, 경기조절 또는 경제의 안정, 자원배분의 조정기능을 들고 있다. 과거 전통적인 입장은 소득재분배와 경기조절 또는 경제의 안정은 주로 국가가 전국적 차원에서 수행하고, 자원배분기능도 대규모사업과 경제개발은 국가가 담당하고 지방자치단체는 최소한의 공공재 공급만을 담당해야한다는 소극적 입장이었다. 그러나 지방자치가 실시되고 지방재정의 규모가 커지면서 국가와 지역발전을 위하여 지방재정의 기능을 적극적으로 보아야 할 것이다.

1. 소득재분배기능

소득 및 부의 분배상태를 조정하는 소득재분배기능(income redistribution)은 전통적으로 국가재정이 전국적으로 통일된 형태로 누진세형태의 조세체계와 저소득층에 대한 사회적 이전지출과 사회서비스 제공을 통하여 수행하는 것이 효과적이라고 주장되어 왔다.

그러나 오늘날 지방자치단체는 국민 또는 주민에게 최소한의 기본수요(national or civil minimum)를 충족시키기 위하여 국고보조금 형태로 국가로부터 재정 지원을 받아 국민의 기초생활을 보장하고 또한 원가 이하로 지방행정서비스(예: 상·하수도 등)를 제공하고 있어 제한적이나마 소득재분배기능을 담당하고 있다.

2. 경기조절 및 경제안정 기능

경기조절 또는 경제의 안정(economic stabilization)은 국가경제 전체적인 입장에서 재정지출, 감·증세 등 재정정책과 이자율의 조정을 통한 금융정책, 임금·물가·환율정책 등 이용 가능한 모든 정책수단(policy mix)을 동원하여야 효과를 발휘할 수가 있다. 따라서 이와 같은 여러 가지 정책수단을 보유하고 있는 국가재정이 경기조절기능을 수행하는 것이 효과적이라고 여겨져 왔다. 국가

재정은 그 규모가 크고 그 효과도 전국적으로 미치게 되므로 국가가 거시적으로 집행하여야 한다는 논리이다.

그러나 오늘날 각 지방자치단체는 지역경제를 안정시키기 위하여 지방물가 안정대책을 추진하고 있고, 지역경제를 활성화시키기 위하여 IT산업(Information Technology: 정보기술), BT산업(Biology Technology: 생명기술), CT산업(Culture Technology: 문화기술), ET산업(Environment Technology: 환경기술), NT산업(Nano Technology, 나노기술: 10억분의 1m 크기의 미세한 물질을 다루는 기술) 등 지역전략산업과 재래시장 기반확충사업 등을 다양하게 추진하고 있다.

3. 자원의 배분기능

자원의 배분(resource allocation)기능이란 정부부문에서는 시장을 통하여 공급될 수 없거나 또는 공급되는 것이 바람직하지 않은 행정서비스를 제공하여야 한다는 것이다. 국방, 외교, 국토개발과 같이 국가유지에 필요한 행정서비스는 국가재정에서 공급하고, 상・하수도, 지방도로, 청소 등 지역주민이 소비하고 주민생활과 직결되는 지방행정서비스(local public service)는 그 지역을 관할하는 지방자치단체가 공급하는 것이 바람직하다. 이는 지방재정의 기능 중 가장 중요시되는 기능으로서 주민의 생활의 질을 향상시키고 지역발전을 도모할 수 있는 기능이다.

티부(C.M. Tiebout)는 '발에 의한 투표'(vote in their feet)이론을 제시하고 지방행정서비스의 공급은 주민에게 가까운 정부에서 이루어지는 것이 바람직하고, 집합적 결정(collective action)은 지역사회의 중위수(中位數) 주민이 좋아하는 것으로 결정된다고 주장하면서 사람들은 그들의 효용이 극대화될 수 있는 지역으로 이주한다는 모델을 설정하였다. 그러나 소비자들이 공공재에 대해서 완전한 정보를 갖고 있고, 자유롭게 이주할 수 있고, 공공재의 혜택은 파급효과가 없고, 지방자치단체별로 공공재 비용을 최소화하는 적정규모인구를 유치하기 위해 경쟁하고, 주민의 수요를 충족시킬 만큼 다양한 종류의 지방자치단체가 존재한다는 기본가정은 현실과는 동떨어져 있어 현실에 그대로 적용되지는 않는다. 그러나 이 이론은 분권화에 의해 공공재의 배분이 최적으로 이루어질 수 있다는 점을 입증했다는 점에서 의의가 있다.

Ⅱ. 지방재정의 기본원칙

1. 건전재정 운영의 원칙

지방자치법은 제122조(건전재정의 운영) 제1항에서 “지방자치단체는 그 재정을 수지균형의 원칙에 따라 건전하게 운영하여야 한다”고 규정하고 있으며, 지방재정법 제3조(지방재정운영의 기본원칙) 에서는 “지방자치단체는 그 재정을 건전하게 운영하여야 하며, 국가정책에 반하거나 국가 또는 다른 지방자치단체의 재정에 부당한 영향을 미치게 하여서는 아니된다”고 규정하여 우선적으로 지방자치단체가 건전하게 재정을 운영하도록 명문화하고 있다.

이 원칙은 지방자치단체는 지방재정을 운영함에 있어서 국가구성의 일원으로서 그리고 국가재정과 지방재정간의 기본적 관계에 입각하여 국가정책이나 국가재정운영에 반해서는 안 되며 특히 당해 지방자치단체의 재정운영결과에 따라 상급지방자치단체나 하급지방자치단체는 물론 동등의 다른 지방자치단체의 재정에도 부당한 영향을 미치게 해서는 안 된다는 것이다.

여기서 건전한 지방재정의 운영이란 단순한 재정수지의 흑자를 의미하는 것이 아니라 수지균형을 도모하면서 최대한의 행정서비스를 제공하는 것으로 볼 수 있다. 여기서 말하는 수지균형이란 단년도의 형식수지, 즉 세입결산액에서 세출결산액을 뺀 금액이 아니라 실질수지, 즉 형식수지에서 계속비이월, 명시이월, 사고이월, 사업이월 및 지불이연에 따라 다음연도로 이월해야 할 재원을 뺀 금액을 말한다(한국지방행정연구원, 1997a: 15-24). 지방자치단체가 부족한 재원을 조달하기 위하여 지방세증수나 지방채발행을 모색할 수 있으나 이와 같은 상황이 악화될 경우 재정위기가 초래되고 결과적으로 국가와 다른 지방자치단체와 지역주민에게 부담을 줄 수 있다.

외국의 대도시들이 재정위기를 경험하면서 이 원칙의 중요성이 다시 인식되고 있다. 미국에서는 1870년 이후 철도, 상・하수도 건설 등으로 많은 지방정부가 재정위기를 겪었으며, 1929년 대공황을 겪으면서 무계획적으로 과도한 공공사업을 편 많은 도시가 재정위기를 경험하였다. 또한 각 주(州)들이 2차대전후 최악의 재정난을 겪었고, 1990년 이후에도 New York, Washington D.C. 등이

재정위기를 맞이한 바 있다.[6] 일본에서도 1차로 1950년대 중반 한국전쟁으로 인한 특수경기가 끝나자 도도부현(都道府縣)의 70%, 시정촌(市町村)의 30%가 적자단체였으며, 2차로는 1970년 1차 오일쇼크와 그에 따른 경제공황으로 많은 지방자치단체가 재정적 어려움을 겪었다(한국지방행정연구원, 1997b: 21-27).

2. 자율성존중의 원칙

지방자치법 제122조 제2항에서 "국가는 지방재정의 자주성과 건전한 운영을 조장하여야 하며 국가의 부담을 지방자치단체에 전가해서는 안 된다"는 원칙을 천명하고, 지방재정법 제4조에서는 "행정안전부장관은 지방재정법의 목적을 달성하기 위하여 지방재정조정제도와 지방세 제도간의 조화로운 발전방안, 합리적·효율적인 예산편성·관리기법 및 지방재정 운영상황의 측정기법, 지방재정의 건전성 확보를 위한 지방채무관리방안, 지방재정운영의 자율성보장을 위한 제도개선방안, 지방재정운영의 효율성·투명성증대를 위한 전산정보처리장치의 개발·보급방안, 국가의 실효성있는 지방재정 지원방안, 그 밖에 지방재정발전을 위하여 필요한 사항을 연구·개발하여 시행하여야 한다"라고 규정하고 있다.

지방자치단체는 자주재정권에 의하여 자주세입을 확보하고 자기책임하에 재정활동을 하여 지역경제를 활성화하고 지역개발을 촉진하며 각종 지방행정서비스를 제공하여야 한다. 그러나 재정규모가 영세하고 재정기반이 취약한 지방자치단체가 많은 실정이므로 현실적으로 자율성에는 한계가 있다. 따라서 국가재정과 지방재정은 상호 보완하고 협력하면서 운용되어야 한다.

따라서 현재 운용되고 있는 지방재정관리제도인 중기지방재정계획제도, 지방자치단체예산편성기준제시, 지방채발행승인제도, 투융자심사제도, 지방재정분석·진단제도 등이 지방자치단체입장에서는 문제가 될 수 있으나, 지방자치제의 건전한 발전을 위하여 거시적인 차원에서 국가이익과 지방이익이 조화될 수 있도록 제도가 탄력적으로 운영되어야 할 것이다.

---

6) 미국의 각 주(州)들이 2차대전 이후 최악의 재정난을 겪고 있다. 이와 같은 재정난은 개인소득세가 12.8%, 법인세는 21.6%, 주민세는 3.2%가 목표에 미달한 반면, 의료비용의 증가, 국가의 예산불지원 등으로 야기되었으며, 주정부에서는 세출감축, 공무원 수 축소 등 지출감소와 함께 담배세 인상 등을 통해 세수를 늘리는 방안을 모색하고 있다(조선일보, 2002. 11. 28).

제 3 절 지방재정과 정부간 관계

Ⅰ. 지방재정과 국가재정

1. 관계에 관한 여러 가지 이론

지방자치단체를 둘러싼 정부간 관계(inter-governmental relations)는 지방자치시대에 국가재정과의 관계의 문제이며, 특히 오늘날 교육과 경찰기능이 지방자치단체가 처리해야할 중요한 기능으로 부각되면서 시·도와 시·군·자치구를 중심으로 한 일반지방자치단체와 시·도교육청을 중심으로 한 교육지방자치단체와의 관계재설정과 2006년부터 제주특별자치도부터 도입되고 있는 자치경찰제의 형태와 그에 소요되는 재원부담에 대한 관심이 높아지고 있다.

국가와 지방의 관계(state-local relations)는 한 국가에 있어서의 권한배분문제이며, 행정사무처리권한이 어디에 있는가 하는 자치권한의 규명 문제이고, 누가 경비를 지불할 것인가 하는 경비부담의 문제이며, 누가 책임질 것인가 하는 행정책임소재의 문제이기도 하다.

지방재정과 관련한 국가와 지방의 관계는 일반적으로 세입 또는 세출의 배분을 중심으로 한 지방분권화의 정도를 말하며 학자에 따라 다르게 정의하고 있다. 그러나 중앙집권과 지방분권은 상대적 개념으로 개념의 연속선상에서 학자들에 따라서 3~4가지로 유형화하고 있으며 그것을 요약하면 〈표 1-2〉와 같다.

표 1-2 국가·지방간 관계의 유형

형태 / 학자	중앙집권 ◀			▶ 지방분권
D. Wright	포괄모형	중복모형		등위모형
H. Elcock	대리자모형	동반자관계모형		자율형
P. Dunleavy	엘리트주의	기능구조주의	신다원주의	다원주의
J. Griffith	규제형	장려형		자유방임형
村松岐夫	수직적 행정통제모형	상호의존모형		수평적 정치경쟁모형

자료: 오희환(1994: 15).

지방재정을 국가재정과의 관계에서 보는 시각에 따라서 종속론, 독립론, 협조론 등 세 가지 상반된 이론이 있다(이상희, 1992: 33-6; 최창호, 1997: 325-6).

(1) 지방재정의 종속론

지방자치단체를 국가의 피조물로 보고 지방재정은 국가재정의 일부분으로서 국가의 재정정책과 연계하여 통일적으로 운영되어야 한다는 이론이다.

이와 같은 주장을 하는 입장의 논거는 지방재정이 국가의 재정정책과 다른 방향으로 운용되거나 재정운용의 효율성이 저해될 우려가 있다는 것이다.

(2) 지방재정의 독립론

지방자치단체는 국가와 독립된 별개의 법인격체로서 지방재정을 국가재정과 대등한 관계로 보는 입장이다. 지방분권사상을 신봉하는 학자들이 주장하고 있다.

지방자치제 시행 초기에 지방자치제의 발전을 위하여 일부 행정학자들이 자치권을 강력하게 요구하면서 주장한 이론이다.

(3) 지방재정과 국가재정의 협조론

지방재정과 국가재정을 종속적 관계나 대립적 관계로 볼 수 없으며, 지역주민이나 국민에게 양질의 행정서비스를 제공하기 위하여 상호 보완하고 협력하는 관계를 유지하여야 한다는 이론이다.

오늘날 행정환경이 급변하면서 세계 많은 국가에서 신중앙집권화(new centralization)경향이 강화되고 있으나, 지방자치의 건전한 발전을 도모하고 주민에게 양질의 행정서비스를 제공하기 위하여 국가는 지원자·조정자로서 역할전환이 요청되고, 지방자치단체도 책임성의 확보 노력이 요구된다.

2. 국가의 지방재정에 대한 관여

(1) 지방세입에 대한 관여

(가) 자주재원에 대한 관여

지방세에 대하여 우리나라는 조세법률주의를 채택하고 있어 법정외세의 설치가 불가능하고 과세대상결정, 과세표준액 산정, 세율의 결정, 비과세·감면에 이르기까지의 세부적인 사항을 지방세법에서 상세하게 규정하고 있으며 지방자치단체는 이를 적용하여 과세하도록 되어 있다.

수수료, 사용료, 분담금, 부담금 등 세외수입의 경우에도 이를 현실화하는 경우에는 물가안정차원에서 사전에 관계부처협의를 반드시 거치도록 요구하고 있어 현실화가 적기에 이루어지지 못하고 적자 운영을 하는 경우가 많다.

(나) 의존재원에 대한 관여

의존재원의 비율이 높은 우리나라의 경우 국가의 관여가 결정적으로 이루어진다. 지방교부세의 경우 비도(費途)가 정해지지 않는 보통교부세의 경우에도 산정기초인 단위비용, 측정단위 및 보정계수가 지방교부세법에 규정되어 있고, 특별교부세의 경우는 비도가 구체적으로 사전에 결정되어 교부된다.

국고보조금도 각 중앙부처가 법령 또는 지침에 의한 보조비율에 따라 구체적인 사업을 시행하고 결과를 보고하도록 하고 있어 강력한 지방재정에의 관여 수단이다.

(다) 지방채에 대한 관여

지방채발행 한도액의 범위 내에서는 지방자치단체가 자율적으로 지방채를 발행할 수 있으나 한도액을 초과해서 지방채를 발행하는 경우에는 사전에 행정안전부장관의 승인을 받아야 하며, 일정한 조건을 갖춘 지방자치단체와 사업에 한하여 지방채발행이 가능하다.

(2) 지방세출에 대한 관여

(가) 지방자치단체예산편성기준의 제시

행정안전부장관은 세입세출예산의 과목구분과 설정, 예산서 편제와 서식, 기준경비의 설정 등은 행정안전부령으로 지방자치단체에 시달하고, 기타 지방예산의 편성과 재정운용에 도움이 되는 정보를 제공하고 있다.

(나) 국가의 시책경비 확보

국가가 내리는 각종 지시나 행정지도에 따라 지방자치단체가 부담해야 하는 세출이 점차 증가하고 있다. 국고보조금의 경우 기준보조율이 지켜져야 하나 그 이상을 지방자치단체가 부담하는 경우도 많이 있다.

(다) 지방재정운용에 대한 관여

지방재정의 건전한 운용을 위한 중기지방재정계획, 투융자심사, 재정분석·진단, 재정상황 주민공개 등 여러 가지 제도가 마련되어 있다. 이에 대한 상세한 내용은 제6장 지방재정관리제도론을 참조하기 바란다.

3. 국가와 지방간의 사무 및 재원배분

(1) 사무의 구분

(가) 자치사무

법령상 국가사무에 속하지 않는 사무 중 지방자치단체의 존립목적에 속하거나 주민의 복지증진을 위하여 행하는 사무로서 상・하수도 사업, 지방도로 개설, 공원의 설치・관리, 쓰레기처리 등 요람에서 무덤까지 그 범위가 광범위하다. 앞으로 단체위임사무가 폐지되고 기관위임사무가 정비되면 자치사무는 더욱 늘어날 것으로 전망된다.

(나) 단체위임사무

국가 또는 상급자치단체사무 중 당해 지방자치단체에만 직접 이해관계가 있거나 국가적 이해관계와 지방적 이해관계가 공존하거나 국민편의, 지방자율성 등의 이유에서 지방자치단체에 맡기는 것이 적절한 경우 법령에 의하여 지방자치단체에 처리가 위임된 사무이다. 시・군의 시・도세 징수사무, 시・도의 국도유지 수선사무, 시・군의 재해구호업무 등이다.

(다) 기관위임사무

원래 국가기관에서 처리하여야 하나 사무처리의 편의, 경제성 또는 국민의 편리 등을 이유로 법령에 의하여 지방자치단체의 장에게 위임하여 처리하는 사무로, 지방자치단체의 장은 국가의 하급기관과 동일한 지위에서 국가의 지휘・감독하에 수임사무를 처리한다. 대통령・국회의원 선거사무, 주민등록사무, 기부금품 모집에 관한 사무의 감독, 민방위대 동원 및 유예 등의 사무이다.

(2) 사무와 비용부담

국가와 지방자치단체는 분담된 역할에 따라 자기부담하에 사무를 처리함이 원칙이다. 즉 기관위임사무는 국가가 부담하고, 단체위임사무는 국가와 지방이 분담하고, 자치사무는 지방이 부담한다. 그러나 현실적으로 사무가 명확히 구분되지 않는 경우가 많은 바 이 경우 국가와 지방이 협의하여 분담한다. 또한 명확한 지방자치단체 고유사무라 할지라도 해당단체의 재원부담능력을 현저히 초과하는 사업은 국가가 대신 부담하기도 한다(예: 국가지원 지방도로 건설).

그러나 우리나라의 경우 국가와 광역자치단체간, 그리고 광역자치단체와 기초자치단체간 행정사무의 배분에 있어서 포괄적 열거주의를 채택하고 있어 구

표 1-3 사무의 구분과 재원부담원칙

구분	국가사무	기관위임사무	단체위임사무	자치사무
경비부담 주체	전액 국가부담원칙	전액 국가보조원칙	국가와 자치단체분담원칙 (국가보조금은 부담금성격)	전액자치단체 부담원칙 (국고지원시 보조금성격)
국회·지방 의회 관여	국회관여, 지방의회 관여불가	지방의회 관여불가	지방의회관여	지방의회관여
국가감독 범위	국가자체 내부감독	적극적 감독 (사전, 합목적성) 및 소극적 감독 (사후관리, 합법성)	교정적 감독(합법성, 합목적성)	합법성에 관한 교정적 감독에 한정

분이 명확하지 않은 경우가 많이 있으며 경우에 따라서는 서로 자기사무라고 주장하거나(적극적 쟁의), 또는 서로 자기소관이 아니라고 주장(소극적 쟁의)하기도 한다. 지방자치단체에 대한 국회의 국정감사를 둘러싸고 국회와 지방자치단체간에 분쟁이 발생하기도 한다.7)

4. 지방재정과 국가재정의 새로운 관계설정

우리나라의 사무는 51개 부처·청에서 총 3,353개 법령의 41,603개 단위사무로 이루어져 있으며, 그 중 국가사무는 30,240건(72.7%)이고 지방사무는 11,363건(27.3%)이다. 지방사무 중 자치사무가 6,306건(55%), 위임사무가 1,311건(12%), 국가·지방공동사무가 3,746건(33%)으로 나타났다. 그러나 주요사무는 소관 중앙부처가 위상약화를 우려하여 실질적인 지방분권이 미흡하고 아직도 국가가 장악하고 있으면서 기능배분이나 이양 자체가 불가능하도록 단위사무를 포괄적으로 규정하고 있으며, 사무의 본질과 관계없이 이양보다는 지방자치단체에 위임하여 처리하려는 의식이 강하다.8) 정부는 국가와 지방자치단체간 기능을

7) 2002년 이후 매년 시·도사무에 대한 국회의 국정감사 실시여부를 둘러싸고 국회의원과 시·도의 공무원노동조합간에 심한 갈등이 있다. 국회는 국가의 위임사무에 한하여 국정감사가 가능하다고 주장하고 있으나, 시·도공무원노동조합에서는 실제로 위임사무와 자치사무의 구분이 명확하지 않으므로 지방자치단체에 대한 국정감사를 실시할 수 없다고 주장한다.

재조정하여 국가는 전국적·통일적 사무를 종합적으로 수행하고, 교육·경찰 등 주민밀착형 사무는 지방자치단체에 우선적으로 이관하며 이에 따른 소요재원도 이관·이양할 계획이다.

국가는 지방자치단체의 자주재정권을 보장할 수 있도록 지방재정기능의 분업체계를 확립하고 권력적 관여를 축소하고 행정지도기능으로 전환하는 등 지원자·조정자로의 역할전환이 요구된다. 국가에서 지방으로의 권한이양, 재원의 재배분을 의미하는 지방분권이야말로 실질적으로 천도(遷都)의 효과로 나타날 것이다. 따라서 공장의 분산보다도 국가가 해야 할 것은 권한과 재원의 실질적인 지방분산이라고 할 수 있다(김재환역, 1991: 41-73). 또한 지방자치단체도 이양된 권한, 배분된 재원을 효과적으로 활용하기 위한 장기적인 비전을 가지면서 주민수요에 부응하기 위하여 자주재원의 확보를 위한 노력을 강화하고 주민의 수요에 부응하기 위해 지방재정세출을 합리화하는 등 재정의 책임성(responsiveness) 확보를 위해 노력해야 한다.

Ⅱ. 지방재정과 지방교육재정

1. 지방교육재정의 중요성

지방교육재정(local educational finance)이란 공교육을 수행하기 위하여 필요한 재원을 확보하고 배분·지출하는 일련의 경제활동이다. 19세기 후반 근대국가로 발전하면서 국민의식을 형성하고 산업혁명을 뒷받침할 수 있는 노동력을 안정적으로 공급하기 위하여 의무교육형태의 공교육제도가 도입되고, 학교교육이 행정서비스로 인식됨에 따라 이에 소요되는 경비는 국가와 지방이 공동으로 부담하게 되었다.

우리나라의 교육비부담구조는 사적부담에서 공적부담으로, 그리고 공적부담이 설치자 부담에서 국고보조·부담(국고금지출)으로, 국고금지출이 국고보조금제도로부터 지방재정조정제도로 발전하는 일반적인 발전단계를 따르고 있다(심

8) 중앙행정권한의 지방이양을 촉진하고 선진지방자치제도의 실현을 위하여 1999년 8월 대통령소속 심의·의결기구인 「지방이양추진위원회」를 발족하여 20개 부·청의 1,090개 사무를 이양키로 확정하였다. 일본은 1999년 지방분권일괄법을 만들어 지방자치와 관련된 475개의 법률을 일괄 개정하는 등 지방분권을 우리나라보다 더욱 강력하게 추진하고 있다.

정근외, 2000: 492). 그러나 보다 많은 교육비를 확보하고 더 증액하기 위하여 국비지출증대에 역점을 두어왔을 뿐만 아니라 일반지방행정으로부터의 피해의식이 팽배한 나머지 일반지방재정으로부터 독립을 추구하게 되어 지방재정과는 사실상 별개로 운영되어 왔다.9)

2002년 대통령 선거 이후 일반지방자치와 지방교육자치로 이원화되어 있는 지방자치시스템을 다시 통합하여야 한다는 논리와 별도로 운영되어야 한다는 논리가 대립되어 오다가 2006년 12월 지방교육자치에관한법률의 개정으로 2010년 7월부터 시・도교육위원회가 시・도의회의 상임위원회로 통합되고, 교육감도 간선에서 주민의 직선으로 선출하고 있다.

2. 지방교육재정실태

(1) 세입구조

현행 시・도교육비특별회계의 세입원은 국가부담수입, 지방자치단체부담수입, 학부형 및 주민부담수입 등으로 구성된다. 국가부담수입은 지방교육비특별회계의 주요재원으로서 지방교육재정교부금(내국세분, 교육세분) 및 국고보조금으로 구성된다. 이 중에서 지방교육재정교부금은 교육과학기술부의 일반회계로부터 이전되고 있으며, 국고보조금은 교육과학기술부의 본부예산에 계상되어 지원된다(유경문, 1999: 32-33).

지방자치단체의 일반회계부담수입은 법정전입금인 지방교육세 전입금, 시・도세 및 담배소비세전입금, 그리고 공공도서관 운영지원비 등의 비법정전입금이 있으며 기타 보조금, 부담금 등의 지원금이 있다. 그 이외에도 자체재원으로 학생들의 입학금 및 수업료, 재산수입, 사용료 및 수수료, 지방교육채 등이 있다. 이외에도 학부형 및 주민부담수입 등도 있으나 매우 미미한 수준이다.

이와 같은 지방교육재원의 상호연계성을 단위학교중심으로 살펴보면 〔그림 1-1〕과 같다.

2007년도 예산기준으로 시・도 교육비특별회계의 세입구조는 〈표 1-4〉와

9) 1952년 시・군단위 교육자치제의 실시와 함께 교육에 관한 사무를 시・도청의 문교사회국(학무국, 교육국 등)에서 담당하다가 1962년 시・군단위 교육자치제가 폐지되고, 1964년 도, 시・군단위 교육자치제가 실시되면서 합의제 집행기관인 시・도교육위원회가 발족하였다. 그후 1991년 시・도단위 교육자치가 실시되면서 교육위원회의 명칭이 교육청으로 변경되고, 교육위원회가 개원하였다.

그림 1-1 지방교육재원의 상호연계

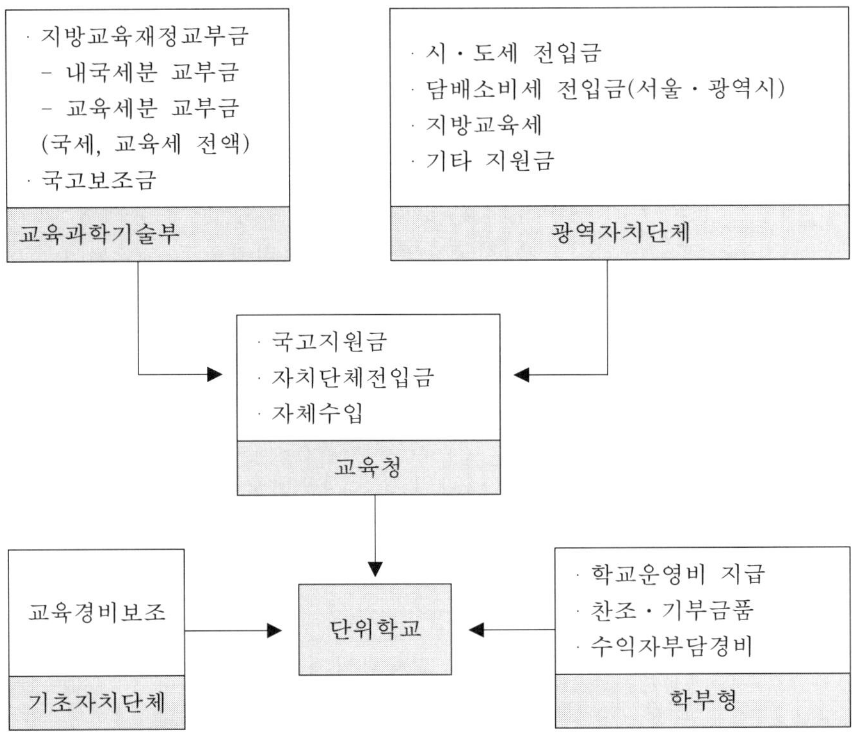

자료: 임성일(2007: 66)에서 재작성.

같다. 국가지원금이 전체의 75.8%인 25.5조원이고 지방자치단체로부터의 전입금이 18.8%인 6.3조원이며 자체수입은 4.5%인 1.5조원에 그치고 있다.

(2) 세출구조

2007년도 지방교육비특별회계의 사업별 분류를 살펴보면 총규모 33조 6,240억원 가운데 급여 및 복지비가 58.6%를 차지하고 있으며, 그 다음으로 학교교육비가 34.5%, 교육행정비가 2.4%, 문화 및 평생교육비가 0.3%의 순서로 되어 있다. 이외에 기타 경비가 4.2%이다.

성질별 분류에 따르더라도 경직성경비가 81.4%(인건비 72.6%, 학교운영비 7.9%, 교육행정비가 0.9%)를 차지하고 있어 매우 경직적임을 알 수 있다. 그 외에 사업성

표 1-4 시 · 도 교육비특별회계 세입구조(2007)

(단위: 억원)

구 분		내 역	금 액
합 계			336,240
국가 지원금	소계		254,968
	○지방교육재정교부금		251,231
	- 내국세분	내국세의 20%	
	- 교육세분	국세교육세 전액	
	○국고보조금	국고사업보조금	3,738
지방 자치단체 일반회계 전입금	소계		63,258
	○지방교육세		38,646
	○담배소비세 전입금	특별 · 광역시 담배소비세액의 45%	5,201
	○시 · 도세 전입금	시 · 도세 총액의 3.6-10%(특별시 10%, 광역시 · 경기도 5%, 기타도 3.6%)	13,897
	○기타	학교용지부담금, 공공도서관 운영비 등 비법정전입금 등	5,514
교육청 자체수입		학생납입금, 재산수입 등	14,961
지방교육채		지방교육채	2,925
주민부담 등 기타		주민부담금, 기타지원금	128

자료: 교육인적자원부.「2007년도 교육비특별회계 세입 · 세출예산 분석결과」

경비가 15.6%(시설비 6.8%, 교육사업비 8.8%)이고 예비비 등이 3.0%이다.

3. 지방교육재정의 발전과제

(1) 지방교육재정과 일반지방재정의 통합운영

국가입장에서 보면 지방교육재정교부금이 내국세 총액의 20%이고 지방교부세도 내국세 총액의 19.24%로 시 · 도단위 교육청과 지방자치단체에 각각 별도로 교부되고 있어 비효율적으로 관리되고 있다.

지방자치단체입장에서도 지방교육세 전액, 담배소비세 전입금, 시・도세 3.6~10%전출, 결식학생급식지원 등 2007년도 한 해만해도 시・도교육비특별회계의 18.8%에 해당되는 6.3조원을 부담하고 있다. 이에 따라 교육에 관한 예산 및 인사의 운영에 대한 일체의 권한이 없으면서 경비부담만 하고 있다는 불만이 표출되어 왔다.10)

광역자치단체는 11개의 시・도립 대학교 및 전문대학을 설립・운영하고 있어 대학교육에까지 관여하고 있다.11)

오늘날 지방교육이 각 국에서 지방자치의 중요사무가 되고 있고 지역주민의 교육에 대한 관심이 지대하므로 교육부문에 대한 충분한 투자와 재정지원을 전제로 지방교육재정과 일반지방재정을 통합하여 지방교부세 형태로 일원화하여 지방자치단체에 지원하되 재정자립도가 높고 재정력이 큰 지방자치단체로부터 단계적으로 실시하는 것이 바람직하다. 일반 지방자치와 교육자치가 통합될 경우 시설관리 및 행정업무처리를 위한 인원 감축을 통해 지방교육재정의 10% 수준이 절약될 수 있을 것으로 추정되고 있다(박정수, 1999: 65).

(2) 지방자치단체에의 지방교육책임부여

지방교육자치에관한법률에 의하면 교육・학예에 관한 사무를 시・도의 사무로 규정하고 시・도의 교육・학예에 관한 사무를 심의・의결하기 위하여 교육위원회를 두고 이를 집행하기 위한 기관으로 시・도에 교육감을 둔다고 규정하고 있어 지방교육자치가 시・도 단위까지 이루어지고, 시・군단위의 교육청은 하부기관화 되어 왔다.

그러나 시・도단위에 교육위원회를 두고 시・도의회와 별도로 교육사회위원회가 병렬적으로 설치되어 있어 조례안, 예산안 및 결산, 특별부과금・사용료・수수료・분담금 및 가입금의 부과와 징수에 관한 사항, 기채안은 교육위원

---

10) 국가가 2004년 11월 지방교육재정교부금법을 개정하여 의무교육인 중등교원봉급을 포함한 공립교원봉급부담금해당액을 현행 시세전입금을 통합하여 서울과 부산의 경우 시세총액의 3.6%→10%, 광역시(부산 제외)와 경기도의 경우 3.6%→5%로 각각 인상하고, 기타 도는 도세전입금을 도세의 3.6%로 하였다.

11) 2002년 1월 1일 현재 지방자치단체에서 운영하고 있는 대학교 및 전문대학은 서울시립대학교, 인천대학교, 인천전문대학, 도립강원전문대학, 충북과학대학, 청양대학(충남), 남도대학(전남), 담양대학(전남), 경도대학(경북), 도립남해전문대학(경남), 도립거창전문대학(경남) 등 11개이다.

회의 의결을 거친 후 다시 시・도의회의 교육사회위원회와 본회의의 의결을 거치도록 되어 있다. 또한 시・도의회는 특정사안에 대한 감사와 조사를 할 수 있도록 되어 있다. 이에 따라 막대한 예산낭비가 초래되고 이원적 지방자치제의 운영으로 인하여 일반행정으로부터의 행・재정적 지원도 어렵게 되어 있다.

따라서 지방행정과 교육행정의 분리로 인한 지방교육역량을 결집시키고 지역교육에 주민참여를 촉진하기 위하여 2007년 지방교육자치에 관한 법률을 개정하여 2010년 7월부터 시・도단위의 교육위원회를 시・도의회에 통합하여 특수한 상임위원회 형태로 설치하고, 현재 학교운영위원이 선출하던 시・도교육감도 주민의 직선으로 선출하게 되었다.[12] 앞으로 교원신분도 국가공무원에서 지방공무원으로 전환된다.

그러나 지방교육자치를 실행함에 있어 교육행정기관이 아닌 교육이 실제로 이루어지고 있는 교육현장에서의 교육자치가 최대한 보장되어야 한다. 학생들의 학습권이 확보되어야 하며, 지역학부모의 의견이 충분히 반영될 수 있는 제도적 장치가 확보되어야 하며, 교육을 수행하는 교사들의 자율권과 권익이 확보되어야 하며, 교육기관의 장이나 운영권자의 자율이 보장되어 이들이 조화를 이루어야 한다(유경문, 1999: 42-45).

Ⅲ. 지방재정과 자치경찰

1. 자치경찰제의 도입필요성

우리나라의 경찰제도는 지금까지 국가경찰제를 유지하여 왔으나 지방자치제 실시 이후 자치경찰제의 도입에 대한 논의가 지속적으로 이루어져 왔다.

자치경찰제를 도입하는 이유는 치안행정에 대한 지역주민의 참여와 통제를 확대하여 주민의사에 민감하게 반응하는 주민밀착형 경찰제도를 도입하고 지방자치단체의 법 집행력을 보강하여 지방행정의 종합적인 수행능력을 제고하는 한편, 국가경찰과 자치경찰의 역할분담을 통해 국가전체적인 치안역량을 강화하는 데 있다.

12) 미국은 교육특별구(special district)가 별도로 설치되어 있으나 지방의회의 관여가 제도화되어 있다. 영국은 교육위원회가 지방의회의 분과위원회형태로서 최종의결권은 지방의회가 가지며, 일본은 지방자치단체내의 합의제 집행기관으로 운영하고 있다(지방재정발전기획단, 1996: 175).

2. 자치경찰제 도입방안

(1) 설치 및 기구

자치경찰기구는 시·군·자치구의 기초자치단체를 중심으로 구성하여 운영하며, 지방자치단체와 국가경찰과 유기적인 업무 협조를 위하여 시·도 치안행정위원회와 시·군·자치구에 '자치경찰위원회'를 설치한다. 치안센터(구 파출소)는 국가경찰과 공동으로 활용하거나 자치경찰기구에 이관하는 방안을 검토한다는 계획이다.

조직은 자치단체별 인구, 면적 등을 고려하여 결정하되, 구체적 인력규모는 지방자치단체의 인구, 면적 등 치안수요와 지역특성 등을 고려하여 인력을 산정하여 결정한다. 처음 출범할 때에는 소요인력의 50%는 국가경찰로부터 이관을 받고 나머지 50%는 신규채용으로 확보하며, 기초질서 단속 등에 종사하는 청원경찰, 공익근무요원은 자치경찰부서로 재배치·활용한다.

(2) 사무 및 권한

자치경찰은 주민생활과 밀접한 분야의 치안서비스를 제공하는 것으로 방범순찰, 사회적 약자 보호 및 주민참여 방범활동 지원·지도 등 지역 생활안전사무, 교통소통 관리, 교통법규위반 지도단속 등 지역 교통사무, 시·군·구 공공시설 및 지역행사장 등의 지역 경비사무, 현재 지방자치단체가 보유하고 있는 환경·식품·위생 등 특별사법경찰사무(17종), 교통안전시설 설치·관리, 교통업무 처리를 담당하게 된다.

지역 생활안전·교통·경비 사무는 국가경찰과 자치경찰간 공동사무로서 역할분담과 사무수행 방법 등은 상호간 협약을 통해 구분하여 처리한다.

(3) 주민참여

주민 참여를 제도적으로 보장하기 위하여 주민이 참여하는 심의·의결 기구로 시·도에 '치안행정위원회', 시·군·구에 '자치경찰위원회'를 설치·운영한다. 치안행정위원회는 시·도지사 소속으로 주민 등 11인으로 구성되어 자치경찰의 분쟁조정 및 운영 지원에 관한 사항 등을 심의·의결하고, 자치경찰위원회는 시장·군수·구청장 소속으로 주민 9인 이내로 구성되어 업무협약 및 자치경찰과 국가경찰간 업무협조 등을 심의·의결한다. 시장 등은 매년 자치경찰

그림 1-2 자치경찰 조직도

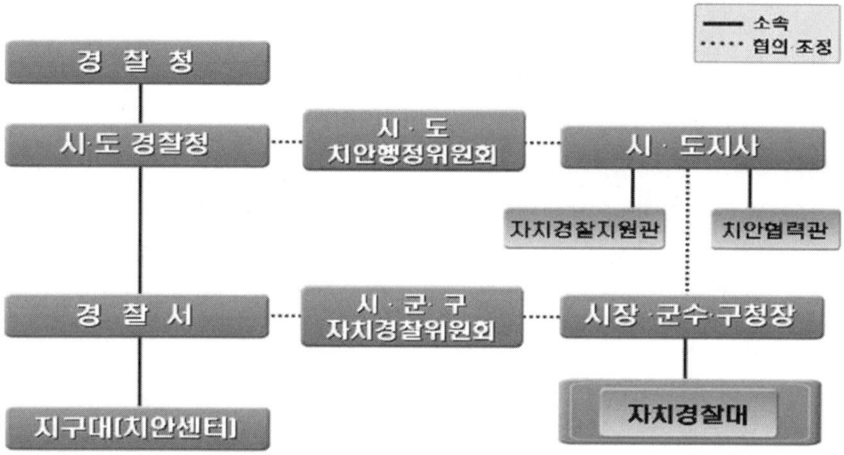

위원회의 심의·의결을 거쳐 자치경찰활동의 목표를 수립하고 평가하여 그 결과를 공표하여야 한다.

(3) 소요예산 확보

소요경비는 자치단체가 부담하는 것을 원칙으로 하되 다만 제도가 정착할 때까지 국가에서 지원한다. 따라서 사무배분에 따라 당연히 이관되는 관련예산 외에 지방자치단체 부담분에 대해서도 일정부분을 지원하고, 소요재원은 지방교부세, 국고보조금, 범칙금 등으로 확보하고 추후 관계부처와 협의를 거쳐 확정한다는 계획이다.

3. 자치경찰제의 과제

(1) 설치단위의 문제

현행 자치경찰제 도입법안에 따르면 기초자치단체에 설치하여 운영하도록 되어있으나 외국의 자치경찰제도나 우리의 지방자치 현실에 비추어 설치단위가 광역자치단체가 아닌 기초자치단체 단위로 도입하는 것이 과연 바람직한 것인가에 대한 문제가 제기되고 있다.[13]

---

13) 전국 시·도지사협의회는 2004. 8. 30 자치경찰제는 기초단위가 규모와 관할구역이 작아 규모경제를 살리지 못하므로 광역단위로 실시하는 것이 바람직하고, 국가경찰이 갖고 있던 기존

또한 지방자치단체별로 인구 규모, 재정능력 및 치안여건이 다르므로 자치경찰제 도입에 대한 선택권을 부여하는 문제를 고려하고 있으나 주민생활과 근접한 치안서비스의 격차 발생우려와 지역주민의 정서상 제도의 도입은 현실적으로 한계가 있을 것이다.

(2) 재원조달의 문제

생활치안을 차질없이 수행하기 위해서는 시·군·자치구별로 20~30명의 인력이 필요하고 이에 따른 인건비만도 연간 60~80억원 정도가 필요할 것으로 전망된다. 그러나 2008년도 당초예산기준으로 자체수입(지방세+세외수입)으로도 인건비를 해결하지 못하는 지방자치단체가 전체의 12%인 30개 단체, 지방세로 인건비를 해결하지 못하는 지방자치단체가 53%인 131개 단체로 지방재정이 매우 열악한 실정이다.

따라서 국가에서 지방교육재정교부금과 유사한 지방경찰재정교부금제도를 신설하거나, 국고보조금 증액지원, 각종 범칙금의 지방이양 등을 통해 재원을 별도로 지원하여야 할 것이다.

제 4 절 지방재정의 실태와 과제

Ⅰ. 한국지방재정의 실태

1. 총재정규모

한국의 총재정규모는 국가재정 중 지방재정에 대한 이전재정을 국가재정에 포함시켜 세출순계기준으로 살펴보면 〈표 1-5〉에서 보듯이 2008년도의 경우 320조 66억원으로, 총재정규모에 대한 국가재정의 비중은 61.0%, 지방재정의 비중은 39.0%로 나타나고 있다. 2008년도 GDP 대비 지방재정의 비중은 14.1%에 달하고 있다.

지방재정을 국가재정과 비교할 경우 1985년 38.7%이던 것이 2008년에는

의 조직과 인력, 그리고 기구를 지방자치단체로 이전하고 실질적인 자치경찰제 실시를 촉구하는 성명을 발표하였다.

표 1-5 국가 · 지방재정 규모 추이

(단위: 10억원, %)

구 분	1985	1990	1995	2000	2005	2008
일반재정[1)](A)	20,805	48,703	105,451	180,024	260,300	320,066
국가재정(B)	15,000	32,537	72,915	123,916	167,933	195,100
지방재정(C)	5,805	16,166	32,536	56,108	92,367	124,966
GDP[2)]	79,301	178,262	377,349	517,096	815,810	955,200
C/A	27.9	33.2	30.9	31.2	35.4	39.0
C/B	38.7	49.7	44.6	45.3	55.0	64.1
C/GDP	7.3	9.1	8.6	10.9	11.4	14.1
A/GDP	26.2	27.3	27.9	34.8	32.1	33.5

주: 1) 세출순계규모임, 2) 1990년까지 GNP기준 적용.
자료: 1) 기획재정부, 「예산개요」, 2) 행정자치부, 「지방재정연감」, 각 연도, 3) 행정안전부, 「지방자치단체예산개요」, 2008.

64.1%로서 지방자치제의 실시에 따라 지방재정의 규모가 크게 신장되었음을 알 수 있다. 절대규모는 1990년에 비해 21.5배의 성장을 보이고 있다.

2. 국가와 지방자치단체간 재원배분

국가와 지방자치단체간에는 분권화의 문제가 제기된다. 이에는 재원과 업무의 배분이 문제가 된다. 분권화의 정도는 그 나라의 통치형태, 역사적 전통, 재원규모 등에 따라 다르다. 일반적으로 중앙집권형 국가는 국가위주로, 지방분권형 국가는 지방자치단체에게 많은 재원을 배분하고 있다. 재원배분실태를 어떻게 볼 것이냐에 따라 국세와 지방세의 조세중심으로 배분되는 형식적 배분과 지방재정조정재원인 지방교부세, 국고보조금을 포함하여 지방자치단체에 배분했을 때의 실질적 측면에서 살펴 볼 수 있다.

2008년도의 국세와 지방세의 배분비율이 각각 79.2%, 20.8%로 형식적으로는 국세위주로 재원배분이 이루어지고 있음을 알 수 있다. 지방교부세와 국고보조금 등 지방재정조정재원으로 조정을 한 후의 실질적 재원배분실태를 〈표 1-6〉을 통해 살펴보면 국가가 40.3%, 지방자치단체가 59.7%로 나타나 지방에 더 많은 재원이 배분되고 있음을 알 수 있다.

그러나 지방세의 세목과 세율 등의 결정이 국가의 법률에 의하여 결정되고

표 1-6 국가 · 지방자치단체간 재원배분

(단위: %)

구 분		1985	1990	1995	2000	2005	2008예산
형식적 배분	국 세	87.8	80.8	78.8	81.9	77.3	79.2
	지방세	12.2	19.2	21.2	18.1	22.7	20.8
실질적 배분	국 가	74.5	62.4	51.3	48.8	47.2	40.3
	지 방	25.5	37.6	48.7	51.2	52.8	59.7

주: 실질적 배분은 국고보조금을 고려한 비율임.
자료: 1) 기획재정부, 「조세개요」, 2008, 2) 행정자치부, 「지방재정연감」, 각 연도, 3) 행정안전부, 「지방자치단체예산개요」, 2008.

있고, 지방재정조정재원 규모도 법률과 국가예산에 의하여 국가가 결정하고 사업내용도 국가에 의하여 구체적으로 결정되므로 재원배분과정에서 지방자치단체가 배제된 채 국가위주로 결정되므로 지방자치시대에 과연 실질적 배분으로 볼 수 있는가는 논란의 여지가 있을 수 있다. 왜냐하면 자주재정권은 자기결정성과 자기책임성이 중요한 내용이기 때문이다.

3. 국가와 지방자치단체간 세출기능 분담

일반공공행정, 공공질서 및 안전, 통일 · 외교, 국방, 교육, 문화 및 관광, 환경보호, 사회복지, 보건, 농림해양수산, 산업 · 중소기업, 수송 및 교통, 통신, 국토 및 지역개발, 과학기술, 예비비, 기타의 기능별로 정부세출을 분류하는 방식에 의하여 국가와 지방자치단체간의 2008년도 세출기능분담을 일반회계 총계기준으로 살펴보면 〈표 1-7〉과 같다.

통일외교와 국방, 통신분야는 기능상 국가가 전담하고 있고, 고령화 등으로 지출규모가 급속히 증가하고 있는 사회복지분야는 지방이 더 많이 부담하고 있고 향후 부담도 지속적으로 증가할 것으로 예상된다. 자유무역협정(FTA)의 증가로 지원액이 증가하고 있는 농림해양수산분야도 지방이 더 많은 부담을 하고 있다.

표 1-7 국가와 지방간 세출기능의 분담비율

(단위: 10억원, %)

세출분야	국가		지방	
	예산액	비중	예산액	비중
계	174,985	100.0	126,050	100.0
1. 일반공공행정	38,358	21.9	15,895	12.6
2. 공공질서 및 안전	11,031	6.3	2,324	1.8
3. 통일 · 외교	1,960	1.1	0	0.0
4. 국방	26,868	15.4	0	0.0
5. 교육	35,319	20.2	6,909	5.5
6. 문화 및 관광	1,505	0.9	6,685	5.3
7. 환경보호	1,890	1.1	8,297	6.6
8. 사회복지	17,953	10.3	28,352	22.5
9. 보건	4,255	2.4	2,220	1.8
10. 농림해양수산	5,915	3.4	11,419	9.1
11. 산업 · 중소기업	3,502	2.0	2,554	2.0
12. 수송 및 교통	14,608	8.3	13,759	10.9
13. 통신	888	0.5	0	0.0
14. 국토 및 지역개발	6,150	3.5	9,129	7.2
15. 과학기술	2,483	1.4	137	0.1
16. 예비비	2,300	1.3	2,043	1.6
17. 기타	0	0.0	16,327	13.0

주: 일반회계 총계기준.

자료: 1) 행정안전부, 「지방자치단체예산개요」, 2008, 2) 기획재정부, 「2008년도 나라살림」.

Ⅱ. 지방재정의 과제

현대 지방재정이 안고 있는 과제는 국가와의 관계에서 분권화의 문제가 제기되며, 다른 지방자치단체와의 관계에서 형평성의 문제가 해결되어야 하며, 지역주민과의 관계에서 효율성이 확보되어야 한다(김동기, 1998: 14-24).

이와 같은 문제는 어느 국가, 어느 시대에나 보편적으로 발생할 수 있는 문제이나, 지방자치시대의 개막과 더불어 지방자치단체와 지역주민의 목소리가 커지면서 현재적(顯在的)인 문제로 외부에 부각되고 사회문제화 되면서 그 중요성이 더욱 강조되고 있다.

그림 1-3 지방재정관련 상호작용관계

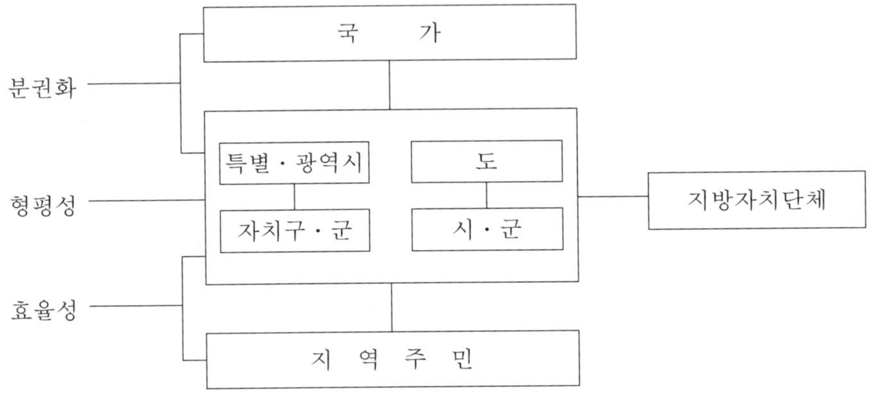

1. 분권화문제

지방재정의 분권화(decentralization)란 재정에 관한 권한과 책임을 지방자치단체인 시 · 도 또는 시 · 군 · 자치구에 분배하는 과정으로 국가와 시대에 따라 달라질 수 있는 상대적 개념이다. 또한 재원배분에 있어서 분권화문제는 특정한 국가의 정부형태(연방형 국가 또는 단일형 국가), 집권화의 정도, 역사적 전통 등에 따라 나라마다 다르다. 따라서 이는 정치적 가치판단의 문제이며 재원배분에 따른 정치적 산물이다.

국가와 지방자치단체간에 세원을 배분하는 방식은 〔그림 1-4〕에서 보는 바와 같이 크게 분리방식(tax base separation)과 공동방식(tax base sharing)으로 구분된다. 공동방식은 다시 사용형태에 따라 중복방식(tax overlapping), 공동세방식(tax sharing) 그리고 양여세방식(tax transfer)으로 나눌 수 있다(이계식외, 1990: 44-46).

우리나라의 재정구조에 있어서 지방재정이 국내총생산(GDP)에서 차지하는 비중은 2008년 예산기준으로 10.8%이며, 총재정에서 차지하는 비중도 45.1%로 일본과 연방형 국가에 비하여 낮은 수준이다. 지방재정에 있어서 제일 중요한 재원인 지방세가 2008년 예산기준으로 35%를 차지하고 있으나, 조세구조가 국세위주(국세 : 지방세=79 : 21)로 되어 있고, 법률에 의하여 세목과 세율이 결정되는 조세법정주의를 취하고 있어 지방자치단체가 별도의 세목을 설정하고 세율

그림 1-4 국가와 지방자치단체간 세원배분 방식

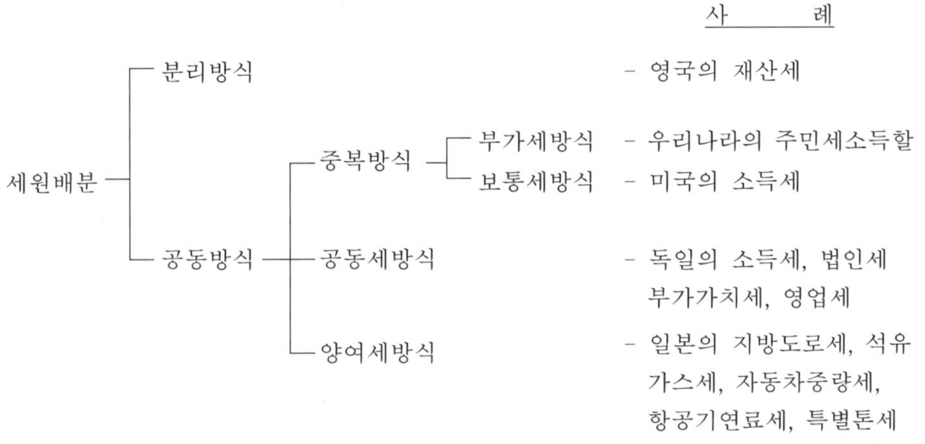

을 인상할 수 없다.

다만 일부 지방세에 대하여 탄력세율을 인정하고 있으나 일본과 같은 법정외세는 인정되지 않고 있다. 2008년 지방예산에서 24%를 차지하고 있는 세외수입의 경우에도 물가에 미치는 영향, 국가정책목적 등으로 800여종이 무료로 제공되고 있으며, 대부분이 원가 이하로 제공되고 있는 실정이다.

재정분권화문제는 또한 국가와 지방자치단체간의 기능분담의 문제이기도 하다. 국방 · 외교 등 파급효과(spillover effect)가 전국적으로 미치는 사업은 국가가 국가재원으로 처리하고, 지방도로 · 지역경제 등 그 편익이 그 지역에 미치는 사업은 그 지역의 지방자치단체가 자체재원으로 처리하되, 광역교통 · 환경문제 등 상호관심사는 그 지역실정에 밝은 지방자치단체가 담당하되 이에 소요되는 비용은 국가지원재원과 지방비로 공동으로 부담하는 것이 합리적인 비용배분기준이다.

그러나 현실적으로 이러한 기준에 의하여 경비부담이 이루어지지 않아 경비부담을 둘러싸고 국가와 지방자치단체간의 갈등과 마찰이 자주 발생하고 있다. 국가사무에 대하여 국비지원을 하지 않거나, 법령에서 정한 기준보조율을 무시하여 지방자치단체에 부담을 전가시키는 경우가 자주 있어 왔다.

2. 형평성문제

지방재정의 형평성(equity)문제는 국가와 지방자치단체간의 수직적 형평성(분권화)과 지방자치단체간의 수평적 형평성 문제로 구분된다. 수평적 형평성은 지방자치단체간 재원배분문제로 지방자치단체마다 인구와 면적이 다르고 지역경제의 발달 정도가 다르므로 지방재정력에 차이가 나게 마련이다. 이에 따라 지방재정지출에 의한 행정서비스수준에 있어서도 차이가 난다. 지역주민들은 생활에 필요한 최소한의 행정서비스를 요구하고 있다. 지방자치제 실시 이후 지방재정력은 꾸준히 강화되어 왔으나 지방자치단체간의 재정력 격차는 더욱 커지고 있어 지방자치제도 자체를 형식화할 가능성이 있다.

가장 널리 쓰이고 있는 재정지표인 재정자립도를 2008년 예산기준으로 살펴보면 시·도의 경우 서울이 85.7%이나 전남은 11.0%에 그치는 등 격차가 매우 심하며, 시·군의 경우에는 더욱 심각하여 성남시가 74.0%이나 신안군은 6.4%인 실정이다. 재정자립도가 50% 미만인 지방자치단체만도 전체의 84.5%인 208개 단체이다. 또한 지방세로 소속직원 등의 인건비조차 해결하지 못하는 단체가 53%나 되고 있어 지방자치단체로서 존립의 문제까지 제기되고 있다. 또한 지방세의 66%, 세외수입의 70%가 서울특별시·광역시·시에 편재해 있어 지방자치단체간의 부익부 빈익빈 현상이 가속화되고 있다.

이와 같은 지방자치단체간 수평적 재정불균형을 시정하고 재정력의 형평성을 도모할 수 있는 중요한 수단은 중앙조정재원인 지방교부세, 국고보조금이다. 그 중에서 지방교부세 특히 보통교부세의 역할이 제일 중요시되고 있다. 그러나 현실적으로 그 조정효과는 크지 않은 것으로 알려지고 있다. 앞으로 지방자치제의 정착에 따라 수평적 재원배분관계도 다양해질 것으로 전망된다. 지방자치단체간 자원배분을 둘러싼 재정적 할거주의와 함께 지역간 조세수출(tax export) 및 조세회피현상이 유발될 것으로 전망된다. 지방재정조정제도가 지방자치단체간의 갈등을 조정하고 자구노력을 유도하는 중요한 수단이 될 수 있으며 이를 잘 활용해야 한다.

3. 효율성문제

지방재정의 효율성(efficiency)은 주로 지방자치단체 그리고 조직내부와 주민과 관련된 문제이다. 재원은 한정되어 있으므로 지역주민의 생활의 질을 향상시킬 수 있도록 효율적으로 활용되어야 한다. 효율성에는 X효율성과 분배적 효율성이 있다. X효율성은 주어진 생산량을 산출함에 있어서 최소의 비용이 투입되어 공급될 때 이루어질 수 있는 상태이다. 분배적 효율성이란 한정된 재원을 각 부문에 배분함에 있어서 사회 전체의 효용이 극대화된 상태이다. 이와 같은 상황이 최적배분상태(Pareto's optimality)이다.

그러나 현실적으로 비효율성이 나타나고 있다. X비효율성은 어느 조직에서나 발생할 수 있으나 정부부문에서 더 심각하게 나타날 수 있는데 조직목적이 불투명하거나 독점적인 경우 그리고 조직이 방대한 경우 생길 수 있다.

니스카넨(W.A. Niskannen)은 심의안건에 대한 관료제의 통제와 정보의 비대칭성을 바탕으로 관료가 예산을 극대화하려는 성향이 있으므로 분배적 비효율성이 나타난다고 보고 있다.[14] 현실적으로 보통 생각하는 것과는 달리 반대되는 결정이 이루어지는 역의 선택(adverse selection)현상이 일어나기도 한다. 두 가지 비효율성이 압력단체간·조직간 할거주의(sectionalism)와 조정능력의 결여에 의해 발생되기도 한다. 서로 자신에게 유리한 의사결정을 하도록 압력을 행사하기도 하고 비효율성을 그대로 방치하기도 한다.

제 5 절 지방재정학의 연구대상과 방법

Ⅰ. 지방재정학의 연구대상

지방재정학은 사회과학의 한 분야로서 지방자치단체의 모든 재정과 경제활동을 연구대상으로 하므로 연구대상이 광범위하고 세계화·지방화·정보화추세에 따라 점차 복잡·다양해지고 있다.

첫째, 지방자치의 본질에 관한 연구이다. 지방자치의 본질과 관련하여 지방자치단체의 사무를 기관위임사무, 단체위임사무, 고유사무로 구분하고 있으며, 이에 따른 비용분담원칙의 설정이 중요하다. 기관위임사무는 국가의 부담으로,

14) 정보의 비대칭성(information asymmetry)이란 각 경제주체들이 보유하고 있는 정보의 질과 양이 서로 다르며, 어느 한쪽이 정보를 독점함으로써 불완전경쟁이 이루어지게 된다는 것을 의미한다.

단체위임사무는 국가의 보조금으로, 고유사무는 지방자치단체의 자체재원으로 부담하여 처리하여야 하고 국가의 관여는 최소한에 그쳐야 한다. 국가사무와 재원의 지방이양에 관한 논의가 활발하게 전개되고 있으며 지방자치시대에 매우 중요하다. 또한 지방자치사무와 교육사무 그리고 경찰사무와의 연계와 관련하여 정부간관계(inter-governmental relations)의 재설정이 요구된다. 1980년대 이후 소련·동구의 중앙지령형 사회주의의 붕괴, 중앙집권형 복지국가의 위기, 발전도상국가의 개발독재체제의 붕괴는 다시 지방자치의 중요성을 인식시켰다(심정근역편, 1997: 19).

둘째, 지방재정규모와 구조에 관한 연구이다. 지방세와 세외수입 등 자주재원과 지방교부세·국고보조금 등 의존재원(지방재정조정재원), 그리고 지방공기업, 지방채 등이 주요한 연구대상이다. 그 규모와 구조는 그 나라의 경제발전정도와 통치형태가 연방제냐 단일제이냐 또한 중앙집권형이냐 지방분권형이냐에 따라 다르다. 지금까지는 주로 지방세와 지방재정조정제도에 치중하여 연구되어 온 감이 있다. 또한 지방세출의 구성과 생산성제고에 관한 연구가 중요하다. 한정된 재원의 생산적인 활용은 오늘날 지방 행·재정개혁 차원에서 주요연구대상이 되고 있다. 이를 위해 여러 가지 형태의 경영행정이 도입되고 있으며, 그 일환으로 제3섹터의 도입과 민간자본의 유치 등 새로운 영역이 발전하고 있다.

셋째, 지방재정관리제도에 관한 연구이다. 지방재정의 자율성과 효율성을 제고하고, 국가재정과의 연계성을 강화할 수 있도록 여러 가지 제도에 관한 체계적 연구가 필요하다. 이에는 지방자치단체 예산편성기준과 지방예산과정, 중기지방재정계획, 대규모 투융자사업에 대한 투융자심사제도, 지방재정분석과 재정위기관리제도, 복식부기제도, 정보공개제도 등이 이에 포함된다. 이와 같은 제도는 지방재정운용의 자율성을 해치지 않는 범위에서 운용되고 발전되어야 한다.

넷째, 지방재정정책에 관한 내용이다. 재정은 자원배분의 조정, 경기조절 및 경제의 안정, 소득재분배를 수행하나 지방재정은 전통적으로 자원배분의 조정기능을 주로 수행하는 것으로 알려지고 있다. 그러나 세계화·지방화·정보화 시대에는 비록 제한적이긴 하지만 지방재정이 지역경제의 활성화와 지역개발 등 지역문제를 적극적으로 해결하여야 한다. 오지·도서 등 취약지역개발, 환경기초시설의 설치 등 환경문제와 같은 지역주민의 최소한의 기본적 욕구(civil minimum)를 해결해주어야 하고 적극적으로는 생활의 질을 향상시키기 위한 노력을 경주하여야 한다. 더욱 지방자치단체장과 지방의원 등 선출직 지방공무원의 경우 차기 선거에서의 승리를 위하여도 지역주민의 입장에서 지방행정을 발전적이고 쇄신적으로 이끌어야 한다.

Ⅱ. 지방재정학의 연구방법

지금까지의 지방재정에 관한 연구가 주로 법률적·제도적 측면에서 이루어져 왔다. 그러나 지방재정현상이란 지방세와 세외수입, 지방세출, 지방교부세 등 지방재정조정제도, 지방예산, 지방공기업, 지방재정관리제도 등 복합적인 내용을 포함하고 있으므로 행정학, 재정학, 경제학, 정치학, 법학 등 여러 분야의 종합학문적 접근(interdisciplinary approach)이 요구된다(신무섭, 1994: 35-43).

1. 규범적·역사적 접근방법

먼저 규범적 접근방법(normative approach)이란 지방재정이 규범적으로 일정한 방향으로 운용되어야 한다(ought to be)는 당위론적 측면에서 논리를 제시하고자 하는 입장이다. 지방자치의 본질과 관련하여 사무의 배분형태와 비용부담원칙의 설정, 지방재정재원의 배분(수직적·수평적 배분) 등과 관련한 연구가 지금까지 제일 많았다. 이에는 연구자의 주관적인 가치판단의 문제가 개입하기도 한다. 지방세의 원칙, 지방재정운영의 기본원칙 등의 연구도 이에 해당된다(이재은, 1996: 42-44).

역사적 접근방법은 특정한 제도가 만들어지게 된 시대적 배경과 제도의 시대적 변천사를 중심으로 연구하면서 보편적 법칙을 발견하려는 입장이다. 지방재정학에서 논의되는 법칙으로는 와그너(A. Wagner)의 경비팽창의 법칙, 중앙집권화원칙, 브레히트의 법칙(지방자치단체의 규모증대에 수반하는 지출의 체증적 증대의 법칙) 등이 있다. 그러나 사회과학분야에는 시공을 초월하여 적용될 수 있는 법칙(law)은 없으며, 새로운 과학의 발견으로 과학혁명이 계속적으로 일어난다. 이와 같은 현상을 쿤은 패러다임의 전환(Paradigm's shift)이라고 표현하고 있다(T.S. Kuhn, 1970: 91-110).

2. 실태분석 · 비교적 접근방법

실태분석방법은 지방재정현상을 "있는 그대로"(things as it were) 객관적인 입장에서 분석하는 방법이다. 지방세, 지방세입, 지방채, 지방세출 등 지방재정 분야에 대한 간단한 통계적 방법을 활용하여 횡단면적으로 분석하는 방법이다. 이들의 대부분은 개별자치단체에 대한 고유한 문제점을 분석하는 것으로 현행 제도가 갖는 문제점을 현상에 근거해 거론하고자 하는 방법이다. 지방재정에 관한 연구는 시·도재정과 시·군·자치구재정을 연구대상으로 하지만 시·군·자치구재정에 관한 연구가 본래의 연구대상이고 이에 대한 집중적인 연구가 이루어져야 한다. 특히 도시화율이 높은 점을 감안하여 도시재정에 대한 심층적 연구가 필요하다. 특정 지방자치단체에 재정적 위기가 초래된 원인에 대한 분석과 대응방안을 강구하는 재정분석·진단방법이 이에 속한다.

비교적 접근방법은 광역자치단체간, 기초자치단체간, 대도시와 중·소도시간, 시·군·자치구간 등 여건이 비슷한 지방자치단체간 또한 외국의 지방자치단체와 국제비교를 하는 등 여러 가지 방법을 선택하여 집중적으로 연구할 수 있다. 우리나라의 경우 도시지방자치단체를 중심으로 한 연구와 남북한 통일에 대비한 통일독일의 지방재정에 관한 연구 등이 활발하게 진행되고 있다. 우리나라 지방재정의 발전을 위하여 주요선진국의 지방재정에 관한 국제적인 비교연구가 필요하다.

3. 분석적 · 계량적 접근방법

지방재정만을 대상으로 연구하느냐에 따라서 부분균형접근방법과 일반균형접근방법이 있다. 부분균형접근방법(partial equilibrium approach)이란 지방재정현상만을 고려하여 지방세, 지방세외수입, 지방채, 지방세출, 지방재정조정제도 등 지방재정을 구성하는 부문을 중심으로 연구하는 방법이다. 경제에 미치는 영향을 포괄적으로 검토하지 못하는 한계가 있다. 그러나 오늘날은 국가재정과 지방재정, 국민경제와 지역경제가 상호연계되어 운용되는 개방경제체제이므로 일반균형접근방법(general equilibrium approach)적 연구가 필요하다. 따라서 일반균형분석방법에는 보다 계량적인 연구방법이 동원되고, 보다 정밀한 분석을 위하여 컴퓨터와 같은 정보처리기기가 동원되기도 한다.

시간적 흐름의 고려에 따라 정태적 분석과 동태적 분석이 있다. 정태적(static) 분석은 특정연도의 지방재정현상을 집중적으로 분석하는 방법이다. 동태적(dynamic) 분석은 시계열적인 측면을 고려하는 연구방법으로 경향분석이 대표적인 방법이다. 경향분석에서는 경향적 추세치뿐만 아니라 경기요인, 계절적 요인, 불규칙요인 등을 종합적으로 고려한 동태적인 분석이 필요하다.

현실적으로 지방재정을 연구함에 있어서 여러 가지 방법을 활용하여 연구를 진행하게 된다.

제 2 장

지방세입론(Ⅰ)-자주재원

제 1 절 지방세입의 의의

Ⅰ. 지방세입의 의의

1. 지방세입의 개념

지방세입(local revenue)이란 지방자치단체가 주민에게 지방행정서비스를 제공하기 위하여 필요한 경비수요를 충당하기 위하여 취득하는 화폐적 수입이다. 1회계연도의 수입이므로 단순한 지방수입과는 구별된다. 지방자치시대에 늘어나는 지방재정수요에 대처하기 위하여 지방세입을 늘리기 위한 지방자치단체의 다각적인 노력이 더욱 요구된다.

지방세입은 첫째, 지방자치단체 경비의 재원으로 충당하기 위한 것이므로 일시차입금과 같이 일시적 경비재원으로 충당되는 것은 지방세입이 아니다. 둘째, 재정수입이 경비의 재원으로 충당되는 것이나 반드시 처음부터 그러한 의도는 필요없다. 셋째, 재정수입은 원칙적으로 화폐형태를 취하나 예외적으로 현물수입이 있을 수 있다. 재산세의 경우 부동산으로 물납(物納)하는 경우가 있다.

2. 지방세입의 특징

(1) 세입원의 다양성

국가는 세입의 대부분이 조세(국세)로 구성되나 지방세입은 매우 다양하다.

지방자치단체의 세입은 조세(지방세) 이외에도 세외수입 그리고 지방교부세, 국고보조금 등 다양한 세입원으로 구성되어 있다.

(2) 의존재원의 존재

지방세입 중 지방자치단체에 따라 정도의 차이는 있으나 국가와 상위지방자치단체로부터 상당한 부분의 의존재원이 지원된다. 특히 도와 중소도시 그리고 자치구와 군의 경우 의존재원의 비중이 매우 높아 국가와 상위지방자치단체로부터 관여를 받게 되는 계기를 제공하게 된다.

(3) 지방자치단체간 불균형

지방자치단체는 여러 행정계층으로 구성되어 있고, 그 수가 많으므로 지방자치단체간에 현저한 차이가 발생한다. 동종의 지방자치단체간에도 지리적 위치나 사회·경제적 여건에 따라 재정규모나 세입구조면에서 큰 차이가 있다. 지방자치단체간 세입의 불균형을 시정하기 위해 국가와 광역지방자치단체의 지방재정조정제도가 도입되고 있다.

Ⅱ. 지방세입의 유형

1. 자주재원과 의존재원

세입의 결정 또는 징수권한이 국가에 있느냐 지방자치단체에 있느냐에 따라 자주재원과 의존재원으로 나눌 수 있다. 자주재원이란 지방자치단체가 자주적으로 직접 징수할 수 있는 수입으로 지방세와 세외수입이 포함된다. 의존재원이란 국가 또는 상위자치단체로부터 지원되는 수입으로 지방교부세, 국고와 시·도비보조금 등이 이에 해당한다.

자주재원과 의존재원으로 구분하는 이유는 재정자립의 정도(일반회계의 총재정규모 중 자주재원의 비율)를 파악하기 위한 것으로 지방재정을 자주적으로 운용하기 위하여 자주재원의 비율이 높은 것이 바람직하다. 지방채수입을 자주재원에 포함시킬 것인가에 대하여 이론(異論)이 있으나 우리나라에서는 그 동안 자주재원에 포함시켜 왔다.

2. 일반재원과 특정재원

비도(費途)를 기준으로 한 분류로, 일반재원은 지방자치단체가 비도를 독자적으로 결정하여 쓸 수 있는 재원이며 이에는 지방세 중 보통세와 일부 세외수입, 지방교부세 등이다. 특정재원은 그 비도가 사전에 지정되어 있으며 지방자치단체가 그 비도를 결정할 수 없는 재원으로 목적세 수입, 일부 세외수입, 국고와 시・도비보조금 등이 이에 속한다.

이를 구분하는 이유는 재정운영상 지방세입에서 점하는 일반재원에 의해서 지방자치단체가 독자적인 입장에서 수행할 수 있는 시책과 사업의 범위를 설정해야 할 필요가 있고, 일반재원의 많고 적음에 의해서 지방재정력, 즉 지방행정수요에 대한 대응력을 판단하는 데 있다(이상희, 1992: 71-2).

3. 경상적 세입과 임시적 세입

세입의 계속성과 안정성을 기준으로 한 분류로 경상적 세입은 매 회계연도마다 계속적으로 확보될 수 있는 수입으로 지방세, 경상적 세외수입 등이다. 임시적 세입은 회계연도에 따라 불규칙적인 특별교부세, 임시적 세외수입, 기부금, 전입금, 이월금, 지방채 등이다.

이를 구분하는 이유는 경상적 지출과 관련해서 경상적 경비는 경상적 세입의 범위에서 이루어지는 것이 수지균형과 재정의 탄력성을 유지하기 위하여 바람직하기 때문이다. 즉 지방재정의 안정성을 도모하기 위하여 경상적 세입을 확충하는 것이 중요한 과제이다.

Ⅲ. 우리나라 지방세입의 구조

1. 총세입구조의 변화

지방자치단체의 일반회계와 공기업 및 기타 특별회계를 합친 모든 회계의 세입순계의 추이를 살펴보면 〈표 2-1〉과 같다. 역사적으로 보면 점차 자체수입이 늘어나고 의존수입이 줄어드는 것은 바람직한 현상이다. 특히 지방세는 일정한 수준을 유지하고 있으나 세외수입의 비율이 다소 늘어나고 있는데 지방자치단체가 다양한 경영수익사업을 전개하는 등 적극적인 노력을 기울인 결과라

표 2-1 지방자치단체 총세입의 추이

(단위: %)

구 분	1980	1985	1990	1995	2000	2005	2008
자체수입	57	76	60	60	68	64	62
지방세	33	25	34	34	33	34	35
세외수입	24	51	26	26	35	30	27
의존수입	46	24	42	38	32	36	38
지방교부세	18	15	14	16	13	19	19
국고보조금	28	9	24	18	13	17	19
지방양여금	-	-	-	4	6	-	-

주: 1) 통계의 일관성을 위하여 지방채는 세외수입에 포함시킴.
2) 1980-2005년까지는 결산기준, 2008년도는 예산기준.
자료: 1) 행정자치부, 「지방재정연감」, 각 연도. 2) 행정안전부, 「지방자치단체예산개요」, 2008.

고 생각된다.

2. 지방자치단체별 세입구조

지방자치단체별로 세입예산의 분포비율을 2008년도 당초예산기준으로 살펴보면 〈표 2-2〉와 같다. 광역자치단체가 전체의 38.9%를 차지하고 있으며 그 중

표 2-2 지방자치단체별 세입배분

(단위: %)

단체별	총규모	일반회계	특별회계
총 계	100	100	100
소 계	38.9	31.4	60.6
특별시	10.7	8.1	18.5
광역시	12.6	9.5	21.6
도	13.6	11.8	19.1
소 계	61.1	68.6	39.4
시	32.5	33.5	29.8
군	16.2	19.4	6.8
자치구	12.4	15.7	2.8

자료: 행정안전부, 「지방자치단체 예산개요」, 2008.

표 2-3 지방자치단체별 총예산 평균 · 최고 · 최저

(단위: 억원)

구분	특별시	광역시	도	특별자치도	시	군	구
평 균	194,343	39,147	47,363	24,723	5,664	2,414	2,128
최고(A) (단체명)	194,343 (서울)	67,372 (부산)	123,841 (경기)	24,723	20,553 (성남)	3,937 (당진)	4,992 (서울 강남)
최저(B) (단체명)	-	20,112 (울산)	23,565 (충북)	-	1,067 (계룡)	1,110 (울릉)	785 (부산 중구)
비율(A/B)	-	3.4배	5.3배	-	19.3배	3.6배	6.4배

자료: 전게서.

에서 서울특별시가 전체 예산의 10.7%, 6개 광역시가 12.6%, 제주특별자치도를 포함한 9개 도가 13.6%를 점유하고 있다. 그리고 기초자치단체인 시 · 군 · 자치구가 61.1%를 차지하고 있으며 그 중에서 시가 32.5%, 군이 16.2%, 자치구가 12.4%를 차지하고 있다.

회계별로 보면 일반회계의 경우는 68.6%가 기초자치단체에 배분되고 있으나, 특별회계의 경우는 반대로 지하철 등 각종 특별회계의 운영으로 60.6%가 광역자치단체에 배분되고 있음을 알 수 있다. 특히 군과 자치구의 특별회계는 활발하지 못하여 적은 비중을 차지하고 있다.

지방자치단체별 예산규모를 2008년도 당초예산 기준으로 살펴보면 〈표 2-3〉과 같이 지리적 위치, 지역적 여건, 경제 · 사회발전정도에 따라 지방자치단체별로 격차가 매우 크다. 광역시간에는 큰 차이가 나지 않고 있으나 도와 시 · 군 · 자치구는 상호간에 큰 차이가 있음을 알 수 있다. 도의 경우 경기도와 충북도간에는 5.3배, 시의 경우 성남시와 계룡시간에 19.3배, 군의 경우 당진군과 울릉군간에는 3.6배, 자치구의 경우 서울 강남구와 부산 중구가 6.4배의 차이가 있다.

지방자치단체별 세입재원 구성분포를 2008년도 당초예산을 기준으로 살펴보면 〈표 2-4〉와 같다. 재정건전도를 가장 잘 나타내는 지표로 평가받고 있는 재정자립도를 2008년도 당초예산 기준으로 살펴보면 서울특별시의 경우는 85.7%의 재정자립도를 보이고 있으며, 광역시는 60.5%의 재정자립도를 보이고 있다. 반면에 도는 35.4%, 제주특별자치도는 25.9%의 재정자립도를 보이고 있

표 2-4 지방자치단체별 세입재원구성(일반회계)

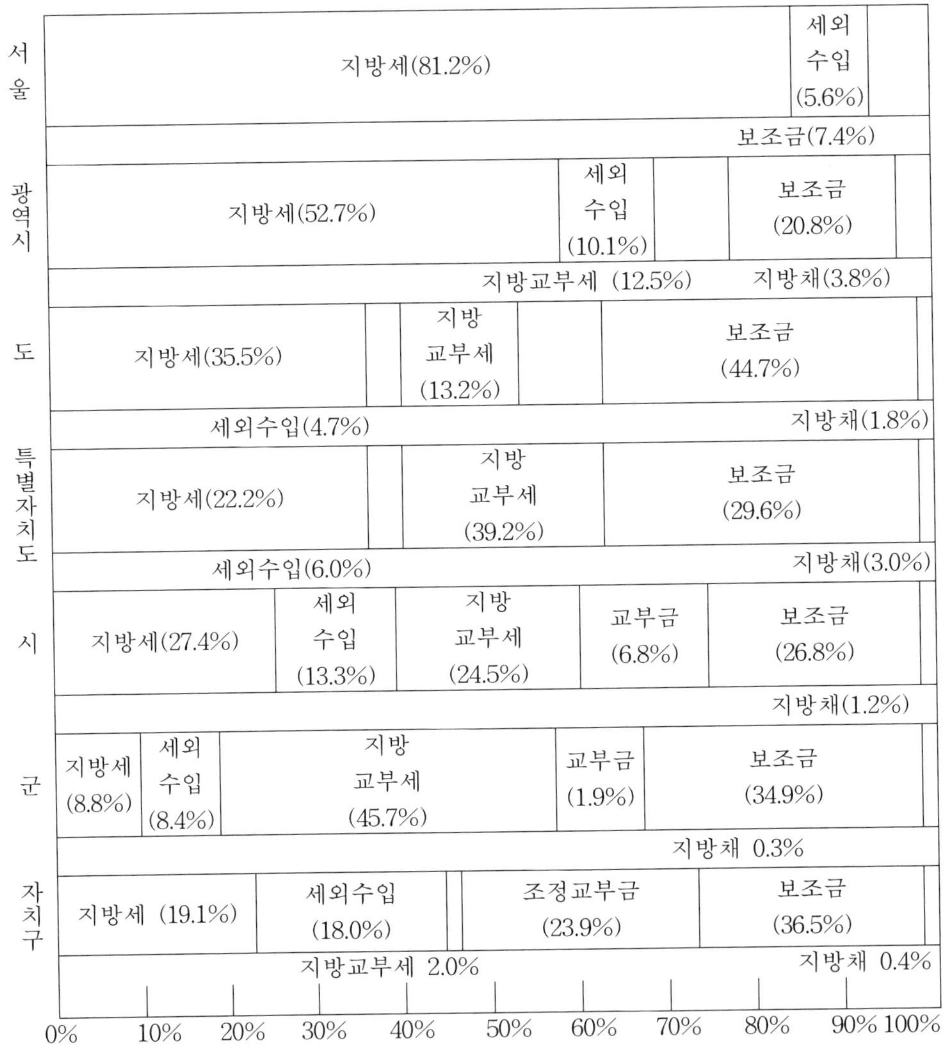

자료: 전게서.

으며, 일반시의 경우는 40.7%의 재정자립도를 나타내고 있다. 그리고 군의 경우는 재정구조가 매우 취약하여 17.2% 수준이고, 자치구는 37.1%의 재정자립도를 보이고 있다.

제 2 절 지방세총론

Ⅰ. 지방세의 의의

1. 지방세의 의의

(1) 지방세의 개념

지방세(local tax)란 지방자치단체가 재정수요에 필요한 재원을 충당하기 위하여 지방자치단체의 의하여 관할구역안의 주민, 재산 또는 수익, 기타 특정행위에 대하여 개별적 보상없이 강제적으로 부과·징수하는 재화를 말한다. 지방세는 246개 지방자치단체가 각각 과세주체가 되고 복수인데 비하여, 국세는 국가가 단일 과세주체가 된다는 점에서 차이가 있다.

국가나 지방자치단체가 과세자주권을 행사할 수 있는 이론적 근거에 대하여는 ① 시대적 변천에 따라 공공수요를 충족하기 위하여 과세권능을 행사할 수 있다는 공공수요설(public demand theory), ② 이익에 대한 대가로 조세를 납부한다는 이익설(benefit theory), ③ 국가나 지방자치단체가 개인의 생명, 재산을 보호하는 보험료라고 생각하는 보험료설(insurance premium theory), ④ 국가존립에 필요한 경비를 구성원이 부담할 의무가 있다는 의무설(obligatory theory) 등이 있다(권강웅, 2000: 12-17).

우리나라는 헌법 제38조에서 "모든 국민은 법률이 정하는 바에 의하여 납세의 의무를 진다"고 규정하여 의무설을 뒷받침하고 있으며 또한 제59조에서 "조세의 종목과 세율은 법률로 정한다"고 규정하여 조세법률주의를 천명하고 있다. 이에 따라 지방세의 세목과 구체적인 내용은 지방세법, 국세및지방세의조정에관한법률 그리고 지방자치단체의 조례로 규정하고 있다.

(2) 지방세의 기능

(가) 지방재정수입의 확보

지방자치단체가 지역주민에게 행정서비스를 제공하기 위하여 필요한 경비를 자체적으로 확보·조달하기 위한 목적이 제일 중요하며 제1차적인 목적이다.

(나) 사회정책적 기능

지방재정도 국가재정의 일부분으로 소득재분배기능을 고려해야 한다. 그러나 소득재분배기능은 국가재정의 주기능이므로 국가의 경우 소득세 누진세율을 적용하고 있으나, 지방세의 경우 다른 지방자치단체로의 조세수출(tax export) 문제가 제기되므로 비례세율을 채택하는 경우가 많다.

(다) 경제정책적 기능

지방산업의 보호·육성, 소비의 억제와 자본의 축적을 위하여 지방산업단지와 농공단지 등 입주업체에 대한 지방세 감면, 농림어업 등 1차 산업에 대한 비과세조치가 이루어진다. 또한 경기조절과 경제안정을 위해 지방세가 한정적으로 활용될 수 있다.

(라) 특수정책적 기능

대도시로의 산업 및 인구집중을 억제하고 토지와 주택에 대한 투기 등을 막고 토지이용의 원활화를 도모하는 한편, 국민정서상 위화감을 조성할 수 있는 별장, 고급오락장 등 사치성재산에 대한 중과세제도를 도입하고 있다.

2. 지방세의 원칙

(1) 조세의 일반원칙

(가) 아담 스미스(A. Smith)의 조세원칙

① 공정의 원칙: 국민은 국가로부터 받는 이익에 비례하여 조세를 부담해야 하고 그러한 조세가 공정한 조세이다.

② 명확의 원칙: 조세의 금액, 납기, 납부방법 등을 널리 명확하게 알리고 법률에 정해진 바에 따라야 한다.

③ 편의의 원칙: 납세자에게 가장 편리한 시기와 방법으로 부과되어야 한다.

④ 징세비 최소의 원칙: 조세는 국고에 납입하는 금액과 국민이 실질적으로 부담하는 금액과의 차이가 최소화, 즉 징세비가 가장 적으면서 많은 수입을 올려야 한다.

(나) 와그너(A. Wagner)의 조세원칙

① 재정정책적 원칙

㉮ 충분의 원칙: 조세의 수입은 재정수입을 충족하기에 충분하여야 한다.

㉯ 탄력성의 원칙: 재정수요의 증감에 따라 조세수입도 증감할 수 있어야

한다.

② 국민경제상의 원칙

㉮ 세원(稅源)선택의 원칙: 소득, 소비, 재산의 세원 중 어떠한 세원을 선택하는 것이 재정정책적으로 유리하고 국민경제를 발전시키는 데 도움이 되는지 세원의 선택을 바로 하여야 한다.

㉯ 세종(稅種)선택의 원칙: 조세부담은 가급적 예정된 담세자에게 귀착되도록 하고 전가의 유무 정도 등을 고려하여 조세제도 전체의 부담이 공정하게 배분되도록 각종 조세가 선택되어야 한다.

③ 공평의 원칙

㉮ 보편의 원칙: 조세는 자연인인 국민은 물론 법인이나 외국인까지도 부담능력에 따라 고루 배분되도록 하여야 한다.

㉯ 평등의 원칙: 공평한 과세란 재산이나 소득의 증가에 따른 급부의 능력이 비례적이라기보다는 누진적이므로 누진세율의 적용, 불로소득과 사치성재산에 대한 중과 등에 의하여 사회정책적 측면에서 공평을 도모해야 한다.

④ 세무행정상의 원칙

㉮ 명확성의 원칙: 납세의무자가 명확하게 이해할 수 있어야 한다.

㉯ 편의성의 원칙: 납세의 방법이나 시기가 납세자에게 편리해야 한다.

㉰ 최소 징세비의 원칙: 세무행정에 따른 비용을 최소화하고 공공재 공급에 필요한 재원이 극대화되도록 해야 한다.

(2) 지방세의 원칙

(가) 부담분임(負擔分任)의 원칙

지방자치단체의 관할구역안에 거주하고 있는 주민은 그 행정에 소요되는 경비를 그 지방자치단체의 구성원이 서로 분담하여야 한다는 원칙이다. 이 원칙에 가장 충실한 지방세로 주민세 균등할이 있으며 지방자치단체에의 참가 회비(membership)적 성격을 띤다.

(나) 응익과세(應益課稅)의 원칙

지방세는 국세와 달리 지역주민이 받는 이익의 정도에 따라 과세하는 응익적 원칙이 적용된다. 즉 능력에 의한 부담(응능과세) 이외에 수익의 정도에 따라 세부담을 배분하는 응익과세의 원칙이 바람직하다.

(다) 보편성의 원칙

세원이 특정지역에 편재되지 않고 모든 지방자치단체에 골고루 분포되어 있어야 한다는 것이다. 국세의 경우 그 세원이 특정지역에 편재되어 있어도 그 세입이 단일한 국고에 귀속되므로 문제가 없으나 지방세의 경우 중요한 원칙이다. 지방자치단체간 경제력의 격차로 세원이 도시지역 특히 대도시지역에 편재되므로 국가가 지방재정조정제도를 통하여 조정해 주어야 한다.

(라) 안정성의 원칙

지방세의 세목은 경기의 변동에 관계없이 그 세입이 해마다 큰 변동이 일어나지 않고 안정되게 신장해나가는 세원이 바람직하다. 재산세 등 토지와 건축물에 대한 재산보유과세가 이 원칙에 가장 충실한 세목이다.

(마) 정착성의 원칙

지방세는 그 과세객체가 가급적 당해 지방자치단체의 관할구역안에 정착화 또는 국지화함으로써 지역적인 이동이 적은 것이 바람직하다. 지방세를 과세했을 때 그 효과가 당해 지방자치단체 내부에서 수렴되는 것이 바람직하며 외부로 파급될 경우 과세권행사에 제약을 받는 등 많은 문제가 제기된다.

(바) 세제자주성의 원칙

지방자치단체가 지방세제에 대하여 자주권을 가질 수 있어야 한다. 표준세율과 제한세율 그리고 법정외세, 선택세제 등의 제도가 지방자치단체에 세목과 세율결정에 관한 재량의 여지를 인정하는 탄력적인 제도이다.

3. 지방세의 분류

(1) 보통세와 목적세

보통세(ordinary tax)는 조세의 징수목적이 사전에 용도가 정해지지 않고 일반적인 용도로 사용될 경비에 충당하기 위하여 징수하는 세이다. 목적세(earmarked tax)는 충당하여야 할 목적을 특별히 정하고 그 경비의 지출에 의하여 직접 이익을 받는 자로부터 징수하는 세이다.

조세는 원칙적으로 성격상 특정한 용도와 결부시킬 수 없으나 도시계획·소방·교육사업 등을 위해서 예외적으로 목적세를 징수할 수 있다(차병권, 1994: 342). 지방세에는 16개의 세목이 있는데 도시계획세, 사업소세, 공동시설세, 지역개발세, 지방교육세의 5개 세목이 목적세이며 나머지 11개 세목은 보통세이다.

(2) 독립세와 부가세

독립세란 국가나 지방자치단체가 세원을 각각 독립적으로 보유하고 독자적인 과세표준에 의해서 과세하는 것이고, 부가세란 다른 과세주체가 부과하는 본세에 부가하여 일정한 세율로써 그 본세의 납세자에게 부과하는 조세를 말한다.

대체적으로 중앙집권국가의 지방세제가 부가세중심으로 되어 있고 지방자치제가 발전한 국가가 독립세중심으로 되어 있다. 우리나라는 국세에 대한 부가세와 지방세에 대한 국세의 부가세가 혼재되어 있다. 부가세를 과함에 있어 될 수 있는 대로 완전하고 결점이 없는 조세를 본세로 선택하는 것이 중요하다(이상희, 1992: 192-195).

(3) 법정세와 법정외세

법정세란 지방세법의 규정에 세목이 있는 조세로서 지방자치단체가 임의세를 제외하고는 과세요건에 해당하는 경우 반드시 과세해야 하는 세이다. 법정외세란 지방자치단체의 자주재정권에 의해서 지방자치단체가 스스로의 필요성과 의사에 의해 조례로서 세목을 설치하여 과세하는 조세이다.

우리나라는 법정세만 있고 법정외세는 채택하지 않고 있다. 그러나 우리나라의 경우 현행 헌법하에서 지방세법에 법정외세의 설치근거를 규정할 수 있는가에 대하여는 조세법률주의와 관련하여 긍정설과 부정설이 대립되고 있다. 그러나 지방자치시대에 긍정적으로 해석하는 것이 바람직하다(이상희, 1992: 195-198; 오연천, 1987: 229).

(4) 재산과세, 소득과세, 소비과세

과세대상에 따른 분류로 재산과세란 재산의 보유와 관련된 조세로서 재산세, 자동차세 그리고 재산의 거래 및 이전에 관련된 조세인 취득세, 등록세 등과 목적세인 도시계획세, 공동시설세 등이 있다. 소득과세는 소득원천을 대상으로 한 과세로서 농업소득세, 주민세 소득할, 사업소세 등이 있으며, 소비과세는 지출에 대한 과세로서 보통세인 면허세, 레저세, 주행세, 담배소비세, 도축세, 지역개발세, 지방교육세 등이 있다.

(5) 기 타

과세주체에 따라 도세와 시 · 군세, 특별 · 광역시세와 자치구세로, 그리고 과세표준을 가격으로 하느냐 혹은 수량 · 용적 등으로 하느냐에 따라 종가세와 종량세로 구분된다.

세법상의 납세의무자와 실질적인 담세자가 일치하는지 여부에 따라 직접세와 간접세로, 그리고 세율이 과세표준에 관계없이 일정한 금액으로 정해져 있는 정액세와 세율이 일정비율로 정해져 있는 정률세로 나뉜다.

Ⅱ. 지방세의 과세요건

1. 과세권과 과세주체

(1) 과세권

지방세는 자주재원의 가장 중요한 부분이므로 지방자치단체에게 자주적으로 과세물건 또는 세율 등을 자율적으로 결정할 수 있는 권한을 부여하는 것이 바람직하다. 이를 위하여 지방자치단체에 과세권이 부여된다. 과세권이 없는 지방자치제는 형식적인 제도에 그치게 되며 그러한 지방자치단체는 생명력이 없는 기관에 불과하다.

과세권은 자주적 과세권으로서 첫째, 지방자치단체는 스스로의 의사에 의하여 세수를 증감할 수 있어야 하고, 둘째, 지방세제는 국가의 조세정책으로부터 영향을 받지 않는 것이 바람직하고, 셋째, 지방세의 부과징수에 관한 사무는 지방자치단체 스스로 행하는 것이 바람직하다. 그러나 세원분리의 곤란, 세부담의 지역적 격차, 국가경제정책과의 불일치, 지방세 체계의 혼란 등으로 최저한의 규제와 제약이 불가피한 실정이다(이상희, 1992: 273).

(2) 과세주체

지방세를 부과할 수 있는 권리를 갖고 있는 주체로서 246개 지방자치단체가 있으며, 지방자치단체의 장 또는 지방자치단체의 장으로부터 지방세의 과세권을 위임받은 세무부서에 근무하는 공무원이 이를 현실적으로 집행하고, 지방세법 및 조세범처벌절차법상 질문・검사권과 압수・수색의 권한이 주어진다.

2. 납세의무자와 담세자

(1) 납세의무자

지방세법상 세금을 직접적으로 납부할 의무가 있는 자를 말한다.

(2) 담세자

담세자란 세금을 실질적으로 부담하는 자이다. 그런데 현실적으로 납세의무자와 담세자가 일치하지 않는 경우도 있다.

지방세의 세목별 납세의무자와 담세자를 예시하면 〈표 2-5〉와 같다.

표 2-5 세목별 납세의무자와 담세자

세목	납세의무자와 담세자
취득세	○ 일반원칙: 취득자 ○ 건축물의 특수한 부대시설: 주된 구조부의 소유자
등록세	○ 등기·등록행위의 권리자
면허세	○ 면허취득자(수시부과) ○ 면허소지자(정기부과)
주민세	○ 개인 및 법인
재산세 도시계획세 공동시설세	○ 일반원칙: 과세기준일 현재의 소유자 ○ 국·공유지매수계약자: 연부(年賦)로 취득하고 과세기준일 현재 무상사용허가를 받은 자 ○ 소유자 불명: 사실상 사용자
자동차세 주행세	○ 공부상의 소유자 ○ 교통세의 납세의무가 있는 자(휘발유·경유 및 이와 유사한 대체유류 등을 제조하여 반출하는 자 등)
농업소득세	○ 작물재배로 발생하는 소득이 있는 자
도축세	○ 도축자
사업소세	○ 사업주
담배소비세	○ 담배인삼공사, 수입업자(담세자: 담배소비자)
레저세	○ 한국마사회(담세자: 승마투표권구입자) ○ 경주사업자(담세자: 승자투표권구입자) ○ 법 제152조의 규정에 의한 과세대상에 해당하는 사업을 영위하는 자
지역개발세	○ 수력·원자력발전소, 지하수채수자, 지하자원채광자, 컨테이너화주(貨主)
지방교육세	○ 등록세, 레저세, 주민세균등할, 재산세, 자동차세, 담배소비세의 납세의무자

3. 과세대상과 과세표준

(1) 과세대상(과세객체)

과세물건이며 과세목적이 되는 것으로 재산, 소득, 수익, 행위 또는 거래 등을 말한다.

(2) 과세표준(과표)

지방세액을 산정하는 기준이 되는 것으로서 과세물건의 수량, 가액, 품질, 면적 등을 말한다. 대부분 일정한 금액(소득금액, 재산가액 등)을 적용하고 있으나 면적, 건수, 배기량, 세대 등을 적용하기도 한다. 과세표준은 세율과 함께 중요하므로 행정세율, 제2의 세율이라고도 한다.

○ 취득세, 등록세: 취득, 등기, 등록 당시의 가액
○ 재산세: 과세기준일 현재의 시가표준액
○ 소득할 주민세: 소득세액, 법인세액, 농업소득세액
○ 자동차세: 배기량(cc)
○ 주행세: 교통세액
○ 농업소득세: 농업소득
○ 사업소세: 사업장면적(재산할) 또는 급여총액(종업원할)

따라서 지방세액은 다음의 공식에 의하여 산출된다.

지방세액＝과세표준(과표)×세율

4. 세 율

세액을 산출하기 위해 과세표준액에 곱하는 비율로서 일정률 또는 일정액이 있는데 반드시 법률로서 규정되어야 한다.

(1) 정액세

면허세, 주민세 균등할, 자동차세, 담배소비세, 사업소세 등에 적용되며 일정액이 부과된다.

(2) 정률세율

① 비례세율: 과세표준의 대소에 관계없이 일정률이 적용되는 세율이다.

② 누진세율: 과세표준이 증가함에 따라 그 전체에 대하여 단순히 고율이 적용되는 단순누진세율과 과세표준을 다수의 단계로 구분하여 각기 증가되는 초과누진세율이 있다.

(3) 탄력세율

기준(표준)세율을 중심으로 지방자치단체별로 일정한 범위내에서 조례로 세율을 가감하여 적용하는 세율로, 법률이 정한 최고(법정상한) 또는 최저(법정하한)를 초과할 수는 없다. 표준세율은 특별한 사유가 없는 한 적용하여야 하며, 제한세율은 최고 및 최저세율을 정해놓고 그 범위내에서 변경이 가능한 세율이다. 제한세율과 표준세율을 병행하여 채택하는 것이 일반적이다. 지방자치단체의 과세자율권의 신장을 위한 조치로 조세법률주의의 완화로 볼 수 있다.

〈표 2-6〉에서 보는 바와 같이 지방세의 탄력세율을 적용할 수 있는 탄력세율은 13개 세목이다. 현실적으로 탄력세율이 적용되고 있는 세목은 주민세, 재산세, 지역개발세 등이나 실제로 적용하고 있는 지방자치단체는 극소수이다.

표 2-6 현행 지방세법상의 탄력세율제도

세 목	과세대상 및 세율	세율 적용가능 범위	탄력세율적용
취득세	ㅇ부동산 등: 2%	표준세율(100분의 50 안에서 조례로 가감조정 가능)	-
등록세	ㅇ부동산등기 -정률세: 0.1%~2% -정액세: 3,000원	〃	-
주민세	ㅇ 균등할 -개인: 10,000원이내 -사업장: 50,000원 -법인: 50,000~500,000원 ㅇ소득할: 소득세, 법인세, 농업소득세액의 10%	개인균등할은 10,000원 이내에서 조정 가능한 제한세율, 그 이외는 표준세율(100분의50 안에서 조례로 가감조정 가능)	ㅇ개인균등할 -최저: 2,000원(전북 완주 · 무안 · 부안군, 전남 광양시) -최고: 10,000원(충북 보은군) ㅇ경북 경산시: 농업소득세할 10%→7.5%
재산세	ㅇ건축물 등: 0.3%~7%	표준세율(100분의 50 안에서 조례로 가감조정 가능)	ㅇ항공기 -서울 강서 · 부산 강서 · 인천 중구 · 제주 제주시 0.3→0.25% -대구동구 0.3→0.2%
자동차세	ㅇ승용자동차cc당 80원~220원 ㅇ정액세: 3,000~157,000원	표준세율(조례로 100분의 50가산 가능)	-

세 목	과세대상 및 세율	세율 적용가능 범위	탄력세율적용
도축세	ㅇ소·돼지시가의 1% 이내	제한세율(1% 이내에서 조례로 결정)	-
도시계획세	ㅇ토지·건축물가액의 0.15%	표준세율(0.3% 이내에서 조례로 결정)	-
공동시설세	ㅇ건축물·선박가액의 0.05 %~0.13%	표준세율(100분의 50 안에서 조례로 가감조정 가능)	-
사업소세	ㅇ 재산할: 사업소1m^{2}당 250원 이내 ㅇ종업원할: 종업원급여총액의 0.5% 이내	1m^{2}당 250원, 급여총액의 0.5% 초과할 수 없는 제한세율	-
지역개발세	ㅇ발전용수: 10m3당 2원 ㅇ지하수: 1m3당 20원~200원 ㅇ지하자원: 광물가액의 0.5% ㅇ컨테이너: 1TEU당 15,000원 ㅇ원자력발전:1kW/0.5원	표준세율(100분의 50 안에서 조례로 가감조정가능)	ㅇ강원: 지역개발세 과세대상 전체 50% 가산 ㅇ경북: 발전용수2원→3원 ㅇ제주: 지하수 20원~200원→30원~300원 ㅇ부산: 컨테이너 15,000원→20,000원
지방교육세	ㅇ본세액의 20%~60%	표준세율(100분의 50 안에서 조례로 가감조정가능)	-

자료 : 행정안전부.
주 : 주행세, 담배소비세는 30%범위 안에서 시행령으로 가감조정 가능

5. 비과세·감면

(1) 비과세

공익상, 정책상, 과세기술상의 이유 등으로 과세대상에서 근본적으로 제외할 수 있다. 지방세법상 비과세의 예로는 ① 국가, 지방자치단체, 외국정부 등에 대한 비과세, ② 제사, 종교, 자선, 학술, 기예 등 비영리사업자에 대한 비과세, ③ 천재, 토지수용 등으로 인한 대체취득시의 비과세, ④ 형식적으로 취득하였을 뿐 사실상 새로운 취득으로 볼 수 없는 신탁·환매 등에 따른 비과세 등이 있다.

(2) 감 면

지방세법상 과세대상이지만 국가정책 또는 납세의무자의 개별적 사정을 고려하여 일정기간(3년, 5년 등) 세액의 일부를 경감하거나 전부를 면제하는 제도이다. ① 지방세법상 감면으로는 농어민 지원, 사회복지 및 국민생활안정 지원, 사회균형발전 등의 지원, 공공법인 등에 대한 지원 등이 있다. ② 조세특례제한법에 의한 감면으로 개인기업의 법인전환, 창업중소기업, 창업벤처중소기업, 법인합병·통합·분할, 기업구조조정 지원, 외국인 투자기업 등에 대한 감면 등이 있다. ③ 조례에 의한 감면으로 사회복지 지원, 평생교육시설, 농어촌지원, 대중교통 등 지원, 서민주택건설 등 지원, 지역발전 지원, 특정 지방자치단체 개발지원 등이 있다.

지방자치단체가 국가의 허가를 받아 조례로 과세면제, 불균일과세, 일부과세를 할 수 있다.

Ⅲ. 지방세의 과세절차

1. 납세의무의 성립과 확정

(1) 납세의무의 성립

① 지방세법에서 정한 요건을 충족하는 경우에 납세의무가 성립되고 납세의무가 성립됨으로써 과세권자(지방자치단체의 장)는 채권자의 위치에 서고 납세의무자는 채무자의 위치에 서게 된다. 납세의무가 성립되기 전에는 고지서를 발부할 수 없다. 납세의무성립의 시기는 과세표준액과 세액산출을 위한 법령적용의 기준과 납세지 관할결정의 기준이 되므로 매우 중요하다.

② 신고납부 또는 보통징수의 성립시기

㉮ 취득세: 부동산, 선박, 자동차, 건설기계, 광업권, 어업권 등 과세물건을 취득하는 날

㉯ 등록세: 재산권·기타 권리를 등기 또는 등록을 하는 때

㉰ 면허세: 각종 면허를 받는 때와 납기가 있는 달의 1일

㉱ 주민세

- 균등할: 과세기준일
- 소득할: 그 과세표준이 되는 소득세, 법인세, 농업소득세액의 납세의무가

성립하는 때

㉤ 자동차세: 납기가 있는 달의 1일

㉥ 주행세: 과세기준이 되는 교통세의 납세의무가 성립하는 때

㉦ 재산세·도시계획세·공동시설세: 과세기준일(6월 1일)

㉧ 농업소득세: 과세기간이 종료되는 때

㉨ 도축세: 소, 돼지를 도살하는 때

㉩ 레저세: 승자투표권 또는 승마투표권을 발매하는 때

㉪ 담배소비세: 제조담배를 제조장 또는 보세구역으로부터 반출하거나 국내로 반입하는 때

㉫ 사업소세

- 재산할: 과세기준일
- 종업원할: 종업원에게 급여를 지급하는 때

㉬ 지역개발세: 발전용수 또는 지하수를 사용 또는 채수하는 때, 지하자원을 채광하는 때, 컨테이너를 입·출항하는 때, 원자력발전을 하는 때

㉭ 지방교육세: 그 과세표준이 되는 세목의 납세의무가 성립하는 때

(2) 납세의무의 확정

납부해야 할 세액이 확정되는 것을 말하며, 추상적인 조세채무를 이행할 수 있도록 구체화시키기 위하여 자진납부 또는 과세권자의 징수결정 등에 의하여 확정되는 것을 말한다.

① 신고납부방식: 자기부과 또는 자기계산납부라고도 하며 납세의무자가 과세표준과 세액 등을 지방자치단체에 신고납부함으로써 납세의무가 확정되는 방식이다. 해당세목으로는 취득세, 등록세, 주민세(소득할) 등이 있다.

② 부과·징수방식: 지방세의 일반적인 징수방법으로 지방세의 과세표준과 세액 등을 부과·고지함으로써 지방자치단체가 납세의무를 확정하는 방식이다. 이 방식을 채택하는 세목으로는 재산세, 자동차세, 면허세 등이다.

2. 납세고지와 지방세 납부

(1) 납세고지

① 기재사항: 납세자로부터 징수할 지방세를 일정한 문서로 통지함으로써 납세의무를 구체적으로 확정하는 행정행위이다. 납세고지서에는 납부 또는 납

입할 지방세의 연도와 세목, 납부 또는 납입기한과 금액, 세액의 산출근거와 납부 또는 납입장소, 구제방법 등을 기재하여야 한다.

② 발부시기와 송달방법: 정기분은 납기개시 5일전, 수시분은 징수결정시 발부하며, 송달은 납세자에게 직접 교부하거나 등기우편으로 하고 교부가 불가능한 경우에는 공시 송달할 수 있다.

(2) 지방세납부

① 납기내 납부: 고지서에 표시된 납기 이내에 납부하는 것이 원칙이다. 지방세는 금고은행 및 수납대행금융기관을 직접 방문하거나 인터넷뱅킹, 폰뱅킹 등을 통하여 납부할 수도 있다. 지방세는 현금으로 납부하는 것이 일반적이나 재산세의 경우 1천만원 초과 납세의무자는 물납(物納)이 가능하다. 지방세담당 공무원은 원칙적으로 현금수납을 할 수 없으나 각 지방자치단체의 조례에서 정한 소액(예: 30만원 이하)의 지방세는 수납이 가능하다.

② 납기전 징수: 납세의무가 성립되어 있으나 납세의무자 또는 특별징수의 무자에게 국세·지방세·기타 공과금에 대한 체납처분을 받을 때, 강제집행을 받을 때, 파산선고를 받을 때, 경매가 개시되었을 때, 법인이 해산한 때, 징수금을 포탈하고자 하는 행위가 있다고 인정될 때, 납세관리인이 없이 관내에 주소 또는 거소를 두지 아니하게 된 때에는 독촉절차를 거치지 않고 해당 지방세에 대하여 체납처분을 할 수 있다.

③ 기한연장: ㉮ 천재지변, 사변, 화재, 그 밖의 이와 유사한 재해를 입거나 도난당한 때, ㉯ 사업상 중대한 위기, 납세자 또는 동거가족이 질병으로 인해 위독·사망하여 납기내 납부가 곤란한 때, ㉰ 정전, 프로그램의 오류 그 밖의 부득이한 사유로 인하여 지방자치단체의 금고 및 체신관서의 정보처리장치의 정상적인 가동이 불가능한 때 3월 이내(재신청시 1회에 한하여 3개월 재연장 가능) 연장이 가능하다.

④ 징수유예 등: 지방자치단체의 장은 납세자가 특별한 사유로 인하여 지방세를 납부할 수 없는 경우 고지유예, 분할고지, 징수유예, 체납처분 등의 조치를 할 수 있다. 이 때 특별한 사유란 ㉮ 풍수해, 낙뢰, 화재, 전화, 기타 재해, 도난 등으로 재산상 심한 손실을 받은 때, ㉯ 사업에 현저한 손실을 받은 때, ㉰ 사업이 중대한 위기에 처한 때, ㉱ 납세자 또는 동거가족이 질병·중상자로 장기치료를 요할 때, ㉲ 기타 이에 준하는 사유가 있을 때 신청에 의하여 6월내(1회에

한하여 6개월 재유예 가능) 유예가 가능하다.

3. 체납자에 대한 조치

(1) 체납자 재산에 대한 강제집행

지방세 납세의무자가 지정된 기한까지 지방세를 완납하지 아니한 경우 체납자에게 독촉을 하고 재산을 압류한 후 압류한 재산을 공매하여 그 매각대금으로 체납된 지방세를 징수할 수 있다.

(2) 납세의무의 간접강제

인·허가 등 관허사업 취소·제한, 납세증명서 제출, 5,000만원 이상 고액체납자 출국금지, 금융거래 신용불량자 등록, 상습체납자 사법기관 고발, 1억원이상 고액체납자 명단공개 등 여러 가지 납세의무를 간접적으로 강제하는 제도를 두고 있다.

4. 납세의무의 소멸

(1) 제척기간과 소멸시효

① 제척기간: 납세의무가 성립된 후 일정기간(5년간) 부과권을 행사하지 아니하는 경우 그 권한이 소멸된다.

② 소멸시효: 납기가 경과하고 일정기간 징수권을 행사하지 아니하는 경우 그 권한이 소멸되는 제도로 5년이다.

(2) 부과취소 및 철회

① 부과취소: 지방세의 부과처분이 위법 또는 부당한 것임이 확인될 때, 이의신청 및 심사청구된 사안으로 계류중이거나 결정이 된 경우이다.

② 부과철회: 송달불능을 사유로 징수유예 등을 한 경우, 지방세확보가 곤란한 경우 부과를 철회할 수 있으며, 소재확인 또는 재산확인시에는 지체없이 부과 또는 징수절차를 이행하여야 한다.

(3) 결손처분

납세자에게 납세능력이 없거나 징수가 현저히 곤란한 경우 법적 안정성 등을 고려하여 지방자치단체가 그 스스로 지방세 채권을 포기하는 행정처분을 내릴 수 있다.

Ⅳ. 우리나라 지방세의 실태

1. 지방세의 연혁과 체계

(1) 지방세의 연혁

우리나라의 지방세체계의 변화를 1960년대 이후부터 간단히 살펴보면 다음과 같다. 1961년 12월 2일 국세와지방세의조정에관한법률을 제정하여 종래 국세 20개 세목, 지방세 18개 세목 합계 38개 세목으로 구성되어 있던 조세체계를 국세 15개 세목, 지방세 13개 세목 합계 28개 세목으로 대폭 개편하였다. 특히 지방세원을 확충하기 위하여 기존의 국세 중 지방세적인 성질이 있는 토지세, 유흥음식세, 마권세, 자동차세 등 4개 세목을 지방세로 이양하고 특별행위세, 어업세, 교통세를 국세에 흡수 통합하였으며 호별세를 폐지하고 소득세, 법인세 부가세를 신설하였다. 1967년 1월 1일 세제개편으로 도세와 시·군세에 존치하였던 국세 부가세가 폐지되고, 시·군세에만 도세부가세가 남게 됨으로써 지방세체계가 훨씬 간편해졌다. 지방교부세가 신설·도입되어 지방세원의 지역적 편중이 다소 완화되었다.

1973년 4월 1일 단행된 지방세제 개편에서는 보통세로서 주민세를 신설하고 대도시 인구집중억제와 지방분산 촉진을 위한 정책세제를 도입하였다. 1974년에는 영세민의 조세부담을 경감하고 사치성재산의 취득과 고급유흥행위에 대하여 중과세하도록 하였으며, 1977년 7월 1일 지방세인 유흥음식세가 부가가치세에 흡수되고 1984년 담배소비세를 신설하고 갑·을류 농지세를 농지세로 통합하는 한편 과세표준을 실질소득액 기준으로 전환하였으며, 1986년말 토지과다보유세가 입법화되었다. 1990년에는 종합토지세가 시·군세로, 1992년에는 목적세인 공동시설세가 시·군세에서 도세로 전환되고, 목적세인 지역개발세가 신설되었다. 그리고 2000년 이후에도 자동차세 세율인하에 따라 주행세를 도입하였고, 지방교육재정확충을 위해 지방세에 부가하던 교육세(국세)를 지방세로 전환하고 과세대상을 확대하여 농지세를 농업소득세로 변경하였다. 2001년 경주·마권세가 레저세로 변경되었다. 2005년에는 종합토지세를 폐지하고 토지·건물의 보유세를 지방세인 재산세와 국세인 종합부동산세로 이원화하여 지방세는 재원조달기능을 국세는 정책세제기능을 담당하게 하였다.

표 2-7 지방세의 구조추이

(단위: 억원, %)

구 분	1980	1990	2000	2006	신장(율)	
					1980-1990	1990-2000
합 계	7,677 (100)	63,674 (100)	206,006 (100)	412,937 (100)	55,997 (729.4)	142,332 (223.5)
소득과세	1,795 (23.4)	5,547 (8.7)	34,297 (16.6)	62,248 (15.1)	3,752 (209.0)	28,750 (518.3)
주민세	1,169	5,487	34,265	62,248	4,318	28,778
농업소득세	626	60	32	-	-566	-28
소비과세	74 (1.0)	16,461 (25.9)	31,210 (15.2)	61,492 (14.9)	16,387 (22,144.6)	14,749 (89.6)
도축세	47	178	512	493	131	334
레저세	27	565	5,655	6,878	538	5,090
담배소비세	-	15,718	22,505	27,026	15,718	6,787
주행세	-	-	2,538	27,095	-	2,538
재산과세	5,257 (68.5)	39,263 (61.7)	128,491 (62.4)	229,956 (55.7)	34,006 (646.9)	89,228 (227.3)
취득세	1,630	11,649	31,482	76,674	10,019	19,833
등록세	1,224	13,776	45,276	79,495	12,552	31,500
재산세	1,194	2,272	7,278	31,089	1,078	5,006
자동차세	569	4,259	20,070	21,337	3,690	15,811
종합토지세	-	4,010	12,817	137	4,010	8,807
도시계획세	510	2,436	8,154	16,062	1,926	5,718
공동시설세	130	861	3,414	5,162	731	2,553
기타과세	551 (7.2)	2,402 (3.8)	12,008 (5.8)	20,182 (4.9)	1,851 (335.9)	9,606 (399.9)
면허세	182	480	2,412	750	298	1,932
사업소세	307	1,456	3,963	6,673	1,149	2,507
지역개발세	-	-	889	1,745	-	889
지방교육세	-	-	-	4,338	-	-
지난연도수입	62	466	4,744	6,686	404	4,278

주 : 반올림에 의해 합계가 맞지 않는 경우가 있음.
자료: 행정자치부, 「지방세정연감」, 2007.

그림 2-1 우리나라의 조세체계

- 조세 (32개)
  - 국세 (16개)
    - 내국세
      - 직접세
        - 소득세-소득세법
        - 법인세-법인세법
        - 상속・증여세-상속・증여세법
        - 부당이득세-부당이득세법
      - 간접세
        - 일반소비세-부가가치세-부가가치세법
        - 개별소비세
          - 특별소비세-특별소비세법
          - 주세-주세법
        - 유통세
          - 인지세-인지세법
          - 증권거래세-증권거래세법
    - 관세-관세법
    - 교통・에너지・환경세-교통・에너지・환경세법
    - 교육세-교육세법
    - 농어촌특별세-농어촌특별세법('94.7월 시행)
    - 종합부동산세 -종합부동산세법('2005.1월 시행)
  - 지방세 (16개) — 지방세법
    - 도세
      - 보통세
        - 취득세
        - 등록세
        - 레저세
        - 면허세
      - 목적세
        - 공동시설세
        - 지역개발세
        - 지방교육세
    - 시군세
      - 보통세
        - 주민세
        - 재산세
        - 자동차세
        - 농업소득세
        - 도축세
        - 담배소비세
        - 주행세
      - 목적세
        - 도시계획세
        - 사업소세

주: 1) 토지초과이득세는 1998년 폐지, 자산재평가세는 2000년 폐지, 전화세는 2001년 폐지, 종합토지세는 2005년부터 폐지.

2) 2001.1월부터 지방세분 교육세(국세)가 지방교육세(지방세)로 전환.

3) 2007. 1월부터 교통세가 교통・에너지・환경세로 전환

자료 : 행정안전부.

우리나라 지방세를 소득과세, 소비과세, 재산과세, 기타과세로 대분류하여 시대적으로 구조를 살펴보면 〈표 2-7〉과 같다. 우리나라 지방세수입에 있어서 재산과세가 제일 큰 비중을 차지해 왔으며 그 비중이 점차 감소하고 있다. 이에 반하여 소득과세와 소비과세는 시기에 따라 그 기복이 매우 심하다. 소득과세의 경우 주민세는 15% 정도의 일정수준을 유지하고 있으며, 농지세는 1975년에는 13.1%의 비중에서 농지세개편으로 아주 미미한 수준으로 명맥만 유지하여 오다가 FTA체결로 농촌의 어려움을 지원하기 위하여 2009년까지 과세유보 하기로 하였다. 소비과세도 1976년 유흥음식세가 폐지됨에 따라 비중이 급감하였다가 1985년 담배판매세(1989년 담배소비세로 전환)가 도입되면서 소비과세의 비중이 1990년 25.9%까지 상승하였다가 15% 수준을 유지하고 있다. 유흥음식세의 대체재원으로 국세인 등록세가 지방세로 이양되고 사업소세가 신설되었다.

(2) 지방세의 체계

우리나라의 조세체계도 경제 및 사회여건의 변동에 상응하여 세제의 기능을 강화하기 위하여 지속적으로 정비·개선되어 왔다. 2008년 1월 현재 우리나라의 조세체계는 〔그림 2-1〕과 같이 국세 16개 세목, 지방세 16개 세목 총 32개 세목으로 구성되어 있다.

우리나라의 현행 지방세는 16개 세목에 보통세 11개세, 목적세 5개세이며, 특별·광역시세가 13개세, 자치구세가 3개세, 도세가 7개세, 시·군세가 9개세이다. 현행 지방세체계는 〈표 2-8〉과 같다.

2. 지방세제의 특징

(1) 국가우위의 세원배분

총조세수입에서 차지하는 지방세의 비중이 1990년 이후 20% 수준을 유지하고 있으며 우리나라의 경우 〈표 2-9〉에서 보는 바와 같이 2008년 예산기준으로 국세와 지방세의 비율이 79.2% : 20.8%이다. 국세와 지방세의 배분은 국가 형태나 지방자치제의 발전 정도에 따라 상이하다. 연방형 국가의 경우 지방세위주로, 단일형 국가는 국세위주로 이루어지고 있다. 우리나라의 지방세 비중은 〈표 2-10〉에서 보는 바와 같이 영국[1]보다는 높은 수준이나 미국과 독일, 일본

---

1) 영국은 단일세제를 운영하고 있으며, 1990년 주거용 건물을 대상으로 하였던 재산세(Rate)

에 비해서는 매우 낮은 수준이다.

(2) 재산과세위주

많은 국가에서 지방세를 경기변동에 관계없이 안정적으로 확보하기 위하여

표 2-8 우리나라의 현행 지방세체계

구 분		특별·광역시세 (13개세)	자치구세 (3개세)	도 세 (7개세)	시·군세 (9개세)
보통세 (11개세)	취득세	○		○	
	등록세	○		○	
	레저세	○		○	
	면허세		○	○	
	주민세	○			○
	재산세		○		○
	자동차세	○			○
	주행세	○			○
	농업소득세	○			○
	담배소비세	○			○
	도축세	○			○
목적세 (5개세)	도시계획세	○			○
	공동시설세	○		○	
	사업소세		○		○
	지역개발세	○		○	
	지방교육세	○		○	

표 2-9 국세·지방세 비중 추이

(단위: %)

구 분	1985	1990	1995	2000	2005	2008예산
국 세	87.8	80.8	78.8	81.9	77.3	79.2
지방세	12.2	19.2	21.2	18.1	22.7	20.8

자료: 행정안전부, 「지방자치단체예산개요」, 2008.

를 폐지하면서 주민세(community charge, 별명 인두세)를 도입하였다가 대처총리가 사임한 이후 1993년 가구원과 재산정도에 따라 할증·할인하는 지방의회세(council tax)를 도입하였다. 주거용 자산가치를 A-H까지 8개로 분류하고 D를 기준으로 차등부과하고 있다. 혼자사는 경우 25%, 사람이 살지 않는 경우 50% 감면하며 거주자 수에 학생, 간호인, 장애인 등은 제외한다(행정자치부, 「선진외국의 지방자치제도 I」: 70-71).

표 2-10 국세대비 지방세의 비율

(단위: %)

연방형 국가			단일형 국가		
미국	독일	영국	일본	프랑스	이탈리아
45.4	49.2	6.0	40.0	22.3	24.1

자료: OECD, Revenue Statistics, 2007.

재산세 위주로 운영하고 있다. 우리나라도 재산과세가 지방세 중에서 압도적으로 많은 비중을 차지하고 있으며 2006년에는 〈표 2-7〉에서 보는 바와 같이 55.7%이다.

재산과세 중에도 거래과세가 지방세에서 차지하는 비중이 한국은 7.2%인데 비하여 일본・독일은 0.7%, 프랑스가 1.6%이고, 미국과 영국은 부동산 취득세가 없다. 반면에 보유과세는 총조세대비 한국 4.0%로, 일본 9.7%, 미국 14.7%, 영국 8.1%에 비하여 비중이 훨씬 낮다.

우리나라의 경우 소득과세가 2006년 15.1% 정도를 유지하고 있어 외국에 비하여 재산과세 위주임을 알 수 있다. 외국의 경우 우리와 같이 단일형 국가이면서도 지방자치단체의 재원의 상당부분이 소득과세로부터 확보되고 있다. 〈표 2-11〉에서 보는 바와 같이 스웨덴의 경우가 99.7%이고 일본의 경우는 63.2%를 차지하고 있다.

표 2-11 소득과세가 지방세에서 차지하는 비율

(단위: %)

스웨덴	덴마크	노르웨이	벨기에	일본	이탈리아	터키	포르투칼	스페인	프랑스
99.7	93	87.6	77.4	63.2	48.1	47	27.2	18.6	12.6

자료: OECD, Revenue Statistics, 1993.

(3) 저조한 신장률과 높은 체납률

우리나라의 지방세체계가 재산과세위주로 이루어져 있으므로 세수의 소득탄력성이 매우 낮은 실정이다. 지방세의 신장률은 국세에 못 미치고 있으며[2)]

2) 국세신장률은 1998년에는 -3.0%, 2000년 22.8%, 2005년 9.6%, 2006년 9.1%였으나, 지방세신

시 · 군의 주세입원인 담배소비세의 경우 금연운동으로 최근 오히려 감소추세에 있으며, 자동차세의 경우도 외국의 자동차시장개방압력의 영향에 따른 지방세제의 개편으로 감소하고 있는 실정이다.

지방세의 징수율도 2006년 92.8%이었으나, 자동차세(88.7%), 종합토지세(86.5%) 등 일부세목의 경우 낮은 수준이고, 과년도분은 38.4%로 매우 저조하므로 징수율 제고를 위한 특별한 대책의 강구가 요청된다.

(4) 세원의 지역별 편재

국세와 마찬가지로 지방세도 세원이 수도권과 대도시에 집중됨으로써 지방자치단체간 심한 재정력 격차현상을 초래하고 있다. 2008년도 예산기준으로 지방세총액의 61.2%가 서울 · 인천 · 경기 등 수도권에 집중되어 있고, 서울특별시와 6개 광역시 등 대도시에 44%가 집중되어 있어 특정지역으로의 편재 양상을 보이고 있다.

주민 1인당 지방세부담액도 〈표 2-12〉에서 보는 바와 같이 지방자치단체별로 큰 격차를 보이고 있으며, 기초자치단체간에도 특히 재정이 열악한 자치구와 군간에 큰 격차를 보이고 있다. 군의 경우 최고 6.8배의 격차를 보이고 있으며, 자치구의 경우는 제일 심하여 29.5배의 격차를 보이고 있어 이의 완화와 시정이 요구되고 있다.

표 2-12 주민 1인당 지방세부담액

(단위: 천원)

구 분	특별시	광역시	도	특별자치도	시	군	자치구
평 균	1,059	656	423	787	408	341	117
최고(A) (단체명)	1,059 (서울)	764 (인천)	556 (경기)	787 (제주)	833 (화성)	924 (연천)	885 (서울 중구)
최저(B) (단체명)	-	582 (광주)	199 (전남)	- -	199 (문경)	135 (영양)	30 (부산 북구)
A/B	-	1.3배	2.8배	-	4.2배	6.8배	29.5배

자료: 행정안전부, 『지방자치단체예산개요』, 2008.

장률은 '98년 -6.8%, 2000년 10.8%, 2005년 5.2%, 2006년 14.8%이었다.

(5) 획일적인 세제와 과도한 정책과세

우리나라는 전국적으로 통일된 지방세체계를 유지하고 있는데 〈표 2-13〉에서 보는 바와 같이 광역과 기초자치단체간에 주력세의 구성에 있어서 큰 차이가 있다. 서울특별시의 경우에는 취득세 16%, 등록세가 16%, 주민세가 16%로 3개 세목이 서울시 전체 지방세의 48%를 차지하고 있다. 광역시도 비슷한 구성을 보이고 있으며, 도의 경우는 취득세가 19%, 등록세 19%, 주민세가 27%로 전체의 65%를 차지하고 있다. 일반시는 취득세, 등록세, 재산세, 주민세가, 군의 경우는 주민세, 재산세, 주행세가 주력세이다. 그리고 자치구의 경우는 주민세가 25%를 차지하고 있다.

우리나라는 조세의 종목과 세율은 법률에 의하도록 하는 조세법률주의를 취

표 2-13 지방자치단체별 세목별분포

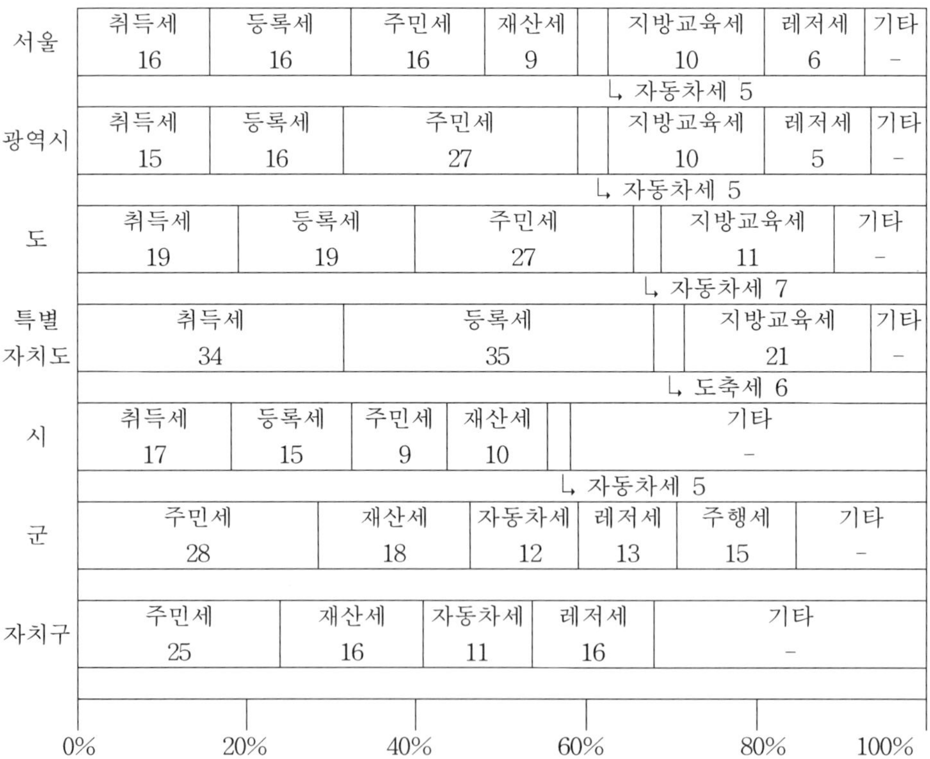

자료: 행정안전부, 「지방자치단체예산개요」, 2008.

하고 있으므로 법정외세의 설치가 불가능하다. 주민세, 자동차세, 도시계획세, 지역개발세 등 일부세목에서 지방자치단체에 재량권을 주는 탄력세율(표준세율과 최고세율을 설정하고 그 범위에서 지방자치단체가 조례로 정함)을 채택하고 있다. 그러나 현실적으로는 조세부담증가에 따른 지역주민이나 지방의회의 조세저항 등을 우려하여 적용을 기피하고 있는 실정이다.

지방세의 비과세·감면규모가 과다한 편으로 지방세징수액 대비 2006년에는 19.5%를 초과하고 있다. 국가가 정책목적 차원에서 감면조례개정표준안을 시달함으로써 지방세수의 감소는 물론 지방세운영의 자주권을 크게 제약하고 지방세체계의 전체입장에서 공평성·중립성을 해칠 수 있다.

2006년도 현재 8조 678억원의 비과세·감면이 있었는데, 그 중 지방세법에 의한 것이 83.6%, 감면조례에 의한 것이 12.3%, 조세특례제한법에 의한 것이 4.1%이다. 세목별로는 취득세가 38.5%, 등록세가 37.4%, 재산세가 13.2%로 3개세가 89.1%를 차지하고 있어 재산과세 위주로 비과세·감면이 이루어지고 있다.

표 2-14 지방세 비과세·감면 내역

(단위: 백만원, %)

세목별	합 계(비중)		지방세법		감면조례	조세특례제한법
			비과세	감면		
합 계	100	8,067,789	2,254,185	4,487,169	992,997	333,438
취득세	38.5	3,105,057	560,733	2,096,926	285,603	161,795
등록세	37.4	3,021,202	314,027	2,270,739	271,818	164,618
면허세	0.1	3,061	3,061	-	-	-
레저세	0.3	26,429	-	-	26,429	-
지역개발세	0.1	248	248	-	-	-
공동시설세	0.8	67,955	59,902	4,686	3,367	-
주민세	0.4	34,345	34,152	-	-	193
재산세	13.2	1,065,985	886,094	94,362	78,742	6,787
자동차세	4.2	336,077	43,070	264	292,742	1
도시계획세	4.5	363,414	318,272	13,249	31,882	11
사업소세	0.5	44,016	34,626	6,943	2,414	33

자료: 행정자치부, 『지방세정연감』, 2007.

Ⅴ. 지방세의 발전과제

1. 과세자주권의 확대

(1) 신세원개발

학계에서 신세원개발 논의는 주로 수익자부담(원인자 부담, 희생자보상)이론에 입각하여 이루어져왔으며 과세대상으로는 (가) 재산과세성격으로 개발이익세, 토지증가세, 광구세 또는 광산세 등, (나) 이용과세성격으로서 ① 산림자원, 수자원, 수산자원, 사리 등에 대한 자원(개발·채취)세, ② 온천, 해수욕장, 골프장, 낚시터, 수렵장, 콘도, 국·공립공원 등에 대한 관광세(입장세 또는 입도세 등), ③ 매스컴 광고행위, 네온사인 등에 대한 간판·광고세, ④ 발전소와 관련된 발전세 또는 원전유치지역 지원을 위한 핵연료세, ⑤ 전주세, ⑥ 궤도세 등과, (다) 환경피해보상성격으로서 ① 환경오염 유발에 대한 공해세 또는 환경보전세, ② 핵폐기물세, ③ 개(犬)세 등이 논의되고 있다(권형신외, 2001: 90-91).

표 2-15 지방자치단체의 신세원 개발방안

구분	신세원 개발방안
서울특별시	광고세 신설, 상속·증여세에 대한 주민세 소득할 신설
인천광역시	벌크화물에 대한 지역개발세 부과
경기도	상속·증여세에 대한 주민세 소득할, 입도세, 온천재산세
강원도	관광세 신설, 지역개발세(수자원·지하자원) 세율인상 및 과세대상확대, 환경보전세 및 광고세 신설
충청북도	관광세 신설
전라남도	광고세, 환경보호세, 관광세, 문화관광시설세, 사리(砂利)채취세, 별장 등 소유세 신설
경상북도	광고세, 상속·증여세에 대한 주민세 소득할 신설
경상남도	관광세·온천세 신설
제주도	입도세·관광세 신설
경기의왕시	내륙컨테이너에 대한 지역개발세 부과

자료: 노근호(2001: 11).

한편 지방자치단체들이 지역의 부존자원과 지역의 특성을 감안하여 새로운 세원으로 개발할 수 있도록 국가에 건의하였거나 추진중인 세목들은 〈표 2-15〉와 같다.

(2) 법정외 세목의 설치

우리나라는 조세법률주의를 취하고 있으므로 일본의 경우처럼 법정외세(법정외 보통세)의 설치는 논란의 소지가 있으나, 지방자치시대에 과세자주권의 확대라는 측면에서 적극적인 검토가 요청된다. 즉 법률에서 여러 가지 세목을 열거하고 세율도 표준세율과 상한선을 정하여 그 테두리 안에서 지방자치단체가 조례로 필요한 세목과 세율을 결정하는 탄력세율(선택세율)제도가 가능하다.

1991년 지방세법을 개정하여 지역개발세와 자동차세에 탄력세율을 도입한데 이어 취득세와 등록세, 재산세 등 13개 세목에도 이 제도를 채택하여 표준세율의 50% 범위내에서 지방자치단체가 조례로 가감조정이 가능하도록 하고 있다. 앞으로 다른 세목으로 확대하여 탄력적으로 부과토록 할 필요가 있다.

(3) 정책과세의 조정

지방세원을 확충하기 위하여 지방세에 대한 비과세와 감면의 대폭적인 축소가 필요하다. 현행 지방세의 비과세와 감면은 지방자치단체가 지역경제를 활성화하고 주민의 복지를 증진하기 위하여 하는 것보다는 주로 국가 정책적 차원에서 이루어지는 것이 대부분이다.

국가 정책적으로 이루어지고 있는 비과세・감면대상 범위를 대폭적으로 축소 조정하거나 국가에서 세수의 결손부분을 지방교부세 등의 지방재정조정제도를 통하여 보전해주는 것이 바람직하다.

2. 국세세원의 지방이양

(1) 세원공동이용방식의 활용

국가가 보유하고 있는 세원을 지방으로 이전할 경우 세원의 편재로 오히려 지방자치단체간 재정불균형을 심화시킬 가능성이 있으므로 독일과 대만의 예처럼 조세분할(tax-sharing, 공동세, 공통세)제도의 도입이 필요하다.

독일의 공동세제도는 수직적 재정조정제도로 소득세, 법인세 및 부가가치세 등 조세를 연방과 지방정부가 통일된 과세방법으로 징수하여 그 일정비율을 연

표 2-16 독일의 공동세목별 배분비율

(단위: %)

세목	연방	주	Gemeinde
소득세	42.5	42.5	15
법인세	50.0	50.0	-
부가가치세	56.0	44.0	-

주: 부가가치세는 1995년 이후의 배분비율임.

방정부 및 주정부, 시 · 군 · 구(Gemeinde)간에 배분하는 제도로 그 구체적 배분비율은 〈표 2-16〉과 같다(이계식 · 박완규편, 1998: 97-99).

우리나라의 경우 주민세 소득할이 국세에 대한 부가세형태의 방식을 채택하고 있으나 앞으로 소득세, 법인세, 부가가치세 등으로 확대하여 징수단계에서 일정비율을 지방세로 자동 편입하는 공동세제도의 도입을 전향적으로 검토할 필요가 있다.

(2) 지방소득세, 지방소비세, 지방환경세의 도입

(가) 지방소득세의 도입

자주재원을 확충하기 위하여 기존지방세로 재원을 확보하는 데 한계가 있으므로 지방소득세, 지방소비세, 지방환경세를 도입하여야 한다. 제안되고 있는 안들을 보면 ① 농지세를 농업소득에 대한 종합적인 소득과세체계로 개편하고 주민세 소득할, 국세인 소득세 중 생산규모가 국지적인 축산업, 임업, 수렵업, 어업소득 등 1차 산업부문의 사업소득세와 양도소득세를 지방세로 이관하여 지방소득세를 신설하는 안, ② 현행 지방세체계내에서 주민세 소득할, 사업소세 종업원할 및 농업소득세 등 소득관련과세를 통합하여 지방소득세를 신설하는 방안, ③ 현행 주민세 소득할, 사업소세 종업원할 등 기존 지방세제의 소득과세 기능을 강화하는 안으로서 주민세 소득할의 세율을 일정수준으로 인상하고 사업소세의 대상을 확대 · 조정하는 안, ④ 소득관련 지방세세목들을 국세에 통합하여 조세체계를 간소화하는 대신에 소득과세의 지방세 수용을 위하여 소득세와 법인세를 공동세로 전환하여 지방소득세를 신설하는 안 등이 제안되고 있다(이재은, 2002: 67-72).

현재 국세인 소득세와 법인세 일부를 지방세로 전환하면서 지방세인 소득할 주민세 등을 합하여 지방소득세를 도입하는 방안이 추진되고 있다.

(나) 지방소비세의 도입

지방공공재의 소비와 관련이 있는 행위에 대하여 지방자치단체가 과세권을 갖는 것이 합리적이다. 이에 대한 방안으로 ① 현행 부가가치세를 이원화해서 부가가치세 도입 이전에 지방세였던 유흥음식점과 각종 유기장 그리고 숙박업, 운수창고업, 개인서비스업 등을 지방세원으로 이양하는 방안, ② 부가가치세를 공동세원화하여 일정비율을 광역자치단체 단위로 징세지주의원칙에 따라 배분하는 방안 등이 있다. 일본은 국세소비세(우리나라의 부가가치세) 세액의 25%를 배분하는 부가세형식으로 도도부현(都道府縣)에서 부과하고 있다. 우리나라에서도 이와 같은 형태의 지방소비세 도입을 검토할 필요가 있다.

(다) 지방환경세의 도입

지속가능한 개발을 이룩하고 지역주민의 삶의 질 향상을 위하여 환경보전이 시대적인 과제로 대두되고 있다. 이를 위한 필요한 재원을 확보하기 위하여 원인자부담원칙에 입각해서 가능한 오염이 발생한 단계에서 과세하는 것이 바람직하다. 유럽에서 보급되고 있는 "폐기물세"가 전형적이다.[3] 폐기물세나 포장세 그리고 석탄·석유·원자력에너지 등 화석연료에 대한 과세를 하거나 일정한 지역의 자동차진입을 억제하기 위한 통행세와 영업시간을 제한하기 위한 시간세를 과세할 수 있다. 그 재원으로 환경보존과 녹화, 공공교통시설의 정비 등의 재원으로 활용할 수 있다.

현재 자동차세에 대하여 재산과세의 일환으로 취득세·등록세와 자동차세가 부과되고 있으나, 자동차가 대기오염과 소음, 미세먼지, 교통사고 등 주된 도시의 환경오염유발요인이 되고 있으므로 앞으로 환경세적인 요소를 가미하여 자동차세를 오염유발 정도에 따라 차등 과세하는 방안을 도입하는 것이 필요하다(이재은, 2002: 78-79).

3. 지방세정의 과학화와 효율성 제고

(1) 징세행정 전산화추진

각종 지방세 납부절차를 EDI(electronic data interchange)방식을 통하여 전산화함으로써 납세자의 편의도모는 물론 세무행정의 효율성도 높여 나가야 한다.

3) 폐기물세란 타이어, 배터리, 자동차 등에 쓰고 버리는 폐기물에 대하여 폐기물세를 과세한 다음에 지방자치단체가 지정한 처리장으로 옮겨 처리한 후 폐기물세를 환부하는 예치금방식의 지방세이다. 운송비용이 드는 경우 과세된 액보다 많은 금액을 환부하는 경우도 있다.

EDI망이 구축되면서 고지서 배부, 납세독려, 현금징수업무가 점차 폐지되고 동시적인 상호점검이 가능해 질 것이다.

지방세도 국세와 같이 콜센터를 설치하여 지방세 민원에 대한 높은 수준의 서비스를 제공할 수 있도록 하는 것이 필요하다.

또한, 일본, 미국에서 도입하고 있는 바와 같이 납입고지서 처리, 세금부과, 납세자료 정리, 체납정리 등 징세행정과 관련된 업무의 민간위탁도 적극적으로 검토할 필요가 있다. 이 경우 행정기관의 철저한 지도와 감독이 동시에 이루어져야 한다.

(2) 지방세 징수기구 및 인력개편

읍・면・동이 주민자치센터로 바뀌면서 지방세 징수업무가 시・도와 시・군・자치구의 업무로 이관되면서 징수율이 크게 떨어졌다. 이는 그 동안 일선 공무원이 안면으로 지방세를 납부하는 경우가 많았음을 의미한다. 따라서 시・군・구단위의 지역별 전담팀의 편성이 필요하다. 또한 장기적으로 지방세징수 업무를 전담할 사업소를 시・도단위로 설치하여 징수액을 세원소재지별로 배분하는 방식도 검토할 수 있다.

지방세담당공무원도 지방세무직을 별도로 운용하고 있으나 승진기회 축소 등을 우려하여 세무직으로의 전직을 꺼리고 있어 의무적으로 일정기간 근무하도록 하되 상위직이 결원될 경우 최우선적으로 세무직으로 보임하고 지방세 징수액 또는 체납징수액에 비례하는 성과급제의 과감한 도입이 필요하다.

(3) 체납액 일소

체납액이 특히 많은 자동차세의 경우 자동차번호판에 자동차세납세필증을 부착토록 의무화하여 외부에서 납세여부를 쉽게 확인할 수 있도록 하고, 체납특별대책반을 편성하여 납세여부를 쉽게 확인할 수 있는 휴대용 소형컴퓨터인 PDA(personal digital assistant)를 중점적으로 보급하여 활용케 한다.[4] 납세의무불이행자에 대하여는 전국은행연합회에 신용정보자료를 제공하여 대출 및 신용카드사용을 제한하는 등 간접제재를 가한다. 뿐만 아니라 체납자의 재산, 봉

4) 미국의 경우 자동차번호판 위에 자동차세 납세필증을 붙이도록 의무화하고 있다. 우리나라의 경우 1977년부터 자동차운전석 좌측에 납세필증을 붙이도록 하였으나 미관상의 이유로 차량소유자가 부착을 기피하자 1995년 이 제도를 폐지하여 납세여부의 확인이 매우 어려운 실정이다.

급, 예금 등에 대한 압류조치를 취하고 고질상습체납자에 대하여는 재산을 압류하여 공매처분하며 과감히 사법기관에 고발, 출국금지 등의 조치를 취한다. 또한 행방불명, 무재산자에 대하여는 과감히 결손 처분하는 조치가 필요하다.

제 3 절 지방세 각론

Ⅰ. 재산과세

1. 취 득 세

(1) 의 의

취득세는 지방세 중에서 기본세로서 가장 역사가 오래되었다. 부동산 등 재산의 취득에 대하여 그 취득자에게 부과하는 보통세이다. 여기에서 취득이란 매매, 교환, 증여, 기부, 법인에 대한 현물 출자, 건축, 공유수면의 매립, 간척에 의한 택지조성 등과 기타 이와 유사한 취득으로서 원시취득, 승계취득, 또는 유상・무상을 불문한 일체의 취득을 말한다.

(2) 과세대상(과세객체)

부동산(토지, 건축물), 차량, 기계장비, 입목, 항공기, 선박, 광업권, 어업권, 골프 회원권, 승마 회원권, 콘도미니엄회원권, 종합체육시설이용회원권 등의 취득행위이다.

(3) 납세의무자

과세대상 물건 및 권리의 취득자인데, 예외로서 ① 법인의 주식을 취득하여 과점주주가 된 때와 ② 지목변경, 차량・기계장비・선박의 종류변경으로 그 가액이 변경된 경우에도 포함된다.

(4) 과세표준

취득가액, 즉 취득당시의 신고가액으로 신고납부가 원칙인데, 과소신고 및 미신고의 경우는 시가표준액이 적용된다. 다만, 주택과 토지의 경우 2006년부터 실거래검증가액으로 한다.

(5) 세 율

(가) 일반세율

취득가액 또는 연부금액의 2%이다. 다만, 개인간의 유상거래로 취득하는 주택에 대하여는 1%로 한다.

(나) 중과세율(2종류)

- 6%: 대도시내의 신·증설공장, 수도권정비계획법에 의한 과밀억제권역내의 본점 또는 주사무소의 사업용 부동산
- 10%: 별장, 골프장, 고급주택, 고급오락장, 고급선박 등의 재산

(6) 부과·징수

과세대상 물건을 취득한 날로부터 30일 이내에 자진신고·납부하는 것을 원칙으로 한다. 그러나 자진신고·납부의무를 이행하지 아니한 경우나, 자진신고·납부액이 적법한 세액에 미달하는 경우에는 보통징수방법에 의하여 징수하는데, 세액의 20%의 신고불성실 가산세 및 1일 10,000분의 3의 납부불성실 가산세가 적용된다. 면세점은 취득가액이 50만원 이하인 경우이다.

2. 등 록 세

(1) 의 의

유통세 및 거래세의 일종으로 재산권 기타 권리의 취득·이전·변경 또는 소멸에 관한 사항을 공부상에 등기 또는 등록할 때 과세한다. 재산권을 제3자로부터 보호해 주는 행정행위에 대한 반대급부적(수수료적) 성격도 갖는다. 1911년 국세로 신설되어 1977년에 국세에서 지방세로 전환되었다.

(2) 과세대상

부동산등기, 선박등기, 법인등기, 상호등기, 자동차등록, 기계장비등록, 항공기등록, 공장 및 광업재단의 등록, 무형재산권(광업권, 어업권, 저작권, 출판권, 공연권, 특허권, 실용신안권, 의장권 등)등록, 상표 및 영업권의 등록, 기타 영업(군납업·건설업자면허 등)의 허가등록 등이다.

(3) 납세의무자

재산권이나 기타 권리의 취득·이전·변경 또는 소멸 등 이동사항을 등기·등록받는 자이다.

(4) 과세표준

(가) 부동산, 선박, 항공기, 자동차, 건설기계

등기・등록당시의 신고가액을, 신고가 없거나 신고가액이 시가표준액에 미달하는 경우에는 시가표준액을 적용한다.

(나) 채권금액

일정한 채권금액이 있을 때는 채권금액을, 없을 때는 채권의 목적이 된 것 또는 처분제한의 재산목적이 된 금액으로 한다.

(5) 세 율

(가) 정률세율

부동산, 선박, 자동차・건설기계 등록, 신탁재산등기, 항공기등록, 공장 및 광업재단등록, 법인등기에 대한 등기요인과 과세표준에 따라 세율이 0.02(20톤 이상 선박의 보존등기)~5.0%(비영업용 승용차 등록)로 다르다. 부동산의 보존등기는 0.8%, 이전등기는 0.3%~2.0%를 적용한다. 다만, 개인간의 유상거래로 인해 취득하여 등록하는 주택에 대하여는 1%로 한다.

(나) 정액세율

상호 등의 등기, 광업권・어업권 등록, 저작권, 상표, 서비스표 등록, 건설업 등록 등이다. 3,000원(저작권 등록, 상속)부터 90,000원(광업권설정등록)까지 다양하다.

(6) 부과・징수

등기・등록을 하고자 할 때 등록세 영수필 통지서・확인서를 등기・등록 신청서류에 첨부하도록 함으로써 사실상 자진신고・납부제도를 채택하고 있다. 자진신고를 하지 아니하거나, 부족세액이 있는 경우에는 보통징수방법에 의하여 징수하는데 세액의 20%의 신고불성실 가산세 및 1일 10,000분의 3의 납부불성실 가산세가 적용되며, 면세점제도는 없다.

3. 재 산 세

(1) 의 의

재산의 소유 그리고 이로 인한 수익의 발생가능성에 대해 과세하는 재산세는 담배소비세와 함께 시・군・자치구의 기간세이다. 과세대상인 토지, 건물,

주택 등 재산의 고정성, 세율의 자주성, 세원으로서의 안정성, 응익적인 성격으로 인하여 가장 적합한 지방세로 알려져 있다.

(2) 과세대상

토지, 건축물, 주택, 선박, 항공기 등이다.

(3) 납세의무자

과세기준일 현재 과세대장에 등재된 토지, 건축물, 주택, 선박, 항공기의 소유자이다. 예외적으로 소유자가 불분명한 때에는 사용자를 납세의무자로 한다. 납세의무자는 재산세 과세대상 물건의 변동(신축, 증축, 개축, 취득, 매도, 멸실 등)이 있는 때에는 이를 신고할 의무가 있다.

(4) 과세표준

2004년 부동산 보유세제의 개편으로 2005년부터는 재산세의 과세표준을 종전의 원가방식에서 시가방식으로 개편하였다.

· 주택 · 토지 : 주택공시가격의 50% 및 개별공시지가의 60%
(주택은 '08년부터 5%씩 인상, 토지는 '06년부터 인상)

· 건축물 : 시장 · 군수 · 구청장이 결정 · 고시한 시가표준액의 60%
('06년부터 매년 5%씩 인상)

· 선박항공기 : 시가표준액의 100%

(5) 세율

· 토지

- 종합합산 과세대상 : 시가표준액 5천만원 이하(0.2%), 5천만원~1억원(10만원 + 초과금액의 0.3%), 1억원초과(25만원 + 초과금액의 0.5%)
- 별도합산 과세대상 : 시가표준액 2억원 이하(0.2%), 2억원~10억원(40만원 + 초과금액의 0.3%), 10억원초과(280만원 + 초과금액의 0.4%)
- 분리과세대상 : 전 · 답 · 과수원 · 목장용지 및 임야(0.07%), 골프장 및 고급오락장용 토지(4%), 공장용지(군과 공업지역), 주택공급용 토지 등(0.2%)

· 건축물

- 일반건축물 : 과세표준액의 0.25%

- 골프장 및 고급오락장용 토지 : 과세표준액의 4%
- 주거지역내의 공장 : 과세표준액의 0.5%

· 주택
- 사치성재산(별장) : 과세표준액의 4%
- 일반주택 : 시가표준액 4천만원이하(0.15%), 4천만원~1억원(6만원 + 초과금액의 0.3%), 1억원초과(24만원 + 초과금액의 0.5%)

※ 다만, 재산세 산출내역이 직전년도 재산세액의 100분의 150을 초과하는 경우에는 100분의 150에 해당하는 금액을 당해연도에 징수할 세액으로 하지만, 당해연도의 주택공시가격이 3억원 이하의 주택의 경우 100분의 105에 해당하는 금액을, 3억원 초과~6억원 이하의 경우에는 100분의 110에 해당하는 금액을 징수할 세액으로 한다.

· 선박 : 고급선박 5%, 일반선박 0.3%
· 항공기 : 과세표준액의 0.3%

(6) 부과 · 징수

· 주택 : 산출세액의 1/2은 매년 7월 16일 ~ 7월 31일 납기로, 나머지 1/2는 매년 9월 16일 ~ 9월 30일 납기로 부과징수 납부
· 건축물, 선박, 항공기 : 매년 7월 16일 ~7월 31일 납기로 부과징수 납부
· 토지 : 매년 9월 16일 ~ 9월 30일 납기로 부과징수 납부

(7) 비과세

국가, 지방자치단체, 주한 외국정부 등의 소유에 속하는 재산과 제사 · 종교 · 학술 · 기예, 기타 공익사업에 직접 사용하는 부동산, 마을회 등 주민공동체 소유건축물, 임시건축물, 백두대간 보호지역안의 임야 등은 비과세 대상이다.

<참고> 종합부동산세

(1) 의 의

부동산 보유세제를 개편하면서 부동산보유에 대한 조세부담의 형평성을 제고하고 부동산의 가격안정을 도모하기 위하여 신설된 국세이다

(2) 과세대상

토지와 주택이다.

(3) 납세의무자

주택분의 재산세 납세의무자는 주택에 대한 세대별 공시가격을 합한 금액이 6억원을 초과하는 자이다. 토지분의 재산세 납세의무자는 종합합산과세대상인 경우에는 과세대상토지의 세대별 공시가격을 합한 금액이 3억원을 초과하는 자, 별도합산과세대상인 경우에는 과세대상토지의 세대별 공시가격을 합한 금액이 40억원을 초과하는 자이다.

(4) 과세표준 · 세율

주택에 대한 과세표준은 납세의무자별로 주택의 공시가격을 합한 금액에서 6억원을 공제한 금액으로 하고, 1.0%에서 3.0%의 4단계 세율로 과세한다. 토지는 종합합산과세 대상인 경우에는 토지의 공시가격을 합한 금액에서 3억원을 공제한 금액을 과세표준으로 하고 1.0%에서 4.0% 3단계 세율을 적용하고, 별도합산 대상인 경우에는 토지의 공시가격을 합한 금액에서 40억원을 공제한 금액을 과세표준으로 하여 0.6%에서 1.6%의 3단계 세율을 적용한다.

(5) 비과세

재산세의 비과세 감면에 관한 법률(지방세법, 조세특례제한법) 및 조례(재산세 감면조례)가 적용된다.

(6) 교 부

종합부동산세를 재원으로 2006년부터 부동산교부세를 신설하여 총액을 매년 지방자치단체에 전액 교부한다. 교부기준은 종합부동산세 신설에 따른 지방자치단체의 세수감소분을 기초로 산정하되, 재정여건, 지방세운영상황, 부동산 보유세 규모 등을 감안하여 배분한다.

4. 도시계획세

(1) 의 의

도시로서의 기능을 원활히 하기 위하여 도로의 개선과 유지, 상 · 하수도, 공원 등 도시계획사업에 필요한 경비를 충당하기 위하여 도시계획구역내의 토지 또는 건축물에 대하여 과세하는 시·군의 목적세이다. 즉, 도시계획사업의 수혜자로부터 그 이익의 범위내에서 도시계획사업비에 충당하기 위하여 부과하는 응익과세성격의 목적세이다. 그러나 당초의 목적세 취지대로 관리·집행되지 않고, 다른 세목과 혼용됨으로써 목적세로서의 기능을 상실하고 있다.

(2) 과세대상

도시계획법의 규정에 의하여 고시된 도시계획구역의 전지역 또는 일부 지역 안에 있는 토지와 건축물이다. 과세대상에서 제외되는 토지는 ① 전·답·과수원, 목장용지, 임야, ② 도시계획법의 규정에 의하여 지형도면이 고시된 공공용지, ③ 개발제한구역(greenbelt) 내 토지(무수혜자에 대한 간접보상 의미가 있음) 등이다. 그러나 그린벨트 내 골프장, 유원지, 지상정착물, 기타 이용시설이 있는 토지는 과세대상이 된다. 재산세 과세대상 중 당해연도에 철거명령을 받은 부분, 개발제한구역내의 주택은 과세대상에서 제외한다. 그러나 별장, 고급주택은 과세대상이 된다.

(3) 납세의무자

부과지역 안에 있는 토지 또는 건축물의 사실상 소유자이다.

(4) 과세표준 및 세율

과세표준은 과세시가표준액으로서 재산세의 과표와 같다. 세율은 표준세율이 0.15%, 제한(최고)세율이 0.23%이다. 제한세율의 운영상황을 보면, 그 신축성의 범위가 극히 좁을 뿐만(0.08%) 아니라 그나마 스스로 이 세율을 정한 지방자치단체는 없다.

(5) 부과·징수

부과구역은 조례로 정하고, 재산세와 함께 고지서에 병기하여 동시 부과하여 보통징수한다.

5. 공동시설세

(1) 의 의

소방시설, 오물처리시설, 수리시설 등과 기타 공공시설의 설치에 필요한 비용을 마련하기 위해 응익과세원칙에 따라 이익을 받는 자에게 부과징수하는 목적세이다. 1992년도부터 소방사무가 시·도지사의 책임으로 됨에 따라 시·군세에서 도세로 변경되었다.

(2) 과세대상

소방의 혜택을 받는 지역(조례로 정함) 내의 건축물 및 선박이다. 토지의 경우에는 오물처리시설이나 수리시설을 위한 공동시설세에만 해당된다.

(3) 납세의무자

과세기준일(6월 1일) 현재 과세대상물건을 소유한 자로 그 시설로 인하여 특히 이익을 받는 자가 된다.

(4) 과세표준 및 세율

과세표준은 건축물, 선박의 과세시가표준액으로서 재산세와 동일하다. 일반과세의 경우 세율은 과세시가표준액의 최저 0.05%에서 최고 0.13%까지 6단계의 초과누진세율이다. 그러나 4층 이상의 건물, 학원, 노래연습장, 단란주점 등 위락시설, 극장, 예식장, 백화점 등 판매시설, 호텔 등 숙박시설, 공장, 위험물 저장 및 처리시설은 일반건축물에 적용되는 세율의 2배로 중과한다. 오물처리시설, 수리시설 등 공공시설에 대한 공동시설세 세율은 토지 또는 건축물 가액의 0.03%이다.

(5) 부과·징수

재산세에 병기하여 보통징수한다.

6. 자동차세

(1) 의 의

자동차세는 ① 재산의 가치에 대한 재산세적 성격, ② 도로손상, 교통체증, 소음, 환경오염 등 외부불경제에 대한 원인자(사용자) 부담금으로서의 목적세적 성격, ③ 차체 감가 등을 감안할 경우 소비세적 성격을 함께 포함하고 있다.

(2) 과세대상 및 납세의무자

자동차관리법의 규정에 의하여 등록된 차량과 건설기계관리법의 규정에 의하여 등록된 덤프트럭 및 콘크리트 믹서트럭을 과세대상으로 한다. 그러나 자동차 생산공장에서 판매를 위해 생산·제작된 자동차나 자동차 판매회사의 상품용 자동차는 제외된다. 납세의무자는 자동차등록 원부상의 소유자가 납세의무자이다.

(3) 과세표준 및 세율

승용, 승합, 화물, 특수, 삼륜 이하 소형의 구분과 배기량, 적재적량, 영업용, 비영업용 등의 구분에 따라 납부세액을 달리한다. 승용차는 배기량 × CC당 세액 = 연세액으로 하되, 영업용과 비영업용으로 구분하고 배기량에 따라 세액을 달리한다.[5] 그리고 2001년 7월 1일부터 차령이 3년 이상인 비영업용 승용자동차에 대해서는 매년 5%씩(12년 50% 상한) 세액이 경감된다. 또한 교통난이 심한 대도시(서울특별시, 6대 광역시)의 경우 1992년부터 당해 지방자치단체장이 필요하다고 인정하는 경우에는 제한세율(표준세율의 50%)의 범위 내에서 조례로 지역 간 차등과세를 할 수 있다.

(4) 부과 · 징수

연간 납부세액을 연 2회 분할하여 보통징수하나, 연납세액을 일시에 신고·납부하는 경우 정상세액의 10%가 공제된다.

(5) 비과세 · 감면

국가·지방자치단체가 국방, 경호·경비, 교통순찰, 소방, 환자수송, 청소 등에 제공하는 차량과 주한외국기관과 국제연합기관사용 자동차는 비과세된다. 또한 국가유공자 및 그 유족, 장애인 승용차에 대한 감면 등이 있다.

5) 한미 FTA 체결에 따라 국회비준 이후 자동차세가 세율구간이 5단계(800cc 이하 80원, 1,000cc 이하 100원, 1,600cc 이하 140원, 2,000cc 이하 200원, 2,000cc 초과 220원)에서 3단계(1,000cc 이하 80원, 1,600cc 이하 140원, 1,600cc 초과 200원)로 축소된다.

Ⅱ. 소비과세

1. 담배소비세

(1) 의 의

담배의 소비행위에 대하여 과세하는 소비세이다. 1984년 국세인 담배판매세로 신설되었다가 1989년에 지방자치제 실시를 위한 지방재정 보강책의 일환으로 국세였던 담배소비세를 지방세로 이양했는데, 이로써 지방자치단체의 재정자립도가 약 5% 높아졌다. 담배소비세는 지방세수입 중 약 10%로서 큰 비중을 차지하고 있다. 그러나 지역별로 큰 차이가 있어, 총세수에서 차지하는 담배소비세의 상대적 비중이 서울특별시 및 광역시의 경우는 적은 편이고, 시・군에서는 큰 비중을 차지하고 있다.

(2) 과세대상

담배를 기호품으로 사용할 수 있도록 가공・제조하거나 수입하는 담배, 즉 흡연용의 제조담배(궐련, 파이프담배, 엽궐련, 각련), 씹는 제조담배, 냄새 맡는 제조담배 등이다. 그러나 엽연초상태의 담배는 과세대상이 되지 않는다.

(3) 납세의무자

납세의무자는 담배의 소비가 가능하도록 원인을 제공하는 자이다. 즉, 제조하는 경우는 제조자(한국담배인삼공사), 수입판매하는 경우는 수입판매업자, 휴대품・탁송품으로 반입하는 경우는 반입자 등이다. 담배를 반출하거나 개업, 휴・폐업하는 경우에는 신고의무가 있다. 납세의무자는 동시에 장부기장과 납세담보제공 등의 의무가 있다.

(4) 과세표준 및 세율

과세표준은 개비수 또는 중량이고, 세율은 정액세이다. 세율은 담배종류에 따라 다르다. 제1종 궐련은 20개비당 641원[6], 파이프담배, 엽궐련, 각련, 씹는

6) 2004년 정부는 세계보건기구(WHO)가 주도하는 국제협약인 담배규제기본협약의 권고 등에 따라 흡연율 감소와 금연정책의 본격적인 추진을 위하여 국민건강검증 기금을 150원에서 354원으로 인상하고, 담배소비세를 510원에서 641원으로 인상하는 등 각종 세금과 기금・부담금의 인상으로 담배의 가격이 500원 가량 인상되었다.

담배, 냄새 맡는 담배 등은 50g당 820~1,310원까지의 정액세이다. 이 세율은 30% 범위 내에서 대통령령으로 조정이 가능한 탄력세율이다.

궐련 20개비당 100원 이하인 경우와 각련 50g당 100원 이하인 경우에는 영세율이 적용된다.

(5) 부과 · 징수

제조자(한국담배인삼공사)는 월별 판매세액을 다음달 말까지 당해 시 · 군별로 자진하여 신고납부한다. 외국산 담배 수입업자는 월별 수입담배의 세액을 다음 달 말까지 수입판매업자 주소를 관할하는 시 · 군에 자진신고 · 납부하는데, 통관시 일괄 부과 · 징수하고 시 · 군별로 국산담배 판매실적에 비례하여 배분한다.

(6) 비과세 · 감면

수출용, 군용, 외항선원, 시험분석 및 연구용, 국가원수 행사용 등의 경우와 여행자가 외국으로부터 반입하는 궐련 200개비까지는 과세가 면제된다.

2. 레 저 세

(1) 의 의

형식적으로는 승자 · 승마 · 전통 소싸움 투표권의 발매에 대하여 과세하는 보통세로 수익세의 일종이다. 실질적으로는 경마 등의 투표권적중배당금을 노리는 사행행위에 대하여 과세하는 소비세 성격의 조세로 볼 수 있다. 1942년 국세로 창설되었다가 1961년 지방세로 이양되었으며, 1994년부터 승마투표행위 외에 경륜(자전거경기)과 경정(요트경기) 그리고 2003년부터 전통소싸움에 대해서도 과세근거가 마련되었고, 1995년부터는 장외발매제도가 있는 지방자치단체에도 레저세가 안분될 수 있도록 지방세법이 개정되었으며, 2001년에는 경주 · 마권세가 레저세로 변경되었다.

(2) 납세의무자

투표권을 발매하는 경주(경륜, 경정, 경마, 전통소싸움)사업자와 한국마사회가 납세의무자이지만, 담세자는 투표권을 구입하는 일반인인 간접세이다. 납세의무자는 장부를 비치하여야 한다.

(3) 과세표준 및 세율

승자 또는 승마·전통소싸움 투표권의 발매금 총액이 과세표준이고, 10%의 세율이 적용된다.

(4) 부과·징수

다음 달 10일까지 과세표준액과 산출된 세액을 경륜장, 경정장 또는 경마장 및 장외발매소의 소재지별로 안분계산하여 자진신고·납부하며, 불이행하거나 신고납부세액이 미달하는 경우에는 10%의 신고불성실 가산세 및 1일 10,000분의 3의 납부불성실가산세를 가산하여 보통징수한다.

3. 도 축 세

(1) 의 의

소·돼지를 도살하는 행위에 대하여 과세하는 행위세 또는 소비세의 성질을 가진 시·군의 독립세이다. 1909년 도장세로 설치된 오래된 지방세이다. 그러나 2007.6.13 한미 FTA 체결에 따라 국내 축산농가 보호와 경쟁력 강화를 위하여 도축세를 폐지키로 하였다. 일본은 1950년, 대만은 1987년 폐지하였고, 중국도 2000년부터 과세를 중지하였다.

(2) 과세대상

과세대상은 소·돼지(개, 말, 양 등은 제외) 도살행위이다.

(3) 납세의무자

소, 돼지의 도살자가 납세의무자이다. 특별징수의무자는 도축장경영자이다.

(4) 과세표준 및 세율

소, 돼지의 시가(1월 1일과 7월 1일에 시장·군수가 결정함)를 과세표준으로 하여 1% 범위 내에 세율(최고제한세율)을 적용한다.

(5) 부과·징수

도축장 경영자는 특별징수의무자로서 장부를 비치·기재하여야 한다. 특별징수가 곤란할 때는 보통징수한다. 특별징수시 부족세액과 미납세액이 발생하는 부당신고의 경우에는 10%의 신고불성실 가산세 및 1일 10,000분의 3의 납부불성실 가산세가 적용된다.

4. 주 행 세

(1) 의 의

지방자치단체의 자주재원을 확충하고 취약한 지방세 세수구조를 개선하기 위하여 국세인 교통세 일부를 재원으로 하여 부가세형태로 2000년에 신설된 지방세로서 휘발유, 경유의 구입금액에 간접적으로 부과되는 소비세의 일종이다.

(2) 납세의무자

휘발유, 경유 등을 제조하여 반출하는 정유업자(5개사: SK, LG, 한화, 쌍용, 현대)와 유류수입업자로서 교통세의 납세의무자(주된 특별징수의무자는 많은 정유공장이 있는 울산광역시장이 됨)를 말하나, 실질적인 납세자는 유류를 사용하는 소비자이다.

(3) 과세표준 및 세율

2007년부터 국세인 교통·에너지·환경세의 27%가 적용되고 있다. 그리고 교통·에너지·환경세율의 변동 등으로 조정이 필요한 경우에는 세율의 30% 범위 내에서 가감할 수 있다.

(4) 부과·징수

신고·납부방법이 적용되나, 신고·납부하지 않거나 신고·납부세액이 산출세액에 미달할 경우에는 산출세액 또는 부족세액의 10%의 신고불성실 가산세 및 1일 10,000분의 3의 납부불성실 가산세를 가산하여 보통징수방법으로 징수한다.

Ⅲ. 소득과세

1. 농업소득세

(1) 의 의

농작물을 재배하여 얻는 소득에 대하여 과세하는 것이므로, 소득세적 성격을 갖는다. 따라서, 국세인 소득세법과 세율구조나 체계가 유사하다. 1991년까지 4평 기준 280만원이었던 농지세 기초공제액이 1992년부터 560만원으로

100% 상향조정됨으로써 농지세부과 농가수가 전체 농가의 0.4%로 감소되어 농지세는 사실상 폐지된 결과를 가져왔다. 업무량 대비 세수 과소로 세제의 존치 여부에 대한 논란이 있어서 2001년부터 농업소득세로 개편되었다.

2005년부터 농산물의 개방에 대비하여 농업의 경쟁력 강화를 위하여 5년간 농업소득세의 과세를 중지하였다.[7] 향후 여건변화를 고려하여 세율인하 등 세제를 개편하는 것이 바람직하다.

(2) 과세대상 및 납세의무자

농지에서 벼(보리, 밀, 옥수수 등 기타 식량작물은 제외)와 특수작물(과수, 인삼, 담배, 채소, 묘목, 약용작물, 차류, 화훼류, 참깨, 들깨, 고추, 콩나물 등)을 재배하거나 재배하게 함으로 인하여 얻은 소득을 과세대상으로 한다. 납세의무자는 농작물을 재배하여 소득을 얻은 자이며 2인 이상인 경우 그 지분에 따라 각각 납세의무를 진다.

(3) 과세표준 및 세율

과세표준은 농업소득금액에서 필요경비(인건비, 종자대 등)와 비과세소득, 감면소득, 기초공제액(560만원)을 공제한 것이다. 세율은 최저 3%에서 최고 40%까지의 5단계 초과누진세율이다. 농업소득금액을 계산할 때 증빙서류가 없을 경우에는 당해 지역의 평균수입금액을 결정하여 적용한다.

(4) 부과 · 징수

농업소득세의 납세의무자가 과세기간 다음 연도 5월 말까지 1년간 농업소득금액을 확정신고하고 자진 납부한다. 사망 또는 해외이주, 농업소득세를 포탈할 우려가 있는 경우 등 특별한 사유가 있는 때에는 수시 부과한다.

(5) 비과세 · 감면

국가 · 지방자치단체에 대한 비과세, 학교, 유아원, 양로원, 사찰 등 학술 · 시험 · 실습 또는 자가소비용에 대한 비과세, 개간 · 간척지 등에 대한 비과세와 천재지변 등에 의한 황지화(荒地化) 및 천재지변 등에 의한 재배시설파손에 따른 특수한 경우의 감면제도가 있다.

---

7) 농업소득세를 폐지하지 않고 과세를 중지한 이유는 다른 소득자와의 형평성을 고려한 것이다. 대만의 경우도 1987년부터 농지세(田賦) 과세를 중지하고 있다.

2. 주 민 세

(1) 의 의

지방자치단체의 구성원에 대한 회비(membership)적 성격의 조세로써 지방세의 특성 및 국민계세(國民階稅)주의 원칙을 가장 잘 나타내고 있는 조세이다. 따라서 비과세·감면이 거의 없다. 고종 8년부터 시행된 호별세가 그 기원이고 현행 주민세는 1973년 4월에 신설·시행되고 있다.

소득할은 개인, 법인과 농지의 소득에 따라 부과하는 조세로서 국세의 부가세(additional tax) 또는 국가와 지방의 공동세(tax sharing)적인 성질을 갖고 있다. 주민세는 지방세수 총액의 약 15%를 차지하고 있다.

그림 2-2 주민세의 구조

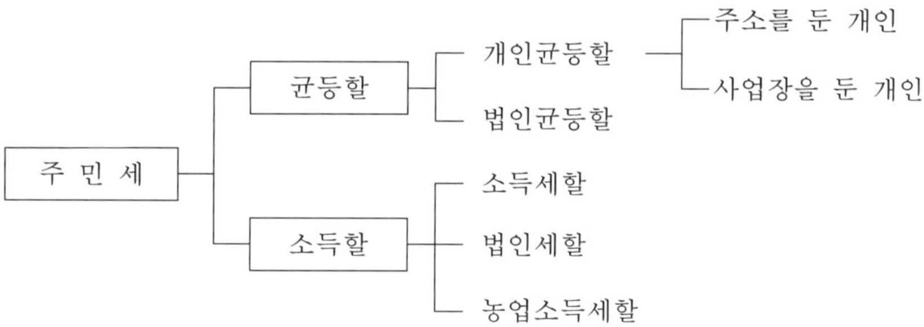

(2) 과세대상

주민세는 균등할과 소득할로 구분되고, 균등할은 다시 개인균등할과 법인균등할로, 소득할은 소득세할, 법인세할, 농업소득세할로 각각 세분된다.

(3) 납세의무자

당해 시·군에 주소를 두고 있는 개인과 법인이다. 소득할의 경우는 그 지역안에서 소득이 발생하면 비록 주소가 없더라도 납세의무가 있다.

(4) 과세표준 및 세율

(가) 균등할

① 개인균등할: 주소지할은 10,000원범위내에서 조례로 정하는 세액으로 하고 사업장할은 사무소 또는 사업소마다 50,000원(조례로 50% 범위내에서 조례로

가감·조정), ② 법인균등할: 종업원, 자본금기준에 따라 5종으로 차등과세한다. 조례로 100분의 50범위내에서 가감조정이 가능하다.

(나) 소득할

소득세액, 법인세액, 농업소득세액의 10%이다.

표 2-17 주민세 법인균등할 과세 표준

종업원 \ 자본금	10억원 이하	10-30억원	30-50억원	50-100억원	100억원 초과
100인 초과	5만원	10만원	20만원	35만원	50만원
100인 이하	5만원		10만원	20만원	

(5) 부과·징수

① 보통징수: 균등할, 소득할(신고불성실 가산세 20%와 납부불성실 가산세를 합한 금액)

② 특별징수: 소득세·법인세(외국법인의 경우), 농업소득세의 특별징수시

③ 자진신고·납부: 균등할은 매년 8월 16일부터 8월 31까지이고, 특별징수 대상이 아닌 소득할은 수시로 신고·납부한다.

(6) 비과세·감면

국가·지방자치단체·주한외국정부기관 등에 대한 비과세, 세대주 이외의 주민과 국민기초생활보장법에 의한 수급자에 대한 균등할 비과세제도가 있다.

Ⅳ. 기타과세

1. 면 허 세

(1) 의 의

등록, 지정, 검사, 검열, 심사 등 특정한 영업설비 또는 행위에 대한 권리의 설정, 금지의 해제 또는 신고의 수리 등과 관련된 행정청의 행정행위에 대해 과세하는 행위세이다. 다른 사람이 받을 수 없는 혜택을 받게 되는 수익성에 대하여 과세하는 수익세의 일종으로서 수수료적 성격을 갖는다. 1950년 국세로 창

설되어 1954년 지방세로 이양되었다.

(2) 납세의무자

면허의 권리향유 여부에 불구하고 지방세법에 열거된 각종 면허를 받는 자이다.

(3) 과세대상 및 과세표준, 세율

1~5종으로 분류하여 개별적으로 정하고 있는 면허(농지전용, 공장설립, 토지형질 변경, 골재채취 등)를 과세대상으로 한다. 면허를 받는 지역이 인구 50만명 이상의 시, 기타 시, 군에 따라 세액을 달리하는 정액세로 되어 있다.

인구 50만명 이상의 시는 12,000원-45,000원, 기타 시는 5,000원-30,000원, 군지역은 3,000원-18,000원으로 다양하다.

(4) 부과 · 징수

수시분(신규면허, 변경면허)과 정기분(갱신면허)으로 나뉜다. 신규면허를 부여받거나 변경받는 경우에는 면허증서를 교부받기까지 면허세를 자진신고하고 납부하여야 한다. 그러나 매년 1회 징수하는 정기분(갱신간주분) 면허세는 보통징수방법에 의한다. 정기분은 매년 1월 16일부터 1월 31일까지이고, 수시분은 면허증 교부시 신고납부한다.

2. 사업소세

(1) 의 의

도시화, 산업화, 경제성장, 소득수준의 향상으로 환경개선에 소요되는 경비는 날로 증가되고 있으나, 목적수행을 위한 재원조달은 어려운 실정에 있다. 사업소세는 환경개선, 공해방지, 교통문제 해소 등에 필요한 비용을 마련하기 위한 목적세이다. 사업소 등을 경영함으로써 지방재정세출원인을 직접 또는 간접으로 유발시켜 그 재정세출 요인을 조성하는 원인자에게 조세를 부담시키는 세목이기도 하다. 또한 각종 지방행정서비스에 대한 응익과세적 성격을 띤다. 1976년에 신설된 지방세이다.

(2) 납세의무자

사업장을 갖추고 종업원을 고용하고 있는 사업주와 건물소유주(2차 납세의무자)이다. 납세의무자는 필요한 사항을 신고하여야 한다.

(3) 과세표준 및 세율

(가) 재산할

과세기준일 현재의 사업소 연면적이 과세표준이 되는데, 사업소 연면적 $1m^2$ 당 250원이다. 폐수와 산업폐기물 배출사업소, 그리고 원자력발전소 등 환경오염 유발사업소에 대해서는 원인자 부담원칙에 따라 차등과세하는데, 일반세율의 2배로 중과세하며 $1m^2$당 500원이다.

(나) 종업원할

종업원에게 지급한 당해 월급여의 총액이고, 세율은 종업원급여총액의 0.5%이다.

(4) 부과 · 징수

종업원할은 다음 달 10일까지, 그리고 재산할은 납기(7월 1일~7월 31일) 안에 자진신고 · 납부하고, 불이행시에는 20%의 신고불성실 가산세 및 1일 10,000분의 3의 납부불성실 가산세를 적용하여 보통징수한다.

(5) 비과세 · 감면

국가 · 지방자치단체 · 주한외국공관 등에 대한 비과세, 제사, 종교, 자선, 학술, 기예 등 비영리사업자에 대한 비과세제도가 있다. 건축물 연면적이 $330m^2$ (100평) 이하인 경우와 종업원수가 50인 이하의 경우는 면세된다.

3. 지역개발세

(1) 의 의

자원세의 일종으로 1992년부터 신설된 세목이다. 지역의 균형개발 및 수질개선과 수자원보호 등에 소요되는 재원을 마련하기 위한 시 · 도의 목적세로서 지방도로 확충, 상 · 하수도시설 개선 등에 사용된다. 지역개발세는 우리나라 지방세제도에서 독특한 위치를 차지하고 있는데, 의무세가 아닌 임의세로서, 조세종목과 세율만 지방세법에서 규정하고, 구체적인 과세대상지역, 부과징수방법 등 과세에 필요한 사항은 지방자치단체의 조례로 정하도록 하는 이른바 선택세제도를 채택하고 있다. 따라서 지역개발세는 과세자주권이 신장된 지방세목으로서 법정세이면서도 사실상 법정외세적인 특성을 갖는 절충형 세목이다.

(2) 납세의무자

수력발전을 하는 자, 지하수를 판매(음용, 목욕용)하기 위한 채수자, 지하자원을 채광하는 자, 컨테이너로 입·출항하는 화주(貨主), 원자력 발전을 하는 자 등이 납세의무자이다.

(3) 과세표준 및 세율

표준세율이 정해져 있는데, 조례로 표준세율의 50% 범위 안에서 조례로 가감조정이 가능하다.

① 발전용수: 발전용에 사용된 물로 $10m^3$당 2원

② 지하수: $1m^3$당 음용수(판매용)는 200원, 온천수(목욕용)는 100원, 기타는 20원

③ 지하자원[8]: 채광된 광물가액(정광된 광물의 가액)의 0.5%

④ 컨테이너: 수출·입 컨테이너에 대해 1TEU당 1만5,000원

⑤ 원자력 발전량 : 1kW 당 0.5원

(4) 부과·징수

필요한 사항은 조례로 정하며, 조례로 정하는 지역에 한하여 부과·징수가 가능하다. 자진신고·납부제도로 되어 있으며, 의무불이행 및 납부세액 미달시에는 신고불성실 가산세 20% 및 1일 10,000분의 3의 납부불성실 가산세를 가산하여 보통징수방법에 의하여 징수한다.

(5) 비과세·감면

국가·지방자치단체가 과세대상 자원 등을 직접 개발하여 이용하는 경우와 생산된 전력을 국가와 지방자치단체 등에 무료로 제공되는 경우 그 부분에 대한 비과세 등이 있다. 천재·지변 기타 특수한 사정이 있는 경우의 감면제도가 있다.

(6) 기 타

지역개발세는 세율이 너무 낮고, 과세대상이 축소되어 있어 지방세수 확충에 큰 보탬이 되지 못하고 있으며, 다만 세목신설에 그 의의가 있는 실정이다.

---

8) 현재 지하자원으로서 과세대상은 석회석(97.4%), 고령토, 규석, 규사 등이다.

과세대상 확대와 함께 세율인상의 필요성이 있다.

4. 지방교육세

(1) 의 의

교육의 질적 향상을 도모하기 위한 학교시설과 교원처우개선 등에 필요한 재원을 확보하기 위하여 1981년 국세의 목적세로 제정되었으며, 1991년부터 지방세에 부가하여 국세인 교육세로 과세하고 있던 것을 2001년 1월 1일부터 시·도세로 전환한 세목이다. 지방교육세액은 지방세로 징수되지만 지방자치단체의 일반재원으로는 사용할 수 없으며 모든 세액은 지방교육재정특별회계로 전출시켜야 한다.

(2) 납세의무자

등록세(자동차등록은 제외), 레저세, 주민세 균등할, 재산세, 비영업용 승용차에 대한 자동차세, 담배소비세의 납세의무자이다.

(3) 과세표준 및 세율

등록세 등 6개 지방세목에 대한 부가세이므로 과세표준은 이들 세목의 과세액이 되고, 세율은 10%에서 60%까지 세목에 따라 정률로 정해져 있다. 조례가 정하는 바에 따라 50% 범위안에서 가감·조정할 수 있다.

(4) 부과·징수

납세의무자가 등록세, 레저세, 담배소비세를 신고납부할 때에 그에 대한 지방교육세를 신고·납부하지 않거나 신고·납부액이 산출세액에 미달한 경우에는 미납부세액의 신고불성실 가산세 10% 및 1일 10,000분의 3의 납부불성실 가산세를 가산하여 보통징수한다. 그리고 정기분 주민세 균등할, 재산세, 자동차세를 부과·징수할 때에는 그에 대한 지방교육세를 부과·징수한다.

제 4 절 지방세외수입

Ⅰ. 지방세외수입의 의의

1. 지방세외수입의 개념

지방세외수입(local non-tax revenue)이란 일반적으로 지방재정세입 중 지방세와 지방교부세, 보조금을 제외한 자체수입을 말하며, 지방세에 대응하는 개념이다. 지방자치시대를 맞이하여 각급 지방자치단체가 경영행정(governance)을 표방하고 각종 경영수익사업을 활발하게 전개하면서 지방세외수입분야가 점차 증가하고 질적으로 다양화되고 있다.

지방세외수입의 개념은 광의와 협의 그리고 최협의 3가지 개념이 있다.

(1) 광의의 지방세외수입

지방자치단체의 수입 중 지방세, 지방교부세, 보조금을 제외한 모든 수입을 말한다.

(2) 협의의 지방세외수입

일반회계상 경상적 수입(최협의)과 특별회계상 사업수입을 의미한다.

(3) 최협의의 지방세외수입

일반회계의 사용료, 수수료, 재산임대수입 등 매년 반복적으로 징수되는 경상적 수입을 말하며 세외수입 중 가장 보편적인 수입원이다.

2. 지방세외수입의 특징

(1) 다양성

지방세외수입은 수입근거가 다양하므로 그 종류가 많고 복잡하다. 지방세외수입에서 제일 큰 비중을 차지하고 있는 사용료, 수수료만 해도 주민등록법 등 407개 법령과 649개의 지방자치단체조례에 의하여 징수대상과 요율이 결정된다.

(2) 응익성

공공시설의 사용, 행정서비스의 제공에 대한 반대급부 또는 대가로 징수하므로 응익성(應益性)을 띠게 되고 지방세와는 달리 징수에 따른 주민의 마찰이나 저항이 적다. 따라서 지방자치단체의 노력여하에 따라서는 세수증대가 어느 정도까지 가능한 자주재원이다.

그림 2-3 지방세외수입의 체계

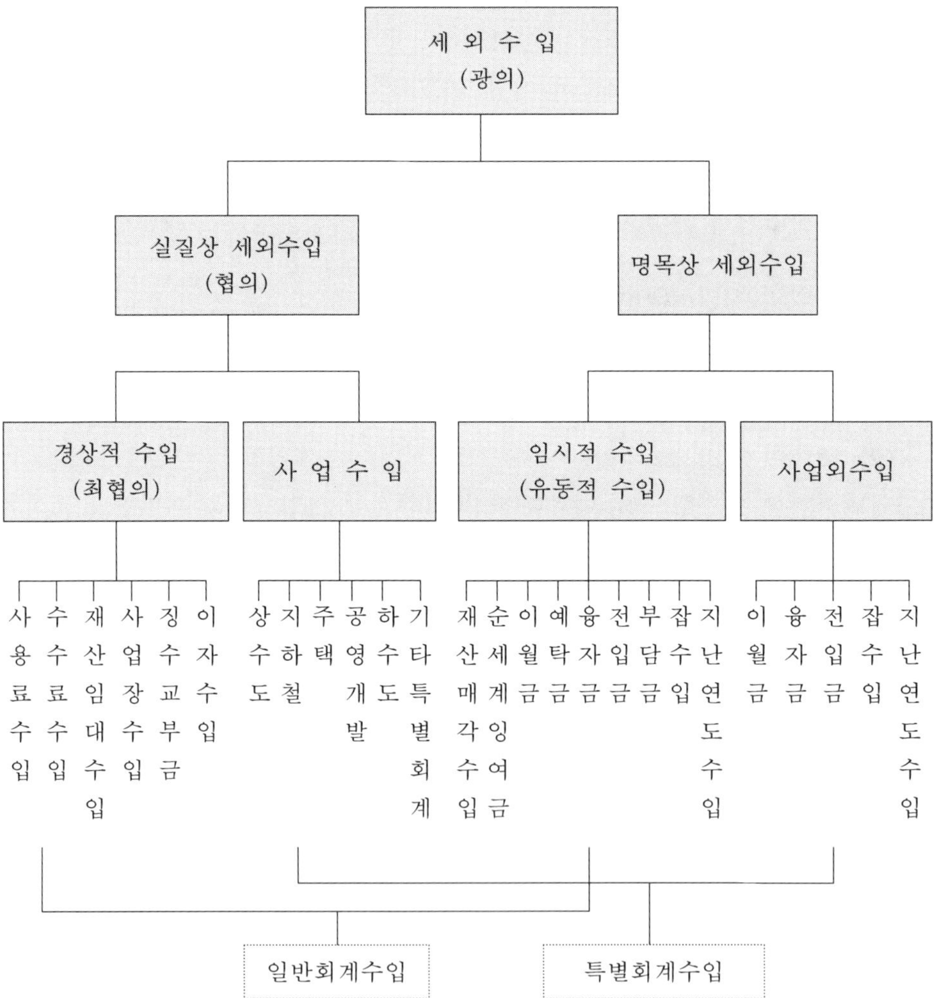

(3) 비도(費途)의 지정

법적 근거에 따라 비도가 지정되는 경우가 많다. 대부분 세출예산과 연결되고 있다. 예컨대 하천사용료수입은 하천관리(하천법), 공원사용료수입은 공원개발・관리(자연공원법), 자동차운수사업과징금은 교통안전시설 등의 확충(자동차운수사업법), 주정차위반과태료는 주정차시설확충(주차장법)에 사용되어야 한다.

(4) 징수형태

현금으로 징수하는 것이 원칙이나 수입증지도 혼용되며 여러 가지 증명의 발급에 대한 수수료 등의 경우에 많이 이용된다.

(5) 저렴성

사회정책적인 차원에서 무료 또는 저렴하게 요금이 책정되어 공급되는 경우도 많이 있다.

Ⅱ. 지방세외수입의 내용

1. 경상적 세외수입

(1) 사용료수입

사용료(user charge)란 지방자치단체가 설치한 공공시설을 특정한 개인이 사용할 경우 그 편익에 대한 반대급부로 징수하는 공과금이다. 하천 및 공유수면점・사용료, 도로점・사용료, 도축장 사용료 등이 대표적이다.

(2) 수수료수입

지방자치단체의 활동에 대하여 개별적인 이익을 얻는 자로부터 그 비용의 일부를 징수하는 공과금이다. 오물수거수수료, 제증명수수료, 주민등록 발급수수료 등으로 사회발전에 따라 수수료의 종류도 증가하고 있다.

(3) 재산임대수입

지방자치단체가 국・공유재산을 관리・운영함으로써 발생하는 수입을 말한다. 지방자치단체가 관리하는 국・공유재산(토지, 임야, 건물 등)에 대한 임대수입이다.

(4) 사업장수입

지방자치단체에서 운영하는 잠종장, 종축장, 임업시험장, 원종장 등 사업장에서 생기는 생산물(잠종, 우량종축, 농산물, 묘목 등)의 매각수입이다.

(5) 징수교부금수입

국세, 도세, 하천점·사용료 및 도로점·사용료 등을 시·군이 징수할 경우 징수위탁기관인 국가 또는 시·도에서 교부하는 것이다. 현행 시·도세에 대한 징수교부금(시·군·자치구가 징수하는 시·도세에 대한 징수수수료)은 3%이다.

(6) 이자수입

지방자치단체가 그 세입금(자금)을 금고 등에 예치함으로써 발생하는 과실수입이다. 지방세입규모가 커지고 장기간 금고에 체류하는 경우가 많아 효율적으로 수립·운용할 경우 높은 수입이 기대된다.

2. 임시적 세외수입

(1) 재산매각수입

지방자치단체의 매각계획에 따라 공유물건인 잡종재산을 매각하여 얻는 수입과 국유재산법령에 의하여 은닉된 국유재산 또는 부동산을 발견하여 신고한 때 지급받게 되는 보상금 그리고 재산교환에서 발생한 교환차익수입이 포함된다.

(2) 순세계잉여금

명시이월, 사고이월, 계속비이월 등을 공제한 잔액이다. 이는 다음연도 세출예산에 구애됨이 없이 지방채의 원리금과 차입금을 상환할 수 있다.

(3) 이월금

전년도의 결산결과 생긴 잉여금 중 당해연도로 이월된 것으로 명시이월금, 사고이월금, 계속비이월금, 보조금 사용잔액을 말한다.

(4) 기부금

일반국민, 공공단체 또는 기타 기관이 자발적인 의사에 따라 지방자치단체에 제공하는 금품으로 지정기부금(기부시 사전에 용도를 지정)과 보통기부금이 있다.

(5) 융자금회수수입

민간 또는 지방자치단체로부터 융자한 금액을 회수하는 원리금수입이다.

(6) 전입금

당해 지방자치단체 내부의 다른 회계 또는 기금으로부터의 자금이동으로 생기는 소위 회계조작상의 수입이다. 전입금은 특별회계수입의 일반회계전입금과 일반회계의 특별회계전입금이 있다.

(7) 부담금

특정한 공공사업으로부터 특별한 이익을 받는 자로부터 그 사업에 필요한 경비의 전부 또는 일부를 부담시키기 위하여 징수하는 공과금이다. 특별부과금적 성격을 띤다. 부담금은 ① 당해 공공사업으로부터 특별한 이익을 받는 자에 대하여 그 수익의 범위내에서 사업경비의 일부를 부담하게 하는 수익자부담금(예: 하천부담금, 항만부담금 등)과, ② 그 사업을 하게 한 원인이 되는 행위를 한 자에게 과해지는 원인자부담금(예: 교통유발부담금), ③ 그 사업의 시설을 손괴한 자에게 과해지는 손괴자부담금(예: 도로파손부담금 등), ④ 오염자부담의 원칙(polluter-pays principle, PPP)에 따라 환경을 오염하는 자에게 공해방지시설의 설치·유지관리비용, 오염된 환경의 복원비용 및 피해자의 인적·물적 피해의 구제에 필요한 비용을 부담케 하는 오염자부담금이 있다(이상희, 1992: 323-337).

(8) 잡수입

이상의 각종 수입 이외의 수입을 말하며 사무용비품·차량 기타 불용품의 매각수입, 변상금, 위약금, 과태료 수입, 체납처분수입 등이 이에 포함된다.

(9) 지난 연도 수입

징수결정된 수입금이 당해연도의 출납폐쇄기한(2월 말)까지 수납하지 않고 그 후에 수납되었을 때 그 납부된 날이 속하는 연도의 수입으로 한다.

3. 특별회계수입

(1) 사업수입

지방자치단체가 지방공기업의 형태로 특별회계를 설치하여 직접 운영하는 사업을 말한다. 이러한 사업수입으로는 상수도, 하수도, 주택, 공영개발 등이 있으며 세외수입의 50% 수준을 차지하고 있다. 또한 일정규모 이하의 사업은 지방공기업법의 적용을 받지 않고 일반행정의 일환으로 공익성과 경제성을 동시에 추구하는 비권력적인 사업이 있다. 이에는 토지개발이용, 관광휴양지 개발운영, 문화관광서비스, 지역부존자원 활용, 공유재산의 생산적 관리, 농림수산소득증대 사업 등이 있다.

(2) 사업외수입

일반회계의 임시적 수입과 같이 전년도 결산결과 발생한 잉여금, 투자를 위한 융자금 회수금, 전입금, 이자수입 등 잡수입을 말한다.

Ⅲ. 사용료·수수료의 요율결정기준

1. 일반적인 요율결정모형

사용료·수수료의 요율결정요인은 〔그림 2-4〕와 같이 이용자입장에서는 지방자치단체가 제공하는 행정서비스가 일상생활에 필수적이냐 선택적이냐, 그리고 지방자치단체에게는 그 서비스가 채산성이 있느냐 비채산적이냐에 따라 다르게 설정될 수 있다.

사용료·수수료는 다음과 같은 방향으로 설정하는 것이 바람직하다. ① 상·하수도 기본사용료, 주민등록등·초본의 발급과 같이 주민생활에 필수적이고 비채산적인 사용료·수수료(부문Ⅰ)는 원가를 최소화하고, ② 각종 예방접종과 같이 선택적이나 비채산적인 사용료·수수료(부문Ⅱ)는 원가를 저렴하게 책정하며, ③ 위생처리장사용료, 화장장사용료와 같이 필수적이나 채산적인 사용료·수수료(부문Ⅲ)는 사용자부담원칙을 적용하여 가능한 현실화하고, ④ 골재채취료, 무역업허가수수료와 같이 선택적이면서 채산적인 사용료·수수료(부문Ⅳ)는 완전히 현실화하여야 하며, ⑤ 기타 동종 유사한 사용료·수수료는 형평성을 유지하여 요율을 균형있게 책정하되, 지역특성에 따라 요율이 달리 결정되어야 할 필요가 있는 사용료·수수료는 차등적으로 적용하는 것이 바람직하다(지방재정발전기획단, 1996: 116-117).

사용료·수수료의 요율을 합리적으로 조정하기 위해서는 먼저 사용료·수수료의 성격에 따라 현실화율을 고려하는 것이 바람직하기 때문에 사용료·수

그림 2-4 사용료 · 수수료의 분류모형

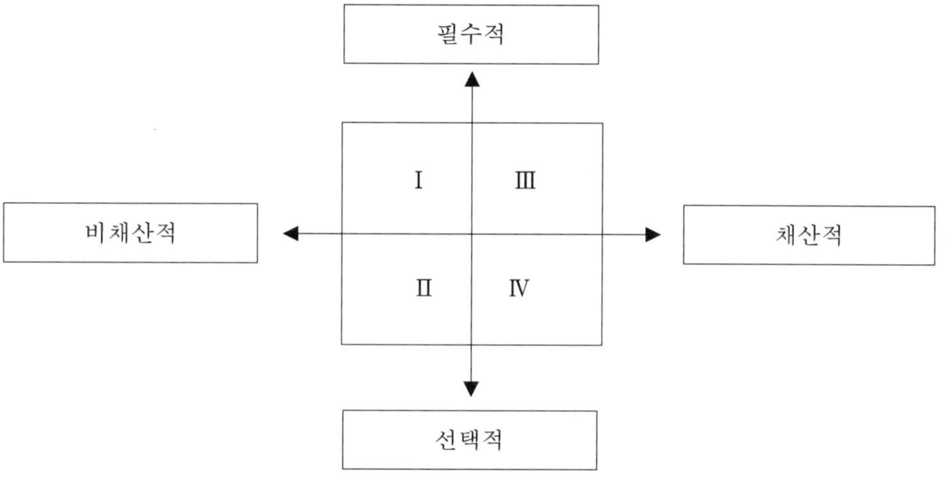

수료의 성격에 의한 분류가 선행되어야 한다.

2. 구체적인 요율결정기준

(1) 비용기준

(가) 일부변상주의

행정목적의 달성을 위하여 또는 주로 저소득층을 상대로 하는 서비스의 경우 무료로 하거나 또는 원가 이하로 저렴하게 사용료와 수수료를 부담하게 할 수 있다. 기본사용량의 상 · 하수도요금과 저소득층과 노인의 복지시설 이용료의 경우 등이 이에 해당한다.

(나) 실비변상주의

실제로 발생한 비용을 요금으로 책정하는 경우이다. 일반가정에서 기본사용량 이상으로 사용하는 상 · 하수도 요금의 경우로 비례적 요금이 부과된다.

(2) 수익기준

수익, 즉 지방재정을 확보하기 위하여 원가 이상의 수입을 목표로 사용료 · 수수료를 책정하는 경우이다. 공유수면매립, 골재채취 등과 같이 특정인이 그 서비스로부터 특혜적 이익을 누리는 경우 그 정도에 따라 요금을 결정하는 것이 사회적 형평성차원에서도 바람직한 방식이다(권형신외, 2001: 145-147).

Ⅳ. 지방세외수입의 실태

1. 지방세외수입규모의 증가

각 지방자치단체가 단체장의 민선 이후 지방재정확충을 위하여 경영행정을 추진하면서 경영수익·공영개발사업 등을 활발하게 전개하였다.9)

지방세외수입은 1995년까지 지방세입의 약 53% 수준을 유지하였으나 1997년 IMF 경제위기 이후 각종 수수료, 부담금 등의 수입감소와 일부 징수교부금이 세외수입이 아닌 재정보전금으로 전환됨으로써 세외수입의 비율이 축소되었으나 1998년부터 국정과제로 사용료와 수수료의 현실화·유료화 계획을 단계적으로 추진하면서 2005년까지는 상승추세였지만 지방교부세 등 의존재원의 증가로 지방세입에서 지방세외수입이 차지하는 비중은 〈표 2-18〉에서 보는 바와 같이 34.0% 다소 감소하였다.

표 2-18 지방세외수입의 증가

(단위: %)

구분	1980	1985	1990	1995	2000	2006
지방세	25.8	21.9	22.9	26.4	20.4	23.8
세외수입	42.6	48.7	48.3	53.5	35.4	34.0
지방교부세	17.4	13.3	9.9	9.8	8.2	12.2
보조금 등	14.2	16.1	18.9	10.3	32.0	30.0

자료 : 행정안전부.

그러나 지방세외수입의 구조가 〈표 2-19〉에서 보는 바와 같이 일반회계가 50.5%를 점유하고 있으나 경상적 수입이 10% 미만이어서 불안정성을 보이고 있으며, 특별회계도 사업외 수입이 전체의 35.6%를 유지하고 있는 등 매우 불

9) 경영수익사업은 토지개발이용, 위락휴양지개발, 문화관광서비스, 지역부존자원활용, 공유재산의 생산적 관리, 농림·수산 소득증대 등의 분야에서 이루어지고 있으며, 특히 공유재산관리분야에서 활발하게 이루어지고 있다. 공유재산관리분야는 택지개발, 산업단지 조성, 공유수면 매립, 주택건설 등의 분야에서 이루어지고 있는데 2007년 말 현재 36개 지방자치단체가 공영개발단 형태로, 16개 시·도가 지방공사형태로 사업을 시행하고 있다.

표 2-19 지방세외수입의 구조변화

(단위: 억원, %)

구분		1985	1990	1995	2000	2006
계		36,924 (100)	134,653 (100)	310,679 (100)	353,540 (100)	591,763 (100)
일반회계	소계	12,297 (33.3)	49,607 (36.9)	127,537 (41.1)	177,152 (50.1)	299.115 (50.5)
	경상적수입	3,201 (8.7)	9,723 (7.2)	30,265 (9.7)	30,856 (8.7)	39,876 (6.7)
	임시적수입	9,096 (24.6)	39,930 (29.7)	97,272 (31.4)	146,296 (41.4)	259,239 (43.8)
특별회계	소계	24,627 (66.7)	85,000 (63.1)	183,142 (58.9)	176,388 (49.9)	292,648 (49.5)
	사업수입	9,974 (27.0)	27,830 (20.7)	52,006 (16.7)	57,227 (16.2)	81,946 (13.8)
	사업외수입	14,653 (39.7)	57,170 (42.4)	131,136 (42.2)	119,161 (33.7)	210,702 (35.6)

자료 : 행정자치부, 「지방세외수입연감」, 각 연도.

건전한 구조를 보이고 있음을 알 수 있다.

2. 세외수입원의 지역별 편중

지방세 세원과 마찬가지로 지방세외수입원도 지역에 따라 많은 편차를 보이고 있음(2006년도 결산자료를 기준)을 〈표 2-20〉에서 볼 수 있다. 즉 서울특별시와 6개 광역시가 전체의 25.1%를 차지하고 있으며, 일반시가 38.0%로 제일 많은 비중을 차지하고 있으며 지방재정력이 제일 취약한 군이 15.3%, 그리고 자

표 2-20 지방세외수입원의 지역별 분포(2006)

(단위: 억원, %)

구분	서울·광역시	도	시	군	자치구
규모	148,273	76,297	224,909	90,399	51,885
점유율	25.1	12.9	38.0	15.3	8.8

자료: 행정자치부: 「지방세외수입연감」, 2007.

치구가 8.8%를 차지하고 있다.

3. 사용료 · 수수료 요율의 비현실성

요율이 현실화되지 못하여 1996년 사용료의 경우 평균수지율이 58.5%(시 · 도 59.9%, 시 · 군 · 자치구 56.7%)에 불과하고, 수수료의 경우도 평균원가보상률이 55.5%이며, 86%에 이르는 908종이 원가 이하의 수수료를 징수하고 있다(지방재정발전기획단, 1996: 31-39)

따라서 행정안전부에서는 1998년부터 국정과제로 수수료 · 사용료 현실화 5개년계획을 수립하여 2002년까지 42,984개 종목에 대하여 원가의 80%수준으로 현실화하여 3,323억원의 수입의 증수효과를 올린바 있다. 그러나 정부의 물가안정정책과 관련하여 사용료 · 수수료의 현실화 문제는 중앙부처와의 사전협의가 필수적으로 이루어져야 하는데 그 과정에서 시기를 놓치는 경우가 많고, 현실화 정도도 제한되는 경우가 많다. 또한 지방자치단체가 징수하는 수수료 중 전국적 통일이 필요한 수수료에 대하여는 징수기준에 관한 규정을 제정하여 수수료의 종류와 그 금액을 정하였다. 그러나 그 종류가 개별공시지가확인서의 발급수수료 등 16종으로 매우 제한적이다.

또한 160개 법령에 829종의 각종 행정서비스가 무료로 제공되고 있어 그에 필요한 재원을 수익자부담원칙에 의하여 부담시키지 못하고 지방세 등 일반재원으로 충당하고 있어 자원배분의 왜곡 현상을 초래하고 있으며, 불필요한 서비스를 받도록 유도하거나 신청만 하고 찾아가지 않는 경우가 많다. 또한 지방자치단체간 요율의 불균형 문제도 심각한 수준이다.

4. 민간영역과의 갈등

특별회계의 사업수입의 경우 민간부문과의 갈등이 곳곳에서 빚어지고 있다. 골프장 건설, 토지개발 이용, 관광유원지 개발 · 운영, 건설자재 생산 · 공급 등의 분야에까지 경영행정이라는 이름아래 지방자치단체가 참여하여 정부실패(government failure)현상을 초래하고 있다. 즉 민간부문이 잘 할 수 있는 부문에까지 지방자치단체가 영역을 확대함으로써 민간기업의 기업활동을 위축시키고 지역의 자원배분을 왜곡시키기도 한다.

특히 IMF 경제위기 이후 경직된 지방행정의 조직과 제도, 전문인력과 경영마인드의 부족, 저조한 분양과 인센티브 부족 등으로 문제가 야기되자 민간부문에서 지방행정에서의 경영행정에 대한 범위의 획정을 요구하고 한계론까지 제기하는 계기가 되었다.

Ⅴ. 지방세외수입의 발전과제

1. 사용료 · 수수료의 조정

매년 원가분석을 실시하여 요율을 물가에 정례적으로 연동시키는 물가연동제(sliding system)를 채택하여 매년 1회씩 조정하여야 한다. 잦은 변경이 주민들에게 불편을 주는 경우와 사업특성상 개별원가계산이 곤란한 경우에는 일정기간(2-3년)을 주기로 정례적으로 조정하는 것이 바람직하다(권형신외, 2001: 164).

현재 4,456종의 수수료 가운데 유료는 26.1%에 불과한 실정이다. 민원형 서비스의 경우 수수료수입의 법적 근거가 마련되어 있지 않은 경우가 많아 수수료 · 사용료에 대한 일반법을 제정하고, 조례를 제정하여 징수의 법적 근거를 마련하고 징수하는 것이 바람직하다.[10] 또한 국가위임사무가 무료로 제공되는 서비스 중 282종은 유료화하여 최소한의 비용은 징수토록 함이 바람직하다.

수수료의 경우 자치단체별 편차가 크고 원가 이하인 수수료의 전국적 통일기준[11]을 단계적으로 확대하여 재정부담의 형평화[12]와 재정을 확충해 나가는 방안을 모색해야 한다. 즉, 2006년도에 개별공시지가 확인서 발급 등 5종을 시작으로 2007년도에 11종을 포함하여 현재 16종을 규정하고 있으나, 조례에 위임된 수수료는 단계적 · 지속적으로 확대해 나가야 할 것이다.

2. 부담금 · 과태료 운영방식의 개선

현재 부담금에는 환경개선부담금, 배출부과금, 농지전용부담금 등 12가지 종

---

10) 일본의 경우 수수료 징수의 단일 법제화를 위하여 지방공공단체수수료령을 제정하여 296종의 수수료를 규정하고 있다.

11) 지방자치법 제139조제1항 단서에 따른 전국적 통일이 필요한 수수료의 징수기준에 관한 규정(대통령령, 2006.6.29제정, 2007.10.4개정)을 마련하여, 수수료의 10% 범위 내에서 조례로 정하도록 규정되어 있다.

12) 예컨대, 의료기관 개설신고 수수료의 경우 경북 영양군 1,000원, 경기도 안양시 90,000원 등 다양하나 40,000원으로 통일 (한국자치경영평가원, 행정안전부, 지방세외수입과정 교육교재, 2008).

류가 있으나 특히 환경개선부담금의 경우 이를 징수하는 시·도에는 징수금액의 10%만 시·도에 교부되고 있으며, 배출부과금도 징수금액의 10%만이 지방자치단체에 배분되고 90%가 국가의 환경개선특별회계에 귀속되고 있어 지방자치단체의 불만이 많다. 따라서 환경개선부담금의 현행 징수교부율을 10%에서 50%까지 상향조정하고, 5-10%의 개발부담금, 택지초과소유부담금, 배출부과금, 농지전용부담금, 산림전용부담금 등의 교부율도 상향조정해야 한다.

행정상의 질서위반행위에 대한 제재인 과태료도 지방자치단체가 아닌 국가로 귀속되고 있다. 예컨대 교통법규위반범칙금으로 조성되는 자동차교통관리개선특별회계는 지방도로에 25% 이상 사용하도록 규정되어 있으나 많은 부분을 국가에서 사용하고 있다. 앞으로는 교통사고 예방을 위하여 굴곡과 경사가 심하고 노폭이 협소한 지방도로구조개선사업에 집중적으로 투입되어야 한다.

3. 재산수입의 확충

국가와 지방자치단체가 소유하는 국·공유재산은 행정재산(사무용 또는 사업용으로 쓰는 재산인 공용재산과 직접 공공용에 사용하는 공공용재산, 공기업에 사용하는 기업용재산), 보존재산(보존임야, 문화재), 잡종재산이 있다. 국·공유재산은 지역주민의 공동이익을 위하여 사용되어져야 할 뿐만 아니라 경제적 수익을 증대시키기 위하여 활용되어야 한다. 따라서 지금까지의 소극적인 관리정책에서 탈피하여 새로운 관리방안을 모색하여야 한다.

1994년 국유지 공급증대를 위하여 국유재산관리특별회계를 신설하고 국유지개발신탁제도를 도입한 바 있다. 따라서 앞으로 입체주차장, 테니스장, 주택전시장, 골프연습장, 노후건물의 재건축, 오피스텔, 인텔리전트빌딩, 체육 및 휴양시설, 실버산업관련시설, 각종 공공복지시설 등의 분야에 국·공유지관리를 부동산 신탁회사 등 민간에게 위탁하는 토지신탁관리제도의 도입이 적극적으로 검토되어야 한다.

4. 경영수익사업의 발전

민간의 업무영역과 상충되지 않으면서 지역경제를 활성화시키기 위하여 필요한 부분이나 초기에 많은 자본이 소요되고 성공이 불확실한 분야 예컨대 전시장, 컨벤션센터 등의 건립 등 사회간접자본의 확충, 그리고 중소기업 창업지원 등의 분야에 대하여 적극적으로 모색되어야 한다. 민간의 경영기법을 과감하게 도입하고 경영인센티브를 도입하는 등의 자체노력이 필요하다.

5. 복권[13]수익금의 배분 및 활용

1995년부터 시・도가 공동으로 문화・예술・복지향상, 기타 공익을 목적으로 하는 사업과 지역개발을 위한 재원에 충당하기 위하여 전국자치복권을 제주특별자치도는 제주국제자유도시특별법에 따라 관광복권을 별도로 발행하였으나, 복권및복권기금법의 제정(2004. 1.29)과 함께 기획재정부 복권위원회에서 복권의 발행 및 복권수입금을 통합 관리하고 있다. 복권수익금의 30%는 기존의 10개 복권발행기관[14]에 배분하고, 70%에서 비용을 제외한 나머지를 국가에서 임대주택건설 등 서민주거안정지원, 국가유공자복지사업, 재해・재난 발생 등에 사용한다.

지방자치단체와 제주특별자치도는 복권수익금 30% 중 각각 20.145%를 배분받아 지방자치단체의 문화・예술・복지와 지역개발 등에 사용하고 있으며, 수익금은 행정협의회에서 배분비율을 정해 행정안전부장관의 승인을 얻어 배분한다.

우리나라의 복권제도도 미국, 일본, 독일 등 선진국의 사례와 같이 국민의 건전한 여가문화 정착을 위해 지방복권중심 체제로 전환해야 한다.

제 5 절 지 방 채

Ⅰ. 지방채의 의의

1. 지방채의 의의

(1) 지방채의 개념

지방채(local debt)란 지방자치단체가 재정상 필요한 경비를 조달하기 위하여

13) 복권은 전세계 100여 국가에서 발행되고 있으며, 우리나라에도 52종(추첨식, 즉석식, 다첨식, 인터넷, 온라인)의 복권이 발행되고 있다. 종류는 인쇄식(1매 500원)과 인터넷복권, 즉석식((1매 1,000원), 추첨식 로토(1매 1,000원)의 4가지 종류가 있다.

14) 복권발행기관은 국토해양부, 문화체육관광부, 교육과학기술부, 노동부, 중소기업청, 행정안전부(지방자치단체), 제주특별자치도, 산림청, 국가보훈처, 보건복지가족부의 10개 기관이다.

외부로부터 자금을 차입하면서 부담하는 채무로, 그 채무의 이행이 여러 회계연도에 걸쳐서 이루어지며, 보통 증서차입 또는 증권형식으로 이루어진다. 현행 법상 지방채는 시·도와 시·군·자치구뿐만 아니라 지방자치단체의 조합도 발행할 수 있으나 우리나라에서는 현재까지 그 예가 없다. 2006년부터 지방채 개별승인제 대신 지방채발행 총액한도제를 운영하고 있다.

우리나라는 지방재정법 제35조에서 지방자치단체의 세출은 지방채 외의 세입을 그 재원으로 하도록 규정하고 있으며 지방채발행은 항구적 이익사업이나 비상재해대책사업으로 한정함으로써 엄격한 비모채주의(非募債主義)를 채택하고 있다. 그러나 앞으로 급증하는 지역개발수요를 충족하기 위해서는 지방세나 세외수입 등의 자주재원과 지방교부세, 국고보조금 등의 의존재원에도 한계가 있으므로 지방채의 중요성이 더욱 커질 것으로 전망된다.

(2) 지방채의 특성

(가) 지방세와의 구별

지방채는 구입여부가 구입자의 의사에 의해 이루어지므로 임의적이어서 주민으로부터 저항이 거의 없고 단기에 많은 자금을 일시에 조달할 수 있으며, 장기에 걸쳐 상환한다는 점에서 차이가 있다.

(나) 국채와의 구별

지방자치단체가 발행하고, 통화팽창과 관련하여 인플레이션 문제가 적고 지역간의 자금배분이 가능하고 경기조절수단으로서 그 역할에 한계가 있다는 점에서 차이가 있다.

(다) 사채와의 구별

지방자치단체가 과세권을 담보로 하여 지방채를 발행하므로 사채보다 신용도가 높고 유통에 문제가 없다.

(라) 채무부담행위 등과의 구별

지방채는 연도내에 지방채를 발행하고 그 대금을 익년도 이후에 지불하는 채무부담행위나 지방자치단체가 아닌 제3자의 채무에 대하여 보증하는 보증채무행위나 일시적 유동자금을 보전하기 위한 일시차입금과도 구별된다.

2. 지방채의 기능

(1) 필요재원의 조달

도로 · 교량, 상 · 하수도, 지하철건설, 지역개발사업과 같은 대규모사업의 경우 일시에 많은 재원이 필요하나 그 사업의 편익이 장기간에 걸치는 경우와 천재 · 지변 등 예기치 못한 사태가 발생한 경우에는 지방세 등 일반적인 재원보

표 2-21 지방채와 유사제도 비교

구분	지방채	채무부담행위	보증채무행위	일시차입금
의의	· 자치단체가 세입(수입)의 부족을 보충하기 위하여 외부로부터 자금을 조달하는 채무	· 당해년도 세출예산에는 계상되어 있지 않지만 연도내에 사업을 발주(계약)하고 그 대금은 다음 연도 이후에 지불하는 채무	· 공익을 위하여 필요하다고 인정하는 경우 지자체의 직접채무(주채무)가 아닌 제3자의 채무에 대하여 보증하는 행위	· 회계운영상 일시적인 유동자금의 부족을 보전하기 위하여 인정된 제도로서 일시차입금은 반드시 당해 연도 세입으로 상환
운영 절차	· 지자체 지방채 발행계획 수립→행정자치부장관승인→지자체 예산계상→지방의회의결→지방채발행 ※ 예산서상 세입부문의 지방채 "장"으로 명시	· 채무부담행위 계획 작성→지방의회의결→당해년도 계약→익년도 본예산계상→지방의회의결→예산지출 ※ 예산서 후단에 채무부담행위 조서로 명시	· 보증채무안작성(공익상 필요사업)→지방의회의결→직접채무가 아닌 제3자 채무에 대한 보증관계 설정 ※ 별도의 의회승인 절차 이행	· 지자체 일시차입 최고액 계상(회계별 예산액 3%)→지방의회의결→현재액을 한도액 이내로 운영 ※ 예산서 총칙에 일시차입 한도액으로 명시
회계 연도	· 계획수립, 발행, 상환이 다년도 회계운영으로 이행	· 발주계약, 지출, 상환이 다년도 회계운영으로 이행	· 채무가 존속하는 한 다년도 회계에 걸쳐 보증관계 존속	· 차입과 상환이 당해년도에 이행
자금 이동 유무	· 자금이동이 있음(교부공채 제외)	· 당해연도 자금이동이 없음	· 자금이동이 없음	· 자금이동이 있음

다 지방채에 의한 재원을 조달하여 사업을 전개하는 것이 바람직하다.

(2) 부담의 공평화

사회간접자본은 기본적으로 내구연한이 길어 그 편익이 장기간에 걸치게 되므로 현세대뿐만 아니라 장래세대까지 부담하는 것이 바람직하다(재원의 시간적 배분). 또한 공익사업의 경우 다른 지역으로 이사해 갈 경우 장래 편익을 받지 못하므로 지방채원리금의 상환에 소요되는 비용은 현거주자가 부담하지 않는 것이 바람직하다(재원의 공간적 배분).

(3) 국가정책의 유도

중・장기저리의 정부자금을 융자 또는 알선함으로써 국가가 구현하고자 하는 정책목표를 유도할 수 있으며 지방채발행을 심사・승인함으로써 중복과잉투자를 방지하고 불필요한 사업에 대한 투자를 억제하여 자원배분을 합리적인 방향으로 유도할 수 있다.

Ⅱ. 지방채의 종류

1. 대상사업에 의한 분류

(1) 일반회계채

도로, 하천, 재해복구, 청사정비 등의 공공사업의 재원으로 사용되며 그 원리금의 상환은 지방세나 지방교부세 등 일반재원으로 충당된다. 따라서 일반회계채의 발행이 일정수준을 넘게 되면 지역주민의 부담을 가중시키게 되고 지방재정의 건전성을 해치게 된다.

(2) 기타특별회계채

주택, 택지개발, 공단조성, 관광단지 조성 등 지방자치단체가 조례로 설치한 특별회계의 사업에 투자할 재원을 조달하기 위하여 발행하고 그 사업에서 발생하는 수익을 재원으로 하여 원리금을 상환한다.

(3) 공기업특별회계채

지방공기업법에서 규정하고 있는 지방직영기업과 지방공사와 지방공단의 재원으로 조달하여 수도사업, 하수도사업, 토지개발사업, 궤도사업 등에 투자하고 그 지방공기업수입에서 원리금을 상환하는 지방채이다.

2. 차입선에 의한 분류

(1) 정부자금

(가) 정부특별회계

농어촌구조개선특별회계(농특)는 농어민후계자 육성자금, 축산분뇨처리시설, 미곡종합처리장 운영자금, 농업종합자금, 재해대책자금 등에 융자되며, 환경개선특별회계(환특)는 중소도시 지방상수도 지원, 하수처리장 관거정비, 재활용 산업지원에 융자된다.

정부자금의 융자 및 차입조건은 〈표 2-22〉와 같이 이율이 낮고 상환기간이 길어 지방자치단체로부터 반응이 좋은 자금이다.

표 2-22 정부자금의 융자 및 차입조건

자금선	지원사업명	차입선	2008 이율 (%)	상환 (거치) 기간	소관부처
□ 정부특별회계					
농어촌구조개선 특별회계 (農特)	농어민후계자 육성	농협	3.0	10(5)	농림수산식품부
	축산분뇨처리시설	〃	3.0	7(3)	〃
	미곡종합처리장운영	〃	2.0	1	〃
	농업종합자금	〃	3.0	10(3)	〃
	재해대책자금	〃	1.55	10(5)	〃
환경개선 특별회계 (環特)	중소도시 지방상수도 지원	환경관리공단	4.12	10(5)	환 경 부
	하수처리장 관거정비	〃	4.12	10(5)	〃
	재활용 산업지원	〃	4.28	3(2)	〃
□ 정부관리기금					
수산발전기금	농수산물도매시장 건립	농수산물 유통공사	3.0	10(5)	농림수산식품부
공공자금관리기금	국민복지의 향상과 주요 산업의 지원을 위한 사업	기획 재정부	5.28	10(5)	기획재정부

자료: 행정안전부.

(나) 정부관리기금

수산발전기금은 농수산물도매시장시장 건립에, 공공자금관리기금은 국민복지의 향상과 주요산업의 지원을 위한 사업에 융자된다.

정부특별회계나 정부관리기금은 정책적인 차원에서 이자율이 저리로 융자되고, 상환기간도 장기에 걸쳐 이루어진다.

(2) 지방공공자금

(가) 지역개발기금

시·도가 각종 인·허가를 해주면서 행정행위에 첨가하여 발행하는 재원으로 조성한 지역개발기금에서 상·하수도사업, 기타 사업 등에 융자되며, 이자율은 3.0%부터 4.5%까지 있으며, 상환도 5년부터 10년의 장기간에 걸쳐 이루어진다.

(나) 청사정비기금

한국지방재정공제회가 관리하는 기금에서 지방자치단체의 청사를 증·개축할 때에 융자되며, 융자조건은 연리 3.0%에 10년에 걸쳐 상환하게 된다.

표 2-23 지방공공자금의 융자 및 차입조건

자금선	지원사업명	차입선	이 율	상 환 (거치기간)	소관기관
□ 지역개발기금					
민간자금 (증권발행채 등)	지역개발기금 조성	주민 등	연2.5%	5(0)	시·도
지역개발기금	상하수도사업 기타사업	시·도 〃	연3.0~4.0% 연3.5~4.5%	10(2) 5(3)	시·도 〃
□ 청사정비기금	자치단체청사 신·증축	한국지방 재정공제회	연3.0%	10(2)	한국지방 재정공제회

자료: 국가전문행정연수원, 『지방재정실무Ⅱ』, 2004.

(3) 금융기관자금

지방자치단체의 단기 또는 중기자체투자사업의 부족재원을 조달하기 위하여 당해 금융기관(주로 지방자치단체금고)과 사전 협의하여 조달하는 데 이자율도 가능한 5%대의 우대금리(prime rate)가 적용되고 6% 이상의 고금리는 억제되고 있다.

(4) 외자자금

(가) 공공차관

지방자치단체가 외국정부 또는 국제부흥개발은행(IBRD), 아시아개발은행(ADB), 일본의 해외경제협력기구(OECF) 등 경제협력기구나 외국법인으로부터 도입하는 차관이다. 우리나라는 1995년 세계은행(IBRD)으로부터 1억7천5백만달러를 도입하는 것을 끝으로 주요 국제기구의 차관수혜국에서 졸업하였다.15) 그러나 1997년 외환위기를 계기로 공공차관을 도입한 바 있다.

지방자치단체로는 부산이 1987년부터 1997년까지 도시고속도로를 건설하면서 IBRD로부터 5천만달러의 공공차관을 도입하였다.

(나) 외화차입

외국으로부터 차입하는 외화자금으로 외국통화로 표시되거나 외국에서 지급받을 수 있는 채권으로, 사무라이본드(Samurai Bond)와 양키본드(Yankee Bond)가 대표적이다. 제주도가 관광도로정비를 위하여 1997년 208억엔, 서울시가 하수처리장을 건설하기 위하여 2002년 7억엔의 사무라이 본드를 각각 도입한 바 있다.16)

3천만달러 이하의 외화차입은 차입자금의 용도를 정하여 지정거래 외국환은행의 장의 신고를 거쳐 행정안전부에 승인신청하고, 3천만달러를 초과하는 경우에는 외화차입자금의 용도를 정하여 기획재정부와 사전협의한 이후 지정거래 외국환은행을 경유하여 기획재정부 신고를 거쳐 행정안전부에 승인 신청하여야한다.

3. 발행방법에 의한 분류

(1) 모집공채

(가) 사모(私募)공채

발행주체가 은행, 보험, 투신사 등 연고인수선(대개 금고은행)과 계약을 체결하여 발행하고 이를 은행, 보험, 투신사 등을 통해 인수케 된다. 광주가 1999년

---

15) 지난 1988년 우리나라는 ADB차관에서 졸업했고 일본 OECF의 공여대상국에서도 졸업한 바 있다. 세계은행(IBRD)차관에서 졸업한 이유는 우리나라가 세계은행의 졸업기준인 1인당 국민소득 4,080달러를 넘어섰기 때문이다.

16) 2007년 12월말 기준 지방자치단체의 외채는 서울, 부산, 광주 3개 시도에서 (2백만달러, 9억엔)규모이다.

에 700억원을 7.9%의 이율로 사모공채를 발행한바 있다.

(나) 공모(公募)공채

발행주체가 자본시장을 통하여 투자자를 공개 모집하는 방법으로, 발행주체가 직접 모집하는 경우와 발행주체가 위탁기관(증권회사)을 통하여 투자자를 모집하는 간접모집방식이 있다. 부산이 1998년에 2,400억원, 대구가 1,000억원을 그리고 1999년에는 서울이 1,400억원, 김해가 500억원을 각각 공모한 바가 있다.

(2) 매출공채

지역개발공채, 지하철공채, 도시개발공채 등이 있으며, 지방자치단체로부터 인·허가, 차량등록 등 특정한 행정서비스를 제공받는 주민에게 첨가하여 소화하는 방법으로, 지역개발기금을 조성하거나 지하철을 건설하는 재원으로 사용된다. 이자율은 2.5%이고 5년 거치 일시 상환된다. 서울·대구·인천·광주·대전이 지하철을 건설하기 위해, 기타 시·도는 지역개발기금을 조성하기 위해 발행하고 있다.

(3) 교부공채

대규모공사의 시공업체나 토지소유자 등에 대하여 공사비 또는 보상비를 공채로 교부하고, 발행조건은 교부선과 협의·계약한 응모범위 안에서 적정규모로 결정되는 데 계약금리가 적용되고, 상환기간은 통상적으로 1-5년이다.

Ⅲ. 지방채의 발행

1. 지방채발행 총액한도제

(1) 지방채발행 총액한도제의 의의

우리나라는 지금까지 지방자치단체가 지방채를 발행하고자 하는 경우 사업별로 행정안전부장관의 승인을 받아 지방채를 발행하였다. 종전의 기채승인제도는 건전재정원칙에 입각한 비모채주의를 근간으로 사업의 타당성, 차입자금의 성격, 지방자치단체의 재무적 건전성을 토대로 단위사업별로 기채를 승인하였다. 그러나 지방자치시대를 맞이하여 지방자치단체가 자율적이고 탄력적으로 지방재정운영을 할 수 있도록 2005년 8월 지방재정법을 개정하여 2006년부터 지방채발행 총액한도제를 도입하였다.

지방채발행 총액한도제란 지방채발행한도액의 범위 내에서 중앙정부로부터 별도의 승인을 받지 않고 지방의회의 의결을 거쳐 자율적으로 지방채를 발행할 수 있는 제도로, 한도액의 범위 내에서 지방채발행계획을 포괄적으로 승인하는 제도이다. 지방채발행총액한도제의 도입과 함께 지방채발행계획과 지방채관리계획을 수립토록 하여 지방채발행절차에 있어서 자율성을 부여함과 동시에 지방채발행의 계획적 운영과 채무관리의 철저 등 사후관리를 강화하였다.

(2) 지방채발행 총액한도제의 범위

지방자치단체가 일정기간(회계연도) 동안 발행할 수 있는 지방채발행 누적액의 최대규모를 설정하는 것으로 이에는 지방채발행액과 채무부담행위, 보증채무부담행위가 포함된다. 그러나 특별·광역시와 도가 지역개발기금을 조성하기 위하여 지방의회의 승인을 얻어 발행하는 지역개발채권과 기채조건의 악화가 없이 단순히 차환하는 차환채는 제외된다. 또한 채무부담행위와 관련하여 민간투자사업(BTL사업)은 채무부담행위가 아니므로 제외된다. 보증채무부담행위는 채무자의 파산 등으로 인하여 자치단체가 채무이행의 책임을 지게 되는 보증채무부담행위만 포함된다. 외채는 환율변동에 따른 위험(risk)관리를 위하여 한도액범위 내에서 행정안전부장관의 승인을 얻어 지방의회의 의결을 얻어야 한다.

2. 지방채 발행기준

(1) 지방채발행계획 수립(전제조건)

(가) 대상사업의 선정

중기지방재정계획 및 각종 지역개발계획에 반영된 투자순위가 높은 사업을 원칙으로 하며 사전에 재정투융자심사를 거친 사업을 선정하되, 예외적으로 사전예측이 어려워 계획에 반영되어 있지 않은 재해대책 등 불가피한 사업은 추가발행이 가능하다.

(나) 사업계획의 타당성분석

기본구상 → 계획수립 → 추진방안 → 관련절차이행 등의 전반적인 과정을 검토·분석하여 제반여건이 구비된 사업에 한하여 지방채발행계획에 포함한다.

(다) 재원조달 및 발행조건의 설정

재원조달 및 발행조건이 자치단체에 유리하게 설정되어야 하며, 주민부담의 형평을 기하기 위하여 수입과 연계하여 원리금상환의 부담이 골고루 분산되도록 하여야 한다.

(라) 차입선의 결정

사업의 성격과 차입자금의 활용, 상환전망 등을 고려하여 다양한 차입선중에서 가장 합리적인 대안을 강구하여 결정한다.

(2) 지방채를 발행할 수 있는 단체 및 사업

(가) 지방채를 발행할 수 있는 단체(適債團體)

지방채발행 한도액을 부여받은 모든 지방자치단체가 지방채를 발행할 수 있다. 한도액을 초과하는 경우에는 모든 지방자치단체가 〈표 2-24〉에서 보는 바와 같이 기채가 원칙적으로 가능하나, 2・3・4 유형은 채무규모가 증가하지 않는 범위 내에서 승인을 원칙으로 하되 신규사업은 가급적 억제한다.

(나) 지방채를 발행할 수 있는 사업(適債事業)

지방채발행한도액 범위 내에서 지방채를 발행할 수 있는 사업은 공용・공공용 시설의 설치, 당해 사업의 수익금으로 원리금상환이 가능한 사업, 천재・지변으로 인한 재해 등 예측할 수 없는 세입결함의 보전, 재해예방 및 복구사업, 기발행한 지방채의 차환, 그밖에 주민의 복지증진 등을 위하여 특히 필요하다고 인정되는 사업이다. 그러나 지방채발행이 허용되는 경우라도 소규모사업 즉 투융자심사대상규모 이하의 사업(서울 30억 미만, 광역시와 도 20억 미만, 시・군・구 10억 미만)은 지방채를 발행할 수 없다. 다만, 청사정비기금으로부터 차입하는 소규모지방청사 관련사업은 지방채를 발행할 수 있다. 한도액의 범위라도 외채를 발행하는 경우 행정안전부장관의 승인을 얻어 지방의회의 의결을 얻어야 한다.

지방채발행한도액을 초과하여 지방채를 발행할 수 있는 사업은 천재지변으로 인한 재해 등 예측할 수 없는 세입결함의 보전, 재해예방 및 복구사업, 그밖에 주민의 복지증진 등을 위하여 특히 필요하다고 인정되는 경우이다. 이 경우에도 한도액 내에서 소규모사업은 지방채를 발행할 수 없으며 소규모사업이라 하더라도 청사정비사업은 지방채발행이 가능하다.

3. 지방채발행한도액 초과승인 및 감액조정

(1) 한도액 산정기준

지방자치단체별 지방채발행한도액의 산정은 지방자치단체의 전전연도 예산액의 100분의 10범위 안에서 해당 지방자치단체의 지방채발행액, 채무부담행위액, 보증채무이행책임액, 채무규모 및 채무상환일정 등 재정상황을 고려하여 행정안전부장관이 정한다. 이에 따라 지방자치단체의 채무규모, 상환일정, 재정상황을 고려하고 지방채상환비율[17]과 예산대비채무비율[18]을 조합하여 4가지 유형으로 구분하고 있다. 그리고 각 유형별로 지방채발행한도액을 전전연도 결산의 일반재원기준으로 10%이하, 5%이하, 3%이하, 0의 4가지로 차등하여 정하고 있다.

1유형의 자치단체는 재정투융자승인을 받은 사업으로 관계 중앙부처의 적정의견인 사업에 대하여 승인을 원칙으로 하고 있다. 2·3유형의 자치단체는

표 2-24 지방자치단체 유형 구분

구 분	1유형	2유형	3유형	4유형
채무상환비비율	10%이하	10%이하	10%초과~20%이하	20%초과
예산대비채무비율	30%이하	30%초과~40%이하	40%초과~80%이하	80%초과

표 2-25 유형별 지방채발행한도액 기준

구 분	1유형	2유형	3유형	4유형
일반재원대비 (전전년도)	10%이하	5%이하	3%이하	0

---

17) $\text{채무상환비비율} = \dfrac{\text{최근 4년간(평균)순지방비로 상환한 채무액}}{\text{최근 4년간 (평균) 일반재원수입액}} \times 100$

- 채 무 액 = 지방채상환 원리금+채무부담 상환액+보증채무 이행책임액
- 일반재원 = 지방세+보통교부세+경상적 세외수입+조정교부금+재정보전금+부동산교부세

18) $\text{예산대비채무비율} = \dfrac{\text{채무총규모}}{\text{예산총규모}} \times 100$

- 채무총규모 = 지방채잔액+채무부담행위 잔액+보증채무 이행책임액
- 예산총규모 = 일반회계+기타특별회계+공기업특별회계

채무규모가 증가되지 않도록 발행연도 지방채상환금액 범위 내에서 승인을 원칙으로 채무관리계획을 수립하고 순세계잉여금의 감채기금 적립 또는 채무상환에 활용하도록 하고 있다. 이러한 자치단체에 대하여 ① 지방채원리금 상환의 연체가 없는 단체, ② 실질수지비율이 -10%이상인 경우, ③ 최근 5년간 사실과 다른 신청으로 지방채의 발행승인을 얻었거나 승인을 얻지 아니하고 지방채를 발행한 사실이 없는 단체 등에 대하여 재정지표 등의 승인기준을 적용하여 한도액초과분을 승인하고 있다.

(2) 초과승인대상 제외

초과 승인과 관련하여 지방채발행 한도액 초과승인 기준에 부합되지 않는 지방자치단체의 경우에도 ① 단기·고금리의 지방채를 상환하기 위해 추가부담이 없는 차환채의 발행, ② 재해 등으로 사업시행이 긴급한 사업, ③ 상환재원의 대부분이 국비(국고보조금, 지방교부세 등) 또는 특정재원으로 충당되는 사업, ④ 계속사업 중 사업추진을 중단하는 것이 심히 공익에 반하여 지방채 발행이 불가피할 경우에는 여러 정황을 종합적으로 판단하여 지방채발행 초과승인을 할 수 있는 예외를 두고 있다. 그리고 초과승인을 받은 후 발행계획을 변경할 경우에는 행정안전부장관의 승인을 받도록 하고 있다. 다만, 지방채발행계획의 축소, 차입선 변경, 지방채 상환연한 단축 및 조기상환, 상환방법 변경 등의 경우에는 사후 보고토록 하고 있다.

(3) 한도액 감액조정

지방자치단체가 당해연도에 사실과 다른 자료를 제출하여 과도한 지방채발행 한도액을 부여받았거나, 한도액을 초과한 경우 승인을 받지 않고 지방채를 발행한 경우에는 행정안전부장관은 다음 회계연도에 지방채발행 한도액을 감액할 수 있다.

4. 지방채발행절차

(1) 지방채발행한도액통보

행정안전부장관은 다음연도의 지방자치단체별 지방채발행한도액과 지방채발행지침을 7월 15일까지 지방자치단체에 시달하여야 한다.

(2) 지방채발행계획수립과 행정안전부제출

지방채를 발행하고자 하는 지방자치단체장(지방자치단체조합장)은 지방채발행계획수립기준에 따라 발행예정 전 연도에 지방채발행종합계획을 수립하고 지방채발행계획(정기분)을 8월 31일까지 행정안전부장관에게 제출하여야 한다. 다만 시·군과 자치구에서는 특별·광역시장과 도지사를 거쳐야 한다.

(3) 관계중앙행정기관장 협의와 통보

행정안전부장관은 지방채발행계획(정기분) 중 정부자금 인수사업에 대하여 관계 중앙행정기관의 장과 협의하여 10월 31일까지 승인 및 결과를 지방자치단체장에게 통보하여야 한다.

(4) 지방의회의결 및 예산편성

지방채발행계획은 지방의회의 의결을 거쳐 확정된다. 정기승인분은 당초예산에, 추가승인분은 최초 추가경정예산에 반영한다.

5. 지방채무관리

지방자치단체에서 관리해야 할 채무는 지방채(지방채증권, 차입금), 채무부담행위, 보증채무부담행위이며, 지방자치단체장은 채무가 발생하였을 때 그 관리를 철저히 하도록 하고 있다. 지방채는 자치단체에게 필요한 재원의 조달과 같은 순기능뿐만 아니라 재정건전성 저해, 전위효과 및 점증주의에 의한 예산팽창, 민간부문에 대한 구축효과, 차세대에 대한 과도한 상환부담전가 등의 역기능이 있어 특별한 관리가 필요하다(라휘문, 2007:45).

지방채 발행을 통해 투자사업재원의 일부를 충당하고 있는 경우에는 다음연도 이후의 건전한 재정운영을 도모하고 채무상환부담을 경감하기 위해 감채기금을 설치하여 순세계잉여금의 일정비율을 적립하거나 순세계잉여금의 일정비율을 직접 채무상환에 활용하도록 하고 있다. 매년 발생하는 당해예산의 순세계잉여금 중 감채기금에 적립하거나 직접 채무상환에 활용하여야 할 비율은 자치단체 유형별로 다르다. 1유형 중 채무원리금상환이 과중한 자치단체와 2유형의 자치단체는 순세계잉여금의 20% 이상, 3유형의 자치단체는 30% 이상, 4유형의 자치단체는 50% 이상이다.

또한 당해연도 채무상환비비율이 10% 초과인 자치단체이거나 예산대비채무비율이 30% 초과인 자치단체는 채무관리계획을 수립하여 운영하여야 하며, 매년도 지방채발행계획을 제출할 때 향후 5년간의 채무운영보고서를 함께 제출하도록 하고 있다.

6. 외국의 지방채발행

(1) 미국

지방정부는 연방정부나 주정부로부터 승인을 받지 않고 지방채를 자율적으로 발행할 수 있다. 그러나 S&P사, Moody's사, 휘치사, 더프신용평가사 등 민간신용평가회사들이 지방채투자가들의 요구에 의하여 지방정부가 발행하는 지방채에 대하여 신용등급을 부여하여 발표하고 있다. 특히 지방정부의 재정상태가 투자부적격수준(Ba 또는 그 이하)인 정크본드수준인 경우 지방채시장에서 높은 이자비용을 부담하게 된다.

(2) 영국

지방정부는 공공부문 차입필요액의 범위 내에서 중앙정부로부터 지방정부차입필요액(LABR: Local Authority Borrowing Requirement)의 승인을 받는다. 이는 다시 ① 지방정부가 추진하는 주요 투자사업(교육, 주택, 사회서비스 등)에 필요한 투자재원을 확보하기 위해서 지방정부가 지방채를 발행할 수 있는 최대액인 기본기채승인액과, ② 중앙정부가 관심과 이해관계를 갖는 사업들(경찰, 법정, 도로, 농민주택, 무주택관련사업)을 대상으로 중앙정부가 기채발행을 허용해주는 금액인 보충기채승인액으로 구성된다(임성일 · 최영출, 2001: 410-412).

(3) 일본

지방분권일괄법을 시행하면서 2006년 4월부터 지금까지의 허가제에서 협의제로 이행하였다. 즉, 건전한 지방자치단체나 지방공기업이 지방채를 발행할 경우 총무대신 또는 도도부현지사와 협의하여야 한다. 동의를 얻은 지방채는 공적자금을 차입할 수 있으며 그 원리상환금은 지방재정계획에 산입된다. 적자비율 및 실질공채비 비율이 일정수준이하의 지방자치단체와 지방공기업은 협의가 아니고 총무대신 또는 도도부현지사의 허가를 얻어야 한다. 그리고 총무대신 또는 도도부현지사의 허가를 얻은 지방채는 공적자금을 차입할 수 있으며 그 원리상환금은 지방재정계획에 산입된다(이현우, 2007: 72-75).

Ⅳ. 지방채의 실태

1. 지방채 규모의 감소

지방자치실시 이후 지방채의 규모가 증가하였으나 외환위기를 겪으면서 2000년 이후로는 감소하다가 다시 증가추세에 있다. 1997년 우리나라 경제가 IMF 관리체제로 넘어가면서 지방채문제가 지방의회에서 뿐만 아니라 사회문제로까지 비화되었다. 2007년 12월 현재 지방채의 규모는 〈표 2-26〉에서 보는 바와 같이 18조 2,076억원으로 총세입대비 12.0%이며 자주세입 대비 18.1%를 점하고 있다.

지방자치단체별로 보면 시·도채가 전체의 65.7%를 차지하고 있으며, 일반시채가 26.1%, 군채는 7.2%, 자치구채는 매우 미미하여 1.9%를 점유하고 있다.

따라서 광역자치단체중심으로 지방채가 발행되고 있음을 알 수 있으며 지방채발행에 있어서도 부익부 빈익빈현상을 보이고 있다.

2. 지방채에 대한 보수적 시각

우리나라는 지방자치법과 지방재정법에서 건전재정운영의 원칙을 천명하고 지방채는 지방자치단체에 항구적 이익이 되거나 또는 비상재해복구 등을 위하여 필요한 때에 한정하고 있어 철저한 비모채주의(非募債主義)를 채택하여 왔다.

표 2-26 지방채규모의 추이

(단위: 10억원, %)

구분	1990	1995	1997	1998	1999	2000	2005	2007
총세입(A)	27,885	65,497	85,239	84,985	90,581	96,055	128,415	151,756
자주세입(B)	19,844	40,805	54,870	51,465	53,118	56,021	90,547	100,357
지방채(C)	4,585	11,526	15,114	16,223	18,019	18,795	17,448	182,08
C/B	22.1	28.2	27.6	31.5	33.9	33.5	19.3	18.1
C/A	16.4	17.6	17.7	19.1	19.9	19.6	13.6	12.0

주: 지방채규모는 연도말 채무액 기준.

자료: 행정안전부, 『지방재정연감』, 각 연도.

따라서 지방채 발행이 엄격히 제한되었으나 2006년 지방채발행 총액한도제를 도입한 이후에도 전통적으로 건전재정원칙을 견지해온 관행, 채무에 대한 부정적인 인식, 자치단체장의 정치적 부담 등으로 지방채 시장이 활성화되지 못하고 있다.[19]

2007년말 기준 대상사업은 도로건설이 전체 지방채의 28%를 차지하여 가장 많고, 그 다음이 상・하수도건설로 15%, 지하철이 12% 등 주로 사회간접자본시설의 확충에 투자되고 있다. 이율도 8-10%는 전체의 1.6%이고, 대부분인 97.4%가 비교적 낮은 8% 미만의 이율로 조달되고 있으며 특히 5% 미만의 지방채가 67.4%로 나타나고 있다. 또한 상환기간도 10년 이상 장기채가 73.5%이며, 5-9년의 중기채가 25.6% 그리고 4년 이하의 단기채가 0.9%를 차지하고 있다.

3. 비계획적인 지방채관리

지방자치제가 실시되면서 특히 대도시의 경우 지방채 특히 외채를 도입하여 지하철, 도로건설 등 대규모사업을 전개하는 것이 유행이 되었다가 1997년 우리나라 경제가 IMF 관리체제에 들어가면서 이자부담과 환차손으로 광역시가 재정상 어려움을 겪고 있다. 이에 따라 채무상환비율이 대구가 16.46%로 제일 높고, 부산 12.64%, 대전 10.93% 순이다.

회계별로 보면 일반회계채가 45.3%, 기타 특별회계채가 31.3%, 공기업특별회계채가 23.4%이다. 일반재원에서 상환해야 하는 일반회계채가 45.3%라는 것은 결코 바람직하지 못하다. 또한 발행방법에 있어서도 증서차입이 90.2%이고 그 중 정부자금이 60.5%, 지방공공자금이 25.2%이며 해외차관은 2.5%, 민간자금은 2.0%에 그치고 있다. 그리고 증권발행도 매출공채가 8.3%로 제일 많고, 모집공채 1.4%, 교부공채 0.1%순이다.

---

19) 지방채발행 총액한도제를 도입하여 지방자치단체에 자율권을 주었음에도 불구하고 2006년에는 발행액이 한도액(5조 8,649억원)의 48.8%, 2007년에는 발행액이 한도액(6조 4,390억원)의 45.7%로 나타났다.

V. 지방채의 발전과제

1. 지방채의 적극적 활용

지방채는 도로, 상・하수도 등 지역경제를 활성화하고 지역주민의 생활의 질을 향상시키기 위하여 생산적인 부문에 투자되어야 한다. 그러나 민선자치시대가 되면서 다른 지방자치단체와 비교하는 지역의 자존심과 민선단체장의 과도하고 조급한 치적의욕으로 인하여 경쟁적으로 지방채를 발행하여 투자하는 경향이 있으며, 그 분야도 생산성의 향상과 거리가 먼 청사건립, 문예회관 및 공설운동장 건설 등 소비성 부문에 투자하는 경우가 많이 있다.20)

1998년부터 지방자치단체의 SOC사업의 추진을 위하여 기획재정부가 이자율 4%대 수준으로 5년 거치 10년 상환조건으로 재정융자특별회계(재특)에서 지방채인수자금을 운용하며 지원하여 왔으나 2001년 이후 융자분에 대해서는 중단되어 재정이 열악한 지방자치단체의 경우 지방채운영에 어려움을 겪고 있다. 또한 지방자치단체가 국민연금, 공무원연금기금, 체신연금 등 공공자금관리기금법령상 각종 기금에서 SOC사업과 월드컵개최준비 등 국가주요시책사업 등에 지원하기 위하여 지방채를 인수하고 재특자금의 이자율과의 차이만큼 정부예산으로 재정보전하기로 하였으나, 정부의 국고보조금정비계획에 따라 이차보전이 폐지되고 분권교부세로 지원되고 있다.

2. 지방채의 계획적인 관리

지방채의 규모가 커지고 채무상환비율이 높아지면서 지방채에 대하여 원리금상환을 위한 감채기금적립 등 계획적인 지방채의 관리가 요구된다. 이에 따라 모든 시・도는 감채기금을 적립하도록 하고 있으며, 시・군・자치구의 경우에도 지방채가 많은 경우는 우선적으로 설치할 필요가 있다. 이에 따라 채무상환비율이 10-20%인 단체는 순세계잉여금의 20% 미만을, 20-30%인 단체는 30% 미만을, 30% 이상인 단체는 50%까지 의무적으로 적립하여야 한다. 또한

20) 1995년 민선자치단체장 선출 이후 726동의 지방청사・각종회관을 건립하였으며, 이에 소요되는 건설비만도 3조 3,960억원이나 된다. 대전시는 8,413억원의 지방채가 있으면서도 1,414억원을 투자하여 전국지방청사 중 최대규모의 인텔리전트 빌딩을 건립하였다.

채무가 과다한 단체(채무상환비율 20% 이상)는 향후 5년간 채무감축관리계획의 수립을 의무화하는 것이 필요하다.

지방채의 활성화를 위한 프로젝트 파이낸싱(Project Financing)[21)]의 일환으로 1951년 미국캘리포니아주가 도입한 이후 미국의 각 지방정부가 채택하고 있는 TIF(Tax Increment Financing)제도를 도입할 필요가 있다. 이는 지방자치단체가 사업시행구역의 토지를 매입하여 TIF지역을 지정하고 상·하수도 등 기반시설을 정비한 후 민간에 매각한다. 이때 투자경비는 TIF라는 지방채로 동원한다. 도시의 토지와 기반시설을 정비하면 새로운 개발지구에서 종전보다 많은 지방세수입을 확보할 수 있으며 이 수입으로 해당 지방채를 상환토록 하는 제도이다. 재원을 다양화하여 양키본드와 사무라이본드 등 국제채를 적절히 도입하고 모집공채도 보다 활성화하여야 한다.

3. 지방채취급 금융기관의 설립

미국의 지방채은행(municipal bond bank), 영국의 공공사업기금(public works loans), 프랑스의 주·시·읍·면은행(지방금고은행, CLF), 일본의 공영기업금융공고 등과 같이 지방자치단체가 발행하는 지방채의 자금차입을 전담하는 기관이 별도로 설립되어 운용하는 국가가 많다. 특히 영국의 중앙정부 금융기관인 공공사업기금 위원회(Public Works Loans Board)는 지방정부가 발행하는 지방채의 70% 내외를, 프랑스의 지방금고은행은 주도적인 지방채금융기관으로서 지방채융자액의 약 1/2을 소화하고 있다.

우리나라의 경우도 외국과 같이 장기저리의 자금을 지방자치단체에게 안정적으로 공급할 수 있는 전문기관의 설립이 필요하다. 2004년 지방자치단체기금관리기본법을 제정하여 2개 이상의 지방자치단체가 지역발전협력기금을 설치할 수 있도록 하고 통합관리기금과 지역개발기금, 그 밖의 지방자치단체 기금, 조합의 지방채, 일시차입금을 재원으로 하여 협력기금을 조성하고, 협력기금은 지방채와 지방공사채의 인수, 예치금의 원리금상환, 그 밖에 지역발전협력기금의 관리운용을 위하여 필요한 경비에 지출할 수 있도록 하였다.

---

21) 프로젝트 파이낸싱(PF)이란 사업추진을 목적으로 신설된 법인(project company)을 통하여 투자자를 모집하여 위험을 분산하고 사업의 미래현금흐름을 토대로 자금을 조달하는 금융기법이다. 1920-30년대 도입된 이후 선·후진국을 막론하고 SOC구축, 플랜트, 자원·부동산개발, 기업인수 등에 다양하게 활용 중이며, 우리나라에서는 민간투자사업이 이에 해당된다.

제 3 장

지방세입론(Ⅱ)-의존재원: 지방재정조정제도

제 1 절 지방재정조정제도의 의의

Ⅰ. 지방재정조정제도의 의의

1. 지방재정조정제도의 개념

지방재정조정제도(local finance equalization scheme)란 지방자치단체간 경제력의 차이 등으로 인한 재정상의 불균형을 완화하여 국가 전체적으로 재정운영의 효율성을 제고하기 위하여 국가나 상위지방자치단체가 재정력이 취약한 지방자치단체로 재원을 이전(intergovernmental grants)하여 주는 제도이다.

피셔(R.C. Fisher)는 중앙정부나 상위자치단체로부터의 재정이전이 수행하는 기능을 지방자치단체의 공공재 공급에 관한 외부효과의 시정기능, 지방자치단체간 재원의 재배분기능, 조세행정 능력이 우수한 중앙정부가 지방자치단체를 대신하여 세금을 징수・배분하는 기능, 지방자치단체에 의한 거시경제 안정화 기능 등으로 설명하고 있다.

우리나라에는 국가와 지방자치단체간, 광역자치단체와 기초자치단체간 재원 이전의 두 가지가 있다. 전자에는 지방교부세와 국고보조금 그리고 국가균형발전특별회계, 후자에는 조정교부금과 재정보전금, 사용료 및 시・도세 징수교부금제도가 있다(그림 3-1 참조).

여러 가지 지방재정조정제도는 그 성격과 재원이 다르므로 앞으로 지방자치

그림 3-1 우리나라의 지방재정조정제도

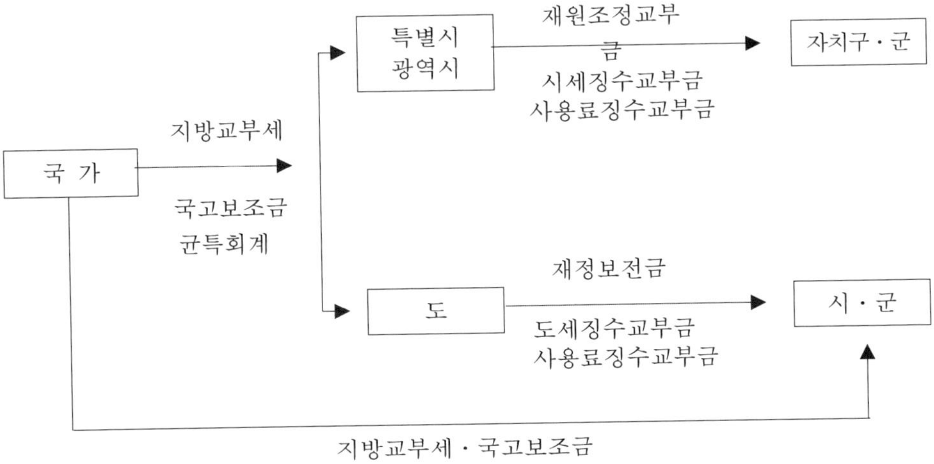

단체의 입장에서 필요한 재원을 보장하고 지방의 자율성을 확대하는 방향으로 발전시켜 나가야 할 것이다.

지방교부세, 국고보조금, 국가균형발전특별회계 등 우리나라의 지방재정조정제도는 〈표 3-1〉에서 보는 바와 같이 근거법률과 목적이 상이하고 재원이 상

표 3-1 우리나라의 지방재정조정제도 비교

구 분	지방교부세	국고보조금	국가균형발전특별법회계
근 거	지방교부세법	보조금의 예산및관리에 관한법률	국가균형발전특별법
목 적	지방자치단체 재원보장 자치단체간 재정불균형 완화	국가정책사업 지원	지방자치단체재정기반확충, 지역간균형발전도모
재 원	내국세의 19.24%	국가의 일반회계 또는 특별회계예산으로 계상	주세100%, 과밀부담금, 개발지역훼손부담금, 농특세 전입금, 일반회계전입금 등
재원성격	일반재원(자주재원)	보조목적사업의 용도에 한정	사업별 용도에 한정
배 분	재원부족액 기준배정	사업별 용도지정 지방비 확보의무	용도지정

자료: 권형신외(2001: 329) 수정.

표 3-2 지방재정조정제도의 분류

배분방식	재원규모의 결정방식		
	국세조세수입의 일정률	임의적 결정	특정지출에 대한 지원
징세지원칙	*A*	n.a.	n.a.
공식에 의한 배분	*B*	*F*	n.a.
특정사업에 대한 경비지원	*C*	*G*	*K*
임의적 배분	*D*	*H*	n.a.

주: n.a.=not available.
자료: R.W. Bahl and J.F. Linn(1992).

이하므로 지방자치단체의 입장에서 종합적이면서 계획적으로 운용되어야 한다.

발과 린(R.W. Bahl and J.F. Linn)은 국가가 지방자치단체에게 지방재정을 조정하는 재원규모의 결정방식과 배분방식에 따라 〈표 3-2〉와 같이 분류한다. 재원조달이 임의적인 방법으로 결정되거나(*G*), 특정부문에 대한 필요경비를 고려하여 결정되는 경우(*K*)에는 국가의 지방자치단체에 대한 규제수단으로는 효과적일 수 있으나 지방자치단체의 자율성과 계획성을 저해한다. 국세특정세목의 일정률로 재원규모가 결정되는 경우(*C*)에는 지방재정의 재원을 확충하는 효과가 있다.

우리나라의 지방교부세는 *B*, 국고보조금과 국가균형발전특별회계는 대체로 *G* 또는 *K*의 형태에 속한다.

중앙정부가 지방자치단체에 지원하는 보조금[1)]은 지급된 자금의 용도에 제한이 있는지 여부에 따라 조건부보조금과 무조건보조금으로, 지방비 부담이 따르는지의 여부에 따라 대응보조금과 비대응보조금으로, 그리고 대응보조금의 경우 지원금액에 제한이 있는지 여부에 따라 무한보조금과 유한보조금으로 구분된다(King 1984: 87-88).

1) 여기서 말하는 보조금은 우리나라의 국고보조금과는 관계가 없는 일반적인 용어이다.

2. 지방재정조정제도의 필요성

(1) 지방자치단체간 재정력 격차해소

대도시로 인구와 산업이 집중하면서 대도시와 중·소도시간, 시지역과 군지역간 지역경제규모면에서 격차를 가져오고 이는 다시 지방자치단체간 지방재정력의 격차를 초래하게 된다. 이와 같은 현상을 수평적 재정불균형(horizontal fiscal imbalance)이라고 한다. 이는 국가전체입장에서 뿐만 아니라 해당 지방자치단체 입장에서도 결코 바람직하지 못하다. 따라서 국가와 광역지방자치단체 차원에서 재정불균형의 해소를 위한 조정이 필요하다.

(2) 일정한 행정수준 유지재원의 보장

국가 또는 지방자치단체는 지역주민에게 상·하수도, 도로, 사회서비스 등 최소한의 행정수준(national or civil minimum)을 제공하기 위한 서비스를 제공하여야 한다. 이를 위하여 1차적으로 지방자치단체가 필요한 재원을 충당하여야 하며 그것이 부족한 경우 국가나 광역자치단체가 이를 보전해 주어야 한다.

(3) 국가·지역 시책사업의 구현유도

국가나 광역자치단체차원에서 필요한 시책적인 사업을 추진하기 위하여 특별교부세나 국고보조금의 형태로 목적사업을 구체적으로 정하여 지원함으로써 의도하는 바를 실현할 수 있다. 이를 잘 이행하는 경우는 인센티브를, 어기는 경우에는 회수는 물론 해당 지방자치단체에게 불이익(penalty)을 줄 수도 있다.

(4) 천재지변 등 각종재해의 신속복구

천재지변 등 자연재해뿐만 아니라 폭발사고 등 인위적인 재난이 발생한 경우 이의 복구에 많은 재원이 일시에 소요되는 경우가 있다. 이때에 필요재원을 신속히 지원함으로써 민생안정을 도모하고 위기관리를 할 수 있다. 또한 이의 예방을 위한 경우에도 미리 지원하여 체계적으로 관리할 수 있다.

Ⅱ. 외국의 지방재정조정제도

1. 미 국

(1) 포괄보조금(block grants)

용도를 지정하지 않고 지방정부에게 넓은 재량을 인정하는 보조금으로 연방 또는 주의 수입전반을 재원으로 하는 것과 특정수입만을 재원으로 하는 것의 2가지 종류가 있다. 연방정부의 일반보조금은 주로 인구에 기초하여 배분된다.

(2) 특정보조금(categorical grants)

가장 중요하고 규모가 큰 보조금이다. 용도가 특정되어 있어 특정사업과 행정을 보조하기 위한 것으로 지방정부의 자유재량의 범위가 한정된 보조금이다.

특정보조금의 경우 인구, 조세노력(tax effort), 1인당 소득에 의하여 배분하는 3요소 공식(Three Factor Formula)과 각 주별 도시인구규모 및 소득세 수입규모 등을 추가한 5요소 공식(Five Factor Formula)에 의하여 배분된다.

2. 영 국

(1) 국가보조금(government grants)

① 일반교부금으로 세입을 보전하는 세입지원보조금(RSG: Revenue Support Grant)은 표준지출평가액(Standard Spending Assessment)-지방세징수총액(실제징수액이 아닌 정부평가액임)으로 산정하여 교부한다. ② 특별교부금으로 국가와 지방차원에서 중요성을 지니는 특정 사업을 대상으로 매년 영속적으로 보조되는 특별보조금(specific grant)과 특수한 사정이나 여건 변화에 대응하여 단년도 또는 단기적·한시적으로 운영되는 보조금인 보충·특별잠정보조금(supplementary and special transitional grants)이 있다(임성일, 1996: 90-101).

(2) 비거주 Rate 보조(NNDR: National Non-Domestic Rates)

비주거용 재산의 가치에 따라 단일비율로 지방정부가 부과징수하고, 징수교부금을 제외하고는 국가가 인구수에 따라 지방정부에 배분한다.

3. 독 일

5단계로 이루어지는 데 우선적으로 주간에 재정조정이 이루어지고 보충적으로 연방정부가 재정조정을 해주는 것이 특징이다. 제1단계로 공동세 중 부가가치세를 연방과 주간의 배분비율을 적용하여 재정수요에 따라 조정한다. 1995년에는 연방 : 주=56 : 44로 배분하였다. 제2단계로 주간에 세수력을 조정하는 단계로 부가가치세 주분의 25%를 세수력이 약한 주에 우선 배분하여 각 주의 1인당 세수력이 최소한 전체평균의 92%에 도달하도록 조정한다. 제3단계는 주간의 재정조정 단계로 재정력이 강한 주의 세수의 일정분을 재정력이 약한 주에 교부하여 1인당 세수력이 전체 평균의 95%에 도달하도록 조정한다. 제4단계는 연방정부에 의해 주정부의 보충적 조정이 이루어지는데 2, 3단계 조정후에도 1인당 세수력이 평균에 미달하는 주에 연방정부가 보충교부금을 교부하여 평균에 근접하도록 조정한다. 제5단계는 주정부에 의한 지방자치단체의 재정력 조정으로 4단계까지의 조정교부금을 포함한 각 주정부 세수의 일정률을 산하 지방자치단체의 재정력에 따라 교부한다(행정자치부, 2000 I : 359-392).

4. 일 본

(1) 지방교부세

우리나라의 지방교부세제도와 비슷한 제도를 유지하고 있다. 지방교부세의 재원은 소득세 및 주세 수입액의 32%, 법인세수입액의 34%, 소비세 수입액의 29.5%, 그리고 담배세의 25%를 합산한 금액이다. 지방교부세 총액의 94%가 보통교부세이고, 6%가 특별교부세로 지원된다.

(2) 지방양여세

소비양여세(소비세수입의 1/5), 지방도로양여세(전액), 석유・가스양여세(석유가스세 세수의 1/2), 특별톤양여세, 자동차중량양여세(세수의 1/4), 항공기연료양여세(세수의 2/3)의 6개세가 재원이다. 이 중 소비양여세와 특별톤양여세는 용도에 제한이 없으나 기타 양여세수입은 용도가 사전에 정해져 있다.

(3) 국고지출금

국고보조금제도와 비슷하며 보조금, 부담금, 위탁금 등의 명칭이 혼용되어 사용되기도 한다.

5. 기 타

기타 외국의 경우에는 수직적 재정조정제도 외에 지방정부가 국가에 재원을 재배분해주는 수직적 역재정조정제도(예: 중국 상해시가 국가에)와 재정력이 강한 지방자치단체가 동급자치단체에 재원을 이전해주는 수평적 재정조정제도(예: 독일의 역교부세제도, 주정부간 수평적 재정조정제도[2]))가 있다.

제 2 절 지방교부세

Ⅰ. 지방교부세의 의의

1. 지방교부세의 의의

(1) 지방교부세의 개념

지방교부세(local allocation tax)란 국가수입 중 일부(내국세총액의 19.24% 등)를 재원으로 확보하여 재정력이 취약한 지방자치단체에게 일정한 기준에 따라 교부하는 제도로 지방재정조정제도의 가장 본질적인 제도라고 할 수 있다. 지역간의 재정력 격차를 해소 또는 완화하고 국민최저생활수준(national or civil minimum)을 보장하기 위하여 이 제도를 운영하고 있으며, 각 나라별 특성 및 여건에 따라 그 배부방식 및 운영형태는 각기 다르다(교부금 또는 보조금의 형태로 교부).

이때의 재원은 ① 내국세총액의 19.24% 해당액(단, 국세 중 교육세, 교통세, 농특세 등 목적세와 종합부동산세, 국가균형발전특별회계 사용재원인 주세는 제외), ② 전전년도 내국세정산액(정부의 추경예산에 의하여 내국세의 증감이 있는 경우 지방교부세도 이를 증감함)이다.

---

2) 주정부간 재정조정은 기본법에 명시된 연방주의(federalism)에 따라 각주마다 독립된 국가적 지위를 인정하되 주간의 연대감을 바탕으로 연방내 주들의 균등한 생활수준을 실현하기 위해 주의 1인당 세수력을 전체 평균 세수력의 95%에 근접하도록 재정력이 강한 주가 재정력이 약한 주들에게 교부금을 지원한다(행정자치부, 2000I : 367-379).

(2) 지방교부세의 기능

(가) 재정조정기능(재원의 균형화)

국가가 지방자치단체간의 재정력 격차를 해소하기 위하여 지방교부세의 적정한 배분을 통하여 지방자치단체 상호간의 과부족을 조정하고 지방재정력 수준의 균형화를 도모한다.

(나) 재원보장기능(재원의 보장)

거시적으로는 지방교부세총액을 내국세의 일정률로 법정화하여 지방재원을 총액으로 보장하고, 미시적으로는 기준재정수요액과 기준재정수입액이라는 일정한 기준을 설정하여 지방자치단체가 지방행정을 계획적으로 운영할 수 있도록 필요한 재원을 보장한다.

지방교부세는 특히 〔그림 3-2〕에서 보는 바와 같이 지방자치단체간 재정조정기능과 지방자치단체의 재원보전기능을 수행하여야 한다. 즉 일정한 수준의 지방행정서비스를 제공하기 위해 생산 및 공급비용과 지방세수입의 차이(빗금친 부분)를 보장해 주고, 이를 통하여 지방자치단체간의 재정력격차를 줄일 수 있다(정세욱, 2000: 41).

(다) 재정자율성제고 기능

국고보조금의 경우에는 재원의 비도가 국가에 의해 지정되어 지원되므로 어느 정도 국가의 계획이나 정책을 지방자치단체가 따르도록 유도시키는 수단으로 작용하면서 지방재정을 관리하는 기능을 갖고 있다. 그러나 지방교부세는 지방자치단체의 일반재원으로서 지방교부세법 제1조(목적)도 지방자치단체

그림 3-2 지방교부세의 재정조정과 재원보전기능과의 관계

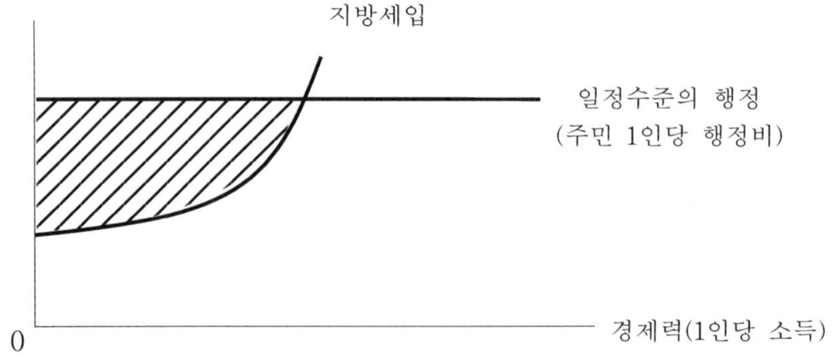

의 독립성을 강화하고 지방행정의 건전한 발전을 도모함을 목적으로 규정하고 있다.

2. 지방교부세의 연혁

지방교부세제도는 원래 제1차세계대전의 부산물로 선진 외국에서 제1차 세계대전 후 전후수습을 위하여 필요한 막대한 재원을 조달함과 동시에 강력한 중앙집권체제를 형성하는 과정에서 탄생되었다. 즉 지방의 세원을 국가로 흡수하면서 그 재원의 일부를 지방에 배분하는 형태로 시작되었다.

우리나라에서도 1951년 임시지방분여세제도를 도입하여 국세 중 특정세목(지세 등)의 일정률(34.68%)을 교부하였으며, 1952년에는 지방분여세로 발전하면서 항구적인 제도로 정착되었다. 지방재정조정제도가 재원보장 및 재정조정보다는 재정의 중앙집권을 통한 전시체제 구축을 유도하기 위한 수단으로 성립되었다(한국지방행정연구원, 1997:13-14). 1959년에는 지방재정조정교부금법을 제정하여 국세 중 특정세목(영업세 등)의 일정률(40%)을 교부하였다. 1962년 지방교부세법을 제정하여 1969년부터 내국세총액의 17.6%의 법정률을 교부하다가 경제의 안정과 성장에 관한 대통령긴급명령(8.3조치)으로 1973년부터 1982년까지 법정률이 폐지되고 매년 국가예산으로 지방교부세의 재원을 결정하는 방식이 도입되었다.

그러나 매년 재원의 불확실성으로 지방행정수행에 많은 애로가 발견되어 1983년 법정교부율(내국세의 13.27%) 방식을 부활하게 되었다. 이 당시 13.27%의 근거는 1982년 지방교부세가 내국세 대비 12.88%를 점하고 있었으며 여기에 내무부 소관 국고보조금이 내국세의 0.39%인 221억원이었기 때문이다. 2000년에는 지방교부세율을 내국세총액의 15%로 상향조정하였다. 그러나 2005년부터는 지방양여금법이 폐지되면서 도로·지역개발사업에 투자되는 지방양여금이 지방교부세로 전환되고 국고보조금의 지방이양에 따른 분권교부세가 신설되면서 지방교부세의 법정률이 19.13%로, 2006년에는 다시 19.24%로 상향조정되었다. 지방교부세제도 개선의 일환으로 증액교부금이 폐지되었고, 지방양여금폐지에 따른 보완대책의 일환으로 2009년까지 분권교부세가 신설되어 지방자치단체에 지원된다. 또한 2006년에는 부동산세제개편으로 부동산교부세가 신설되었다.

지방교부세율의 법정화에 대하여는 상반된 주장이 있다. 우선 먼저 현행처럼 지방교부세의 재원을 내국세 총액의 일정비율에 해당하는 금액으로 법정화하자는 주장으로 지방재정의 안정성과 계획성의 보장을 그 이유로 들고 있다. 그러나 법정화로 국가재정의 경직성을 초래하고 있다는 반대의 주장이 있다. 이와 유사한 주장으로 교부세율의 상한과 하한에 의한 일정한 변동 폭을 설정하고 그 안에서 그때 그때의 경제여건의 변화에 따라서 지방교부세에 대한 수요와 공급의 신축적인 조정에 의해서 변동하는 방향으로 개정하자는 주장이 있다(이계식외, 1990: 74-75).

그러나 일본의 경우도 지방교부세율을 법정화하여 운영하고 있고 우리나라도 역사적으로 법정률→국가예산→법정률의 형태로 변천해 왔으며 지방재정의 안정적·계획적 운영을 위하여 지방교부세율의 법정화가 바람직하다.

3. 지방교부세의 종류[3)]

(1) 보통교부세

지방자치단체가 행정의 일정수준을 유지하기 위하여 기본적으로 소요되는 일반재원을 보장하고자 하는 것으로 매년도 기준재정수입액이 기준재정수요액에 미달하는 지방자치단체에 대하여 그 미달액(재정부족액)을 기초로 산정하여 교부하는 재원을 말한다. 분권교부세 및 도로보전분을 제외한 교부세총액의 96%에 해당하는 액[4)]으로, 지방자치단체간 재정력격차를 시정하고 지방자치단체가 행정운영에 필요한 재원을 보장하는 제도이다. 정확하고 정밀해서 각 지방자치단체의 실정과 잘 부합하고 객관적이고 간단한 방식으로 운영된다.

---

3) 지방교부세는 아니나 광역자치단체인 특별·광역시와 도가 관할구역내에 있는 기초자치단체인 시·군·자치구를 대상으로 하는 지방재정조정제도로 조정교부금과 재정보전금이 있다.

조정교부금이란 1988년 지방자치법의 개정으로 서울특별시와 광역시의 행정구가 자치구형태의 지방자치단체가 되면서 도입된 자치구간의 지방재정조정제도이다. 즉 자치구간 재정불균형을 해소하고 자치구간 일정한 행정수준을 보장하기 위하여 시세 중 일부세목을 일정한 기준에 따라 교부하는 제도이다.

재정보전금이란 2000년부터 시행된 제도로 종전의 시·도세징수교부금(당해 시·군에서 징수하는 시·도세의 징수에 대한 수수료)가 인구 50만 이상 시는 47%, 잔여시군은 27%를 교부하였으나 여러 가지 부작용이 지적되어 이를 재원으로 하여 시·도세징수교부금은 일률적으로 3%로 통일하고 나머지 재원은 시·군에 대한 재정보전금으로 교부하고 있다.

4) 내국세의 19.24% 중 지방양여금 대상사업인 도로사업완공 소요재원으로 2008년까지 지원되는 8,500억원 및 2009년까지 지원되는 분권교부세 재원인 0.94%를 제외한 재원의 96%이다.

(2) 특별교부세

분권교부세, 도로보전분을 제외한 교부세총액의 4%에 해당하는 액을 재원으로 하며 보통교부세의 기능을 보완해서 지방교부세제도 전체의 타당성을 확보하기 위한 제도이다. 보통교부세의 산정방법으로 포착할 수 없는 재정수요나 보통교부세 산정후 발생한 재해로 인한 특별한 재정수요가 있거나 지방자치단체청사 또는 공공복지시설의 신설·복구·확장·보수 등의 경우에 특별히 교부되는 재원이다. 비도의 제한이 가능하고 보통교부세 불교부단체도 특별교부세를 받을 수 있다.

(3) 분권교부세

국고보조금사업을 일제히 정비하면서 일부는 지방자치단체에 이양하고, 일부는 국가균형발전특별회계에 이관하며, 일부는 종전대로 국가보조사업으로 존치키로 하였다. 이에 따라 지방자치단체에 이양하는 국고보조사업에 대한 재원을 마련하기 위하여 2004년에 신설한 새로운 형태의 지방교부세제도이다. 이 제도는 내국세의 0.94%를 재원으로 하고 2005년부터 2009년까지(5년간) 한시적으로 운영하고 2010년 이후에는 폐지하여 보통교부세로 통합할 계획이다.

(4) 부동산교부세

2005년부터 부동산제도의 개혁방안의 일환으로 주택과 토지에 대하여 소유자별로 전국적으로 합산하여 누진과세하는 「종합부동산세」를 국세로 신설하여 보유세제를 이원화하였다. 즉 1차로 시·군·구에서 3단계의 낮은 세율로 재산세를 과세하고, 2차로 국가에서 전국의 주택과 토지를 소유자별로 합산하여 일정가액을 초과하는 부분에 대하여 높은 세율로 종합부동산세를 과세한 후, 국세로 징수한 종합부동산세는 지방자치단체의 세수감소분을 우선적으로 보전하고 나머지는 재정여건 등을 고려하여 시·군·구에 전액 교부하는 제도이다.

Ⅱ. 지방교부세의 유형 및 배분

1. 보통교부세

기준재정수입액이 기준재정수요액에 미달하는 지방자치단체에 대하여 그 미달액(재정부족액)을 기초로 교부하며, 자치구는 당해 특별·광역시에 합산하여 산정하고 이를 특별·광역시에 일괄적으로 교부한다.

자치구를 합산하는 이유는 자치구는 시·군과는 달리 도로, 상·하수도, 도시계획 등 14개 사무를 특별·광역시에서 직접 처리하며, 지방세 운영이 시세 중심이고, 행정 및 세제면에서 특례적인 부분이 많기 때문에 지방자치법 제173조에 의하여 '자치구 재원조정제도'를 별도로 운영하고 있다.

(1) 기준재정수요액의 산정

기준재정수요액이란 지방자치단체의 객관적인 행정여건을 고려하여 산정된 표준적인 재정수요로 그 지방에만 특수한 특별수요는 제외된다. 따라서 실제 지출하고자 하는 경비나 실적치가 아닌 기본적인 수요(national or civil minimum)이다.

기준재정수요액을 산출하기 위한 공식은 다음과 같다.

기준재정수요액＝기초수요액＋보정수요액＋수요자체노력
기초수요액＝측정단위수치(4개 항목, 17개 세항목)×단위비용×보정계수
보정수요액＝기초수요액 이외의 법령규정 등에 의한 추가수요
수요자체노력＝경상경비절감 등 5개 항목

(가) 기초수요액산정

① 측정항목: 기준재정수요액을 합리적으로 산정하기 위한 전제로 설정한 측정항목으로서 일반행정비 등 5개 항목 17개 세항목으로 이루어진다. 측정항목이 포괄적이면 수요산정의 정확성이 상실될 우려가 있고, 필요 이상으로 세

그림 3-3 기준재정수요액과 기준재정수입액의 관계

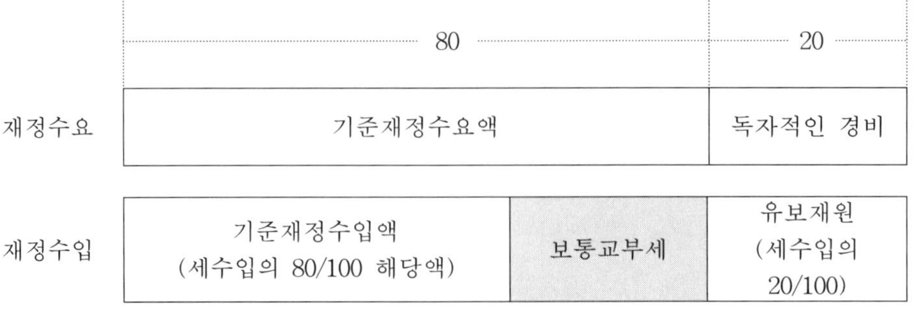

분되면 항목간의 중복 및 산정업무가 복잡해지므로 경비별 구성비, 대표성 등을 고려하여 선정하는 것이 바람직하다.

② 측정단위: 수요측정항목별 기초수요액을 합리적, 객관적으로 측정하기 위한 각 측정항목의 기준지표 또는 척도의 단위로 가급적 선정된 측정항목의 경비특성을 잘 반영하여야 한다. 따라서 측정단위의 측정항목으로 실제지출액과 관련된 통계수치의 상관도분석을 통하여 선정된다. 측정단위로 〈표 3-3〉에서 보는 바와 같이 현재 17개 단위가 활용되고 있으나 인구수가 제일 많다.

③ 단위비용: 각 측정단위별 1단위당 수치에 적용되는 표준적인 단가로 지방교부세법시행규칙(별표1)에 특별・광역시, 도, 시・군별로 상세하게 제시되어 있다. 시의 경우 청소비는 1가구당 126,500원이고, 일반사회복지비는 1인당

표 3-3 기준재정수요액산정을 위한 측정항목 및 측정단위

측정항목		측정단위
1. 일반행정비	① 인건비	공무원수
	② 일반관리비	인구수
	③ 안전관리비	인구수
2. 문화환경비	① 문화관광비	인구수
	② 환경보호비	가구수
	③ 보 건 비	인구수
3. 사회복지비	① 기초생활보장비	국민기초생활보장수급권자수
	② 노인복지비	노령인구수
	③ 영유아・청소년복지비	영유아・청소년수
	④ 장애인복지비	등록장애인수
	⑤ 일반사회복지비	인구수
4. 경제개발비	① 농림수산비	농・수산업종사자수
	② 지역경제비	사업체종사자수
	③ 도로개량비	미개량도로의 면적
	④ 도로유지비	도로의 면적
	⑤ 교통관리비	자동차대수
	⑥ 지역개발비	행정구역면적

20,200원이 적용되고 있다. 그러나 단위비용이 물가변동에 따라 변화가 있게 되므로 실제예산과 근접한 단위비용의 지속적인 현실화가 필요하다.

단위비용=동종자치단체의 표준행정수요액/동종자치단체의 측정단위수치의 합

④ 보정계수: 지역별로 지리적, 사회적 여건의 차이가 제대로 반영되지 못하고 단위비용이 획일적으로 적용됨으로써 각 지방자치단체의 기준재정수요액이 불합리해져 현실 재정수요에 근접할 수 있도록 일정한 기준에 따라 수요액을 합리적으로 조정하는 계수이다.

보정계수=당해단체의 실수요 단위비용 / 동종단체의 표준단위비용

(나) 보정수요액 반영

보정을 하여야 하는 수요에는 다음의 요인이 반영된다. 즉 ① 재정보전금(일반재정보전금 및 전전년도 정산분), ② 교육비특별회계 전출금(특별·광역시 담배소비세의 45%, 시·도세의 3.6~10%), ③ 시·도세 징수교부금(시·도), ④ 시·군통합단체 재정수요 : 기초수요액의 9~1%(5년간), ⑤ 지역균형(특수)수요(도서·오지 등 낙후지역, 개발규제지역, 도서·해안·댐 지역 등 수요), ⑥ 사회복지균형수요(등록외국인, 초고령지자체 등에 대한 수요) 등을 반영한다.

(다) 수요자체노력 반영

기준재정수요액산정에 반영되고 있는 인센티브 요인으로는 경상경비절감, 읍·면·동 통합운영, 지방상수도요금 현실화율, 지방청사 관리, 사회문화·. 복지분야 예산운영 등 항목이다.

(2) 기준재정수입액의 산정

기준재정수요액에 대응하는 개념으로 지방자치단체의 재정수입을 합리적으로 측정하기 위하여 산정한 금액으로 의존수입, 임시적 수입, 특정목적을 위한 수입 등은 보편적인 수입이 아니므로 산정대상에서 제외된다. 기준재정수입액의 산출은 다음의 공식에 의하여 한다.

기준재정수입액=기초수입액+보정수입액±수입자체노력

(가) 기초수입액 산출

지방세 중 보통세수입액의 80%를 기준으로 하며 최근 12년간의 세목별 징

수실적을 기초로 하여 세목별 징수액을 기준으로 시계열방식에 의하여 추계한다. 기준세율을 100%가 아닌 80%로 하는 이유는 지방자치단체별 행정운영에 필요한 여유재원을 보장하고 지방세징수노력 등 자체세입증대의욕을 고취하기 위함이다. 지방세 세수추계기법으로는 세목별 특성에 따라 ① 취득세, 등록세, 주민세, 담배소비세는 선형회귀방식: $Yt=a+bt$, ② 농업소득세는 지수함수방식: $Yt=a\times bt$, ③ 재산세는 2차 함수방식 : $Yt=a+bt+ct^2$, ④ 면허세, 기타보통세, 목적세는 연평균증가율방식(전전년도 징수실적 × 연평균증가율)이 사용된다. 여기서 Y는 지방세수, t는 당해연도(1, 2⋯, t)를 의미한다.

(나) 보정수입액 반영

기초수입액 이외에 법령규정 등에 의거 추가되는 수입으로 ① 당해연도 목적세 수입액의 80%, ② 당해연도 경상세외수입액의 80%, ③ 일반재정보전금과 시·도세 징수교부금 추계액의 100%, ④ 부동산교부세 수입액 추계액의 80%, ⑤ 위 금액들의 전전년도 정산분을 산정한다.

(다) 수입자체노력 반영

지방세징수율제고, 주민세 개인균등할 인상, 탄력세율 적용, 경상세외수입 확충, 지방세 체납액축소, 지방세세원(새로운 형태의 부과세원) 발굴 등이 반영된다.

(라) 지방도로사업 보전

2005년부터 지방양여금제도가 폐지되면서 종전 지방양여금사업으로 추진하여 오던 지방도로사업 중 중·장기계획에 의하여 추진 중인 사업의 마무리를 위하여 지원되는 재원이다.

(3) 보통교부세 산정 · 교부

(가) 보통교부세 산정절차

보통교부세는 매년도 기준재정수입액이 기준재정수요액에 미달하는 지방자치단체에 대하여 그 미달액을 기준으로 다음의 공식에 의하여 지방자치단체별로 산정하여 교부하게 된다.

보통교부세＝재정부족액(기준재정수요액－기준재정수입액)×조정률

조정률＝보통교부세총액/재정부족액이 발생한 단체의 재정부족액 총액

조정률이 매년 상이한데 1998년 84.7%, 1999년 78.1%, 2000년 92.5%, 2001

그림 3-4 보통교부세 산정절차

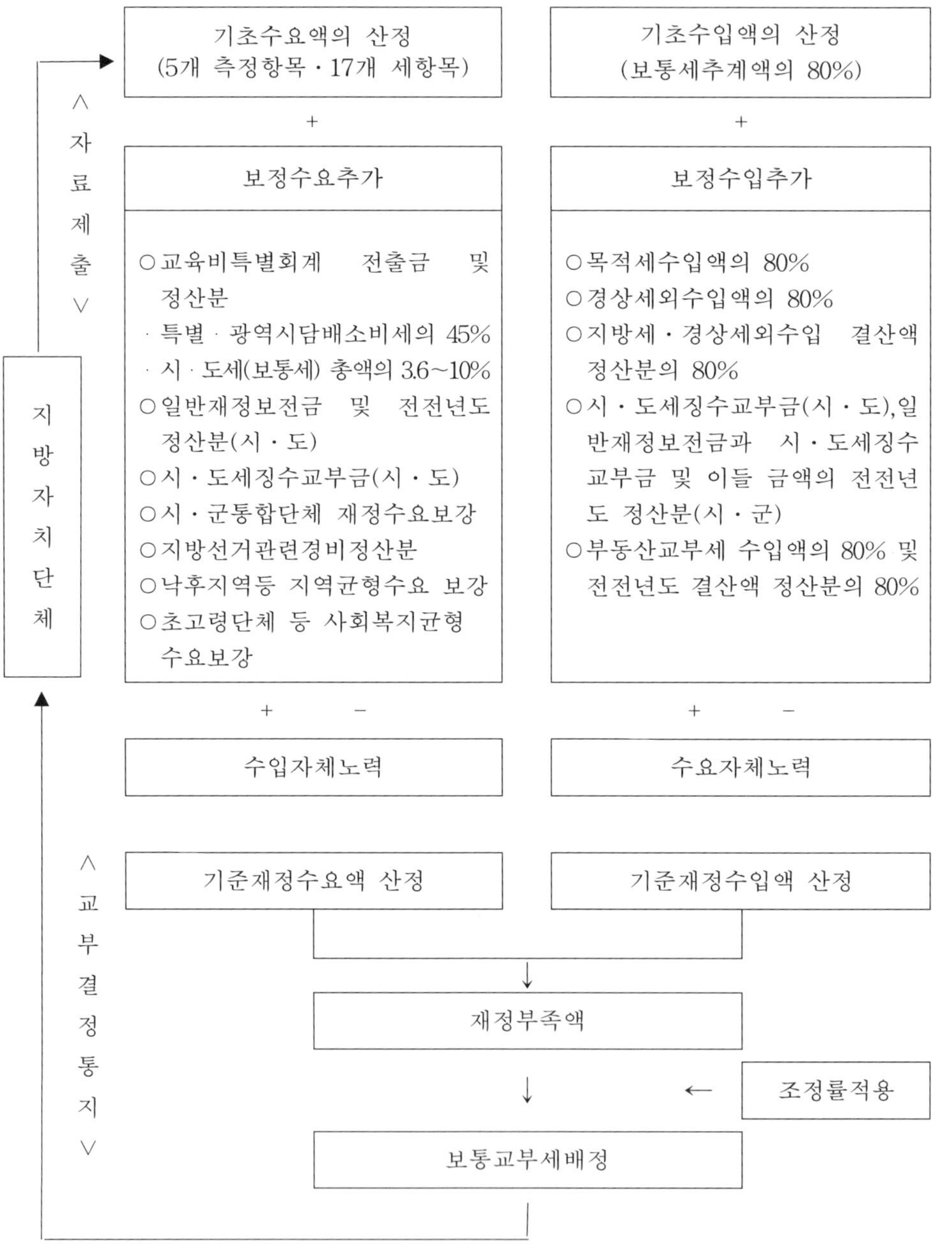

년 77.7%, 2002년 77.5%, 2003년 76.4%, 2004년 78.8%, 2005년 86.2 %, 2006년 85.9%, 2007년 88.4%, 2008년 89.2%가 적용되었다.

보통교부세 산정절차의 흐름은 〔그림 3-4〕와 같다.

(나) 보통교부세 감액제 운영

지방자치단체가 법령의 규정에 위반하여 과다한 경비를 지출하거나 확보해야 할 수입의 징수를 태만히 한 경우 당해 지방자치단체에 교부할 보통교부세를 감액하는 제도로 2002년부터 도입하여 운영하고 있다. 감액대상 및 기준은 다음과 같다. ① 지방채발행 미승인 사업예산을 편성하여 지출한 경우는 지방채발행승인을 얻지 아니하고 지출한 금액의 10% 이내, ② 투융자심사를 받지 않은 사업예산을 편성하여 지출한 경우는 투융자심사를 받지 아니하고 지출한 금액의 10% 이내, ③ 지방자치단체 예산편성기준을 위반하여 경비를 편성하여 지출한 경우에는 예산편성기준을 위반하여 지출한 금액 이내, ④ 감사결과 등에 의하여 위법한 경비의 지출 또는 수입징수태만이 판명된 경우에는 법령을 위반하여 지출한 금액 또는 징수하지 못한 수입액 이내에서 행한다.

감액방법은 사안별 감액금액을 합계하여 지방자치단체에 교부할 보통교부세에서 감액하고, 교부세의 감액·반환금액은 다른 지방자치단체의 보전재원에 충당하도록 되어 있다.

(다) 산정결과에 대한 이의신청

보통교부세산정기초 등에 이의가 있는 경우 그 통지를 받은 날로부터 30일 이내에 이의신청을 할 수 있으며, 행정안전부장관은 30일 이내에 이를 심사하여 그 결과를 통지하여야 한다. 이의신청이 타당하다고 인정되는 경우에는 다음 보통교부세 산정시 가산 또는 감액하도록 하고 있다.

2. 특별교부세

(1) 특별교부세교부대상 및 배분

(가) 재해대책수요

재해대책수요는 보통교부세 산정기일 이후에 발생한 재해 등으로 인하여 특별한 재정수요가 있는 경우에 지원하는 것이다.

재해대책수요의 연간 재원규모는 특별교부세 총액의 50% 해당액으로 보통교부세 산정기일후에 발생한 재해 등으로 인한 특별한 재정수요가 발생한 지방자치단체 중 재해로 인한 응급·항구 복구에 따른 사업비로서 자체재원으로 충당하기 어려운 지방자치단체에 지원된다. 당해 재해대책수요가 발생할 때에 배정하며, 복구사업의 일부를 지원하되, 재원증가에 따라 각종 재해·재난 복구사업비의 지원을 확대한다.

(나) 지역현안수요

지역현안수요는 지방공공시설의 신설·복구·확장 또는 보수 등으로 인하여 특별한 재정수요가 있는 경우, 지방자치단체의 장이 당해 지역의 현안수요에 대하여 지원을 요구하는 경우에 교부대상의 적정성, 재정능력 등을 고려하여 지원하는 것이다.

지역현안수요의 연간 재원규모는 특별교부세의 50% 해당액으로 교부대상은 ① 기존 재정수요액의 산정방법으로서 포착할 수 없는 국가행사 또는 행정구역개편 등으로 인한 특별한 재정수요가 있는 경우, ② 도로·교량, 지방 상·하수도 등 지방공공시설의 신설, 복구, 확장 등으로 인한 특별한 재정수요가 있는 경우이다. 숙원사업 해결을 위하여 사업추진의 시급성을 요하는 지역현안사업을 건의하는 경우 지방교부세법 시행규칙이 규정하는 교부기준 및 교부대상에 해당하는 사업을 심사한 후 교부하게 된다.

표 3-4 특별교부세 교부대상 및 배분 비율

교부대상	배분비율	교부기준 및 용도	교부시기
재해대책수요	특별교부세의 50%	연도중 각종 재해발생시 복구대책비 등 지원	당해 재해가 발생할 때
지역현안수요	특별교부세의 50%	도로교량, 상·하수도 등 지역현안사업비 지원	당해 수요가 발생할 때

(2) 특별교부세 신청 및 교부방법

지방자치단체장이 사업의 필요성, 투자효과, 재원계획 등을 종합판단한 후 당해연도에 소요되는 최소한의 금액의 범위내에서 신청하면, 행정안전부장관은 사업의 필요성, 투자효과(수혜도), 재원부담능력 등을 고려하여 합당한지 여부를 종합 검토한 후 교부한다. 신청이 없는 경우에도 행정안전부장관이 필요하다고 인정하는 경우 예컨대, 재해대책복구비 등의 경우에는 일정한 기준을 정하여 교부한다. 특별교부세의 경우에는 보통교부세와 달리 교부 목적에 합당한 집행을 유도하기 위하여 그 사용에 관하여 조건을 붙이거나 용도제한이 가능하다. 재해대책수요 잔여액 예상분은 우수한 지방자치단체에 대한 재정지원에 사용된다.

(3) 특별교부세제도의 개편

특별교부세는 그 동안 재원규모가 너무 크다는 지적과 함께 교부대상수요별 대상사업이 중복된다는 등의 문제점이 있어 왔다.

이와 같은 지적에 따라 〈표 3-5〉에서 보는바와 같이 2005년부터 특별교부세 규모를 지방교부세의 9.09%에서 4%로 대폭 축소하고, 지원대상수요도 5개 수요에서 2개수요(재해대책수요 2%, 지역현안수요 2%)로 줄었다. 또한 재정보전수요의 명칭도 지역현안수요로 변경되었다.

표 3-5 특별교부세 개편 내용

구 분	2004년까지	2005년부터
규 모	9.09%	4%
수 요	특정현안수요(20%), 지역개발수요(20%), 시책사업수요(20%), 재해대책수요(10%), 재정보전수요(20%),	폐지, 보통교부세로 전환 〃 〃 재해대책수요(50%) 지역현안수요(50%)

3. 분권교부세

(1) 분권교부세 도입경위

국고보조금사업이 지방재정운용의 자율성을 저해하는 등 문제가 제기되어 재정분권을 통한 분권형 선진국가 건설을 위해 지방분권의 현실적 전략과제로 채택하고, 이에 따라 국고보조금사업의 일부를 지방으로 이양하고 이양사업추진에 필요한 재원을 합리적으로 보전하기 위해 도입된 제도이다. 국고보조금 533개 사업 12.7조원 중 233개 사업 7.9조원은 국가보조사업으로 현행대로 유지하고, 126개 사업 3.6조원은 국가균형발전특별회계로 이관하며, 163개 사업 1.1조원(교육부소관을 제외할 경우 순수 지방자치단체에의 이양분은 9,581억원 규모임)은 지방자치단체로 이양하여 자치사무화하기로 결정하였다. 이에 대한 재원으로 지방교부세 법정률을 내국세 총액의 0.83%, 2005년에는 0.94%로 보전하고, 2005년부터 2009년까지 5년간 한시적으로 운용하며, 2010년 이후에는 이를 폐지하여 보통교부세로 통합할 계획이다.

(2) 분권교부세 배분절차

(가) 이양사업의 분류

이양사업은 경상적 수요사업과 비경상적 수요사업으로 구분한다.

① 경상적 수요사업: 사업성격상 계속적인 일정수준의 재정수요를 필요로 하는 사업으로서 과거 5년간의 국고보조금의 평균교부액 수준과 이양사업 관련 통계 등을 감안하여 객관적인 산식화가 가능한 사업으로 경로당운영 등 사회복지, 시·도지정 문화재보수정비 등 문화관광, 농업자녀 학자금 등 농림수산, 공공근로, 여성인력개발 등 92개의 사업이다.

② 비경상적 수요사업: 매년 지방자치단체의 사업계획을 심사·지원하던 사업으로서 일률적으로 국고보조금 평균 교부액수준을 적용하여 배분하는 것이 불합리한 사업으로 재가노인복지시설 개보수, 노인시설운영 등 57개 사업이다.

(나) 재원배분방식

① 경상적 수요사업: 먼저 분권교부세 전체 재원 중 비경상적수요 재원규모를 산정한 후 나머지 재원을 경상적 수요재원으로 산정하며 전년도 지방자치단체 예산편성현황을 분석하여 13개 산정항목별 재정수요 증가율 등을 고려하여 산정하되 단 감소하는 항목은 전년도 수준을 유지한다. 이어 산정항목별 광역단위 배분액 산정은 13개 산정항목별 지방재정수요액을 산정항목별 배분금액 비율로 조정하고 지방재정수요액과 관련통계와의 상관분석 등에 의하여 함수식을 도출하되 재정력차이를 반영하여 산정항목별 시·도별 배분금액을 산정한다. 도의 본청 및 시·군·구는 지방재정수요액과 재정력을 고려하여 산정 배분한다.

② 비경상적 수요사업: 일반수요는 특정 지방자치단체에 대한 지원계획이 구체화되지 않은 사업에 대하여 총 배분금액을 특별·광역시분 30%, 도분 70%(본청 5%, 시·군 65%)로 하여 대상사업 성격을 고려하여 인구 45%, 수산업 종사자 20%, 농업종사자 5%, 재정력지수 30%를 적용하여 전 지방자치단체에 배분한다. 특정수요는 중앙부처의 지원계획의 구체화여부 등을 고려하여 일정

그림 3-5 분권교부세 산정흐름도

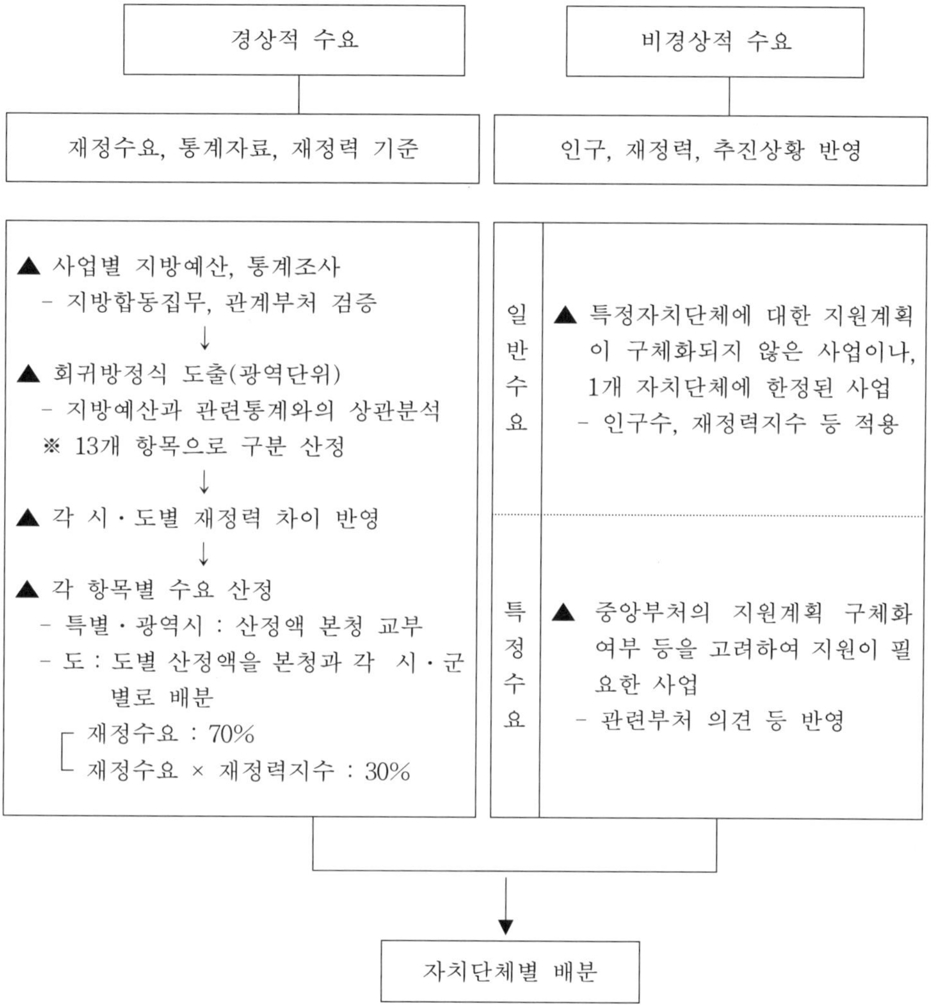

기간 지원이 필요한 사업으로 사업추진상황 등을 반영하여 지정한 지방자치단체에 배분한다.

4. 부동산교부세

(1) 부동산교부세 도입경위

부동산세제개편으로 지방교부세법이 개정되면서 2006년 신설된 지방교부세이다. 이는 부동산세제개편으로 감소된 지방자치단체의 보유세와 함께 거래세에 대하여 보전하는 한편 지방자치단체간 재정력격차를 완화하기 위하여 만들어진 제도이다. 재원은 종합부동산법에 의한 종합보동산세 총액과 정산액으로 한다. 종합부동산세는 매년 12월 16일부터 12월 31일까지 교부하되 예산이 허용하는 범위안에서 그 이전에 교부할 수 있다.

(2) 부동산교부세 교부기준

부동산세제개편에 따른 지방자치단체의 세수감소분을 기초로 산정하되, 재정여건, 지방세 운영상황, 부동산보유세규모 등을 감안하여 정한다.

(가) 당해 연도 예산에 계상하여 교부할 종합부동산세 총액이 산정한 시·군·자치구별 재원감소분의 합계액보다 적을 경우에는 각 시·군·자치구의 재원감소분 비율에 따라 나누어 교부한다.

(나) 당해연도 예산에 계상하여 교부할 종합부동산세 총액이 산정한 시·군·자치구별 재원감소분의 합계액보다 많을 경우에는 시·군·자치구별 재원감소분에 해당하는 금액을 종합부동산세 총액에서 교부하고, 그 잔액은 ① 재정여건 50%, ② 사회복지 25%, ③ 지역교육 20%, ④ 부동산 보유세규모 5%에 따라 시·군·자치구별로 나누어 교부한다.

(3) 반환명령 및 감액 등

시·군·자치구가 종합부동산세 교부액 산정에 필요한 자료를 과장 또는 허위 기재함으로써 부당하게 교부받거나 받으려하는 때에는 행정안전부장관은 당해 시·군·자치구가 정당하게 받을 수 있는 금액을 초과하는 부분의 반환을 명하거나, 정당하게 받을 수 있는 금액에서 부당하게 받은 금액 또는 받으려하는 금액을 감액할 수 있다. 교부할 종합부동산세 예산액이 결산액에 미달하거나 초과하여 발생하는 차액은 이를 늦어도 다음 다음 연도의 국가예산에 계상하여 정산하여야 한다.

Ⅲ. 지방교부세의 실태

1. 보통교부세의 배분

지방재정규모가 증대됨에 따라 지속적으로 지방교부세의 규모도 확대되어 왔다. 1980년 4,100억원이던 지방교부세가 1990년에는 2조 7,647억원으로, 2000년에는 8조 3,175억원 규모였으나, 2001년에는 재원이 내국세 총액의 15%로 조정되었다. 2005년에는 내국세 총액의 19.13%로 대폭 상향조정 확대되었으나 증액교부금제도가 폐지되고, 국가로부터 지방이양된 149개 사업에 대하여 지원해주는 분권교부세가 제도가 신설되었다. 2008년에는 내국세 총액의 분권교부세가 0.11% 상향조정된 19.24%로 25조 7,797억원 규모이다.

표 3-6 지방교부세의 규모 추이

(단위: 억원)

구 분	1980	1985	1990	1995	2000	2005	2008
합 계	4,100	10,085	27,647	54,842	83,175	194,845	257,797
보통교부세	3,727	9,063	23,050	4,9856	75,196	179,276	235,734
특별교부세	373	906	2,305	4,986	7,469	7,115	9,468
분권교부세	-	-	-	-	-	8,454	12,595
부동산교부세	-	-	-	-	-	3.930	31,770
증액교부금	-	116	2,292	-	510	-	-

자료: 1) 행정자치부, 「지방재정연감」, 각 연도.
2) 행정안전부, 「지방자치단체예산개요」, 2008.

지방교부세의 행정계층별 배분실태를 2008년도를 기준으로 살펴보면 〈표 3-7〉에서 보는 바와 같이 광역시는 6.1%, 도가 15.8%, 제주특별자치도가 3.0% 그리고 일반시가 35.1%, 군이 39.9% 배정이 되어 시·군 등 기초자치단체중심으로 보통교부세가 배분됨을 알 수 있다. 각 지방자치단체별로는 재정부족액을 기준으로 하여 배분되므로 지방자치단체별로 큰 차이가 있음을 알 수 있다.

자치구에 대하여는 당해 특별시 또는 광역시의 기준재정수요액 및 기준재정수입액에 합산하여 산정하고 이를 당해 특별시 또는 광역시에 일괄교부하고 있

표 3-7 지방교부세(보통) 배분내역(2008)

(단위: 억원)

자치단체별	점유율 (%)	평 균	최 고	최 저
광역시	6.1	2,324	부산 3,557	인천 236
도	15.8	5,348	경북 7,338	충북 3,404
시	35.1	1,190	안동 2,428	시흥 199
군	39.9	1,056	고흥 1,768	증평 448
제주특별자치도	3.0	6,816		

자료: 행정안전부.

다. 그 이유는 자치구는 시·군과는 달리 도로, 상하수도, 도시계획 등 14개 사무를 시에서 직접처리하고 지방세운영도 시세중심이므로 자치구세는 3개 세목에 불과하다. 이와 같이 특별·광역시의 경우는 기능 및 사무체계가 상이하고, 광역행정의 특성상 특례부여의 필요성에 따라 지방자치법 제173조의 규정에 의거 자치구재정조정제도(자치구재원조정교부금)를 운영하고 있다. 따라서 이러한 대도시행정의 특성을 감안하고 재정조정기능의 중복을 피하는 차원에서 시 본청의 수요 및 수입에 산정하는 것이다.

2008년도 보통교부세를 받지 않는 지방자치단체는 서울특별시, 경기도 그리고 경기도내의 수원, 성남, 안양, 고양, 과천, 안산, 용인, 화성시 등 수도권의 10개 광역과 기초자치단체이다. 보통교부세가 교부되지 않는 지방자치단체는 매년 다소의 변화가 있다. 인구가 급증하고 산업구조가 고도화되면서 지역내총생산(GRP, gross regional products)이 증가하면서 지방재정수입이 늘어나 기준재정수입액이 기준재정수요액을 초과하고 있음을 의미한다.

2. 특별교부세의 배분

특별교부세는 2004년까지는 시책사업수요(30%), 재정보전수요(20%), 재해대책수요(10%), 지역개발수요(20%), 특정현안수요(20%)의 5가지 수요를 중심으로 배분되어 왔으나, 2005년부터 지역현안수요(50%), 재해대책수요(50%)의 2가지 수요로 배분하고 있으며, 지방자치단체장(단, 일정한 경우 행정안전부장관이 필요하다고 인정하는 경우에는 신청 없이도 교부)의 신청에 의하여 이루어지고 있다. 1995년에서 1999년간의 특별교부세에 대한 회귀분석을 실시한 결과, 특별교부세는 인구, 보통교부세, 해당지역 국회의원의 당3역 여부와 소속국회 상임위원회 등의 변수에 의하여 영향을 받는 것으로 나타났다(김상헌 · 배병동, 2002). 특별교부세의 제도운영이 불투명하다는 지적과 함께 특별교부세의 시 · 군별 특별교부세배분실태의 공개여부에 대한 논란이 제기되고 있다. 특별교부세 배정내역이 재해대책수요, 지역현안수요로 구분되어 시 · 도별로 공개되고 있다.

3. 분권교부세의 배분

분권교부세는 국고보조금 정비방안의 하나로 지역균형발전을 도모하기 위하여 2004년 12월 지방교부세법을 개정하면서 도입되었다. 분권교부세 법정률이 2005년에는 내국세의 0.83%, 2006년 이후에는 0.94%로 인상되어 운용되고 있다. 자치구분은 보통교부세와 같이 특별시 · 광역시의 본청에 합산하여 교부한다.

표 3-8 분권교부세 규모추이

(단위: 억원)

구분	2005	2006	2007	2008
규모	8,454	10,065	11,053	12,595
법정율	0.83	0.94	0.94	0.94

자료: 행정안전부.

4. 부동산교부세의 배분

2005년 부동산의 보유세제 개편에 따라 지방자치단체별 거래세, 재산세감소분을 우선적으로 보전한 후 남은 재원을 균형재원으로 하여 전액 시 · 군 · 자치구별로 배분하고 있다. 먼저 세수감소분은 ① 2005년 종합부동산세도입에 따른 재산세 감소분(종합부동산세 도입), ② 주택분재산세 부담완화를 위한 세부담 상한 인하에 따른 재산세 감소분, ③ 거래세율 인하(4%→2%)에 따른 거래세(취득세, 등록세) 감소분을 보전한다. 그리고 남은 재원은 재정여건에 50%, 사회복지 25%, 지역교육 20%, 보유세규모 5%를 배분기준으로 하여 시 · 군 · 구별로 배분하고 있다. 연도별 종합부동산세 세수 및 배분규모는 〈표 3-9〉와 같다.

표 3-9 종합부동산세 세수 및 배분 규모

연도	종합부동산세수	세수감소분			균형재원
		소 계	재산세	거래세	
2005	6,518	4,281	4,281	-	2,237(1,533)
2006	17,273	8,409	3,489	4,920	8,864(8,088)
2007	28,560	9,878	772	9,106	18,682(17,176)
2008	35,000	10,000	-	-	25,000

주) 1. 균형재원금액은 정산액, 미징수, 기타를 포함한 금액이며 실제 교부액은 ( )의 금액임 (단, '06, '07년은 '08년 5월초 교부예정액 포함액임).
2. 2008년분 종합부동산세 추계는 10% 증가시.

Ⅳ. 지방교부세의 발전과제

1. 지방교부세의 구조개편

현행 지방교부세는 보통교부세, 특별교부세, 분권교부세, 부동산교부세로 구분되어 있으나 기능이 혼재되어 있어 지방교부세체계를 전면적으로 개편하여 지방자치단체간 재정력격차를 축소하고 일정한 수준의 행정서비스를 제공할 수 있는 재원을 보장해 주어야 한다. 〔그림 3-6〕에서 보는바와 같이 보통교부

그림 3-6 지방교부세 구조개편안

<table>
<tr><td colspan="2">현 행</td><td rowspan="7">⇒</td><td>개 편 (안)</td></tr>
<tr><td rowspan="4">지
방
교
부
세</td><td>보통교부세
(기준수요, 보정수요, 인센티브)</td><td>보통교부세
(기준수요)</td></tr>
<tr><td>특별교부세
(재해대책, 지역현안, 인센티브)</td><td>특별교부세
(재해대책, 지역현안)</td></tr>
<tr><td>분권교부세
(경상수요, 비경상수요)</td><td rowspan="2">지방발전교부세
(보통교부세 도로보전분, 분권교부세 일부사업재원, 부동산교부세 균형재원, 국가균형발전특별회계 지역발전계정)</td></tr>
<tr><td>부동산교부세
(세수감소분, 균형재원)</td></tr>
<tr><td colspan="2">국가균형발전특별회계</td><td>성과교부세
(보통교부세 인센티브, 특별교부세 인센티브)</td></tr>
</table>

자료: 윤석완, pp.12-13.

세의 도로보전분, 분권교부세의 일부재원, 부동산교부세의 균형재원, 국가균형발전특별회계를 묶어 지역균형발전을 위한 재원으로 "지역발전교부세"로 통합하는 것이 바람직하다. 또한 현재 보통교부세와 특별교부세로 분산되어 있는 인센티브를 하나로 묶어 "성과교부세"를 신설하여 자치단체별로 차등적으로 지원함으로써 건전한 지방재정운용을 도모하여야 한다.

2. 기준재정수요액 산정의 합리화

지방행정환경변화에 따른 새로운 수요 예컨대, 도하개발아젠다 체제 출범에 따른 환경공해에 대한 행정수요, 저출산에 따른 대책의 일환으로 아동복지비의 신설, 고령화사회로의 진입에 따른 노인대책비, 주민의 삶의 질 향상을 위한 장애인 접근성확대, 지역의 정체성(identity) 확립을 위한 사업, 지역경제 활성화를 위한 사업 등 새로운 행정수요에 대한 재정적 대처가 필요하다.

또한 낙후지역 및 특정지역의 특수수요를 지속적으로 발굴하여 검토 반영해야 한다. 지방자치단체의 낙후도를 측정, 낙후도에 따라 차등지원하는 방안을 강구하여야 한다. 지역 특수 수요에 대한 실태분석과 재정보전방안을 심도있게 발전시켜야 한다.

단위비용도 지역별로 차별화하여 현실화하는 것이 바람직하다.

3. 지방재정수입액 산정방식의 개선

모든 지방자치단체에 대하여 지방세 중 보통세수입액의 80%를 기초수입액으로 잡는 것은 지역여건이나 지역경제 등을 고려하지 않는 등 문제가 제기될 수 있다. 지역별·세목별로 적합한 세수추계기법을 개발하고, 경상세외수입에 대해서도 합리적인 추계기법을 마련하여야 한다.

따라서 재정형평화기능을 고려하여 재정력지수에 따라 지방자치단체별로 차등적으로 적용하는 방안의 검토도 필요하다.

4. 자체노력제도의 탄력적 적용

매년 지방재정을 평가·진단하고 그 결과를 보통교부세 배정에 반영하여야 한다. 자체노력의 증감반영에 대한 탄력적인 도입과 운용이 요청된다. 지방자치단체의 재원을 보장하고 재정력을 형평화하려는 보통교부세제도의 근본취지상

그림 3-7 영국의 지방교부금 삭감제도

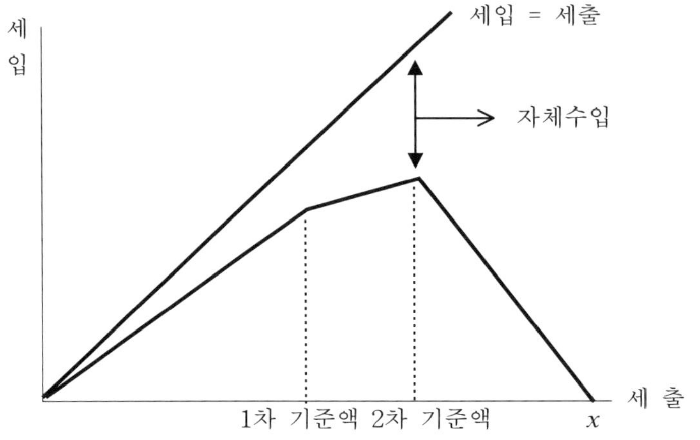

비효율적인 세출을 억제하고 세입증대를 위한 노력을 유도하는 방향으로 발전시켜야 할 것이다.

영국은 교부금 삭감제도(tapering system)를 도입하여 지방자치단체의 지나친 지출을 억제하기 위하여 표준지출평가액(standard spending assessment)지침과 함께 각 지방자치단체에게 지출목표(재정지출상한액)를 설정하게 한다. 이 수준을 넘는 경우 국가는 세입지원교부금(RSG: Revenue Support Grant) 등 보조금의 지급을 보류하거나 삭감한다. 〔그림 3-7〕에서 보는 바와 같이 지방재정세출이 1차기준액인 기준재정수요(GRE: Grants-related expenditure)를 초과하면 교부금 증가율이 감소하고 추가적인 2차 기준액을 초과하면 교부금 증가율이 더 빠른 속도로 감소하여 최악의 경우(x)에는 교부금이 전액 삭감되기도 한다(이계식 · 박완규, 1998: 9).

일본의 경우도 지방자치단체장이 법령의 규정에 위배하여 과다경비를 지출 또는 수입징수를 태만히 할 경우에는 그 금액의 범위내에서 교부세를 감액 또는 반환하게 할 수 있다(일본 지방재정법 제26조).

5. 특별교부세의 운영개선

특별교부세의 재원이 내국세총액의 18.3%의 4%에 해당하는 액으로 외국의 예에 비하여 다소 적은 편이다. 일본의 경우는 교부세총액의 6%, 영국은 5%로 한정하고 있다. 특별교부세제도의 본질적 측면에서 합리적인 운용이 요구된다.

특별교부세의 대부분이 도로확·포장, 교량건설 등 지방의 사회간접자본확충과 비상재해복구 등 투자적 경비를 위하여 지원되고 있으나 지역현안수요의 경우 재원배분방법의 변화가 요구된다.

6. 법정교부율의 단계적 인상

2000년 지방교부세 법정교부율이 13.27%에서 15%로 조정되었으며, 2005년에는 19%, 2005년 19.13%, 2006년 19.24%로 상향조정되었으나 별도의 재원 이양이 없는 상태에서 국가사무의 위임이 지속적으로 이루어지고 있어 지방재정기반은 여전히 취약한 실정이다. 지방분권을 재정적으로 뒷받침하기 위하여 일정기간마다 지방교부세 법정률의 상향조정이 필요하다. 일본에서는 지방재정계획상의 통상수지(通常收支)에 부족이 발생하는 경우 매년 국고에서 임시특례교부금을 교부세 특별회계로 전입시켜 부족액을 총액으로 보장하는 방안을 운영하고 있으며 적시에 재정보전을 실시해 주고 있다.

또한 오늘날 교육이 지방자치의 주요기능 중 하나로 강조되고 있으므로 지방교부세와 지방교육재정교부금을 통합하고 법정교부율도 지방재정교부율(19.24%)과 지방교육재정교부율(20.0%)을 통합하여 39.24%로 일괄하여 지방자치단체에 교부하여 종합적으로 운용하는 것이 필요하다.

제 3 절 국고보조금

Ⅰ. 국고보조금의 의의

1. 국고보조금의 의의

국고보조금이란 국가정책상 필요가 있거나 또는 지방자치단체의 재정사정상 특히 필요하다고 인정될 때 국가예산의 범위안에서 지방자치단체에 교부하는 것으로 보조금 이외에 부담금, 조성금, 장려금, 위탁금의 명칭도 사용된다. 보조금은 대부분 용도와 수행조건 등을 지정하는 조건이 붙게 되며 피보조자나

단체는 그 자금의 집행에 관하여 보조자의 행정감독과 재정적 통제를 받을 의무가 주어진다. 보조금은 일정한 자부담을 하여야하고 보조금 중 남은 잔액은 일반용도로 쓸 수 없고 반드시 교부자에게 정산하여 보고하여야 한다.

보조금에 관한 일반법인 보조금의예산및관리에관한법률과 지방재정법 그리고 각 개별법인 생활보호법 등 법령과 지방자치단체의 조례의 적용을 받는다.

2. 국고보조금의 특성

(1) 특정재원

국고보조금은 국가로부터 교부되므로 지방자치단체의 자주재원인 지방세나 세외수입과 구별된다. 또한 교부시 그 용도가 구체적으로 정해지므로 일반재원인 지방교부세와도 구별된다.

(2) 지방비부담

국고보조율이 100%인 보조금은 거의 없고 어느 정도의 지방비와 자부담 등을 요구하고 있다. 따라서 지방비부담의무가 없는 지방양여금과도 구별된다.

(3) 규모의 비법정화

지방교부세는 19.24%로 지방교부세법에 교부세율이 규정되어 있어 규모예측이 가능하나 국고보조금은 국가예산에 의하여 결정되므로 매년 변화가 있다.

3. 외국의 국고보조금제도

(1) 일 본

(가) 국고부담금

지방자치단체가 행하는 사업 중 그 성질상 국가의 책임정도에 따라 그 경비의 일부 또는 전부를 국가가 부담하는 제도이다. 이에는 보통국고부담금(의무교육비, 생활보호비, 아동복지비 등)과 건설사업비국고부담금(도로, 하천, 항만, 소방 등 중요토목시설의 신축·개량비, 주요시설비 등), 재해국고보조금(재해복구비, 재해복구사업, 공영주택·학교·복지시설 재해복구사업, 경지복구사업 등)이 있다.

(나) 국고보조금

지방자치단체에 대해 특정사업을 장려·권장하거나 지방자치단체의 재정을 원조하기 위하여 지출하는 것으로 국가는 임의적으로 지출할 수 있으며, 이에는 장려적 보조금, 재정원조적 보조금 등이 포함된다. 신산업도시건설사업채 이자보전금 등이 있다.

(다) **국고위탁금**

국가의 고유사무이나 스스로 행하는 것이 비경제적인 경우 업무의 효율성, 경제성 등의 측면에서 지방공공단체에 위탁 수행하는 경우에 국가가 지방공공단체에 대해 지불하는 재원이다. 국회의원선거비, 국세조사비, 외국인등록비, 검역비, 실업보험, 국민연금 등이 이에 해당된다.

(2) 미 국

(가) **포괄보조금**(block grants)

보조금의 사용에 있어서 조건을 붙이지 않고 지방정부에게 많은 자유재량을 인정하고 있는 보조금으로 세입분배제도, 감세보전교부금 등이 이에 해당한다.

(나) **특정보조금**(categorical grants)

인구, 면적, 1인당소득 등을 고려한 특정공식에 의하여 자동적으로 배분되는 보조금인 특정공식보조금(formally categorical grants)과 연방정부가 지정한 사업에 대하여 지방정부의 신청에 의하여 지급되는 보조금인 특정사업보조금(project categorical grants)으로 구별된다.

(3) 영 국

(가) **보충보조금**(supplementary grants)

특별보조금보다 포괄적이며 지방정부의 재량이 어느 정도 허용되는 보조금으로서 수송보조금과 국립공원보조금이 있다.

(나) **특별보조금**(specific grants)

대부분의 국고보조금이 특별보조금이며, 거의 정률보조금이고, 경찰, 생활개선, 보호관찰, 도시계획 등의 사업에 지출되는 보조금이다.

Ⅱ. 국고보조금의 종류

1. 경비의 성질에 의한 분류

(1) 위탁금

국가가 스스로 행하여할 사무를 지방자치단체 등에 위임하여 수행하는 경우에 국가가 그 소요경비의 전액을 교부하여 주는 것이다. 이에는 국민투표, 대통령과 국회의원선거, 외국인 등록, 병사, 민방위 등 기관위임사무를 수행하는 경우에 교부한다.

(2) 부담금

지방자치단체 또는 그 기관이 법령에 의하여 처리해야 할 사무로서 국가와 지방자치단체 상호간에 이해관계가 있는 경우에 그 사무를 원활하게 처리하기 위하여 국가에서 부담하여야 할 경비를 국가가 일부 또는 전부를 부담하는 경비이다. 전염병예방, 재해복구사업 등 단체위임사무의 경우에 교부한다.

(3) 협의의 보조금

국가가 특정한 행정사무의 집행을 장려·조장하거나(장려적 보조금), 지방재정의 어려움을 지원하기 위하여 교부하는 경비(재정지원적 보조금 또는 지방재정보전금)이다. 지하철 건설, 경지정리사업 등과 같은 주로 자치사무의 경우에 보조한다.

2. 보조형태에 의한 분류

(1) 정률보조금

비례적 보조금이라고 하며, 지방자치단체가 지출하는 경비의 일정비율에 해당하는 금액을 국가가 보조하는 것으로 대부분이 정률보조금이다. 그 보조비율은 국가의 재정사정, 지방비부담능력, 주민의 요구정도, 당해사무나 사업에 대한 국가의 관심도 또는 장려의 정도 등을 감안하여 결정되나 대부분의 사업이 보조금의예산및관리에관한법률에서 규정하고 있다.

(2) 정액보조금

특정한 사업에 대하여 일정액의 보조금을 정액으로 교부하는 것으로 보조대상사업의 양에 일정단가를 곱한 금액을 교부하는 방법과 매건별로 일정액을 교부하는 방법이 있다. 특정사업에 대한 장려적 효과와 재정지원적 효과가 있다.

(3) 차등보조금

일정비율 또는 일정금액에 의한 일률적인 보조금제도의 결점을 보완하기 위하여 지방자치단체의 재정력 또는 특별한 필요성을 감안하여 크기에 따라 상이한 보조율을 적용하여 보조하는 유형이다. 보조금의예산및관리에관한법률에 규정하고 있으나 현실적으로는 해당 지방자치단체의 반발 등 부작용을 우려하여 전반적으로 적용하지 못하고 있다.

인상보조율을 적용하는 경우는 보조받는 지방자치단체의 인건비자체충당능력지수, 재정력지수, 기본적 세출소요비중을 고려하여 기준보조율에 20%, 15%, 10%를 가산한다.[5] 인하보조율을 적용하는 경우는 보통교부세를 교부받지 않는 지방자치단체에 적용되며, 특별시는 기준보조율에서 20%, 광역시는 15%, 도와 시・군은 10%를 차감하여 보조하도록 되어 있다.

3. 신청여부에 의한 분류

(1) 신청보조금

보조사업을 수행하려는 자가 보조하려는 자에게 관계법령 및 지침에 의하여 예산계상을 신청하고 이에 따라 받는 보조금으로 대부분의 보조금이 이와 같은 형태를 취한다.

(2) 무신청보조금

보조사업을 수행하려는 자의 신청이 없어도 국가시책 수행상 부득이하여 보조하려는 자의 주관적 판단에 의하여 예산에 계상하여 보조하는 보조금이다. 국가가 소요경비의 전액을 교부하는 보조사업의 경우, 재해발생 등 사전에 예기치 못한 사유로 인하여 보조금의 교부가 불가피한 경우, 기타 기획재정부장

---

5) 인건비자체충당능력지수=지방세수입+경상적 세외수입/공무원인건비이며, 재정력지수는 기준재정수입액/기준재정수요액이고, 기본적 세출수요비중은 경상적 경비+채무상환경비/일반회계세출예산규모×100%이다.

관이 국가의 주요시책수행상 보조금의 교부가 불가피하다고 설정하는 사업의 경우에 가능하다.

4. 교부조건에 의한 분류

(1) 일반적 보조금

일정한 범위 또는 지역의 사업이나 일정한 효과를 가져오는 사업의 추진을 도모하기 위하여 그러한 취지에 맞는 사업에 소요되는 경비를 지원하면서 총액과 비도만을 정해주고 교부하는 보조금을 말한다. 외국의 포괄보조금(block grants)이 이에 해당한다.

(2) 특정보조금

특정사업에 필요한 경비를 원조하기 위하여 그 사용처를 한정하여 지출하는 보조금으로서 이미 국가로부터 교부되는 시점에서 그 용도가 사전에 구체적으로 지정된다.

5. 시행주체에 의한 분류

(1) 직접보조금

국가로부터 교부된 보조금을 지방자치단체가 직접 집행하는 경우로서 우리나라에서는 재해위험지구정비사업비, 자전거도로정비사업비 등의 보조금 등이 있다. 이와 같은 형태의 보조금이 제일 많다.

(2) 간접보조금

국가로부터 교부된 보조금을 지방자치단체를 통하여 실수요자인 민간(단체)이나 타기관에 재교부되는 보조금을 말한다. 우리나라에서는 공동양식장사업비, 일반경지정리사업비, 조림사업비 등의 경우 어촌계나 농촌공사, 산림조합 등에 재교부하여 사업을 집행케 하고 있다.

Ⅲ. 국고보조금의 운영

1. 기준보조율

우리나라는 현행법상 기준보조율제도와 차등보조율제도를 두고 있다. 차등보조율이란 지방자치단체의 재정사정을 감안하여 기준보조율에 일정률을 가감하는 것으로 2007년 "영유아보육사업", "기초생활보장사업"(70~90%) 및 2008년 기초노령연금사업"(40~90%) 등 사업에 도입하여 운영하고 있다. 보조금의 예산및관리에관한법률 제9조와 동법시행령 제4조에 보조금 대상사업과 기준보조율을 열거하고 있다. 그밖에 국가와 지방자치단체 상호간에 이해관계가 있고 보조금의 교부가 필요한 사업은 사업의 수행근거 법령, 성격에 따라 정률 또는 정액보조하되 기획재정부의 예산안 편성지침에 대상사업명과 기준보조율을 명시하거나 매년 예산으로 정한다. 구체적인 기준보조율과 대상사업은 〈표 3-10〉과 같다.

2. 국고보조금의 운영절차

(1) 예산편성지침의 시달 및 신청지시

기획재정부는 국무회의의 심의를 거쳐 대통령의 승인을 얻은 다음연도의 예산편성지침을 각 중앙관서의 장에게 전년도 3월 31일까지 시달한다. 각 중앙관서의 장은 예산계상신청에 필요한 사항을 국고보조사업 수행자(지방자치단체, 민간 등)에게 시달하고 이에 따라 시·도에서도 시·군·구에 신청지시를 한다.

(2) 신청 및 보고

시·군·구의 사업부서(실·과·소)에서 국고보조금신청서를 시·도의 관련 사업부서(실·과)에 제출하면 시·도의 사업부서는 이를 취합하여 일괄적으로 검토·조정한 다음 전년도 4월 30일까지 보조사업의 우선순위 등에 대한 의견을 첨부하여 해당 중앙부처의 사업부서(실·과)에 보조금 예산계상을 신청하여야 하며, 또한 신청한 내용을 5월 31일까지 행정안전부장관에게 보고하여야 한다. 2008년부터는 지방재정관리시스템에 의하여 국고보조사업목록과 사업내역을 전산으로 신청하여야 한다.

표 3-10 국고보조금 기준보조율과 대상사업

기준보조율	사 업 예 시
100%	일반여권발급, 지방병무행정지원, 침수지 배수개선, 국가관리 방조제 개·보수, 지표수보강 농업용수개발, 한발대비 농업용수개발, 공단폐수종말처리시설(수도권 50%), 산림병해충방제(약제대, 기타 50%), 원원종 및 원종생산, 농어민직업훈련지원
80%	밭기반 정비, 일반경지 정리, 기계화경작로 확·포장, 한발대비 농업용수개발(가뭄대비), 토양개량사업, 대구획 경지재정리, 농어촌 생활용수개발, 어장정비정리, 어장정화, 인공어초시설, 어민복지회관건립, 연근해어업 구조조정사업(연안, 근해:정액), 어촌 종합개발, 2종어항 개발, 임도건설, 농어촌공공도서관 시설(자료구입비 제외), 기초생활보장수급자 생계급여(서울 50%), 기초생활보장수급자 자녀교육급여(서울 50%), 기초생활보장수급자 의료급여(서울 50%), 저소득장애인 보장구·의료비·자녀학비 지원(서울 50%), 저소득모자·부자가정지원(서울 50%), 고용촉진훈련
70%	도서종합개발, 축산분뇨처리시설 지원(한센병환자 정착촌, 그 밖의 지역 30%), 농수산물 도매시장건설, 도서지역 식수원개발, 오염해역준설, 조림사업, 사방사업, 휴양림 조성, 산촌종합개발(마을조성), 국가지정문화재 보수정비, 청소년수련관·청소년수련원·청소년야영장·유스호스텔(서울 30%), 결핵환자보호시설운영, 한센환자보호시설운영(서울 50%), 부랑인보호시설운영(서울 50%), 장애수당·장애아동부양수당 및 보호수당(서울 50%), 경로연금(서울 50%), 응급의료사업 지원, 화장장·납골당·화장로시설
50%	119구조·구급대장비, 지방공사의료원 시설지원, 고도정수처리시설, 폐광오염방지시설, 농공단지폐수종말처리시설(우선 100%, 추가 70%), 비위생매립지 정비, 시 관내 국도노후교량개체, 도립종묘배양장시설, 시·도 어업지도선 건조 및 유류비 지원, 수산물공동폐수 처리시설, 육림사업, 휴양림 보완 및 산림욕장, 지방수목원, 산림박물관, 임산물유통구조개선, 농업전문인력 양성교육, 지방농업개발센터 육성운영 및 시설장비보강, 도 농업기술원 및 지역특화작목시험장 연구기반조성, 농업기계화훈련지원, 관광지·전적지 개발, 전국체육대회운영, 국제경기대회(동계대회)지원(도로), 지방체육시설, 농어촌출신학생 기숙사시설, 나양로자 지원, 전염병예방접종 약품지원, 영·유아 보육사업지원(서울 20%), 공립정신질환자시설, 시·도병원선 건조 및 운영 지원, 치매전문요양병원 건립, 사회복지보장시설 및 장비지원(단, 재가노인복지시설 개보수는 제외), 영·유아 보육시설 및 장비지원, 근로청소년회관운영지원, 지방과학관 시설

40%	농산물 공판장건설, 중소농 고품질 농업생산지원, 농수산물간이집하장 시설 및 장비, 어·패류양식 및 중간종묘 생산 시설, 선천성대사이상검사
30%	민방위운영 및 시설·장비보강, 상수원보호구역 주민지원, 쓰레기매립시설, 쓰레기 소각시설(서울·시·군, 도서지역 50%, 광역시 40%), 도시형종합폐기물 처리시설, 수산물종합판매장시설, 산불방지시설·장비 및 운영, 표고 생산기반조성, 향토사료관 및 문화사랑방시설, 공립박물관건립, 생활체육교실운영, 국제경기대회(동계대회)지원(경기장), 정신질환진료시설 확충
20%	과수·채소·화훼·특수작물생산·유통지원, 농수산물 규격출하, 농촌특산단지육성, 가두리양식장 육상전환, 노후어선 대체건조, 공공도서관건립, 영·유아 보육사업지원(서울)
정액보조	소규모 농업기반시설, 농공단지 조성지원, 농어촌 오폐수처리시설지원, 농림계 특성화대학 및 자영농고·축산교육시설지원, 농어촌폐기물 종합처리시설, 국가지원 지방도건설(공사비 국한), 시 관내 국도대체 우회도로건설(공사비 국한), 경전철 건설, 연근해어업 구조조정사업(근해), 항만배후도로건설, 지방문예회관건립, 공중보건의사 진료활동비, 광산지역 공해방지시설 및 장비, 석탄비축 및 진흥지구개발, 광산기반시설확충 및 대체산업 육성

(3) 신청내용에 대한 중앙관서의 검토

각 중앙관서의 장은 국고보조금신청자에게 신청내용(사업계획, 금액산정착오 유무, 자기자금 부담능력 등)에 대한 자료 및 설명요구와 함께 의견을 듣고 예산반영여부를 결정하여야 한다.

(4) 지방비부담협의 및 예산요구

해당 중앙관서의 장은 지방자치단체의 부담을 수반하는 국고보조금의 예산을 기획재정부에 요구하고자 할 때에는 행정안전부장관과 보조사업계획에 대하여 협의하여야 한다. 행정안전부장관은 지방비부담경비협의에 대한 의견서를 해당 중앙관서와 기획재정부에 전년도 6월 20일까지 제출한다. 해당 중앙관서의 장은 행정안전부가 통보한 보조금 및 지방비부담계획을 토대로 기획재정부와 예산안을 협의하게 된다.

(5) 기획재정부의 검토와 보조금예산안의 확정 및 국회제출

기획재정부는 국고보조금신청자에게 신청내용에 대한 자료 및 설명을 요구하여 의견을 충분히 수렴한 후 보조금심의위원회에 부의하여 정부예산안을 확정하며, 기획재정부는 확정된 정부예산안을 회계연도 개시 90일전까지 국회에 제출하여야 한다.

(6) 보조금사업계획 및 예산의 통지

각 중앙관서의 장은 특별한 사유가 없는 한 국고보조금예산안을 사업별로 해당 보조사업을 수행하고자 하는 자에게 당해회계연도의 전년도 10월15일까지 통지하여야 하며, 국회에서 예산이 심의·확정된 후에는 그 확정된 금액 및 내역을 사업별로 즉시 해당 보조사업을 수행하고자 하는 자에게 통지하여야 한다. 지방자치단체에 대한 보조금에 있어서는 기획재정부장관과 행정안전부장관에게 이를 통보하여야 한다. 행정안전부장관은 지방자치단체별로 국고보조금 및 지방비부담계획을 수립하고 그 내용을 매년 10월 15일까지 지방자치단체장에게 일괄적으로 통보하여야 한다.

(7) 보조사업 수행자의 지방비 부담

국고보조금에 의한 사업 중 지방비의 부담을 수반하는 경우 지방자치단체의 예산편성은 중앙행정기관과 행정안전부장관이 협의·조정한 보조사업계획에 의한다.

(8) 보조결정통지 및 보조사업수행

중앙관서의 장은 국고보조금의 교부를 결정한 때에는 그 교부결정의 내용(교부조건 포함)을 국고보조금을 신청한 자에게 통지하고, 지방자치단체에 대한 보조금에 있어서는 단위사업별·보조사업별로 작성한 교부결정의 내용을 기획재정부장관과 행정안전부장관에게 통보한다.

보조사업자는 사정의 변경으로 인하여 국고보조사업의 내용을 변경하거나 보조사업에 소요되는 경비의 배분을 변경하고자 할 때에는 중앙관서장의 승인을 얻어야 하며, 보조사업의 목적에 맞게 수행하고 보조사업을 완료한 때, 폐지의 승인을 얻은 때 또는 회계연도가 종료한 때에는 그 추진실적보고서를 중앙관서의 장에게 제출하여야 한다.

(9) 보조금의 결산 및 정산

보조금의 사용잔액을 중앙관서의 장에게 정산·반환하여야 하며, 집행잔액은 집행액 산정기준비율과 동일한 방법으로 산정하여 반환하여야 한다.

표 3-11 국고보조금 추이

(단위: 10억원, %)

구분	1980	1985	1990	1995	2000	2005	2008
총규모	2,604 (100)	6,595 (100)	22,914 (100)	52,379 (100)	65,105 (100)	92,367 (100)	124,966 (100)
보조금	339 (13.0)	560 (8.5)	2,191 (9.6)	4,109 (7.8)	9,991 (15.3)	15,281 (16.5)	23,689 (17.8)
일반회계	1,945 (100)	4,217 (100)	15,491 (100)	36,667 (100)	48,593 (100)	71,750 (100)	98,445 (100)
보조금	327 (16.8)	474 (11.2)	2,042 (13.2)	3,219 (8.8)	7,723 (15.9)	11,919 (16.6)	18,596 (18.1)
특별회계	659 (100)	2,377 (100)	7,423 (100)	15,711 (100)	16,512 (100)	20,617 (100)	26,522 (100)
보조금	12 (1.8)	87 (3.7)	149 (2.0)	890 (5.7)	2,268 (13.7)	3,362 (16.3)	5,094 (16.9)

주: 세입결산 순계기준. 2005, 2008 당초세입예산 순계기준.
자료: 1) 행정자치부, 「지방재정연감」, 각 연도.
2) 행정안전부, 「지방자치단체예산개요」, 2008.

Ⅳ. 국고보조금의 실태

1. 국고보조금의 증가

〈표 3-11〉에서 보는 바와 같이 지방재정에서 국고보조금이 차지하는 비중이 1980년 13.0%에서 감소하다가 2000년부터 다시 증가하여 2008년 당초 예산에서는 17.8%를 점하고 있다. 특별회계도 1980년 1.8%를 차지하였으나 점차 증가하여 2008년에는 16.9%를 점하고 있어 일반회계와 같은 수준으로 국고보조금의 비중이 커지고 있음을 알 수 있다.

국고보조금에 대한 지방비 및 수익자부담금내역을 〈표 3-12〉를 통해 살펴보면 1995까지 증가하다가 다시 소폭 감소하는 추세를 보이고 있으며, 수익자부담은 대폭 감소한 반면 그 부담을 국고에서 부담한 것으로 나타나고 있다.

표 3-12 국고보조금 및 지방비부담내역

(단위: 10억원, %)

연도	합 계	국고보조금	지방비부담	수익자부담금등
1985	741(100)	535(72.1)	207(27.9)	-
1990	3,212(100)	2,068(64.4)	1,144(35.6)	-
1995	8,885(100)	3,888(43.8)	3,779(42.5)	1,218(13.7)
2000	15,167(100)	9,888(65.2)	5,122(33.8)	157(1.0)
2005	23,039(100)	15,350(66.6)	7,334(31.9)	355(1.5)
2008	349,774(100)	229,093(66.0)	7,389(28.2)	432(1.7)

자료: 1) 행정자치부, 「지방재정연감」, 각 연도.
2) 행정안전부, 「지방자치단체예산개요」, 2008.

2. 지방자치단체의 자율성저해

국고보조금사업이 신청주의에 의하여 운용되고 있으나 지방자치단체가 신청한 사업 중 2004년도의 경우 57.4%만이 국가예산에 반영되어 신청에 따른 많은 행정력의 낭비를 초래하였다. 따라서 지방의 여건과 주민의 선호도에 따른 사업보다는 중앙부처의 의도에 따라 사업이 선정되고 관리되고 있음을 알 수 있다.

국가가 각종 국책사업과 대규모 투자사업을 선정함에 있어 충분한 타당성을 검토하지 않고 계획을 미리 발표하여 지방자치단체간 과도한 유치경쟁을 유발하고 이에 따른 막대한 행정혼란과 재정낭비를 초래함은 물론 탈락한 지방자치단체의 반발 등 후유증으로 인하여 많은 부작용을 초래하는 사례도 있다(예: 세계태권도공원 조성사업, 제2선수촌 건립사업, 기상위성센터 건립사업 등).[6)]

또한 국고보조금예산과 지방비부담계획이 전년도 10월 15일까지 가내시하고 국회의결후 12월말까지 시・도에 통보토록 되어 있으나 실제로 확정되어 지방자치단체에 내시되는 것은 당해연도 2월중에 이루어지는 경우가 많아 지방예산의 확보와 사업의 준비 그리고 행정의 예측성이라는 측면에서 많은 문제점을 노정시키고 있다.

---

6) 국책사업선정을 공모와 신청에 의하여 추진함에 따라 세계태권도공원조성사업에는 21개, 제2선수촌건립사업에는 12개, 기상위성센터 건립사업에는 18개 지방자치단체가 유치를 신청하는 등 지방자치단체간 유치경쟁이 과열되고 있다.

3. 보조율의 미준수와 지방비부담의 과중

중앙부처의 과도한 사업추진욕심 때문에 법령에 규정된 기준보조율을 지키지 않고 사업추진부처가 임의적으로 지방비를 부담시키는 경우가 많이 발생하고 있다. 사업이 유사함에도 불구하고 기준보조율이 달라 사업추진에 혼선을 빚고 있다. 농수산물유통시설 중 농수산물도매시장건설은 70%, 농수산물공판장 건설은 40%이며, 쓰레기 매립시설도 쓰레기 매립시설 설치는 30%, 쓰레기 소각시설설치는 30~70%이고 지역개발사업 중 어촌종합개발사업은 50%, 산촌종합개발사업은 70% 등이다.

또한 재정여건이 열악한 지방자치단체에 대하여 차등보조율을 적용하지 아니하고 모든 지방자치단체에 일률적인 기준보조율을 적용함으로써 자체예산의 미확보 등으로 사업추진이 어려워 국고보조금예산을 반납하는 사례도 자주 발생하고 있다.[7] 2008년도 국고보조금사업의 지방비부담률은 34.5%로 광역자치단체 가운데는 직접 수행하는 기능이 많은 특별시와 광역시의 지방비 부담률이 비교적 높고, 기초자치단체 가운데는 사회복지분야의 예산비중이 높은 자치구의 지방비 부담률이 비교적 높다.[8] 이는 기초자치단체의 지방비부담분 중 일정부분을 광역자치단체가 부담하기 때문이다.

4. 영세보조금과 사전절차의 미이행

국고보조금사업이 계속 증가하고 세분화되고 있다. 이는 중앙부처별로 기획관리실중심으로 종합적으로 관리되지 않고 국·과 등 행정기구중심으로 사업을 산발적으로 추진함으로써 생긴 결과라고 볼 수 있다. 또한 국고보조금을 둘러싼 갈라 먹기식의 정치(pork barrel politics) 때문에 집중적인 투자보다 분산적인 투자가 일어나기 쉽다(전상경, 2003: 255, 272).

지방자치단체의 입장에서는 중기지방재정계획에 반영되고 투융자심사와 지방채승인 등 필요한 사전절차를 거친 사업에 한하여 국고보조금사업으로 중앙부처에 신청하여야 함에도 불구하고 일단 신청하여 예산을 확보하고 보자는 의

7) 2002년도만에도 포항민속박물관건립에 대한 국고보조금 6억원이 낮은 보조율로 인한 지방의회의 반대로, 대구광역시 달서구의 근로자복지회관건립에 대한 국고보조금 10억원이 지방비 미확보로 각각 반납되었다.

8) 2008년 지방비부담률은 특별시가 53.8, 광역시가 32.2%, 도가 18.1%, 일반시가 38.4%, 군이 32.3%, 자치구가 42.0%이다.

식이 팽배하여 국고보조금사업의 관리에 계획성이 결여되고 다분히 지방자치단체장의 의지와 관심에 따라 이루어지고 있음을 알 수 있다.

Ⅴ. 국고보조금의 발전과제

1. 보조금사업선정의 적정화

지방자치단체의 입장에서 지역발전을 도모하고 주민의 선호도 등을 고려하여 적정사업을 선정하여야 한다. 일정한 기간이 지나면 일몰이론(sunset theory)에 의하여 3-5년마다 정기적으로 사업의 타당성 등을 정기적으로 검토하여야 한다.

또한 사업을 집행한 경우에는 사업의 효과성 등에 대한 사후 정책평가를 철저하게 실시하여 사업추진효과와 추진상 문제점을 도출하고 여러 가지 문제점을 다음 연도의 사업추진시 환류(feed-back)해야 한다.

2. 기준보조율 준수와 법정화

기준보조율을 철저히 준수하고 지방자치단체도 적극적으로 이의신청을 하여 시정토록 하여야 한다. 또한 차등보조율제도를 제도의 취지에 맞게 운영하되, 재정력이 우수한 지방자치단체에 대한 인하보조율은 적용하되, 단기간에 시행하기 어려우면 지방재정력이 열악한 지방자치단체에 대한 인상보조율은 즉시 도입이 가능하므로 이를 적극적으로 확대하는 방안을 검토해야 할 것이다.

법령에 정해진 보조사업 이외에도 중앙부처가 수시로 사업을 선정하여 추진하는 경우 중앙의 추진부처가 자의적으로 보조율을 정하여 추진하여 지방자치단체가 마지못해 사업을 추진하는 경우가 많아 이의 법정화가 필요하다.

국고보조기준율은 지나치게 세분화하는 것보다는 사무의 성격에 따라 4단계로 정형화하여 운영할 수 있다.

- 100%: 국가의 이해와 관련된 국가적 사무
- 80%: 국가와 지방의 공동사무로 국가가 우선적으로 장려하는 정책적 사무
- 60%: 지역사무로 광역적 조정이 필요한 사무
- 40%: 지역사무로 국가가 필요하다고 인정하는 사무

3. 영세보조금의 정비 및 포괄보조금제도의 도입

보조금의예산및관리에관한법률시행령 제8조(규모가 영세한 보조금의 통합기준)에 의하면 영세보조금은 단위사업내의 수개의 경비내역을 합하여 교부결정을 하여야 하는 금액의 기준을 개별 보조사업자에게 교부하는 금액이 연간 50만원으로 규정하고 있으나 대폭적인 상향조정이 필요하다.9)

또한 사업비의 규모가 영세한 보조사업은 유사한 사업과 중앙부처의 기구를 검토하여 크게 집단화(grouping)하여 추진하는 것이 관리비용을 줄일 수 있고, 지방자치단체에게 재량권을 주어 보다 효율적인 집행이 가능하다.

또한 국고보조금사업의 본질을 훼손하지 않는 범위내에서 사업을 유형화하여 사업범위만을 국가에서 지정하고 구체적인 단위사업을 선정하는 것에 대하여는 보조사업의 국 또는 과 단위로 통합하여 지방자치단체에게 재량권을 주는 제도인 포괄보조금제도(block grants)의 도입이 필요하다.

제 4 절 국가균형발전특별회계

Ⅰ. 국가균형발전특별회계의 의의

1. 국가균형발전특별회계의 개념

지역간 불균형을 해소하고 지역혁신 및 특성에 맞는 발전을 통한 자립형지방화를 촉진함으로써 전국이 개성있게 골고루 잘 사는 사회를 건설하기 위하여 2004년 국가균형발전특별법을 제정하였다. 이를 재정적으로 뒷받침하기 위하여 설치된 것이 국가균형발전특별회계이며 각 중앙부처가 일반회계 및 여러 개의 특별회계를 통하여 개별적으로 분산하여 추진하고 있는 다양한 국가균형발전 관련 사업을 하나의 특별회계로 통합한 것을 말한다. 예산을 일괄하여 패키지

9) ① 일본의 경우 1996년 예산부터 기초자치단체에서 지급받는 보조금액 기준을 적용하여 영세 보조금 기준액을 도도부현과 정령시(政令市)는 5천만엔 미만, 시정촌은 500만엔 미만, 민간단체는 3천만엔 미만으로 대폭적으로 인상 조정하였다(이계식 · 박완규편, 1998: 123).
② 한국지방행정연구원에서 지방자치단체를 대상으로 설문조사한 결과 국비보조금 최소지급액 기준액은 광역자치단체 1,000만원, 기초자치단체 500만원의 의견이 가장 많았다.

로 지원하고 지역이 자체 우선순위에 따라 원하는 사업을 선택하여 추진토록 하여 중복투자를 줄이고 투자의 효율성을 제고하는데 설치목적이 있다.10)

2. 국가균형발전특별회계의 특성

첫째, 계획지향적(plan-oriented) 지역발전지원시스템이다. 지방자치단체는 중앙부처의 계획을 기초로 하여 5년 단위의 지역혁신발전계획을 수립하고, 국가는 지역사업예산을 패키지방식으로 편성하여 지원하게 된다. 이에는 지방의 혁신역량제고와 기본인프라 확충개선을 위해 국고에서 지원하고 있는 지역개발 혁신관련 사업을 광범위하게 포괄하게 된다.

둘째, 지방자치단체의 주도하에 예산이 편성되고 운용되는 상향식(bottom-up) 예산방식이다. 지방자치단체에서는 지역혁신협의회를 구성하여 5년 단위의 지역혁신발전계획을 수립한다. 따라서 국가는 국가균형발전특별회계를 통해 지역특성과 우선순위에 따라 체계적인 지역발전전략의 추진을 재정적으로 뒷받침한다.

셋째, 보다 신축적인 예산집행이 가능하다. 국가균형발전특별회계는 소관부처별로 세출예산의 총액 범위내에서 전용과 이월이 보다 폭넓게 허용되므로 예산편성뿐만 아니라 예산집행에 있어서의 지방자치단체에게 자율권을 폭넓게 부여한다.

Ⅱ. 국가균형발전특별회계의 구조

1. 국가균형발전특별회계의 재원

(1) 지역개발사업계정

지역개발사업계정의 세입은 다양하다. 주세의 100분의 80, 개발부담금, 개발제한구역(GB)훼손부담금, 과밀부담금, 농어촌구조개선특별회계법과 자동차교통관리개선특별회계법에 의한 전입금, 공공자금관리기금으로부터의 예수금, 일반회계 또는 다른 특별회계로부터의 전입금 등이다.

---

10) 정부는 광역경제권 중심 등 신지역발전정책을 제도화하기 위하여 국가균형발전법을 지역발전법으로 바꾸고, 국가균형발전위원회를 지역발전위원회로 변경한 계획이다. 또한 국가균형발전특별회계를 광역·지역발전특별회계로 전면 개편하고, 지역단위개발을 지원하기 위한 지역개발계정과 광역경제권 및 시·도 경쟁력을 제고하기 위한 광역발전계획을 설치하여, 사업도 140여개 지역개발사업을 20여개 사업군으로 통합하는 등 큰 변화가 예상된다.

(2) 지역혁신사업계정

지역혁신사업계정의 재원은 주세의 100분의 20, 공공자금관리기금으로부터의 예수금, 일반회계 또는 특별회계로부터의 전입금 등이다.

(3) 제주특별자치도계정

일반회계나 다른 특별회계로부터의 전입금, 회계의 지역개발사업계정과 지역혁신사업계정으로부터의 전입금 등이다.

2. 국가균형발전특별회계의 대상사업

(1) 지역개발사업

낙후지역 및 농산어촌의 개발, 지역사회기반시설의 확충 및 개선, 지역의 문화・예술 및 관광자원의 개발 및 확충, 지역의 고용창출 등 지역경제활성화, 지역의 특성있는 향토자원의 개발 및 활용 등에 활용된다. 또한 개발제한구역의 지정및관리에관한특별조치법에서 정한 사업과 국가균형발전과 관련하여 지역개발을 촉진하기 위한 조사・연구사업 등이다. 지역개발사업은 지방의 자립발전 역량강화와 수도권의 계획적 관리를 위한 사업으로 국가지원지방도, 농어촌지역개발, 소도읍개발 등 11개부처 93개 사업에 이르고 있다.

(2) 지역혁신사업

지역혁신체계(RIS)[11]의 구축 및 활성화, 지역전략산업의 육성, 지방대학의 육성 및 지역인적자원의 개발, 지역의 과학기술의 진흥 및 특성화, 지역의 정보화의 촉진 및 정보통신의 진흥 또한 공공기관・기업 및 대학 등 인구집중유발시설의 지방이전, 지역의 균형발전과 관련하여 지역혁신을 촉진하기 위한 조사・연구 등의 사업이다.

지역혁신사업은 지역의 산・학・연 연계, 산업클러스터 형성 등을 통한 지역의 자립역량을 강화하기 위한 사업으로 테크노파크 조성, 지방대 혁신역량강화 등 9개 부처에 45개 사업이 망라된다.

---

11) 지역혁신체계(RIS: Regional Innovation System)란 지역혁신을 위하여 대학, 기업, 연구소, 지방자치단체, 비영리단체 등의 활동을 상호연계하거나 상호협력을 촉진하기 위한 지원체계를 말한다.

(3) 제주특별자치도사업

제주도가 2006년 7월 1일부터 정부직할의 특별자치도로 개편되면서 국가재정적으로 뒷받침하기 위하여 제주특별자치도계정을 신설하였다. 제주특별자치도계정은 134개 국고보조사업, 7개 특별지방행정기관(제주지방국토관리청, 제주지방해양수산청, 제주지방노동사무소 및 제주지방노동위원회, 제주지방중소기업청, 제주지방보훈지청, 제주환경출장소)사업 및 자치경찰운영 경비를 포함하여 편성된다.

2005년부터 신설·운용되는 국가균형발전특별회계의 내역을 보면 〈표 3-13〉과 같다.

표 3-13 국가균형발전특별회계의 내역(2008 예산안)

(단위: 억원)

구 분	세 입	세 출
합 계	59,067	59,067
지역개발사업 계정	45,127(76%)	45,127(76%)
	·주세 80% ·일반회계전입금 ·특별회계전입금(농특,농특세) ·GB훼손부담금, 개발부담금, 과밀부담금 등	·자율편성대상사업 28,291 ·균형발전기반지원사업 10,363 ·GB, 토지관리 1,373 ·재해예방사업 5,100
지역혁신사업 계정	13,940(24%)	13,940(24%)
	·주세 20% ·일반회계전입금 ·특별회계전입금(농특, 통특)	·지역전략산업육성 7,135 ·지역인적자원개발 4,880 ·지역과학기술확충 340 ·기타(농업·문화혁신 등) 1,585
제주도특별자치도계정 (2007년 신설)	· 일반회계, 특별회계 전입금 · 지역개발사업계정, 지역혁신사업계정으로부터의 전입금	· 제주도 국고보조사업 · 7개 특별행정기관, 자치경찰 이체 인건비 등

주: ① 자율편성대상사업이란 지방자치단체가 시·도별 지출한도내에서 스스로 정한 우선순위에 따라 자율적으로 편성하는 사업으로 국가지원지방도로등 지역SOC 사업과 소득원개발, 생활용수 등 주민편의시설위주 사업임.
② 2008년 세입예산안 중 주세(25,603억원), 농특·농특세전입금(14,652억원), 일반회계전입금(15,043억원), 통신사업특별회계전입금(192억원), 부담금(3,577억원)임.

Ⅲ. 국가균형발전특별회계의 운영

1. 지역개발사업계정

시・도별로 총액을 배분하는 자율편성방식(Top-down)을 적용한다. 이에 따라 기획재정부는 시・도와 협의를 거쳐 시・도별 예산신청한도를 결정하여 시・도에 시달하며 예산신청한도액은 인구 및 면적 등 기본요소, 주민세 소득할, 노령인구비율, 재정력지수 등 낙후도, 과거 실적치를 1/3 반영하여 결정한다. 시・도지사는 시・군・구의 신청, 지방비부담능력 및 지역혁신발전계획 등을 토대로 예산신청서를 작성하되, 시・도지사는 해당 지역혁신협의회 등을 통해 관할 시・군・구의 의견을 수렴하여 국가균형발전특별회계의 계정별로 예산신청사업의 우선순위를 명시하여 4월 30일까지 부처 및 국가균형발전위원회에 예산을 신청한다. 각 부처에서는 지방자치단체의 신청안에 대하여 국가정책과의 정합성・중복성을 점검하고 검토의견을 첨부하여 예산을 요구하며, 국가균형발전위원회는 지방자치단체의 신청안에 대한 검토의견을 기획재정부에 제출하며, 기획재정부가 주무 부처 및 국가균형발전위원회의 검토의견을 반영하여 협의・보완한다.

2. 지역혁신사업계정

부처별로 총액을 배분하여 자율적으로 편성하는 방식(Top-down)을 적용한다. 즉 기획재정부가 부처별로 사전지출한도를 결정하여 시달하면, 각 부처는 그 한도내에서 지방자치단체의 예산신청을 기초로 하여 국가균형발전특별회계의 예산안을 5월 31일까지 제출한다. 또한 국가균형발전위원회는 지방자치단체의 신청안에 대한 검토의견을 기획재정부에 제출하고, 기획재정부는 각 부처의 예산요구에 대해 국가균형발전위원회의 의견 등을 반영하여 협의・보완한다. 특히 R&D사업은 국가균형발전위원회가 지방자치단체의 신청내역과 국가균형발전계획과의 연계성, 지방자치단체의 중복신청 등을 중점적으로 검토한 의견을 6월 30일까지 국가과학기술위원회에 제출하면, 국가과학기술위원회는 국가균형발전위원회가 제시한 의견을 반영하여 부처별 R&D사업을 조정한 후 검토의견서를 7월 15일까지 기획재정부장관에게 제출한다.

3. 제주특별자치도계정

기획재정부가 계정총액을 배분하고, 제주특별자치도는 자율편성권을 가지고 분야별 예산을 자율적으로 편성한다. 즉 기획재정부가 4월말까지 각 부처와 제주도에 사전지출한도를 결정하여 시달하고, 제주도는 그 한도 내에서 자율편성권을 가지고 분야별 예산을 편성하여 5월 31일까지 각 부처, 기획재정부 및 국가균형발전위원회에 예산을 신청한다. 각 부처는 6월 30일까지 제주특별자치도 예산안을 검토하여 검토의견을 기획재정부에 제출하고, 기획재정부는 9월말까지 예산안 및 각 부처 제출의견을 검토·조정하여 최종안을 확정한다.

Ⅳ. 국가균형발전특별회계의 평가

1. 국가균형발전특별회계의 유용성

첫째, 예산편성에 있어 신청주의를 취하여 지방자치단체는 지역특성을 고려한 우선순위를 정하여 예산신청서를 작성, 관계부처 및 국가균형발전위원회에 신청한다. 따라서 지역개발사업계정의 경우에는 시·도지사가 시·도별 예산신청한도내에서 자율적으로 투자우선순위를 정하여 신청하고, 지역혁신사업의 경우에는 시·도지사가 해당지역내 대학·연구소·기업 등의 의견을 수렴하여 각 부처에 예산안을 신청한다.

둘째, 시도별, 부처별 총액배분 자율편성(Top-down)방식을 채택하고 있다. 국가발전전략을 설정하고 지출총액→분야별·부처별 지출한도→사업별순으로 사전에 재원을 배분하며 정책과 우선순위에 따라 전략적으로 재원을 배분하는 방식이다. 지방자치단체에는 최근 3년 평균기준으로 예산한도액(ceiling)을 배정한다. 국가에서는 이를 위해 중기재정계획을 수립하여 계획적이고 안정적으로 뒷받침하게 된다.

셋째, 예산편성과 집행에 있어 자치단체에게 탄력성을 부여한다. 예산편성에 있어 지방자치단체의 재정상황, 지역혁신발전계획에 대한 추진실적 평가결과, 낙후지역의 발전정도, 자체재원확보현황, 당해사업의 지역발전에의 기여도 등을 감안하여 지원규모와 보조비율 등에 있어 차등을 둘 수 있다. 예산집행에 있어서 소관부처별 단위사업비총액의 일정 범위내에서 자율적인 전용과 이월이 가능하다.

2. 국가균형발전특별회계의 한계

첫째, 사업선정과 관련된 대립과 갈등이다. 혁신적이고 새로운 사업이 미흡할 뿐만 아니라 지역별로 유사하고 중복된 사업이 많으며 사업추진도 종래 소관부처위주로 이루어지고 있다. 또한 사업의 우선순위를 둘러싸고 지역간·기업간·대학간 대립과 갈등이 표면화 되는 등 부작용이 속출하고 있다. 따라서 참여주체간의 원만한 타협과 협상이 요구된다. 또한 일부부처에서는 해당사업 신청을 공문으로 요청하고 있어 효율적인 재원배정이 어렵고 자치단체의 자율성을 제약하기도 한다.

둘째, 실질적 지방재정확충효과가 크지 않다. 재원구성을 보면 지방양여금재원이었던 주세, 과밀 및 개발부담금, 일반회계전입금 등으로 기존에 이미 지방에 지원되던 재원을 회계이름만 바꾸어 하나로 묶은 것에 불과하다는 이견이 제기되고 있다(남창우, 79-79). 따라서 특별회계규모를 획기적으로 확대하여 계획의 실효성을 제고하여야 한다. 또한 3년 평균기준으로 예산한도액을 배정하므로 최근 3년간 지원사업이 많았던 지역과 기타 지역간의 격차가 발생하고, 일부지역에 국한된 다수의 특별회계가 대상사업에 선정되어 지역간 예산한도액의 편중현상이 초래되고 있다.

셋째, 사업신청절차가 복잡하여 자치단체의 업무량이 증가하였다. 자치단체가 예산한도액을 배정받아 신청한 후에도 단위사업별로 예산심사를 받아야 하는 등 절차가 복잡하고, 일반국고보조사업과 달리 여러 관련부처를 거쳐야 하는 등 신청체계가 2원화되어 있다. 지역사업을 중앙부처가 사실상 추진하는 결과가 되어 오히려 지방분권에 역행할 수 있다. 따라서 앞으로 절차를 단순화하고 유사·중복사업에 대한 부처간·지방자치단체간 협의조정기능을 강화하기 위한 제도적 장치마련이 필요하다(한표환, 51-52).

또한 국가균형발전특별회계는 당초 의도했던 포괄보조금(block grant)과 자치단체의 자율성이라는 정책목표를 달성하지 못하고 정체성이 없이 기존의 국고보조금사업과 동일하게 운영되고 있다. 따라서 단기적으로는 정부의 새로운 지역발전전략에 따라 광역경제권(7개)과 초광역권(4개) 개발전략을 재정적으로 뒷받침할 수 있도록 재편하고, 장기적으로는 지방교부세의 개편과 관련하여 지방교부세로 통합하여 운영함이 바람직하다.

제 5 절 시 · 도의 지방재정조정제도

Ⅰ. 재원조정교부금

1. 재원조정교부금의 성격

재원조정교부금은 지방자치법 제173조 및 동법시행령 제117조의 규정에 의한 서울특별시등 대도시행정의 특례사항으로, 특별시장 및 광역시장이 관할구역내 자치구 상호간의 재원을 조정하는 제도이다. 자치구 상호간의 조정재원은 당해 특별·광역시세 중 취득세와 등록세로 하며, 조정교부금의 교부율·산정방법 및 교부시기 등은 당해 특별시와 광역시의 『자치구의재원조정에관한조례』에 의하여 운영된다.

이 제도는 1988년 지방자치법의 개정으로 특별시와 광역시의 구가 행정구에서 자치구로 개편되면서 법인격이 부여됨에 따라 서울특별시 및 기타 광역시의 관할구역내 자치구간 재정불균형을 해소하면서 광역행정의 효율성과 통일성을 도모하기 위하여 마련된 제도이다.

이처럼 특별·광역시의 경우는 지방자치법상의 특례규정에 따라 별도의 자치구간 지방재정조정제도를 운영하게 됨에 따라 중앙에서 교부되는 지방교부세는 자치구에 대해 분리하여 산정하지 않고 본청에 합산 산정한 후 본청으로 일괄하여 교부하고 있다.

2. 재원조정교부금의 재원

재원조정교부금의 재원은 특별시와 광역시의 시세수입 중 취득세와 등록세 합산액의 일정률이다. 서울특별시는 50%, 부산광역시는 55%, 대구광역시는 56%, 인천광역시는 50%, 광주광역시는 70%, 대전광역시는 68%, 울산광역시는 58%이다. 특별·광역시의 연도별 재원조정교부금의 배분실태를 보면 〈표 3-14〉와 같다.

표 3-14 재원조정교부금 배분실태

(단위: 억원)

구분	1995	2000	2005	2008	비고
계	15,822	22,491	31,934	33,704	
서 울	7,107	13,099	16,010	16,559	취득세 · 등록세 50%
부 산	2,587	2,538	4,322	4,022	〃 55%
대 구	2,087	1,436	3,009	3,079	〃 56%
인 천	1,214	2,040	2,935	3,612	〃 50%
광 주	941	1,290	2,022	2,483	〃 70%
대 전	1,388	1,471	2,375	2,147	〃 68%
울 산	498	617	1,261	1,802	〃 58%

자료: 행정안전부.

3. 재원조정교부금의 교부방법

(1) 보통교부금

재원조정교부금의 90%(부산 95%)를 교부하며, 교부방식은 기준재정수요액에서 기준재정수입액을 차감한 재정부족액에 교부율을 곱하여 산정하는데 지방교부세의 보통교부세 배분방식과 비슷하다.

(2) 특별교부금

재원조정교부금의 10%(부산은 5%)가 할당되며, 특별교부세와 그 용도가 유사하다. 기준재정수요액 산정방법으로 포착할 수 없는 재정수요, 예산산정 후 발생한 재해 등으로 특별한 재정수요가 있는 경우에 지원한다.

4. 재원조정교부금제도의 발전과제

(1) 재원조정교부금재원의 변경확대

현재 대상재원인 취득세 · 등록세가 경기변동에 따라 세수가 증감되는 거래세로 불안정하므로 재정보전금과 같이 시세 총액의 일정률로 재원을 변경하여 안정적이고 예측가능한 재원을 도모하여야 한다(황준기: 45).

지방자치제의 발전에 따라 시본청의 업무가 자치구로 계속 이양되고 있으며, 자치업무가 발전하면서 재원부족현상을 겪고 있다. 따라서 재원규모를 확대하여야 한다는 주장이 제기되고 있다.

(2) 시와 자치구세의 조정·개편

현행 특별·광역시세와 자치구세의 세원배분이 오히려 자치구간 재정의 불균형을 심화시킨다는 주장이 제기되고 있다. 따라서 구세인 재산세를 시세로 전환하고, 지역적 보편성이 높은 담배소비세와 자동차세 등을 자치구세로 하여야 한다는 주장이 제기되고 있다(권형신외, 2001: 374).

5. 재정조정부담금(납부금)제도의 도입 검토

재정조정부담(납부)금은 중앙정부의 재정지원 없이 자치단체 상호간 재정이전이 이루어지는 수평적 재정조정제도이다. 즉, 재정력이 높은 지방자치단체가 재정력이 낮은 지방자치단체의 교부금을 부담(납부)하는 지방재정조정제도의 일종으로서, 일부에서는 '역교부제도'라고 부르기도 한다. 공동세제도에 의해 수직적 재정조정을 행하고 있는 독일의 주(州)간 재정조정시스템이 대표적인 예이다. 이 제도는 지방자치단체의 재정자율권 침해 및 유연성 저하의 우려, 재정여유(부담)자치단체에 대한 객관적·합리적인 판단기준의 설정이 곤란하고 재원의 비효율적 사용과 세수증대를 태만히 하게 할 우려 등 여러 가지 제도적·현실적 문제점을 안고 있다. 특히 우리나라처럼 지방자치단체간 재정(경제력)불균형이 심한 경우 제도·운영측면에서의 실효성은 그리 크지 못한 것으로 평가되고 있고, 더구나 지역간 이해관계가 첨예한 지방자치 여건하에서는 실행에 많은 어려움이 예상된다. 이러한 문제 때문에 과거 일본에서도 도구(都區)간 재정조정시스템으로 일부 운영하였으나 2000년도부터는 제도가 폐지된 바 있다. 우리나라에서는 서울특별시가 「서울시 재산세공동과세제도」를 2008년부터 도입하여 시행하고 있다. 즉, 각구에서 징수한 재산세의 50%는 자치구세로, 50%는 시세로 각각 과세권을 부여하고, 시세인 재산세는 전액 자치구에 균등교부한다.[12)]

---

12) 다만, 세수 감소구의 재정충격완화를 위하여 연차적으로 점증도입하고(서울시 과세권비율: 2008년 40%, 2009년 45%, 2010년 이후 50%), 서울시에서도 세수 감소구의 재정충격완화를 위해 감소세입의 일부를 보전(3년간 약 5,400억원)할 계획이다(심영택, 2008: 91).

Ⅱ. 재정보전금

1. 재정보전금의 성격

종전에 광역시·도세징수업무를 시·군에 위임함에 따른 징세비 보전이라는 단일 목적으로 당해 시·군에서 징수하는 광역시·도세[13]의 30%(인구 50만명 이상 시 50%)를 광역시·도세징수교부금으로 교부하였으나, 징세비 과다보전 문제와 자치단체간 재정불균형을 심화시키는 결과를 초래하였다.

따라서 이를 개선하기 위해 징세비 보전 목적 이외에 재정조정이라는 새로운 목적을 추가하여 재정보전금제도를 2000년에 도입하였다. 징수교부금은 실제징세처리비수준인 3%로 일원화하고 그 차액인 광역시·도세 징수액의 27%(인구 50만명 이상 시 47%)는 시·도지사가 포괄적 재정보전금형태로 인구·징수 실적에 따라 시·군에 재배분하도록 하는 지방재정조정시스템의 일종이라 하겠다.

2. 재정보전금의 배분방법

(1) 일반재정보전금

재정보전금 총액의 90%로서 인구 50%, 징세실적 40%, 재정력 10%를 반영하여 시·군에 배분한다.

(2) 시책추진보전금

재정보전금 총액의 10%로서 시·군의 지역개발사업 등 시책추진을 지원하기 위하여 심사하여 배분한다.

(3) 특별재정보전금

일반재정보전금의 일부(경기도는 25%) 금액을 보통교부세가 교부되지 않는 시·군(불교부단체)의 재정결함금액에 비례하여 광역시·도의 조례가 정하는 바에 따라 배분하되, 인구 20만명 미만인 시·군은 재정결함금액의 70%를 우선적으로 배분한다.

---

13) 지방교육세는 제외된다.

3. 배분실태

매월 또는 매분기별로 광역시 · 도가 관할구역 안에 있는 시 · 군에 배분한다. 시 · 도별 재정보전금의 배분실태는 〈표 3-15〉와 같다.

표 3-15 재정보전금 배분실태

(단위: 억원)

구분	1995	2000	2005	2008
계	12,720	12,006	25,341	24,764
부 산	-	-	84	44
대 구	-	-	140	123
인 천	-	-	64	95
울 산	-	-	138	155
경 기	6,429	6,785	15,198	15,536
강 원	496	326	964	896
충 북	554	653	841	989
충 남	648	636	1,955	1,505
전 북	812	582	962	933
전 남	516	537	618	504
경 북	1147	893	1,227	1,265
경 남	1,900	1,369	2,647	2,325
제 주	218	222	503	394

주: '95년까지는 징수교부금이며 그 이후는 징수교부금이 재정보전금으로 변경되었음.
자료: 행정안전부.

제 4 장

지방세출론

제 1 절 지방세출의 의의

Ⅰ. 지방세출의 의의

1. 지방세출의 개념

지방세출(local expenditure)이란 지방자치단체가 행정목적을 달성하기 위하여 1회계연도내에 행하는 모든 경비의 지출을 말한다. 지방자치단체는 지방공공재를 생산하고 지역주민에게 공급한다. 세출은 지방자치단체의 행정목적을 달성하기 위하여 필요한 경비이어야 하고, 행정목적과 관계없는 세출은 엄격한 의미의 세출이라고 할 수는 없다.

지방세출은 정치적으로는 지방자치단체가 행정목적을 달성하기 위해 지방공무원을 고용하고 물품을 구입하는 수단적 성격을 띠며, 경제적으로는 지방자치단체로부터 민간부문으로 경제적 재화를 이전시키는 순환과정이다. 따라서 지방세출의 내역은 그 시대 그 사회의 국가관과 국가이념이 화폐적으로 반영되는 것이다.

지방세출은 세출예산이라는 형식에 의거하여 세출예산과목구분에 따라 편성하고 있으며 이에 의하여 지방세출을 심의하고 경제적 작용을 분석한다. 현행 세출예산과목의 체계는 〈표 4-1〉과 같다. 세출예산과목이 2008년부터 사업예산제도의 도입으로 기존의 장・관・항・세항・세세항・목・세목이 분야・부문・정책사업, 단위사업, 세부사업, 편성목으로 바뀌었다.

표 4-1 세출과목의 분류체계 개편

분 류	기능별	조직별	사업목적별	경비유형별	성질별
기 존	장(5개) · 관(16개)	항(자율)	세항(자율)	세세항 (대분류4개 소분류8개)	목(38개) 세목(109개)
개 편	분야(13개) 부문(51개)	정책사업, 단위사업, 세부사업			편성목 (8그룹,38개)

우리나라의 경우 지금까지 지방재정에 관한 학문적 연구가 주로 지방세입에 치우친 감이 있으며, 실무적인 측면에서도 지방세출분야는 소홀해 온 느낌이 있다. 지방행정의 생산성제고차원에서 이에 대한 심층적 연구와 분석이 필요하다. 세입의 확장도 세출을 위한 전제조건에 불과하며 국가나 지방자치단체도 관심의 초점은 어떻게 하면 세입을 보다 많이 확보하느냐에 달려 있다(유훈, 1995: 229-230).

2. 지방세출의 특징

(1) 지방세출의 경직성 · 다양성

우리나라의 지방재정은 국고보조금, 지방교부세 등 의존재원의 비중이 높아 비도(費途)가 사전에 국가에 의하여 정하여지고, 지방세에 있어서 목적세는 지정된 목적사업 이외에는 그 세금을 사용할 수 없다. 따라서 매우 경직적일 수밖에 없다.

지방세출의 규모와 내역이 광역과 기초자치단체가 다르고 같은 계층의 지방자치단체인 경우에도 지역여건이나 인구 규모, 경제 · 사회적 여건이 다르므로 다양성을 띠게 된다. 특히 현대의 지방행정기능이 강화되고 내용이 복잡해짐에 따라 세출규모도 더욱 증대되고 세출비목도 다양화되는 경향이 있다.

(2) 지방세출의 지역성과 한계성

국가세출이 전국적 또는 광역적인 행정수요에 대처하는 경비를 말하며, 지방세출은 지방자치단체가 관할구역내에서 사무 또는 사업을 수행하기 위하여 지출하는 경비로서 그 효과는 지역적인 한계성을 띠게 된다.

그러나 오늘날 지방행정의 광역화추세에 따라 지역적 색채는 점차 약화되고 전국적 또는 광역적 성격이 강화되고 있다. 따라서 지방세출의 지역적 성격이 희박해지고 국가와 지방의 한계가 불분명해지는 경향이 나타나고 있다.

(3) 지방세출의 중앙의존성

지방세출의 규모와 구조가 국가에 의하여 크게 영향을 받는다. 더욱이 신중앙집권화(neo centralization)의 경향에 의하여 지방세출도 그대로 영향을 받게 된다. 국가는 예산편성기준의 제시나 투융자심사제도, 지방채발행총액한도제도 등을 통하여 지방세출에 큰 영향을 미친다.

그러나 오늘날 중앙과 지방이 경비지출을 통하여 분담해야 할 분야가 점차 증대하고 있다. 국가경제의 발전 및 사회구조의 고도화로 지방행정의 역할이 적극적으로 변화하고 있다. 이에 따라 중앙과 지방간 상호보완 내지 협력의 필요성이 더욱 증대되고 있다.

Ⅱ. 경비팽창의 법칙

1. 와그너의 경비팽창의 법칙

와그너(A. Wagner)는 사회적 진보가 계속되고 있는 국가들을 경험적으로 관찰하고 경제사회가 발전함에 따라 새로운 국가활동이 끊임없이 추가된다는 '국가활동증대의 법칙'을 정식화하고 이에 기초하여 '경비팽창의 법칙'(law of increasing public expenditure)을 공식화하였다. 즉 산업화된 국가에서 1인당소득과 1인당산출량이 증가될 때 그들 나라의 총경제활동에 대한 공공부문의 비율이 증가한다는 것이다. 그 원인은 자본주의체제의 발전과정에 내재하는 발전적 욕망과 그것으로 인한 정부기능의 변화에 있다는 것이다(차병권, 1994: 226-247). 이 법칙이 지방세출에도 그대로 적용될 수 있을 것이다.

공공경비의 팽창경향은 각국에서 공통적으로 발견되는 세계적인 특징이다. 그러나 공공활동이 민간활동보다 급속히 증대되는 경향이 무한히 계속되는 것은 아니다. 국가나 지방자치단체의 활동확대는 조세부담의 한계문제와 직결되기 때문이다. 우리나라도 1997년 IMF 관리체제를 겪으면서 일시적으로 지방재정규모가 다소 줄어든 적이 있으나 이는 예외적인 현상이다. 따라서 국가재정과 같이 지방재정의 팽창현상을 설명할 수 있는 일반적 법칙으로 아직도 타당성이 있는 법칙이라고 할 수 있다.

2. 피콕과 와이스만의 전위효과설

전쟁이나 자연재해와 같은 사회적 변동이 생기면 공공지출의 급격한 증가가 불가피해지고 이와 함께 국민들도 종전에는 허용할 수 없다고 생각하던 재원조달방식을 용인하게 되고 사회적 변동이 끝난 후에도 인상된 과세수준을 그대로 받아들이게 된다. 이에 따라 공공지출은 위로 전이하게 되고 변동기에는 민간지출이 공공지출로 바뀌어 공공지출의 추세선은 위로 이동하게 되지만 사회적 변동이 끝난 후에도 공공지출은 그 이전의 수준으로 되돌아가지 않는다. 이와 같은 재정지출의 상측으로의 이동을 전위(displacement)라고 한다. 이와 같은 현상을 피콕(A.T. Peacock)과 와이스만(J. Wiseman)은 전위효과(displacement effect)라고 하였다.

또한 경제발전기에는 행정활동에 있어서도 기술적 효율성이 강조되어 공공지출의 책임이 상위정부기관에 집중시키게 된다. 이는 공공지출의 규모와 특성에 대한 중앙집권적 통제의 강화에 의해 행정서비스의 개선과 균일적인 표준화가 가능하고 공공경제활동에도 '규모의 경제'가 적용되기 때문이다. 이와 같이 공공경제활동의 책임이 상위정부기관에 집중되는 현상을 집권화과정(concentration process)이라고 한다.

그러나 우리나라의 경우 한 연구결과에 의하면 정치적 위기 이후에 재정지출 추세가 상측으로 이동하는 것이 아니라 오히려 재정지출이 감소하여 전위효과 가설이 우리나라의 현상을 설명하는 데는 타당성이 없다고 한다. 이는 정치적 위기 이후에 행정부가 유권자들의 광범위한 지지를 받지 못하여 정통성이 결여되었고, 이는 또한 정치적 위기 이후에 새로운 더 높은 조세허용수준을 가능하지 못하게 하여 재정지출이 팽창하지 못한 것이라고 한다(김의섭, 1996: 150-151).

3. 브레히트의 법칙

브레히트(A. Brecht)는 인구 1인당 정부지출은 인구집중이 크게 됨에 따라 증대되는 데 그 이유는 대도시에 있어서 공공지출비용의 대부분이 상대적으로 높게 되었기 때문이라는 것이다. 대규모단체일수록 주민 1인당 비용이 높게 되며, 인구집적지역에는 지가, 임금, 건설비 등의 단가가 높은 한편, 행정서비스에 대한 수요가 보다 강하게 나타나기 때문이라는 것이다.

스위스 재정학자 켈러(T. Keller)는 지역을 선진경제지역과 후진경제지역으로 구분하고 후진적인 인구감소지역은 지출을 억제할 수 없는 반면, 성장이 급속한 선진지역은 풍부한 재정력과 높은 지출을 갖게 된다는 것이다. 인구규모가 큰 밀집지역의 시읍면에는 사회간접자본건설에 대한 수요가 커 도로망정비, 오폐수처리, 위생시설 등의 수요가 대단히 크고, 문화적・사회적 서비스에 대한 주민의 수요가 상대적으로 높기 때문이라는 것이다.

제 2 절 지방세출규모와 결정요인

Ⅰ. 지방세출의 적정규모

지방세출이 타당성을 확보하기 위해서는 규범적으로 최대사회편익의 원칙(principle of maximum social gain)이 적용될 수 있다. 즉 ① 지방자치단체의 사업으로부터 기대되는 편익이 최소한 비용을 초과해야한다는 최소한의 조건(minimum test)과 함께, ② 일정한 목표를 달성하기 위한 여러 대안들의 효과를 검토한 결과 그 사회적 편익이 가장 큰 대안을 선택해야 한다는 조건(maximum test)이 동시에 충족되어야 한다(오연천, 1987: 366).

이러한 원칙하에 지방자치단체의 적정세출규모(optimum size of local expenditure)는 ① 민간부문의 모든 시장이 이상적으로 운영되어야 하고, ② 일정한 공공재는 시장기구에서 생산이 불가능하며, ③ 정부가 공공재를 생산하는데 있어서 여러 대안을 완전하게 평가할 능력이 있다는 전제하에 총사회적 편익과 총사회적 비용의 차이가 극대화되는 지점에서 결정된다.

오이츠(W.E. Oates)의 분권화정리(Decentralization Theorem)에 따르면 〔그림 4-1〕에서 보는 바와 같이 OC는 사회적 편익곡선, OL은 사회적 비용곡선을 표시하고, OC와 OL과의 차이 즉 사회적 순이익을 표시하는 OW의 값이 최대로 되는 A지점이 지방재정세출의 적정규모라고 할 수 있다.

경제학자와 도시재정학자들은 지방행정의 적정서비스규모를 찾는 데에 인구규모와 서비스별 지출을 계산하여 1인당비용을 산출하는 최소비용접근방법

그림 4-1 지방재정세출의 적정규모

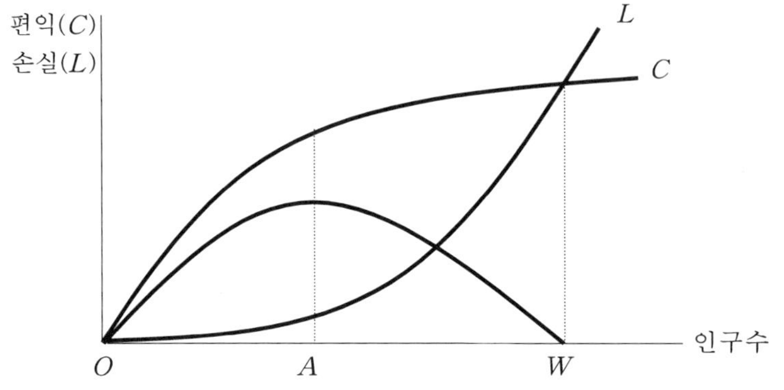

자료: W.E. Oates(1972: 38-45).

(minimum cost approach)을 적용하고 있다. 윌교수는 미국과 유럽의 도시에 이 방법을 적용해본 결과 인구규모가 작을수록 1인당 서비스비용이 높고 반대로 대도시로 갈수록 낮아져 U형의 비용커브를 나타낸다고 한다(Robert E. Will, 1962: 45). 그러나 일정지점을 지나면 다시 도시가 비대해지면서 도시서비스 가운데 특히 주택·교육·사회복지서비스 면에서 1인당 비용이 급격히 상승하면서 도시관리비용이 다시 증가한다. 즉, 1인당 행정서비스 비용이 70만명까지 점점 낮아지다가 그 이후가 되면 지출비용이 완만하게 상승하고, 500만명 이상이 되면 급경사의 곡선을 그리면서 비용상승현상이 나타나고 있다.

서울의 경우 비싼 주택비, 고가의 교통시설 및 사회복지비를 부담하고 있으면서도 질적인 수준면에서 다른 중규모도시보다도 「생활의 질」이 향상되지 않아 인천시와 경기도내의 중규모도시로 인구가 전출하는 상황이 벌어지고 있다.[1] 이 지점이 〔그림 4-2〕에서 보는 바와 같이 최저비용지점에 닿는 지점을 적정규모(optimum size)라고 한다. 우리나라에서 최저비용지점은 인구 70만명 내외라고 알려져 왔다. 규모경제이론에 입각하면 인구 50-70만명의 중규모도시가 가장 행정서비스비용이 낮은 것으로 나타나고 있다. 따라서 앞으로 국토개발정책 차원에서 대도시지향개발정책보다는 중도시를 육성하는 것이 더 지방재정세출면에서 타당하다는 것이 된다(김원, 1994: 91-95).

---

1) 서울시민 중 많은 시민이 매년 저렴한 주택, 쾌적한 생활공간 등을 찾아 인천시와 경기도내의 도시로 이주하고 있다.

그림 4-2 최소비용 접근방법

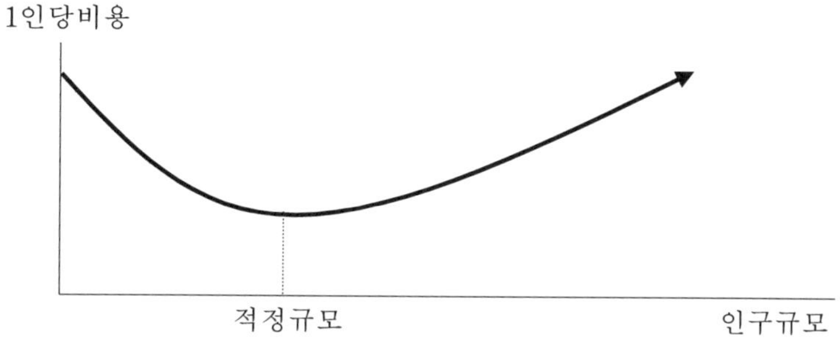

자료: Norbert Vanhove & Lee H. Klaassen(1980: 196).

Ⅱ. 지방세출의 결정요인

지방재정세출의 결정요인에 대하여는 사회 경제적 결정이론, 정치적 결정이론, 점증주의이론, 재정능력이론 등이 제시되고 있다(손희준, 1996: 169).

1. 사회 · 경제적 요인

주민소득, 생산요소의 가격, 인구수 및 인구밀도, 도시화수준, 산업화수준, 연령분포 등이 지방세출에 영향을 미친다(심정근외, 2000: 309-312). 1880년대 말 와그너는 주민소득이 증가하면 지방세출이 증가하며 양변수의 관계는 정의 관계에 있다는 와그너의 법칙을 주장하였다(A. Wagner, 1958: 7-8). 인건비, 물건비 등 생산요소의 가격도 가격탄력성이 있다. 인구수와 인구밀도 그리고 도시화수준도 행정서비스의 증대를 가져오고 규모의 경제가 요청된다. 산업화가 진전되면서 정보 · 생명 · 환경 · 문화 · 우주 등 새로운 산업의 발전은 새로운 인력과 기술을 요구하고 이에 따라 지방세출 내역의 변화를 야기한다.

또한 교육수준이나 연령분포의 변화는 사회교육분야의 교육비와 노인수당 등 사회복지비의 증가를 요구한다.[2] 행정기술의 진보나 노동생산성의 향상도

---

2) 우리나라도 2000년 65세 이상 인구가 7% 이상인 고령화사회에 진입하였다. 고령화사회에서 고령사회(14% 이상)로 이행하는 기간이 선진국은 40~115년이 걸린데 비하여 우리나라는 19년에 불과해 2019년에는 그 비중이 14% 이상이 되고, 2026년에는 20% 이상인 초고령사회로 진입할 것으로 전망되고 있다. 빠른 고령화로 인한 생산가능인구감소 및 노동생산성저하, 저축률 하락, 투자위축, 기술혁신 둔화 등이 성장장애요인으로 작용할 것으로 분석하고 고령자들의 취업인프라를

세출에 영향을 미친다. 공공생산에 있어서 기술진보가 늦어져 임금수준이 생산성을 상회하게 되고 이것이 세출을 증대시킨다는 것이 바우물의 병리(Baumol's Disease)이다.

2. 정치 · 행정적 요인

공무원 수, 정책결정행태, 지방자치단체의 주민대표성, 중앙과 지방간의 권력배분, 국가로부터의 의존수입, 선거, 지방자치단체의 기능 및 책임 등의 요인도 지방자치단체의 세출에 영향을 미친다. 공무원의 수는 인건비의 증가를 가져온다. 정책결정행태도 지방공무원들의 사고가 발전적 · 쇄신적이냐에 따라 다른 영향을 미친다. 또한 민선자치시대가 도래하면서 지방자치단체간의 전시효과(demonstration effect)가 지방세출에 큰 영향을 미친다. 지방의회의원들의 수준도 예산심의과정에 영향을 미친다. 국가와 지방간의 권력배분은 중앙집권화의 정도에 따라 나라마다 다르다.

지방교부세, 국고보조금과 같이 공공부문에서 조성된 세입은 공공부문에 지출된다는 끈끈이효과(flypaper effect)는 국가의 지원이 지방세출에 미치는 효과가 주민의 소득증가가 지출에 미치는 효과와는 다르다는 내용이다. 선거가 있는 해는 공공지출이 크게 증가한다는 정치적 경기순환이론(political business cycle)이 있다.3) 지방자치단체의 기능 및 책임도 행정의 수비범위와 관련하여 어느 정도까지 지방자치단체가 분담하느냐에 따라 다르다.

3. 기타 요인

재해발생(2000년 동해안 산불, 2002년과 2003년 수해) 등의 경우도 지방채 등 새로운 세출증가요인이 된다. 월드컵, 올림픽, 아세안게임 등 세계대회뿐만 아니라 전국체육대회 등 전국적인 행사의 개최도 행사자체의 준비뿐만 아니라 행사장 건설과 도로정비 등 사전준비를 위하여 개최지역에 많은 세출을 요한다.

선진화하고 탁아 및 보육시설확충 등을 통해 여성의 경제활동 참여를 촉진하는 것이 필요하다(삼성경제연구소, 「고령화시대 도래의 경제적 의미와 대책」, 2002).

3) 그러나 우리나라에는 정치적 경기순환이론이 적합하지 않다는 이론이 제기되고 있다. 또한 대통령선거와 부동산 가격이 관계가 없다는 주장이 제기되고 있다. 1987년 대선당시는 3저 특수(저금리, 저유가, 낮은 원화가치)로 부동산이 호황을 누렸으나 1992년, 1997년 대선시는 약세 등락을 기록했다(동아일보, 2002. 12. 13).

표 4-2 지방세출의 결정요인

요 인	독립변수	주요가설, 이론. 지표
사회경제적	소득수준	Wagner's law
	공공재 가격수준	가격탄력성
	인구(밀도)	인구탄력성
	도시화수준	규모의 경제, 집적의 이익
	산업화수준	
	교육수준	
	연령분포	
	기술진보	생산성, Baumol's Disease
정치행정적	공무원수	관료모형, 점증주의
	정책결정 행태	전시효과(demonstration effect)
	지방정부체제	재정적 자주성
	수입제약	
	교부세/보조금	재정적 환상, Flypaper effect
	선거	정치적 경기순환
	지방정부기능	사무재배분
기 타	재해	
	전국적 행사	

자료: 심정근외(2000: 310).

지방세출에 영향을 미치는 여러 가지 요인과 이들간의 관계를 체계화하면 〈표 4-2〉와 같다.

우리나라의 지방자치단체간 재정력격차의 1차 발생원인은 인구, 소득, 산업, 고용, 사회적 조건, 사회간접자본 축적 및 자연지리적 입지 등 경제·사회적 요인이다. 그 중 소득, 인구요인이 가장 큰 영향을 미치고 있으나, 다른 요인들도 상호 복합적인 영향을 미치고 있다. 그리고 2차 발생요인은 국고보조금, 지방교부세 등 지방재정의 재정정책적 요인이다. 지방재정조정제도는 부족재원의 보충, 재원배분의 효율성 및 국가시책의 달성기능에 역점을 두다보니 지방자치단체간에 존재하는 재정능력의 불균형을 시정하는 기능은 부족했던 것으로 파악되고 있다(한국지방행정연구원, 1997d: 71).

제 3 절 지방세출의 내용

Ⅰ. 회계별 분류

1. 개 념

일반회계는 지방자치단체가 일반적인 지방행정서비스를 제공하기 위한 재원에 관한 회계이다. 지방자치단체가 기관을 유지하고 사회복지서비스를 제공하며 지역경제를 활성화시키고 지역개발을 촉진하기 위한 전반적인 행정활동 재원에 관한 회계를 말한다.

공기업특별회계는 지방자치단체가 직접 운영하는 지방직영기업의 형태를 지닌 지방공기업을 위한 특별회계로, 지방공사·공단의 간접경영방식의 지방공기업은 여기에서 제외된다. 이와 같은 형태의 지방공기업은 상수도, 하수도, 공영개발, 지역개발기금의 4가지가 운영되고 있다.

기타특별회계는 ① 기타 특정사업을 운영할 때, ② 특정자금이나 특정세입 세출로서 일반세입·세출과 구분하여 경리할 필요가 있을 때 법률이나 조례로 설치·운영할 수 있다. 지방자치단체의 조례에 의하여도 설치할 수 있으므로 특별회계가 지방자치단체마다 다양하게 운영되고 있다.

2. 내 용

지방세출의 추이를 회계별로 〈표 4-3〉에서 살펴보면 일반회계의 구성비가 꾸준히 증가하고 있으나, 공기업특별회계와 기타 특별회계의 비중은 점차 감소하고 있어 지방행정의 경영화측면에서 문제가 있다고 할 수 있다.

지방자치단체별로 회계별 세출을 〈표 4-4〉에서 살펴보면 각 행정계층별 지방자치단체의 기능과 활동을 이해하는데 도움이 된다. 서울의 경우 일반회계가 68.4%이고, 공기업특별회계가 4.5%, 기타특별회계가 27.1%이다. 광역시의 경우는 공기업특별회계의 비중이 상대적으로 높다.

그러나 도와 시·군·자치구의 경우 일반회계가 80-95%로 거의 대부분을 차지하고 있다. 이는 여러 가지 지역여건이나 행정적 특성으로 인하여 공기업특별회계와 기타 특별회계가 발달하지 못하였음을 의미한다.

표 4-3 지방세출의 회계별 구성추이

(단위: 10억원, %)

연 도	합 계		일반회계		공기업특별회계		기타특별회계	
	세출액	비중	세출액	비중	세출액	비중	세출액	비중
1980	2,375	100	1,720	72.4	267	11.2	388	16.3
1985	5,805	100	3,776	65.0	849	14.6	1,180	20.3
1990	16,166	100	10,327	63.9	2,967	18.3	2,872	17.8
1985	36,664	100	24,816	67.7	5,677	15.5	6,171	16.8
2000	56,108	100	41,957	74.8	5,443	9.7	8,708	15.5
2005	95,584	100	74,636	78.1	8,105	8.5	12,843	13.4
2006	103,304	100	79,739	77.2	8,569	8.3	14,997	14.5
2007	128,036	100	94,691	74.0	12,955	10.1	20,390	15.9
2008	124,966	100	92,942	74.4	12,768	10.2	19,256	15.4

주: 세출결산 순계기준임. 단, 2007년도는 최종예산 순계기준, 2008년도는 당초예산 순계기준임.

자료: 1) 행정자치부, 「지방재정연감」, 각 연도.
2) 행정안전부, 「지방자치단체 예산개요」, 2008.

표 4-4 지방자치단체별 · 회계별 구성(2006)

(단위: 10억원, %)

구 분	서 울	광역시	도	시	군	자치구	총계
계	15,189 (100)	20,075 (100)	36,826 (100)	35,542 (100)	18,281 (100)	11,876 (100)	137,790 (100)
일반회계	10,388 (68.4)	13,467 (67.1)	31,107 (84.5)	28,324 (79.7)	16,418 (89.8)	11,245 (94.7)	110,948 (80.5)
공기업특별회계	679 (4.5)	2,620 (13.1)	2,814 (7.6)	4,077 (11.5)	365 (2.0%)	- (0)	10,555 (7.7)
기타특별회계	4,122 (27.1)	3,988 (19.9)	2,906 (7.9)	3,142 (8.8)	1,498 (8.2%)	632 (5.3)	16,287 (11.8)

주: 2006년 세출결산 총계규모, 서울특별시 · 광역시 · 도는 본청 결산임.

자료: 행정자치부, 「지방재정연감」, 2007.

표 4-5 개편된 세출예산의 기능별 분류방법

분야	부문	명칭	분야	부문	명칭	분야	부문	명칭
010		일반공공행정(4)	070		환경보호(6)	110		산업·중소기업(6)
	011	입법 및 선거관리		071	상하수도·수질		111	산업금융지원
	013	지방행정·재정 지원		072	폐기물		112	산업기술지원
	014	재정·금융		073	대기		113	무역 및 투자유치
	016	일반행정		074	자연		114	산업진흥·고도화
020		공공질서 및 안전(2)		075	해양		115	에너지 및 자원개발
	023	경찰		076	환경보호일반		116	산업·중소기업 일반
	025	재난방재·민방위	080		사회복지(8)	120		수송 및 교통(5)
050		교육(3)		081	기초생활보장		121	도로
	051	유아 및 초중등교육		082	취약계층지원		123	도시철도
	052	고등교육		084	보육·가족및여성		124	해운·항만
	053	평생·직업교육		085	노인·청소년		125	항공·공항
060		문화 및 관광(5)		086	노동		126	대중교통·물류등 기타
	061	문화예술		087	보훈	140		국토 및 지역개발(3)
	062	관광		088	주택		141	수자원
	063	체육		089	사회복지 일반		142	지역 및 도시
	064	문화재	090		보건(2)		143	산업단지
	065	문화 및 관광일반		091	보건의료	150		과학기술(3)
				093	식품의약안전		151	기술개발
			100		농림해양수산(3)		152	과학기술연구지원
				101	농업·농촌		153	과학기술일반
				102	임업·산촌	160		예비비(1)
900		기타		103	해양수산·어촌		161	예비비

Ⅱ. 기능별 분류

1. 개 념

지방자치단체가 수행하는 중요한 기능에 따라 세출을 분류하는 것으로서 목적별 분류라고도 하며, 지방자치단체의 활동에 관한 개략적인 정보를 제공하므로 '시민을 위한 분류(citizen's classification)'라고도 한다. 예산정책의 수립을 용이하게 하고 또한 예산심의를 돕는데 그 목적이 있다. 지방자치단체의 세출예산 및 결산의 장·관·항·세항의 구분이 그 기준으로 사용되고 있다.
대분류로서 "장"분류는 일반행정비, 사회개발비, 경제개발비, 민방위비, 지원 및 기타 경비로 구분된다. "관" 분류는 장분류를 16개로 세분화하여 분류하고 있다. "항"분류는 행정조직별 분류로 주로 지방자치단체의 "국"단위의 조직별 분류이며, "세항"분류는 행정조직별 하위분류로 종전에는 행정조직 중 "과 또는 계"로 분류하였으나 현재는 사업목적별 분류로 운영하고 있으며, "항"과 "세항" 분류는 지방자치단체마다 자율적으로 할 수 있다. "세세항"분류는 경상예산, 사업예산, 채무상환, 예비비로 구분된다.

2008년부터는 기능별분류가 종전보다 세분화되어 품목별 예산제도하의 5장 16관에서 국제기준과 중앙정부기준과 동일하게 13분야 51부문으로 분류하고 있다. 새로운 기능별 분류는 〈표 4-5〉와 같다.

2. 내 용

세출결산액을 기능별로 살펴보면 〈표 4-6〉과 같다. 사회개발비, 경제개발비가 큰 비중을 차지하고 있다. 사회개발비는 사회복지에 대한 중요성이 강조되면서 비중이 점차 증가하고 있다. 1980년에서 1995년까지 11- 16%의 비중을 유지하다가 2000년에 45.2%로 상승한 이후 2007년에는 50.9%의 비중을 차지하고 있다. 이는 1996년부터 예산 장관별 분류체계의 변경으로 1995년 이전의 사회복지비와 문화·체육비 등이 사회개발비에 포함되었기 때문으로 풀이된다. 경제개발비는 1990년 63.1%를 차지하였으나 점차 감소하여 2007년에는 27.4%의 비중을 차지하고 있다. 일반행정비는 그 비중이 점차 감소하고 있는데 이는 바람직한 현상이라고 볼 수 있다. 민방위비는 일정한 비율을 보이고 있다. 지원 및 기타경비는 2001년 이후 민간단체(NGO)에 대한 사업비 지원 등으로 다소 증가하였다. 2008년도 예산과목구분 체계의 변경으로 과거와의 시계열 분석은 불가능하나 사회복지예산이 전체의 17.3%로 비중이 가장 높다.

지방자치단체의 이상적인 세출재원배분 구조는 일반행정비 15%, 사회개발비 25%, 경제개발비 50%, 민방위비 5%, 지원 및 기타경비 5%라고 한다(한국지방재정공제회, 1997a: 25-26).

표 4-6 지방세출의 기능별 구성추이

(단위: 10억원, %)

구분	1980	1985	1990	1995	2000	2005	2007
일반행정비	585	1,275	2,671	7,219	9,479	16,571	20,046
	(24.6)	(22.0)	(16.5)	(19.7)	(16.9)	(17.3)	(15.7)
사회개발비	267	532	2,376	5,822	25,347	46,864	65,189
	(11.2)	(9.2)	(14.7)	(15.9)	(45.2)	(49.0)	(50.9)
경제개발비	1,423	3,550	10,204	22,514	19,343	28,729	35,084
	(59.9)	(61.1)	(63.1)	(61.4)	(34.5)	(30.1)	(27.4)
민방위비	39	81	301	633	1,072	2,001	2,342
	(1.6)	(1.4)	(1.9)	(1.7)	(1.9)	(2.1)	(1.8)
지원 및	62	367	613	476	866	1,419	5,375
기타경비	(2.7)	(6.3)	(3.8)	(1.3)	(1.5)	(1.5)	(4.2)

주: 세출결산 순계기준임, 2007년은 최종예산 순계기준임.
자료: 행정자치부, 「지방재정연감」, 각 연도.

표 4-7 지방세출의 기능별 구성(2008년)

(단위: 10억원, %)

구분	금액	비중	구분	금액	비중
일반공공행정	10,965	8.8	농림해양수산	8,058	6.4
공공질서및안전	1,987	1.6	산업·중소기업	2,580	2.1
교육	6,955	5.6	수송및교통	16,305	13.0
문화및관광	6,047	4.8	국토및지역개발	12,905	10.3
환경보호	13,680	10.9	과학기술	705	0.6
사회복지	21,666	17.3	예비비	2,248	1.8
보건	1,895	1.5	기타	18,970	15.2

자료: 행정안전부, 「지방자치단체 예산개요」, 2008.

2006년 일반회계 결산을 중심으로 기능별 세출구조를 지방자치단체별로 살펴보면 〈표 4-8〉과 같다. 특별·광역시의 경우는 일반행정비가 큰 비중을 차지하고 있지 않으나 시·군·자치구 특히 자치구의 경우 큰 비중을 차지하고 있다. 사회개발비는 모든 자치단체에서 비중이 높고 경제개발비는 자치구를 제외한 시·도와 시·군의 세출에서 큰 비중을 차지하고 있다. 민방위비는 특별·광역시와 도에서는 비중이 다소 크고 시·군·자치구에서는 작은 수준이다. 지원 및 기타경비는 시·도에서는 큰 비중을 차지하고 있으나, 시·군·자치구에서는 차지하는 비중은 낮다.

표 4-8 지방자치단체별·기능별 세출구조(2006)

(단위: 10억원, %)

구 분	서울시	광역시	도	시	군	자치구
일반행정비	42	87	328	614	362	421
	(2.8)	(4.3)	(8.9)	(17.3)	(19.8)	(35.4)
사회개발비	761	981	1,742	1,920	798	603
	(50.1)	(48.9)	(47.3)	(54.0)	(43.7)	(50.8)
경제개발비	457	658	1,158	967	644	154
	(30.1)	(32.8)	(31.4)	(27.2)	(35.2)	(13.0)
민방위비	39	45	116	8	8	3
	(2.6)	(2.2)	(3.2)	(0.2)	(0.4)	(0.2)
지원 및	220	236	339	45	17	6
기타경비	(14.5)	(11.8)	(9.2)	(1.3)	(0.9)	(0.5)

주: 2006년 결산 총계기준, 서울특별시·광역시·도는 본청 결산임.
자료: 행정자치부, 「지방재정연감」, 2007.

Ⅲ. 성질별 분류

1. 개 념

지방세출의 경제적 성질에 따른 분류로 지방자치단체의 재정지출이 어떠한 형태로 이루어지고 어떠한 경제적 기능을 갖는 경비가 어느 정도 지출되고 있는가를 파악하기 위한 세출분류방식이다. 이는 예산 및 결산분석에서 가장 기초적으로 사용되는 과목의 구분으로 예산의 집행을 감독하고 경비사용의 적정성을 도모할 수 있으며 경비가 사용된 용도와 국민경제에 기여한 정도를 파악하는 데 유용한 분류방식이다.

품목성질별 분류라고도 하며 예산과목상 "목"이 여기에 해당된다. 인건비, 물건비, 이전경비, 자본지출, 융자 및 출자, 보전재원, 내부거래 등으로 구분되며, 인건비·물건비 등으로의 구분은 지불금액의 산정이 적정하게 이루어졌는가를 평가할 수 있으며, 이전경비, 자본지출, 융자 및 출자, 보전재원, 내부거래 등은 경비지출이 민간부문에 어떤 영향을 미치는가를 분석할 수 있게 한다.

2008년부터는 성질별 분류가 사업예산제도의 전면적인 시행으로 세출예산의 사용목적과 성질에 따라 편성목으로 분류하고, 하위에 통계 및 내부관리를 목적으로 통계목을 두고 있다. 즉 세출예산은 예산편성목의 상위 8개 그룹과 세출예산의 사용과 사용목적에 따른 분류체계로 예산서에 표시되는 과목인 편성목 그리고 예산서에 표기되지는 않지만 예산부서 및 사업부서의 통계관리대상인 통계목으로 구성된다. 개편된 성질별 분류는 〈표 4-9〉와 같다.

표 4-9 개편된 세출예산의 성질별 분류

그룹(8)	편성목(38)	통계목(130)	개수
100 인건비	101 인건비	기본급, 수당, 정액급식비, 교통보조비, 명절휴가비, 가계지원비, 연가보상비, 기타직보수, 무기계약근로자보수, 기간제근로자보수	10
200 물건비	201 일반운영비	사무관리비, 공공운영비, 행사운영비	3
	202 여비	국내여비, 월액여비, 국외여비	3
	203 업무추진비	기관운영업무추진비, 정원가산업무추진비, 시책추진업무추진비, 부서운영업무추진비	4
	204 직무수행경비	직책급업무수행경비, 직급보조비, 특정업무수행활동비	3
	205 의회비	의정활동비, 월정수당, 국내여비, 국외여비, 의정운영공통업무추진비, 기관운영업무추진비, 의장단협의체부담금, 의원국민연금부담금, 의원국민건강부담금	9
	206 재료비	재료비	1
	207 연구개발비	연구용역비, 전산개발비, 시험연구비	3

300 경상이전	301 일반보상금	사회보장적수혜금, 장학금 및 학자금 의용소방대지원경비, 자율방범대원지원비, 통·리·반장활동보상금, 입영장정지원비, 민간인국외여비, 외빈초청여비, 공익근무요원보상금, 행사실비보상금, 예술단원·운동부등보상금, 기타보상금	12
	302 이주및재해보상금	민간인이주보상금, 민간인재해보상금	2
	303 포상금	포상금, 성과상여금	2
	304 연금부담금등	연금부담금, 국민건강보험금, 의원상해부담금·	3
	305 배상금등	배상금등	1
	306 출연금	출연금	1
	307 민간이전	의료및구료비, 민간경상보조, 사회단체보조금, 민간행사보조, 민간위탁금, 보험금, 연금지급금, 이차보전금, 운수업계보조금	9
	308 자치단체등이전	자치단체경상보조금, 징수교부금, 조정교부금, 재정보전금, 자치단체간부담금, 교육기관에 대한 보조금, 예비군육성지원경상보조, 기타부담금, 공동재산세전출금	9
	309 공기업경상전출금	공기업특별회계경상전출금, 공사·공단경상전출금	2
	310 국외이전	국외경상이전, 국제부담금	2
	311 차입금이자상환	시·도지역개발기금차입금이자상환, 시·군·구지역개발기금차입금이자상환, 통화금융기관차입금이자상환, 중앙정부차입금이자상환, 지방채증권이자상환, 기타차입금이자상환	6
400 자본지출	401 시설비및부대비	기본조사설계비, 실시설계비, 토지매입비, 시설비, 감리비, 시설부대비, 행사관련시설비	7
	402 민간자본이전	민간자본보조, 민간대행사업비	2
	403 자치단체등자본이전	자치단체자본보조, 공기관등에대한대행사업비, 예비군육성지원자본보조	3
	404 공기업자본전출금	공기업특별회계자본전출금, 공사·공단자본전출금	2
	405 자산취득비	자산및물품취득비, 도서구입비	2
	406 기타자본이전	기타자본이전	1

	407 국외자본이전	국외자본이전	1
500 융자 및 출자	501 융자금	민간융자금, 통화금융기관융자금	2
	502 출자금	출자금	1
600 보전재원	601 차입금원금상환	시·도지역개발기금차입금원금상환, 시·군·구지역개발기금차입금원금상환, 통화금융기관차입금원금상환, 중앙정부차입금원금상환, 지방채증권원금상환, 기타국내차입금원금상환, 차관상환, 기타해외채무상환	8
	602 예치금	예치금	1
700 내부거래	701 기타회계전출금	기타회계전출금	1
	702 기금전출금	기금전출금	1
	703 교육비특별회계전출금	교육비특별회계전출금	1
	705 예수금원리금상환	예수금원금상환, 예수금이자상환	2
	706 기타내부거래	감가상각비, 당기순이익, 적립금	3
800 예비비 및 기타	801 예비비	예비비	1
	802 반환금기타	국고보조금반환금, 시·도비보조금반환금, 과오납금 등, 잡손금, 당겨쓰기충당금	5

2. 내 용

세출결산액을 중심으로 성질별 내역을 검토하면 〈표 4-10〉과 같다. 인건비가 차지하는 비중이 점차 감소하다가 2005년부터 다소 증가하고 있으며, 물건비가 차지하는 비율은 점차 감소하고 있다. 사회복지분야지출의 증대로 민간에 대한 경상이전이 점차 증가하고 있다. 자본형성을 위한 자본지출과 융자 및 출자도 다소 줄어들고 있는 추세이다.

일반회계결산을 가지고 지방자치단체별로 성질별 지방세출구조를 살펴보면 〈표 4-11〉과 같다. 특히 자치구의 경우 자치구의 특성으로 인하여 인건비와 물건비 등 경직성 경비가 35% 정도를 보이고 있다. 경상이전은 특별·광역시, 시와 자치구 등 도시형 자치단체에서 큰 비중을 차지하고 있다. 자본지출은 세출

표 4-10 지방세출의 성질별 구성추이

(단위: 10억원, %)

구분	1980	1985	1990	1995	2000	2005	2008
인건비	441	953	2,245	4,760	6,198	12,627	15,134
	(18.6)	(16.4)	(13.9)	(13.0)	(11.0)	(13.2)	(12.1)
물건비	381	853	1,900	4,508	6,638	6,670	8,708
	(16.0)	(14.7)	(11.8)	(12.3)	(11.8)	(7.0)	(7.0)
경상이전	122	286	1,266	4,159	10,895	22,150	36,218
	(5.1)	(4.9)	(7.8)	(11.3)	(19.4)	(23.2)	(29.0)
자본지출	1,398	2,786	9,192	20,418	27,366	41,792	44,506
	(58.9)	(48.0)	(56.9)	(55.7)	(48.8)	(43.7)	(35.6)
융자 및 출자	-	587	496	599	1,209	1,208	1,386
	(-)	(10.1)	(3.1)	(1.6)	(2.2)	(1.3)	(1.1)
보전재원	-	209	461	1,506	1,818	2,274	2,653
	(-)	(3.6)	(2.9)	(4.1)	(3.2)	(2.4)	(2.10
내부거래	-	131	349	658	1,796	8,293	8,470
	(-)	(2.3)	(2.2)	(1.8)	(3.2)	(8.7)	(6.8)
예비비 등	33	-	237	56	188	569	7,890
	(1.4)	(-)	(1.4)	(0.2)	(0.4)	(0.6)	(6.3)

주: 세출결산 순계기준임, 2008년은 당초예산 순계기준임.
자료: 1) 행정자치부, 「지방재정연감」, 각 연도.
2) 행정안전부, 「지방자치단체 예산개요」, 2008.

에서 제일 큰 비중을 보이고 있다. 내부거래가 광역자치단체인 시·도에서 비교적 큰 비중을 차지하고 있다.

Ⅳ. 기타 분류

1. 경상적 세출과 임시적 세출

경상적 세출이란 인건비와 물건비 등과 같이 매 회계연도마다 규칙적, 반복적으로 발생하는 세출로서 행정활동을 수행하기 위하여 필요한 일종의 고정적 세출이다. 경상적 세출은 매년 일정하거나 변동폭이 크지 않으므로 어느 정도 예측할 수 있다. 임시적 세출은 재해대책비 등과 같이 돌발적 또는 일시적으로

표 4-11 지방자치단체별 · 성질별 지방세출구조(2006)

(단위: 10억원, %)

구분	서울시	광역시	도	시	군	자치구
인건비	80 (5.3%)	117 (5.8%)	171 (4.6%)	425 (11.9%)	240 (13.1%)	308 (25.9%)
물건비	53 (3.5%)	72 (3.6%)	83 (2.2%)	277 (7.8%)	124 (6.8%)	110 (9.2%)
경상이전	551 (36.3%)	786 (39.1%)	1,241 (33.7%)	911 (25.6%)	390 (21.3%)	483 (40.6%)
자본지출	330 (21.7%)	540 (26.9%)	1,557 (42.3%)	1,714 (48.2%)	996 (54.5%)	257 (21.6%)
융자 및 출자	20 (1.3%)	85 (4.2%)	151 (4.1%)	5 (0.2%)	4 (0.2%)	1 (0.1%)
보전재원	18 (1.2%)	94 (4.7%)	105 (2.9%)	84 (2.4%)	16 (0.9%)	2 (0.2%)
내부거래	467 (30.7%)	297 (14.8%)	372 (10.1%)	116 (3.3%)	49 (2.7%)	19 (1.6%)
예비비 등	1 (0.1%)	17 (0.9%)	2 (0.1%)	22 (0.6%)	10 (0.6%)	9 (0.8%)

주: 2006년 결산 총계기준임. 서울특별시 · 광역시 · 도는 본청 결산임.
자료: 행정자치부, 「지방재정연감」, 2007.

행정수요에 충당하기 위하여 필요한 세출로 규칙성이 없어 예측이 어렵다.

이의 구별은 재원과 관련하여 구분할 필요가 있다. 즉 경상적 세출은 경상적 세입으로 충당한다는 세출충당의 원칙에서 나온 것이다. 경상적 세입이 경상적 세출을 상회하면 할수록 여건변화에 대처하기 쉬운 탄력적인 지방재정구조를 갖고 있다고 할 수 있으며 바람직한 현상이라고 할 수 있다.

2. 소비적 세출과 투자적 세출

소비적 세출이란 세출의 효과가 단기간(1년 이내)에 그치는 것으로 인건비, 물건비, 수용비, 구호비, 경상적 보조금 등이 대표적이다. 투자적 세출은 세출이 지방자치단체나 민간부문의 자본형성을 위하여 이루어지는 것으로 자산취득비,

시설비, 자본적 보조금, 대행사업비 등이 이에 해당한다.

이의 구분은 지방세출의 생산성을 제고시키고 투자적 세출을 증대시킴으로써 미래의 자본형성을 축적시켜 지역발전을 도모하고 지역경제를 활성화하는데 그 목적이 있다.

제 4 절 지방세출의 절차

Ⅰ. 지방세출의 원칙과 집행절차

1. 지방세출의 원칙

(1) 회계연도독립의 원칙

세출예산은 당해 연도개시전에는 물론 회계연도를 경과한 후에는 집행할 수 없으며 당해 회계연도의 경비는 당해회계연도의 세입으로 집행하여야 한다는 원칙을 말한다. 지방자치단체의 회계연도는 국가와 동일하게 1월1일부터 12월 31일까지로 정하고 있으나, 예외적으로 출납폐쇄기한은 국가와 다르게 익년도 2월말까지, 출납정리기한은 익년도 3월10일까지로 정하고 있다.

그러나 예외적으로 명시이월, 사고이월, 계속비이월 이외에도 다음연도 세입에서 미리 당겨서 당해연도에 집행하는 조상충용(操上充用), 예산집행의 오류가 발생한 경우 당해 지출된 예산과목에 반납하는 지출금의 반납, 전년도 행위에 대하여 전년도 예산과목의 불용액 범위 내에서 금년도 예산으로 지출이 가능한 지난연도지출 등이 있다.

(2) 수입의 직접사용금지의 원칙

모든 수입은 지정된 수납기관에 납부하여야 하며, 지출하고자 할 때에는 반드시 세출예산에 계상하여야 한다는 원칙이다. 지방자치단체의 업무성격상 특정한 활동은 수익이 발생하면 거기에 소요되는 비용으로 직접 지출하는 것이 효과적일 수 있다는 판단을 할 수가 있다. 그러나 자치단체예산은 반드시 세출예산에 계상하여야 만 집행이 가능하다.

그러나 제한적으로 지방자치단체가 서비스 및 시설을 제공하여 발생하는 수입과 관련되는 경비로서 그 수입이 확보되는 범위안에서 직접 지출할 수 있다. 수입대체경비의 범위는 지방자치단체가 특별한 역무 또는 시설을 제공하고 그 제공받은 자로부터 그 비용을 징수하는 경우, 수입의 범위안에서 관련경비의 총액을 지출할 수 있는 경우, 수입을 수반하는 실험, 실습, 연구비에 있어서 그 수입의 범위안에서 지출하는 경우 등이다. 현재 지방자치단체에서 수입대체경비로 지정된 경비는 보건소의 운영에 필요한 경비, 공무원교육원에서 운영되는 교육경비 등이다.

(3) 기부 · 보조 또는 출자의 제한

지방재정의 방만한 운영을 방지하고 건전한 운영을 위하여 개인이나 법인에 대하여 기부 또는 보조를 제한하거나 출자를 제한하고 있다. 이는 지방자치단체가 어느 특정한 개인이나 단체에게 예산을 지원함으로써 형평을 잃는 일이 없도록 함과 아울러 재정권의 행사로 획득한 재원이 주민의 복지를 위하여 가장 효율적으로 활용되어야 함을 의미한다.

예외적으로 기부 · 보조할 수 있는 경우는 ① 법률의 규정이 있는 경우, ② 국고보조재원에 의한 것으로 국가가 지정한 경우, ③ 용도를 지정한 기부금에 의한 경우, ④ 지방자치단체가 권장하는 사업으로서 자치단체조례에 의하여 정하여진 사업 등이다. 출자가 가능한 경우는 ① 법령의 규정에 의하여 출자할 수 있도록 정해진 단체, ② 지방공기업법에 의한 지방공사와 공단, ③ 한국지방재정공제회와 같이 지방자치단체를 회원으로 하는 공익법인 등이다.

(4) 지급의 제한

지출원이 지출을 하려면 ① 당해 회계연도 개시 후에라야 하며 ② 당해 회계연도의 세입의 범위내에 할 수 있으며 ③ 쌍무계약에 의하여 반대급부로서 지출할 때에는 계약 상대방의 이행이 완료되어 채무가 확정되어 이행기에 도달하여야 하며 ④ 채권자를 수취인으로 하여 지급명령을 발하여야 한다.

또한 지급명령은 법령이나 조례 · 규칙 또는 계약 기타 정당한 사유로 인하여 지방자치단체에 대하여 일정한 금액의 급부를 청구할 수 있는 권리를 가진 자 즉 채권자(債權者)를 수취인으로 할 때만 발행할 수 있다. 채권자로부터 대금수령위임을 받은 자, 법원의 전부명령(轉付命令)에 의하여 압류채권자에 대하여 지급명령을 발행하거나 채권자가 불명하거나 경합하는 경우로서 채무면제를 위하여 공탁을 하는 경우에도 지급명령을 발할 수 있다.

(5) 회계기관분립의 원칙

지출원인행위, 지출, 현금출납의 직무를 상호 겸할 수 없다는 원칙으로 경리관, 지출원, 일상경비출납원 상호간에 겸직해서는 안된다는 뜻이다. 예컨대 경리관이 지출원을 겸할 수 없으며, 경리관이 일상경비출납원 또는 지출원이 일상경비출납원을 겸할 수 없다는 것이다.

이는 명령계통과 집행계통을 분리시켜 상호견제를 하게 함으로써 회계관리에 있어 엄정을 기하려는데 그 목적이 있다.

2. 회계처리 절차

(1) 집행품의

세출예산서에 편성된 예산의 목적을 구체적으로 실현하기 위한 예산집행의사를 결정하는 행위를 말한다. 사업부서에서 실시하며 사업계획의 수립도 넓은 의미에서 집행품의행위에 포함되며, 예산배정이 이루어지면 세출예산집행품의를 하게 된다. 집행품의는 그 내용에 따라 ① 공사집행(수선), ② 물품의 구매·제조·수리, ③ 용역의뢰 등으로 구분할 수 있다.

품의서를 작성할 때 유의할 사항은 집행내용이 예산편성목적과 부합되는지, 집행예정금액은 예산의 범위내인지, 예산은 배정되어 있는지, 집행예정금액은 법령 또는 기준내의 단가에 의한 산출인지, 자금의 지급(교부)처는 정당한지 여부 등을 검토하여야 한다.

집행품의를 담당하는 공무원은 사업부서에서 근무하는 경우라 하더라도 집행품의상 오류, 고의 또는 과실에 의한 잘못이 발생하면 회계책임을 면할 수 없게 된다. 「회계관계직원등의 책임에 관한 법령」에 따라서 품의를 담당하는 공무원도 회계관계직원으로 보기 때문이다.

(2) 지출원인행위

지방자치단체가 지출의 원인이 될 채무를 부담하는 행위로 지출의 원인이 되는 계약 기타의 행위로 지출부담결정행위라고도 한다. 경리관 또는 분임경리관이 지출원인행위를 한다. 이어 품질, 수량 등 계약의 이행여부를 확인하는 검사 · 검수를 거치면, 세출예산의 지출한도액을 통지하는 자금배정이 세정과장으로부터 있게 되고, 계약이 이행되면 계약자가 대가를 청구하게 된다.

지출원인행위는 경리관 또는 분임경리관, 대리경리관이 하며, 경리관은 시 · 도의 경우 회계관련 국장, 시의회 사무처장, 제1관서의 장이 되며, 시 · 군 · 구의 경우에는 부단체장(국이 있는 지방자치단체는 관련 국장)이 된다.

(3) 지출행위

지출원인행위에 의하여 부담한 채무에 의하여 지출의 의사결정을 하고 이를 이행하기 위하여 지방자치단체금고에 대하여 지급명령을 발하는 행위를 말한다. 지출행위를 하는 지출원은 회계 또는 경리업무담당으로 지출시 조사사항을 검토하고 청구순위에 의하여 금고에 대하여 지급명령을 발하여야 한다.

지출원이 지출을 하려면 ① 당해 회계연도 개시 후 ② 당해 회계연도의 세입의 범위내 ③ 쌍무계약에 의하여 반대급무로서 지출할 때에는 계약상대방의 이행이 완료되어 채무가 확정되었고 이행기에 도달하여야 하며 ④ 채권자를 수취인으로 하여 지급명령을 발하여야 한다.

(4) 지급행위

출납원이나 지방자치단체의 금고가 채권자에게 지급하거나 계좌송금을 하는 행위를 말한다. 여기서 출납원은 일상경비출납원 또는 수입대체경비출납원을 말하며, 시 · 도 및 시 · 군 · 구 본청의 경우 각 과의 주무담당이 일상경비출납원이 된다.

Ⅱ. 계 약

1. 계약의 의의

(1) 계약의 개념

계약(contract)이란 지방자치단체가 계약당사자의 일방이 되어 상대방인 사인(私人)과 공사, 제조, 구매, 용역 등의 계약을 체결함으로써 지방자치단체의 제반수요를 충족시킴과 동시에 사법상 효과발생을 목적으로 하는 행위를 말한다. 따라서 지방계약은 사법상의 계약이므로 민법상의 일반원칙인 계약자유의

표 4-12 국가와 다르게 적용되는 주요 계약관련 기준

구 분	국 가	지방자치단체
지역제한경쟁 입찰한도금액	· 공사: 50억원 미만 (전문공사 등: 5억원 미만) · 물품 · 용역: 1.9억원 미만 · 기술용역: 1.9억원 미만	· 공사: 70억원 이하 (전문공사 등: 5억원 이하) · 물품 · 용역: 3억원 미만 (기초자치단체 5억원 미만) · 기술용역: 1.9억원 이하
지역의무 공동도급	· 50억원 미만	· 공사: 222억원 미만(시 · 도) (공동도급은 40% 이상)
국제입찰대상 고시금액	· 공사: 74억원 이상 · 용역 · 물품: 1.9억원 이상	· 공사: 222억원 이상 · 용역 · 물품: 3억원 이상 (기초는 해당 없음)

원칙, 신의성실의 원칙, 사정변경의 원칙 및 권리남용금지의 원칙 등이 적용되며, 이에 대한 다툼도 민사소송대상이 된다.

그러나 지방자치단체가 체결하는 계약은 개인의 이익을 추구하는 사인간의 계약과는 달리 공공복리 추구라는 목적의 달성을 위하여 체결되며 지방자치단체를당사자로하는계약에관한법률이 적용된다.

그러나 지방자치단체의 특성을 고려하여 국가와 다르게 적용되는 주요 계약관련기준은 〈표 4-12〉와 같다.

(2) 계약의 집행기관

지방자치단체의 계약은 ① 지방자치단체의 장으로부터 위임을 받은 공무원(계약담당공무원)이 직접 계약을 체결하는 경우, ② 조달사업법령에 따라 조달청장에게 의뢰해야하는 경우가 있다. 지방자치단체장이 조달청에 조달을 의뢰하여야 하는 경우는 〈표 4-13〉과 같다.

현재 조달의무대상 공사는 지방분권차원에서 단계적으로 자율화하는 방안을 추진중에 있으며 우선 2005. 1. 1부터는 200억원 미만 P.Q[4] 대상공사부터 지방에 이양을 추진중이다.

4) PQ(pre-qualification)란 입찰참가자격 사전심사로 입찰참가자격심사 신청자에 대한 입찰참가 자격을 미리 심사하여 경쟁입찰에 참가할 수 있는 적격자를 선정하는 제도를 말한다.

표 4-13 조달청에 의뢰해야 하는 경우

구분	조달청의뢰(의무)	자체계약
공사	· 대안입찰공사 · 일괄입찰공사 * 근거: 조달사업에 관한 법률 시행령 제15조 제1항	· 조달청에 의무적으로 의뢰해야 하는 경우를 제외한 나머지 공사 · 조달요구 대상공사로서 천재 · 지변 · 긴급한 공사 - 재해 및 사고의 긴급복구공사 - 시설 · 감독 · 하자보수 등에 관한 기술적 특수성을 고려하여 수요기관이 직접공사계약을 체결하는 것이 타당한 공사로서 조달청장과 사전 협의한 경우
용역	· 의무적으로 조달을 의뢰할 대상 용역은 없음 * 자치단체가 필요한 경우 스스로 의뢰할 수는 있음	· 모든 용역계약은 자치단체가 자체적으로 계약 체결 가능함
물품	· 조달청장이 조달사업법시행령 제2조에 의하여 공급하는 수요물자 * 근거: 조달사업에관한법률시행령 제14조	· 천재 · 지변 · 긴급한 행사의 물자구매 · 국방목적수행과 관련이 있거나 국가기관의 행위를 비밀리에 하는 경우 · 소액의 경우로서 1억원(내자), 1십만달러(외자) 미만 · 수요기관요청에 따라 조달청장이 수요기관에 직접 구매토록 한 경우 · 건설용 자재를 제외한 물자로서 지방자치단체장이 관할구역에 소재한 업체로부터 직접구매하는 것이 가격이 저렴하고 품질이 우수하다고 판단하여 신속히 구매하고자 하는 경우

2. 계약의 종류

(1) 목적물별

(가) 공사계약: 건설공사, 전기공사, 정보통신공사, 소방공사, 환경관련공사, 문화재공사 등이 있다.

(나) 물품의 계약: 물품의 구매, 제조수리, 가공

(다) 용역계약: 일반용역, 건설기술용역, 공사감리용역, 건축설계용역, 학술용

표 4-14 단계별 중앙조달 자율화 계획

구 분	자율화 시기	비고
· 200억원 미만 PQ대상공사 · 500억원 미만 PQ대상공사 · 500억원 이상 PQ대상공사 · 턴키 · 대안입찰공사	· 2005. 1. 1부터 · 2007. 1. 1부터 · 2008. 1. 1부터 · 2010. 1. 1부터	조달사업에관한법률시행령개정

역, 기타 용역이 있다.

(2) 체결형태별

(가) 확정계약 · 개산계약 · 사후원가검토조건부계약

확정계약은 예정가격을 미리 작성하고 낙찰자를 결정, 계약을 체결하는 형태로 통상적이며 원칙이다. 개산계약이란 미리 예정가격을 정할 수 없을 때 개산가격을 정하여 계약을 체결하는 계약으로서 개발시제품의 제조계약, 시험 · 제조 · 연구 용역계약, 정부투자기관 또는 출연기관과의 법령의 규정에 의한 위탁 또는 대행계약은 개산계약으로 체결한다. 사후원가검토조건부계약은 예정가격을 구성하는 일부품목에 대한 금액을 거래실례가격, 원가계산 등에 의하여 정확하게 결정할 수 없을 때 계약을 이행한 후 동 품목에 대하여 사후정산하는 계약을 말한다.

(나) 총액계약과 단가계약

총액계약이란 당해 계약목적물전체에 대하여 총액으로 체결한 계약을 말하며, 단가계약이란 일정기간 계속하여 제조 · 수리 · 가공 · 매매 · 공급사용등의 계약을 할 필요가 있을 때 당해연도 예산의 범위안에서 단가에 대해 체결하는 계약을 말한다.

(다) 장기계속계약 · 단년도계약 · 계속비계약

장기계속계약은 공사, 임차, 운송, 보관, 전기, 가스, 수도의 공급 기타 그 성질상 수년간 계속하여 존속할 필요가 있거나 그 이행에 수년을 요하는 경우 체결하는 계약으로 주로 사업의 규모, 내용 등이 설계서 등에 의하여 확정되었으나 예산의 일괄확보의 어려움 등이 있을 때 활용되는 제도다. 단년도계약은 이행기간이 1회계연도인 경우로서 당해연도 세출예산에 계상된 예산을 재원으로 체결하는 계약이며, 계속비계약이란 계속비 예산으로 편성된 사업에 대한 계약을 말한다.

(라) 단독계약과 공동도급계약

단독계약이란 계약의 상대자를 1인으로 하여 체결하는 계약을 말한다. 공동도급계약이란 공사·제조·기타의 도급계약에 있어 2인 이상의 수급인이 당해 계약을 공동으로 수행하기 위하여 잠정적으로 결성한 실체인 공동수급체와 체결하는 계약이다. 공동도급계약은 구성원이 5인 이내로 결성하도록 규정하고 있으며 참여지분율이 5% 미만은 금지토록 하고 있다. 공동계약형태 중 하나이면서 지역경제활성화를 위한 지역의무공동도급제도가 있다. 이는 건설업 등의 균형발전을 위하여 필요하다고 인정하는 경우에는 공사현장을 관할하는 특별·광역시·도에 주된 영업소가 있는 자 중 1인 이상을 공동수급체구성원으로 하는 제도로 지역업체의 참여비율을 49% 이상 의무적으로 하되 해당업체가 10인 미만인 경우는 제외된다.

(마) 종합계약

지상 및 지하의 구조물 및 매설물공사처럼 동일 장소에서 다른 중앙관서, 지방자치단체 또는 정부투자기관이 관련되는 공사 등에 대하여 관련기관과 공동으로 계약을 체결하여 예산낭비를 막고 공사기간 단축 등을 위해 도입되고 있는 제도이다.

(바) 회계연도 개시전의 계약

차량용 및 난방용 유류단가계약, 업무용 전산장비 유지보수, 청사경비용역계약 등과 같이 임차, 운송, 보관 기타 그 성질상 중단할 수 없는 계약에 있어서는 회계연도개시 전에 당해연도의 확정된 예산의 범위 안에서 미리 계약을 체결할 수 있으며, 효력은 당해 회계연도 개시 이후에 발생한다.

(3) 경쟁형태별

(가) 일반경쟁입찰에 의한 계약

정부계약은 일반경쟁입찰에 부치는 것이 원칙이다. 입찰참가기회를 확대하는 이점이 있으나 부적격업체의 응찰로 경쟁이 가열되고 부실공사의 우려가 있다.

(나) 제한경쟁입찰에 의한 계약

시공능력공시액, 실적, 기술보유상황 등 일정한 기준에 의하여 제한함으로써 불성실하고 능력이 없는 자를 입찰에 참가하지 못하도록 하여 공개성, 공정성, 및 경제성을 유지시키려는 제도이다. 지방중소기업체를 보호하기 위하여 70억원 미만의 일반공사(전문공사 6억원 미만)에 대하여 지역제한경쟁입찰제도를 도입하고 있다.

(다) 지명경쟁입찰에 의한 계약

계약의 성질 또는 목적에 비추어 특수한 설비, 기술, 자재물품 또는 실적이 있는 자가 아니면 계약목적을 달성하기 곤란한 경우에 특정다수인을 지명하여 지명된 자들로 하여금 경쟁을 시켜 계약상대자를 결정하는 방법이다.

(라) 수의계약

계약담당공무원이 특정인을 선정하여 계약을 체결하는 것으로 자본과 신용 및 경험 등이 풍부한 계약상대자를 선택할 수 있는 장점이 있으나 특정업체만 혜택을 줄 수 있다는 단점이 있다.

(4) 낙찰자결정방법별

(가) 적격심사낙찰제도

예정가격 이하로서 최저가 입찰자순위로 당해계약이행능력과 입찰가격을 종합적으로 심사하여 일정점수(85-95점) 이상인 자를 낙찰자로 결정하는 제도이다. 현재 지방자치단체에서는 공사, 용역, 물품의 제조·구매를 함에 있어 대부분 적격심사에 의하여 낙찰자를 결정하고 있다.

(나) 최저가낙찰제

시공경험·기술능력·경영상태 및 신인도 등을 종합적으로 평가하여 시공능력이 있는 적격업체만 입찰참가 자격을 부여한 후 가장 낮은 가격으로 입찰한 자 순으로 입찰가격 적정성을 심사하여 낙찰자로 결정하는 제도로, 300억원 이상 PQ대상공사(조달의뢰대상)와 1.9억원 미만의 물품의 제조·구매에 활용된다.

(다) 희망수량경쟁입찰

희망수량에 따라 최저가(최고가)입찰자부터 순차적으로 수요량(매각수량)에 달할 때까지의 입찰자를 낙찰자로 결정하는 제도이다.

(라) 유사물품의 복수경쟁입찰

유사한 종류의 물품 중에서 품질·성능 또는 효율 등이 일정수준 이상인 물품을 지정하여 구매하고자 하는 경우 부칠 수 있는 경쟁방법으로서 유사물품별로 작성된 예정가격에 대한 입찰금액의 비율이 가장 낮은 자를 낙찰자로 결정하는 제도이다.

(마) 2단계 경쟁입찰

용역입찰의 경우 1단계로 규격(또는 기술)입찰서를 제출케 하고 이를 심사한 후 규격적격자에 한하여 2단계로 가격입찰서를 제출케 하여 가장 낮은 가격으로 입찰한 자를 낙찰자로 결정하는 제도이다.

(바) 협상에 의한 계약입찰

물품·용역계약에 있어서 계약의 특수성, 긴급성, 안보목적 등이 있는 경우 다수의 공급자들로부터 제안서를 제출받아 평가기준을 정하여 평가한 후 협상절차를 거쳐 지방자치단체에 가장 유리하다고 인정되는 자와 계약을 체결하는 제도이다.

(사) 규격·가격 분리 동시입찰

물품입찰에 있어 규격입찰서와 가격입찰서를 2개의 봉투에 각각 넣어 동시에 제출케 하여 적격자를 선정하는 방법이다. 이 경우에는 규격의 적격자가 1인인 경우이더라도 가격을 개봉하여 낙찰자를 결정한다.

(아) 공모에 의한 계약

예술성, 창작성이 요구되는 설계 또는 공사를 시공하려는 경우 심사결과 예술성·창작성이 가장 뛰어난 업체와 설계 또는 시공계약을 체결하는 제도이다. 공모에 의한 계약은 건설기술관리법령에 따라 체결하는 계약으로 건설기술용역 또는 건설공사에만 해당되며 용역과 시공을 동시에 공모할 수 없다.

3. 계약의 절차

(1) 계약방법의 결정

계약담당공무원은 사업부서에서 예산집행품의가 있으면 계약체결방법을 검토하고, 경쟁입찰의 경우 낙찰자 결정방법을 결정하거나 분류하여야 한다.

(2) 입찰공고

계약담당공무원이 계약방법을 결정하고 계약방법에 대한 세부내용을 입찰참가자에게 입찰전에 미리 알려주는 통지행위로 시설공사는 현장설명일 전일부터 7일전, PQ심사대상은 30일전에 하고, 물품의 제조·구매·용역은 입찰서 제출마감일 전일부터 7일전에 한다.

(3) 공사의 현장설명

추정가격 100억원 이상인 공사의 경우는 현장설명에 의무적으로 참가하여야 하며, 현장설명에는 소정의 국가기술자자격수첩(건설기술자경력수첩)을 제시한자가 참가자격이 있다.

(4) 입찰등록

경쟁입찰에는 법령에 의한 인가·면허·등록·신고를 받았거나 자격요건에 적합한 자, 보안측정 등의 조사에 필요한 경우 적합판정자, 부가가치세법에 의한 사업자 등록자 등이 참가할 자격이 있다.

입찰참가신청시에는 공사의 경우 등록신청서, 관련되는 면허, 허가 또는 등록을 증명하는 서류, 사업자등록증 사본 또는 사업자등록증명원, 법인등기부등본 또는 주민등록등본, 인감증명서 등을 구비하여야 한다. 입찰금액의 100분의 5 이상의 입찰보증금도 납부하여야 한다.

(5) 예정가격 작성

① 적정한 거래가 형성된 경우에는 그 거래실례가격, ② 신규개발품이나 특수규격품 등의 특수한 물품·공사·용역 등 계약의 특수성으로 인하여 적정한 거래실례가격이 없는 경우에는 원가계산에 의한 가격, ③ 공사의 경우 이미 수행한 사업을 토대로 축적한 실적공사비로서 자치단체의 장이 인정한 가격 즉 실적공사비에 의한 가격, ④ 위 규정에 의한 가격에 의할 수 없는 경우에는 감정평가, 유사한 거래실례가격 또는 견적가격으로 한다.

지방자치단체장은 추정가격이 100억원 이상인 공사에 대하여는 공사원가 사전검토를 조달청장에게 요청해야 한다. 다만 천재지변, 긴급한 공사 그밖에 이에 준하는 경우, 재해 또는 사고로 인한 복구공사를 하는 경우, 그밖에 공사의 특성 또는 긴급성 등으로 인하여 필요한 경우 요청하지 않을 수 있다.

(6) 입 찰

경쟁계약을 체결함에 앞서 계약의 상대자가 될 것을 희망하는 자가 계약 내용에 관하여 다수인과 경쟁을 통하여 일정한 내용을 표시하는 행위로 입찰서는 봉합하여 1인 1통만을 제출하여야 한다.

입찰에는 추정가격이 100억원 이상인 공사에 적용되는 내역입찰(산출내역서가 설계서에 포함됨)과 내역입찰대상 이외의 공사에 적용되는 총액입찰(산출내역서를 착공계 제출시까지 제출)이 있다.

(7) 적격심사

낙찰자결정시 입찰가격이외에 비가격요인인 계약이행실적, 재무상태, 신인도 등을 종합적으로 심사하여 낙찰자를 결정하는 제도로 1차로 가격입찰을 실시하여 최저가격으로 입찰한 업체순으로 적격대상자를 선정한 다음 2차로 해당업체의 이행능력을 심사하여 종합평점이 "적격통과점수"이상이면 낙찰자를 결정하는 2단계 낙찰자 결정방법이다.

추정가격 2억원 초과인 공사(전문공사는 1억원, 전기공사 · 정보통신공사 · 소방공사는 8천만원 초과공사)와 추정가격 1.9억원 이상인 물품구매 · 제조 · 수리 그리고 추정가격 5천만원 초과의 용역은 적격심사대상이 되며, 종합평점 85-95점 이상인 자를 낙찰자로 결정한다.

(8) 계약체결

계약은 낙찰통지를 받은 날부터 10일 이내에 체결하게 되며 계약서 작성 후 당사자가 기명날인함으로써 확정된다. 계약금액 3,000만원 이하는 계약서 작성 생략이 가능하며 계약문서에는 계약서, 설계서, 입찰유의서, 계약일반조건, 특수조건, 산출내역서 등이 있다.

(9) 계약이행 및 대가지급

(가) 공사의 착공 및 감독

착공시에는 착공신고서와 공사공정예정표를 제출하여 승인을 얻어야 하며, 계약담당공무원은 계약의 적정한 이행을 확보하기 위하여 계약서 및 설계서 등에 의하여 감독하여야 한다.

(나) 선금지급

3천만원 이상의 공사 · 물품제조, 1천만원 이상의 용역, 이행기간이 60일 이상인 계약, 부정당업자 제재기간중에 있지 아니한 자, 잔여계약 이행기간이 30일 이상일 경우에 지급한다. 계약금액의 100분의 70을 초과하지 않는 범위내에서 지급하되, 20억원 미만의 공사와 3억원 미만의 물품제조 · 용역은 50%, 20-100억의 공사와 3-10억의 물품제조 · 용역은 30% 그리고 100억 이상 공사와 10억원 이상 물품제조・용역은 20%를 의무적으로 선급하여야 한다.

(다) 검사 및 대가지급

계약상대자가 계약의 이행을 완료한 때에는 그 이행을 확인하기 위하여 계약담당공무원 혹은 지정받은 전문기관은 설계서, 계약서 등 관계서류에 의하여 검사를 하고 기성 또는 기성부분에 대한 대가를 지급하는 경우에는 검사를 거치게 된다. 대가의 지급에는 기성부분에 대하여 기성검사 완료후 적어도 30일마다 지급하는 기성부분급과 준공검사 완료후 준공대가로 지급하는 완성대가급이 있다.

Ⅲ. 수입대체경비 지출

1. 수입대체경비의 의의

수입대체경비란 지방자치단체가 용역 및 시설을 제공하여 발생하는 수입과 관련되는 경비를 말하며, 특별한 서비스 또는 시설을 제공하고 그 제공을 받은 자로부터 비용을 징수하는 경우의 당해 경비로서 그 수입의 범위안에서 관련경비의 총액을 지출할 수 있는 경우의 당해 경비를 말한다.

2004년에 시범적으로 시・도의 지방공무원교육원의 교육비 및 강당임대료 수입 등과 시・군・구의 보건소에 진료수입 등의 경우에 적용하였다. 앞으로 지방자치단체의 현업관서에서 확대하여 적용될 것으로 전망된다. 그러나 인건비, 조직운영비 등 수입과 직접관련이 없는 경비는 종전과 같이 일반회계에서 지원된다.

2. 수입대체경비의 지출

수입대체경비는 수입의 직접사용금지원칙 및 세입의 수납기관의 지정에 대한 예외규정으로 그 수입이 확보되는 범위안에서 직접 지출할 수 있다. 즉 ① 지방자치단체가 특별한 서비스 또는 시설을 제공하고 그 제공받은 자로부터 그 비용을 징수하는 경우, ② 수입의 범위안에서 관련경비의 총액을 지출할 수 있는 경우, ③ 수입을 수반하는 실험, 실습, 연구비에 있어서 그 수입의 범위안에서 지출하는 경우 등이다.

그러나 수입대체경비로서 예산이 정하는 세출액에 이르기까지 수입이 확보되지 못할 때에는 실제수입액을 집행한도액으로 집행하여야 한다.

3. 수입대체경비의 초과지출

지방자치단체장은 초과수입금에 대한 초과지출액을 조정하여 결정할 수 있다. 이때 초과수입에 수반되는 초과지출이 가능한 경비는 업무수행과 직접 관련된 책상·사무기기·컴퓨터 등 자산취득비, 업무수행과 직접 관련된 국내여비, 업무수행과 직접적으로 관련된 시설유지비 및 보수비, 일시적인 업무급증으로 사용한 일용인부 임금, 기타 기관장이 초과수입에 수반되는 경비로서 업무수행을 위하여 반드시 필요하다고 인정한 경비이다.

그러나 일용임금 및 보상적 경비 이외의 인건비성 경비, 업무추진비 그리고 차년도 예산운영에 영향을 미칠 수 있는 사업비(신규시설비 및 설계비, 대보수비, 토지매입비 등)와 차량구입 등 업무수행과 직접 관련이 없는 경비는 초과지출을 할 수 없다.

제 5 절 지방구매관리

Ⅰ. 지방구매관리의 의의

1. 지방구매관리의 개념

지방구매관리(local purchasing management)란 지방자치단체가 독자적으로 필요한 물품을 구입·관리하는 일체의 활동을 말한다. 구매란 행정활동에 필요한 물자를 적기에 적소로부터 적질의 재화를 적량만큼 적가로 구입하는 것을 말하며, 학자에 따라서는 조달(procurement) 또는 물품관리(material management)라는 개념을 혼용하여 사용하기도 한다. 지방구매관리는 조달청이 수행하는 중앙구매관리와 달리 지방자치단체가 주체가 되며, 구매되는 물품이나 재화가 지역성을 띠게 되고, 구매대상이 소액·소규모이며 전문성이 부족하다는 점에서 차이가 있다.

지방구매 관리는 3가지로 구성된다. ① 물자의 구매활동으로 지방자치단체가 필요한 수요물자의 구매를 위해 조달청 등 중앙구매기구에 공급요청을 하거나 소액의 경우에는 직접 구매하는 것을 말한다. ② 계약업무로 지방자치단체가 시설공사를 수행하는 경우 직접 시공사와 계약을 체결하거나 중앙구매기구에게 계약체결을 의뢰하는 활동을 말한다. ③ 물품관리활동으로 위의 두 가지 활동을 통하여 취득한 보유물품을 효율적으로 관리하는 활동이다.

2. 지방구매관리의 중요성

(1) 구매예산의 증대

행정의 정보화·과학화추세에 따라 지방행정에 있어서도 인건비보다 물건비의 비중이 높아지고 있으며, 오늘날 구매예산의 비중이 날로 증가하고 있다. 따라서 경기변동의 지렛대로 또한 지역경제의 활성화를 유도하기 위한 수단으로 활용할 수 있다.

(2) 구매물품의 질적 향상

산업화·도시화 현상이 가속화되고 국민의 생활수준이 향상되면서 구매물품내역도 다양해지고 질적 수준도 향상되고 있다. 또한 가격도 고가인 물품이 늘어나고 있다. 따라서 지방자치단체가 구매하는 물품과 공사도 고급화되어 전문적인 관리가 요구되고 있다.

(3) 지방행정수행의 뒷받침

지방구매물품은 적기에 적량이 공급되어야 한다. 국내로부터 구매되는 물품뿐만 아니라 외국으로부터 구매되는 물품도 적기에 공급되어 지방행정이 원활하게 수행될 수 있도록 지원해주어야 한다. 이를 위해 전자입찰제도의 적극적인 활용이 필요하다.

Ⅱ. 지방구매제도의 유형

1. 집중구매제도

(1) 집중구매제도의 개념

집중구매(central purchasing)란 중앙구매기관이 일률적으로 구입하여 각 수요기관에 직접 공급해주거나 수요기관의 구매행위를 대행해주는 제도를 말한다. 우리나라의 경우 조달청과 지방조달청 그리고 지방조달사무소를 두어 집중구매제도를 채택하고 있으나, 최근 지방자치제의 실시로 점차 분산구매제도로 바뀌어가고 있다.

(2) 집중구매제도의 장점

(가) 다량으로 집중적으로 구입함으로써 예산을 절감할 수 있다. 집중구매로 단가할인혜택을 받을 수 있고 계절적 가격변동을 이용할 수 있다. 분산구매시보다 10-15%의 예산절감을 도모할 수 있다(백완기, 2000: 557).

(나) 구매업무를 전문화할 수 있다. 구매업무를 특히 외국으로부터 구입하는 물품과 고도의 정밀성을 요구되는 물품의 경우 전문적 처리가 필요하다.

(다) 구매물품규격을 표준화할 수 있다. 여러 기관에서 공통적으로 사용하는 물건을 통일시킴으로써 입찰업무의 능률화, 일정한 품질의 보장, 물품검사의 신속화 등을 도모할 수 있다.

(라) 구매정책을 수립할 수 있다. 국가전체입장에서 국민경제의 발전과 결부시켜 정책적으로 운용할 수 있다.

2. 분산구매제도

(1) 분산구매제도의 개념

분산구매(field purchasing)란 수요기관이 개별적으로 물건을 구입하는 제도이다. 구매재화가 단순한 경우에는 분산구매가 바람직하나, 품목이 다양하고 전문성이 요구되는 경우에는 적합하지 않다. 구매규모가 작을 때에는 주로 분산구매제도를 채택하고 있다. 그러나 집중구매제도가 효율성측면에서는 바람직하나 행정의 주민대응성(responsiveness)측면에서는 분산구매제도가 보다 타당한 제도이다.

(2) 분산구매제도의 장점

(가) 적기공급이 가능하다. 구입절차가 간단해지고 신속하게 물건을 구입할 수 있다. 긴급한 사태발생시에 즉각적으로 대처할 수 있다.

(나) 소요부처가 원하는 물건을 살 수가 있다. 중앙구매기관이 전문화되어 있다고 하여도 사용기관 만큼 물건을 정확하게 판단하지는 못한다. 따라서 지

방자치단체가 필요로 하는 특수물품의 구매에 적합하다.

(다) 지방기업을 참여하게 하여 육성하고 지역경제활성화에 기여할 수 있다. 집중구매할 경우 다량으로 구입함으로써 대기업에 유리하고 지역기업의 참여가 사실상 어렵게 된다.

(라) 정치적 이권의 개입가능성을 배제할 수 있다.

3. 절충구매제도

(1) 절충구매제도의 개념

각 국은 현실적으로 절충구매제도를 채택하고 있으며 가장 널리 활용되고 있는 방식이다. 우리나라의 경우도 분산구매식 집중형을 채택하고 있다(심정근 외, 2000: 388). 즉 중앙구매기관으로 조달청과 지방조달청 그리고 조달사무소를 두고, 지방자치단체에는 경리관이 담당하는데 시·도에는 자치행정(재무)국장이 되고, 시와 자치구에는 총무국장이, 군에는 부군수가 된다. 그러나 실제적으로 시·도와 일반시에서는 회계과 용도(계약)담당이, 자치구와 군에는 재무과 경리담당이 담당하고 있다. 그리고 조달사업에관한법률 등에 의하여 일정금액 이상은 조달청에 계약을 의뢰하여 구매한다.

(2) 절충구매방식

절충구매제도의 일반적 업무처리방식은 다음과 같다. ① 중앙구매조직은 모든 산하기관(각 수요기관)에게 적용할 수 있는 기본구매관리규정을 만들어 통일된 지침을 제시한다. ② 중앙구매조직은 산하기관의 모든 주문서사본을 송부받아 검토하여 산하기관의 구매활동을 감시한다. ③ 산하기관의 구매규모에 대해서는 금액상 제한조항을 둔다. ④ 산하기관의 특정품목에 대해서 제한조항을 둔다(권오상, 1989: 157-159).

(3) 구매위임제도

우리나라의 독특한 구매제도로, 일정조건이 갖추어졌거나 조달청장으로부터 위임받은 경우에 지방자치단체가 직접 구매할 수 있도록 하는 제도이다. 구매위임제도하에서 직접구매가 가능한 범위는 다음과 같다.

① 소량·소액 구매물자 또는 중앙조달이 부적합하다고 인정하는 물자로서 조달청장이 미리 그 범위를 정하여 수요기관에 통보한 경우

② 신규개발품의 조달이나 납품기일의 촉박 등의 사유로 수요기관의 요청에 따라 조달청장이 수요기관으로 하여금 수요물자를 직접 구매하도록 한 경우

③ 수요물자의 특성, 수요시기, 국내외 시장여건 또는 국제적 관계 등을 고려하여 수요기관에서 구매하는 것이 유리하다고 판단하여 조달청장이 수요기관으로 하여금 구매하도록 하는 경우 등이다.

따라서 지방자치단체는 내자물자의 경우 구매예정금액이 품목당 1억원 미만인 경우와 1억원 미만에 해당하는 단가계약된 물품에 대하여 조달청을 통하여 구매하는 것보다 직접 구매함이 효율적이라고 수요기관이 판단하는 경우 그리고 외국물자는 구매예정금액이 미화 20만달러 미만인 경우 원칙적으로 직접 발주하고 있다.

Ⅲ. 지방구매 관리의 절차

1. 물자구매절차

(1) 수요결정

각 수요기관이 필요한 물품의 소요를 파악하여 구매담당부서에 그 내역을 제출한다. 구매부서에서는 각 실 · 과 · 소에서 요청한 내역을 검토하여 수요결정을 내린다.

(2) 구 매

지방자치단체는 조달청에 공급을 요청하거나 지방자치단체가 직접구매하는 방식을 취하는데 대부분 지방조달청을 통하여 구매한다. 지방자치단체는 저장품목은 매월 일정일을 기한으로 조달청에 공급을 요청하여 수급받고, 비저장품의 경우는 수요예정일 50일 이전까지 공급을 요청한다. 조달청장은 조달소요기간이나 시장상황 등의 요건을 고려하여 요구한 물품을 공급한다.

(3) 물품수령과 검사

구매담당자는 물품을 수령함과 동시에 검사를 실시한다. 저장품의 경우는 지방조달청 또는 직접구매방식을 통하여 수령한 물품을 인도받게 되며, 비저장품은 인도조건이나 납품절차가 물품의 종류에 따라 달라 생산공장, 하치장, 공

사현장, 수요기관창고 등 다양하다. 수령된 물품은 당초에 주문했던 내용과 일치여부를 확인한다.

(4) 대금지급

지방자치단체가 구매를 통하여 구입한 물품에 대한 대금은 직접 지급하거나 조달청으로 하여금 지급케 하는 방법이 있다. 우리나라는 집중지급제도를 도입하고 있어서 조달청이 일단 공급자에게 대금을 지급하고 나중에 지방자치단체로부터 대금을 징수함과 동시에 대행수수료도 함께 징수한다. 일부 부득이한 경우의 비저장품목에 대해서는 대금선납제도가 허용되고 있으나 최근에는 대부분 지방자치단체의 직접지급방식을 채택하고 있다.

2. 계약절차

(1) 예정가격의 결정

계약담당공무원은 물자구매계약체결을 의뢰받게 되면 경쟁입찰에 부칠 사항의 가격을 결정하여야 한다. 이를 예정가격이라 하며, 이를 결정하는 데는 거래실례가격, 원가계산가격, 감정가격, 유사거래가격, 견적가격 등이 기준이 된다. 예정가격을 결정하는 경우에는 계약수량, 이행전망, 이행기간, 수급상황, 계약조건 등을 고려해야 한다.

(2) 계약체결

계약담당공무원은 계약방법을 결정하고 입찰공고를 낸 후 입찰자 등록을 받게 되면 참가자격여부를 심사한다. 그 후 입찰에 부쳐 낙찰자를 결정한 후 계약을 체결한다. 일체의 계약체결은 일반경쟁에 붙이는 것이 원칙이나 참가자의 자격을 제한하거나 참가자를 제한하여 지명경쟁에 붙이거나 수의계약을 체결할 수 있다. 물품의 제조·구매 용역에 있어 수의계약의 경우 추정가격 2,000만원 이하가 보편적이나 "중소기업진흥및제품구매촉진법률"에 의한 지방중소기업과 단체수의계약 등의 경우에 있어서는 액수에 제한이 없다.

(3) 이행감독

구매집행과정에서 당초에 체결된 물품·공사내역과 설계도와 시방서를 적절히 따르고 있는가를 감독하는 것을 말한다. 공사현장 감독업무는 대개 지방자치단체의 관련공무원이 수행한다. 물론 불가피한 경우에는 물가변동 또는 설계변동에 따른 계약금액의 조정이 가능하다.

(4) 검사 및 대금지급

계약담당공무원은 계약목적물의 검수 및 준공검사, 대금지급 및 정산, 하자보수 등 최종적으로 계약의 종결을 위한 일체의 행위를 말하며, 이로써 계약은 완전히 종결된다.

3. 물품관리절차

(1) 물품취득

지방자치단체의 물품취득은 물품관리관이나 전문가의 검수를 거쳐야 한다. 이는 물품취득을 엄격하게 하고 품질의 하자여부를 철저히 검사하기 위해서이다. 재무과 등 구매부서에는 물품관리관, 물품출납공무원, 물품운용관이 지정되어 물품관리업무를 담당한다.

(2) 물품보관 및 사용

취득물품은 필요시에 즉시 사용·처분될 수 있도록 적절히 보관되어야 한다. 재물조사는 매년(국가) 또는 2년마다(지자체) 실시하는 정기조사와 수시조사가 있다. 조사결과 물품의 증감, 손·망실이 발견되면 관련자에게 변상명령을 내리게 된다. 동시에 중요물품에 대해서는 회계연도마다 증감상황과 회계연도말 현재액을 상급기관에 보고하도록 하여 물품보관 및 사용을 통제하고 있다.

(3) 물품처분

지방자치단체장은 사용 또는 처분의 결정을 하되, 이들이 불가능할 때에는 불용결정도 내릴 수 있다. 불용결정은 곧 지방자치단체의 재산감소를 초래하므로 신중하게 결정하여야 한다. 물품의 처분방식에는 매각, 폐기, 무상양여, 대부 등이 있다.

Ⅳ. 우리나라 지방구매 관리의 발전과제

1. 지방구매 관리상의 문제

(1) 절충구매식 구매제도

우리나라는 절충구매제도를 채택하고 있어 지방자치시대임에도 불구하고 아직도 지방자치단체의 전체 구매예산 중 68.8%만이 직접구매로 이루어지고 있다. 그러나 지방자치단체의 장이 절충구매제도를 악용하여 지역업체와의 유착관계로 여러 가지 부정사건이 자주 발생하고 있다.

(2) 구매시설의 비저장성

지방자치단체는 저장할 수 있는 자체구매시설을 제대로 갖추지 않고 있다. 대부분 지방조달청에 저장기능을 대행시키고 사무용품 정도를 자체적으로 보관하여 사용하고 있는 실정이다.

(3) 구매담당공무원의 비전문성

낙찰시에 가장 좋은 조건을 제시한 업체를 선정하기보다는 견적단가가 유사한 수명의 업자에게 돌아가면서 일부씩 분배해주는 나눠 먹기식으로 입찰이 이루어지는 경우가 많다.

담당공무원의 전문성도 매우 낮아 수시로 교체가 이루어지고 있으며 담당공무원의 직급도 낮아 연찬노력도 부족한 편이다.

2. 지방구매 관리상의 발전과제

(1) 구매기능의 지방이관

지역경제의 활성화, 지역산업의 육성을 위하여 중앙구매기능의 지방자치단체로의 이양이 지속적으로 이루어져야 한다. 또한 1997년부터 WTO 정부조달협정이 지방자치단체에까지 확대되었으므로 앞으로 지방구매관리도 세계적인 수준으로 경쟁력을 갖추어야 한다.

(2) 구매관리업무의 과학화 · 전산화

우리나라도 빠른 속도로 정보화사회로 진전해감에 따라 지방구매관리업무도 전산화되어야 한다. DB구축에서부터 구매기관, 생산자, 소비자, 수요기관, 정책수립기관간의 정보의 원활한 유통이 시급한 과제로 대두되고 있다. 이에 따라 지방구매관리는 정보화에 따른 전산망구축, 구매관리의 DB구축, 네트워크 구축 등이 시급하다. 현재 국제입찰이 아닌 경우 시·도의 경우 3.2억원 미만의 물품구매에 전자입찰이 이루어져 입찰에 따른 관리비용의 절감과 입찰의 공정성과 투명성이 제고되고 있다.

(3) 구매관리업무의 전문성제고

구매관리를 담당하는 공무원은 구매행정에 관련된 모든 규정들을 숙지하고 공익에 대한 확고한 소신과 정직성이 기초가 되어야 한다. 아울러 구매행정 담당자들에 대한 보상체계인 인센티브의 도입도 필요하다.

또한 미국은 공인구매사인 CPPO(Certified Public Purchasing Officer)와 PPB(Professional Public Buyer)자격제도를 실시하고 있다. 우리나라의 경우도 이와 같은 공인구매사 자격제도의 도입을 적극적으로 검토할 필요가 있다.

제 6 절 지방세출의 생산성

Ⅰ. 정부생산성의 의의

1. 정부생산성의 개념

생산성(productivity)이란 전통적 개념에 의하면 투입에 대한 산출의 비율로 양적인 측면에서 주로 정의하였으나 오늘날은 생산성의 개념이 확대되어 질의 문제뿐만 아니라 주관적인 만족도까지 포함하는 광의의 개념으로 외연의 확산이 이루어지고 있다. 생산성의 산출공식은 다음과 같다(한국행정연구원, 1997: 73-75).

생산성＝능률성＋효과성＋고객만족도
＝(산출÷투입)＋(산출÷행정기관이 설정한 목표 또는 기준)
＋(산출의 질적 수준÷고객의 기대수준)

여기서 능률성(efficiency)은 투입량에 대한 산출량의 비율로 기술적 능률성의 개념과 같다. 적은 투입으로 동일한 산출을 얻거나 동일한 투입으로 더 많은 산출을 낼 때 생산성이 높은 것으로 본다. 효과성(effectiveness)이란 서비스의 양과 질을 모두 포함한 개념으로 정부조직의 산출(공공재와 행정서비스)이 목표를 어느 정도 달성했느냐를 의미한다. 이는 다시 정책의 효과성(policy or program effectiveness)과 정책집행의 효과성(effectiveness of the implementation)으로 구분된다. 정책의 효과성은 정책이 바람직한 결과(outcome)를 이끌어내는 것을 의미한다. 정책집행의 효과성은 정책을 집행하는 과정에서 위임된 서비스가 산출되고 배분된 정도를 의미한다. 고객만족도는 접근용이성, 편리성, 신속·정확성, 쾌적성, 대응성, 형평성, 환류성 등 7가지 요소를 의미한다.

지방자치단체는 인적·물적 요소를 결합하여 지방행정서비스를 생산하여 주민에게 공급하고, 주민들은 이와 같은 서비스를 소비함으로써 편익 내지 만족을 얻게 된다. 지방자치단체가 생산요소를 동원하는 데 사용되는 비용이 지방세출이다. 지방세출과 공공수요의 충족관계를 그림으로 표시하면 〔그림 4-3〕과 같다(심정근외, 2000: 307).

지방세출은 자본과 노동, 기타 생산요소의 결합으로 이루어지며 이를 공식으로 보다 단순화하면 다음과 같다. G는 지방세출(expenditure)을, L은 노동, K는 자본, X는 기타 생산요소, Q는 생산량 그리고 w, c, p는 노동, 자본, 기타 생산요소의 가격이라고 하기로 한다. G와 Q는 다음의 공식으로 산출된다.

그림 4-3 공공수요의 충족과 지방세출

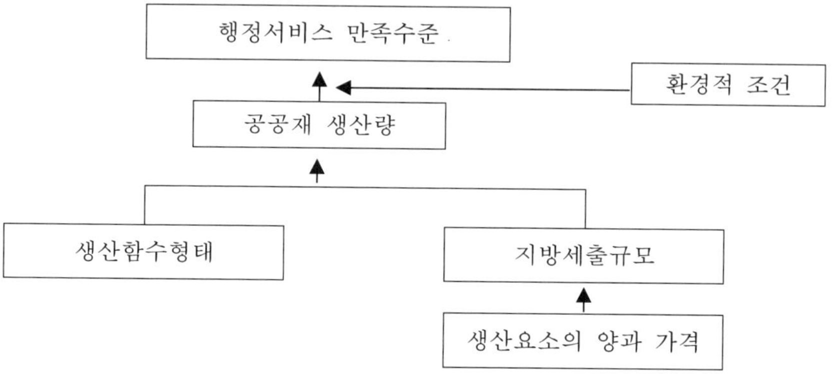

표 4-15 행정서비스의 투입, 생산물, 소비

서비스	투입요소	중간생산물	최종소비(편익)
교 육	교사수 교실 교재	학급크기 수업시간수 학습과목수	학습량 시험성적 진학률
소 방	소방수 소방서 소방장비	소방서수 소방장비수 화재점검수	화재예방 화재진화
경 찰	경찰관 경찰서 경찰장비	경찰관서수 순찰횟수	범죄의 예방과 처벌 질서유지

$$G = wL + cK + pXi$$
$$Q = q(L, K, Xi)$$

여기에서 주민들의 만족수준을 S로 표시하면, $S=s(Q, N, Ei)$이 된다. 여기에서 N은 행정서비스를 공유하는 사람 수, E는 여러 가지 다른 환경적 요인들이다.

정부가 제공하는 행정서비스에 대한 책임은 최종생산물의 양과 질이 아니라 주민들의 만족수준이다. 그러나 최종생산물은 현실적으로 측정하기가 어렵고 모호하여 중간생산물로 보기도 한다.

가장 보편적인 지방행정서비스인 교육, 소방, 경찰의 투입・생산물・최종소비와의 관계는 〈표 4-15〉와 같다.

2. 정부생산성 평가 및 측정사례

(1) 미국의 경우

미국은 1993년 클린턴행정부하에서 구성된 정부성과평가위원회가 작성한 「일은 잘하고 비용은 덜 드는 정부의 창출」(Creating a Government that Works better and Costs less)이라는 보고서를 중심으로 추진하여 왔다(A. Gore, 1993). 행정개혁의 중심원리를 고객우선주의에 두고 연방정부 개혁의 4대 기본원칙을 다음과 같이 제시하였다.

① 불필요한 절차 및 규제의 폐지(cutting red tape)

② 고객우선주의(putting customers first)

③ 성과창출을 위한 공무원의 권한 부여(empowering employees to get results)

④ 기본원칙으로의 복귀(cutting back to basics)

1993년에는 정부성과및결과에관한법률(Government Performance and Results Act)을 제정하고, 연방정부의 각 기관장들은 구체적이고 객관적이며 계량적인 성과목표가 설정된 전략계획(strategic plan) 및 연간업무수행계획(annual plan)을 수립하고, 대통령과 장관들이 효과성 측정을 위한 기준이 될 수 있는 성과협약(performance agreements)을 체결하고 있다.

(2) 영국의 경우

1980년대에 들어와 영국의 행정개혁은 행정의 능률성과 효과성, 그리고 대응성의 향상에 두고 능률성 정밀진단, Next Steps, 시민헌장제도(Citizens Charter) 등의 개혁프로그램이 추진되었다(최양식, 1998). 능률성 진단(efficiency scrutiny)이란 총리실 직속의 행정관리실소속 능률팀과 각 중앙부처의 진단팀이 수시로 정부기관에 부여된 기능을 진단하는데 여러 가지 수단을 사용하여 능률성에 대해 조사를 행한다.

1988년 도입된 Next Steps프로그램은 주어진 예산의 범위내에서 정부서비스의 제공을 보다 능률적이고 효과적으로 수행하기 위해서 국가가 수행하고 있는 기능 중에서 집행적 기능을 정책형성기능과 분리하여 독립적인 집행기관(executive agency)이 전담토록 하는 것이다. 각 집행기관들은 질적 목표, 재정목표, 능률성목표, 달성도 목표 등 4개 부문으로 목표를 계량화하고 있다.

시민헌장제도는 1991년 행정서비스의 질 향상을 목표로 도입된 것으로 행정서비스의 사용자가 합리적으로 기대하는 명시적인 서비스의 기준(standards)을 정하고 시민들에게는 행정서비스의 제공과정에 대한 완전하고도 정확한 정보를 제공하고, 선택과 의견개진을 할 수 있게 하며, 공손함과 도움을 제공하며, 잘못된 서비스에 대한 시정절차를 마련한다.

(3) 한국의 경우

우리나라의 경우 정부부문의 자본은 건물과 도로, 교량 등 구축물을 중심으로 투자되어 왔는데 지방자치단체를 포함한 정부부문의 자본생산성은 민간부문에 비하여 특히 1990년대 들어와서 효율성이 낮아졌다(김준영, 1996: 109-124).

이와 같은 정부부문의 비효율성의 주된 요인은 생산성이 낮은 관료집단과 부패구조, 그리고 정부부문의 자본생산성저하 때문이라고 베버(M. Weber)와 뷰케넌(J. Buchanan)은 지적하고 있다.

1984년 정부투자기관에 관한 경영평가제도가 처음 도입된 이후, 1991년에는 정부출연연구기관 평가제도가 도입되었고, 1994년에는 대학종합평가인정제가 시행되었으며, 1998년 정부업무 심사평가 및 조정에 관한 규정 제정, 2001년 정부업무 등의 평가에 관한 기본법을 제정하여 통합적인 성과관리체계를 구축하고 자율적인 평가역량을 강화하여 정책 등의 품질을 제고하고 있다.

정부업무평가법에 따르면 중앙행정기관 또는 지방자치단체가 수행하고 있는 소관정책에 대하여는 스스로 평가하는 것을 원칙으로 하되, 국무총리 산하의 정부업무평가위원회가 자체평가 결과에 대한 확인 점검을 실시, 객관성 및 신뢰성에 대한 재평가를 하고 있다. 평가단위는 기관으로 중앙행정기관은 주요정책과제, 재정성과, 인사, 조직, 정보화 5대 분야에 대하여 평가를 실시하며, 지방자치단체는 국가위임사무, 국고보조사업, 국가주요시책 등에 대하여 행정안전부장관이 관계중앙행정기관의 장과 합동으로 평가한다. 아울러 지방자치단체의 고유사무에 대하여는 정부업무평가시행계획에 기초하여 수립한 자체평가계획에 의거 자체적으로 평가를 실시한다.

평가결과 시정을 요하는 사항은 시정을 요구하고, 예산조치가 필요한 사항은 기획재정부장관과 관계중앙행정기관의 장에게 요구하고, 수범사례는 확산하며 우수기관과 공무원에 대하여는 포상 등 인센티브를 제공하고 있다. 또한 모든 지방자치단체가 민원사무를 중심으로 시민헌장을 제정하여 운영하고 있다.

Ⅱ. 경상적 · 소비적 세출의 생산성향상

일반행정비는 비탄력적이어서 정부세출이 늘어나면 민간지출이 그 만큼 줄어드는 구축효과(crowding-out effect)가 있다. 따라서 이를 최소화하는 것이 바람직하다.

1. 행정구역의 합리적 개편

우리나라의 현행 지방행정체계는 천편일률적으로 시 · 도－시 · 군 · 자치구

－읍 · 면 · 동에 이르는 3행정계층을 유지하고 있다. 그러나 현대행정에 있어서 상 · 하수도, 교통, 도로, 환경, 도시계획 등 많은 지방사무의 광역적 처리가 요구되고 있다. 또한 많은 경험적 연구는 지방자치단체의 인구가 50-70만명인 경우가 최소비용지점(minimum cost level)이 되어 1인당 세출액이 최소로 된다고 보고 있다(김원, 1994: 93-95; 한국지방행정연구원, 1999: 106-109). 따라서 행정구역의 합리적 개편이 요구된다.

장기적으로 3행정계층에 대한 문제와 함께 광역시와 도의 통합(대구광역시와 경상북도, 대전광역시와 충청남도, 광주광역시와 전라남도, 울산광역시와 경상남도), 인근 시 · 군의 통합이 적극적으로 검토되어야 한다.[5] 아울러 인구가 9천여명인 울릉군에 군청과 3개 읍 · 면이 필요한가도 검토되어야 한다.[6]

현재 주민자치센터로 운영되고 있는 읍 · 면 · 동제도도 교통 · 통신의 발달과 행정전산화의 촉진으로 장기적으로 단계적 폐지와 함께 시지역의 소규모 동을 통합하여 대동제(大洞制)로의 운용이 바람직하다.

2. 지방조직의 대대적 개편

현재 각 중앙부처가 부처이기주의와 인사의 활력을 불어넣기 위하여 경쟁적으로 시 · 도단위로 지방청을 설치하여 운영하고 있다. 노동, 보훈, 병무, 환경, 중소기업, 조달 등 전문성이 요구되지 않는 분야의 지방청의 설치는 인건비 등 소모성 경비의 증가와 함께 지방자치단체의 업무와 혼선을 초래하고 있다. 또한 도로와 하천, 환경 등의 분야는 지방청과 시 · 도 그리고 시 · 군 등이 다원적으로 관리하고 있어 비효율적이므로 통합적 운영이 요청된다.

또한 농촌지도기능의 경우 농업분야가 국민총생산의 4.6%를 차지하고 있고 농업인구가 전체인구의 8.3%임에도 불구하고 농업관련분야의 공무원은 줄지 않고 있으며, 시 · 도와 시 · 군마다 동일한 기능을 갖춘 농촌진흥청과 농업기술센터가 운영되고 있어 한 · 칠레, 한 · 미 등 여러 나라와의 자유무역협정(FTA)

---

5) 행정구역개편과 관련하여 일부지역에서 학계를 중심으로 경기도 분도(分道)론, 대구 · 경북, 광주 · 전남, 대전 · 충남 등의 시 · 도통합이 논의되고 있다. 또한 정치권에서 광역시 · 도를 없애고 전국의 시 · 군을 통폐합하여 70개 광역시로 개편하여야 한다는 주장이 제기되고 있다(조선일보, 2008. 9. 8).

6) 싱가폴과 같은 새로운 지방자치모델로 제시되고 있는 제주특별자치도가 2006년 하반기부터 설치되어 제주도에 입법권, 조직 · 인사권, 재정권 등 자치권이 광범위하게 부여되고, 중앙사무의 일괄이양과 함께 20개 특별행정기관이 도의 국 · 과의 형태로 통합되어 운용되고 있다.

체결을 계기로 탄력적인 기구로의 전환이 요구된다. 농업기술센터간 차별화된 기능전환과 광역적 운영이 요구된다(나주-배연구소, 충주-사과연구소 등).

3. 사무의 재배분 및 과학화

우리나라의 행정사무배분체계가 열거적 예시주의를 취하고 있어 국가사무와 지방사무의 구분이 명확하지 않고, 지방자치단체에 사무를 위임할 경우 기구축소 등을 우려하여 위임에 대하여 중앙부처가 소극적인 반응을 보이고 있다. 따라서 지방자치단체가 처리해야 할 사무의 범위에 대한 적정한 획정과 사무처리비용에 대한 분담이 요구된다. 행정의 수비범위를 획정하기 위하여 ① 서비스의 종류와 목표수준 — 구체적인 서비스의 양과 질, ② 서비스의 수익대상자 — 불특정 다수인 또는 특정인, ③ 부담의 구분 등을 고려하여 획정하여야 한다(한국지방행정연구원, 1997a: 94-95).

또한 행사·축제를 자치단체마다 경쟁적으로 중복하여 개최하고 있으므로 통·폐합하여 경비를 최소한으로 축소하고 사회단체에 대한 보조금도 방만하게 지급되고 있어 재정적 낭비가 심각한 수준이므로 사업비 지원형태로 전환할 필요가 있다.[7] 소액투자비의 비율이 군이 55.35%, 시가 46.26%, 도는 44.13%, 구의 경우 41.5%로 특히 높은 수준이므로 이의 시정이 요구된다.[8]

전자정부의 구현과 지방행정의 전산화·과학화추세에 따라 재택민원서비스가 보편화되고 있으며, 민원사무의 온라인화로 백화점, 역 등 대중이용시설에서 쉽게 민원서비스를 제공받을 수 있게 되었다. 전자민원처리(G2C)의 확대와 함께 민원인을 위한 행정사무(G4C)의 확대가 요구된다.

4. 행정서비스의 민영화추진

지방행정서비스의 제공은 양과 질이 아니라 지역주민의 만족수준에 달려 있다고 볼 수 있다. 지방자치단체가 수행하던 분야도 민간에 위탁하여 처리하는

7) 사회단체에 대한 보조금의 지원은 2006. 7. 31 「지방자치단체 예산편성기준」(행정자치부훈령)을 제정하여 자치단체별 기준액의 범위내에서 대상단체 및 지원금액을 자율적으로 결정·운영케 하였다. 즉 자치단체별 기준액은 시·도, 시·자치구, 특별자치도의 행정시, 일반구가 있는 시, 군 등의 4개 유형으로 구분하여 예산년도의 직전년도 당초예산규모, 면적, 인구수를 반영한 산식을 적용하여 산정한다.

8) 소액투자비는 사업비가 적어 투융자심사 대상에서 제외된 사업으로 서울 30억원 미만, 시·도 20억원 미만, 시·군·구 10억원 미만이다.

것이 보다 효과적인 경우, 예컨대 문화·체육시설 관리 등의 분야는 민영화를 적극적으로 검토하여야 할 것이다.

따라서 지방행정기관이 직접 수행하는 것보다는 민간과의 계약에 의한 공급, 운영권의 민간부문에의 이관, 공동생산(co-production), 민·관협력(제3섹터), 민자유치의 방식 등을 폭넓게 도입하여야 한다.

5. 지방공무원의 자세전환

지방예산의 전반적인 과정을 통하여 점증주의(incrementalism)적 사고방식이 보편적이다. 따라서 인센티브제도의 도입이 필요하다. 현재 부서(국 또는 과단위)별로 일반운영비, 여비, 재료비의 3개 비목에 대한 총액배분기준을 마련하여 그 범위안에서 재량으로 편성토록 하는 재량권을 부여하고 있으나 광범위하게 확대할 필요가 있다. 또한 1인당 성과금의 지급한도는 2,000만원 이내(30%가산지급가능)이며, 정원감축에 의해 인건비를 절약하는 경우에는 감축된 인원의 1년분 인건비에 해당하는 금액을 사업예산으로 활용할 수 있다.

지방행정의 개혁을 위하여 지방자치단체장뿐만 아니라 지방의원과 실무자들의 적극적인 참여가 필요하다. 의식개혁과 능력발전을 위한 새로운 형태의 공무원 교육이 필요하다. 또한 각종 지방행정과 재정관련 자료의 구축과 공유가 필요하다.

미국과 일본에서 발전하고 있는 새로운 관리기법인 TQM(Total Quality Management)과 BPR (Business Process Reengineering)의 도입과 적극적인 활용이 필요하다. TQM의 4대 원리는 ① 고객 초점(customer focus), ② 계속된 개선(continuous improvement), ③ 결점예방(defect prevention), ④ 질에 대한 책임(responsibility for quality)에 입각한 고객만족의 경영원리이다(Joseph & Susan Berk, 1993: 8), 지방자치단체에서 적용할 수 있는 TQM모형과 평가기준은 미국 Pheonix시 모델이 참고가 될 수 있다(한국지방행정연구원, 1997e: 63).

BPR은 전지방행정과정을 재설계하여 비용축소, 경쟁력 혁신, 경쟁적 지배를 위한 경영전략으로, ① 발견(discover), 전략계획 수립 ② 재설계(redesign), 즉 리엔지니어링(동원, 분석, 혁신, 설계, 위탁 = mobilize, analyze, innovate, engineer, commit), ③ 실현(realize)하는 3단계로 이루어진다(Johansson H.J et. al., 1993: 85-109).

그림 4-4 Phoenix시의 TQM 모델

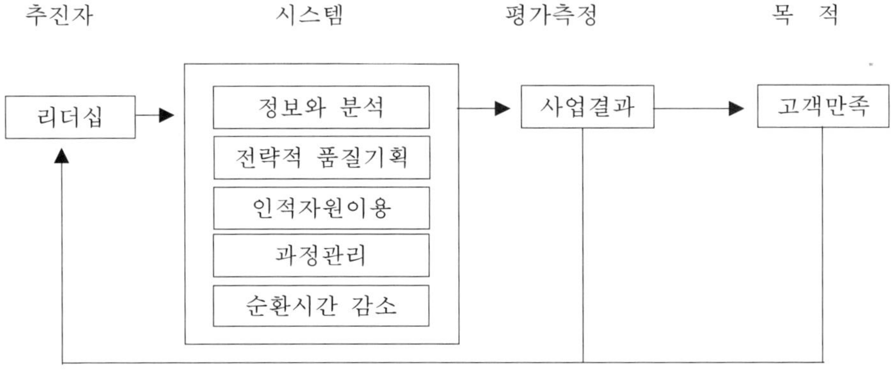

Ⅲ. 자본적·투자적 세출의 생산성제고

1. 투자사업에 대한 투융자심사강화

일정규모 이상의 사업과 행사에 대하여 투융자심사를 거치도록 제도화하고 있으나 문서위주로 이루어지는 경우가 많아 형식화할 우려가 많다. 따라서 현지심사와 함께 책임있는 관계자의 답변과 진술이 필요하다. 또한 NIMBY(Not In My Back Yard)사업(하수도시설, 쓰레기장, 공원묘지 등 기피시설)과 PIMFY (Please In My Front Yard)사업(문예회관, 체육관 등 유치선호시설)에 대한 지방자치단체간 적정규모로의 공동건립과 공동이용을 적극적으로 검토해야 한다.

투자사업에 대한 중간평가와 최종평가를 실시하고 객관화를 위하여 성과지표의 개발이 요청된다. 지금까지는 계획수준에서 사전에 이루어지는 것이 대부분이었으나 상시적으로 중간·사후평가가 이루어지도록 하고 그 결과가 환류(feed back)되도록 한다.

2. 투자재원의 안정적 확보

우리나라 경제가 IMF 관리체제를 겪으면서 지방채 특히 외채에 대한 기피증이 만연되고 있어 중앙부처가 보유하고 있는 각종 기금의 안정적 공급과 함께 다양한 재원의 조달방안(financing)이 강구되어야 한다. 도시개발사업의 경우에는 외국에서 발전하고 있는 TIF(Tax Increment Financing), PF(Project Financing)와 같은 새로운 제도의 도입도 적극적으로 검토해야 한다.

또한 지방교부세, 국고보조금과 같은 의존재원의 배분방식도 사회여건변화에 따라 바뀌어야 한다. 지방교부세에 있어서의 기준재정수요의 산정방법 개선, 국고보조금에 있어서의 포괄보조금제도의 도입 등 지방자치단체에 재량성을 부여하는 방향으로 지방재정조정제도의 개편이 뒤따라야 한다.

3. 지방예산제도의 개혁

지방자치단체의 회계연도가 국가의 회계연도와 동일하여 국가예산이 법정기일인 12월 2일을 초과하여 국가예산이 확정됨에 따라서 추가경정예산이 지방자치단체마다 1년에 2-3회씩 이루어지고 있어 이에 따라 많은 예산과 시간의 낭비가 이루어지고 있다. 따라서 국가의 회계연도와 달리 별도로 회계연도를 두어 운영하는 방식도 검토해야 한다.

또한 자본예산제도(capital budgeting), 영기준예산제도(zero-base budgeting)를 도입하고, 모든 사업은 일몰제(sunset)이론에 의하여 검토하는 상시검토체제가 필요하다. 계속비제도도 사업비의 분할에 의한 수의계약을 위한 편법이 아니라 사업의 효과성을 높이는 차원에서 장기적으로 운용되어야 한다.

4. 회계관리제도의 개혁

현재의 관청회계가 발생주의(accrual basis) 회계로 바뀌었으나 그 결과를 자치단체장과 지방의원 등이 정책결정과정에 널리 활용하지 못하고 있다. 기업회계방식에 의한 보고서를 잘 활용하면 자산의 흐름을 정확하게 파악할 수 있으며, 회계책임도 명확하게 따져 책임행정을 구현할 수 있다.

회계와 각종 재정관련자료도 일반에게 공개되고 널리 공유되어야 한다. 행정안전부가 재정고(lofin.mogaha.go.kr)라는 형태로 지방재정관련 자료를 데이터베이스화하여 관리하고 있으나 모든 지방재정관련 통계가 실시간(real time)으로 제공될 수 있어야 한다. 이를 위하여 각종 지방재정관련 통계의 지속적 관리와 보완이 요구된다.

제 5 장

지방예산론

제 1 절 지방예산의 의의

Ⅰ. 지방예산의 의의

1. 지방예산의 의의

(1) 실질적 의미의 예산

지방예산이란 지방자치단체가 기관을 유지하고 주민복지를 증진하며 지역개발을 촉진하기 위하여 경비를 조달하고 배분하는 계획으로 1회계연도에 있어서의 세입·세출의 견적 또는 계획을 의미한다. 즉 1회계연도에 지방자치단체가 주민복지를 위하여 필요한 소요경비와 이를 충당할 수 있는 소요재원을 예측하고 그 종류와 금액을 품목별 또는 성질별로 분류하여 집계한 계획이며 지방재정운영의 지침이 된다.

지방예산이란 ① 기간면에서 1년으로 정해져 있다. 이를 회계연도(fiscal year)라 하는데 우리나라는 매년 1월 1일부터 12월 31일까지로 되어 있으나, 1월-12월: 프랑스, 3월-익년도 2월: 터키, 4월-익년도 3월: 영국, 일본, 캐나다, 10월-익년도 9월: 미국, 독일 등 나라별로 상이하다. 그러나 지방자치단체가 그 해에 펼칠 예산과정은 국가의 예산과정과 마찬가지로 편성·심의·집행 그리고 결산의 4개 과정으로 이루어지므로 1년에 모두 완료되는 것이 아니고 적어도 3년에 걸쳐 중첩하여 진행된다. ② 내용면에서는 당해 지방자치단체가 펼칠

사업계획이 구체적으로 반영되어 있다. 지방의원이나 지역주민들도 예산서를 보면 그 지방자치단체가 추진할 사업을 쉽게 알 수 있다. 예산의 편성, 심의, 집행 과정에 사회의 각종 세력과 집단들이 자신들의 이익을 반영한다. 여러 이익집단들은 자신들의 이익을 위한 예산을 최대한 확보하기 위하여 서로 힘을 행사하기도 한다. 따라서 예산은 다분히 정치적 산물이다.

(2) 형식적 의미의 예산

지방자치단체의 예산은 민간부문의 예산과 달리 지방자치법과 지방재정법 등에 의하여 소정의 양식과 요건을 갖추고 특히 지방의회의 의결을 거친 일정한 형식을 갖춘 문서를 의미한다. 예산이란 재정민주주의를 실현하기 위한 필수적인 것으로 근대시민계급의 형성과정에서 시민의 권리와 자유를 보장하기 위한 민주주의의 기본원리인 견제와 균형(checks & balance)의 개념을 재정적인 측면에서 구현한 것이다. 즉 예산편성 및 집행권은 집행부가 행사하고, 예산의 심의 및 결산(평가)은 지방의회가 행사하도록 하고 있다.

따라서 ① 형식적인 면에서는 1년 동안 수입예상액의 세입이라는 견적을 세출이라는 형식을 통하여 배분해 놓은 것이다. 세입예산과 세출예산에 따라 성격이 다르다. 즉 세입예산은 단순한 수입의 견적이고 법령 또는 계약, 행정서비스의 대가로 얻어지는 것으로 예산에 의하여 수입이 결정되는 것이 아니다. 그러나 세출예산은 실질적으로 예산집행권을 부여한다. 예산에 계상되어 있지 않은 경비 및 계상된 금액 이외의 초과지출은 원칙적으로 제한되고 예비비, 전용제도 등을 통하여 예외적으로 허용되고 있다. 지방자치단체는 이 예산에 의하여 경비를 지출하고 또한 장래에 경비를 지출하게 되는 채무부담행위도 할 수 있다. ② 절차적인 면에서는 집행부가 편성하고 지방의회가 심의한 예산을 의미한다. 우리나라의 경우는 일본과 같이 단일의 세출예산으로 구성되어 있다. 그러나 영국, 미국, 프랑스, 독일 등 많은 나라에서는 법률의 형식을 취하고 있다. 미국의 경우 세출예산이 15개 내외의 개별법으로 쪼개져 편성되고 있다(재정경제원 예산실, 1997: 22-24).

2. 지방예산의 기능

(1) 재정계획기능

지방예산은 수지균형에 관한 예정적 계획이다. 예산은 지역발전계획이라는 상위계획에 대한 하위계획으로서 수단이며 금전적 단위로 표현된 세부계획이다(이영조, 1995: 103-107). 지역의 장기발전구상과 지역발전계획, 중기지방재정계획 등을 반영하여 1회계연도에 지방자치단체가 지역발전과 주민복지의 실현을 위한 활동을 수행하는데 필요한 경비와 그것을 조달하는데 필요로 하는 재원의 전망을 명확하게 하는 계획이다.

(2) 정책관리기능

지방예산에는 조직목표를 달성하기 위한 수단인 인적 · 물적 자원을 배분하고 이를 능률적으로 이용토록 하는 일체의 활동이 망라된다. 한정된 자원을 유효적절하게 사용하기 위하여 주민의 욕구에 기초한 주민복지의 증진과 지역발전에 필요하다고 판단되는 각종 사업 · 시책에 관한 우선순위(priority)와 체계부여 등의 정책결정이 예산의 전 과정을 통하여 이루어지게 된다.

(3) 회계통제기능

지방의회의 의결에 의하여 예산으로서 성립하게 되는데 이는 지방의회가 지방자치단체장에게 예산의 집행권을 부여하는 동시에 예산집행의 책임을 부여하는 것이다. 지방의회는 주로 예산심의와 결산심사를 집행부에 대한 감시 및 통제의 수단으로 활용하게 된다. 지방의회는 집행부가 예산서에 담긴 내용을 이행하지 않는 경우나 법규 · 절차에 따르지 않는 경우 그에 대한 책임을 추궁할 수 있다.

Ⅱ. 지방예산의 원칙

1. 회계연도 독립의 원칙

각 회계연도의 경비는 당해연도의 세입으로 충당하여야 하며 매 회계연도의 세출예산은 다음 연도에 사용할 수 없다는 것을 의미한다. 그러나 예산운영상 신축성을 유지하기 위하여 예외를 인정하고 있는데, 조상충용, 이월예산, 채무부담행위, 계속비, 세계잉여금의 세입 이입, 지난 연도 수입, 지난 연도 지출 등이 있다.

2. 예산총계주의 원칙

예산완전성의 원칙이라고도 하는 것으로 모든 세입과 세출은 모두 예산에 편입되어야 한다는 원칙이다. 이 원칙은 주민이나 지방의회가 예산의 전모를 쉽게 알 수 있게 하고 재정상의 감독을 쉽게 하는데 있다. 이의 예외로 현물출자, 기금운영, 대통령령이 정하는 사유로 보관할 의무가 있는 현금 또는 유가증권, 과오납금의 반환 등이 있다.

3. 건전재정운영의 원칙

이 원칙은 수지균형의 원칙이라고도 하며, 지방재정의 세출재원은 지방채 또는 차입금 외의 세입으로 이루어져야 함을 의미한다. 이는 적자재정을 원칙적으로 인정하지 않으려는 취지이며, 이에 대한 예외로 지방채, 차입금 등이 있다.

4. 예산의 목적외 사용금지 원칙

지방자치단체의 장은 세출예산이 정한 목적 이외에 경비를 사용할 수 없고 예산이 정한 각 기관간이나 장·관·항 상호간에 융통하여 사용할 수 없다는 원칙이다. 이 원칙의 예외로, 예산의 이용, 전용, 이체 등의 제도가 있다.

5. 수입의 직접사용금지 원칙

지방자치단체의 모든 수입은 지정된 수납기관(지방자치단체금고)에 납부되어야 하며 이를 직접 사용할 수 없다는 원칙이다. 그러나 지출이 직접수입을 수반하는 경비인 수입대체경비는 그 수입이 확보되는 범위내에서 직접 지출할 수 있다.

6. 예산의 공개 및 사전의결의 원칙

이 원칙은 예산안이 지방의회의 의결을 거쳐 지방자치단체장에게 이송되면 그 내용을 고시하도록 되어 있으며, 결산의 경우도 지방의회의 승인을 얻으면 그 내용을 고시하도록 되어 있다. 또한 예산은 예정적 계획이므로 회계연도 개

시전에 지방의회의 의결을 거쳐야 한다. 이는 예산운영에 있어서 집행부의 독주를 막고 재정민주주의를 실현하기 위하여 절대적으로 필요하다. 이 원칙에 대한 예외로 준예산제도가 있다.

Ⅲ. 지방예산에 관한 이론

1. 합리주의

(1) 합리주의의 내용

합리주의(rationalism)란 총체주의(synopticism)라고도 하며, 목표달성을 극대화할 수 있도록 예산을 배분해야 한다는 견해로, 목표달성의 극대화란 일정한 목표를 정한 다음 그것을 달성하는 여러 방안들 중에서 획득할 수 있는 정치적, 경제적, 사회적 효용이 가장 큰 방안을 선택한다는 입장이다. 히치(C.J. Hitch), 맥킨(D. McKean), 노빅(D. Novick), 피셔(G.H. Fisher), 쉬크(A. Shick) 등이 대표적인 주창자들이다.

합리주의는 다음과 같은 과정을 거쳐 예산을 결정한다. ① 결정자는 정책의 목표를 명시적으로 정의한다. ② 목표달성을 위한 가능한 대안을 탐색한다. ③ 각 대안이 초래할 모든 결과들을 검토한다. ④ 각 대안들에 투입될 비용과 산출되는 편익을 계량화하여 비교한다. ⑤ 명백한 기준에 의하여 목표달성을 극대화하는 대안을 의식적으로 선택한다. ⑥ 선정된 정책에 예산을 배분한다(신무섭, 1994: 157-161).

(2) 합리주의의 한계

합리주의에 대한 비판이 많다. 즉, ① 정치적·사회적 현실성이 부족하다는 것이다. 복잡한 문제를 너무 단순화하여 분석한다는 것이다. 합리주의자들은 시장분석적 방법에 의존하여 지나치게 기술적·경제적 합리성만을 강조한다는 것이다. ② 결정비용의 과다이다. 대안탐색과 분석을 위하여 체제분석, 비용·편익분석 등 분석기법에 익숙한 전문가의 도움이 필요한데 특히 지방자치단체의 경우 이를 활용할 수 있는 직원이 많지 않다는 것이다. ③ 이론모형 적용의 한계이다. 대안탐색과 분석에 이론 또는 모형에 크게 의존한다는 것이다. 그러나 시공을 초월한 이론이란 사회과학분야에 있을 수 없으며, 패러다임도 여건

변화에 따라서 변할 수 있다.

2. 점증주의

(1) 점증주의 내용

점증주의(incrementalism)란 인간의 인식능력의 한계와 결정체계의 안정성을 전제로 하여 기존의 결정과 조금 다른 소폭의 변화가 있는 결정을 결정자간의 상호조절 및 이미 정해진 결정절차에 따라서 선택한다는 견해로, 포퍼(K. Popper), 사이몬(H.A. Simon), 린드블롬(C.E. Lindblom), 윌다브스키(A. Wildavsky) 등이 주창하였다. 특히 윌다브스키는 금년의 예산에 가장 큰 영향을 미치는 요인은 지난해의 예산이며, 종합적이 아니라 점증적이라고 한다. 그 이유는 예산내용의 복잡성과 예산과정에 참여하는 행위자 및 기관의 다양성 그리고 예산결정업무의 분담 등 때문이다(A. Wildavsky, 1988: 78).

점증주의의 특징은 ① 예산결정과정에서 목적보다 수단이 중요시된다. 즉, 사업의 목적보다 "돈"이 문제이다. ② 예산결정과정에서 제기되는 복잡한 문제는 단순화되고 취급하기 편안한 문제로 전환되어 해결된다. ③ 예산결정은 조직의 하위단위들에 의해서 분리 처리된다. ④ 예산결정에 있어서 최선의 방안을 강구하지 않는다. ⑤ 결정은 점증적이고 역사적이다. 예산이 소폭으로 변하며 과거의 것이 참작된다. ⑥ 예산결정은 계속 반복된다. 또 순차적이다. 따라서 예산결정이 완전하지 못하다 하더라도 다음 해에 수정될 수 있거나 다음 단계의 결정자가 재검토할 수 있는 기회가 있다.

(2) 점증주의 한계

점증주의는 여러 가지 문제점을 노정하고 있다. ① 쇄신성의 부족이다. 과거의 경험, 과거의 결정에 의존해서 결정을 한다는 것이 곧 현상유지적인 안일한 결정이 될 수 있다. ② 점증의 의미가 모호하다. 조금 변한 것, 소폭적 변화에 대한 명백한 기준이 없다. 윌다브스키는 예산의 10% 내외라고 하였고, 린드블롬은 정도상의 문제로 구조의 변화를 초래하지 않는 변화라고 정의하였다. ③ 실제현상과의 불일치이다. 예산을 총액으로 보면 점증적이라고 할 수 있지만, 전체예산을 정책이나 사업별로 보면 그 변화가 점증적이지 않은 경우도 많이 있다는 것이다. 따라서 설명력이 매우 제한적이다.

3. 모호성모형

(1) 모호성모형의 내용

모호성모형(ambiguity model)은 예산결정이란 해결해야 할 문제, 그 문제에 대한 해결책, 결정에 참여해야 할 참여자, 결정의 기회 등 결정의 요소가 우연히 서로 잘 조화되어 합해질 때 이루어지며 그렇지 않을 때는 예산결정이 이루어지지 않는다는 견해이다. 조직에서 모호성은 목표(외형)의 모호성, 이해의 모호성, 역사의 모호성, 조직의 모호성으로 발생하고, 의사결정이 비합리적이기도 하다는 입장이다. 이 모형의 주창자는 마치(J.G. March), 올센(J.P. Olsen), 코헨(M.D. Cohen), 킹돈(J.W. Kingdon), 밀러(G.J. Miller) 등이 있으며, 쓰레기통모형, 무결정 모형이라고도 한다.

이 모형은 ① 조직은 해결해야 할 목표를 인식하지 못하고 있거나 또는 인식하고 있다고 해도 그것을 해결할 수 있는 수단이 있는 것도 아니다. 조직외부에서 심각한 사건이나 계기가 주어져야 문제를 논의하기 시작한다. ② 문제를 정의하고 해결책을 찾는 것이 아니라 오히려 해결책에 따라 문제를 정의한다. 해결책이 없으면 계속 결정은 지연된다. ③ 해결책을 채택하는데 분석이 이용되거나 또는 해결책들의 차이가 비교되지 않는다. 조직 및 결정자의 선호나 가치가 분명하지 않기 때문이다. 조직구성원간에 공통적인 가치도 존재하지 않는다. ④ 문제, 해결책, 결정시간, 결정자들의 관심과 동시에 노력이 동시적으로 존재할 때 결정이 이루어진다. 그러나 그런 경우란 매우 드물고, 대개는 결정의 마감시간이 다되어 날치기식으로 결정 아닌 결정이 이루어진다.

(2) 모호성모형의 한계

이 모형을 현실적으로 적용하는 데는 한계가 있다. ① 행정조직에는 적용이 곤란하다. 조직화된 무정부상태, 느슨하게 연결된 조직, 조직의 자원이 풍부한 상황 등 극단적인 조건에서만 설명력이 있다. ② 사후적 해석이다. 예산운용의 특정부분에 대한 설명정도이고, 결과적으로 이렇게 해석할 수 있다는 정도이다. 우연성과 결정의 시기를 강조하는데 우연성과 시기에 대한 설명이 매우 주관적이고, 사후적이다. ③ 보수적이다. 목표-수단관계를 알 수는 없지만 의미, 신화, 의식 등을 통하여 결정자들이 가치와 문화를 공유하여 결정에 도달할 수 있다고 본다. 현재의 절차와 관행을 존중하는 것이 문제해결의 방법이라고 본다.

위의 3가지 예산이론을 비교하면 〈표 5-1〉과 같다.

표 5-1 합리주의 · 점증주의 · 모호성모형의 비교

모형	기술(전략)	근거이론	조직의 체제	결정유형	이념
합리주의	분석	경제이론	폐쇄체제	합리적	능률성
점증주의	협상타협	집단이론	비교적 분권체제	점증적	형평성
모호성모형	과정설계 규칙설계	상징주의	느슨하게 연결된 체제	회고적	질서

자료: 신무섭(1994: 174).

제 2 절 지방예산의 구조

Ⅰ. 지방예산의 종류

1. 회계성질별 분류

(1) 일반회계예산

지방자치단체예산 중에서 주민의 복지증진을 위하여 운영되는 회계로, 이 회계에 의하여 지원되는 사업은 공공성이 강조되므로 성과에 대한 분석이 어렵고 지방재정법의 적용을 받는다. 보통 예산이라고 하면 일반회계예산을 의미한다.

(2) 특별회계예산

공공성보다 기업성이 중시되는 사업에 대해서 일반회계와는 구분하여 별도의 회계를 설치 · 운영하는 것으로, ① 지방공기업법에 의한 지방직영기업(地方直營企業), 그 밖의 특정사업을 운영할 때, ② 특정자금이나 특정세입 · 세출로써 일반세입 · 세출과 구분하여 계리(計理)할 필요가 있을 때에 한하여 법률 또는 조례로 설치하고 있다.

특별회계예산은 기업성에 역점을 두는 사업을 대상으로 하며 법률과 조례에 의하여 설치되고 수지와 경영분석이 가능하며 일반회계보다 세출에 있어서 재량의 폭이 넓고 지방채에 의한 재원조달이 광범하게 허용된다.

2. 성립시기별 분류

(1) 본예산

지방자치단체장은 회계연도마다 예산안을 편성하여 시·도의 경우에는 회계연도개시 50일전까지, 시·군·자치구는 회계연도개시 40일전까지 지방의회에 제출하고 시·도의회에서는 예산안을 회계연도개시 15일전까지, 시·군·자치구의회는 회계연도개시 10일전까지 의결해야 하는데 이렇게 성립된 예산이 본예산이다.

(2) 수정예산

지방자치단체의 예산은 시·도의 경우 회계연도 개시 50일전, 시·군·자치구의 경우는 40일전까지 지방의회에 제출하도록 되어 있으나 예산안을 제출한 이후 부득이한 사유로 인하여 그 내용의 일부를 수정하고자 할 때는 수정예산안을 작성하여 지방의회에 제출하도록 되어 있다(지방자치법 제127조 제4항). 수정예산이 필요한 경우는 ① 법령·조례 등의 제정으로 소요경비가 불가피하게 반영이 필요한 경우, ② 국고보조금, 지방교부세의 내시가 변경되어 예산을 수정할 필요가 있는 경우, ③ 기타 제출한 예산안의 내용 중 불가피하게 변경이 필요한 사항이 있는 경우 등이다.

(3) 추가경정예산

지방자치단체 예산이 성립되고 회계연도가 개시된 후에 발생한 사유로서 이미 성립된 예산에 변경을 가할 필요가 있을 때 사용되는 예산제도이다. 추가경정예산은 본예산과 각각 별개로 성립되나 추가경정예산은 본예산의 내용을 추가하거나 일부를 변경하는 것으로 일단 성립하면 본예산과 추가경정예산은 하나로 통합되어 운영된다. 따라서 특정 연도의 예산총규모를 파악하기 위해서는 본예산과 추가경정예산을 합해야 한다.

3. 불성립시의 분류

(1) 준예산

지방자치법은 지방의회에서 새로운 회계연도가 개시될 때까지 예산안이 의결되지 못했을 때 지방자치단체의 장은 지방의회에서 예산안이 의결될 때까지

① 법령이나 조례에 의하여 설치된 기관 또는 시설의 유지 · 운영, ② 법령 또는 조례상 지출의무의 이행, ③ 이미 예산으로 승인된 사업의 계속 등의 경우에 전년도 예산에 준하여 집행할 수 있다. 준예산을 사용할 수 있는 기간을 3개월 이내로 보고 있으나, 법령에 명시는 없다(이영조, 1995: 102; 권형신외, 2001: 253). 본예산이 성립되면 준예산은 본예산에 의한 집행으로 간주된다. 전국에서 최초로 부안군에서 2004. 1. 1부터 3. 17까지 준예산을 편성하여 운영한 예가 있다.

(2) 잠정예산, 가예산

잠정예산은 미국 · 영국에서 자주 이용되는 예산제도로 일정기간(정해져 있지는 않으나 4-5개월) 사용되며, 의회의 승인이 필요하다. 가예산은 우리나라의 제1공화국 때에 경험이 있는 제도로 사용기간이 1개월 이내이다.

Ⅱ. 지방예산의 내용

1. 예산총칙

예산에 관한 총괄적인 규정으로, 세입 · 세출예산, 계속비, 채무부담행위와 명시이월비에 관한 총괄적 규정과 지방채 및 일시차입금의 한도액, 기타 예산집행에 관하여 필요한 사항을 규정하고 있다. 예산총칙이 당해 회계연도의 예산운영에 대한 규칙이라는 점에서 예산의 탄력운영사항 등 지방의회의 의결을 거쳐 집행기관이 융통성을 보장받아야 할 사항을 총칙에 규정하여 운영할 수 있다. 정부에서는 예산의 이용 · 전용범위를 총칙에 규정함으로써 국회로부터 예산집행에 대한 정부(기획재정부장관)의 재량범위를 확보하고 탄력적으로 운영하고 있다.

2. 세입 · 세출예산

세입 · 세출예산이란 1회계연도에서의 모든 수입과 지출의 견적이다. 세입예산이냐 세출예산이냐에 따라서 편성방법과 성격이 다르다.

(1) 세입예산

지방자치단체의 세입예산은 법적 강제에 의거 의무적으로 징수하는 지방세와 사용료 · 수수료 등 세외수입 및 지방교부세, 국고보조금과 지방채로 충당하되 세입은 지방자치단체가 확보 가능액을 판단하여 자체적으로 결정한다. 국가에서 지원하는 지방교부세, 국고보조금은 국가에서 내시결정하고, 지방채는 지방자치단체가 지방채발행 총액한도내에서는 지방의회의 의결을 얻어 지방자치단체가 자율적으로 발행하되, 그 범위를 초과하는 경우 행정안전부장관의 승인과 지방의회의 의결을 얻어야 한다. 그러나 세입예산에는 토지·건물·기타 시설 등 현물거래나 일시차입금, 입찰보증금, 계약보증금 등 자금운영과정의 현금변동은 제외된다.

세입예산은 예산과목이라는 체계에 의하여 예산을 편성하게 되는데 이와 같은 분류는 재정자립여건을 파악하고, 세입구조의 안정성을 측정하는 수단이 되며, 세원의 성격에 따라 분류하여 세입과 세출관계를 파악할 수 있다.

(2) 세출예산

지방자치단체의 세출예산은 법령과 조례가 정하는 범위안에서 합리적인 기

표 5-2 세입과목의 분류체계

장	관	항	목
세입원천별 대분류	세입원천별 중분류	세입종목별 분류	세입종목별 소분류
지방세수입	지방세	보통세 목적세 지난년도수입	11개 목별 5개 목별
세외수입	경상적 세외수입	재산임대수입, 사용료, 수수료수입 등 6개항	27개 목
	임시적 세외수입	재산매각수입, 순세계잉여금, 부담금 등 9개항	26개 목 -
지방교부세	지방교부세	지방교부세	지방교부세
재원조정교부금 및 재정보전금	재원조정교부금 재정보전금	재원조정교부금 재정보전금	재원조정교부금 재정보전금
보조금	국고보조금 등 시·도비보조금 등	국고보조금 등 시·도비보조금 등	국고보조금 등 3개목 시·도비보조금 등
지방채 및 예치금회수	국내차입금 국외차입금 예치금회수	차입금 등 3개항 국외차입금 예치금회수	정부자금채 등 9개목 국외차입금 예치금회수

준에 의하여 그 경비를 산정하여 예산에 계상하여야 하며, 행정안전부령으로 정하는 회계연도별 지방자치단체예산편성 관련기준에 따라 편성하여야 한다.

기존의 품목별 예산제도가 성과보다는 편성된 예산의 소극적 집행에 치중한 나머지 성과를 고려한 효율적인 재정운용이 곤란하여 성과목표달성에 필요한 합리적 재원배분이 용이한 예산체계를 구축할 필요가 있어 2008년부터 사업예산제도를 도입하였다. 즉 세출예산을 중장기계획 및 단연도 예산과의 연계가 용이하도록 현행 예산구조를 사업중심으로 개편하고, 자치단체의 정책이 체계적으로 사업에 반영될 수 있도록 정책사업·단위사업·세부사업으로 사업을 구조화하고, 여러 목에 걸쳐 산재되었던 목중심의 예산체계를 사업중심으로 개편하여 기존의 장·관·항·세항·세세항·목·세목이 분야·부문·정책사업·단위사업·세부사업·편성목으로 바뀌었다. 개편된 세출예산의 구조는 〈표 5-3〉과 같다.

표 5-3 세출예산구조 개편

<table>
<tr><th>분 류</th><th>기 존</th><th colspan="2">개 편</th></tr>
<tr><td>기 능 별</td><td>장(5개)
관(16개)</td><td colspan="2">분야(13개)
부문(51개)</td></tr>
<tr><td>조 직 별</td><td>항(자율)</td><td>정책사업</td><td rowspan="3">행정운영비·재무활동</td></tr>
<tr><td>사업목적별</td><td>세항(자율)</td><td>단위사업</td></tr>
<tr><td>경비유형별</td><td>세세항(대4개/소8개)</td><td>세부사업</td></tr>
<tr><td>성 질 별</td><td>목(8개그룹, 38개)
세목(109개)</td><td colspan="2">편성목(8그룹, 38개)
* 통계목(129개)</td></tr>
<tr><td>(부 기)</td><td>(산출기초)</td><td colspan="2">(산출기초)</td></tr>
</table>

자료: 행정자치부, "2007년도 지방자치단체 사업예산 시범운영 매뉴얼"(2006).

3. 계 속 비

지방자치단체의 장은 지방자치단체의 사업 중 공사나 제조 그 밖의 사업으로서 완성에 수년을 요하는 경우 소요경비의 총액과 년도별 금액을 정하여 계속비로 지방의회의 의결을 얻어 수년에 걸쳐 지출할 수 있다. 계속비는 해마다 연부액을 계상하여 지방의회의 승인을 받으나 회계연도독립의 원칙을 적용받지 않고 당해연도의 예산은 익년도로 제차 이월된다. 그러나 지방의회로부터 승인받은 기간이 종료되면 일단 불용액으로 처리된다. 계속비의 당해연도 연부액은 일반세출예산에 편성되어 당해연도의 채무부담과 지출의 권한이 동시에 부여된다. 계속비의 연부액은 각 연도별로 사전에 결정되어 있다는 것만으로는 집행이 불가능하며 이를 구체적으로 각 연부년도의 세출예산에 편성해야 집행이 가능하다.

계속비를 지출할 수 있는 연한은 당해 사업의 실시연도로부터 5년 이내이며 다만 필요하다고 인정되는 때에는 지방의회의 의결을 거쳐 다시 연장할 수 있다. 당해 사업 또는 그에 관한 계약 등에 대한 채무부담이라는 예산조치는 불필요하며, 계속비의 설정에 대한 예산이 의결되면 직접 지출원인행위 즉 지출의 원인이 되는 계약, 기타 행위를 할 수 있다.

4. 채무부담행위

채무부담행위란 법령 또는 조례에 의한 것과 세출예산, 명시이월비, 계속비 총액의 범위내의 것을 제외하고 지방자치단체가 채무부담의 원인이 될 계약을 체결하거나 기타 행위를 하고자 할 때에는 미리 지방의회의 의결을 얻어야 하는데 이 때의 행위를 말한다. 세출예산이나 명시이월비, 계속비의 범위내의 채무는 그때마다 지방의회의 심의와 의결을 받는 것이기 때문에 채무부담행위에 포함되지 않는다. 이러한 것 이외에 지방자치단체가 채무를 져야 할 경우는 별도의 지방의회의 의결이 필요하다. 이때의 의결은 다음 연도 이후에 지출할 수 있는 권한까지 부여하는 것이 아니고 다만 빚을 질 수 있는 권한만을 부여하는 것이므로, 다음 연도 이후의 지출에 대해서는 당해연도 세출예산에 계상하여 지방의회의 의결을 받아야 한다.

5. 명시이월비

세출예산 중 경비의 성질상 당해 연도내에 그 지출을 끝내지 못할 것이 예상될 때에는 명시이월비로서 특히 그 취지를 세입·세출예산에 명시하여 미리 지방의회의 의결을 얻어 이를 다음 연도에 이월하여 사용할 수 있다. 이는 회계연도독립의 원칙에 대한 예외로서 인정되고 있는 제도이다.

Ⅲ. 지방예산의 세입·세출 예측방법

1. 질적인 방법

(1) 판단 또는 직관적인 방법

체계적으로 정리된 통계자료가 없을 경우 일반적인 통계자료에 기초하여 지방재정담당공무원이 개인적·주관적으로 추계하는 방법이다. 전문가들이 합의를 도출하는 델파이(Delphi)기법이나 브레인스토밍(Brainstorming)기법도 이에 해당된다. 이 방법은 지역주민의 새로운 욕구에 기초하여 신규사업의 계획을 세우거나 수도권도시처럼 사회적으로 인구가 급격히 변화하는 지방자치단체 등의 경우에 주로 사용된다.

이 방법은 주관적인 판단에 의하여 예측이 이루어지므로 과학적 설명이 곤란하고, 사업추진과 관련하여 이해관계인이 있는 경우에 더욱 설득력이 약하다.

(2) 회계학적 방법

① 일정수준의 사업을 수행하는데 필요한 사업량을 조사하여 세출을 추정하는 업무량분석추정방법과, ② 세입·세출을 동질적인 범주로 나누고 그것을 다시 전년도, 현년도, 다음 연도로 비교함으로써 추계하는 방법인 재무분석 추정방법이 있다. 이 방법은 사업이나 업무를 기능, 조직, 활동 등으로 분류하고, 단위비용의 산정, 가정의 정립과 예측의 절차를 거쳐 추정한다.

이 방법을 사용하는 데는 필요한 자료들이 충분히 축적되어 있어야 하나, 새로운 사업을 추계할 경우 지방자치단체수준에서는 자료획득이 어렵다. 또한 재무분석을 하려면 대차대조표, 손익계산서와 같은 재무제표가 마련되어 있어야 가능하다.

2. 양적인 방법

(1) 시계열방법

일정기간 동안 관찰된 값들을 기초로 하여 특정한 값을 추계하는 방법으로 추세변동, 순환변동, 계절변동, 불규칙변동을 분리하여 미래의 값을 추정하는 방법이다. 즉 X축에는 월・년 등 독립변수를, Y축에는 관찰자료를 놓고 도표화하여 회귀방정식을 구하고 특정시점의 값을 추계한다.

이 방법은 변화가 거의 없거나 변화가 적은 경우 적용할 수 있는 좋은 예측방법이다. 그러나 추세를 반영할 뿐 변화의 이유를 설명할 수 없으며, 과거의 관련 자료가 많지 않은 경우 미래예측이 어렵고, 주기적 변동이 있는지를 알려면 장기간 축적된 자료가 있어야 가능하다. 따라서 자료의 축적과 관리가 중요하다.

(2) 인과모형방법

원인과 결과에 초점을 맞추어 세입 또는 세출과 관계가 있는 여러 개의 역사적 변수들을 이용하여 추계하며, 단순회귀분석, 다중회귀분석, 경로분석 등의 기법이 활용된다. 이 방법은 인과모형에 포함되어야 할 변수들의 선정, 표본자료의 수집, 종속변수와 독립변수들 사이의 관계와 독립변수들 상호관계의 구체화, 회귀계수의 추정, 회귀분석의 기본가정검토, 모형의 설명력과 개개 추정치에 대한 통계적 검증, 예측을 위하여 개발된 모형을 이용한 추계의 절차를 거친다.

이 방법은 관찰치가 최소한 15개 이상은 되어야 하며, 과거의 추세가 미래에도 계속된다는 것을 전제로 한다. 또한 독립변수의 변화범위가 크지 않아야 하고, 독립변수의 미래 값을 추정할 때 독립변수가 비확률값이어야 한다.

(3) 계량경제모형

통계적 방법을 경제학과 컴퓨터에 응용한 방법으로 수 개의 독립변수를 이용하여 종속변수를 추정하는 방법이다. 이 방법은 함수관계를 정립하고 계량경제모형으로 연립방정식을 확정하며, 통제할 수 있는 내생적 변수와 통제가 불가능한 외생적 변수를 구분하여 확정한 후 모형을 구체화한다. 그리고 기본가정을 검토하면서 각각의 값들의 통계적 유의성을 검토하여 이 값 등을 사용하여 예측한다.

그러나 이 방법은 변수의 선정 및 어느 정도의 집합적 자료를 사용하느냐 하는 자료의 집합성의 정도, 자료의 시간적 범위문제, 비가역성문제, 사업과 효과 사이의 시간차(time lag)문제 등이 제기된다(신무섭, 1994: 286-300).

제 3 절 지방예산의 과정

Ⅰ. 지방예산과정의 의의

지방예산과정이란 지방자치단체의 수입가능한 재원을 누구를 대상으로 어떤 목적으로 어떤 지출경비로 얼마를 배분 집행할 것인가를 결정하는 공식적인 절차와 과정을 말한다. 지방예산이 추구하는 기본적인 이념은 건전성과 효율성에 있다. 따라서 지방예산과정에 있어서 건전성과 효율성을 확보하기 위해서는 예산편성, 집행과 결산과정에서 체계적 관리가 요구된다. 즉 지방예산과정(local budget process)은 중기지방재정계획수립 → 투융자심사 → 예산편성 → 예산심의 → 예산집행 → 결산 및 환류의 공식적인 절차와 과정을 말하며 이러한 예산과정은 지방자치법, 지방재정법 등의 관계규정을 기초로 하여 이루어진다.

〈표 5-4〉는 회계연도와 관련하여 지방예산제도의 순기표를 나타내고 있으며 1년내내 지방예산관련 활동이 지속적으로 이루어지고 있음을 알 수 있다. 이와 같이 각종 지방예산관련 제도는 유기적 시스템적 통합운영을 도모하기 위하여 법령에서 규정하고 있는 기한내에 처리되어야 한다.

예산과정은 보통 3년의 기간이 소요된다. 왜냐하면 당해연도의 예산집행은 1회계연도내에 종료되지만, 예산의 편성과 심의는 전년도에, 예산에 대한 결산은 다음 연도에 이루어지기 때문이다. 지방자치단체의 예산과정을 2005년도부터 2008년까지의 예산을 중심으로 그 시간적 흐름을 살펴보면 〈표 5-5〉와 같다.

또한 지방예산과정은 지방자치단체가 동원할 수 있는 자원이 한정되어 있기 때문에 누구의 선호를 반영시키느냐 하는 정치적 결정과정이다. 따라서 이 과정에서 재정민주주의의 구현이 요청되고, 지역주민, 지방자치단체의 장과 지방공무원, 지방의원, 정당, 이익집단, 각 중앙관서장 등이 참여한다.

그림 5-1 지방예산과정

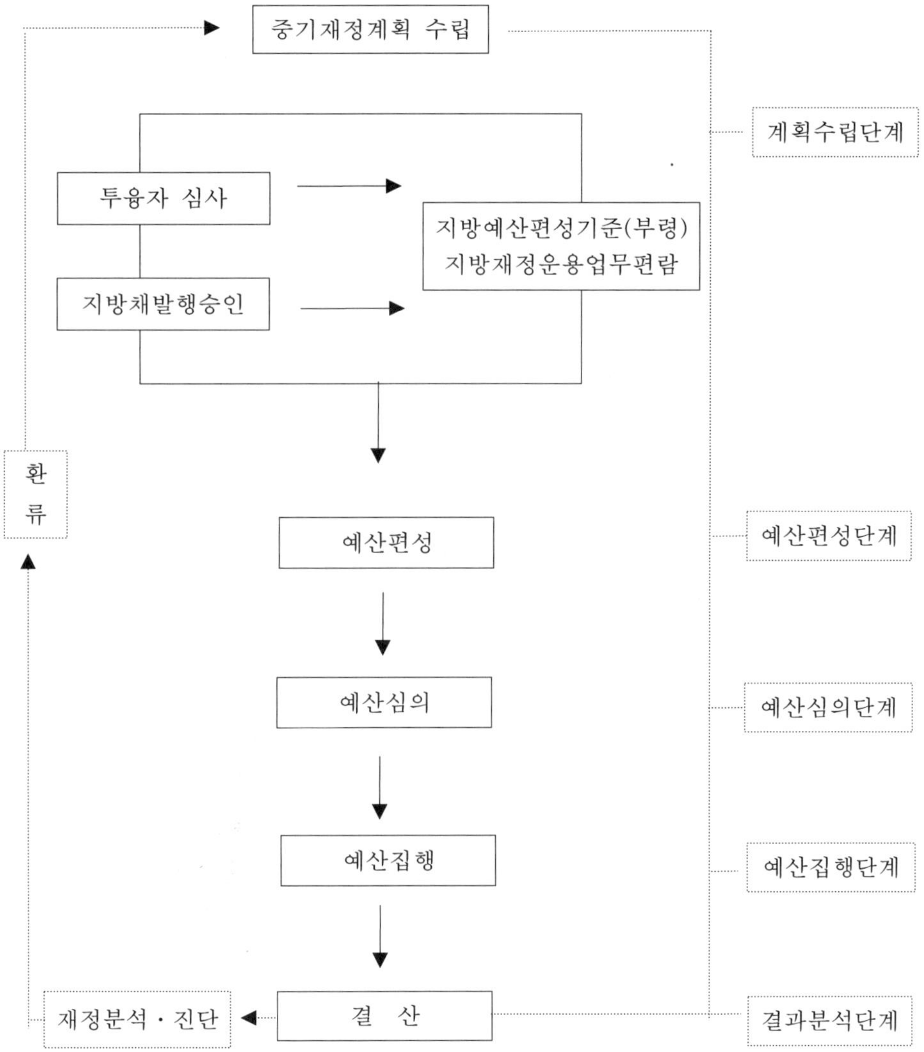
중기재정계획 수립
계획수립단계
투융자 심사
지방채발행승인
지방예산편성기준(부령)
지방재정운용업무편람
환
류
예산편성
예산편성단계
예산심의
예산심의단계
예산집행
예산집행단계
재정분석 · 진단
결 산
결과분석단계

표 5-4 지방재정제도 순기표

월별	지방재정관리제도				지방재정조정제도		국가 예산편성
	투·융자 심사	예산편성	중기 지방재정계획	지방재정보고서	국고보조금	지방교부세	
1월			지방자치단체 계획 수립			지방교부세 산정내역, 산정해설 등 책자발간	
2월		전년예산 편성상황 분석					중앙부처의 익년도 사업계획 및 계속 사업계획 수립 (중앙부처→기획재정부)
3월			①계획수립 상황 분석		국고보조금 신청 지침 시달		예산안 편성지침 시달(기획재정부)
4월		중앙행정기관 및 지방자치단체협의	②재정지원 계획 수립 ③관계부처 협의		국고보조금 신청(4.30)	보통교부세 기준재정 수요분석 작업 (자치단체 일반회계 편성예산대상)	국가보조금 예산 계상 신청 (시·도→중앙부처)
5월	상반기 심사 (5. 31)	지방재정 운용업무 편람작성	④국무회의 보고		국고보조 사업에 수반한 지방비부담 협의		①예산요구서 제출 (중앙부처→기획재정부) ②국고보조사업에 수반한 지방비 부담 협의 (중앙부처→행안부)
6월					지방비부담 협의 의견서 제출 (행안부→기획재정부, 중앙관계부처: 6.20)	특별교부세 수요배정	중앙부처의 국고보조금 예산요구에 대한 지방비부담 협의의견서 통보 (행안부→중앙부처, 기획재정부)
7월		지방재정 운용업무 편람보급				기준재정수입액 산정자료확인·대사	
8월		지방채발행계획 지침시달 (8.31)		지침시달		기준재정수요액 통계자료 작성, 지방세 세목별 세입액 추계	

월별	지방재정관리제도				지방재정조정제도		국가 예산편성
	투·융자 심사	예산편성	중기 지방 재정 계획	지방 재정 보고서	국고보조금	지방교부세	
9월		지방채 관계부처 협의(9.30)		시·도 작성제출		보통교부세 측정항목별 단위비용 및 보정계수 산정	
10월	하반기 심사 (10.31)	지방채발행계획 승인(10.31)	중앙행정기관의견수렴	종합분석 우수단체 및 진단단체선정	보조금 확정상황취합 지방자치단체에 통보(행안부장관, 10.15)	기준재정수요액 및 기준재정수입액에 의한 재정부족액 산정	예산안 국회제출 (기획재정부·국회)
11월		지방의회 심의 제출(회계년도 개시) ┌ 광역 50일전 (11.11)				보통교부세액 산정	
12월		└ 기초 40일전 (11.21) 의결 ┌ 광역 15일전 (12.16) └ 기초 10일전 (12.21)	지침시달	분석결과 공개		지방교부세법령 개정조치(제도개선관련),다음연도 보통교부세 교부결정 통지, 다음연도 특별교부세 배정	보조금 예산통지 (중앙부처 →행안부 시·도)

자료: 행정안전부.

표 5-5 지방예산과정의 시간적 흐름

구분	2005	2006	2007	2008
2008년도 예산	-	-	중기재정계획수립 투융자심사 예산편성·심의	예산집행
2007년도 예산	-	중기재정계획수립 투융자심사 예산편성·심의	예산집행	결산
2006년도 예산	중기재정계획수립 투융자심사 예산편성·심의	예산집행	결산	-
2005년도 예산	예산집행	결산	-	-

Ⅱ. 지방예산의 편성

1. 지방예산편성의 의의

지방예산편성이란 한정된 자원을 효율적으로 배분하기 위한 과정으로 지방예산과정의 시작이라고 볼 수 있다. 이 과정에서 다양한 기법이 도입되고 많은 이해관계인이 참여하여 각자의 이익을 확보하기 위하여 활동하는 복잡한 과정을 거친다. 우리나라의 경우 집행부예산제도(executive budget system)를 채택하고 있다. 예산편성을 할 수 있는 권한은 지방자치단체장에게 부여하는데 그 이유는 지방재정운영의 통일을 도모하고 책임소재를 명확히 하며 예산관리의 적정을 도모하기 위함이다. 그러나 지방공기업의 예산은 예산원안의 작성권이 지방공기업관리자에게 부여되어 있다.

지방예산편성과정은 점증주의적 입장에서 보면, 제로 섬(zero-sum)게임이라고 할 수 있다. 니스카넨(W.A. Niskannen)은 관료제는 일반유권자와 마찬가지로 조직의 규모와 범위를 확대시켜 자신들의 권력과 편익의 극대화를 추구한다. 지방의회에서는 예산심의는 총편익이 총비용을 상회하여 정책이 채산성을 갖고 있어야 가능하기 때문에 관료는 이 같은 조건을 충족시킬 범위안에서 최대예산안을 편성한다고 한다. 던리비와 오릴리(P. Dunleavy and B. O'Leary, 1987: 28-29)는 중위투표자정리(median voter theorem)를 통하여 양당제를 전제로 선거에 이기기 위하여 주민의 대다수가 선호하는 최선의 단일한 안을 선택한다는 것이다. 즉 〔그림 5-2〕에서 보는 바와 같이 양당은 중위수투표자의 입장(Me)을 향하여 정책을 수렴한다는 것이다.[1)]

정치가나 정당은 가능한 한 최대의 득표활동을 위하여 중위투자자의 선호에 일치시키기 위하여 중위수(Me)를 중심으로 정책결정을 하며, 극단적인 안도 중위수를 중심으로 수렴되어 결정된다는 것이다.

티부(C.M. Tiebout, 1956)는 "발에 의한 투표"(vote in their feet)모델을 제시하였다. 소비자인 주민은 투표와 타지역으로 이동(발)함으로써 최선의 지방자치

1) 2002년 대통령 선거시 한나라당과 민주당의 후보의 정책이 후보가 되기 전에는 보수와 진보로 뚜렷이 대비되었으나 후보가 된 이후에는 모두 중도를 향해 이동하는 양상을 보였다(조선일보, 2002. 12. 2).

그림 5-2 중위투표자 정리모형

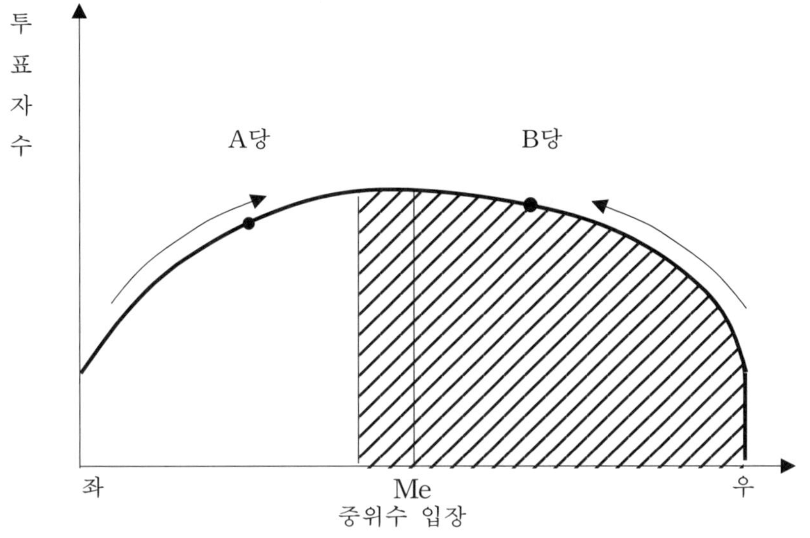

자료: P. Dunleavy and B. O'Leary(1987: 29).

단체를 선택함으로써 자신들의 욕구를 최대한 충족시킨다는 것이다. 그의 이론의 가정은 ① 주민들의 이주가 자유롭고 그들의 선호를 가장 적절하게 충족시켜 줄 수 있는 지방자치단체로 이주할 수 있어야 한다. ② 주민들은 각 지방자치단체에서 제공되는 행정서비스와 지방세수준에 관한 완벽한 정보를 갖고 있어야 한다. ③ 주민이 선택할 수 있는 지역의 수가 대단히 많아야 한다. ④ 고용기회가 주거지 선택에 영향을 미쳐서는 안 된다. ⑤ 지방자치단체간 공공재의 외부경제나 외부불경제는 존재하지 말아야 한다. ⑥ 각 지방자치단체는 지역인구가 적정수준에 도달하여 최저평균비용으로 공공재생산이 가능할 때까지 새로운 거주자를 유입시키려고 한다.

토니 블레어(T. Blair)가 이끄는 영국의 새 노동당이 채택하였던 제3의 길(The Third Way)도 좌도 우도 아닌 중도 또는 중도좌파의 현실적 가치를 취하여 근본적인 사회경제적 변화를 현실에 적용하는 것이다. 즉, 생활정치를 강조하면서 생태적 문제, 가족, 노동, 개인적·문화적 정체성의 질적인 변화와 관련되는 여러 가지 쟁점들에 관심을 갖고 추진하는 것이다(한상진역, 1998: 79-88).

2. 지방예산편성의 절차

(1) 지방자치단체예산편성기준 제시

(가) 지방자치단체예산편성지침의 폐지

매년 지방자치단체에 시달되는 지방자치단체예산편성지침이 지방자치단체의 예산편성상의 자율성을 침해하고 지방의회의 예산심의권을 제한한다는 지적이 있어 2005년부터 이를 폐지하였다. 지방자치단체예산편성과 관련한 최소한의 기준만 행정자치부령으로 제정하여 제시하고 있다. 일본에서도 매년 총무성이 지방예산편성지침을 작성하여 지방자치단체에 통지하고 있으나 그 내용이 간단하고 예산편성시의 유의사항 형태로 법적구속력은 없다. 그 내용은 국가예산과 지방재정대책방향, 예산편성의 기본적 방향, 세입 및 세출에 관한 사항, 지방공기업 등에 관한 일반적인 전망 및 기본방침을 포함하여 제시하고 있다.

이론적으로도 ① 재정자립도가 낮은 실정에서 지방재정운용의 건전성을 유지하고 예산의 효율적인 집행을 도모할 수 있도록 국가가 일정한 기준을 마련해주는 것이 필요하다는 찬성론과 ② 지방자치단체의 예산편성의 자율성을 침해하고 지방의회의 예산심의권을 제한하고 있어 자치시대에 맞게 개선되어야 한다는 반대론이 있어 왔다. 또한 설문조사에서도 지방자치단체예산편성지침이 필요하다는 의견이 65.1%로 필요치 않다는 응답(19.3%)보다 훨씬 높게 나타나고 있다(한국지방행정연구원, 2004a: 1-4).

(나) 지방자치단체예산편성 관련기준제시

지방재정의 건전한 운용과 지방자치단체간 재정운용의 균형을 확보하기 위한 회계연도별 지방자치단체예산편성기준을 행정안전부령으로 정하고 있다. 이에는 세입・세출예산 과목구분과 설정, 예산서편제와 서식, 기준경비 등 예산편성과 관련된 기준 등이 포함된다. 기준경비는 ① 지방의회의 관련 경비(의정운영 공통업무추진비, 기관운영 업무추진비, 지방의회의원 국외여비), ② 업무추진비, ③ 민간이전경비(민간경상보조 및 민간행사보조, 사회단체보조금), ④ 통리반장 활동보상금의 4종이다.

또한 국가 및 지방재정운용의 여건과 방향을 제시하고, 지방재정제도에 대한 설명과 제도내용을 제시하여 예산편성 및 재정운용의 정보와 참고자료로 제공하며, 예산편성 절차 및 체계와 관련한 내용을 수록하고, 종전의 지침에 여러 부분으로 분산되어 있는 주요경비(행정안전부령으로 시달하는 기준경비는 제외)를 통합하여 경비관련 참고자료로 제공하고 있다.

표 5-6 예산요구서(예시)

세입예산(안)

(단위: 천원)

과 목			예산액	전년도예산액	비교 (증△감)
장	관	항			
200 세외수입			500,000	300,000	200,000
	210 경상적 세외수입		300,000	200,000	100,000
		211 재산임대수입	50,000	30,000	20,000

세출예산(안)

(단위: 천원)

현			행	개					편			
장·관·항·세항·세세항	목	예산액	산출기초	조직	정책	단위	회계	세부	편성목	예산액	전년도 (가정)	비교증감
3332 도로관리		22,779,000		도로								
220 자체사업		5,766,000			일반도로건설					22,779,000	21,179,000	1,679,000
	401 시설비 및부대비	5,766,000				ABC도로	일반			5,766,000	5,166,000	666,000
		5,766,000	01시설비					A 도로사업		1,866,000	4,666,000	-2,800,000
		5,766,00	· A구간 1,586,000 □시설비 1,586,000 · B구간 2,890,000 □설계용역 80,0000 □토지매입 2,810,000 · C구간 1,586,000 □토지매입 1,586,000						시설비 및부대비	1,866,000	4,666,000	-2,800,000
								B 도로사업		2,900,000	500,000	2,400,000
									시설비 및부대비	2,900,000	500,000	2,400,000
								C 도로사업		1,000,000	0	1,000,000
		271,000	02 감리비						시설비 및부대비	1,000,000	0	1,000,000
			· A구간 271,000									
			03 부대비									
		24,000	· A구간 9,000 · B구간 10,000 · C구간 5,000									

자료: 윤종진(2008: 18).

(2) 지방예산편성과정에서의 주민참여

(가) 주민참여의 필요성

대의제적 간접민주주의의 한계를 극복하고 행정국가화에 따른 견제수단으로 1960년대 들어와 참여민주주의의 기본원리로 제도화하기 시작하였다. 주민참여는 많은 시간과 비용소요, 주민대표성문제, 책임전가 등의 역기능이 있을 수 있으나, 주민의 입장에서는 행정책임성을 확보하고 독선화를 방지할 수 있으며, 지방자치단체입장에서도 주민의 욕구파악과 이해관계조정, 행정에 대한 협력획득 등 순기능이 많이 있다(최봉기, 2006: 497-546).

(나) 주민참여의 방법

지방자치단체장은 지방예산편성과정에 주민이 직접 참여할 수 있는 절차를 마련하여 시행할 수 있다. 지방재정법시행령 제46조에서 정하고 있는 주민이 참여할 수 있는 방법으로 ① 주요사업에 대한 공청회 또는 간담회, ② 주요사업에 대한 서면 또는 인터넷 설문조사, ③ 사업공모, ④ 그밖에 주민의견수렴에 적합하다고 인정하여 조례로 정하는 방법을 규정하고 그 결과를 예산편성시 반영할 수 있도록 규정하고 있다.

(3) 예산요구서의 작성 · 제출

각 실 · 과 · 사업소 등 각 부서별로 사업계획과 관련한 세출예산요구서를 작성하여 예산총괄부서에 제출한다. 각 부서에서 예산을 요구할 때에는 중기지방재정계획에 반영된 사업을 우선적으로 요구하되, 국고보조사업, 특별교부세사업, 주민숙원을 우선적으로 해결할 수 있는 사업을 중심으로 요구하고, 여건변동으로 중기지방재정계획 확정이후 나타난 필수사업 등도 요구할 수 있다.

각 실 · 과 · 소장은 지정된 기일까지 각 소관의 익년도 예산요구조서를 작성한 다음 사업계획서, 명시이월조서, 계속비사업조서, 채무부담행위조서, 세입세출예산조서, 세입세출예산사항별 설명서, 법령 · 조례 · 규칙 · 감독관청의 예규 · 통첩 또는 계약이 있는 것은 그 요령 또는 사본, 예산과 관련하여 지방의회의 의결을 요하는 사항에 대하여는 그 사안, 기타 예산편성상 필요하다고 인정하는 서류를 첨부하여 예산주관부서에 제출하되, 세입예산은 반드시 세입주무부서(세정과장과 재무 · 내무국장)의 합의를 받아야 한다.

(4) 예산요구서의 사정 및 예산안 편성

(가) 예산요구서의 사정

① 예산요구서사정의 성격

예산요구서가 제출되면 예산주관부서(예산담당관실, 기획감사과 등)는 예산요구부서의 장의 설명을 들은 후 자치단체장의 시정방침, 재정상황, 사업의 효율성 등을 충분히 검토하여 예산요구액을 사정한다. 예산사정은 합리적이고 건전한 재정운용을 위하여 세입의 견적액과 세출의 요구액을 일치시키는 작업으로서 사업과 경비의 타당성, 요구의 적정성, 기본운영계획과의 일치여부 및 세입세출규모의 대비, 전체적인 규모의 조정 등에 의하여 이루어진다.

② 예산사정의 방법

예산을 사정하는 방법에는 ① 예산요구부서가 예산을 요구할 때 한도액을 제한하지 않는 무제한법(open-end budgeting)과 ② 예산사정기관이 예산요구부서에게 예산을 요구하기 전에 초과할 수 없는 한도액을 설정하는 한도액설정법(fixed-ceiling budgeting), ③ 가능한 영역의 업무단위를 개발하고 단위당원가를 결정하여 예산액을 산정하는 방법인 업무량 측정 및 단위원가 계산법(work load measurement and unit costing), ④ 현재의 예산과 내년도 예산을 비교하여 증가 또는 감소된 예산항목에 초점을 두어 예산액을 결정하는 방법인 증감분석법(increase-decrease analysis), ⑤ 예산항목 또는 예산사업간에 우선순위를 명시해 줌으로써 예산액을 정하는 방법인 우선순위 통제법(priority listing), ⑥ 예산사정기관이 예산요구부서가 제출한 예산항목들을 검토하여 항목별로 심사하는 항목별통제법(item-item control) 등의 방법이 있다(신무섭, 1994: 316-318).

③ 사정시 고려사항

예산관련부서는 〈표 5-7〉의 사항을 고려하여 3단계로 사정을 하여야 한다.

(나) 예산안 편성

① 일반원칙

지방자치단체의 장은 예산요구조서가 작성이 되어 예산부서에 제출되면, 인건비 등 경직성경비와 국고보조금 등 지방자치단체가 부담해야 할 경비를 제외한 가용재원에 대한 보고를 받고, 예산을 정밀 사정토록 하고, 공약사항, 주민요구사항 등을 고려한 예산의 우선순위를 고려하여 단일의 예산안을 마련하고 예산요구이유서를 작성한다.

표 5-7 예산사정시 유의사항

단 계	예산사정시 유의사항
1단계	① 예산요구서에 제시된 계수의 산출근거가 정확한가? ② 불필요한 경비가 포함되어 있는가? ③ 의무적 경비 등에서 누락된 것은 없는가? ④ 법령 등에 반하거나 해석상 오류는 없는가?
2단계	⑤ 예산편성 관련규정(예산편성기준경비 및 세입·세출 예산과목구분과 설정규정)에서 정한 경비는 준수되었는가? ⑥ 사업비에서 기본운영계획 등의 사업이 반영되고 있으며, 그 실시순위는 타당한가? ⑦ 그 사업의 긴급성은 어떠한가? ⑧ 주민의 요구는 어느 정도인가? ⑨ 경제적 합리성은 어떠한가? ⑩ 금후의 행정에 어떠한 영향을 미칠 것인가?
3단계	⑪ 세입과 세출의 균형을 맞추기 위하여 예산요구액을 조정한다.

지방자치단체가 세입·세출예산을 편성함에 있어서 충분한 재원확보를 통하여 주민복지증진에 노력하여야 하며, 재정수요의 무한성과 재원조달의 한계성을 고려하여 경비지출의 효율성을 높여 나갈 수 있도록 국민의 기본적인 수요충족, 지역경제의 지속적인 발전과 성장잠재력 배양, 지방재정의 자립기반조성, 정상적인 세입을 고려한 재정지출과 건전재정운영, 국가의 정책기본방향과 효율적인 연계를 기조로 지방예산을 편성하여야 한다.

② 세입예산

자체수입은 지역경제상황, 전년도 징수실적, 당해년도 특수요인 등을 종합적으로 분석하여 지방세, 세외수입의 수입원별로 세입을 전망하고 이를 세입예산에 반영함으로써 세입의 과다축소 및 누락사례가 없도록 하여야 한다. 지방교부세, 국고보조금 등 의존재원은 지방교부세 산정기준, 행정안전부가 관계부처와 협의를 거쳐 통보한 국고보조금 및 지방비부담계획 등 객관적인 자료에 의거하여 세입예산에 계상하여야 한다. 지방채수입은 지방채발행한도액 범위 내 또는 그 범위를 초과하는 경우에는 행정안전부장관의 지방채발행 승인범위 내에서 예산에 계상하여야 한다.

③ 세출예산

경상적 경비는 법령의 규정에 의한 경비와 지방의회관련경비, 업무추진비, 사회단체보조금, 통・리・반장 활동보상금의 기준경비는 지방자치단체세입세출예산편성기준(행정안전부령)에서 정하고 있는 범위 내에서 계상하여야 한다. 기타 경비는 당해 지방자치단체의 여건과 특성을 고려하여 조례로 정하여 예산에 편성할 수 있다. 투자사업비는 사업의 긴급성, 중요성, 필요성 등 투자우선순위에 따라 지방재정법에서 정하고 있는 재정투・융자심사 등 관계절차를 이행한 사업에 한하여 세출예산에 계상하여야 한다. 예비비는 일반회계 당초예산규모(지방교육세의 세입액은 제외)의 1% 이상을 세출예산에 계상하여야 한다.

(5) 예산안의 제출

매 회계연도에 편성한 예산안을 지방자치단체장이 시・도의 경우는 회계연도개시 50일전(11월 11일)까지, 시・군・자치구는 회계연도개시 40일전(11월 21일)까지 지방의회의 사무처(국, 과)에 제출하여야 한다. 지방의회에 제출하는 예산안에는 세입세출예산서 뿐만 아니라 사업별 예산설명서, 예산편성기준, 채무부담행위설명서, 계속비이월 설명서, 명시이월비 설명서 등 12종의 서류를 첨부하여야 한다.

Ⅲ. 지방예산의 심의

1. 지방예산심의 의의

지방예산의 2번째 단계이며 이는 지방의회의 권한사항으로, 지방자치단체장이 제출한 예산안에 담겨있는 정책과 사업계획을 지방의회가 사전에 검토하고 그 지방자치단체의 다음해 재정규모를 확정하는 단계이다. 지방의회는 예산심의를 통하여 집행부가 제안한 정책을 수정・보완・개정하는 정책결정기능을 수행함과 동시에 집행부에 대한 통제권을 행사한다.

예산심의에 대한 유형은 정부형태에 따라 달라진다. 대통령제하에서는 예산항목별로 세밀한 심의를 통하여 매년 수정삭감이 이루어지나 내각책임제하에서는 예산안에 담겨있는 정책내용을 심의하며 대부분의 경우 수정・삭감이 없이 통과된다. 우리나라의 경우 지방의회는 세입예산과 세출예산의 삭감, 비목의 삭제에는 제한이 없으나 집행부의 동의없이 집행부가 제출한 예산 각 항의 금액을 증가하거나 새로운 비목을 설치할 수 없다.

2. 지방예산의 심의절차

(1) 예산안에 대한 제안설명

지방자치단체장은 예산을 다루는 하반기 정기회의 본회의에 출석하여 내년도 시정방향과 주요사업계획과 예산규모 및 주요내용 등에 대한 제안설명을 한다. 실제로 예산안에 대한 내용뿐만 아니라 시·도정 또는 시·군·자치구정 전반에 대한 계획을 설명하게 된다.

(2) 상임위원회와 예산결산특별위원회의 심의

(가) 상임위원회의 심의

소관 부서장(실·국장, 소장)의 정책설명을 듣고 전문의원의 예비검토보고와 정책질의와 토론을 거치게 되며, 이 과정에서 자료를 집행부에 요구할 수도 있다. 부서별 예산안의 삭감·증액내용을 포함한 소관상임위원회의 예비심사결과를 의장에게 보고한다.

(나) 예산결산특별위원회의 종합심의

의장이 보고서를 첨부하여 예산결산특별위원회에 회부하면 10일 이내에 종합심사를 한다. 종합심사는 부단체장의 정책설명과 전문위원의 검토보고를 들은 후 정책질의 및 심사를 하며, 계수조정소위원회를 구성하여 예산안에 대한 계수조정을 한다. 이 과정에서 회의내용을 공개하지 않고 속기록을 비치하지 않는 등의 이유로 매년 문제가 제기되고 있다.[2)]

(3) 본회의 의결 및 이송

(가) 본회의 의결 및 이송

종합심사를 거친 예산안은 본회의에 부의되는데 예산결산특별위원장이나 또는 지명한 위원이 종합심사결과를 보고한 후 의원들의 정책질의와 찬반토론을 거쳐 의결함으로써 익년도 예산안은 확정된다. 이러한 예산안은 시·도의회

2) 국회에서도 2003년도 예산안을 심의하면서 예산결산특별위원회의 계수조정소위원회가 ① 부분적인 회의공개(시민, 기자 2명씩만 허용), ② 회의록 일부작성과 핵심내용 삭제, ③ 동료의원, 중앙부처 및 지역구 민원챙기기 등의 문제가 제기되었다(동아일보, 2002.11.3).

에서는 회계연도개시 15일전(전년도 12월 16일)까지, 시 · 군 · 자치구 의회에서는 회계연도개시 10일전(전년도 12월 21일)까지 이를 의결하여야 한다. 의장은 의결된 예산안을 3일 이내에 당해 지방자치단체장에게 이송한다.

지방의회가 예산안을 심의함에 있어서 세출예산의 각 항의 금액을 증가하거나 새 비목을 설치할 경우에는 지방자치단체장의 동의를 얻어야 한다. 이 경우 비목이란 장 · 관 · 항 · 세항 · 목을 말한다.

(나) 재의요구

지방자치단체의 장은 지방의회의 의결이 월권 또는 법령에 위반되거나 공익을 현저히 해한다고 인정될 때에는 그 의결사항을 송부받은 날로부터 20일 이내에 이유를 붙여 재의를 요구할 수 있다. 재의를 요구할 수 있는 경우는 ① 지방의회의 의결이 예산상 집행할 수 없는 경비가 포함되어 있는 경우, ② 법령에 의하여 지방자치단체에서 의무적으로 부담해야 할 경비를 삭감한 경우, ③ 비상재해로 인한 시설의 응급복구를 위한 경비를 삭감한 경우이다. 그러나 재의결과 재적의원과반수의 출석과 출석의원 3분의 2 이상의 찬성으로 전과 같이 의결을 하면 그 예산안은 확정된다.

3. 예산안심의시 고려사항

예산안을 심의하면서 중점적으로 검토하여야 할 사항은 〈표 5-8〉과 같다.

표 5-8 예산심의시 중점고려사항

구 분	당초 예산	추가경정예산
예산안 총 괄	· 회계별 예산안 규모의 적정성 및 건전재정원칙 견지 여부 · 예산총계주의 원칙에 의한 총수입과 총비용의 계상 여부 · 주요 신규사업 및 계속사업의 중 · 장기계획과의 연계 여부 · 주요 기능별 · 부문별 재원배분의 형평성 · 일반회계와 특별회계 간 동일 목적 경비의 중복 계상 여부 · 법령, 조례 등의 제정 또는 개정을 전제로 한 경비의 계상과 미처리시의 대책	· 추경사유와 시기의 타당성 여부 · 추경예산의 연내 집행가능 여부 및 이월을 전제로 한 추경계상 여부 · 추경부분 외의 기정예산 수정필요성 검토

구 분	당초 예산	추가경정예산
예산안 총 괄	· 의회의 추경심의과정에서 삭감된 경비의 계상 여부 · 의회의 예산삭감에 대비한 특정 경비의 과다계상 또는 불요불급 경비의 계상 여부 · 유사, 중복 또는 실효성이 없는 특별회계의 통·폐합 검토	
예 산 총 칙	· 각 회계별 일시차입 최고액의 적정 여부 · 각 회계별 지방채 발행한도, 장기차입 한도액의 타당성 조건 및 그 용도와 그 재원의 세입예산안과의 일치 여부 · 이용범위의 각 사항별 개념의 명료성	
세입 예산안	· 지방세 세수추계의 정확성 여부 · 사용료·부담금 등 세외수입 계상의 근거와 금액의 타당성 여부 · 지방교부세, 국고보조금 세입의 향후 변경가능 여부 및 변경시 대책 · 특별회계에 있어 사업수입 또는 영업수입 등의 증감사유와 일반회계 전입금 규모와 용도의 적정 여부 · 지방공기업특별회계의 경영개선효과의 예산 반영내용 · 예산안 편성 이후의 여건변동에 따른 세입예산 조정사유 발생(지방세법, 조례 등의 제정 또는 개정) 여부 · 전년도 조상충용수입의 세입편성 여부	· 추경세입재원의 타당성 · 정상적인 추가세수가 확실함에도 세입수입(전년도 이월금 등)을 재원으로 계상 여부 및 그 사유 · 본예산 확정 후 여건변경에 의한 세입의 결함 또는 추가분의 예산반영 여부(지방교부세 정산 등)
세출 예산안	· 정원의 증감사유와 타당성 및 그 근거 · 각종 인건비기준 단가 및 정수의 예산편성기준 및 직제정원 등의 일치 여부 · 총액예산사업비의 편성 여부, 편성사유 및 집행기준 · 주요 개별사업의 연내 집행가능성 여부와 이월을 전제(재원확보)로 한 과다계상 여부 · 주요 신규사업에 있어 사업의 우선순위와 투자효과 및 사업의 시행에 앞서 타당성 조사, 기본설계, 용지보상 협의 등 필요한 사전절차의 이행 여부와 지역간 균형발전 감안 · 선심성 동시다발적 사업추진에 따른 중단 등의 우려 여부 · 장기계속사업에 있어 당초계획의 변경 여부와 그 사유 및 당해 연도 투자의 적정 여부	· 본예산안 심의과정에서 삭감한 경비의 추경계상 여부 · 주요 신규사업의 경우 타당성 조사 등 필요한 절차의 이행 여부 · 이미 집행한 경비의 추경계상 여부 · 추가세출소요의 추경, 내년도 본예산 분할계상 여부 · 부서별·사항별·경비별 소요가 명백함에도 예비비로 일괄

구 분	당초 예산	추가경정예산
세출 예산안	· 국고보조사업에 있어 지방비 부담비율의 근거와 타당성 · 기초자치단체에 대한 보조금 교부의 타당성, 보조사업에 대한 부담비율 및 시·군비 조달가능성 여부(시·도의회의 경우) · 지방교부세를 재원으로 하는 사업의 내용 · 국가재정융자사업에 대한 원리금 상환부담 가능 여부와 동 융자사업의 지역실정 부합 여부 · 개인 또는 민간단체 등에 대한 보조·융자·출자·출연 등의 타당성 여부 · 시책홍보, 행사비의 적정 여부 · 분담금·부담금의 계상근거와 금액의 타당성 여부 · 공공요금 계상의 적정 여부 · 여비, 수용비, 재료비, 업무추진비, 특수활동비, 용역비 등 소모성 경비의 연도 대비 증감액과 증감사유 · 예비비 예산규모의 적정 여부(결산실적 감안) · 추후 확정시 집행을 전제로 한 소요 미확정 또는 법적 근거 없는 경비의 계상 여부 · 추후 예비비사용 또는 추경반영을 전제로 소요액의 일부만 세출예산에 계상하거나 채무부담행위와 분할 여부 및 그 사유	계상 여부 및 그 사유 · 국가로부터 용도가 지정되고 소요금액이 교부되어 추경성립 이전에 기사용한 경비의 추경계상 여부와 추경성립 전 사용의 타당성 여부 · 특정 목적을 위한 추경편성 여부 · 예비비 추가계상의 경우 그 타당성 및 적정 여부
계속비	· 총사업비, 연할액(年割額), 연부기간의 적정 여부 · 계속비 수정사유와 수정내용의 타당성 여부	
채무부담행위	· 채무부담행위 예산책정의 타당성 여부와 상환재원 조달능력 및 상환예산 계상 여부 · 채무부담행위 한도액의 적정 여부	

자료: 권형신외(2006: 221-222).

Ⅳ. 지방예산의 집행

1. 지방예산집행의 의의

지방예산의 세번째 단계로, 확정된 예산에 따라 수입과 지출을 구체적으로 실행하는 모든 행위로 이의 권한은 지방자치단체장의 전속권한이다. 이는 단순한 예산으로 정해진 금액을 수납하고 지출하는 것만이 아니라 수입의 조정, 수납의 통지, 수납, 예산의 배정, 지출원인행위의 실행, 지방채의 발행, 일시차입금의 차입, 세출예산의 배정·이용·전용, 계약의 체결 등을 모두 포함한다.

예산집행의 목표는 다음과 같다(H. Kenneth, 1968: 432).

① 균형성: 예산상의 불균형, 특히 적자를 예방한다.

② 합법성: 예산은 합법적으로 명시된 공공목적을 위해서만 집행될 수 있고, 특정활동을 위한 지출도 승인된 세출예산액을 초과하지 않아야 한다.

③ 능률성: 예산의 낭비를 방지하여 최소한의 예산으로 공공사업의 수행을 효과적으로 지원해야 한다.

④ 일치성: 행정활동과 지출이 국민에게 직접적으로 책임지는 선거직 공무원들이 결정한 입법부의 의도와 일치하여야 한다.

⑤ 효과성: 추진하는 사업의 목표달성에 효과적으로 기여하여야 한다.

2. 지방예산집행의 절차

(1) 예산의 배정

(가) 예산배정계획 및 자금수급계획의 수립

실·과·소장은 예산성립 후 즉시 세입예산 월별징수계획서, 세출예산 월별집행계획서 및 월별지출계획서를 작성하여 세입주관과와 예산주관과에 각각 제출한다.

이때 예산주관과장은 실·과·소장의 세출예산 월별집행계획서를 기초로 하여 세출예산 월별·분기별 배정계획서를 작성하여 지방자치단체장의 결재를 얻어 최종 확정한 후 이를 각 실·과에 통보한다.

(나) 예산배정 및 통지

예산주관과장은 월별 또는 분기별 예산배정계획을 근거로 하여 각 실·과에 예산을 배정하고, 그 사본을 경리관 및 지출원과 세입주관과에 세출예산배정서에 의하여 월별 또는 분기별로 세출예산을 배정하여야 한다. 또한 변경배정 필요시 수요관서의 요구를 받아 수시로 예산을 배정할 수 있다. 예산집행권자는 이 배정액을 한도로 하여 계약체결 등 예산집행조치를 할 수 있다.

(2) 수입과 지출

(가) 세입의 징수와 수납

세입의 징수는 지방자치단체가 수입하여야 할 모든 세입을 조사·결정하여 이를 납부할 자에게 통지하는 행위이며, 수납은 징수통지에 의하여 납부의무자가 납부하는 것을 수령하는 행위이다.

세입징수업무를 담당하는 징수관은 지방자치단체의 장이나 그 위임을 받은 공무원이 되며, 수납업무는 공무원이 직접 수납하는 경우의 수입금출납원과 수납을 위임받은 금고가 있으며, 징수관과 수입금출납원은 겸할 수 없다.

(나) 지출원인행위와 출납

지방자치단체의 지출원인이 되는 계약, 기타의 행위인 지출원인행위는 지방자치단체의 장 또는 그 위임을 받은 공무원(경리관)이 하게 되고, 이러한 지출원인행위는 법령·조례 및 규칙이 정하는 바에 의하여 배정된 예산의 범위 내에서 이루어져야 한다.

그리고 경리관이 그 소관에 속하는 세출예산에 의하여 지출원인행위를 실행한 때에는 지방자치단체의 장이 임명한 공무원(지출원)에게 지출원인행위의 관계서류를 송부하여야 한다. 그리고 지출원이 지출원인행위에 의하여 지출할 때에는 현금지급에 대신하여 당해 지방자치단체의 금고에 대하여 지급명령을 발한다.

(다) 지출과 출납의 특례

① 전도자금

전도자금(前渡資金)이란 교통·통신이 불편한 지방에서 지급하는 경비나 청중상용잡비(廳中常用雜費) 등과 관련하여 출납원에게 현금이 지급되지 않으면 사무수행에 지장을 초래할 우려가 있다고 인정되는 경우에 한하여 지출원이 출납원에게 자금을 교부하는 것인데, 이 자금을 교부받은 공무원을 전도자금출납공무원이라고 한다.

② 선금급과 개산급

운임·용선료·여비 그밖에 대통령령이 정하는 경비로서 그 성질상 선금급 또는 개산급으로서 지급하지 아니하면 사무 또는 사업에 지장을 초래할 우려가 있는 경우에 채무시기가 도래하지는 않았으나 지출에 대한 특례를 인정하고 있는 규정인데 선금급과 개산급이 있다. 선금급(先金給)이란 채무금액이 확정된 채무에 대하여 상대방의 이행 전 또는 채무금액 지급시기 도래전에 채무금액을 지출하는 것이다.

개산급(概算給)이란 채무금액이 확정되기 전에 채무금액을 개략적으로 계산하여 미리 채무금액을 지급하는 것으로서 지급된 후 채무금액이 확정되면 이를 정산하여야 한다.

③ 도급경비

도급경비(都給經費)란 읍·면·동의 출장소 또는 그 밖에 특수한 경리를 필요로 하는 비교적 소규모인 관서의 공무집행상 소요되는 경비의 전부 또는 일부를 당해 기관의 장에게 지급하며, 그 책임하에 경리하게 하는 제도이다.

④ 지난 회계연도 지출

지난 회계연도 지출이란 지난 회계연도에 속하는 채무확정액으로서 지출하지 아니한 경비를 세출예산에서 지출할 수 있는 제도이다. 이는 채권자로부터 청구가 없거나 기타의 사유로 그 기한 내에 지출하지 못한 경우에 회계연도독립의 원칙을 엄격하게 적용하면 이를 지출할 수 있는 방법이 없게 되고 채권자가 부당하게 손해를 입게 되므로 이를 구제하기 위한 제도이다.

⑤ 성립전 집행

시·도의 경우는 국가로부터, 시·군 및 자치구의 경우는 국가 또는 시·도로부터 그 용도가 지정되고 소요전액이 교부된 경비와 재해구호 및 복구와 관련하여 교부된 경비는 추가경정예산의 성립이전에 이를 사용할 수 있으며, 이는 동일회계연도의 차기추가경정예산에 계상하여야 한다.

(3) 예산불성립시의 예산집행

(가) 준예산에 의한 예산집행

지방의회가 법정기일안에 예산안을 의결하지 못한 때는 전년도 예산에 준하여 집행할 수 있다. 준예산을 집행할 수 있는 경우는 ① 법령이나 조례에 의하여 설치된 기관 또는 시설의 유지·운영에 필요한 경비, ② 법령 또는 조례상 지출의무의 이행에 필요한 경비, ③ 이미 예산으로 승인된 사업의 계속에 필요한 경비에 한한다.

그러나 준예산으로 집행된 예산은 당해연도의 예산이 성립하면 그 성립된 예산에 의하여 집행된 것으로 본다.

(나) 조기집행

지방자치단체의 예산이 성립된 후 회계연도가 개시되기 전이라도 ① 교통이나 통신이 불편한 지방에서 지급하는 경비, ② 여비, ③ 외국에서 지급하는 경비, ④ 선박운항에 소요되는 경비, ⑤ 지방자치단체의 소속행정기관 및 하부행정기관에서 필요한 부식물의 매입경비, ⑥ 업무추진비 및 특별활동비, ⑦ 지역경제정책상 조기집행을 필요로 하는 공공사업비 등의 사항에 관하여는 회계연도 개시 전이라도 조기에 배정할 수 있다.

(다) 선결처분

지방자치단체의 장은 지방의회가 성립되지 아니한 때(의원의 구속 등의 사유로 의결정족수에 미달하게 된 때)와 지방의회의 의결사항 중 주민의 생명과 재산의 보호를 위하여 긴급하게 필요한 사항으로서 ① 지방의회를 소집할 시간적 여유가 없을 때, ② 지방의회의 의결이 지체되어 의결되지 아니한 때에는 선결처분을 할 수 있다. 선결처분은 다음 회기의 지방의회에 보고하여 승인을 얻어야 하고, 승인을 얻지 못한 때에는 그 효력은 상실된다.

(4) 예산집행의 신축성 유지

(가) 예산의 목적외 사용

① 예산의 이용(移用)

예산성립 후에 생긴 사정변경 등으로 부득이 세출예산의 각 소관 및 장·관·항(입법과목) 상호간의 경비를 융통하는 것이다. 이러한 이용은 원칙적으로 금지하고 있으나 예산집행상 필요에 의하여 미리 예산으로서 지방의회의 의결을 얻었을 때에는 가능하다.

② 예산의 전용(轉用)

세출예산의 각 세항이나 목(행정과목)간의 경비를 상호융통하여 사용하는 것이나 다음의 비목은 전용할 수 없다. ① 인건비, ② 시설비 및 부대비(시설비에 부수되는 보상비에 전용할 경우는 제외), ③ 상환금(다만, 원금과 이자는 상호전용할 수 있음) 등이다. 그리고 회계연도의 경과 후나 업무추진비에 충당하기 위한 다른 비목으로부터의 전용은 허용되지 않는다.

③ 예산의 이체(移替)

지방자치단체의 기구·직제 또는 정원에 관한 법령이나 조례의 제정 또는 개폐로 인하여 관계기관 사이에 직무와 권한의 변동이 있을 때에는 그 예산을 변동된 내용에 따라 이동하여 집행할 수 있는 것을 말한다. 이체는 소관내는 물

표 5-9 예산의 이용 · 전용 · 이체의 비교

구 분	이 용	전 용	이 체
성 격	일방의 과목의 경비부족액을 타방의 과목으로 보전 즉 과목간 과부족의 융통(예산의 목적외 집행)		직무권한의 변동에 따른 금액의 예산과목과 금액의 이전
범 위	장 · 관 · 항범위내, 지방의회의결을 얻음	각항내 세항과목의 금액범위 내, 세입 · 세출결산서에 명시	과목에 관계없이 예산의 총액을 넘지 않는 범위
근 거	지방재정법 제47조제1항	지방재정법 제49조제1항	지방재정법 제47조제2항

론 소관간까지 가능하다.

(나) 예산의 이월

① 명시이월

세출예산 가운데 경비의 성질상 당해연도 내에 그 지출을 끝내지 못할 것이 예상될 때에 그 취지를 예산에 명시하여 미리 지방의회의 의결을 얻어 이를 다음년도에 이월하여 사용하는 것이다. 따라서 명시이월은 예산편성과정에서 계획변경 등 당해회계연도 내에 지출이 완료될 수 없음을 사전에 예측할 수 있는 경우에 한한다. 예산 성립 후에 생긴 사유도 명시이월의 이유가 된다.

② 사고이월

당해연도내에 지출원인행위를 하였으나 불가피한 사유로 회계연도 종료시까지 지출하지 못한 경비와 지출원인행위를 하지 아니한 부대경비와 지출원인행위를 위하여 입찰공고를 한 경비 중 입찰공고후 지출원인행위까지 장기간이 소요되는 경우와 공익 · 공공사업의 시행에 필요한 손실보상비 그리고 경상적 성격의 경비로서 대통령령으로 정하는 경비는 다음 회계연도에 이월하여 사용하는 것이다. 명시이월과는 달리 지방자치단체장의 권한으로 결정할 수 있다.

③ 계속비의 체차이월(遞次移越)

사업의 성격상 여러 해에 걸쳐 계속적으로 집행할 필요가 있는 경비는 그 경비의 총액과 연부액(年賦額)을 정하여 수 년도에 걸쳐 지출할 수 있는 계속비를 편성할 수 있다. 그런데 당해연도 세출예산에 포함된 연부액을 회계연도 종료시까지 집행하지 못한 경우에 불용액으로 처리하지 않고 다음 회계연도에 순차적으로 집행할 수 있다.

표 5-10 예산이월제도의 비교

구 분	명시이월	사고이월	계속비이월
결 정	· 예산으로 의회의결	· 자치단체장	· 예산으로 의회 의결
시 기	· 추경예산에 미리 명시	· 출납폐쇄기한 후 10일이내 요구	· 추경예산에 미리 명시
성 격	· 사전결정	· 사업추진과정	· 사전 결정
재이월	· 사고이월가능	· 불가	· 사고이월가능
사업집행기간	· 2년. 단, 사고이월시 3년	· 2년	· 5년. 단, 사고이월시 6년
이월금액	· 예산액	· 지출원인행위액 단, 부대경비 등은 가능	· 당해연부액 및 사용잔액
이월시 현금수반	· 현금수반원칙. 단, 기채사업인 경우 예외	· 현금수반원칙 단, 기채사업인 경우 예외	· 당해연도 연부액만 현금 수반
이월효과	· 이월예산배정	· 이월예산배정	· 이월예산배정
이월예산관리 방법	· 예산현액	· 예산현액	· 예산현액

(5) 지방예산성과금제도

(가) 예산성과금제도의 의의

지방자치단체의 장은 예산의 집행방법 또는 제도의 개선 등으로 예산이 절약되거나 수입이 증대된 경우에는 절약된 예산 또는 증대된 수입의 일부를 이에 기여한 자에게 성과급으로 지급하거나 다른 사업에 사용할 수 있다. 예산절약액 또는 수입증대액의 일부를 성과금(인센티브)으로 지급함으로써 예산을 절약하면서 업무를 보다 효율적으로 개선·발전시키는 제도를 말한다. 2000년 1월 12일 지방재정법을 개정하여 지급근거를 마련하였다.

이 제도가 제대로 운영되면, 과거의 관행적·답습적인 예산집행, 기구·인력의 방만한 운영, 불요불급한 사업의 무리한 추진 등 낭비적인 예산집행이 줄어들고 예산절감을 위한 창의적인 노력이 확산되고 선의의 경쟁풍토를 조성하며, 직접 기여한 공무원에게는 보람과 긍지를 주어 사기진작과 복지향상에도 도움을 줄 것으로 전망된다.

(나) 적용범위와 지급요건

지방자치단체 및 그 소속기관을 적용대상으로 하며, 지방자치단체의 장을 직접 보조·보좌하는 기관과 지방의회사무기구 단위로 적용하며 보조·보좌기관은 실·국·단 그리고 과·담당관과 지방의회사무처·국·과를 단위로 한다.

예산성과금은 특별한 노력으로 예산의 지출이 절약되거나 수입이 증대된 경우에 절약된 예산 또는 증대된 수입의 일부를 이에 기여한 자에게 지급하거나 다른 사업에 사용하는 것으로 예산절약 또는 자발적 노력을 통하여 구체적인 조건이 충족되어야 한다.

지출절약과 수입증대의 구체적인 요건과 사례에 대해서는 예산성과금심사위원회에서 심사하여 성과금의 지급대상으로 인정하는 경우에 한하여 성과금의 지급을 결정하게 된다.

(다) 지급기준과 규모

예산성과금은 지출절약과 수입증대의 내용에 따라 지급기준과 규모가 다르게 적용되는데 예산절약에 대한 성과금은 정원감축, 경상경비절약, 주요사업비절약의 경우로 구분되며, 1인당 2천만원을 초과할 수 없다.

다만 지출절약의 내용이 유사사업 또는 다른 기관에 확대 적용됨으로써 예산절약의 효과가 현저하다고 예산성과금심사위원회가 인정하는 경우에는 예산성과금의 30% 범위안에서 가산지급할 수 있으며 이 경우 1인당 지급액은 2천6백만원을 초과할 수 없다.

Ⅴ. 지방예산의 결산

1. 지방예산 결산의 의의

결산이란 예산집행을 종료한 집행부가 세입·세출예산의 집행실적을 확정적 계수로 표시하는 것을 말하며, 지방의회가 결산에 대한 승인권을 갖는다. 결산이 예산집행결과에 대한 사후심사인데 비하여 예산심의란 사전심사인 점에서 차이가 있다. 지방의회의 결산승인권은 예산심의권과 함께 지방자치단체의 장에 대한 중요한 재정적 통제수단이 된다.

그러나 집행결과가 정당한 경우에는 결산승인으로 지방자치단체의 예산집행의 책임을 해제하는 효과가 있다. 그러나 만일 위법·부당한 사실이 발견되면 그 자체를 무효로 하거나 취소할 수는 없고, 다만 지방자치단체장에게 정치적·도의적 책임을 추궁하는 방법 이외에는 다른 수단이 없다.

2. 지방예산 결산절차

(1) 세입·세출결산서의 작성 및 제출

세입결산은 세입주관과장(세정과장)이, 그리고 세출결산은 출납주관과장(회계과장/총무과장)이 각각 출납폐쇄일(다음해 2월말)로부터 80일 이내에 작성한다. 결산서에는 ① 세입세출결산보고서, ② 기금결산보고서, ③ 채권현재액보고서, ④ 채무결산보고서, ⑤ 공유재산증감 및 현재액보고서, ⑥ 물품증감 및 현재액보고서이며, 그 부속서류는 14가지이다.

부속서류는 ① 결산수지상황 총괄, ② 총수입 및 지출액 증명, ③ 세입세출결산 총규모, ④ 전년도 결산대비, ⑤ 재원별·경제성질별 결산액, ⑥ 세입세출결산 회계별 규모(전년대비), ⑦ 세입금 결손처분사유별 현황, ⑧ 세입금 다음연도이월액 사유별 현황, ⑨ 기능별·성질별 결산현황, ⑩ 세출예산 집행잔액 현황, ⑪ 보조금 집행현황, ⑫ 주요사업 추진현황, ⑬ 세입세출외현금 현재액, ⑭ 보증채무 현재액 등이다.

지방자치단체의 장은 당해 지방자치단체의 재정상태 및 운영결과를 명백히 하기 위하여 발생주의와 복식부기 회계원리를 기초로 하여 행정안전부장관이 정하는 회계기준에 따라 거래의 사실과 경제적 실질을 반영하여 회계처리하고 재무보고서를 작성하여야 하며, 검사위원에게 결산검사에 필요한 서류를 제출하는 때에는 재무보고서에 공인회계사법에 의한 공인회계사의 검토의견을 첨부하여야 한다.

결산사항은 〈표 5-11〉과 같다.

(2) 결산검사위원의 결산검사

(가) 검사위원의 수

시·도의 경우는 5인 이상 10인 이하, 시·군·자치구는 3인 이상 5인 이하로 하고, 당해 지방의회의원이나 공인회계사, 세무사 등 재무관리에 관한 전문지식과 경험을 가진 자중에서 지방의회 의장과 지방자치단체장의 추천에 의하여 선임하며, 그 정수, 선임방법, 운영 및 실비보상에 관하여 필요한 사항은 지

표 5-11 결산사항

구 분	내 용
세입예산	① 세입예산액: 최종세입예산액(추경예산포함) ② 징수결정액: 법령,행정처분, 기타 행정행위에 의하여 세입의 원인이 되는 사실이 발생하고 이를 징수키로 결정한 금액(③+④+⑤) ③ 수납액: 징수결정액 중에서 실제로 수납한 금액 ④ 불납결손액: 징수결정액 중에서 납세자의 재력부족, 주거불명, 시효만료 등으로 결손처리한 금액 ⑤ 미수납액: 징수결정액 중에서 당해 회계연도에 수납되지 않은 금액으로 익년도 이후에 징수해야 할 금전채권
세출예산	① 세출예산액: 최종세출예산액(추경예산포함) ② 전년도이월액: 전년도에서 이월된 명시이월액과 사고이월액 ③ 예비비사용액: 기존예산과목의 세출예산액에 추가한 예비비지출결정액 ④ 전용등 증감액: 전용·이용 및 이체에 의한 예산과목간 증감액 ⑤ 수입대체경비 초과지출액: 수입대체경비과목에 대하여 초과수입에 따른 초과지출 한도액 ⑥ 예산현액: 당해연도에 실제로 지출할 수 있는 세출금액(①,②,③,④,⑤) ⑦ 지출액: 예산현액 중에서 실제로 지출한 금액 ⑧ 다음 회계연도 이월액: 당해년도 예산현액 중에서 다음연도로 이월하는 사고이월 및 명시이월액의 금액 ⑨ 집행잔액: 예산현액의 지출액과 다음 회계연도이월액을 제외한 잔액(⑥-⑦-⑧)

방자치단체조례로 정한다. 지방의회의원은 검사위원수의 1/3을 초과할 수 없으며, 지방자치단체의 상근직원은 검사위원이 될 수 없다.

(나) 결산검사사항

지방의회로부터 결산검사위원의 선임통보를 받으면 대표위원과 검사일정을 협의하여 수검장소를 정하고 ① 세입·세출의 결산, ② 계속비·명시이월비 및 사고이월비의 결산, ③ 채권 및 채무의 결산, ④ 재산 및 기금의 결산, ⑤ 금고결산의 사항을 검사하여야 한다.

또한 검사위원이 지방자치단체의 장 및 금고에 대하여 검사에 필요한 자료(세입·세출관련 회계부책, 결산내용의 기초가 되는 서류 및 그 설명서 등)를 요구할 수 있으며, 그 요구를 받은 지방자치단체의 장 및 금고는 특별한 사유가 없는 한 이에 협조하여야 한다. 공무원의 위법사실이 발견되면 징계·고발을 건의할 수 있는 권한을 부여하고 장기적으로 감사권을 부여함이 바람직하다.

(다) 결산검사와 그 결과의 처리

결산검사는 ① 계산의 과오여부, ② 실제의 수지와 수지명령의 부합여부, ③ 재무운영의 합당성, 예산집행의 효율성 등을 심사하나 앞으로 주요사업에 대한 성과주의적 결산검사도 필요하다.

검사기간은 5월 20일부터 6월 20일까지 20일간으로 하며, 지방의회의 요청에 따라 그 기간을 연장할 수 있으며, 검사위원(대표검사위원)은 결산검사종료후 10일 이내에 검사의견서를 지방자치단체의 장에게 제출하여야 한다. 검사위원의 심사결과 결산서에서 오류를 발견한 경우 지방자치단체의 장은 이를 시정한 후 지방의회에 제출하여야 한다.

(3) 지방의회의 심의·승인

결산의 승인은 지방자치단체가 검사위원의 의견서를 첨부하여 제출한 결산서를 지방의회에서 의결함으로써 이루어진다. 결산승인은 세입세출예산집행의 결과를 최종적으로 확인·검증하고 재정효과와 행정효과를 객관적으로 판단하려는 것으로 그 과정에서 나타난 잘못된 점이나 개선사항을 정리하여 다음연도의 예산편성과 재정운영에 활용하고 지방의회의 입장에서 예산심의와 재정운영에 대한 비판과 지도에 도움을 주는데 있다.

결산승인은 다음연도 6-7월에 개최되는 제 1차 정례회에서 처리하며, 승인대상은 세입·세출결산보고서 등 6종이며, 검사위원의 검사와 중복을 피하여, 대국적인 견지에서 전체적 내용을 검사하되, ① 예산집행의 적법성, 공정성, 능률성, 합리성 검토 ② 행정효과, 재원의 확보, 예산집행의 적정성, 세계현금의 운용, 세출예산의 운용, 세출예산의 유용상황 등을 중점적으로 심사한다.

지방의회에서는 소관 상임위원회의 예비심사와 예산결산특별위원회의 종합심사, 그리고 본회의 승인의 절차를 거쳐 결산서를 승인한다.

지방의회에서 결산을 심의하면서 중점적으로 검토하는 사항은 〈표 5-12〉와 같다.

표 5-12 결산심사시 중점심사사항

구 분	심사중점사항
결산총괄	· 세입 · 세출결산보고서, 지방금고의 계산증명 및 결산검사위원의 검사결과보고서 일치 여부 · 세입 · 세출결산보고서 및 예비비사용명세서상의 예비비의 과목별 집행내용의 일치 여부 · 전년도 결산심의시 집행기관에 대한 시정요구 또는 촉구사항의 이행 여부와 그 내용
세입결산	· 세목별 예산액과 징수결정액 간의 대비 및 증감 사유 · 세목별 징수결정액과 수납액 간의 대비 · 사유별 미수납액, 불납결손액 및 전년도 이래 미수납액 중 당해 연도 수납액, 불납결손액 및 미수납액 · 지방세 이의신청, 심판청구 및 행정소송 제기현황 · 세외수입 종별 예산액, 징수결정액, 수납액 대비 · 세외수입 종별 미수납액, 불납결손의 사유 · 지방채 발행, 차입금수입의 예산총칙상 한도액 범위내의 집행 여부 · 국고부담을 전제로 한 지방채 등에 의한 재원조달 및 사업시행 후 국고보전 재원세입의 여부와 미보전시 그 사유와 대책 · 지방교부세, 보조금의 내시액과 교부액 간의 일치 여부와 차액발생시 그 사유 · 보조금 집행잔액의 반납 경우에 그 사유와 금액의 적정 여부
세출결산	· 세출결산의 기능별 · 성질별 예산액 대 결산액의 대비 및 증감 사유 · 주요 계속사업의 집행실적 및 연도중 계획 및 예산의 변동상황과 그 사유 · 각종 보조사업의 집행실적과 지방비 부담실적 · 개인, 민간단체 등에 대한 보조금, 출자, 출연 등의 집행실적 및 대상별 총사업집행 및 자체재원 조달실적 · 결산상 잉여금에 의한 세입 · 세출 외 처리현황 · 연례적인 이 · 전용의 사례와 그 사유 · 이용범위를 벗어난 이용사례와 그 사유 · 동일 목적의 경비를 중복 이 · 전용한 사례 · 전용의 제한규정을 위반한 전용사례 · 전년도 이월액의 이 · 전용 여부 · 예비비 지출결정액의 이 · 전용사례 · 이월재원 확보 또는 특정 부문의 사업을 추가 또는 신규지원하기 위하여 이 · 전용한 사례

구 분	심사중점사항
세출결산	· 경비성질별 · 사유별 불용액 현황 · 계획변경에 의한 주요 사업의 불용액 발생 여부 및 그 사유 · 명시 · 사고이월액의 규모 · 개별사업의 이월요건 부합 여부 및 이월액 책정의 적정 여부 · 사고이월액의 재이월 여부 · 재원없는 적자이월 여부와 그 대책 · 수입대체경비의 목적외 집행 여부 · 수입대체경비 초과수입에 따른 초과지출한도 결정 및 초과지출의 타당성 여부
예비비지출	· 사항별 예비비 지출사유 및 지출결정액의 타당성 여부 · 연례적 · 반복적 경비의 예비비 지출사례 · 재원확보를 위한 이월을 전제로 한 예비비 지출결정사례 · 특정 부문의 지원을 위한 예비비 지출결정사례 · 지출결정 후 집행과정에서 사정변경으로 인한 미집행현황 그 사유
계속비결산	· 사업별 · 비목별 연할액, 집행액과 동일비목 세출결산과의 일치 여부 · 사업기간, 총사업비의 변경조정 사유 및 적정성 · 연할액 체차이월현황
채권 · 채무	· 채무부담 한도액 범위 내의 채무부담 여부 및 채무부담액의 변동사유와 그 금액 · 채무종류별 발생, 증감현황과 현재액 및 향후 이행대책 · 채권의 누락, 과소 또는 과다계상 여부 및 채권의 이행대책
금 고	· 회계별 수입 · 지출의 확인 · 세입부와 지출부의 기록일치 여부 확인 · 현금과 유가증권의 실사
재산 및 기금 · 물품	· 소유재산의 구분관리: 관리대장과 재산의 실재성 확인 · 관리재산(국유 · 공유)의 관리상황 확인 · 대부재산과 세입을 연결하여 누락여부 확인 · 물품관리대장과 증감 및 현재액 확인

자료: 국회 예산결산특별위원회(1992: 143-5).

(4) 결산내용의 보고 및 고시

지방자치단체의 장은 지방의회가 결산을 승인한 경우 이를 5일 이내에 시 · 도에서는 행정안전부장관에게, 시 · 군 · 자치구에서는 시 · 도지사에게 각각 보고하고 그 내용을 고시하여야 한다.

지방자치단체의 장은 조례가 정하는 바에 의하여 매 회계연도마다 1회 이상 세입·세출예산의 집행상황, 지방채 및 일시차입금의 현재액, 공유재산의 증감 및 현황, 중요물품의 증감 및 현재액, 기타 재정운영에 관한 주요사항을 주민에게 공개하여야 한다.

3. 결산상잉여금의 처리

(1) 결산상잉여금의 의의

결산상잉여금(決算上剩餘金)이란 한 회계연도에 실제로 수입한 금액에서 실제로 지출한 금액을 뺀 잔액을 의미한다. 이와 같이 한 회계연도에서 수납된 세입액에서 세출액을 뺀 세계잉여금은 주로 세입이 예산을 초과하여 수납된 경우(예: 지방세와 세외수입의 자연증수)와 세출이 예산을 하회하여 지출된 경우나 미집행한 경우(세출의 이월금, 경비절감 및 집행잔액)이다.

세계잉여금＝세입결산액－세출결산액
순세계잉여금＝세계잉여금－이월액－보조금 집행잔액
＝당해년도 발생분＋전년도 이월분
＝세입초과금＋세출집행잔액

(2) 결산상잉여금의 처리방법

결산상잉여금은 ① 명시이월, ② 사고이월, ③ 계속비 이월과 ④ 다른 법률로 규정된 사항에 해당되는 금액과 ⑤ 지방채증권 또는 차입금의 상환해당액을 공제한 잔액을 다음연도 세입에 이입하되, 조례가 정하는 바에 따라 그 잉여금의 전부 또는 일부를 재산 또는 기금에 편입할 수 있다.

또한 매 회계연도마다 순세계잉여금 중 일정비율 해당액은 기존채무 상환재원으로 사용토록 지방채무관리및지방채발행승인등에관한규정에서 의무화하고 있는데 당해연도 채무상환비율이 10% 미만인 지방자치단체에게는 이의 활용을 권고하고, 당해연도 채무상환비율이 10% 이상인 지방자치단체는 이의 활용을 의무화하고 있다. 즉 채무상환비율이 10% 이상 20% 미만 단체는 순세계잉여금의 20% 이상을, 채무상환비율이 20% 이상 30% 미만 단체는 순세계잉여금의 30% 이상을, 채무상환비율이 30% 이상인 단체는 순세계잉여금의 50% 이상을 사용토록 하고 있다.

제 4 절 지방예산제도

Ⅰ. 지방예산제도의 변천

지방예산제도는 국가의 예산제도와 유사하나, 지방행정의 특수성으로 인하여 다소의 차이가 있다. 예산제도는 연혁적으로 보면, 품목별 예산제도가 중심이 된 통제중심(control-oriented)의 예산제도에서 출발하여 1930년대 성과주의 예산을 중심으로 한 관리중심(management-oriented)의 예산제도로 발전하였으며, 그 후 기획예산제도와 자본예산제도가 주축이 된 계획중심(plan-oriented)의 예산제도로 발전하였다.

비록 시대적으로 예산제도가 탄생하게 된 배경이 다르고, 각 제도가 갖는 장·단점이 있으나, 현실적으로는 예산제도중 어느 한 제도를 택하느냐보다는 각 제도의 장점을 도입하여 예산편성과정에 연계시켜 나가는 것이 바람직하다.

Ⅱ. 품목별예산제도

1. 품목별예산제도의 의의

품목별예산제도(itemized budget 또는 line item budget system)란 예산을 조직별, 지출대상별로 분류하여 예산편성·심의·집행·회계검사에 이르기까지의 전 과정이 기관별·품목별로 운영되는 제도이다. 즉, 지출의 대상을 투입요소(input)를 중심으로 급여, 여비, 수당 등 품목별로 표시한 예산으로 집행부의 역할을 통제하고 집행부가 지방의회의 의도대로 예산을 지출하였는가를 감독할 수 있는 제도이다. 이 제도는 예산규모와 각 항목별 예산을 결정함에 있어 점증주의적 방식을 따르고 있다.

2. 품목별예산제도의 평가

(1) 장 점

(가) 예산편성이 용이하고, 예산사정의 자료로 활용될 수 있다. 어느 나라에

서나 이 제도를 현재까지 버리지 못하고 있는 이유가 바로 여기에 있다.

(나) 회계책임을 명확히 하고 회계검사를 용이하게 한다. 즉, 지출대상별로 책정된 금액을 집행하였는가를 쉽게 알 수 있다.

(2) 단 점

(가) 예산의 전모를 파악하는데 도움을 주지 못한다. 인건비 등 품목별 예산제도로는 오늘날 복잡해진 예산의 기능을 총체적으로 알 수 없다.

(나) 자원배분이 비효율적이다. 전년도 예산을 기준으로 점증주의적으로 편성하므로 자원이 낭비되는 경우가 많다.

(다) 예산집행에 있어서 신축성이 없다. 회계책임만을 강조하고 있을 뿐 집행상의 신축성을 저해하고 있다.

3. 우리나라 예산제도에의 적용

목은 품목별로 운영하고 있으며, 지방예산의 편성・심의・집행・결산의 전 과정을 통하여 매우 중요한 예산제도로 자리잡고 있다.

Ⅲ. 성과주의예산제도

1. 성과주의예산제도의 의의

성과주의예산(performance budget)이란 실적주의예산이라고도 하며, 1930년대 대공황(Great Depression)을 겪으면서 뉴딜(New Deal)정책을 통한 경기진작을 위해 정부와 재정의 역할이 강조되고 이를 위한 새로운 예산제도로 도입되게 되었다. 그 이후 1930년대 초까지 미국의 정부에서 채택되어 활용되었다. 성과주의예산은 총액예산, 발생주의회계, 원가회계를 강조하고 있다(Mosher, 1984).

성과주의예산제도란 품목을 없애는 대신에 기능・활동・사업 등 산출(output)을 중심으로 운영되며, 예산운영에 있어서 품목을 통제하는 대신 구성원에게 권한과 책임을 부여하는 제도이다. 내부통제가 강조되고, 결정에 있어서도 상위수준의 사업은 최고관리층이 하위수준의 사업은 중간관리층이 담당하는 등 역할분담이 이루어지고 있다.

2. 성과주의예산의 내용

(1) 분류체계

정부의 기능(function)을 다시 기관, 사업(project), 성과(performance)단위와 지출대상으로 세분한 다음 예산을 산정한다. 즉

기 능 → 기 관 → 사 업 → 성과단위 → [활 동 / 최종산물] → 지출대상

예산 = 단위원가 × 업무량

여기에서 단위원가란 업무측정단위 하나를 산출하는데 소요되는 경비를 말하며, 업무량을 측정하는 업무측정단위는 수행하여야 할 업무를 분할·측정할 수 있는 단위로, 길이·양·무게·부피 등 어느 것으로도 표시될 수 있다. 420㎞의 고속도로를 건설하는 경우 1㎞는 업무측정단위가 되고, 단위원가는 1㎞ 건설에 소요되는 건설비용을 말한다.

(2) 비용측정

성과주의예산은 발생주의회계, 사업성과단위의 결정을 필요로 하는 데 정부사업을 측정가능한 사업과 측정이 불가능한 사업으로 구분하고, 후자의 경우에는 성과주의예산의 적용이 제한된다.

측정가능한 사업은 원가주의회계, 인시법(man-hour method), 업무량법(work-load method)과 같은 방법으로 측정한다. 측정불가능한 사업은 인원비율기준(ratio of personnel basis)과 점수법에 의하여 가능한 측정을 시도할 수 있으나 정확성에 문제가 있다.

3. 성과주의 예산제도의 평가

(1) 장 점

(가) 지방자치단체가 무슨 일을 하며 얼마의 돈을 들여 어느 정도까지 완성하였는가를 파악할 수 있다. 즉 주민에게 수행해야 할 사업의 투입과 지출을 직접 비교·분석할 수 있게 한다.

(나) 의회 등 외부통제보다는 행정기관의 내부통제(internal control)를 강화시킴으로서 행정의 효과성을 제고시킬 수 있다. 비용의식을 가지고 최소의 비용으로 최대의 실적을 올릴 수 있는 자세를 갖게 한다.

(다) 객관적인 측정기준을 마련함으로써 주관적인 판단을 제거시킬 수 있으며, 실적의 결과를 다음 해의 예산에 반영시킬 수 있다.

(2) 단 점

(가) 업무측정단위를 발견하기가 어렵다. 사업에 따라서는 쉽게 선정할 수도 있으나 대부분의 공공사업의 경우 적절하고 타당성 있는 측정단위를 찾기가 어렵다.

(나) 지방자치단체가 하는 일 중에는 가시적이고 측정할 수 있는 산물로 나타나지 않는 경우가 많다. 따라서 정부가 이룩한 성과를 평가하는 경우에 최종생산물 대신에 보다 가시적인 중간생산물을 측정하는 경우가 많다.

(다) 단위원가계산이 곤란한 경우가 많다. 사업단위별로 원가계산을 하여야 하나 수익과 지방자치단체 사업이나 활동을 단위별로 구분하여 재료비, 인건비, 기타 경비 등으로 구분하여 원가계산을 한다는 것이 매우 어렵다.

4. 우리나라 예산제도에의 적용

우리나라에서는 국가예산의 경우 국방부와 농림수산부에서 이 제도의 사용을 시도하였으나 오늘날에는 오히려 정부의 평가에서 이 제도의 취지 등을 살펴 볼 수 있다.

지방자치단체예산에서는 2008년부터 사업예산제도를 전면적으로 도입하여 지방자치단체의 역할과 활동을 널리 주민에게 이해시키고 관리에 대한 책임성을 확보하기 위하여 분야·부문별, 사업별(정책사업, 단위사업, 세부사업)로 분류하여 운영하고 있다.

Ⅳ. 기획예산제도

1. 기획예산제도의 의의

기획예산제도(planning programming budgeting system)란 목표를 정하고 이를

다시 보다 구체적인 사업계획으로 분할하여 여기에 자원을 체계적으로 연결하여 배정하는 예산으로, 장기적인 사업계획과 단기적인 예산편성을 유기적으로 연결시킴으로써 자원배분에 관한 의사결정을 합리적이고 일관성있게 행하려는 제도를 말한다. 기획(planning)이란 조직목표를 선정하는 과정이며, 사업계획수립(programming)이란 기획에 대한 하위의 세부계획으로 상위목표달성을 위한 대안의 선택과정이며, 예산편성(budgeting)이란 목표와 대안을 달성하는데 필요한 재원배분을 결정하는 과정이다.

이 제도는 1961년 미국의 케네디정부하에서 국방예산에 도입된 이후, 1965년에 연방정부에 전면적으로 실시되었다. 이 제도가 도입된 배경을 살펴보면, 첫째, 거시적으로는 케인즈(Keynes)경제학이 그리고 미시적으로는 한계효용의 법칙과 같은 경제적 분석기법이 발전하였으며, 둘째, 컴퓨터, OR(Operational Research), 비용효과분석, 체제분석기법과 같은 정보 및 정책기법이 개발되었으며, 셋째, 자본투자제도가 도입되어 예산과 계획이 통합되어 운영할 수 있게 되었다.

2. 기획예산제도의 내용

(1) 사업구조

먼저 기본목표(fundamental goal)를 설정하고 이것을 성취하기 위해서 하위목표(sub-goal)를 세우고 다시 프로그램(program), 세부요소(program element) 등으로 계층적인 구조를 밟으면서 목표가 구체화된다.

(가) 큰 사업(program category)

사업범주라고도 하며, 사업을 대분류하였을 때 사업구조상 최상위에 위치하는 것으로 그 아래에는 많은 하위사업이 있다. 큰 사업은 주로 최고결정자 수준에서 결정된다.

(나) 중간 사업(program sub-category)

사업구조의 중간에 해당되는 규모의 사업이며, 고도의 유사성을 가진 산출물로 생산한다.

(다) 세부 사업요소(program element)

사업구조를 형성하는 기초단위사업으로 산출물은 명확하게 계량화되어야 하며, 사업의 최종산출물(end product)이어야 하고, 사업요소에 대한 투입은 산출수준의 변화에 따라서 달라져야 하고, 사업요소간에는 경계가 명확해야 한다.

(2) 기본문서

(가) 사업요강(program memoranda)

각 지방자치단체의 사업선정과 목표달성을 위한 여러 가지 대안의 비용과 효과를 검토한 후 지방자치단체장이 특정한 대안을 선정한 이유를 명시한 서류를 말한다. 사업요강의 대상사업은 사업의 전체이거나 일부일 수도 있으며 몇 개의 사업범주에 걸치는 경우도 있다.

(나) 특수분석연구서(special analytic studies)

지방자치단체가 당면한 특별히 복잡한 문제에 대하여 분석한 것으로 사업요강에 포함되는 결정에 분석적 기초를 제공한다. 이 연구는 기획예산체제의 효과적인 운영과 매년도의 예산검토를 위하여 이루어진다. 모든 사업에 적용되지 않고 집행부 장의 결정사항에 속하는 중요사업에 국한되는 것이 일반적이다.

(다) 사업과 재정계획서(program and financial plan)

기획예산제도의 핵심문서로 기관의 사업과 재원을 다년도에 걸쳐서 포괄적으로 요약한 문서이다. 여기에는 산출, 일차년도의 비용, 회계연도 및 다음 4년간의 계획과 이에 소요되는 재원 등이 포함된다. 따라서 재정계획서는 각 사업의 비율을 추정해서 표시한 재정계획과 연도별 사업의 산출을 나타내는 계획으로 구분된다.

3. 기획예산제도의 평가

(1) 장 점

(가) 정책결정자가 자원을 보다 합리적으로 배분하도록 도와준다. 기획예산제도는 올바른 일에 자원이 비능률적으로 사용되는 것보다 그릇된 일에 자원이 비능률적으로 사용되는 것을 막아 준다.

(나) 계획과 예산을 통합시킨다. 제한된 자원은 선례에 따라서 막연하게 사용되는 것이 아니라 반드시 목적이나 계획을 달성하기 위해서 사용된다.

(다) 재원배분이 고위층에서 이루어지기 때문에 처음부터 고위층의 의사를 반영시키기에 적합하다. 특히 지방자치단체장이 새롭게 선출된 경우 적정하게 활용될 수가 있다.

(라) 중장기계획을 추진하기 위해서 적합한 제도이다. 중·장기계획을 구체적인 재원의 뒷받침 속에서 추진할 수 있으며, 처음부터 비용이나 가용자원을 생각하고 계획의 실천가능성을 고려한다.

(마) 예산사용이 의도한 결과를 가져왔는가를 확인하고 평가함으로써 예산집행에 있어서 관리의 효율성을 강조하고 의도한 목표가 성취되지 않았을 때에 다시 다음 예산에 반영시킴으로서 예산과정에서의 환류를 원활하게 한다.

(2) 단 점

(가) 지방자치단체의 모든 계획이나 활동 및 결과를 수량적 개념으로 표현한다는 것이 거의 불가능하다. 지방자치단체가 하는 일이 대부분 눈에 보이지도 않고 수로 나타내기도 어렵다. 비용효과분석은 측정가능성을 전제로 한다.

(나) 모든 서류를 준비하고 모든 사업계획을 분석하고 대안을 마련하려면 시간과 돈과 노력이 너무 많이 든다.

(다) 우선순위를 결정할 기준을 찾기가 어렵다. 하위목표간의 우선순위는 한계효용의 이론을 적용하여 어느 정도 결정할 수 있으나 상위목표간의 우선순위는 결정이 어렵다.

(라) 고도의 전문성과 기술성을 띠고 있어 지방의회에서 예산심의가 어려워 기획예산제도에 대해서 부정적인 태도를 취하고 있다. 뿐만 아니라 권한을 상층부에 집중시켜 하부로부터 관심저하와 반대가 있게 된다.

4. 우리나라 예산제도에의 적용

우리나라에서는 계획과 예산을 연계시켜 목표관리를 명확하게 하기 위하여 모든 지방자치단체는 5년 주기의 연동계획인 중기지방재정계획을 수립하고, 이를 토대로 비용·편익분석 등 방법을 적용하여 일정규모 이상의 사업에 대한 투융자심사를 거쳐 당해년도예산을 편성토록 하고 있다.

Ⅴ. 영기준예산제도

1. 영기준예산제도의 의의

영기준예산(zero-base budgeting)이란 전년도 사업을 포함하여 모든 사업은

표 5-13 기획예산제도와 영기준예산제도의 비교

구 분	기획예산제도	영기준예산제도
제도성격	계획지향적	관리지향적
결정방향	하향적	상향적
결정대상	무엇을 할 것인가(what to do)	어떻게 할 것인가(how to do)
주요관심	새로운 프로그램, 기존 프로그램간 예산변동	기존프로그램의 계속적인 재평가

일단은 영(zero)에서 다시 평가하여 자원배분을 결정하자는 예산제도로 과거에 관행적으로 실시되어 온 사업을 재평가함으로써 불필요하고 낭비적인 프로그램을 제거하자는 제도이다. 아무리 계속되어온 사업이더라도 필요하지 않거나 신규사업에 비해서 중요성이 떨어지면 폐지하거나 줄일 수 있다는 입장이다.

이 제도는 Texas Instrument사의 부사장이었던 피르(Peter A. Pyhrr)에 의하여 제창되었으며, 1973년 카터(Jimmy Carter)가 Georgia주의 주지사시절에 도입한 이후 Illinois, Missouri, Texas주 등에 파급되었다가, 카터가 대통령에 당선된 후 이 제도를 연방정부에서 채택하였다.

2. 영기준예산제도의 내용

(1) 의사결정패키지의 작성

의사결정패키지(decision package)란 의사결정단위의 관리자가 업무를 수행하는 데 필요한 비용을 분석한 서류를 말한다. 관리자는 의사결정단위별로 몇 개의 대안을 개발하고 최적대안을 선택하며 선택된 대안에 대해서는 사업수준을 결정한다. 가장 중요한 단계로 본 제도의 성패를 좌우한다.

이에는 목표, 그 사업계획을 실현하지 않았을 때 나타나는 결과, 실적의 측정, 여러 가지 대안, 비용과 효과의 분석 등이 포함되어야 한다. 여기에서 대안패키지란 당해 단위사업의 목표를 달성하기 위한 상호배타적(독립적)인 사업수행방법을 말하며, 점증패키지란 선정된 대안에 대한 예산규모와 관련된 문서이다. 점증패키지는 최저수준에서부터 자원의 한계를 감안하지 않은 최고수준까지 다양한 수준의 안이 개발된다.

그림 5-3 의사결정 패키지의 예

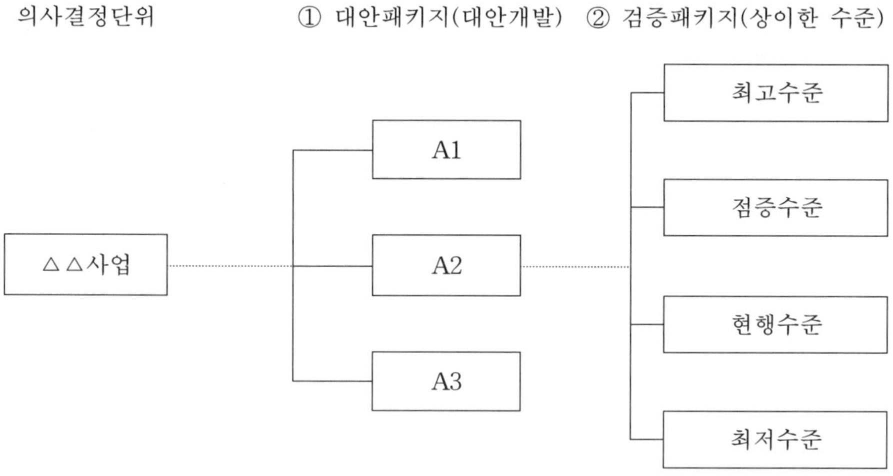

(2) 의사결정패키지에 대한 순위결정(ranking of decision packages)

세입예산규모내에서 단위별로 이미 개발된 점증패키지 전체에 대하여 중요성의 순서에 따라서 우선순위를 정하는 과정이다. 최초의 순위결정은 그 패키지를 만든 결정단위에서 이루어지고 이때 책임자는 비용·효과의 분석을 통해서 사업의 우선순위를 결정할 수 있다. 이와 같은 상향적 과정을 최고결정자까지 순위결정을 하게 되는데 국가의 경우 국 또는 부의 수준까지 이루어진다.

3. 영기준예산제도의 평가

(1) 장 점

(가) 전례답습적인 예산결정에서 벗어나 필요한 부문에 자원을 할당하여 자원의 합리적 배분을 제고시키고, 낭비의 가능성을 줄일 수 있다. 착수하거나 재착수하는 사업에 대하여 최소경비제(minimum level of cost)를 도입하여 불필요한 경비를 최대한으로 막는다.

(나) 프로그램을 구체적으로 집행하는 일선책임자나 중간관리층의 계선책임자에게 집행에 필요한 운영기준과 도구 및 정보를 제공함으로써 상·하간에 일관적인 맥이 흐르게 한다.

(다) 예산결정에 조직내 모든 사람들을 참여시킨다. 의사결정의 패키지가 그

사업에 가장 정통한 사람들로부터 마련되고, 위로 올라가면서 구체적으로 검토되고 순위가 결정되므로 모든 사람들이 진지하게 참여한다.

(2) 단 점

(가) PPBS와 마찬가지로 채택하고 실시하는데 많은 시간과 노력이 든다. 모든 사업계획이나 활동마다 의사결정 패키지를 만들고 여기에 순위를 매겨야 하므로 시간과 예산이 많이 소요된다.

(나) 주로 기존의 프로그램을 현행의 경비수준을 중심으로 재평가하는 일에 관심을 기울이기 때문에 새로운 프로그램의 개발에 둔감한 편이다.

(다) 조직 단위의 책임자들이 아무리 정통하다고 하더라도 여러 가지 대안을 개발하고 어떤 수준의 서비스제공이 경제적인가를 결정하기가 쉽지 않은 일이다.

4. 우리나라의 예산제도에의 적용

지방재정의 생산성을 제고하기 위하여 관행적인 예산편성방식에서 벗어나 영기준(Zero-Base)관점에서 세입과 세출예산을 재검토하도록 지방자치단체예산편성기준에 명기하고 있다. 또한 예산사정시 활용할 수 있도록 예산서에 전년도 예산을 표기하지 않도록 하고 있다.

Ⅵ. 자본예산제도

1. 자본예산제도의 의의

자본예산(capital budget)이란 편익이 1년 이상 산출되는 자산의 취득을 위하여 마련한 예산을 말한다. 그러나 미국의 주정부에서는 자본적 지출의 대상을 고정생산설비, 장비 등 수명이 5년 이상의 유형고정자산을, 도시재정위원회에서는 토지, 건물, 장비 등 수명이 10년 이상의 유형고정자산을, 미국 연방정부의 관리예산처는 건설, 장비, 연구개발 등 유형고정자산 뿐만 아니라 무형고정자산까지 대상으로 하고 있다(이영조, 1995: 176).

자본적 지출을 경상적 지출과 구분해야 하는 이유는 ① 자본투자시설은 완성에 수년이 소요되고 일시에 많은 자금이 소요되므로 장기계획을 수립하여 추진하는 것이 효율적이며, ② 경상예산은 경상수입으로 편성하나 자본예산의 대부분은 지방채와 같은 임시적 수입으로 편성한다. 따라서 재정을 건전하게 운영할 수 있다. ③ 자본자산을 공급하고 재정을 지원하는데 있어서 세대간이나 주민집단간에 공평성과 능률성을 도모할 수 있다.

2. 자본예산제도의 내용

(1) 절 차

(가) 종합계획(comprehensive plan)

우선 먼저 도시 또는 지역에 관한 종합개발계획을 수립한다. 이 계획은 지역과 도시발전에 대한 지역주민의 요구를 수렴하여 중장기적인 목표를 제시하는 종합적인 계획이다. 우리나라의 경우 장기발전구상과 지역발전계획, 도시기본계획과 도시재정비계획 그리고 특정지역계획 등이 있다.

(나) 사업계획(program plan)

기능계획(functional plan)이라고도 하며, 종합계획을 사업별 또는 기능별로 구체화한 계획이다. 종합계획의 하위계획으로서 앞으로 몇 년간에 걸쳐서 달성해야 할 구체적인 사업목표, 사업간의 우선순위결정, 소요비용 등이 포함된다. 사업을 담당하는 기관별로 작성한다. 우리나라의 경우 상·하수도계획, 교통시설계획, 도로확충계획 등 분야별로 세분화되어 수립된다.

(다) 다년도 자본투자사업(multiyear capital investment program: CIP)과 투자예산

다년도 자본투자사업은 사업계획을 좀더 자세하게 기술한 활동문서로서 선택된 사업의 시간계획, 비용분석, 재원지원방안 등으로 구성된다. CIP는 5년을 기간으로 작성되는데 이것이 지방의회에서 승인되면 5개년 자본예산이 된다. 실제로 자본투자사업과 투자예산이 불일치되는 경우가 흔히 발생하기도 한다.

(라) 시설계획(facility planning)

토목과 건축설계, 예산편성의 기초가 되는 구체적인 계획으로 사업계획을 보다 세분한 사업계획이다. 제안된 사업의 규모, 용도, 공간배치와 관련된 세부적인 내용들이다. 시설 및 사무실 배치, 동선 등이 구체적으로 마련되며 이에 따라 설계, 소요경비산출, 예산편성이 이루어진다.

(2) 자본예산을 위한 사업선정기준

자본예산을 활용하기 위해서는 어떤 기준에 의거하여 자본사업을 선정할 것인가, 우선순위를 어떻게 정하느냐, 결정과정의 정치적·경제적·기술적 요인들을 어떻게 고려하느냐 등의 문제가 매우 중요하다. 사업선정의 기준은 학자에 따라서 차이가 있다.

Howard는 자본적 지출의 우선순위를 현재 위험한 시설, 현시설의 이용극대화를 위한 지원시설, 현재 계획의 확장, 미래계획의 확장 등을 들고 있으며, Levitan과 Byrne은 긴급성이 요구되는 시설, 주민들의 생활에 필수적인 것, 주민이 필요로 하는 것, 주민들이 공급의 확대를 원하는 것, 중요하며 긴급을 요하는 시설 등을 우선적 자본투자의 대상으로 제시하고 있다(이영조, 1995: 179-180).

3. 자본예산제도의 평가

(1) 장 점

(가) 비용·편익분석방법을 사용하여 사업선정의 합리성을 제고하고 자원을 효율적으로 이용하게 한다.

(나) 자본투자사업은 현세대에만 혜택을 주는 것이 아니라 다음 세대에게도 편익을 주기 때문에 세대간에 투자비용을 분담하는 것이 바람직하다.

(다) 감가상각을 하게 되므로 지방자치단체의 순자산상태를 파악할 수 있으며, 감가상각비는 지방자치단체내에 유보되므로 자본시설에 대한 대체계획을 수립할 수 있다.

(라) 계획은 장기적이나 정치적 영향을 받지 않으며, 예산은 회계연도가 일년으로 예산결정에 정치적 요인이 강하게 작용하므로 일치하기가 어렵다. 그러나 자본예산을 도입하면 계획과 예산의 불일치문제가 발생하지 않는다.

(2) 단 점

(가) 자본지출대상의 결정과 관련하여, 수명 또는 내용년수를 5년 또는 10년으로 할 것인가, 또한 유형 또는 무형의 고정자산까지 포함할 것인가에 대한 명확한 기준이 없다.

(나) 공공분야의 고정자산에 시장가격을 적용할 수 없는 경우가 많아 자산

평가 자체가 부정확하다. 내용년수내에 수선비가 지출되면 수명이 연장되고, 매년 감가상각비가 변경되어야 하는데 쉬운 일이 아니다.

(다) 자본예산의 적자가 경상예산의 적자와 혼합되면 적자의 구분이 불분명해져 이를 이용하여 경상예산의 적자를 은폐할 수 있다. 이와 같은 현상은 자본예산을 정치적인 목적으로 이용할 때 일어난다.

4. 우리나라 예산제도에의 적용

지방자치단체는 장기발전구상, 도시기본계획(20년)과 도시재정비계획(10년), 지역발전계획, 부문별 사업계획을 수립하고, 이를 재정적으로 뒷받침할 수 있는 중기지방재정계획의 수립을 의무화하고 투융자심사를 거쳐 타당성이 입증된 사업에 한하여 예산에 반영토록 하고 있다.

Ⅶ. 사업예산제도

1. 사업예산제도의 의의

사업예산제도는 예산의 편성·배정·집행의 과정과 체계를 사업중심으로 구조화하고 그것을 성과평가체계와 직접 연계시켜 성과를 관리하는 예산기법이다. 사업예산제도는 기존 품목별예산제도가 투입예산과 '목' 중심의 예산 운영·통제시스템을 그 특징으로 하는 것과 달리 사업중심으로 재정지출의 성과를 관리하는 체계를 그 특성으로 한다. 구체적으로 사업예산에서는 예산이 사용되는 사업단위를 성과단위(정책목적·목표 또는 예상산출물·성과)와 직접 연계시켜 줌으로써 예산집행(정부 정책수행)의 결과 즉, 산출물(Output)내지 성과(Outcome)를 정책목표와 비교 평가하는 시스템을 구비하고 있다. 이러한 시스템 하에서는 조직 및 사업별 성과측정과 그 결과의 예산반영이 가능해지고 보다 객관적이고 다양한 성과정보를 재정정보 수요자에게 제공하는 것이 가능해진다. 반면 현행 품목별예산제도에서는 조직별, 프로그램 단위별 비용 및 성과정보가 생성되지 않는다. 품목별 예산제도와 사업예산제도를 비교해보면 〈표 5-14〉와 같다.

표 5-14 품목예산제도와 사업예산제도의 비교

구 분	품목예산제도	사업예산제도
편 성	· 예산과목 위주 편성 - 익년도 업무계획과 예산(안)별도 작성 - 목표, 계획, 예산연계 미흡	· 사업중심으로 편성 - 중장기 목표에 입각하여 성과계획서와 예산(안) 동시 작성 - 목표, 계획, 예산의 연계
예산서형식	· 품목별 예산서 - 품목별 편성 · 목별 사업예산 내역	· 성과중심 예산서 - 사업단위편성 ※ 사업설명서(정책 · 단위 · 세부사업) · 성과목표별 사업내역
예산운용	· 통제위주 예산운용	· 성과위주 예산운용
결산	· 단편적 · 품목별 결산	· 종합적 · 사업단위 결산
심사평가	· 사업진도분석 수준의 심사평가	· 목표와 연계된 성과중심의 평가
환류 (Feed-back)	· 평가장치가 없어 집행 결과가 다음연도 예산에 반영되지 않음	· 성과보고서를 통한 성과 평가 및 다음연도 예산에 반영
주민에 대한 효과	· 품목 중심의 편제로 자치단체가 어떠한 사업을 수행하고 있는지 파악하기 곤란	· 사업을 파악하기 용이 · 투명한 예산운영 유도

자료: 윤종진(2008 : 14).

2. 사업예산제도의 내용

(1) 사업예산의 구조화

사업예산으로 편성하기 위해서는 지방자치단체의 전략과 정책을 체계적으로 사업에 반영하기 위해 분야 · 부문과 정책사업 · 단위사업 · 세부사업이 일정한 규칙에 따라 계층을 형성하여야 한다.

사업이 체계적으로 편성될 수 있도록 일정한 계층구조를 형성하는데 자치단체 전체 재정을 정책사업, 행정운영경비, 재무활동으로 구분하며 정책사업 하위에 단위사업 및 세부사업을 설정하고 세부사업 하위에 편성목과 통계목을 설정한다.

사업구조화시, 하나의 실과에서 여러 개의 정책사업 설정이 가능(정책사업은

그림 5-4 사업예산제도하의 사업구조

자료: 윤종진(2008 : 16).

단일 부문으로만 구성)하며 통계목과 산출근거는 예산서상에 표시되지 않고 통계관리 등 내부관리 목적으로 사용된다.

(2) 사업예산의 운영

(가) 정책사업의 설정

정책사업이란 재정사업과 업무를 대상으로 부서의 성과목표를 고려하여 정책적으로 일관성을 가진 다수의 단위 사업으로, 지방자치단체의 정책수행을 위하여 설정되는 세출예산서상의 일차적 사업단위로서 하부사업인 단위사업의 설정근거가 된다. 하나의 정책사업을 단일 부문으로만 구성되며 단일조직(실 · 과)에서만 운영된다.

(나) 단위사업의 설정

단위사업은 정책사업을 세분한 다수의 실행 단위로서 정책사업을 수행하기 위한 활동근거가 된다. 하나의 단위사업을 동일회계 또는 기금으로만 구성하여야 혼란을 방지할 수 있다. 통상 하나의 정책사업은 4~5개의 단위사업으로 구성한다.

(다) 세부사업의 설정

단위사업을 수행하기 위한 수개의 사업단위로서 가장 하위의 사업단위이다. 하나의 세부사업을 광역자치단체가 직접 수행하는 직접사업과 광역에서 기초로 보조하여 기초자치단체에서 수행하는 지원사업으로 구분하고, 보조재원 포함사업과 자체재원 사업을 구분하여 편성한다.

(라) 행정운영비의 설정

지방자치단체의 행정조직운영을 위한 최소한의 경상비로서 총액인건비제도에 따른 인력운영비와 관서 운영을 위한 기본경비로 구분한다. 인력운영비는 총액인건비 항목에 포함되는 경비이며, 기본경비는 정책사업 수행부서의 운영을 위한 기본적인 행정사무비로서 특정 정책사업에 속하지 않으며, 부서 운영을 위하여 인원수 비례로 산출하는 운영경비이다.

(마) 재무활동의 설정

재무보전적 이전재원, 채무상환 등에 해당하는 영역으로 내부거래 지출과 보전지출로 구분한다. 내부거래 지출은 기관내의 회계간 전출·입금인 공기업계상전출금 등 6개 편성목에 의해 지출된 예산이며, 보전지출은 차입금 이자상환 등 4개 편성목에 의해 지출된 예산이다.

3. 사업예산제도의 평가

(1) 장 점

첫째, 투입과 산출 및 성과의 연계가 명확하므로 정책부문과 사업 및 단위사업간의 우선순위 결정에 유용하고 객관적 성과평가가 가능하며 그 결과의 환류가 가능하다. 둘째, 조직 및 사업단위의 재정운영에 따른 자율성과 책임성이 확보되고 양자의 상호 연계가 가능해 진다. 셋째, 재정정보 수요자에게 다양한 객관성이 있는 성과정보를 제공하며 성과관리를 통한 행정의 효율성이 제고된다.

(2) 보 완

첫째, 사업예산제도의 목적인 정책 및 성과와의 연계를 위하여 사업에 부합되는 권한과 책임을 부여해야 한다. 사업 성과달성을 위한 권한을 부여하기 위하여 사업의 편성 주체 및 관련 절차를 결정하고, 조직-사업-단위사업간 전용의 허용기준, 예산의 이월 및 당겨쓰기 허용수준 등을 결정해야 한다. 또한 사업성과 초과달성 또는 예산절감시에 추가적인 권한의 부여 방안에 대하여도 검토해야 한다.

둘째, 사업의 성과관리를 위해서는 효과적인 재정재원 배분을 위한 근거 제공과 성과 관리의 기본정보 제공을 위한 예산원가의 도입과, 해당사업의 질을 측정하기 위한 성과지표의 설정이 무엇보다도 중요하다. 그러나 예산원가와 성과지표는 일시적으로 만들어지는 것이 아니고, 장기적인 실험과 검증을 통해 정립되어야 한다.

4. 우리나라 예산제도에의 도입

품목별 예산제도는 1950년대 국가형성과 1960년대인 개발연대에 예산낭비를 억제하기 위하여 도입된 이후 널리 활용되어 왔다. 그러나 예산과 성과와의 연계가 곤란하고 지방자치단체의 정책목표와 예산집행간 연계기능이 취약하고 자율과 책임소재 파악이 곤란하였다.

이에 따라 국가는 2007년부터, 지방자치단체는 2008년부터 사업예산제도를 도입하고 있다. 이로써 자치단체의 중기지방재정계획과 당해연도 예산편성과 연동하여 전략적인 재원배분체계를 구축하고 예산편성과 성과가 연계될 수 있게 되었으며, 책임감 있는 예산집행과 사후평가를 고려한 예산편성으로 행정의 효율성을 제고함으로써 주민이 예산서를 통하여 사업내용과 정책평가를 쉽게 이해할 수 있게 되었다.

제 5 절 지방예산의 발전과제

Ⅰ. 예산편성상의 발전과제

1. 예산편성기간의 조정

지방자치단체는 예산편성관련기준이 제시되고 재정운용업무편람이 보급되는 7월말 이후 약 3개월 정도의 기간안에 지방의회에 최종예산안을 제출하게 된다. 그러나 우리나라 지방재정에서 국고보조금・지방교부세 등의 의존재원이 큰 비중을 차지하고 있고 국가예산이 법상 12월 2일까지 확정하도록 되어있으나 매년 연례적으로 늦어져 3개월 이내의 단기간에 합리적인 예산편성을 하는 것이 사실상 불가능하다.3)

따라서 지방자치단체에 충분한 예산편성기간을 확보해주기 위하여 매년 7월말까지 제시되는 지방자치단체예산편성관련기준과 재정운용업무편람의 보급기한을 앞당기거나 중앙정부로부터의 기준제시나 각 지방자치단체가 편람보급이전부터 독자적으로 예산편성작업을 추진하는 것이 바람직하다. 장기적으로는 지방예산의 회계연도를 국가와 달리 2개월 늦은 3월 1일부터 익년 2월 28일까지 조정하는 방안을 검토할 수 있다(지방재정발전기획단, 1996: 217-8).

2. 예산편성과정에서의 각계의견 수렴

국가예산은 사업계획서를 작성하는 과정에서 이해관련집단이나 관련 지방자치단체의 의견을 반영하고 최근에는 설문조사와 협의회와 같은 다양한 의견수렴장치를 도입하고 있다. 그러나 지방예산은 행정안전부가 각 중앙관서의 장과 지방자치단체의 의견을 들어 예산편성기준을 제시하고 각 지방자치단체는 이에 따라 예산을 편성하고 있다.

예산편성과정에서 이해관계집단의 의견수렴이 폭넓게 이루어지지 못하고, 당초예산의 경우 가용재원의 부족으로 지방자치단체의 장의 공약사업 등 주요관심사업에 대한 예산도 제대로 편성하지 못하고 있다. 2005년 지방재정법을 개정하여 지방자치단체의 장이 지방예산을 편성함에 있어 주민이 참여할 수 있는 절차를 마련하였으나, 앞으로 지방예산편성과정에서 국가예산에서 채택하고 이는 설문조사나 정책협의회와 같은 실효성 있는 방식의 도입을 통한 지역주민의 다양한 의견수렴이 요청된다.4)

3) 2002년도 예산의 경우 2개 시・도(서울・인천)와 5개 시・군・구가 의결기한을 경과하여 12월 24일 의결하였고, 서울 동대문구의 경우 회계연도를 지나 1월 2일 의결하였다. 2003년도 예산의 경우에도 대선관계로 국가예산이 일찍 확정되었음에도 불구하고 4개 시・군이 의결기한이 지난 12월 26일에 의결하였다.

4) 영국에서는 지방재정협의회(CCLGF: Consultive Council on Local Government Finance)를 1975년 설립하여 국가와 지방정부간의 공통관심사인 주요재정 및 경제문제, 특히 장기 및 단기에 있어서 국가와 지방정부간 재원의 배분문제를 정기적으로 협의하며 협력하고 있다. 협의회 위원

3. 예산부서의 위상과 인력보강

시・도의 경우 기획관리실 산하에 예산담당관실이 있어 어느 정도의 전문인력이 확보되어 있고, 장기적으로 근무하여 노하우가 있으며, 또한 시・도마다 두뇌집단(Think-Tank)이라고 할 수 있는 개발연구원이 설치되어 있어 그 기능을 보완해주고 있다.

그러나 시・군・자치구의 경우 예산팀(담당)에 2-3명의 인원이 예산안의 편성, 집행 및 결산준비와 투・융자심사 등을 담당하고 있는 실정이어서 예산편성상 전문성과 합리성을 제고하는데 한계가 있다. 따라서 기능의 보강, 연찬기회의 확대와 전문화가 요청된다.

4. 추가경정예산의 적정편성

국가예산 확정이 지연됨으로 인한 국고보조금・지방교부세 규모와 내역의 미확정으로 1회 추가경정예산이 3월경에 관례적으로 이루어지고 있고, 모든 지방자치단체마다 2-3회의 추가경정예산이 편성되고 있어 이를 위해 많은 인력과 경비가 소요되고 있다.

따라서 회계연도의 재조정 검토와 함께 국가예산의 조기확정과 그리고 지방재정조정제도인 중앙의존재원의 조기확정과 사업내시가 요청된다.

5. 예산편성기준의 제시

행정안전부가 매년 중앙관서의 장의 의견을 들어 7월말까지 지방자치단체 예산편성과 관련한 최소한의 기준을 행정안전부령으로 지방자치단체에 제시하면서 지방재정운용에 필요한 정보도 함께 제공하고 있다. 국가와 지방재정의 운용방향과 전국적인 통일성을 유지할 필요가 있는 경비 등 꼭 필요한 사항을 포함하여 송부하는 것이 지방자치단체입장에서도 필요하다.

그러나 앞으로 사회여건의 변동에 따라 보다 많은 세출과목간의 융통성을 부여하고, 세출의 생산성을 높일 수 있도록 하는 등 제도의 지속적인 강구가

들은 국가의 경우 지방정부관련 부서의 장・차관, 지방정부의 여러 가지 지방정부연합회 대표자들로 구성되며 환경성 장관이 협의회 의장을 맡고 있다. 이 협의회는 구체적으로 ① 전체적인 지방정부의 세출규모, ② 국가지원재정의 규모 및 배분방법, ③ 지방재정과 관련된 정책대안들을 토의한다(이계식・박완규 편, 1998: 6).

필요하다.

6. 점증주의적 예산관의 극복

공무원이나 지방의원 모두가 예산과목별로 전년도와 비교하여 공무원의 증감, 물가상승률 등을 고려하여 거의 기계적으로 가산하는 전년도 답습주의 또는 점증주의(incrementalism)를 채택하는 경향이 지배적이다.

영기준(Zero-Base)예산제도를 활용하여 전년도 답습에서 편성되는 관행을 극복하고, 신규사업에 대해서는 제로베이스에서 비용·편익분석 등 과학적 방법을 동원하여 재검토하고 기존사업도 일몰법(sunset system)을 적용하여 재검토하는 등 자원의 합리적 배분을 도모해야 한다.

Ⅱ. 예산심의상의 발전과제

1. 심의기간의 충분한 확보

지방의회가 예산안을 심의할 수 있는 기간은 시·도의 경우 35일, 시·군·자치구의 경우 30일에 불과해 현실적으로 예산의 심의기간이 부족해 충분히 검토할 시간적 여유가 없다. 특히 제2회 정기회는 예산안 심의뿐만 아니라 각종 의안심의 등이 이 기간에 집중되고 있어 지방의회에서 예산안을 충분히 검토할 시간적 여유가 없다.

예산안이 제출되기 전부터 집중적으로 자료를 수집하고 이익집단의 관계자들을 면담하여 요구사항을 청취하고, 예산심의에 필요한 자료를 수집하는 등 사전준비작업이 필요하다.

2. 심의방법의 개선

지방의원은 지역주민의 대표로서 주민전체의 복지증진과 지역개발을 위한 예산심의를 하여야 하나 지역이기주의적 입장에서 자신의 지역구사업이나 특정집단의 이익에 집착하여 단편적이고 형식적으로 예산심의에 임하는 경우가 많다. 또한 예산심의가 질의와 답변형태인 임시회의의 의사진행방식과 동일하게 이루어져 심도있는 심의가 이루어지기가 어렵다.

따라서 미국에서 운영되고 있는 예산청문회나 공청회제도를 도입하는 것도 바람직하다. 이는 예산과정에서 예산기관과 지방의회와 기타 이해관계집단이 참여하여 공개적인 토론을 거쳐 합리적인 자원배분을 도모하기 위한 제도적 장치이다.

3. 심의기능의 분담과 계수조정소위원회의 역할조정

국회의 경우와 같이 상임위원회의 예산안에 대한 예비심사가 예산결산특별위원회의 심의에 의견을 제시하는데 불과한 실정이어서 양위원회간의 역할분담이 제대로 이루어지지 않고 있다. 사업의 타당성과 효과, 시책수립의 적정성, 공익성 등을 확보하는 방향으로 심의가 이루어지도록 체계적인 기능분담이 이루어져야 한다.

계수조정소위원회가 예산심의과정에서 가장 중요한 역할을 수행하고 있으나 속기록도 비치하지 않고 있으며, 결정적 내용의 결정은 위원장 등 일부위원들간에 비밀리에 이루어지는 경우가 많이 있어 시민단체로부터 비난의 대상이 되어 왔다. 따라서 계수조정소위원회의 속기록유지와 일련의 심의과정의 공개가 요구된다.

4. 보좌기관의 보강

상임위원회별로 전문위원이 시・도의회의 경우에는 1-2명의 보좌인력이 있으나 시・군・자치구의회의 경우 매우 취약하여 큰 도시에는 전문위원 1명과 보좌인력 1명이 있으나, 군 등 작은 지방자치단체의 경우에는 별도로 전문위원을 위원회에 두지 않고 있어 현실적으로 의원들의 심의기능을 보조하는데 한계가 있다.

따라서 예산결산특별위원회에는 전문위원의 풀가동이 필요하고, 필요한 경우 외부기관이나 전문가의 지원을 받을 수 있는 시스템의 확보도 필요하다.

Ⅲ. 예산집행상의 발전과제

1. 계획과 예산과의 연계

중기지방재정계획에 반영되고, 투융자심사를 거친 사업에 한하여 예산에 반영되어야 하나 현실적으로 불일치 하는 경우가 많이 있다. 이는 사업의 선정에 있어서의 기준의 부적절, 단편적인 사업의 선정, 재정조정계획의 착오, 재원부족으로 인한 계획의 축소시행, 대안에 대한 무관심, 보조금으로 인한 사업의 우선순위 왜곡, 정치적 환경의 변화 등에 기인한다.

따라서 장기적인 도시기본계획과 중기의 도시재정비계획, 지역개발계획과 중기지방재정계획 그리고 단년도의 예산이 유기적으로 연계되어 한정된 재원을 지역발전을 촉진하고 주민의 복지를 증진하기 위하여 생산적으로 활용될 수 있는 사업을 선정하여 예산을 편성하여야 한다.

2. 집행에 있어서의 탄력성의 부여

현행 지방예산제도에 있어서 예산의 이·전용과 이체, 세출예산의 이월, 예비비, 계속비 및 채무부담행위 등 여러 가지 탄력성을 부여하기 위한 제도가 마련되어 있으나 예산집행의 목표가 재정적 통제뿐만 아니라 신축성의 유지에도 있는 만큼 현실적으로 보다 탄력적인 운용이 요구된다.

그러나 일부 지방자치단체의 경우 경상적 경비를 조달하기 위한 신축적인 제도가 악용되는 경우가 있고, 계속비 제도를 활용하여 고의로 사업을 소규모로 분할하여 여러 차례에 걸쳐 발주하는 등 제도를 악용하는 경우도 발견되고 있다.

3. 보조금 등의 성립전 예산사용문제

지방재정법 제45조의 규정에 의하여 시·도의 경우 국가로부터, 시·군·자치구의 경우는 국가 또는 시·도로부터 그 용도가 지정되고 소요전액이 교부된 경비와 재해구호 및 복구와 관련하여 교부된 경비는 추가경정예산의 편성이전에도 사용할 수 있도록 규정하고 있다. 그러나 예산사전의결의 원칙에 위배될 뿐만 아니라 지방자치단체의 예산편성에 있어 수지균형의 원칙에 따라 사업의 우선순위를 정하여 건전하게 재정을 운영하고 엄정하게 관리되어야 하는 건전재정운영의 원칙에도 어긋난다고 볼 수 있다.

따라서 지방자치의 본질에 알맞게 시급성을 요하는 경우에 한하여 허용하는 제도의 변화가 요청된다.

Ⅳ. 결산심사상의 발전과제

1. 결산검사위원의 전문성 제고와 검사기준의 마련

지방의회가 선임하는 결산검사위원 중 지방의원의 경우 결산기마다 새로운 위원이 선임되고, 경험이 많지 않은 위원이 선임되고 있고, 외부위원의 경우 보상금액이 낮아 선임을 기피하는 경우도 있어 효율적인 결산검사를 기대하기가 어렵다. 따라서 재무·회계에 관한 많은 경험이 있는 공인회계사·세무사 등 전문가를 참여시켜 전문성을 높여야 한다.

또한 예산회계제도에 중점을 둔 지방재정법과 동법시행령 및 재무회계규칙이 있으나 결산검사에서 준거해야 할 검사기준이나 검사기준의 구체화가 이루어지지 않아 예산회계법의 준법성에 치우쳐 결산검사가 형식적으로 이루어질 우려가 있다. 따라서 효율적인 결산검사제도의 확립을 위해서는 결산검사시에 준거해야 할 실무기준의 제정이 시급하게 이루어져야 한다.

2. 결산순기의 조정

지방의회가 익년도 예산안과 전년도 결산을 동일회기내에 심의할 경우 그동안 관례상 지방의회는 예산안 심의에 치중한 반면, 결산심의는 기간도 단기이고 관심도도 낮아 각종 문제점이 매년 반복적으로 지적되고 시정방안 등이 제대로 반영되지 않고 있다. 따라서 예산심의보다 1개월 앞당겨 결산을 심사하는 방안의 강구가 있어야 한다.

이와 같이 예산안의 심사에 앞서 미리 충분한 시간을 갖고 결산을 심사함으로써 심사결과를 행정감사에 활용할 수 있고 신년도의 예산안 심사에의 반영이 가능하게 함과 동시에 결산에 대한 구체적이고 내실있는 심사로 당해 지방자치단체의 재정운용에 대한 지방의회의 통제 내지는 감독기능을 효율적으로 수행할 수 있게 해야 할 것이다.

3. 결산검사위원과 지방의회간의 결산심사에 대한 역할 분담

결산검사는 매년 행정안전부장관이 시달하는 지방자치단체결산작성기준에 의하여 공인회계사, 지방의원 등 회계전문가로 위촉된 결산검사위원이 20일간에 걸친 정밀한 결산검사결과를 토대로 하여 또 다시 3차에 걸친 지방의회의 심의과정을 거치도록 하고 있어 심의의 실익이 없이 행정력만 낭비하는 결과를 초래한다는 문제점이 지적되어 왔다.[5]

따라서 결산검사에 대한 지방의회의 승인사항을 보고사항으로 변경하고, 본회의에서 집행부의 결산보고와 대표검사위원의 검사결과보고를 청취하고 전문가인 검사위원의 정밀검사로 갈음하자는 주장이 제기되고 있다.

4. 회계검사결과의 활용

결산검사제도는 예산의 편성에 따른 집행의 적정여부를 사후에 검사하는 의회의 집행부감시제도이나 사후에 행하는 형식적 절차로서 적절한 구속력을 갖지 못한다. 따라서 매년 집행부 조치결과의 보고규정이 없어 매년 비슷한 지적사항이 반복되고 있다.[6] 결산검사결과에 문제가 있더라도 현행 법체계 아래에서는 해당 지방자치단체장에 대하여는 정치적 책임 이외에 어떠한 법적 책임도 추궁할 수 없다.

따라서 명백한 공무원의 위법사실이 발견되면 지방의회에 징계요구권의 부여와 의견서가 합목적성이 있는 경우 제도를 개선토록 제도화하는 방안에 대하여 지방자치법을 개정하여 반영할 수 있을 것이다. 지방자치단체장인 경우 고의・중과실이 있는 경우 민・형사상 책임을 묻는 제도의 도입도 적극적으로 검토하여야 할 것이다.

---

5) 시・도당 1회의 결산감사에 결산지침과 결산서와 결산서 부속서류, 검사의견서의 작성과 검사위원 수당 등으로 30백만원 정도가 소요되고 있다. 따라서 전국적으로 결산검사에 소요되는 경비만도 막대하다.

6) 결산검사시 매년 반복하여 지적되는 사항으로, ① 세입예산의 과소 계상, ② 세입초과분과 불용액에 대한 세출 미편성, ③ 지방세 체납액 미징수 등 내용이 비슷하다.

제 6 절 지방자치단체 기금

Ⅰ. 지방자치단체기금의 의의

1. 지방자치단체기금의 의의

지방자치단체기금은 제2의 예산이라고도 불리며 지방자치단체가 특정한 분야의 사업에 대하여 지속적이고 안정적인 자금지원이 필요한 경우에 예산과는 별도로 직접 기금을 설치·조성하여 운용할 수 있다. 지방자치법 제142조는 "지방자치단체는 행정목적의 달성을 위하여 또는 공익상 필요한 경우에는 특정

표 5-15 기금과 예산의 차이

구 분	일반회계	특별회계	기금
설치사유	· 모든 지방재정활동	· 특정사업운영 · 특정자금보유운용 · 특정세입으로 특정 세출에 충당	· 특정목적 및 시책추진을 위해 특정자금을 운용할 필요가 있는 경우
재정조달 및 운용형태	· 공권력에 의한 지방세수입과 무상적 급부의 제공이 원칙	· 일반회계와 기금의 운용형태 혼재	· 부담금, 출연금 등 다양한 수입원을 토대로 무상적 급부를 제공하는 경우가 많으나 일부융자사업도 있음
운용계획 확정 및 집행	· 지방자치단체가 예산안편성권을 가지며, 의회가 심의·확정함 · 집행과정에서도 합법성에 입각한 통제가 가해짐	· 좌 동	· 기금운용관이 계획을 수립, 운용위원회심의 및 자치단체장의 결재후 의회의결로 확정 · 집행과정에서는 합목적성 차원에서 자율성과 탄력성이 보장
수입과 지출의 한계	· 특정한 수입과 지출의 연계배제	· 특정한 수입과 지출의 연계	· 좌 동

자료: 국가전문행정연수원, 「지방재정실무」, 2004.

한 자금을 위하여 조례로 기금을 설치할 수 있다"고 규정하고 있다. 지방자치단체의 특수한 행정목적을 실현하기 위하여 탄력적인 대응을 할 수 있으며, 예산총계주의원칙의 예외로 세입·세출예산에 의하지 않고 운영할 수 있다.

기금설치는 지방자치법 제142조와 지방자치단체기금관리기본법에 근거하여 조례로 설치하는 경우와 중앙부처에서 정책사업추진을 위하여 각 개별법에 근거를 두고 지방자치단체에 설치토록 하는 경우가 있다. 까다로운 예산확보절차와 번거롭고 경직된 예산집행을 피하기 위한 행정편의주의적 목적으로 기금을 설치·운용하는 경향이 있어 기금의 수를 최소화하는 것이 바람직하다. 미국, 영국, 프랑스, 일본 등 주요선진국에서도 기금을 예산과 함께 통합하여 관리하고 있으며, OECD도 2003년 특별회계와 기금수를 줄이고 예산에 통합하도록 권고한 바 있다.

2. 지방자치단체기금의 분류

자치단체에서 운영하는 기금은 설치목적, 기금의 성질 및 관리방식에 따라 기금을 분류하고 있다.

(1) 설치목적에 따른 분류

특정한 목적사업을 수행하는데 필요한 자금을 관리·운용하는 사업관리기금(사회복지기금, 문예진흥기금, 장학기금 등), 일정한 자금을 조성하여 특정한 부문에 대한 융자기능을 수행하는 융자성기금(중소기업육성기금, 농어촌진흥기금 등), 장래의 지출에 대비하여 원금을 이식하는 등 자금을 적립하는 적립성기금(재해대책·구호기금, 주차시설확충기금, 신청사건립 기금 등)으로 분류한다.

(2) 성질에 따른 분류

기금의 성질에 따라 재난·재해, 생활보호 등의 구호를 목적으로 하는 구호기금, 모자·노인·여성 등 사회복지사업을 목적으로 하는 사회복지기금, 장학사업을 목적으로 하는 장학기금, 중소기업육성 등 지역경제 지원·육성을 목적으로 설치된 산업지원기금, 지역사회의 문화·예술·체육진흥기금 등 여러 종류로 분류하고 있으며 이밖에도, 농수산·어업진흥기금, 도시개발기금 등으로 분류하고 있다.

(3) 기금관리방식에 의한 분류

관리운용주체가 직접 운용·관리하는 직접관리기금과 관리운용 주체가 직접 운용하지 아니하고 장학재단, 체육회 등 다른 기관에 위탁하여 운용·관리하는 위탁관리기금으로 분류한다.

Ⅱ. 지방자치단체기금의 관리

1. 기금의 설치 및 폐지

기금은 지방자치단체가 특정한 행정목적을 달성하기 위하여 필요한 경우 설치할 수 있으며, 기금을 신설하여 운용하고자 하는 경우에는 기금일몰제(sunset system)를 도입하여 법률에 의하여 의무적으로 설치·운용되는 기금을 제외하고 기금의 존속기한(5년 또는 10년)을 당해 조례에 명시하여야 한다. 기금은 자치단체의 출연, 민간출연, 부담금, 기금운용수익, 기타수입으로 조성된다.

지방자치단체는 기금설치의 목적을 달성한 경우, 기금설치의 목적달성이 불가능하다고 판단될 경우, 지방재정법에 의한 특별회계와 기금간 또는 기금상호간에 유사하거나 중복되게 설치된 경우에는 조례의 폐지 및 개정의 절차에 따라 이를 폐지하거나 다른 기금에 통합하여야 한다.

2. 기금의 운용

지방자치단체의 장은 기금의 설치목적과 지역실정에 맞도록 관리·운용하여야 하며, 자산운용은 안정성·유동성·수익성 및 공공성을 고려하여 기금자산을 투명하고 효율적으로 운용하여야 한다. 기금관리는 세계현금(歲計現金)의 수입·지출·보관의 절차, 공유자산 및 물품의 관리·처분의 예 또는 채권관리의 예에 의하여 이를 관리하여야 한다.

지방자치단체의 장은 회계연도마다 기금운용계획을 수립하여야 하는데 이는 운용총칙과 자금운용계획으로 구성된다. 운용총칙은 기금의 설치목적, 기금의 조성·운용 및 자산취득에 관한 총괄적 사항을 규정하며, 자금운용계획은 수입계획과 지출계획으로 구분하되, 수입계획은 성질별로 구분하고, 지출계획은 그 내용의 성질과 기능을 고려하여 주요항목 및 세부항목으로 구분한다.

3. 기금운용의 성과분석

지방자치단체의 장은 회계연도마다 기금의 운용성과를 분석하고, 그 결과를 지방의회와 시·도지사를 경유하여 행정안전부장관에게 제출하여야 한다. 행정안전부장관은 대통령령이 정하는 기준과 절차에 따라 분석결과를 확인·점검하여 우수단체에 대하여는 인센티브를 지원하고, 기금운용의 성과가 현저하게 떨어지는 지방자치단체에 대하여는 기금의 운용에 대하여 개선권고를 할 수 있으며, 필요한 경우에는 권고내용을 공개할 수 있다.7)

4. 기금운용의 통제

지방자치단체는 기금의 관리운용에 관한 중요한 사항을 심의하기 위하여 기금운용심의위원회를 설치·운용하여야 한다. 위원회에서는 기금운용계획의 수립 및 결산보고서의 작성, 기금운용의 성과분석, 기금의 관리·운용에 관한 중요사항으로서 지방자치단체의 장이 부의하는 사항을 심의한다. 또한 기금운용계획안과 기금결산보고서를 회계연도마다 지방의회의 의결을 얻어야 하며, 기금운용계획의 주요항목지출금액을 변경(10분의 5 이상)하고자 하는 경우에도 지방의회의 의결을 거쳐야 한다.

5. 통합관리기금의 설치운용

지방자치단체는 각종 기금의 여유자금을 통합관리하고 이를 재정융자 및 지방채상환 등에 활용하기 위하여 지방자치단체별로 기금의 여유자금을 통합하여 통합관리기금을 설치할 수 있다. 또한 2 이상의 지방자치단체는 기금의 여유자금을 효율적으로 관리하고 활용하기 위하여 지방자치단체상호간 기금의 여유자금으로 지역발전협력기금을 설치할 수 있으며, 협력기금의 관리·운용을 위하여 지방자치단체 조합을 설립하여야 한다.

---

7) 행정안전부에서는 지방자치단체기금에 대하여 성과분석을 실시하고 2006년도에 312개, 2007년도에 438개 기금에 대해 개선을 권고하였다.

Ⅲ. 지방자치단체 기금운영 실태

1995년 지방자치단체장의 선출 이후 기금의 수와 규모가 급증하였으나 2002년을 기점으로 증가세가 둔화되는 추세를 보이고 있다. 2007년 지방자치단체 총예산의 15.6%를 차지하는 방대한 규모로 운영되고 있다. 기금설치가 조례만으로 가능하므로 지방자치단체가 무분별하게 설치하고 일반회계와 동일하거나 유사한 사업을 집행하는 경우가 많다.

지방자치단체의 기금은 2007년 12월말 현재 224종에 2,176개 기금이 운용되고 있으며, 기금액은 20조 3,250억원이 운용되고 있다. 따라서 시·도당 12-16개 기금에 1조 421억원, 시·군·구당 8-9개 기금에 158억원이 운용되고 있다. 기금총액의 80.5%를 시·도가 설치운영하고 있어 주로 광역지방자치단체중심으로 기금이 집중적으로 운영되고 있음을 알 수 있다.

또한 58개 지방자치단체(광역 16, 기초 42)는 통합관리기금을 설치하여 각 기금

표 5-16 지방자치단체기금 추이

(단위: 개, 종, 억원)

구 분	1995	2000	2001	2002	2003	2004	2005	2006	2007
기금수	883	1,942	2,168	2,223	2,264	2,287	2,150	2,149	2,176
기금액	33,012	97,361	104,180	114,221	132,093	149,152	149,847	179,871	203,250

자료: 행정안전부.

표 5-17 지방자치단체별 기금조성 현황(2007)

(단위: 개, 억원)

구 분	서울시	광역시	도	시	군	자치구
단체수	1	6	9	75	86	69
기금수	15	96	138	736	667	524
기금액	107,428 (52.9)	16,415 (8.1)	42,907 (21.1)	19,525 (9.6)	6,324 (3.1)	10,651 (5.2)

자료: 행정안전부.

의 여유자금을 당해 기금의 설치목적달성에 지장이 없는 범위안에서 통합관리기금에 예탁하여 지역SOC건설 등 지역경제활성화 재원으로 활용하고 있다.

제 6 장

지방재정관리제도론

제 1 절 지방재정관리제도의 의의

Ⅰ. 지방재정관리제도의 의의

지방재정관리제도란 지방재정이 지역주민의 복지를 증진하기 위하여 필요한 재화와 서비스를 제공하는데 소요되는 재원을 조달할 수 있는가, 지방세출 중 큰 비중을 차지하고 있는 주요투자사업이 투자가치가 있는가, 효율적으로 운영되고 있는 지를 점검하고 평가하는 일련의 제도를 말한다. 지방재정관리제도는 행정안전부나 상위지방자치단체 등 외부기관 뿐만 아니라 지방자치단체장과 지방공무원, 지방의원 등이 내부관리를 위해서도 필요한 제도이다.

지방재정관리제도는 〈표 6-1〉에서 보는 바와 같이 예산편성이전부터 사전적으로 관리하기 위한 제도로는 중기지방재정계획, 투융자심사, 지방채발행, 지방자치단체예산편성기준제시 및 재정운용업무편람 보급, 지방비부담관련 법령 및 국고보조예산협의 등의 제도가 있다. 또한 예산을 편성・집행하면서 운용되고 있는 제도로는 예산편성의 주민참여 및 공개 확대, 지방재정조기집행, 지방계약지도, 지방금고운용지도, 지방기금운용지도 등의 제도 등이 운영되고 있다. 아울러 사후관리제도로는 지방재정분석・진단, 교부세 인센티브 및 감액 등의 제도가 있으며, 기타 제도로는 복식부기회계제도, 지방통합재정분석제도, 지방재정상황 주민공개 등의 제도가 운용되고 있다.

표 6-1 지방재정관리제도의 유형

사전재정관리	재정집행지도	사후재정관리	기 타
① 중기지방재정계획 ② 투융자심사 ③ 지방채발행총액한도제 ④ 지방예산편성기준제시 ⑤ 지방비부담관련 법령 및 국고보조예산 협의	① 예산편성의 주민참여 및 공개확대 ② 지방재정조기집행 ③ 지방계약 지도 ④ 지방금고운용 지도 ⑤ 지방기금운용 지도	① 지방재정 분석 · 진단 ② 교부세 인센티브 및 감액제도	① 복식부기회계제도도입 ② 지방통합재정분석제도 ③ 지방재정상황 주민공개

Ⅱ. 지방자치시대의 운용방향

1. 지방재정의 자율성확보

지방자치단체가 자기의 책임아래 자주적으로 재원을 확보하고 이에 의거하여 합리적인 세출계획을 수립하며 운용 · 관리하는 시스템이 필요하다. 따라서 지방자치시대에 적합하도록 불필요한 관여나 개입, 지나치게 구체적이거나 획일적인 지침이나 기준 등은 점차 줄여나가고 지방자치단체가 자율성을 갖고 예산 및 재정관리를 할 수 있도록 지방의 재정자주성과 재정자율성을 최대한 확보하는 것이 바람직하다.

2. 지방재정의 효율성제고

지방경비는 최대한 절감하고 투자우선순위에 따라 가용재원을 배분함으로써 최소의 가용재원으로 투자의 효과를 극대화할 수 있도록 지방재정의 효율성과 생산성을 제고시켜야 한다.

계획수립 → 자원배분 → 평가 · 환류의 시스템이 체계적으로 구축되고 지방재정의 효율성을 추구함으로써 한정된 재원이 실질적으로 지역주민의 복지향상과 지역개발투자에 배분되고 지방재정의 수요 변화에 적극적으로 대응할 수 있도록 해야 한다.

3. 국가재정과의 연계강화

국가와 지방의 계획과 재정이 상호 유기적으로 연계되기 위해서는 국가전체의 예산 및 재정관리의 틀 속에서 국가차원에서의 종합성을 확보하고 지방자치단체에 대한 재정지원 및 재정협력체제를 구축하여야 한다. 지방재정정책도 국가재정정책 목표와 합치되는 방향으로 운영되어야 한다.

4. 재정운용평가기능의 강화

지방자치단체의 재정운용에 관한 상황을 정확하게 파악하고 문제점을 도출하며, 향후 나가야 할 재정운용방향과 정책을 모색하기 위하여 재정운용에 대한 평가・환류 기능의 강화가 필요하다.

또한 지방재정수요는 지속적으로 늘어나고 있는데 비하여 지방재정세입은 한정적인 관계로 재정적 위기상황이 초래될 수 있으므로 재정위기가 사전적으로 예방되고, 사후적으로 수습될 수 있도록 대책이 강구되어야 한다. 재정위기는 지방자치단체 내부의 원인뿐만 아니라 경제환경의 변화 등 외부적인 원인에 의하여도 발생하므로 이에 대한 종합적인 접근이 필요하다.

제 2 절 중기지방재정계획

Ⅰ. 중기지방재정계획의 의의

1. 중기지방재정계획의 개념

중기지방재정계획(mid-term local financial planning)이란 기획예산제도(PPBS: Planning Programming Budgeting System)의 일종으로 5년 정도를 계획기간으로 하여 수립하는 수입지출계획을 말한다. 즉 중기에 걸치는 재정운용정책을 먼저 수립하고, 이에 따른 재원동원 및 배분방향을 계획함으로써 예산의 시계를 일정기간(대부분 5년) 이상으로 연장하며, 지역개발계획의 실효성을 뒷받침하기 위한 지방재정제도를 말한다.

지방자치단체는 중기지방재정계획을 수립하여 장기적인 지역발전계획・도시기본계획과 단기적인 예산편성과 연계하여 재원의 예측과 장기적인 계속사업의 우선순위를 책정하고, 이를 기초로 하여 재원배분방향을 매년 연동화하여 또 다시 계획함으로써 단년도 예산편성 및 집행의 합리화 즉 한정된 재원을 가장 효율적으로 사용하여 주민의 편의를 최대한으로 향상시키려는 제도이다.

중기지방재정계획은 〔그림 6-1〕에서 보는 바와 같이 기본년도에는 당해연도의 실적치를 기준으로 하며, 미래 4년간은 발전계획적 성격을 띠게 된다.

그림 6-1 중기지방재정계획의 역할

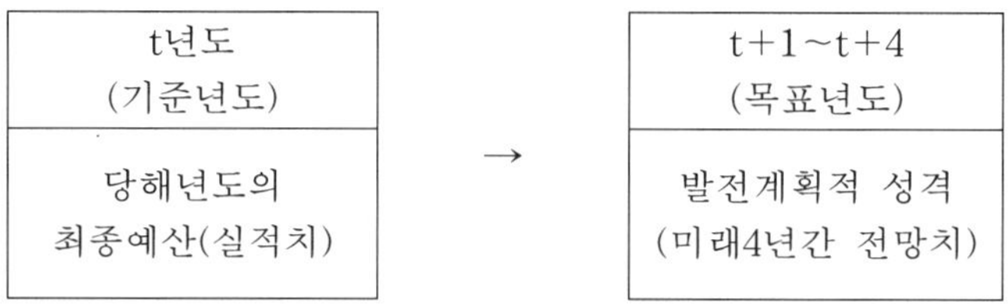

2. 중기지방재정계획의 특징

(1) 세입세출계획

중기지방재정계획은 5년을 대상으로 하는 세입・세출에 관한 계획이다. 대부분의 나라에서는 세출뿐만 아니라 세입에 관한 계획도 포함하나 영국의 경우는 세출에 관한 계획만 수립하고 있다.

(2) 대상기간

대부분의 경우 5년을 계획기간으로 하고 있으나 스웨덴, 네덜란드의 경우 3개년의 연동계획을 수립하고 있다.

(3) 연동식 계획

중기지방재정계획은 연동식 계획(rolling plan)이다. 따라서 지방재정여건의 변화를 반영하여 매년 1년을 추가하고, 1년을 삭제하는 작업을 통해 수정한다.

(4) 법적 효력

법적 효력을 지니지 않는다. 따라서 사업이 계획내용에 포함되어 있다고 하더라도 이것이 장래의 예산편성을 구속하지는 않는다.

(5) 불변가격

중기지방재정계획은 불변가격기준으로 수립한다.

3. 중기지방재정계획의 기능

(1) 국가와 지방자치단체간의 재정적 연계성 확보

『국가의 상위계획－지방자치단체의 지역계획－중기지방재정계획－예산편성』체계의 확립으로 국가와 재정운영의 연계성을 확보한다. 계획과 예산의 연계를 위해 지방채 발행, 투융자심사 등을 위한 기초로 활용하며 투자수요와 재원공급의 조정으로 투자재원의 효율성을 제고할 수 있다.

(2) 중 · 장기시계에 의한 지방자치단체예산편성 기준 제시

지방예산의 운영시계(horizon)를 5년의 중기시계로 확대하여 예산편성의 계획성 · 효율성을 확보하여 지방자치단체의 계획성 있고 효율적인 재정운용을 유도할 수 있다. 지방재정을 『중기지방재정계획－예산편성－결산－재정분석 · 진단』으로 시스템화하여 운영하는 기반을 마련한다. 무계획적인 예산요구, 투자계획의 빈번한 변경을 방지하여 안정적인 지방행정서비스를 공급하게 한다.

(3) 재원의 확충 및 투자효율성의 증대

한정된 재원이 효율적으로 활용될 수 있도록 경상적 경비는 최대한 긴축재정으로 운용하고, 주요투자사업은 비용효과분석과 투자심사를 거쳐 사업의 우선순위에 따라 재원배분이 합리적으로 이루어질 수 있도록 한다.

재정수요의 증가에 대비하여 지방세의 지속적인 확충노력과 세외수입의 증대 등을 통하여 투자재원의 안정적인 확보방안을 강구하고 재원이 부족한 경우 지방채 및 채무부담행위 등 지방채발행계획을 수립한다.

Ⅱ. 외국의 중기지방재정계획제도

1. 미국의 중기재정전망

재정의 경직화와 재정규모의 팽창에 따른 재정적자의 만성화에 대비하고 세입전망과 이미 결정된 사업에 필요한 향후 5년 간의 재정수요를 제시하여 여유자금의 폭을 명확히 밝힘으로써 의회가 예산안을 증액 수정하려는데 대한 재정적 한계를 제시하기 위하여 예산통제법에 의한 중기재정전망(Mid-Session Review)을 마련한다. 의회의 의결을 요하지도 않고 후년도 예산을 구속하지 않는다. 이는 주로 연방정부에서 이용되며, 기간은 수립년도를 포함하여 5년으로 되어 있고 연동식으로 운용된다.

지방정부가 중・장기적 관점에서 재정을 파악하기 시작한 것은 예산을 경상적 계정과 자본적 계정으로 구분하면서부터 이다. 특히 2차대전후 도시기반시설과 편의시설의 확충을 위하여 자본투자수요가 급증함에 따라 도시정부들은 재원조달방법으로 지방채를 발행하게 되었다. 이 지방채는 주헌법상 주민투표로 승인을 받아야 하는데 이를 위해서는 이른바 자본투자계획(CIP: Capital Investment Program)이 요구된다.

2. 영국의 중기지방재정계획

영국은 중기재정계획(Comprehensive Spending Review)을 수립하여 다음 년도의 예산의 기초로 활용하고 있다. 연동식제도로서 계획기간이 수립년도를 포함하여 5년인데, 최초의 2년은 정부의 구체적인 지출이 표시되며, 나머지 3년은 단순한 예측에 불과하다.

영국에서 재정계획제도를 도입하게 된 것은 1961년 플라우든 보고서(Plowden Report)가 제출된 이후부터이다. 플라우든 보고서는 매년 정부로 하여금 5년간의 재정추계를 작성하도록 권고하였는데 이 5년간의 재정추계는 예산절차를 확정하기 위하여 필요한 양식을 제공하였고 의회에서 매년 재정경제에 관한 토론을 행하는데 기준이 된다. 지방재정분야에서도 다년도 예산(Multiyear Budgets)제도를 이용하여 대규모의 투자사업을 경상비지출과 구분하여 자본사업계획을 수립하고 있다.

3. 독일의 중기재정계획

독일의 중기재정계획(Der Finanzplan des Bundes)은 1966년부터 몰아닥친 경기침체로 연방정부와 주정부의 재정에 있어서 국방비와 사회보장비가 증대되어 재정적자의 폭이 커져 1966년 7월에 1967-1971년의 5년 중기재정계획이 처음으로 수립되어 승인되었다. 모든 예산정책에 관한 세입과 세출의 5년 추계를 제출하는 연동식예산을 편성하며, 비록 법적 구속력은 없지만 예산의 편성·심의과정에서 실질적인 구속력이 있다.

매년 초에 중앙은행과 여러 연구기관의 연구결과를 토대로 하여 계수형태로 표시한 재정전망의 개요를 의회에 제출하여 주요목표를 명확히 한다. 세입은 현행 세제에 입각하여 조세수입과 세외수입을 각각 추계하며, 세출은 장래의 경제전망을 토대로 공공지출총액과 그 특성을 분류하고 세출이 세입을 초과하는 경우에는 그 부족액을 공채수입으로 충당하며 사업의 성격과 경기대책 등을 고려하여 그 발행시기와 금액을 결정한다.

4. 일본의 재정중기전망

일본은 국가에서는 재무성에서 재정중기전망제도를 운영하는데 계획기간은 5년이며, 최초의 2년은 실제로 편성된 예산을 사용하므로 실질적인 기간은 3년이며, 연동식으로 운영된다. 의회의 의결을 요하지도 않고 후년도 예산을 구속하지도 않으며 예산심의시 참고자료로서만 활용되고 있다.

중기지방재정계획은 지방교부세법에 의거하여 총무성에서 작성되는데 3,300여개에 달하는 지방자치단체의 재정규모와 수지예상을 총체적으로 나타낸 것으로 지방자치단체가 다음연도에 실제로 수입·지출할 금액을 집계한 것이 아니고 일정한 방법에 의하여 산출해 낸 다음연도의 표준적 세입·세출의 총액을 예측한 것이다. 중기지방재정계획은 지방재정규모를 파악하고, 지방재원을 보장하며, 지방자치단체에 대한 재정운영지표를 제시하는 등 중요한 역할을 수행한다.

5. 기타 나라의 중기지방재정계획

스웨덴은 공공지출계획(Spring Fiscal Policy Bill)에 의하여 국가예산법에 의하여 중기재정의 목표설정, 경제전망, 재정운영계획인 세출분야별로 지출상한 제시, 세입증가율 전망, 국가부채 등을 검토한다. 예산안을 제출하기에 앞서 의회에 제출하고 있다. 예산안 편성지침으로서 후년도 예산을 구속하는데 계획기간은 수립년도를 포함하여 3년간이며, 연동화계획으로 운용하고 있다.

이외에도 네덜란드는 1967년부터 3년간의 재정계획을, 덴마크는 1966년부터 계획기간 5년간의 재정계획을 수립하고 있으며, 프랑스는 경제계획 중에서 주

표 6-2 외국의 중기재정계획제도

구분	미 국	영 국	독 일	일 본
명칭	장기재정전망 (long-ranged budget outlook)	중기재정계획 (comprehensive spending review)	중기재정계획 (Der Finanzplan des Bundes)	재정중기전망 (Medium-term Fiscal Projection and Estimate)
수립년도	1970	1961	1967	1981
법적근거	예산통제법	재정안정법	헌법에 근거하며 경제안정성장법	재정구조개혁법
성격	· 대통령이 의회에 제출하는 예산교서의 일부로 의회의 의결을 요하지 않으며, 후년도 예산을 구속하지 않음 · 중기재정전망 성격이 강함	· 경제 · 재정운영의 중장기청사진으로서 중기재정을 전망 · 예산서류의 일부로서 의회에 제출, 후년도 예산을 구속하지 않음	의회에 제출되지만 그 승인을 요하지 않으며, 후년도 예산을 구속하지 않음	예산심의의 참고자료로서 의회의결을 요하지 않으며, 후년도 예산을 구속하지 않음
대상범위	· 지출한도 설정(경상지출 및 투자규모제한) · 중기재정목표 설정 · 중기재정목표달성을 위한 전략(부문별 재원배분, 우선순위 등)	· 지출한도 설정(경상지출 및 투자규모제한) · 중기재정목표설정 · 중기재정목표달성을 위한 부문별 재원배분 우선순위 등 전략	연방정부의 세입 · 세출	· 일반회계의 세입 · 세출 · 재정구조개혁 추진방향 · 재정여건, 일반세출 등을 감안한 재정의 중기전망
계획기간	수립년도를 포함하여 5년간	수립년도 포함 5년간	전전년도, 전년도 포함 5년간(실질적 계획기간 3년간)	계획기간은 5년간, 최초 2년간은 실제편성예산이며, 실질적 기간은 3년)
운용방식	rolling system	rolling system	rolling system	rolling system
기타	향후 5년도의 연중경비 및 현행세제를 전제로 하여 세입을 전망	최초의 2년도는 정부의 구체적인 지출을 표시하며, 그 후 2년도는 단순한 예측임	중기적 경제전망에 따라 수립 경제전망은 매년 개정됨	이밖에 지방재정수지계산, 지방재정장기전망, 지방재정계획 등이 수립됨

자료: 국가전문행정연수원, 「지방재정실무」, 2004.

로 공공지출부문 내에서 투자지출을 대상으로 하는 계획승인제도가 있으나 재정계획은 수립되지 않고 있다.

Ⅲ. 중기지방재정계획수립절차

1. 기본구상(vision)

(1) 지역여건 및 현황분석

미래의 지역발전상으로 중기지방재정계획을 수립하기에 앞서 지역의 장기적인 변화추이와 지역과제, 앞으로의 발전방향 등을 정확히 파악하고 환경적 요인, 사회적 요인, 경제적 요인 등 지역여건을 먼저 분석한다. 또한 지방자치단체의 수지상황, 세입상황, 세출상황, 재정구조상황 등 재정여건도 분석한다.

(2) 장기발전방향의 제시

국가 및 상위자치단체의 정책방향을 고려하여 해당 지방자치단체의 장기발전방향을 제시한다.

2. 기본계획(plan)의 수립

(1) 계획기준의 설정

기본계획은 장·단기간에 걸쳐 달성하여야 할 목표와 기본지표를 설정하는 단계이다. 이 때 고려되어야 할 계획기준으로서 ① 계획범위, ② 계획기간, ③ 가격표시방법, ④ 계획운용방식에 대한 검토가 있어야 한다.

(2) 기본지표의 설정

기본지표는 계획기간중 지방재정이 추구해야 할 지향목표로서 지방자치단체의 기본적인 정책방향이 제시되어야 하고 국가의 국토종합계획 등 국가기간계획, 분야별·지역별 개발계획과 해당 지방자치단체의 개발계획이 수용되어야 한다. 행정안전부의 중기지방재정계획수립지침은 지방자치단체가 기본지표설정을 위한 중·장기 국가발전목표와 부문별 정책방향을 제시하고 있으며, 기본지표설정 대상 분야는 인구, GDP, 1인당 GDP 등 국민경제지표와 주택, 도로, 교통, 상수도 및 하수도, 청소, 문화, 교육 등 지역경제지표를 제시하고 있다.

그림 6-2 중기지방재정계획의 수립과정

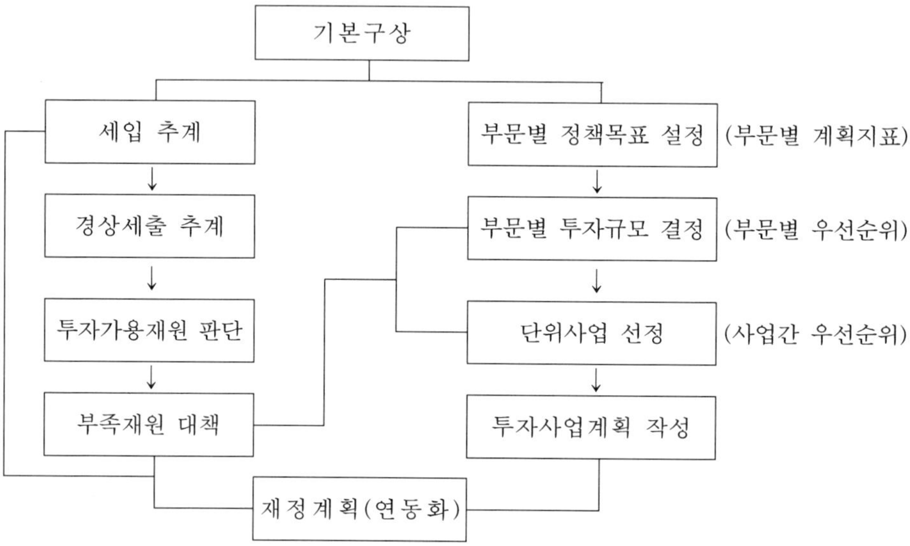

3. 실시계획(program)의 수립

(1) 투자가용재원의 판단

실시계획의 수립은 먼저 투자가용재원을 판단한 후에 사업계획을 수립한 다음 부족재원에 대한 대책을 수립하는 단계이다. 계획기간 중 연도별 재정수입 전망을 추계하고, 기관유지에 필요한 필수적인 경비를 산출하여 투자할 수 있는 가용재원을 판단한다. 특히 한정된 재원으로 투자의 효율성을 높이기 위하여 경상적 경비는 최대한 억제하여야 한다.

투자가용재원의 판단은 먼저 수입 가능한 모든 세입의 추계를 전망하고 다음으로 필수 경상경비인 인건비, 기관유지비, 채무상환비 등 필수적이고 기본적인 지출수요를 전망하고 그리고 세입전망액과 경상세출수요를 비교하여 계획기간중 투자가능한 가용재원을 판단하여야 한다.

(2) 투자사업계획의 수립

투자사업계획의 수립은 중기지방재정계획의 수립에 있어 가장 핵심적인 과정으로서 국가의 중요정책방향과 과거의 투자실적, 주민의 기본수요 등을 고려하여 재원조달의 가능한 범위내에서 실질적인 투자계획이 수립되어야 한다.

투자계획수립시 ① 국가계획 등 상위계획과의 조화문제, ② 지역산업의 육성, 지역간 발전격차 해소방안, ③ 투자부문간 상충 또는 중복투자 등 낭비요인 제거, ④ 현재의 행정서비스 수준 및 향후의 바람직한 행정기능보강, ⑤ 투자사업간 투자우선순위 결정방법 및 적정성, ⑥ 투자사업의 파급효과를 극대화할 수 있는 방안, ⑦ 채무의 증가문제 등을 고려하여야 한다.

(3) 부족재원에 대한 대책수립

부족재원에 대한 대책 수립은 지방자치제실시와 더불어 지역주민의 복지증진 및 개발욕구증대 등으로 재정수요는 급증하고 있으므로 투자재원의 확보 및 재정확충대책의 수립이 필요하다. 부족재원의 대책을 강구함에 있어서 ① 세입전망의 재검토 및 지방세수확충대책 강구, ② 사용료·수수료 현실화 방안 등 세외수입원 발굴, ③ 경영수익사업의 확대 및 수익성제고방안, ④ 민간자본 유치방안 강구, ⑤ 지방채발행 대상사업의 범위 및 발행규모, ⑥ 현재의 재무상태 등을 고려하여야 한다.

4. 계획의 확정

(1) 계획수립 실무대책반 운영

지방자치단체의 계획관련부서를 중심으로 중기재정계획수립 실무대책반을 구성·운영하여 모든 공무원의 참여분위기를 조성하고 관련부서간의 업무협조와 조정체계를 확립해야 한다.

실무대책반은 세입전망, 경상세출 추계 및 투자사업계획 등 부문별 계획(안) 수립 및 협의조정 등의 임무를 수행한다.

(2) 지방재정계획심의위원회 심의

계획내용의 객관성 및 타당성과 투자사업의 우선순위 등을 검토하기 위하여 지방재정계획심의위원회의 심의를 받아야 한다. 위원장은 부단체장이 되고, 위원은 관계국·과장 등 공무원과 지방의회의원, 전문분야 교수, 지역대표 등으로 구성된다. 기타 간담회, 공청회 등을 통해 내·외부의 의견을 수렴한다.

(3) 지방의회보고 및 확정

지방자치단체의 장은 중기지방재정계획을 수립하여 지방의회에 보고하고, 이를 행정안전부장관에게 제출하여야 한다. 행정안전부장관은 각 지방자치단체가 수립한 중기지방재정계획을 토대로 중앙행정기관의 장과 협의(시·도경제협의회에 상정)를 거쳐 종합적인 중기지방재정계획을 수립하고 이를 국무회의에 보고하여 확정한다.

Ⅳ. 중기지방재정계획의 내용

행정안전부가 제시하는 지방자치단체 중기지방재정계획수립지침을 기준으로 시·도, 시·군·자치구별로 5개년 연동계획을 작성한다.

1. 지역여건 및 지역발전구상

(1) 지역여건

일반현황(면적, 인구, 행정구역, 기구, 공무원)과 지역현황(경제규모, 재정규모, 지역특성 등)

(2) 지역의 문제

지역이 안고 있는 지역적, 경제적, 재정적 문제

(3) 향후여건전망 및 지역발전과제

일반여건전망, 지역경제전망, 지방재정전망, 지역개발투자전망, 지역의 잠재력 등

(4) 중기지역발전목표 및 전략

시정방향 및 역점시책

2. 중기지방재정계획

(1) 중기지방재정전망

(가) 중기세입전망

자체수입, 의존세입으로 구분

(나) 중기세출전망

경상세출, 투자세출로 구분

(2) 중기세입·세출추계

(가) 세입추계

국가경제성장추이와 전망, 재정여건 변동사항 등 재정·경제운용방향을 고려하여 추계한다. 자체재원인 지방세, 세외수입과 의존재원인 지방교부세, 국고보조금 등으로 구분하여 추계한다.

(나) 세출추계

우선적으로 경상경비인 행정운영경비와 재무활동비(공기업경상전출금, 공기업자본전출금, 기금전출금, 예탁금, 예수금원리금상환 등 내부거래지출과 차입금이자상환, 차입금원금상환, 예치금, 반환금 등 보전지출)를 추계. 이어 행정목표와 실천과제에 중점을 두어 투자재원을 배분한다.

(3) 가용재원 판단

세입추계에서 세출추계를 차감하여 지방자치단체가 사용할 수 있는 가용재원을 판단한다.

(4) 부족재원대책

지방채, 채무부담행위로 구분하여 대책을 강구한다.

3. 분야별 투자계획 및 지표

(1) 일반행정분야

행정목표 달성을 위한 행정·의정역량을 제고하고 작고 효율적인 조직을 위한 방향을 모색한다. 공무원수, 공무원 1인당 주민수, 공무원교육훈련, 행정전상망장비 등이 지표로 사용된다.

(2) 공공질서 및 안전분야

재난·재해 최소화를 위한 재난예방투자사업과 소방 및 구조구급장비·시설이 포함된다. 민방위대피시설, 비상급수시설, 소방서, 소방파출소, 119구급대, 의무소방대의 지표가 사용된다.

(3) 교육분야

자치교육실현을 위한 법정지원금지원, 인재양성을 위한 효율적인 교육인프라구축, 시민교육활성화를 위한 평생학습체계구축을 내용으로 한다. 교육청 법정전출금 지원, 교육청 비법정전출금지원 등이 주요지표가 된다.

(4) 문화 및 관광분야

문화와 관광인프라를 구축하고 체육시설을 확충하는데 목표를 두고 재원을 배분한다. 문화재관리(국가지정, 지방지정), 무형문화재관리(국가지정, 지방지정), 시・군민회관, 종합문예회관, 박물관, 공공도서관(좌석수, 장서수), 이동도서관 운영, 종합운동장, 실내체육관, 동네체육시설, 체육공원조성 등이 지표로 활용된다.

(5) 환경보호분야

친환경도시건설을 위한 각종 인프라구축과 안전하고 효율적인 수돗물공급, 폐기물처리시설의 확충과 관리에 중점을 둔다. 쓰레기수거율, 분뇨종말처리장, 청소차량, 공원, 공원시설율 등을 지표로 활용한다. 상수도에서는 보급률, 급수량, 배수지, 취수장, 간이상수도 등이 지표로 활용된다. 하수도에서는 하수도보급률, 하수관거보급률, 하수종말처리장, 축산처리시설 등이 사용된다.

(6) 사회복지분야

기초생활보장 및 취약계층지원 등 사회안전망확충과 일을 통한 복지실현을 위해 저소득층 근로의욕고취와 자활촉진분야에 중점을 두어 배분한다. 기초생활보장(일반수급자, 시설수급자), 취약계층지원, 보육・가족 및 여성, 노인을 위한 복지시설, 청소년수련원 등 청소년을 위한 시설이 지표로 사용된다.

(7) 보건분야

고품격 보건・의료기반의 구축을 통한 양질의 서비스를 제공하고, 취약계층에 대한 의료지원과 전염병・질병 예방체제를 구축하는데 중점을 두고 추진한다. 공공진료시설(보건소, 보건지소, 보건진료소, 시・도의료원), 병원선, 의사수, 정신질환시설 등의 지표가 사용된다.

(8) 농림해양수산분야

고품질, 친환경농업으로 농업경쟁력을 확보하고, 농축수산업과 유통·식품 산업과의 연계강화 및 유통구조개선, 한미FTA 등 시장개방화에 따른 농축수산업의 시스템개선과 환경개선을 위한 투자를 한다. 지표로는 전업농 육성, 농어민학자금 지원, 경지정리율, 재경지정리율, 어업가구수, 양식어장 개발, 인공어초시설, 조림사업, 임도시설, 산림휴양시설 등이 지표로 사용된다.

(9) 산업·중소기업분야

고부가가치형 외국인 투자유치활성화, 경제살리기를 위한 재래시장활성화 및 중소기업 성장기반 확충, 고유가에 대비한 신재생에너지 보급에 중점을 둔다. 산업단지(국가, 지방, 농공단지, 과학산업단지), 중소기업지원센터, 중소기업지원 등이 지표가 된다.

(10) 수송 및 교통분야

도로, 교량 등 교통인프라 확충, 지하철 등 대중교통망확충, 선진교통문화정착을 위한 주차장 확충, 실시간 교통정보제공 등의 분야이다. 도로연장, 도로율, 도로시설물, 저상버스, 도시철도연장, BIS시스템 구축 등의 지표가 사용된다.

(11) 국토 및 지역개발분야

쾌적한 주거환경조성, 도시의 균형발전, 특수지역개발, 사전재해예방을 위한 하천 개·보수 등 근본적인 치수대책에 투자를 한다. 주요지표로 주택보급률, 주택재개발사업, 도서 등 특수지역개발사업 등이 사용된다.

(12) 과학기술분야

첨단·지식정보사업에 대한 투자확대로 글로벌 경쟁력이 있는 고부가가치 기술을 창출하고 경제성장 및 일자리창출 등 경제살리기에 효과가 큰 분야를 중심으로 투자를 확대한다. 주요지표로 과학기술인력양성, 창업보육센터지원, 산학연공동기술개발, 중소기업기술지도 등이 사용된다.

4. 부 록

(1) 사업별투자계획

총사업비 10억원 이상의 사업으로 3년 이상 계속투자사업을 중심으로 작성한다. 국고보조금사업, 자체사업으로 구분한다.

(2) 지방채발행 및 채무부담계획

(3) 중앙부처의 각종 중장기계획

V. 중기지방재정계획의 한계와 발전과제

1. 중기지방재정계획의 한계

(1) 지역경제여건이 불확실하고 경기가 불안정한 상황하에서는 세입·세출에 대한 정확한 예측이 곤란하여 일정한 기준에 의하여 추계된 세입·세출에 대한 전망액과 현실의 재정운영결과인 결산간에는 상당한 괴리가 발생한다.

(2) 중기지방재정계획에 포함된 사업은 재정상황의 변화에도 불구하고 당연히 집행하여야 하는 것으로 인식되기 쉽고, 이에 신규재정수요가 누적될 경우 지방재정규모의 팽창을 가져오게 되어 재정운용의 경직성을 심화시키는 결과를 가져올 수 있다.

(3) 각 중앙부처와 지방자치단체내 부서간의 할거주의(sectionalism)가 심할 경우에는 소관부처와 부서의 부문적 이익에만 집착할 우려가 있어 투자재원의 합리적 분배가 곤란하다. 니스카넨(W.A. Niskannen)은 관료도 다른 개인과 같이 효용극대화를 위하여 행동한다고 본다(차병권, 1994: 95-101).

(4) 중기지방재정계획에 대한 인식이 부족하며, 계획기법의 개발정도가 낮고, 계획수립에 요구되는 기초통계가 정비되지 않은 상황하에서는 각 부서에서 제출하는 중·장기적 사업이나 정책대안이 면밀한 사업분석과 검토가 이루어지지 않고 제시될 가능성이 크므로, 계획자체의 타당성이 문제가 될 수 있다.

(5) 중장기재정계획을 도입·정착시키려면 실제적으로 합리화를 지향하는 운용자인 지방공무원의 의식과 행동이 절실히 요구되며, 지방자치단체장 등 정책결정자의 의식개혁이 전제되어야 한다.

2. 중기지방재정계획의 발전과제

(1) 국가중기재정계획의 우선적 수립

지방교부세, 국고보조금 등 의존재원이 지방재정에서 많은 부분을 점유하고 있으므로 중·장기적인 국가재정관리방향, 지방자치단체에 대한 재정지원 등 국가의 중·장기적인 재정정보를 제시해줌으로써 중기지방재정계획의 실효성을 제고시킬 필요가 있다.

(2) 중기지방재정계획과 예산과의 연계성 제고

보다 치밀한 추계기법을 개발하여 매년 예산편성시 활용될 수 있는 실천적 계획이 되어야 한다. 계획도 국가의 상위계획과 지방자치단체의 장기발전구상 그리고 발전계획을 반영하여 재정적인 뒷받침이 되도록 하여야 한다.

(3) 지방공무원의 중기지방재정계획에 대한 인식전환

지방공무원 특히 지방자치단체장과 지방의원들은 중기지방재정계획이 단순한 세입과 세출에 대한 추계가 아니고, 향후 5년간 지방재정을 이끌어갈 방향임을 인식하고 보다 정확한 계획의 수립과 합리적인 운용이 요구된다.

연도 중간에 계획을 수시로 변경하는 즉흥적 사업추진은 지양되어야 하며, 지역주민에게도 널리 알려 지방재정의 예측성을 주지시키고 지역경제의 활성화와 연계한다. 특히 지방자치단체장이 선거에 의하여 교체되는 시기에는 근본적인 수정이 이루어진다.

제 3 절 투융자심사제도

Ⅰ. 투융자심사제도의 의의

1. 투융자심사제도의 개념

일정규모 이상의 주요투자사업과 행사성사업에 대하여 예산편성전에 사업의 타당성 및 효율성을 심사하여 지방예산의 계획적·효율적 운영을 도모하고 중복투자를 방지하기 위한 제도이다. 지방자치제 실시 이후 각종 지방의 투자사업에 있어서 중복과잉투자로 예산을 낭비하거나 투자효과가 낮은 사업이 시행되어 투자자원을 사장하는 사례 등이 빈번하게 발생하자 한정된 자원을 효율적으로 활용하고 투자효율의 극대화가 요청됨에 따라 마련된 제도이다.[1]

투융자심사제도는 1992년부터 도입된 제도로 지방재정법 제37조와 동법시행령, 지방재정투융자사업심사규칙(행정안전부령)에 의거하여 운용되고 있다.

2. 투융자심사제도의 기능

(1) 건전한 지방재정관리제도로의 정착 운영

일정규모이상의 주요투자사업과 행사성사업은 반드시 투자심사를 받도록 함으로써 투자심사결과에 의한 합리적인 예산편성으로 사업의 계획성과 효율성을 제고한다.

(2) 투융자심사의 객관성 · 타당성 확보

한정된 투자재원을 투자우선순위에 따라 부문별 · 연도별로 적정하게 배분함으로써 효율적으로 활용하고, 과학적 투자심사방법을 사용하여 합리적인 정책결정을 할 수 있다. 또한 현지 확인심사로 투자심사의 효율성을 제고할 수 있다.

(3) 각종 지방계획과 연계한 계획재정운영

투융자심사제도는 〈표 6-3〉에서 보는 바와 같이 중기지방재정계획에 반영된 사업에 대하여 심사분석을 실시함으로써 투자심사결과를 토대로 재정지원 및 예산편성을 하고, 국가계획과의 연계운영으로 재정지원효과의 극대화를 도모할 수 있다.

표 6-3 투융자심사의 위치

1) 2000년 감사원은 지방재정 운영실태에 대한 감사결과 1995년 이후 47개 지방자치단체에서 89개 사업, 8조 3,079억원 규모의 사업비가 투자심사를 무시하고 사업추진이 이루어졌음을 지적하였다.

Ⅱ. 투융자심사대상사업

1. 심사대상사업

(1) 일반투자사업

일반투자사업의 세출예산서상의 투자사업비가 이에 해당되며, 형식적으로는 당해 지방자치단체가 사업시행주체가 아니라 하더라도 실질적으로 지방재정투자사업비로 지출되는 결과가 수반되는 사업을 포함한다. 구체적으로는 지방자치단체의 재정지출을 통하여 부동산의 취득, 부동산의 형태·형질 및 구조의 변경, 시설물의 설치 또는 구축, 동산의 취득·변형하는 일체의 사업과 이에 부속되는 사업을 말한다. 지방자치단체가 직접 시행하지 않는 사업도 포함된다.

(2) 행사성사업

행사를 위한 시설물·구조물 등을 임시적·일회적으로 설치·구축하는 경비와 각종 행사개최를 위하여 지출되는 일체의 경비를 포함한다. 따라서 시·도, 시·군·자치구민의 날 행사, 공연·축제·문화행사, 위로·위문행사, 공청회·설명회·보고회, 각종 체육대회 행사, 교양강좌, 각종 기념행사, 각종 국제행사, 기타 지방자치단체가 개최하는 행사를 망라한다.

그러나 사실상 국가가 주관하는 행사로서 지방자치단체가 개최하는 행사인 전국체육대회와 별도로 중앙정부의 승인을 받은 올림픽, 아시안게임, 월드컵 등 국제대회는 제외된다.

2. 재심사대상사업

① 투융자 심사완료 후 다음연도부터 기산하여 3년간 사업시행이 이루어지지 않았거나 추진하지 않고 있는 사업, ② 당초 심사금액대비 사업비가 50% 이상 늘어난 사업으로, 30억원 미만 증가는 시·군·자치구 심사, 30-200억원 미만 증가는 시·도심사, 200억원 이상 증가는 중앙심사, ③ 투융자심사후 사업비가 50% 미만 늘어난 사업이라 하더라도 ㉠ 당초 시·군·자치구에서 심사한 사업으로서 사업비가 10억원 이상 늘어난 사업(시·군·자치구심사), ㉡ 당초 시·도에서 심사한 사업으로서 사업비가 30억원 이상 늘어난 사업(시·도심사),

㉢ 당초 행정안전부에서 심사한 사업으로서 사업비 200억원 이상 늘어난 사업(행정안전부 심사), ㉣ 당초 10억원 미만 사업으로 심사대상사업이 아니었으나 실시설계 확정 이후 사업비가 10억원 이상 증가되었을 경우, ④ 당초에는 전액 지방비재원으로 투융자심사 실시 후 국비나 민간자본, 기타(기금 등) 재원으로 재원조달계획을 변경한 경우, ⑤ 당초 투·융자심사의뢰서에 명시된 위치와 달리 시공 또는 개최되는 사업의 경우 등이다.

3. 심사제외사업

(1) 재해복구 등 원상복구를 목적으로 하는 사업

지방재정법시행령 제41조에 의한 제외대상사업

(2) 행정안전부장관이 정하는 심사제외 대상사업

관련법에 의하여 당연히 제외되는 사업으로, 경지정리사업, 농어촌생활환경정비사업, 배수개선사업, 대구획정리경지재정리사업, 농어촌생활용수개발, 밭기반정리사업, 국가·지방관리 방조제 개·보수, 지적재조사사업, 개발촉진지구개발, 국도대체우회도로, 국가지원 지방도정비, 철도건널목 개량사업, 광역상수도사업, 어촌종합개발사업, 민간투자사업, 국가공단지정에 따른 사업, 외국인투자촉진법에 의한 심의사업, 재해위험지역 및 하천정비, 문화재 개·보수사업, 지방공기업법에 의한 지방공사·공단의 설립사업, 수도권대기환경개선, 신활력사업, 살기 좋은 지역만들기 국가지정시범사업 등 23개 사업이다.

(3) 기타 제외대상사업

소방장비, 119구급장비 및 소방헬기구입, 공유재산 및 물품관리법에 의한 공유재산 대체재산 취득, 전액 민간자본 또는 외자를 유치하여 시행하는 사업(BTL 등), 전액 국가지원을 받아 시행하는 사업 등이다.

Ⅲ. 투융자심사의 종류

1. 심사기관별

(1) 자체심사

〈표 6-4〉에서 보는 바와 같이 시·군·자치구와 시·도가 일정규모 이상의

표 6-4 투자심사대상사업

시 · 군 · 자치구심사	시 · 도심사	중앙심사
<자체심사> · 총사업비 10-30억원 신규사업 · 전액 시 · 군 · 자치구비로 추진하는 10억 이상사업	<자체심사> · 총사업비 20-200억원 신규사업 · 총사업비 20억원 이상으로 전액 시도비 추진 사업 (단, 서울시는 총사업비 30-200억원 신규사업, 전액 시비로 30억원 이상 사업) <의뢰심사> · 총사업비 30-200억원 미만 시 · 군 · 자치구신규사업 · 2개이상 시 · 군 · 자치구와 관련되는 10억원 이상 신규사업 · 시 · 군 · 자치구의 총사업비 5-10억원미만의 행사성 사업	<의뢰심사> · 총사업비 200억원 이상 신규사업 · 10억원 이상 행사성사업 · 2개 이상 시도와 관련된 10억원 이상 신규사업 · 총사업비 10억원 이상 외국차관사업 · 10억원 이상 외국투자사업

사업과 행사성사업을 자체심사할 수 있다.

(2) 의뢰심사

시 · 도와 행정안전부에서는 시 · 군 · 자치구와 시 · 도가 의뢰한 일정규모 이상의 사업에 대하여 심사한다.

2. 단 계 별

(1) 1단계심사

기본계획 수립 후에 실시설계 이전에 실시하는 심사로 2단계 심사대상사업을 제외한 모든 심사를 말한다.

(2) 2단계심사

총사업비가 1,000억원 이상의 신규투자사업으로 1단계 심사 및 실시설계이후 계획변동 등의 사유로 계약체결이전에 한번 더 심사하는 것으로, 1단계 투자심사위원회에서 2단계 심사를 실시하기로 결정된 사업에 한하여만 2단계 심사를 한다.

체육시설, 공공용 청사, 지방산업단지조성, 택지개발사업, 관광단지조성 및 개발사업 등의 사업에 적용된다.

3. 시 기 별

(1) 최초심사

신규투자사업에 대하여 투융자심사를 처음으로 실시하는 심사를 말한다.

(2) 재심사

최초 투융자심사결과 적정 · 조건부로 결정되었으나 사업비의 일정규모 이상 증가 등의 사유로 다시 하는 심사를 말한다.

Ⅳ. 투융자심사의 기준

1. 경제적 · 재정적 타당성

(1) 경제적 타당성

순현재가치(NPV: Net Present Value), 편익 · 비용비(B/C ratio: Benefit/Cost), 내부수익률(IRR: Internal Rate of Return) 등의 기준에 의하여 검토한다. NPV와 IRR을 함께 고려하는 것이 바람직하다.

표 6-5 투자결정기준

기준	내용	결정기준
NPV	편익의 현재가치-비용의 현재가치	NPV≥0인 경우
B/C ratio	편익의 현재가치/비용의 현재가치	B/C≥1인 경우
IRR	NPV=0이 되도록 하는 할인율	IRR>i(사회적 할인율)인 경우

(2) 재정적 타당성

순이익, 재무수익률 등에 의하여 파악한다.

(3) 사업파급효과

사업실시로 나타나게 되는 직·간접적 효과(고용 및 소득증대, 지역부존자원의 활용, 지역기업의 참여, 관련 산업의 촉진, 지역기반시설의 확충, 지역경제 활성화, 행정 개선 등)가 미치는 범위 내지 정도로서 비용·편익을 분석할 때에는 계량화가 가능한 범위내에서 판단한다.

2. 사회적·정치적 타당성

(1) 주민숙원

주민의 욕구충족과 관련하여 다수의 주민이 집단적·계속적으로 사업을 요구하거나 반대 또는 불평하는 범위와 정도이다.

(2) 주민수혜도

사업의 편익(효과)을 얻는 주민의 대상범위·정도와 관련한 것으로 투자효과가 미치는 범위, 집단에 대하여 평가할 수 있다.

(3) 사업의 필수성

주민생활에 기본적이고 필수적인 사업으로서 공공성이 강한 사업 등을 평가한다.

(4) 사업의 시급성

집행중인 사업의 마무리, 시급히 착수 또는 완공되어야 할 사업, 시설이 노후·불량하여 시급히 개량·수선이 요구되거나 대체가 필요한 사업, 기존시설의 확장 등.

(5) 사업의 계속성

사업기간, 사업실시 연수, 사업완공시기 등.

3. 국가·지역계획과의 연계성

(1) 국가 또는 상위계획과의 연계성

국토종합계획, 광역지역계획 등 상위계획과의 연계성, 부동산 투기억제 등 국가경제정책과 투자목표가 부합되는지를 검토한다.

(2) 지역계획과의 연계성

지역장기발전구상 또는 지역개발계획, 도시기본계획과 도시재정비계획, 중기지방재정계획 등과의 연계성을 검토한다.

4. 소요자금조달 또는 원리금상환능력

(1) 국비 등 지원여부

국고보조금사업 해당여부, 부담비율의 적정성, 지방비부담능력 등을 검토한다.

(2) 자체재원 및 원리금상환능력

자체사업비의 확보정도, 차입금에 대한 원리금 상환능력 등을 평가한다.

Ⅴ. 투융자심사의 절차

1. 단위사업별 계획수립 및 타당성조사

(1) 사업별 계획의 수립

사업을 시행할 주무실·과와 사업소는 사업계획을 수립하되, 주사업과 부대사업으로 구분하고 기초공사, 골조공사, 내장공사, 토지매입, 조경, 설계 등으로 구분하여 구체적으로 작성한다. 사업추진계획은 입안부터 준공까지 과정을 추진단계별로 구분하여 작성한다.

(2) 타당성조사

신규투융자사업으로서 그 소요사업비가 500억원을 넘는 경우 투자심사를 하기 전에 전문기관에 타당성조사를 의뢰하여야 한다. 그러나 건축비(소요사업비 중 토지매입비와 설계용역비등 부대경비는 제외)가 100억원 이상인 청사·시민회관·구민회관 등 공용 또는 공공용건물의 건축사업인 경우에는 지방행정 또는 재정분야 전문기관에 타당성조사를 의뢰하여야 한다.

2. 자체투자심사의 실시

(1) 기초심사자료작성

사업주무국·과에서는 1차로 중기지방재정계획에 반영여부를 확인하고, 2차로는 사업계획서상 기재사항의 누락 또는 정확여부를 확인하고 보완한다. 또한 3차로는 사업규모의 적정성, 사업시행의 타당성 등을 중점적으로 검토하여 자체투자방침을 정하여 투자우선순위를 부여한다.

이때 검토하여야 할 사항은 사업규모, 공법상 기술사항, 사업비, 재원조달계획, 관리비·운영비 등 시설운영계획 등이다.

(2) 투융자사업 심사자료 제출

사업주무실·과 또는 사업소에서는 투융자사업 심사에 필요한 서류를 제출하는 경우 내용, 규격 등을 완비하여 심사부서에 제출하는데 심사부서에서는 제출서류가 누락되었거나 제출내용이 부실한 경우 심사의뢰서류를 반려할 수 있다.

투융자심사분석의뢰서는 서식에 맞게 6하 원칙에 의하여 개조식으로 작성하되 〈표 6-6〉에서 보는 바와 같이 통계자료 등을 인용하여 구체적으로 작성한다.

(3) 사전실무심사

투융자심사담당부서에서는 기초심사 작성결과를 토대로 투자심사위원회 심사에 앞서 재원조달능력과 사업타당성 등의 기본항목에 대하여 사전실무심사

표 6-6 투융자사업 심의자료

구 분	심사자료
도로사업	· 최근 3년간 1일교통량 · 도로의 종류 및 고시일, 도로번호 · 도로정비중장기계획반영여부 · 국가 및 인근지방자치단체의 연결도로 개설 · 기타 특이사항(민원발생내용, 사업의 필요성·시급성)
문화·체육·청소년·공공용청사 등	· 관내 및 인근 지방자치단체의 동일 및 유사시설현황 · 공용 또는 공공용건물인 경우 전문기관 타당성조사여부
관광개발사업	· 관광지지정 및 조성계획 승인여부 · 관광수요예측 · 인근지역 관광지개발현황
공단 및 지방산업단지 조성, 택지개발사업, 공영개발사업	· 인근단지 분양실적 및 전망 · 조성원가의 적정성 · 당해사업에 대한 수요조사 실시내용

를 실시한다. 이때 투융자심사 없이 예산편성·사업시행여부, 재원조달가능성, 중기지방재정계획 반영여부, 사업비 산정의 적정성여부, 기타 사업의 타당성·적정성 등을 중점적으로 검토한다.

투자사업비 재원중 일부가 민간자본이 포함되는 경우 민간투자유치가능성을 검증하기 위하여 민간투자자에 대한 객관적인 검증을 실시한다. 민자규모 50억원 미만인 경우 민자유치확약서 또는 민자유치계획서를 제출받아 민자유치 가능성을 판단하고, 민자규모 50억원 이상인 경우 별도의 심사기준을 정하여 투자예정자의 부채비율, 자본금, 투자실적, 현금보유잔고 등을 심사하여 투자가능성을 판단한다.

투자사업 중 ① 사업현장이 주민생활지역과 인접하여 있는 경우, ② 사업시행으로 주민들의 피해발생이 우려되는 사업, ③ 사업이 다른 사업과 중복되거나 연결되는 경우, ④ 기타 현장을 확인해야 적정성을 판단할 필요가 있는 경우에는 반드시 현지심사를 실시한다. 현지심사를 할 경우에는 사업대상위치의 적정성, 사업규모, 시행시기의 적정성여부, 대상지의 지장물 등 추진저해요인, 사업의 주민수혜여부, 주변동향 및 민원발생가능여부, 기타 사업의 필요성·합리성·연계성여부 등을 검토하여 심사에 반영한다.

3. 투자심사위원회의 심사

(1) 위원회의 구성

행정안전부에는 중앙투자심사위원회를, 지방자치단체마다 투자심사위원회를 둔다. 위원회는 학계전문가, 공무원, 민간단체소속원 등 15인 이내로 구성하되, 시·도 및 일반시는 위원중 공무원은 3분의 1, 군은 2분의 1 이내로 하여야 한다. 도로·교통, 문화·체육·청소년, 청소·환경·상하수도, 주택·농수산, 지역개발 등 각 분야별 전문가로 고르게 구성하고 위원장을 민간인으로 위촉하고 위촉위원 중 여성, 시민단체 등을 일정비율 위촉한다.

(2) 위원회심사

위원회심사시에는 대상사업 중 쟁점사업을 적의 선정하여 관련 사업부서의 공무원이 참석하여 당해사업에 대한 설명을 하도록 기회를 제공하여야 한다. 심사결과의 최종결정은 가급적 만장일치로 결정하되 의견일치가 안될 경우 다

표 6-7 연도별 중앙심사 실적

(단위: 억원)

구분	1997	1998	1999	2000	2005	2006	2007
총대상	205건 180,856	126건 66,317	97건 94,668	146건 82,363	313건 288,054	301건 300,074	365건 406,983
적정	75건 27,712 (36%)	82건 44,727 (65%)	61건 67,352 (63%)	84건 28,897 (57%)	266건 243,484 (85%)	244건 257,605 (81%)	334건 391,177 (91%)
부적정	130건 153,144 (64%)	44건 21,590 (35%)	36건 27,316 (37%)	62건 53,320 (43%)	47건 44,570 (15%)	57건 42,469 (19%)	31건 15,806 (9%)

주: 적정=적정+조건부추진, 부적정=재검토+부적정+반려.
자료: 행정안전부.

수결에 의하여 결정이 가능하다.

1997년부터 중앙투자심사위원회의 심사결과를 살펴보면 〈표 6-7〉과 같다. IMF 경제위기하인 1997년에 부적정 결정이 64% 정도까지 이루어졌으나 그 이후 적정판정 비율이 높아져 2005년에는 적정판정 비율이 85%, 2007년에는 91%로 크게 높아졌다.

(3) 투자심사의뢰 및 결과 통보

(가) 심사의뢰와 심사시기, 결과통보시기

심사의뢰와 심사시기 그리고 결과통보의 시기는 〈표 6-8〉과 같다.

표 6-8 심사의뢰 및 심사시기, 결과통보시기

구 분		정기심사	수시심사
심사의뢰	시·군·자치구	상반기 2월말까지, 하반기 8월10일	심사일 10일전
	시·도	상반기 3월20일, 하반기 8월31일	
심사시기		상반기 4월30일, 국고보조사업은 상반기 하반기 10월31일, 국고보조사업은 제외	수요에 따라 수시심사
결과 통보		투자심사 완료일로 부터 14일 이내	

(나) 심사결과 구분기준

투자심사결과 기준은 적정, 조건부추진, 재검토, 부적정으로 구분한다.

① 적정: 사업의 타당성이 인정되고 예산반영 등 재원조달대책이 수립되어 정상적으로 추진이 가능한 경우이다.

② 조건부추진: 사업의 타당성은 인정되나 선행절차 이행 및 재원조달대책 등 필요한 조건이 충족되어야만 사업추진이 가능한 경우이다.

③ 재검토: 사업의 규모, 시기, 재원조달대책 및 채무상환계획 등에 대한 종합적인 재검토가 필요한 경우이다.

④ 부적정: 사업의 타당성 결여로 사업을 추진하여서는 안 되는 경우이다.

4. 투자심사 후속조치

(1) 지방재정관련계획 등에의 반영

행정안전부장관 또는 시·도지사는 중기지방재정계획의 수립 등 지방재정 관련 계획을 수립할 때에는 투자심사결과를 반영하여야 한다.

(2) 재정지원 또는 중단요청

행정안전부장관 또는 시·도지사는 투자심사결과 재정지원 등의 조치가 필요한 경우에는 관계중앙행정기관의 장에게 당해 사업에 대한 재정지원 등을 요청할 수 있다.

또한 행정안전부장관 또는 시·도지사는 투자심사를 거치지 않은 사업에 대하여는 관계중앙행정기관의 장에게 당해 사업에 대한 재정지원중단을 요구할 수 있으며, 부적정 또는 재검토로 판정된 사업에 대하여는 국고보조금·특별교부세 및 시·도비를 지원하거나 지방채발행을 승인해서는 안 된다.

(3) 투자심사의 사후평가

행정안전부장관은 투자심사를 실시한 지방자치단체의 사업에 대하여 매년 1회 이상 최근 3년 투융자심사사업을 대상으로 예산반영률, 미심사사업예산 반영률, 재검토·부적정사업의 예산반영, 조건부사업 조건이행, 기타 재정계획과의 연계여부 등을 평가한다.

또한 행정안전부장관은 평가를 위하여 지방자치단체장에게 당해 투자사업의 추진상황 등 관련 자료의 제출을 요청할 수 있으며, 평가결과를 토대로 재정페널티를 적용하고 우수한 지방자치단체에 대하여는 시상할 수 있다.

제 4 절 지방재정분석제도

Ⅰ. 지방재정분석의 의의

1. 지방재정분석의 개념

지방재정분석(local financial analysis)이란 지방재정법 제55조의 규정에 따라 지방자치단체장이 작성·제출한 재정보고서를 기초로 재정현황과 운용실태를 객관적으로 검증하는 일련의 과정으로 결산결과에 대한 재정운영분석과 재정지표분석의 2가지가 있다. 재정운영분석이란 재정을 분석함에 있어 당해연도 결산결과를 토대로 지방자치단체장이 작성·제출한 재정보고서의 내용을 목적과 성질에 따라 분류·집계·분석·정리하는 것을 말한다. 재정지표분석은 지방재정운영상황을 안정성, 건전성, 효율성, 계획성 4개 영역의 16개 지표에 따라 지수를 산정, 이를 지표별·영역별 및 종합적으로 분석하는 것을 말한다.

현실적으로는 지방재정실태를 알아보기 위한 방법으로 재정평가, 재정진단과 함께 혼용되어 사용되고 있다. 지방재정평가(local financial evaluation)란 동종유형의 또는 인구와 산업구조가 비슷한 여러 지방자치단체간의 재정상태를 대상으로 상대적으로 비교·분석하는 것을 말한다. 그러나 지방재정진단(local financial diagnosis)이란 재정평가나 재정분석결과 건전성과 효율성이 현저히 떨어지는 지방자치단체만을 선정하여 재정부실을 초래한 여러 가지 문제요인을 정밀하게 분석하여 대책을 강구하는 과정이다. 따라서 재정운영이 불건전한 지방자치단체를 선정하는 것이 매우 중요하며, 이를 위한 객관적인 기준마련과 합리적인 절차와 과정이 필요하다(김동기, 1998: 24-5).

지방재정분석의 대상인 지방재정력을 무엇으로 볼 것인가는 학자와 기관, 나라에 따라 다르다. 유훈, 오연천, 이영조와 같은 국내학자와 에이킨(J. S. Akin), 래드와 잉거(Ladd & Yinger), 미국의 정부간관계자문위원회(ACIR: Advisory Commission on Intergovernmental Relations) 그리고 일본의 지방자치협회는 수입능력

(revenue raising capacity)으로 보고 있고, 강인재와 미국국제도시경영협회(ICMA: International City Management Association)는 지불능력(solvency)으로 보고 있다. 그러나 미국의 S&P(Standard and Poor's)사나 Moody's(Moody Investors Services)사와 같은 평가기관들은 채무부담능력으로 보고 있다.

우리나라의 지방재정분석제도는 지방자치단체장의 민선 이후 지방재정의 건전한 운영을 도모하기 위하여 1994년 지방재정법을 개정하면서 도입되었다. 1996년에는 기본적인 8개 항목을 내부적으로 분석하였고, 1997년에는 재정능력, 재정운용, 재정노력 등을 추가한 3개 분야 총 18개 지표로 확대하였다. 이어서 1999년부터 10개 단위지표를 마련하여 분석하고 그 결과를 매년 공표하다가 2005년에는 세입구조, 세출관리, 재정관리, 채무관리, 재정투명성, 국가정책이행 등 6개분야 30개 분석지표로 확대하여 재정분석을 하였다. 2008년부터는 그 동안 지방재정분석의 문제점을 보완하기위해 건전성·안정성·계획성·효율성 4개 영역의 16개 계량화된 분석지표마다 적정기준을 정하고 자치단체 스스로 자기분석을 통해 재정상태를 측정하도록 하고 있다.

2. 지방재정분석의 목적

(1) 재정상태 및 재정운용상황 점검

객관적이고 합리적인 기법을 통하여 지방자치단체의 재정현황 및 운영상태 나아가 재정위상을 종합적이면서 체계적으로 점검·평가하고 그에 따른 적절한 대응조치를 모색하도록 하는데 있다. 지방자치단체의 재정상태를 점검함으로써 문제를 발견하고 이에 대한 대처방법을 모색할 수 있으며 지방재정정책의 방향을 수립할 수 있다

(2) 재정위기상황의 진단 및 예방

지방재정이 방만하거나 파행적으로 운영될 경우 재정위기가 발생할 수 있는데 이를 위해 재정운영상의 문제점과 문제의 발생요인을 밝혀내고 문제의 처방을 탐색하는 작업이 필요하다. 즉, 재정위기를 초래할 여러 가지 요인별 정밀진단을 통하여 재정위기에 대한 경보장치기능을 함으로써 이에 대한 적절한 대응방안의 모색이 가능하다.

(3) 재정상태의 비교평가와 정책지원근거제공

지방자치단체의 재정상태를 다양한 관점에서 비교·평가하여 지방자치단체의 재정상태 및 운영성과를 명확히 하는데 필요하다. 나아가 재정을 잘 운용한 지방자치단체에 대하여는 보조금 지원 등 재정인센티브를, 타 지방자치단체에 비하여 재정운용의 효율성이 떨어지는 지방자치단체에 대하여는 재정페널티를 통해 제재할 수 있다. 이러한 과정을 통하여 지방자치단체간 선의의 경쟁을 유도하고, 재정의 책임성과 효율성이 제고될 수 있다.

(4) 재정정보의 공개와 주민통제

지역주민은 재정적 민주주의를 실현하기 위하여 납세자로서 그리고 "알 권리"의 주체로서 납세자 주권의 관점에서 지방재정정보는 주민에게 공개되어 주민통제를 받아야 한다. 재정분석결과는 주민들이 재정운영 결과를 감시하고 지방자치단체장에 대한 능력을 평가하여 차기선거에도 환류(feedback)할 수 있는 중요한 정보가 되는데 재정분석제도를 통하여 재정운영상황이 주민들에게 공개될 때 이 목적에 기여하게 된다.

Ⅱ. 외국의 지방재정분석제도

1. 미국의 지방재정분석제도

(1) 국제도시경영협회의 재정추이경보체제

재정추이경보체제(FTMS: Financial Trend Monitoring System)란 미국의 국제도시경영협회(ICMA: International City Management Association)가 미국도시의 재정관리를 위해 1986년에 개발한 자기재정진단시스템이다.

이는 재정능력을 주로 지불능력측면에서 종합적으로 측정하고 관리하는 제도로 지방자치단체의 수입자원, 재정수요, 재정운영정책에 따라 재정상태에 어떠한 영향을 미치고 있는가를 지방자치단체 스스로 측정하는 시스템이다.

FTMS는 지방자치단체의 재정상황에 영향을 미치는 요인으로 환경요인, 조직요인, 재정요인의 3개 부문의 12개 세부요인으로 구분하여 제시하고 있다. 〔그림 6-3〕과 같이 환경요인은 조직요인에 영향을 미치고, 조직요인은 다시 재정요인에 영향을 미친다. 그들 상호간에는 인과관계가 있으며, 영향력과 정보는

그림 6-3 재정상황의 영향요인: 환경요인, 조직요인, 재정요인

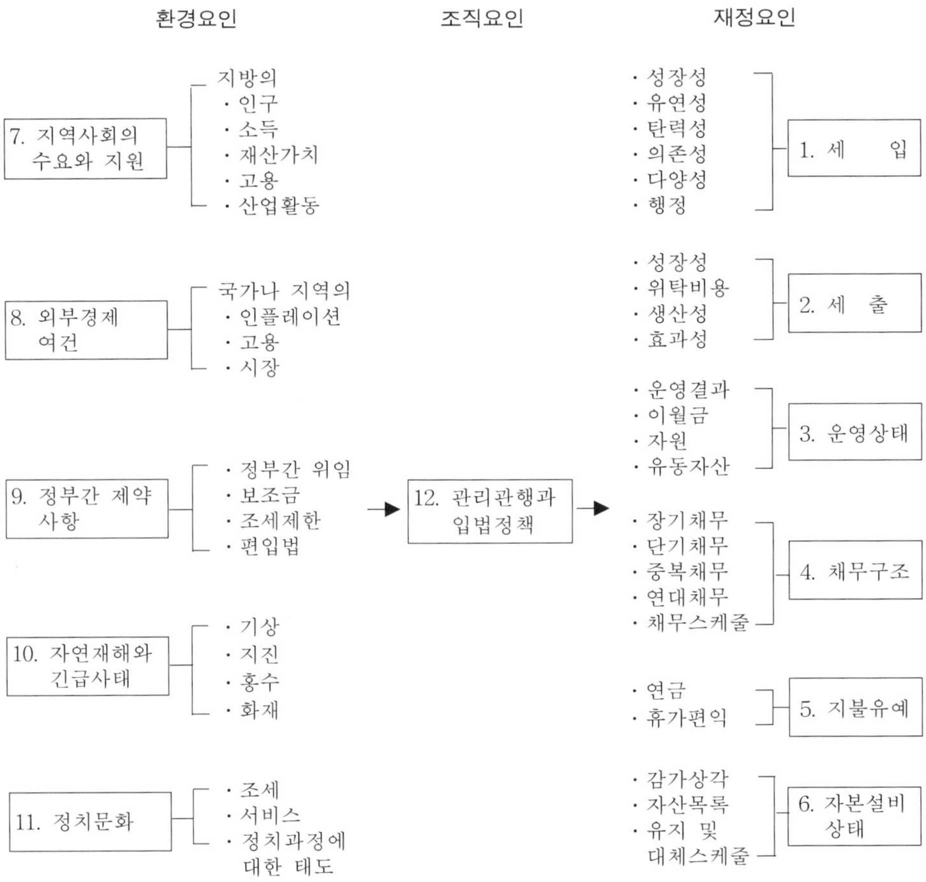

자료: ICMA(1981: 282).

화살표방향을 따라 흐르는 경향이 있다.

FTMS의 재정상황에 미치는 요인 중 재정요인에 속하는 지표와 지표의 해석기준은 〈표 6-9〉와 같다. 이 제도는 하나의 관리도구로서 지방자치단체의 재정력을 평가하는데 유용하게 사용될 수 있다는 장점이 있다. 그러나 왜 이와 같은 요인들이 설정되었는지에 대한 이론적인 설명이 부족하며, 또한 왜 어떠한 재정문제가 발생하였는가에 대한 구체적인 해답을 제시하지 못하고 있다.

표 6-9 재정지표 및 재정위기유발요인

재정상태 결정요인	재정지표	재정위기 유발요인
세입지표	1인당 세입규모	1인당 경상세입의 감소
	목적재원	순경상세입에 대한 목적재원세입비율의 증가
	이전재원	순경상세입에 대한 의존재원비율의 증가
	탄력적 조세수입	순경상세입에 대한 탄력적 경상세입비율의 감소
	임시수입	순경상세입에 대한 임시세입비중의 증가
	부동산관련세입	부동산세입의 감소
	체납부동산과세	부동산세입 징수액 대비 체납세액 비율의 증가
	사용료수입범위	서비스관련 총지출에 대한 사용자수수료 수입의 비율 감소
	세입부족	실제경상세입에 있어 세입부족 비율의 증가
세출지표	1인당지출액	불변가격 기준 1인당 경상지출액 증가
	주민1인당 공무원수	1인당 지방공무원수의 증가
	고정비용	순경상지출에 대한 고정비율의 증가
	부가급여	임금과 보수에 대한 부가급여액 비중증가
운영상황	경상적자	순경상수입에 대한 일반재정 경상적자 비율의 증대
	사업손실	불변가격기준 사업손실발생
	일반이월금	순경상세입에 대한 이월금 비율감소
	유동자산	경상부채에 대한 현금/단기투자 자본금의 비율감소
부채구조	경상부채	순경상세입에 대한 부채비율의 증가
	장기부채	평가자산에 대한 직접장기 채무비율의 증가
	채무상환	순경상세입에 대한 순직접채무상환액의 비율증가
	중복채무	평가자산에 대한 장기적 중복기채액의 비율증가
미지급 부채	미충당연금	자산평가에 대한 미충당연금채무의 비율증가
	연금기금	연금지금액에 대한 연금자산가치의 감소
	공무원누적휴가	지방공무원1인당 사용하지 않은 병·휴가일수의 증가
	유지노력	단위자산당 고정자산의 보수·유지비용의 감소
자본설비의 상태	자본지출수준	순경상지출대비 경상재원으로부터의 자본지출 3년연속감소
	감가상각비	고정자산비용에 대한 감가상각비율의 감소

재정상태 결정요인	재정지표	재정위기 유발요인
지역사회의 수요지원	인구	인구규모의 급속한 감소
	중위연령	중위연령의 상승
	주민1인당소득	개인소득성장률 또는 절대액의 감소
	빈곤가구 및 공적부조 대상자	빈곤가구 및 공적부조대상자의 비율증대
	재산가치	시장가격의 성장둔화 및 감소 개발에 대한 주거지 개발비용의 증대
	공한율	주거용, 상업용, 공업용 건물의 공한율 증가
	고용기반	실업률의 증가 및 직장수의 감소
	사업활동	사업단위의 수, 영업면적 등 사업활동의 쇠퇴

자료: 김종순(1995: 67-69).

(2) S&P, Moody's사 등 신용평가제도

미국의 S&P(Standard & Poor's)사와 Moody's(Moody Investors Services)사, 휘치사(Fitch Investors Service Inc.), 더프신용평가사(Duff and Phelps Credit Rating Co.), 톰슨은행감독원(Thomson Bank Watch Inc.) 등과 같은 민간신용평가회사들은 지방채투자가들의 요구에 의하여 지방정부가 발행하는 지방채에대하여 신용등급을 부여하여 낮은 신용등급을 받은 지방정부에 대하여는 지방채시장에서 높은 이자비용을 부담하게 한다.

특히 Mood'y사는 절대평가를 지향하는 경향이 있으며, S&P사는 지표내에서 다른 지방정부와의 상대평가를 통하여 그 점수가 측정된다는 점에서 차이가 있다. 또한 Moody's사는 채무구조에 주안점을 두고, S&P사는 경제환경과 관련한 항목에 주안점을 두고 있다. 세부적인 평가요소에도 많은 차이가 있는바 구체적인 평가요소는 〈표 6-10〉과 같다.

Moody's사나 S&P사의 지방채에 대한 신용등급 평가기준과 건전신용평가의 조건은 〈표 6-11〉과 〈표 6-12〉와 같다. 특히 지방자치단체의 재정상태가 Ba 또는 그 이하이거나 BB, B, CCC, CC, C 등으로 평가될 경우 투자부적격수준인 정크본드 수준으로 투기적 투자로 분류되고 상환능력이 낮은 것으로 평가되어 당해 지방자치단체가 발행하는 지방채의 이자율이 매우 높게 책정된다.

표 6-10 Moody's사와 S&P사의 평가요소 비교

Moody's사		S&P사	
평가요소	평 가 항 목	평가요소	평 가 항 목
채 무	채무정책, 채무구조, 채무부담, 채무역사·추세, 기채전망	채 무	보장성, 채무기간, 채무구조, 채무수요
재 정	현금계정, 세입체계, 세출분석, 예산분석, 재무관리, 재정활동	재 정	회계, 유동자산계정, 장기책임력
정 부	조직구조, 행정서비스, 정부간 계층, 행정인	행 정	재정계획, 재무관리, 예산서, 자본형성, 급부금상태, 세무행정, 노사관계, 송무
경 제	자연적 자원, 인구·부·노동, 경제구조 및 경제전망	경제기반	채무자성격, 인구학적 요인, 조세구조, 고용기반, 소매판매량

신용평가는 다양한 자료를 참조하여 지방정부의 재정력을 분석하고 있으나 기본적으로 투자가의 관점에서 실시되며, 상이한 분석가들이 동일한 자료를 다르게 평가하는 경우가 많아 정확히 파악하지 못한다는 비판이 있다.

표 6-11 지방채의 신용등급 평가표

Moody's사	S&P사	신용상태 및 원리금상환능력
Aaa	AAA	· 최상의 신용상태 · 상환능력 극히 양호
Aa	AA	· 상급의 신용상태 · 상환능력 매우 양호
A-1 A	A	· 중상급의 신용상태 · 상환능력 양호
Baa-1 BBB	BBB	· 중급의 신용상태 · 상환가능
Ba and lower	BB, B, CCC, CC, C	· 투기적 투자 · 상환능력 낮음

자료: George Kaufman(1981: 314).

표 6-12 건전신용평가의 조건

신용평가 검토사항	재정압박의 판단기준
총부채액이 총부동산가치에서 차지하는 비중	10% 이상인 경우(5% 미만이면 매우 양호)
총부채의 증가율	과세기반의 증가율 및 1인당GRP 증가율을 현저히 상회
1인당 총부채액	$1,300 이상인 경우($550 이하면 양호)
단기성 부채	당해 회계연도에 상환되지 못하고 이월되는 경우
장기채무의 원리금상환액이 자체재원에서 차지하는 비중	20-25%를 초과하는 경우 단기채무원리금 상환액을 포함 40% 초과

자료: George Kaufman(1981: 313).

표 6-13 미국의 재정파산선고제도의 유형

주요방식	주요 특징
재정금융지원	· 주의 특별재정지원으로 재정재건 · 지방정부의 자치권은 인정하되 주가 설립한 재정관리기관이 지방정부의 재정력에 영향력 행사 · 지방정부의 재정계획, 기채, 계약 등의 심사, 회계사무의 감시 등을 하는 재정감시기관 설치 · 가장 보편적이며, 뉴욕시 등에 적용
주파산관재인	· 주의 특별법제정으로 운영 · 시장 해임, 시의회의 입법기능상실 등 자치권제약 · 주파산관재인 파견 · 파산관재인이 재정재건계획을 편성하여 재정재건 · 예외적인 상황에서 운영되었고, 첼시시 등에 적용
연방파산법 적용	· 연방파산법에 의거 신청자격을 만족시켜야 하고, 채무조정계획도 파산법, 주법, 채권자 승인에 입각해야 함 · 지방정부의 자치권은 인정되나 대외신인도 급락 · 활용도는 높지 않으며, 오렌지 카운티 등이 신청

(3) 재정파산선고제도

미국의 지방정부는 연방헌법이 아닌 주법에서 그 존재가 보장되므로 주마다 입법례가 다르다. 특히 지방정부가 세율결정권과 기채권을 가지고 있어 재정

표 6-14 일본의 주요 지방재정지표

지표명	산 식
재정력지수	기준재정수입액/기준재정수요액
실질수지 비율	(실질수지/표준재정규모)×100 -실질수지: (세입결산-세출결산)-(사업이월액-미수입특정재원) -표준재정규모: [기준재정수입액×(100/76 또는 80)]+보통교부세+지방양여세
경상수지 비율	(경상적 경비충당 일반재원/경상일반재원)×100 -경상적 경비: 인건비, 물건비, 보수유지비, 부조비, 보조비, 공채비 중 임시적 경비 제외 -일반재원: 지방세, 지방교부세, 지방양여세, 국고지출금, 세외수입 중 특정재원 제외 -경상일반재원: 보통세, 보통교부세, 지방양여세, 각종 교부금, 사용용도 미지정 경상적 세외수입
지방채부담 비율	지방채원리금상환충당일반재원/일반재원×100
기채제한 비율	(A-B-C-D-E/D-C-E)×100 -A: 지방채의 원리상환금 -B: 원리금상환에 충당된 특정재원 -C: 재해복구비, 특정채상환비 등 지방교부세 산정의 기준재정수요액에 산입된 공채비 -D: 표준재정규모 -E: 보통교부세 산정시 사업비 보정에 의해 기준재정수요액에 산입된 공채비

운용에 따라 파산가능성이 항상 존재한다. 대표적인 재정파산 관련제도로는 주정부의 전면적 재정금융지원제도, 주파산관재인제도, 연방파산법 적용 등 3가지 제도가 있다.

2. 일본의 지방재정분석제도

(1) 주요지방재정지표의 분석

일본의 경우 지방자치단체의 재정력을 평가하고 진단하는 공식적인 제도를 갖고 있지는 않지만 자기진단방법 등을 통하여 재정운영상황을 분석·진단하고 있다. 일본에서 현재 사용하고 있는 지방재정관련 지표는 〈표 6-14〉에서 보는 바와 같이 재정력지수, 실질수지비율, 경상수지비율, 지방채부담비율, 기채제한비율 등이 있다.

(2) 지방채평가제도

일본의 공사채에 대한 신용평가기관으로 일본공사채연구소, 日本格付研究所, 日本投資者서비스사 등이 있다. 일본의 이들 기관은 신용평가요소에 대한 세부적인 내용은 공개하지 않고 있으나 野林綜合硏究所가 하나의 대안으로 신용평가기준을 〈표 6-15〉와 같이 제시하고 있다(김성봉, 1998: 16).

표 6-15 野林綜合硏究所의 신용평가기준

평 가 요 소	세 부 사 항
경제사회적 요인	인구의 성장·구성·특징과 주거환경, 상업의 발전성 산업: 규모, 종류, 다양성, 임금의 상대적 안정성과 성장성 농업: 토양, 수리시설, 이익성과 농산물의 다양화
채무요인	상대적 채무부담, 상환스케쥴, 채무전망, 차입기록, 급여기록
재정운영요인	세금징수기록, 과세력, 상급단체보조 및 감독, 타지방자치단체와의 관계, 예산기술
관리요인	법률상의 채무제한, 대외차입의 한도

일본공사채연구소는 평가등급을 9등급으로 구분하고 있다. 최상 “AAA”로부터 “C”까지 9등급이 있는데 “AA”부터 “B”등급에 대하여는 “+” 혹은 “-”를 부가할 수 있다. 이상의 등급별 평가기준을 살펴보면 〈표 6-16〉과 같다.

(3) 종합적 자기재정진단분석

일본에서는 종합재정진단을 위한 방법으로 지방자치단체의 주요재무지표 등을 재정현황, 재정운영, 재정성과의 3개 부문으로 분류하고, 각 부문마다 20개씩의 지표를 구성하였다. 각 지표별 전국평균 및 분포에 따라 5단계로 평점하되 원칙적으로 5점(500단체), 4점(500단체), 3점(500단체), 2점(500단체), 1점(500단체)으로 분포되도록 배점하여 각 부문별 평점을 합하여 종합적으로 측정한다. 이러한 종합측정결과로 지방자치단체간의 비교는 물론 종합적인 자기재정상태

표 6-16 일본공사채연구소의 신용평가기준

순위	등급	신용평가기준	비고
1	AAA	최상위등급의 신용도	
2	AA	매우 우수한 신용도	+혹은 -가능
3	A	몇몇 항목에서 우수한 신용도를 지님	+혹은 -가능
4	BBB	일반적인 투자대상으로 충분하나 계속적인 관찰이 필요함	+혹은 -가능
5	BB	현재의 신용도는 양호하나 미래까지 예측하기는 어려움	+혹은 -가능
6	B	신용도가 낮음	+혹은 -가능
7	CCC	현재까지는 채무불이행의 경력이 없으나 미래의 상환에 대하여는 다소 우려됨	
8	CC	현재까지는 채무불이행이 없으나 미래의 상환이 우려됨	
9	C	채무불이행의 경력이 있음	

표 6-17 일본의 자기재정현황진단표

현황지표	운영지표	스톡지표	
경상수지비율	경상수지비율(유단비교)	산업기반	도로개량률
실질수지비율	단년도수지비율		도로개량률(유단비교)
재정력지수	지방채허가제한 비율		도로포장률
공채비비율	인구1인당세입액(유단비교)		도로포장률(유단비교)
실질채무잔고비율	시정촌세 징수율	생활기반	
기금잔고비율	징세비율(유단비교)		인구1인당 공원면적
세수증가율	보육경비부담률(〃)		분뇨위생처리율
납세의무자비율	인구1인당 직원급(〃)		쓰레기 수집률
지방채세입비율	라스파이레스지수(〃)		상수도 보급률
징세비용율	인구천명당 직원수		하수도 보급률(유단비교)
종속인구비율	부조비 증감률		공사립유치원보육소수용률
보육경비부담률	직원평균연령(유단비교)		인구천명당 공사립병원
라스파이레스 지수	고령직원비율		진료소 병상수
인구천명당 직원수	제수당 증가율		인구천명당 집회시설면적
직원평균연령	인구1인당 물건비(유단비교)		소방시설충족률
인구1인당 직원급	물건비 증가율		
보통건설사업비충당일반	이자부담률	교육시설	비목조교사면적비율
재원비율	보통건설사업비비율		아동1인당 교사율
단독사업비충당일반재원비율	단독사업비비율		아동1인당 교사면적
부조비충당일반재원비율	공영기업전출율		교사면적부족학교비율
전출금충당일반재원비율	공영기업전출금증가율		실내운동장설치비율

주: 유단비교는 인구와 산업구조를 고려한 유사단체와의 비교임.

의 측정이 가능하다.

기초자치단체인 시정촌(市町村) 재정운영의 평가기준으로 다음과 같은 세 가지의 기준을 설정하고 있다. ① 재정운영이 건실하고 수지균형을 잘 유지하고 있는가? ② 재정구조가 경기변동이나 재정수요의 변화에 즉각 대응할 수 있도록 탄력성이 있는가? ③ 주민생활의 향상이나 지역산업의 발전에 즉각 대응할 수 있는 적절한 행정수준이 확보되어 있는가? 이와 같은 지방재정을 측정하기 위한 3개 부문의 구체적인 재정지표를 표로 정리하면 〈표 6-17〉과 같다.

Ⅲ. 지방재정분석지표

1. 분석지표체계

행정안전부가 2008년부터 지방재정분석에 적용하고 있는 지표(indicators)에는 안전성, 건전성, 효율성, 계획성 등 4개 분야 16개 계량지표가 활용되고 있다.

(1) 안전성지표(4개)

(가) 지방세수안정도

지방세수입의 연도간, 중·장기적 추세 증감정도를 파악할 수 있는 지표로 지방자치단체의 안정적인 세수성장을 유도하는 동시에 지속적인 세수기반의 감소를 경험하는 자치단체를 발견하여 조기경보(early warning)시스템을 가동하는데 목적이 있다. 비율이 높을수록 재정운영의 안정성이 높다.

$$\text{지방세수안정도} = \frac{\text{현년도분 지방세실제수납액} - \text{전년도분 지방세실제수납액}}{\text{전년도 지방세실제수납액}} \times 100(\%)$$

(나) 지방세징수율

지방세 징수 자구노력을 측정하는 지표로 지방자치단체의 지방세부과액에 대한 세정관리능력을 측정하고 지방세징수의 효율성을 진작하는데 목적이 있다. 비율이 높을수록 세수증대노력이 크고 효율적으로 운영하는 것으로 분석된다.

$$\text{지방세징수율} = \frac{\text{현년도실제수납액(지방세 실제수납액} - \text{과년도분 실제수납액)}}{\text{현년도징수결정액(지방세 징수결정액} - \text{과년도분 징수결정액)}} \times 100(\%)$$

(다) 경상세외수입 안정도

경상세외수입의 연도간 또는 중기추세상 증감정도를 파악하는 지표로 지방자치단체의 안정적인 세외수입성장을 유도하는 동시에 급격한 경상세외수입기반의 감소를 조기 발견하여 재정의 불안정성을 최소화하도록 유도함에 목적이 있다. 이 비율은 비율이 높을수록 재정운영의 안정성이 양호함을 알 수 있다.

$$\text{경상세외수입안정도} = \frac{\text{현년도 경상세외수입 실제수납액} - \text{전년도 경상세외수입 실제수납액}}{\text{전년도 경상세외수입 실제수납액}} \times 100(\%)$$

(라) 경상세외수입 징수율

경상세외수입의 징수 자구노력을 측정하는 지표로 지방자치단체의 세외수입징수노력을 측정하고 효율적인 부과징수 관리능력을 제고하는데 목적이 있다. 비율이 높을 수록 세외수입증대노력이 높고 징수관리가 효율적임을 의미한다.

$$\text{경상세외수입 징수율} = \frac{\text{현년도 경상세외수입 실제수납액}}{\text{현년도 경상세외수입 징수결정액}} \times 100(\%)$$

(2) 건전성지표(4개)

(가) 경상경비비율

재정지출구조를 판단할 수 있는 지표로 경상경비란 인건비와 경상적 경비를 포함한 경비로 재정지출의 건전운영 수준을 측정하고 경상경비의 절감을 유도하는데 목적이 있다. 이 비율이 높을수록 재정의 경직도가 높아 재정건정성이 낮은 것으로 분석된다.

$$\text{경상경비비율} = \frac{\text{경상경비}}{\text{세출결산액}} \times 100(\%)$$

(나) 인건비비율

재정운영의 경직성 및 효율적 인력관리를 측정해주는 지표로 지방세출에서 인건비가 차지하는 비율과 증감상태를 자치단체간에 비교함으로써 인건비의 적절한 관리를 유도하는데 목적이 있다. 지표값이 높을수록 재정운영의 경직도가 높다고 할 수 있다.

$$\text{인건비비율} = \frac{\text{인건비}}{\text{세출결산액}} \times 100(\%)$$

(다) 지방채무상환비비율

채무상환에 따른 단기적 재정운영의 안정도를 측정하는 지표로 자치단체가 자주적으로 사용할 수 있는 일반재원을 가지고 지방채를 상환할 수 있는 능력을 측정할 수 있는 지표이다. 이 지표가 비율이 일정수준이하일수록 재무구조가 좋은 것임을 의미한다.

$$\text{지방채무상환비 비율} = \frac{\text{최근4년간 평균 순지방비 채무상환액}}{\text{최근4년간 평균 일반재원결산액}} \times 100(\%)$$

(라) 지방채무잔액지수

세입규모 대비 총채무액의 비율을 측정하는 재정건전성 지표로 자치단체의 표준적인 재정수입(일반재원수입)에 대하여 지방채무 누적액의 비율을 측정・분석함으로써 중장기 재정안정성을 도모하는데 목적이 있다. 이 비율이 높을수록 미래채무상환의 압박이 가중되는 것으로 분석된다.

$$\text{지방채무잔액 지수} = \frac{\text{지방채무 순현재액}}{\text{일반재원 결산액}} \times 100(\%)$$

(3) 효율성지표(4개)

(가) 행사・축제경비 비율

재정운영의 건전성 상태를 측정하는 지표로 행사와 축제의 적정성을 도모하여 재정운영의 건전성 확보를 유도하는 데 목적이 있다. 지표값이 일정수준(사회적 합리적 수준) 이하일수록 재정운영의 건전성이 높다고 할 수 있다.

$$\text{행사・축제경비비율} = \frac{\text{행사축제경비}}{\text{세출결산액}} \times 100(\%)$$

(나) 민간이전경비비율

재정운영의 건전성 상태를 측정하는 분석지표로 동종 자치단체간에 민간보조수준을 비교함으로써 재정운영의 건전상태를 간접적으로 파악하는 동시에 자치단체간의 학습효과를 유도하는데 있다. 그 비율이 사회적 용인수준에 근접할수록 재정운영의 건전성이 높은 것으로 분석된다.

$$\text{민간이전경비비율} = \frac{\text{민간이전경비}}{\text{세출결산액}} \times 100(\%)$$

(다) 투자비 비율

투자사업비의 정도를 파악하는 지표로 중장기 내구재 특성을 지니는 인프라 구축 내지 자본투자사업에 자치단체가 재정지출을 하도록 유도하여 재정지출의 질을 향상하는데 목적이 있다. 이 비율이 높을수록 재원배분 중 투자사업의 비율이 높아지므로 세출관리가 효율적인 것으로 판단할 수 있다.

$$\text{투자비비율} = \frac{\text{사업예산}}{\text{세출결산액}} \times 100(\%)$$

(라) 연말지출비율

재정운영의 건전성과 효율성을 동시에 측정할 수 있는 지표로 자치단체가 연말에 비계획적이고 불필요한 예산을 집행하는지의 여부를 측정함으로써 비계획적이고 비효율적인 재정집행을 방지하는데 목적이 있다. 연말지출비율이 특이하게 높을수록 불건전하고 비효율적인 지출이 있음을 의미한다.

$$\text{연말지출비율} = \frac{\text{연말(11월}\sim\text{12월)지출원인행위액}}{\text{세출결산액}} \times 100(\%)$$

(4) 계획성지표(4개)

(가) 중기재정계획 반영비율

재정운영의 거시적 계획성을 측정할 수 있는 성과지표로 중기지방투자사업의 계획성을 제고하는데 있다. 100%에 근접할수록 재정운영의 계획성이 높음을 의미한다.

$$\text{중기재정계획 반영비율} = \frac{\text{최종사업예산액}}{\text{중기지방재정계획상의 사업비}} \times 100(\%)$$

(나) 투융자심사사업예산 반영비율

투융자심사시 마련된 사업계획과 실제 사업추진과정간의 연계성을 판단할 수 있는 지표로 투융자심사결과와 예산편성간의 연계성을 확보하고 계획재정을 안정적으로 유도하는데 목적이 있다. 이 비율이 높을 수록 계획재정 운용노력이 높은 것으로 평가한다.

$$\text{투융자심사사업 예산반영비율} = \frac{\Sigma(\text{최근1년간 투융자심사를 받은 사업의 실제 예산편성액})}{\Sigma(\text{최근1년간 투융자심사를 받은 사업의 당초 예산편성 계획액})} \times 100(\%)$$

(다) 세입예산반영비율

지방세입의 예산반영도를 측정할 수 있는 지표로 세입운영의 계획성제고를 유도함에 목적이 있다. 이 지표가 100%에 근접할수록 세입예산을 계획적으로 운용하는 것으로 분석할 수 있다.

$$\text{세입예산반영비율} = \frac{\text{세입예산액}}{\text{세입결산액} - \text{전년도이월액}} \times 100(\%)$$

(라) 세입세출충당비율

지방자치단체의 재정운영의 적자여부를 판단하기 위한 지표로, 세입과 세출을 동시에 고려한 지표이다. 일반과 기타특별회계의 세입결산액 대비 당해연도에 지출하여야 할 세출소요액의 비율이다. 이 지표값이 100% 이상이면 적자이고 100%에 근접할수록 균형재정임을 의미한다.

$$\text{세입세출충당비율} = \frac{\text{세출소요액}}{\text{세입결산액}} \times 100(\%)$$

2. 분석지표별 적정기준

지표별 바람직한 발전방향과 적정기준을 제시해줌으로써 자치단체가 자기검증을 할 수 있고 외부 이해관계인들도 해당 자치단체의 재정상태의 적정성을 판단할 수 있다. 지표별 적정기준은 지방자치단체의 재정운영에 건전성을 해칠 우려가 있는 경우를 뜻하며 파산 등 심각한 재정상태를 표시하는 기준은 아니다. 재정지표별 적정기준은 〈표 6-18〉과 같다.

표 6-18 재정지표별 적정기준

<table>
<tr><th colspan="2" rowspan="2">지 표 별</th><th rowspan="2">발전방향</th><th colspan="5">적 정 기 준</th></tr>
<tr><th>특별·광역시</th><th>도</th><th>시</th><th>군</th><th>자치구</th></tr>
<tr><td rowspan="4">안전성(4)</td><td>지방세수 안정도</td><td>↑</td><td colspan="2">3.4%이상</td><td colspan="3">1.7% 이상</td></tr>
<tr><td>지방세 징수율</td><td>100</td><td colspan="5">96%이상</td></tr>
<tr><td>경상세외수입 안정도</td><td>↑</td><td colspan="5">1.7%이상</td></tr>
<tr><td>경상세외수입 징수율</td><td>100</td><td>98.5%이상</td><td>99%이상</td><td>98.5%이상</td><td>99%이상</td><td>98.5%이상</td></tr>
<tr><td rowspan="4">건전성(4)</td><td>경상경비 비율</td><td>↓</td><td>13%이하</td><td>10%이하</td><td colspan="2">25%이하</td><td>45%이하</td></tr>
<tr><td>인건비 비율</td><td>↓</td><td colspan="2">8%이하</td><td colspan="2">15%이하</td><td>30%이하</td></tr>
<tr><td>지방채무상환비 비율</td><td>↓</td><td colspan="2">15%이하</td><td colspan="3">10%이하</td></tr>
<tr><td>지방채무잔액 지수</td><td>↓</td><td colspan="2">60%이하</td><td colspan="3">40%이하</td></tr>
<tr><td rowspan="4">효율성(4)</td><td>행사축제경비 비율</td><td>↓</td><td>0.5%이하</td><td>0.3%이하</td><td colspan="2">1.0%이하</td><td>0.7%이하</td></tr>
<tr><td>민간이전경비 비율</td><td>↓</td><td>3%이하</td><td>2%이하</td><td colspan="2">8%이하</td><td>15%이하</td></tr>
<tr><td>투자비 비율</td><td>↑</td><td>50%이상</td><td>80%이상</td><td colspan="2">70%이상</td><td>50%이상</td></tr>
<tr><td>연말지출 비율</td><td>↓</td><td colspan="2">1.5%이하</td><td>4.5%이하</td><td>3.5%이하</td><td>5.5%이하</td></tr>
<tr><td rowspan="4">계획성(4)</td><td>중기재정계획 반영비율</td><td>100</td><td colspan="2">110%이하
90%이상</td><td colspan="3">115%이하
85%이상</td></tr>
<tr><td>투융자심사사업예산 편성비율</td><td>100</td><td colspan="2">60%이상</td><td colspan="3">30%이상</td></tr>
<tr><td>세입예산 반영비율</td><td>100</td><td colspan="5">105%이하 95%이상</td></tr>
<tr><td>세입세출 충당비율</td><td>100</td><td colspan="5">100%이하 80%이상</td></tr>
</table>

자료: 행정안전부

Ⅳ. 지방재정분석의 단계

지방재정분석은 〔그림 6-4〕에서 보는 바와 같이 재정분석과 재정진단 그리고 재정건전화계획의 단계를 거쳐서 이루어진다.

그림 6-4 지방재정분석의 단계

재정분석단계	- 특별 · 광역시 · 도, 시 · 군 · 자치구 전 지방자치단체
↓	
재정진단단계	- 재정분석결과 건전성 · 효율성이 현저히 떨어진 단체
↓	
재정건전화단계	- 재정진단결과 재정위기 우려단체

1. 재정분석 및 재정진단체계구축

(1) 지방재정분석 · 진단위원회 구성

재정분석과 재정진단대상단체 선정의 객관성을 유지하고 전문적인 지방재정분석과 재정진단을 실시하기 위하여 행정안전부에 지방재정분석 · 진단위원회를 설치하여 운영한다. 이 위원회는 지방재정분석 · 진단의 시행을 위한 전문기관 의뢰, 지방재정분석결과에 따른 재정진단 대상선정, 지방재정진단실시결과의 평가, 지방재정분석 · 진단결과의 공개, 지방재정분석 · 진단제도의 개선, 지방재정건전화계획이행결과의 평가, 그 밖에 지방재정분석 · 진단 및 지방재정건전화계획과 관련하여 행정안전부장관이 부의하는 사항을 심의한다.

(2) 지방재정분석실시단 구성 · 운영

능률적이고 효율적인 재정분석과 진단을 실시하기 위하여 관계공무원과 재정관련전문가로 지방재정분석실시단을 구성하여 운영한다. 실시단은 재정분석 · 진단결과 총평, 당해 지방자치단체의 불건전요인과 발생사유, 재정불건전의 해소를 위한 대책방안 및 조언 · 권고사항, 예산편성 및 집행에 있어 기준설정이 필요한 사항, 재정건전화계획수립이 필요한 경우 계획내용에 반영되어야 할 사항 등 계획수립 권고안, 재정진단 실시결과 후속조치가 필요하여 행정안전부장관 및 시 · 도지사에게 건의하여야 할 사항, 기타 재정분석과 진단에 따른 사항 등을 담당한다.

2. 재정분석

(1) 재정분석주체

광역자치단체인 시 · 도가 결산결과를 기초로 하여 자체분석과 소속 기초자치단체에 대한 재정분석을 실시하고 그 결과를 9월말까지 행정안전부에 제출하여야 한다. 행정안전부에서는 광역자치단체가 자치단체별 일관성있는 재정분석을 할 수 있도록 재정분석기준을 세시하고, 자치단체에서 분석한 결과를 제출받아 종합분석한 후 결과를 공개하고 미흡한 자치단체에 대하여는 심층적인 재정진단을 실시한다.

(2) 재정분석방법

(가) 재정운용보고서에 의한 서면자료분석원칙

시 · 도에서는 기초자치단체에서 작성 · 제출한 재정운용보고서를 기초로하여 서면분석을 원칙으로 하되 분석결과에 대한 확인, 우수 및 미흡사례발굴 등 현지확인이 필요한 경우에는 제외한다. 필요시 자치단체별 외부에 위탁하여 자치단체특성에 맞는 재정분석을 할 수 있으나 자치단체별 동일한 기준적용을 위하여 행정안전부에 제출하는 재정분석결과보고서는 지방재정분석기준에 의하여 작성 · 제출되어야 한다.

(나) 지표에 의한 재정분석

안전성, 건전성, 효율성, 계획성 등 4개 분야 16개 계량지표(정성지표 배제)에 의한 분석과 객관적인 자료에 의한 비교 분석을 통하여 실시하여야 한다.

표 6-19 재정분석지표 구성

안정성(4)	건전성(4)	효율성(4)	계획성(4)
지방세수 안정도	경상경비 비율	행사축제경비비율	중기재정계획반영비율
지방세징수율	인건비 비율	민간이전경비비율	투융자심사사업 예산편성비율
경상세외수입안정도	채무상환비율	투자비 비율	세입예산반영비율
경상세외수입 징수율	채무잔액지수	연말지출비율	세입세출 충당비율

(3) 재정분석결과 등급부여

(가) 지표별 등급

지표별로 적정기준을 정하여 기준이상이면 적정, 기준이하이면 미흡으로 평가한다. 지표별로는 2단계(적정, 미흡)로 평가하지만, 단체별로는 3단계(우수, 적정, 미흡)으로 평가를 하여야 한다.

(나) 단체별 종합등급

종합평가는 4개 분야 16개 지표 전체를 평가하여 안정성, 건전성분야를 중심으로 등급을 부여한다. 16개 지표 중 8개 이상이 미흡하거나 안정성 및 건전성 분야 8개 지표 중 5개 이상이 미흡한 경우 종합등급이 "미흡"이 된다. 안전성, 건전성분야 2개 이상, 효율성, 계획성 3개 이상 지표가 미흡한 경우 해당분야가 미흡한 것으로 평가한다. 우수, 미흡에 해당되지 않은 단체가 "적정"한 단체가 되며, 자치단체 종류별로 적정단체중 상위 3%에 해당되는 경우 "우수"단체로 평가된다. 자치단체에서 종합분석결과를 토대로 하여 우수단체 및 재정진단단체 선정은 행정안전부 관련 위원회에서 결정한다.

(4) 재정분석 결과환류

(가) 우수단체와 미흡단체에 대한 조치

자치단체에서 분석한 결과를 기초로 하여 자치단체 종류별, 분야별 우수단체에 대하여는 재정인센티브를 부여하고, 미흡단체에 대하여는 심층적인 재정진단후 재정건전화계획 이행을 권고하고 해당자치단체는 자체 재정건전화계획을 수립 이행하여야 한다.

(나) 임의등급조정 및 허위작성에 대한 조치

자치단체에서 등급을 잘 받기위하여 임의로 등급을 조정하거나 허위로 작성한 사실이 발견된 경우 해당 자치단체는 심층적인 재정진단을 실시하고 재정적 페널티를 부여하고 광역자치단체에 대하여도 재정페널티를 부여한다. 페널티는 재정인센티브 부여대상에서 제외하고 임의조작 및 허위작성한 금액의 20/100 범위내에서 감액조치한다.

3. 재정진단

(1) 재정진단단체 선정

재정진단을 받게 될 지방자치단체를 어떻게 객관적이고 공정하게 선정하느냐가 중요하다. 선정기준을 지방재정법시행령 제165조에 상세하게 규정하고 있다. 선정기준은 ① 세입예산 중 채무비율이 세입예산의 일정비율을 초과하거나 채무잔액이 과다한 지방자치단체, ② 결산상 세입실적이 예산액보다 현저히 감소하였거나 조상충용한 지방자치단체, ③ 행정안전부장관이 재정보고서의 분석결과 재정운영의 건전성이 현저히 떨어지는 지방자치단체, ④ 인건비 등 경상비성격의 예산비율이 높아 재정운영의 건전성이 현저히 떨어지는 지방자치단체 등이다.

(2) 재정진단 체크리스트 작성

재정진단 체크리스트항목에는 재정부실원인을 추출하되, 지방자치단체의 세입과 세출문제를 검토하되 세출부문을 강조하여 선심성·행사성 경비의 비중, 불요불급한 대단위사업 등 투자성이 아닌 가시성 사업여부, 불필요한 조직·인력여부, 공기업, 기금 등의 방만한 설립과 운영여부 등에 중점을 두고 가급적 계량화한다.

(3) 자료분석 및 현지실사

지방재정분석·진단실무평가단은 제출된 자료를 확인하고 오류를 정정하며, 추가자료를 보완하고, 각종 자료의 확인을 위한 지방자치단체장과 담당직원을 면담하는 등 현지실사를 실시한다.

(4) 재정진단실시결과 후속조치

행정안전부장관은 재정분석결과를 토대로 해당 지방자치단체에 대하여 재정건전화계획의 수립 및 이행을 권고하거나 재정건전화를 위하여 필요한 사항을 지도할 수 있다. 또한 재정분석 및 재정진단결과를 공개할 수 있으며, 재정분석 및 재정진단결과의 중요한 사항에 대하여는 국무회의에 보고하여야 한다.

4. 재정건전화계획 수립

(1) 재정건전화계획 수립 · 시행

당해 지방자치단체의 자구노력강화에 중점을 두되, 정밀재정진단결과 지방자치단체의 방만한 재정운영에 따른 재정부실의 문제점을 개선시키기 위한 조치계획이다. 이에는 조직개편, 채무상환, 세입의 증대, 신규사업의 제한 등을 내용으로 지방재정상황이 5년 이내에 실질적으로 개선될 수 있도록 ① 재정건전화 기본방침, ② 세입확보방안, ③ 재정지출의 효율성 재고방안, ④ 조직의 간소화, ⑤ 기타 재정건전화 및 효율화방안이 포함되어야 한다

(2) 중앙의 재정지원 및 지도

재정분석결과 건전성과 효율성이 우수한 지방자치단체와 재정건전화계획의 수립의 이행을 권고하고 그 지도사항에 대한 이행결과가 우수한 지방자치단체에 대하여는 인센티브로 특별교부세를 별도로 교부할 수 있다. 한편 권고 및 지도사항의 이행결과가 미흡한 지방자치단체에 대하여는 페널티로 보통교부세를 감액하는 등의 조치를 취할 수 있다.

V. 지방재정분석의 발전과제

1. 재정분석의 발전과제

(1) 상대적 평가문제

현행 재정분석은 전국의 246개 지방자치단체의 재정보고서를 중심으로 16개 지표를 분석의 틀로 하여 재정분석을 실시하고 있다. 그러나 현행 시스템이 광역시와 도, 시 · 군 · 자치구로 집단화(grouping)하여 상대적으로 평가하고 있어 문제가 있다. 따라서 인구와 산업구조와 지역특성이 비슷한 지방자치단체간을 다시 재집단화하여 비교하는 것이 보다 바람직할 것이다.

또한 재정분석의 역사가 일천하므로 계속적 평가를 통하여 다년도 추세분석

이 이루어져야 한다. 연도별로 계속적으로 평가하여 각 지방자치단체의 재정운영수준의 순위변동사항을 파악하여 재정운영의 문제점을 파악하고 문제요인을 분석하여 그 개선방안을 모색할 수 있다.

(2) 분석지표의 개발

일반인에게도 널리 알려져 활용되고 있는 재정자립도나 지방교부세 산정시 산출되는 재정력지수 등 필수적인 재정지표가 누락되어 이에 대한 보완이 이루어져야 한다. 또한 지표가 수시로 바뀌어 계속적인 추세분석이 이루어지기가 어렵다.

재정성과부문의 지표가 없어 지방재정의 성과측정이 불가능한 실정이다. 따라서 앞으로 이에 대한 지표개발과 적용이 요청된다. 지속적으로 재정분석을 실시하여 상관관계분석 등을 통하여 지표의 보완과 필요시 보조지표의 개발 등 지속적인 관리가 필요하다.

(3) 종합화

안정성, 건전성, 효율성, 계획성의 4개 분야에 16개 지표로 구성되어 있다. 단위 지표별 분석과 함께 부문별, 종합부문별 종합화가 필요하며, 이 과정에서 부문별 가중치설정이 문제가 된다.

유사단체별로 집단화하여 순위를 평가하고 연도별로 순위변동을 살펴봄으로써 유사단체내에서의 각 지방자치단체가 어느 위치로 어떠한 방향으로 재정운영을 하고 있는지 평가할 수 있다(한국지방행정연구원, 1993: 83).

(4) 평가활용

재정분석결과를 우선적으로 지방자치단체에 제공함으로써 지방자치단체 스스로 재정운영상황을 분석하고 문제요인을 발견하고 재정위기를 미연에 방지할 수 있도록 하여야 한다.

또한 국가와 시·도에서는 조언과 정보의 제공, 기준의 설정 등 비권력적 지도와 지방재정정책 수립에 그 결과를 활용하는 것이 바람직하다. 국고보조금사업에 있어서 차등보조율을 적용하는 등 다양하게 활용할 수 있다(한국지방행정연구원, 1996: 85).

2. 재정진단의 발전과제

(1) 대상단체선정

재정진단단체 선정시 지방재정구조의 특성상 재정진단 대상단체가 비슷하게 나타나고 있다. 따라서 사용목적에 알맞게 다양한 지표의 개발이 요구된다.

(2) 재정건전화계획의 내용

재정건전화계획의 내용이 조직개편, 채무상환, 세입의 증대, 신규사업 등으로 매우 포괄적인 내용을 담고 있으나 구체적인 재정지원 등 실천이 가능한 계획이 되어야 한다.

(3) 재정파산제도 도입

지방재정진단은 지방재정운영이 부진한 지방자치단체를 대상으로 현지조사를 실시하는 등 정밀진단을 통하여 재정위기를 미연에 방지하는데 있다. 앞으로 재정분석과 진단을 실시하면서 미국에서 시행하고 있는 지방재정파산제도의 도입도 적극적으로 검토해야 한다.

이 제도가 미국과 달리 국가가 광범위하게 관여하고 있는 우리나라의 상황에서 그 도입이 논란의 소지가 있을 수 있으나 천재지변 및 위난 등 국가긴급사태와 같은 위기발생에 대비하여 지방재정의 자율성을 해치지 않는 범위에서 「지방재정위기관리시스템」의 도입을 신중하게 검토하여야 한다.

제 5 절 복식부기회계제도

Ⅰ. 복식부기회계제도의 의의

1. 복식부기회계제도의 개념

복식부기회계제도란 기존의 예산회계인 현금주의(cash basis)에 입각한 단식부기와 달리 거래의 이중성에 따라 거래의 인과관계(거래의 8요소)를 회계장부의 차변(왼쪽)과 대변(오른쪽)에 발생주의(accrual)에 따라 기록하는 회계처리 방식이다. 단식부기는 발생하는 모든 거래 및 재정행위를 현금의 출납(수입과 지

표 6-20 예산회계와 복식부기회계의 비교

분야	예산회계	복식부기회계
의 의	예산의 집행실적 기록 ('08.1 사업예산제도 시행)	재정상태 및 재정운영성과 보고
회계방식	현금주의 단식부기 (공기업 : 발생주의 복식부기)	발생주의 복식부기(기업형)
회계범위	수입, 지출의 현금흐름 (자산, 부채 별도 관리)	자산, 부채, 수익, 비용
결산보고서	세입세출결산서 등	재무보고서(재무제표 등)
보고형식	회계단위별 분리 보고	회계단위간 연계와 통합보고
가치지향	행정 내부조직 중심 - 예산집행 통제, 법규 준수	주민의 삶의 질 향상 - 투명한 공개, 효율적 집행
자기검증 기능	없음	대차평균의 원리에 의한 자동검증

자료: 행정자치부, 「지방자치단체 발생주의 복식부기 회계처리지침」, 2007.

출)으로만 한정하여 파악하는 방식으로, 소규모 기업이나 관청회계에서 주로 사용하여 왔다.

거래의 8요소는 〔그림 6-5〕와 같이 차변과 대변으로 나누어지는데 차변의 4요소는 자산의 증가, 부채의 감소, 순자산의 감소, 비용의 발생이다. 반면, 대변의 4요소는 자산의 감소, 부채의 증가, 순자산의 증가, 수익의 발생이다. 그 결과 자산·부채· 순자산 정보를 이용하여 일정시점의 재무상태(재무제표 중 재정상태보고서[2])를 표시하고, 수익·비용 정보를 통해 일정기간의 운영성과(재무제표 중 재정운영보고서[3])를 작성한다.

복식부기회계는 예산회계와 달리 예산편성과 집행과정에서 큰 차이가 발생한다. 즉 예산회계는 예산과정이 예산편성 → 예산 의결 → 예산집행 → 결산보고의 과정을 거치나, 복식부기회계는 세입세출예산의 집행과 자산의 변동, 세입세출외 현금거래 등 예산외거래의 발생시 발생주의회계 원리에 의거하여 회계처리하고 재무보고서를 산출하여 외부이해관계자에게 공시하는 과정을 거친다.

주요 외국에서는 1980년대 이후 공공부문의 효율성과 책임성(accountability)

2) 기업의 대차대조표(B/S)와 유사.
3) 기업의 손익계산서(I/S)와 유사.

그림 6-5 복식부기회계의 거래 8요소

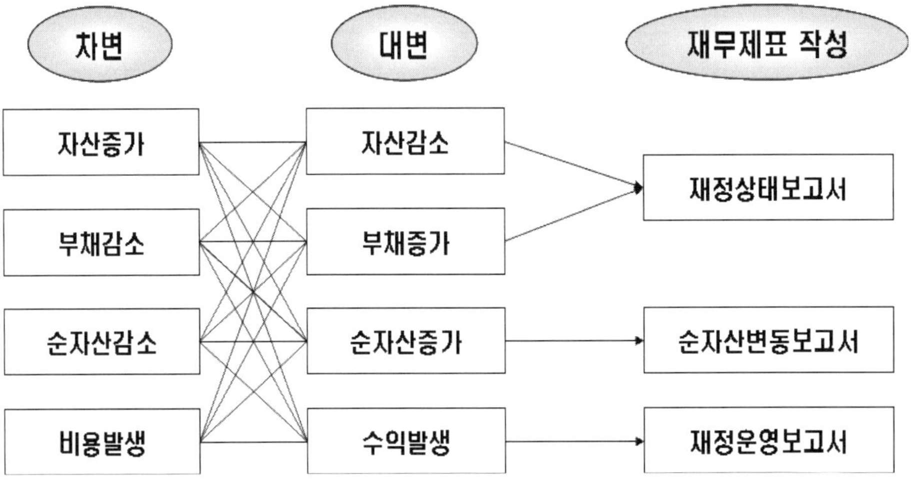

자료: 행정자치부, 「지방자치단체 발생주의 복식부기 회계처리지침」, 2007.

표 6-21 거래의 종류

구분		비고
예산거래	수입거래	세입예산 편성항목
	지출거래	세출예산 편성항목
예산외거래	결산보정거래	결산항목
	기타예산외거래	세입세출외현금 등

을 높일 뿐만 아니라 결과중심(results-oriented)의 관리체제를 구축하기 위해 행정 개혁과 재정개혁을 동시에 추진하면서 복식부기회계제도를 도입하였다. 또한, IMF에서도 재정투명성 규약에 의거하여 합리적 회계제도의 도입 등 재정개혁을 권고한 바 있다. OECD 회원국들도 재정개혁 분야중 회계제도는 발생주의 · 복식부기회계방식을 채택하고 있다. 또한 시민단체, 전문가 등이 재정의 투명성(transparency) 제고를 위하여 복식부기회계제도의 도입을 국정과제로 선정하여 2007년 1월부터 246개 전 지방자치단체에서 시행[4]하고 있다.

4) 국가의 경우 2009.1.1부터 본격 시행 예정임.

2. 복식부기회계제도의 기능

(1) 투명성의 확보

정부의 재정상태와 운영실적을 보다 객관적으로 파악할 수 있도록 해준다. 예산집행에 따른 거래를 발생주의에 입각한 복식부기 회계방식에 의하여 처리할 경우 지방자치단체의 운영실적(수익, 비용, 운영차액)과 관련된 거래와 재정상태(자산, 부채, 순자산)와 관련된 거래가 체계적으로 구분되고 이를 토대로 정부의 재정상태, 운영성과, 현금흐름 등을 요약하여 정리한 회계보고서인 재무보고서[5]가 작성된다.

이와 같은 정보는 정부내부의 의사결정자는 물론 외부의 정보이용자(지역주민, 지방 의회, 시민단체 등)에게도 매우 유용하게 활용될 수 있다. 주민에게 기업형 회계방식을 활용한 재정정보를 제공함으로써 행정에 참여할 수 있는 기회를 제공하게 된다. 복식부기회계의 도입은 주민에 대한 책임행정 구현 및 알권리 확보, OECD 가맹국으로서의 국제적 투명성・신뢰성 확보 등 국가경쟁력 강화에 기여할 것으로 기대된다.

(2) 책임성의 구현

복식부기회계방식은 차변의 합계와 대변의 합계가 일치하는 대차평균의 원리가 적용되어 오류발생 여부에 대한 자기검증 기능을 갖게 된다. 따라서 복식부기 에서는 잘못된 것이 있을 때 여러 번에 걸쳐 이를 비교・검토해주는 자기검증 기능이 있기 때문에 오류나 회계 관련 부정의 소지를 사전에 차단에 줄 수 있다. 또한 자산・부채・수익・비용의 총체적 파악에 따른 재정상태 및 운영성과에 대한 객관적 정보이용과 이에 근거한 정책결정, 원가산정 및 성과평가에 유용한 정보제공 등의 기능을 수행하게 된다. 이를 위해 정부의 자산, 부채, 순자산의 상태와 비용, 수익에 관한 정보, 그리고 현금흐름 및 원가에 대한 정보를 객관적으로 제공해 줄 수 있는 복식부기회계제도의 확립과 더불어 재무정보 인프라 구축[6]이 필요하다.

---

5) 재무보고서 구성: 결산총평, 재무제표(재정상태보고서, 재정운영보고서, 순자산변동고보고서), 필수보충정보 등.

6) 지방재정관리시스템(e-호조)이 2008년 1월부터 가동되어 재무정보를 제공하고 있다.

(3) 효율성의 제고

지방자치단체 전체적으로 일반회계, 특별회계(공기업특별회계 포함), 기금을 통합하여 재정상태를 종합적으로 파악할 수 있게 된다. 자산, 부채 상태를 종합적으로 관리하여 앞으로의 재정전망 등 단년도의 실적파악 뿐만 아니라, 시계열 분석이나 다른 지방자치단체와의 비교를 통해 현재 지방자치단체의 재정상황을 파악하고 향후 재정운영의 자료로 활용할 수 있게 된다.

단위사업별로는 감가상각을 통한 자산가치의 감소상황과 발생주의에 따른 비용 내역을 파악할 수 있으므로 사업집행의 효율화[7]를 도모할 수 있다. 또한 다양한 재무정보의 작성과 분석이 가능해진다. 이는 사업추진에 있어 코스트의식 등 공무원들에게 기업경영적 감각을 함양케 한다. 왜냐하면 현금주의가 아닌 발생주의에 입각해 수익과 비용을 인식하기 때문이다.

Ⅱ. 주요 외국의 복식부기회계제도 도입상황

1. 영 국

지방자치단체는 오래 전부터 복식부기회계제도를 도입하여 적용해왔으며, 발생 주의는 1994년부터 적용해 오고 있다. 국가는 1998년부터 발생주의회계를 도입하여 운용하고 있으며, 자본예산회계(resource accounting and budgeting)를 채택하면서 자본적 지출과 경상적 지출로 구분하여 운영하고 있다. 회계기준위원회(ASB)가 승인한 정부회계처리규정(SORPS)에 따라 회계처리와 결산을 하고 있다.

2. 미 국

1999년 정부회계기준위원회(GASB: Government Accounting Standards Board)의 Stament No.34에 따라 주와 지방정부의 통합 재무보고는 발생주의에 의하고, 펀드별 재무보고는 종전대로 수정발생주의에 의해 회계처리를 실시하고 있다. 도입과정은 2001년부터 예산규모에 따라 3단계로 추진하도록 하고 있다. 즉 예산규모가 1억달러 이상인 큰 지방정부는 2001년부터, 1천만달러 이상인 중규모

7) 2008년 1월 사업예산제도의 시행으로 단위사업별 원가정보 추출도 가능하게 되었다.

의 지방정부는 2002년에, 1천만달러 미만의 작은 지방정부는 2003년에 각각 도입하였다.

3. 뉴질랜드

1990년부터 국가와 지방자치단체는 모두 발생주의에 기초한 복식부기회계를 채택하고 있다. 회계제도 개혁의 일환으로 10여년간에 걸쳐 단계적으로 도입하여 성공한 대표적인 사례로 평가되고 있다. 발생주의・복식부기회계제도를 도입한 외국 가운데 가장 기업회계적인 방식을 채택하고 있다.

4. 일 본

1997년 일본 공인회계사협회(JICPA)가 지방자치단체의 기업회계방식을 적용함에 있어서 통일된 기준이 될 수 있는 공회계원칙을 발표하였다. 총무성에서 각 지방자치단체 간의 비교와 평가를 가능하도록 하기 위해 총무성 방식에 의한 결산재무정보의 산출을 제시하여 많은 자치단체에서 발생주의・복식부기회계에 의한 재무제표를 산출하고 있다. 2006년 기준으로 도도부현과 정령지정도시는 모든 자치단체가 대차대조표를 작성한 반면, 시정촌은 50%를 약간 상회하는 수준을 보이고 있다.[8)]

5. 스 페 인

국가는 1986년부터, 지방자치단체는 1992년부터 발생주의에 기초한 복식부기 회계제도를 도입하였다. 회계감사청 주도로 국가에 먼저 도입한 후 점진적으로 지방정부로 확산하는 전략 하에 단계적으로 도입하고 있다. 도입과정은 회계기준 입안 → 시험운용기간 → 법령제정 → 발생주의회계 실행의 단계를 거쳐 민관합동으로 추진하고 있다.

---

8) 한국지방행정연구원, 「사업별예산과 복식부기제도 도입에 따른 지방자치단체의 결산제도 연구」, 2007.

표 6-22 주요 외국의 정부회계의 재무보고체계 비교

국가	재무보고 체계	주요 특징
영국	·「자원회계 및 예산제도(RAB)」를 통해 발생주의 기준을 모두 적용	· 예산편성 : 발생주의 · 결산보고 : 기획 · 예산 · 결산 연계
미국	· 통합재무제표는 발생기준으로 통일, 펀드유형별 결산보고는 병행 처리	· 예산편성 : 수정발생주의 · 결산보고 : 재무제표 + 예산실적 추가
일본	· 예산결산 및 재무결산 병행, 예산결산을 중심으로 재무제표 보충 활용	· 예산편성 : 현금주의 · 결산보고 : 예산결산 + 재무결산 (참고)

자료: 한국지방행정연구원, 「사업별예산과 복식부기제도 도입에 따른 지자체 결산제도 연구」, 2007.

Ⅲ. 복식부기회계제도의 주요내용

1. 발생주의의 채택

발생주의(accrual basis)란 현금의 수지와는 상관없이 거래발생의 사실에 의거 하여 거래를 인식하여 측정하는 기준을 말한다. 그러나 지금까지의 예산회계는 현금주의(cash basis)로 현금의 수지에 의거하여 거래를 인식하고 현금이 들어오고 나가는데 초점을 맞춰 수입(세입) · 지출(세출)이라는 용어를 사용하고 있다. 그러나 발생주의하에서는 실제 현금의 수지와 상관없이 관련 거래의 발생사실에 맞춰 자산 · 부채 및 수익 · 비용의 발생이라는 용어를 사용한다. 예컨대 부과고지된 세금, 만기도래전 발생한 미수이자 등은 수익으로 계리하고, 현금지출을 수반하지 않은 감가상각비, 대손상각비 등은 비용으로 계리된다.

(1) 수익의 계상시점

현금주의회계에서는 현실적으로 현금이 수납된 단계에서 수익으로 계상하는데 비해, 발생주의회계에서는 그 보다도 전단계인 채권확정(발생) 시점, 즉 징수결의 시점에서부터 수익으로 계상한다.

(2) 비용의 계상시점

물품구입에 있어서 현금주의회계에서는 현금을 지출한 시점에서 지출로 계상하지만 발생주의회계에서는 그보다도 이전 단계인 채무확정(발생)시점, 즉 물품의 납품이 이루어지고 검수한 시점에서 비용으로 계상한다. 따라서 계약 등 지출원인행위(지출경리관) → 검사 · 검수(검사공무원) → 자금배정(자금관리담당과장) → 대가 청구(계약자) → 지출의 결정 및 지급명령 발행(지출원) → 지급(출납원 · 금고) 등의 진행과정에 있어서 복식부기에서는 검사 · 검수단계와 지급명령 발행시점에서 거래를 인식하고 회계 처리한다.

따라서 발생주의회계에서는 미수, 미지급에 대한 계리처리 단계가 새로이 추가된다는 것이 특징이다.

2. 자본거래와 손익거래의 구분

복식부기에서 가장 중요한 것이 수익적 지출과 자본적 지출을 구분하는 것이다. 이를 구분하지 않는 경우 재정상태와 운영실적을 정확하게 파악할 수 없다. 왜냐 하면 자본거래는 주로 재정상태와 연결되고, 손익거래는 주로 운영실적과 연계되기 때문이다.

손익거래인 수익적(경상적) 지출은 재정운영보고서의 비용과목에 연결되며 예컨대 페인트칠, 전구 교체, 에어컨 수리등은 유형자산의 원상을 회복하거나 능률유지를 위한 현상유지적 지출에 해당한다. 그러나 자본거래인 자본적(투자적) 지출은 미래 기간의 수익발생을 위한 지출로서 재산내용의 변동을 초래하는데 재정상태보고서의 자산과목에 연결되며 예컨대 엘리베이터 설치, 비상계단 설치 등은 당해 유형자산의 가치를 현실적으로 증가시키거나 내용연수를 연장시키는 지출에 해당한다.

3. 재무보고서 구성

(1) 결산총평

지방자치단체 재정현황에 대한 압축적인 기술로 크게 서문과 재정분석, 통계자료 등으로 구성된다.

(2) 재무제표

재무보고서 중 가장 핵심적인 부분으로 자치단체의 재정상태, 운영성과, 현금 흐름 및 순자산변동에 관한 정보를 제공한다.

a) 재정상태보고서(Statement of Financial Position)

당해 회계연도말의 자산, 부채, 순자산의 상황을 나타내는 것으로 기업회계의 대차대조표와 유사한 개념이다. Stock 정보로서 일정시점의 지방자치단체 재정상태를 나타낸다.

b) 재정운영보고서(Statement of Financial Operations)

당해 회계연도 동안의 수익 및 비용의 발생상황을 체계적으로 보여주는 보고서이며, 기업회계의 손익계산서와 유사한 개념이다. Flow 정보로서 일정기간의 지방자치단체 재정운영 결과를 나타낸다. 재정운영보고서는 기능별(재무제표)과 성질별(필수보충정보)로 구분된다.

c) 현금흐름보고서[9](Statement of Cash Flow)

당해 회계연도 동안의 ① 경상활동(주로 수익·비용 변동), ② 투자활동(주로 자산변동), ③ 재무활동(주로 부채변동) 등으로 구분하여 현금흐름을 나타내는 재무제표이다.

d) 순자산변동보고서(Statement of Changes in net assets)

당해 회계연도 동안의 순자산의 증감내역을 표시하는 재무제표로 기초순자산, 운영차액, 순자산의 증감사항 및 기말순자산을 표시한다.

(3) 주 석

정보이용자에게 충분한 회계정보를 제공하기 위하여 채택한 중요한 회계정책, 회계과목의 세부내역 및 재무제표에 중대한 영향을 미치는 사항을 설명한 것을 말한다. 예를 들면 ① 회계실체간의 주요 거래내용, ② 가입하고 있는 보험의 종류, 보험금액 및 보험에 가입된 자산의 내용, ③ 타인을 위하여 제공하고 있는 담보 보증의 내용, ④ 채무부담행위 및 보증채무부담행위의 종류와 구체적 내용, ⑤ 무상 사용허가권이 주어진 기부채납자산의 세부내용 등이다.

(4) 필수보충정보(Required Supplementary Information)

재무제표에 대한 주석이나 부속명세서 이외에 지방자치단체의 재정상태와

9) 현금흐름보고서는 지방자치단체 여건 및 작성의 어려움 등을 고려하여 현재 작성유예상태임.

재정운영에 관한 관리적 의사결정을 위해 추가적으로 제공되는 필수정보를 말한다. 예컨대 ① 예산결산 요약표, ② 성질별 재정운영보고서, ③ 관리책임자산명세서, ④ 예산회계와 재무회계의 차이에 대한 명세서 등이다.

(5) 부속명세서

기본 재무제표를 상세하게 설명하는 계정명세서와 근거자료 혹은 재정운용상황 및 재무상태를 파악하는데 필요한 기타자료들로 구성된다. 예컨대 ① 일반유형 자산명세서, ② 주민편의시설명세서, ③ 사회기반시설명세서, ④ 감가상각명세서, ⑤ 공유재산 용도별명세서, ⑥ 회계별 재무제표 총괄요약명세서 등이다.

Ⅳ. 복식부기회계제도 시행에 따른 과제

1. 복식부기회계제도 시행에 따른 문제

(1) 정부회계 특성의 한계

기업과 존립목적 상이, 자산과 부채의 명확한 개념정의 부재, 지방자치단체 보유자산의 현황 및 통계관리에 대한 인식이 미흡한 실정이다. 이에 대해 지방자치단체 고유 특성에 부합하는 회계기준 및 회계처리지침을 제정하여 사용해오고 있고, 3년에 걸쳐 전 자치단체 스스로 자산·부채 실사를 완료하였으나 앞으로 정부회계의 고유성 및 완전성을 추구하는 노력이 더욱 절실하다.

(2) 지방자치단체의 관심 부족

지방자치단체에서 복식부기회계는 조직내부의 회계처리업무 또는 단순 지원업무 등으로 인식되어 지방자치단체장 등의 조기정착 의지 및 지원이 미흡한 실정이다. 이에 대해 행정안전부에서는 복식부기 추진실적에 대한 평가 및 인센티브를 제공(2007년, 20억원)하였고, 만화로 보는 "알기 쉬운 복식부기 이야기" 등을 발간하여 홍보하였다. 최근 지방자치단체 조직개편 등의 영향으로 복식부기 조직 및 전문 인력 등의 누수가 심하여 이에 대한 대책이 시급한 실정이다.

(3) 복식부기회계 담당공무원의 전문성 미흡

지방자치단체 조직운영(순환보직 등) 및 회계부서의 특성상 잦은 담당자 교체, 복식부기회계의 중요성에 대한 인식부족 등으로 인해 복식부기회계 담당 공무원의 전문성 제고에 한계가 있다.

(3) 복식부기회계제도 도입에 따른 효과 분석 애로

지방자치단체의 재정상황에 대한 전문적인 분석기법 및 분석시스템 부재 등 도입에 따른 효과 분석에 어려움이 있다. 이에 대해 행정안전부에서는 지방재정 관리시스템(e-호조) 개발 및 운영, 지방자치단체 발생주의·복식부기회계에 적합한 재무분석지표를 개발하여 사용해 오고 있다.

2. 복식부기회계제도 향후 발전과제

(1) 지방자치단체 재무정보 인프라 구축

발생주의·복식부기회계 개념에 입각한 지방자치단체의 필수적 재무정보(자산, 부채, 수익, 비용 등)에 대한 정확한 자료 구축이 필요하다. 또한 재무정보의 신뢰성 확보를 위한 재무보고서 품질관리방안 마련도 요구된다.

(2) 지방재정관리시스템을 통한 지방재정 분석·진단

지방재정관리시스템(e-호조)을 통해 기간간 비교(시계열) 및 지방자치단체간 비교를 통해 지방자치단체의 재정상태 및 운영결과 등에 대한 분석·진단 및 결과 제공을 통해 지역주민의 관심과 참여를 제고해야 한다.

(3) 통합 재정정보 제공

사업예산제도 시행(2008.1)에 따른 원가정보 및 경제적 자원에 대한 미래관리정보 제공 등 지방자치단체의 전략적 경영을 지원하기 위해 원가계산 준칙 마련 및 재무정보의 예산연계(feedback) 등 재무정보의 활용방안을 적극적으로 강구해야 한다.

제 6 절 지방통합재정분석 및 정보공개

Ⅰ. 지방통합재정분석

1. 지방통합재정분석의 의의

지방재정의 일반회계와 기타 특별회계, 공기업특별회계, 공공기금을 포괄하는 순계재정규모를 파악하는 개념으로 순수재정수입에서 순융자지출을 포함한 순수재정지출을 차감한 수치로 순수재정활동이 건전하게 운용되었는지 여부를 파악하는 기준이 된다.

미국은 연방정부에 1969년부터 도입하고 있으나 주정부에서는 아직 적용하지 않고 있다. 영국은 중앙과 지방정부예산에 1970년대 후반부터 재정적자를 파악, 관리하는 수단으로 도입하였다. 우리나라의 국가재정에서는 1979년 이후 IMF의 "정부재정통계편람"(A Manual on Government Finance Statistics)에 따라 통합재정수지를 작성하고 있으나, 교육재정을 포함한 지방재정은 제외한 채 운용되고 있어 IMF 이후 우리나라 재정통계의 투명성·신뢰성요구가 증가되면서 지방통합재정수지의 도입이 요청되어 통합재정수지분석기준을 마련하고, 통합재정분석을 위한 전산시스템도 구축하여 2004년 시범적용을 하고, 2005년부터 본격적으로 적용하고 있다.

지방재정법 제59조를 신설하여 각 지방자치단체장은 회계연도마다 일반회계·특별회계 및 기금 등을 포함한 당해 지방자치단체의 재정운영상황을 통합적으로 분석한 정보를 행정안전부장관에게 제출하도록 의무화하였으며, 행정안전부장관은 지방자치단체통합재정분석업무편람을 작성하여 지방자치단체에 통보할 수 있도록 하였다.

2. 지방통합재정분석제도의 내용

(1) 통합재정의 대상범위

모든 지방자치단체(246개)와 지방자치단체가 직접적인 영향과 통제를 행사하고 있는 기관과 단체의 경제적인 활동을 포함한다. 따라서 지방자치단체들이

그림 6-6 지방통합재정의 범위

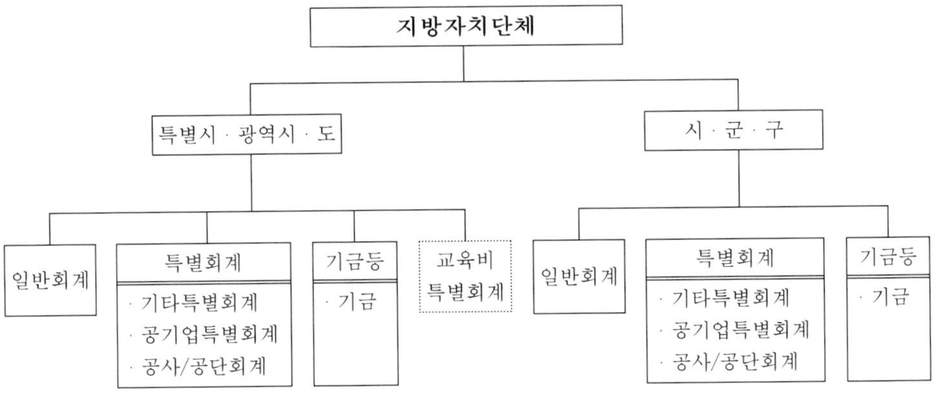

표 6-23 지방통합재정체계－수입 및 지출분류

수 입		지 출	
세 입	· 경상수입 – 지방세수입 – 세외수입 · 자본수입 · 이전수입	세 출	· 경상지출 – 재화 및 용역 – 이자지급 – 이전경비 · 자본지출
융자회수	· 융자금회수 · 출자금회수	융 자	· 융자지출 · 출자지출
보전수입	· 국내보전수입 · 국외보전수입 · 전년도이월금 · 중복거래수입	보전지출	· 국내보전지출 · 국외보전지출 · 차기이월금 · 중복거래지출

자료: 행정자치부, 「지방통합재정분석기준 설정 및 전산시스템개발」, 2002.

직접 운영·관리하는 일반회계·특별회계·기금뿐만 아니라 지방자치단체가 직접적인 영향과 통제를 가하고 있으면서 전액을 출자하여 간접적으로 관리하고 있는 지방공사와 공단을 포함하여야 한다. 다만, 일반지방재정과 직영지방공기업의 경우는 모든 세입·세출활동을 포함시키되 출자·출연기관은 영업잉여 또는 손실만을 통합재정에 반영하여야 한다.

(2) 통합재정수지의 기본구조

(가) 작성기준

거래의 인식기준은 현금주의(cash basis)를 적용하고 있으며 회계기간은 회계연도기준으로 1년 단위로 작성한다. 통합수지를 작성하는 회계범위(일반회계, 특별회계, 기금 및 직영지방공기업)에 속하는 회계주체간의 내부거래를 상호제거한 순계치를 기준으로 작성하여야 한다.

(나) 수입 및 지출의 분류

통합재정상의 수입과 지출은 회계연도내의 모든 수입과 지출을 세입과 세출로 파악하는 통상적인 예산통계와 다르다.

① 수입은 당해 회계연도에 지방자치단체로 유입되는 비상환성 수입을 말하며 경상수입, 자본수입, 이전수입으로 구분된다.

· 경상수입 – 지방세수입, 세외수입, 직영공기업영업잉여 등

· 자본수입 – 자산매각수입, 직영공기업자본수입 등

· 이전수입 – 중앙정부 또는 타 자치단체로부터의 이전수입

② 지출은 당해 회계연도에 지방자치단체가 지출하는 비상환성 지출을 말하며, 경상지출과 자본지출로 구분된다.

· 경상지출 – 인건비, 물건비, 이자지급, 직영공기업영업손실 및 기타 경상이전지출 등

· 자본지출 – 고정자산 취득, 자본이전, 직영공기업자본지출 등

③ 보전재원

보전재원은 통합재정수지의 적자보전 또는 흑자사용을 측정하는 부문으로 지방채보전 및 차입금상환 등이 포함된다.

· 보전수입 – 지방채발행수입, 금융기관 및 민간기금 등으로부터 차입금, 차관도입 등

· 보전지출 – 지방채원금상환, 금융기관 및 민간기금 등으로부터 차입금상환, 차관원금상환 등

④ 중복거래

통합재정은 산출하는 한 섹터(부문)내의 회계간 또는 자치단체간의 거래는 지역경제에 미치는 영향이 없기 때문에 중복계상의 방지를 위해 보전거래로 분류한다.

표 6-24 지방통합재정체계－수입 및 지출분류

수 입		지 출	
〈 경상수입 〉	175 (235)	〈 경상지출 〉	145
○ 지방세수입	100	○ 인건비	80
○ 징수교부금수입(세외수입)	20	○ 업무추진비	20
○ (순세계잉여금)	(60)		
○ 민간으로부터 융자이자수입(〃)	15	○ 예금은행차입금이자 상환	25
○ 직영공기업 영업잉여	40	○ 직영공기업 영업손실	20
〈 이전수입 〉	50	〈 자본지출 〉	105
○ 국고보조금수입	50	○ 자산및물품취득비	70
		○ 직영공기업 자본지출	35
〈 자본수입 〉	30		
○ 공유재산매각수입	10		
○ 직영공기업 자본수입	20		
〈 융자수입 〉	30	〈 융자지출 〉	55
○ 민간으로의 융자원금 회수	30	○ 민간으로의 융자지출	55
소 계	285 (345)	소 계	305
◇ 재정규모 (세출 및 순융자) 275(250+25) ◇ 재정수지 △20(=285-305) (40 = 345-305)주1)			
〈 보전수입 〉주2)	110	〈 보전지출 〉	90
○ 지방채발행	45	○ 적립금(금융기관예치)	25
○ 금융기관 차입금	5	○ 국내차입금 상환	35
○ 순세계잉여금	60	○ 차기이월	30
〈 중복거래 수입 〉	25	〈 중복거래 지출 〉	25
○ 타회계로부터의 예수금	10	○ 타회계로의 예탁금	10
○ 타회계로부터의 전입금	15	○ 타회계로의 전출금	15
소 계	135	소 계	115
◇ 보전재원 (135 - 115) 20			

주 1) 순세계잉여금을 경상수입으로 처리할 경우의 재정수지.
2) 위의 표에서의 보전수입·지출은 회계간 거래 및 자치단체간 거래를 포함하지 않는 협의의 보전수입·지출임.

· 회계간 거래 -자치단체의 회계상호간 전입 · 전출금, 예수 · 예탁금 등
· 자치단체간 거래 - 자치단체상호간 보조금, 부담금, 교부금, 세입 · 세출유보금액 등

(3) 통합재정수지 및 통합재정규모

통합재정수지는 당해 회계연도에 발생한 순수한 세입에서 순수한 세출을 차감한 수치로서 지방재정의 건전성을 파악할 수 있는 중요한 판단준거가 된다. 통합재정수지는 재정의 적자 또는 흑자규모를 보여주는 것이며, 예산 및 기금을 포함한 지방재정의 총세출에서 채무상환 등을 차감한 것으로 재정의 적자 또는 흑자규모를 보여주는 것이다. 즉

· 통합재정수지＝순수재정수입－순수재정지출
＝(세입＋융자수입)－(세출＋융자지출)
＝세입(경상수입＋자본수입)－세출 및 순융자
· 통합재정규모＝세출(경상지출＋자본지출)＋순융자(융자지출－융자회수)

지방통합재정분석은 각종 회계의 순수세출의 총계를 산출하여 통합재정규모를 산출하되 회계간 전출입금 등 내부거래와 차입금, 상환금 및 이월금 등 보전재원을 공제하여 각종 회계의 순수세입과 세출을 차액한 통합재정수지분석을 한다.

3. 지방통합재정분석도입시 문제점과 기대효과

(1) 도입시 문제점

(가) 통합관리기준 미설정

회계관리대상에 포함되지 않는 기금과 복식부기로 운영되고 있는 지방공기업특별회계의 통합관리에 따른 관리기준을 설정할 필요가 있다. 지방예산과목구조의 정비도 필요하며 순세계잉여금과 국고보조금 등 정부간 이전재정의 처리, 예비비 운영방안 등도 장기적으로 검토하여야 할 과제이다.

(나) 통합전산화체제 미구축

국가의 통합재정과 지방재정이 연계되어야 한다. 또한 일반지방재정과 지방교육재정도 연계되어야 한다. 그러나 국가와 지방자치단체의 예산과목구조체계가

서로 상이하여 국가와 지방자치단체의 통합재정 합산시 전산화에 한계가 있다.

(2) 도입시 기대효과

(가) 국가적인 효과

중앙과 지방을 포괄하는 일반정부부문의 실질적 재정규모의 파악과 통합재정수지의 분석이 가능하고, 재정활동의 국민경제 및 재정정책에 미치는 효과 및 국가간 재정통계의 비교가 가능하다. 재정운영의 건전성과 투명성을 높일 수 있다.

(나) 지방자치단체에 미치는 효과

지방자치단체가 거시적으로 각종 회계·기금 및 직영공기업 등 회계간 중복거래를 차감하여 실질적 재정순계규모를 파악할 수 있으며 재정지출활동이 지역경제에 미치는 효과에 대한 분석이 가능하다. 또한 재정구조와 당해연도 지방예산운영방향 등 순수재정활동의 건전성 판단이 가능하다.

Ⅱ. 지방재정정보의 공개

1. 지방재정정보공개의 의의

(1) 지방재정정보공개의 개념

지방자치의 실현을 위하여 지방행정에 관한 정보(information)를 지역주민에게 공개하는 것은 민주주의의 필수적인 요소이다. 지방재정정보공개는 주민 등 이해관계인이 정보공개를 청구함으로서 소극적으로 지방재정에 관한 정보를 공개하는 정보청구공개와, 지방자치단체가 지방재정운용에 관한 정보를 자발적으로 제공하는 공개정보공표의 2가지 제도가 있다. 주민의 "알 권리"를 보장해주는 정보공개제도는 정책수립과 행정집행을 일부 특권층의 전유물로 여겨지던 대의민주주의에서 다양한 방법을 통하여 행정에 참여하는 참여민주주의로 바꿔놓은 획기적 제도이다(이수범, 2002: 14-5).

지방재정법 제60조는 "지방자치단체의 장은 회계연도마다 1회 이상 세입·세출예산의 집행상황, 발생주의와 복식부기에 의한 재무보고서, 지방채 및 일시차입금 등 채무의 현재액, 채권관리현황, 기금운용현황, 공유재산의 증감 및 현재액, 통합재정정보, 그 밖에 재정운용에 관한 중요사항을 주민에게 공시하여야 한다"고 규정하고 있다. 이 규정은 공시에 관한 규정이며, 정보청구공개에 관하여는 국가에는 『공공기관의 정보공개에 관한 법률』과 지방자치단체에는 행정정보공개조례가 지방자치단체별로 제정되어 시행되고 있다.10)

(2) 지방재정정보공개의 필요성

(가) 지역주민의 입장

① 재정운영성과의 평가 및 감시: 지방자치단체의 예산과 결산의 내용이 상세하게 주민에게 공개됨으로써 정보폐쇄로 인한 부정과 낭비를 막을 수 있다. 지방의회와 지방자치단체장에 대한 주민의 통제 및 감시를 강화하는 계기를 마련한다. 〔그림 6-7〕과 같이 지방재정에 관한 구체적인 정보를 단계별로 지역주민・투자자・지방의회・시민단체・언론 등에 제공하여 실질적으로 감시가 가능토록 한다.

② 시장정보・투자정보제공: 지방자치단체가 지방채를 발행할 경우 기채승인을 위한 판단기준으로 사용되어 지방의회, 주민, 시민단체 등이 재정위기의 발생을 경계하여 건전재정운용을 위해 압력을 행사케 하고, 지방채에 대한 신용등급이 시장에서 매겨지고 이자율도 결정된다. 또한 지방채가 발행되는 사업의 타당성과 해당 지방자치단체의 재정운영의 건전성이 자동적으로 검증되고 평가되어 지방채에 대한 기채조건이 결정된다.

그림 6-7 단계별 재정정보

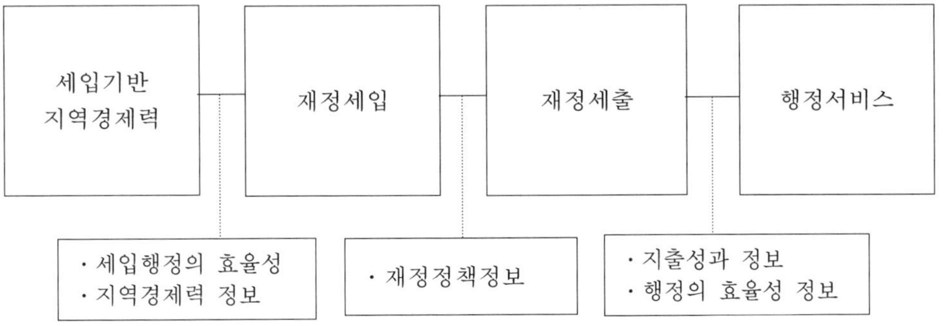

자료: 김종순(2002: 45).

10) 행정정보공개조례는 1991년 청주시에서 처음으로 제정된 이래 현재까지 대부분의 단체로 확산되어 조례가 제정되어 시행중에 있다.

(나) 지방자치단체의 입장

① 정책결정지원 및 연구지원: 재정운영의 효율성은 우선적으로 공공부문의 생산성을 높이는 것이다. 이를 위해 행정의 단위당 비용을 최소화하고, 경비지출의 효율화를 도모하여야 한다. 또한 주민부담의 적정화를 유지하면서 일정수준의 행정서비스수준을 유지하기 위하여 적정한 세금의 징수, 사용료·수수료 등 세외수입의 확보는 물론 국고보조금·지방교부세 등 의존재원도 보다 많이 확보하는 것이 바람직하다.

② 지방재정위기의 경보: 정확하고 객관적인 정보는 관련 당사자들에게 지방자치단체의 재정적 위기징후를 사전적으로 파악하고 대비책을 마련할 수 있는 경보기능을 수행한다. 지방재정정보제도가 효과적으로 정착되면 조세징수노력, 비과세·감면규모, 조세징수율 및 체납정리율 등과 같은 만성적 재정위기를 초래할 수 있는 지표를 개발하여 활용하면 행정조직 내부와 외부에서 지방재정위기에 대한 경보기능을 수행할 수 있다.

2. 공개대상 재정정보와 비공개대상 재정정보

(1) 공개대상정보

(가) 공통공시

모든 지방자치단체가 지방재정법 제60조에 의하여 공시하여야 하는 사항으로 매 회계연도마다 8월에 공시하여야 하나 세입결손으로 인하여 실행예산을 운용한 경우 또는 다음연도 수입을 앞당기어 충당·사용한 경우 등 새로운 수요발생시 수시로 공시할 수 있다. 그 내용은 일반적인 재정운용상황으로 ① 세입세출예산의 집행상황, ② 발생주의 복식부기에 의한 재무보고서, ③ 지방채·일시차입금 등 채무의 현재액, ④ 채권관리현황, ⑤ 기금운용현황, ⑥ 공유재산의 증감 및 현재액, ⑦ 통합재정정보 등이다. 또한 재정운용에 관한 중요사항으로 ① 중앙정부로부터 받은 재정분석·진단결과, ② 감사원, 정부합동감사, 시·도의 감사결과, ③ 주민1인당 채무현황 등 주민의 주요관심항목을 포함하여야 한다.

(나) 특수공시

당해 지방자치단체의 특수한 재정운용상황에 대한 공시사항으로 지방자치단체별로 재정여건, 지역특성 등을 고려하여 추진한 지역의 특수사업 또는 주민숙원사업 등을 지방자치단체에 설치된 지방재정공시심의위원회가 정하는 사항이다. 그 주요내용을 예시하면 ① 핵심지역 숙원사업 또는 특수유치사업의 국비・지방비 재원확보 및 집행상태와 추진실적, ② 재해위험지역 재정지원결과 전년대비 피해축소 등 안전관련 주민관심사항, ③ 지역전략산업의 재원확보 및 분양실적, ④ 주택개량사업에 대한 재정지원 등 주민관심사항, ⑤ 기타 당면 지역현안사항 추진실적 등을 포함한다.

(2) 비공개대상 정보

지방자치단체가 보유하는 정보는 모두 청구에 의하여 공개하는 것이 원칙이나, 이들 정보 중에는 공개를 함으로써 행정의 공정성을 해치거나 원활한 집행을 곤란하게 하고 오히려 주민에게 불이익을 줄 수 있으며, 개인의 프라이버시를 해칠 우려도 있을 수 있다.

비공개대상범위는 ① 프라이버시와 관련되거나 범죄수사・예방 등과 관련된 사항, ② 확정되지 아니한 사업・정책에 관한 사항, ③ 시설공사, 물품의 제조 및 구매, 용역에 대한 예산 및 입찰에 관한 사항으로 기밀에 속하는 사항, ④ 법령으로 비공개가 지정된 사항, ⑤ 기타 공개함으로써 국가재정이나 당해 지방자치단체의 재정운용을 저해하는 사항 등이다.

그러나 이러한 비공개정보를 구체적으로 규정함에 있어서 기본적으로 지향하여야 할 점은 ① 비공개대상의 범위는 필요한도 내에서 최소한으로 할 것, ② 비공개의 이유를 가급적 구체적으로 할 것, ③ 비공개사항으로 지정한 경우라도 시간경과에 의해 비공개 사유가 소멸되었을 경우 지체없이 공개할 것, ④ 전면적 공개가 곤란할 경우 일부분만이라도 공개하도록 할 것 등이다(권형신외, 2001: 548-9).

3. 지방재정정보공개체제

(1) 정보공표체제

(가) 공표담당부서

업무성질상 예산과 사업계획은 예산부서가 담당하되, 회계와 감사 담당부서가 지원하는 것이 바람직하다.

(나) 공표횟수 및 시기

지방자치단체의 재정운용상황에 대한 공시를 매년 1회 정례적으로 8월에 실시 하거나, 세입결손으로 인하여 실행예산을 운용할 경우 또는 다음 연도 수입을 앞당기어 충당·사용한 경우 등 새로운 수요발생시 수시로 공시할 수 있다.

(다) 공표방법

지역사회 주민들의 시청율, 구독율, 접근성 등을 종합적으로 고려하여 최선의 수단과 방법을 선택하여야 한다. 다만, 지방재정법시행령 제68조는 당해 지방자치단체의 인터넷 홈페이지와 당해 지역을 배포지역으로 하는 일간지 등을 통하여 공표하도록 규정하였다.

(2) 청구공개체제

(가) 청구주체

공개를 청구할 수 있는 자, 즉 청구주체는 해당지역주민 이외에도 다른 지역의 주민으로 확대하는 것이 바람직하다. 그리고 복사, 우송 등 정보의 공개와 관련되어 소요되는 비용은 청구인의 부담으로 하는 것이 타당하다.

(나) 청구창구

주민이 쉽게 접근할 수 있도록 청구창구를 통합하여 일원화하는 것이 바람직하다. 행정정보실, 기획관리실 등 행정여건이나 기구특성을 고려하여 지정하여야 한다.

(다) 청구방법

행정기관의 공개의무 준수 및 비공개처분에 대한 책임소재의 명확화를 위하여 문서(FAX, E-mail 포함)에 의하여 청구하도록 하는 것이 바람직하다. 정보공개제도의 대상이 되는 시점도 결정종료시점 이후의 대상정보로 하는 것이 타당하다.

제 7 장

지방공기업론

제 1 절 지방공기업의 의의

Ⅰ. 지방공기업의 의의

1. 지방공기업의 개념

지방공기업(local public enterprise)이란 지방자치단체가 지역개발을 촉진하고 지역주민의 복지를 증진하기 위하여 직접 설치·경영하거나 법인을 설립하여 경영하는 기업을 말한다. 지방자치단체가 제공하는 활동에는 일반행정적 서비스를 제공하는 활동뿐만 아니라 특정한 재화나 서비스를 생산하여 제공하는 기업적 활동이 있다. 그러나 오늘날 공공경영, 행정경영, 도시경영 등의 이름으로 지방행정의 기업경영화 경향이 보편화되면서 지방자치단체의 기업적 활동에 대한 관심이 높아지고 이에 대한 연구가 활발하게 진행되고 있다.

지방공기업의 개념은 최광의, 광의, 협의로 정의할 수 있다. ① 최광의의 지방공기업이란 지방자치단체가 직접 또는 간접적으로 경영하는 사업중 기업적 성격을 띠는 사업으로 각종 경영수익사업이 포함된다. 예컨대, 각종 골재채취사업, 관광개발사업 등이 이에 포함된다. 일반회계와 구분하여 특별회계로 운영되는 경우가 많다. ② 광의의 지방공기업이란 지방공기업법의 적용을 받는 모든 사업을 말하며, 직접경영형태의 지방공기업과 지방공사·공단 등 간접경영형태의 지방공기업이 모두 포함된다. ③ 협의의 지방공기업은 지방공기업법의 적용을 받는 지방공기업 중에서 직접경영형태로 운영하는 지방직영기업만을 의미한다.

1930년대 세계적 대공황 이후 공공부문의 역할이 날로 확대되어 개인의 일상생활에 이르기까지 심대한 영향을 미치게 되었다. 그러나 1970년 이후 공공부문의 지나친 팽창은 시장실패와 또 다른 정부실패(government failure)를 가져와 작은 정부의 논리가 확산되었다. 이에 따라 정부기구의 슬림(slim)화뿐만 아니라 기능의 축소가 요구되었다. 따라서 지방공기업의 확대와 지방자치단체의 기능 중 비권력적인 기능의 민간이양인 민영화(privatization)가 세계적인 추세가 되었다.

2. 지방공기업 서비스대상의 성격

재화를 경합성(rivalry)과 배제성(excludability)이라는 2가지 기준에 의하여 분류해보면 〈표 7-1〉과 같다. 빵, 우유와 같이 소비가 경합적이고 배제가 가능한 재화는 사적재(private goods)이고, 국방, 경찰, 소방 등과 같이 경합성이 없고 배제가 불가능한 재화는 공공재(public goods)이다. 그러나 유료도로, 대중교통, 도서관과 같이 소비의 경합성이 없고 배제가 가능한 재화는 요금재(toll goods)이며, 지하수, 강, 호수, 바다고기와 같이 경합성이 있고 배제가 불가능한 것은 공동소유재(common pool resources)이다.

지방행정서비스에서 특히 중요한 의미를 갖는 재화는 준공공재라 할 수 있는 요금재와 공동소유재이다.

공동소유재의 경우 통상적으로 배제가 불가능하고 그 소비가 선택적으로 이루어지지 않으므로 공공재와 동일시하여도 무방하다. 그러나 공기를 캔으로 상품화하고 바닷물을 취수하여 횟집, 수족관 등에 유료로 공급하는 경우도 있다. 외국의 경우에는 수영을 하기 위해 바다에 들어가는 경우 입장료를 받거나 고기를 잡는 사람에게 면허를 내주고 면허료를 받는 지역이 있다.

표 7-1 공공재의 분류

구 분		경합성: 경합적	경합성: 비경합적
배제성	가 능	사적재	요금재
	불가능	공동소유재	공공재

그러나 요금재는 입장료를 받는 공원의 경우처럼 경합 없이 사용이 가능하고 배제가 용이한 서비스로서 지방행정과 지방공기업에 있어서 매우 중요하다.

Ⅱ. 유사제도와의 구별

1. 일반지방행정사무와의 구별

일반지방행정사무는 지역주민의 일반적 공공수요를 충족시키기 위한 권력적 행정행위로 그 효과는 대체적으로 관할 행정구역내 일반주민에게 골고루 귀속되고 그 비용은 주로 권력적으로 부과·징수되는 지방세와 의존재원에 의하여 충당된다.

그러나 지방공기업은 비권력적 행정행위로서 특정한 공공재화와 서비스를 제공하여 특정 개개인의 욕구를 충족시키고 수익자부담원리에 의하여 비용을 부담시킨다.

2. 민간기업과의 구별

민간기업은 소유와 경영의 주체가 개인 또는 사기업이며, 궁극적 목적은 이윤획득에 있다. 최근 기업의 사회적 책임이 강조되고는 있으나 기본 목적은 최대이윤의 확보에 있으며 기업경영과정에서 발생된 이윤은 주주에게 배당된다.

지방공기업은 지방자치단체가 소유하고 채산성보다는 공공성을 강조하는 측면에서 민간기업과 차이가 있다. 또한 이때 발생된 이윤은 지방공기업의 발전을 위한 자금으로 재투자되는 경우가 많다.

3. 국가공기업과의 구별

국가공기업은 출자자가 국가인 공기업으로 국가의 조직으로부터 독립된 기업체 형태로 운영되며, 정부부처형(우정사업본부 등), 공사형(철도 등), 주식회사형(서울신문사 등)이 있으며, 공사형태가 대부분이다. 그 형태에 따라 정부조직법(정부부처형), 특별법(공사형), 상법(주식회사형)에 의하여 설립되며, 대규모적이고 서비스의 수혜범위가 전국적이며 여러 자회사를 거느리고 있는 경우가 많다.

4. 공익사업과의 구별

공익사업(public utilities)이란 사업체가 제공하는 재화나 서비스가 공중의 일상생활에 없어서는 안 될 필수적인 것으로 그 사업의 정지 또는 폐지가 국민경제를 현저히 위태롭게 하는 사업으로 수도·전기·가스 및 정유, 공중위생 및 의료, 은행, 방송, 통신 등이 이에 해당한다. 가스, 의료, 방송, 통신 등의 경우는 민유·민영의 형태로 운영되는 공익사업이다.

공익사업은 ① 일반주민의 일상생활에 불가결한 서비스를 제공하며(공익성), ② 방대한 고정설비가 필요한 사업으로 기업의 안정성, 자원이용의 효율성 확보차원에서 독점적 성격을 띠며(독점성), ③ 공익성·독점성에 따른 요금통제·서비스공급방식에 대한 감독 등 공공적 통제가 불가피하다(공공통제성).

Ⅲ. 지방공기업의 필요성

프리드만은 공기업의 설립동기로 ① 민간자본의 부족, ② 국방상 및 전략상 고려, ③ 독점적 사업, ④ 정치적 신조의 네 가지를 들고 있다(W. Friedman, 1954: 542-544).

1. 지역주민의 복지증진

상·하수도, 병원, 교통 등 지역주민의 일상생활에 필수 불가결한 사업이나 서비스는 지방자치단체가 직접 제공할 수도 있고, 별도의 지방공기업을 설치하여 운영할 수도 있다. 상·하수도는 역사적으로 가장 오래된 지방공기업분야이며, 중소도시의 병원운영은 의료취약지역 주민에게 의료서비스의 제공을 위하여 지방공기업 형태로 운영되어 왔다.

2. 민간자본의 부족

지역주민의 일상생활에 필요한 사업이나 초기에 투자하여야 할 민간자본이 부족하고 투자자본에 대한 회수기간이 길고 채산성이 불투명한 경우 민간기업의 투자가 어려우므로 지방공기업의 운영이 필요하다. 대도시의 지하철사업, 벽지버스운행 등의 경우 지방비를 투자하거나 지방채 등을 발행하여 지방공기업을 설립하여 운영할 수 있다.

3. 지역독점사업

상・하수도사업과 같이 지역독점적인 사업은 일반적으로 공영으로 하는 것이 원칙이다. 이와 같은 사업을 민간기업에 맡길 경우 지나친 이윤의 추구 등으로 지역주민에게 많은 폐해를 끼치게 된다. 따라서 민간이 경영하는 경우에도 요금의 규제 등 공공통제의 필요성이 제기되며, 이와 같은 문제를 근본적으로 해결하기 위하여 지방공기업형태로 운영하는 경우가 많다.

4. 지역차원의 종합경영

대도시의 지하철 건설, 공업용 수도건설, 항만 건설 운영, 공단조성 등 일반행정과 밀접하게 운영할 필요가 있는 사업의 경우가 있다. 지방행정은 종합행정이므로 지방자치단체차원에서 건설에서 운영까지 패키지화하여 종합적・체계적으로 추진하는 것이 보다 효율적인 경우에 지방공기업형태가 바람직하다.

제 2 절 지방공기업의 이념과 외국의 지방공기업

Ⅰ. 지방공기업의 경영이념

1. 공 공 성

공공성(publicness)이란 민간기업과 근본적으로 구분되는 특색으로, 추구하는 목적이 공익성을 띠어야 하고, 소유주체적인 측면에서 공동소유를 의미한다. 첫째, 공익성이란 제1차적인 목적이 사적 이윤추구가 아닌 공공복지를 증진함에 있다. 이를 위해서는 지방공기업이 제공하는 서비스가 가급적 저렴하여야 하며 적정이윤을 추구하면서 원가절감으로 행정서비스의 가격을 인하하여 소비자 부담의 경감을 도모해야 한다. 경우에 따라서는 벽지 공영버스 운영, 중소도시 비수익 병원운영, 고지대 급수 등과 같이 사회정책적 차원에서 채산이 맞지 않더라도 행정서비스를 제공해야 한다는 것이다. 둘째, 공동소유는 민간기업의 소유와 경영의 분리, 민・관공동출자사업의 발전 등으로 그 비중이 점차 약화되는 경향이 있다.

2. 기 업 성

기업성(entrepreneurship)이란 경제성을 말하며, 지방공기업도 하나의 계속적인 주체(going concerns)로서 재화와 서비스를 계속적으로 생산하여 지역주민에게 안정적으로 공급하여야 한다. 지방공기업으로서 첫째로, 가능한 사업비용을 절감하여야 한다. 보다 적은 비용으로 생산적인 서비스를 제공하여야 한다. 둘째로, 수지균형을 유지하여야 한다. 독립채산적 회계처리를 하고, 사용자부담원칙에 따라 요금수입으로 소요비용을 충당하여야 한다는 것을 의미한다. 따라서 기업성이란 형식적으로 독립채산제 회계처리와 사용자부담원칙에 따라 요금수입으로 소요비용을 충당하는 것을 의미한다.

3. 지 역 성

지역성(locality)이란 중앙에서 재화와 서비스를 대량 생산하여 전국적으로 공급하는 국가공기업과 달리 지방공기업은 지역에서 재화나 서비스를 생산하여 제공하므로 서비스의 내용이 지역별로 상이하다. 그러나 도시화・광역화 추세에 따라 여러 개의 도시가 연담화(conurbation)됨에 따라 상・하수도, 청소, 쓰레기처리 및 소각, 교통사업 등의 분야에서 여러 개의 행정구역을 하나의 지방공기업구역으로 하는 광역지방공기업의 설치가 확대되고 있다.

지방공기업의 지역성이 공급하는 재화와 서비스의 내용뿐만 아니라 조직과 인사, 재무 등 기업형태와 운영방식에서도 동시에 나타나고 있다.

4. 공공성・기업성・지역성의 조화

공공성과 기업성은 보완관계일 수도 있고, 때로는 상충관계일 수도 있다. 그러나 어느 한쪽의 희생하에 다른 쪽을 지나치게 강조하는 것은 바람직하지 못하다. 즉 공공성을 강조할 경우 기업성이 악화되어 지방자치단체가 추가로 비용을 부담하여야 하는 경우가 발생하며, 기업성을 강조할 경우 공공성이 저해되어 설립목적과 상치되는 사례가 발생하기도 한다.

지역적 여건에 따라 공공성, 기업성이 조화롭게 운영되는 것이 바람직하며,

이것은 지역간 서비스의 내용이나 가격 등이 달라지는 원인이 되기도 한다. 지방자치제도의 발전에 따라 지역특성에 따라 기업형태 및 운영방식의 다양성이 요청된다. 따라서 앞으로 공공성과 기업성의 한도내에서 지방공기업으로서의 다양성이 보장되어야 한다.

Ⅱ. 지방공기업의 경영원칙

1. 독립채산제

(1) 독립채산제의 개념

지방공기업의 경영에 필요한 지출은 지방자치단체의 일반회계나 다른 특별회계가 부담하는 것을 제외하고는 원칙적으로 당해 지방공기업의 수입으로 충당해야 함을 의미한다. 그 내용은 수지의 균형, 자본의 자기조달, 이익의 자기처분을 포함하는 개념이다.

지방공기업에서의 독립채산제는 공기업특별회계와 일반회계 또는 기타 특별회계간의 부담구분을 전제로 한 한정적 의미의 독립채산제이다. 즉 조세부담 등에 의하여 충당하여야 할 경비는 당해 회계에서 부담하여야 함을 의미한다. 이를 위해 지방공기업 특별회계설치운영을 의무화하고 있으며, 이는 지방공기업회계의 가장 본질적인 문제로 지방공기업의 중요한 요소이다.

(2) 독립채산제의 필요성

첫째로, 주민부담의 형평성을 제고함에 있다. 지방공기업이 제공하는 재화와 서비스는 본질적으로 배제성과 경합성이 있으므로 소비자와 비소비자간의 공평부담문제가 제기된다. 따라서 수익자부담원칙에 따라 독립채산제가 필수적이다. 둘째로, 효율적인 기업경영을 도모함에 있다. 지방공기업특별회계가 적자를 보일 경우 일반회계로부터 조세에 의하여 보전해주어야 한다. 따라서 건전재정을 도모하고 회계상호간 계산을 분명하게 하여 책임소재를 분명하게 하고 인센티브의 부여도 가능하게 한다.

2. 경비부담의 구분

(1) 경비부담구분의 원칙

경비의 성질상 당해 지방공기업의 수입으로 충당하는 것이 적당하지 아니한 경비나 당해 지방공기업의 성질상 그 경영에 수반하는 수입만으로 충당하는 것이 곤란하다고 인정되는 경비는 일반회계 또는 타특별회계가 부담하고 그 이외의 경비는 지방공기업경영에 수반하는 수입으로 충당하여야 한다.

(2) 일반회계 등이 부담하여야 할 경비

각 사업에 공통적으로 적용되는 경비는 ① 공공의 목적을 위한 무상공급에 소요되는 경비, ② 공공의 필요에 의하여 요금 등의 공급가격이 원가 이하로 책정되거나 원가 이하로 유지됨에 따른 발생원가와 공급가격과의 차액, ③ 지역개발 등에 따른 선행투자에 소요되는 기본경비, 선행투자에 의한 시설의 유지비, 선행투자에 소요된 외부차입금에 대한 원리금상환 등이다.

지방공기업법이 당연 적용되는 사업의 경우 일반회계가 부담하여야 할 경비의 범위는 다음과 같다.

① 궤도사업: 당해 궤도사업용차량 외의 차량으로 인한 궤도의 유지·수선 및 개량에 소요되는 경비와 교통혼잡의 완화 등을 위한 궤도의 철거에 소요되는 경비

② 하수도사업: 빗물처리시설의 설치 및 유지에 소요되는 경비

③ 주택사업 및 토지개발사업: 공사완공후 관리기관에의 인계 또는 분양완료시까지 소요되는 기본경비

④ 의료사업: 전염병예방법에 의한 전염병의 진료, 전시·사변·재해 등으로 인한 구급, 구호대상자의 구호에 소요되는 경비와 그 시설의 유지관리비, 집단검진·의료상담 기타 이와 유사한 보건위생행정에 소요되는 경비, 벽지·도서 등 의료기관이 없는 지역에 있어서 의료보급상 필요하다고 인정되는 의료시설의 설치에 소요되는 경비와 기타 지역에 있어서 의료수준향상을 위한 특수한 의료시설 및 연구 등에 소요되는 경비

임의적용 대상사업의 경우 일반회계가 부담해야 할 경비는 지방직영기업이 경영하는 사업은 지방공기업법 제14조(독립채산) 제1항의 각 호의 요건을 갖춘 경비로서 당해 사업별로 조례가 정한 경비를 포함한다.

(3) 일반회계 등이 부담하는 방법

일반회계 등이 부담하는 방법은 ① 증자출자(지방공기업의 자기자본 증가, 현물출자 포함), ② 부담금(일반회계 포함), ③ 장기대부, ④ 기타(업무용 토지·건물 등의 무상대부 등) 등이 있다.

Ⅲ. 외국의 지방공기업

1. 미국의 지방공기업

19세기 초 주정부가 은행, 유료도로, 운하의 건설운영, 철도의 건설에 기여하였으나 19세기 말 대부분의 지방공기업이 폐쇄되고, 오늘날에는 교통시설, 전력사업, 보험사업, 주류판매업에 종사하고 있다. 29개 주가 유료도로·교량·터널 등을 지방공기업으로 운영하고 있으며, 뉴욕·뉴져지항만공사(The Port Authority of New York and New Jersey)가 대표적이다. 교량사업과 터미널 사업으로부터 출발하여 공항, 항만, 버스터미널, 철도사업, 부동산임대업을 운영하고 있다. 전력사업은 뉴욕주전력공사가 나이아가라폭포의 전원개발에 관한 권한을 갖고 있으며, 보험사업은 산업재해보상보험분야에, 주류판매업은 민간업자에게 허가를 하거나 주정부가 직접 주류판매업에 종사하기도 한다.

시 등 지방자치단체가 경영하는 지방공기업을 도시공기업(municipal corporations)이라고 표현하는데 상수도사업이 가장 중요한 지방공기업이다. 하수도사업의 경우도 그 수가 증가하고 있다. 전력사업의 경우 연방정부가 장려하여 그 수가 증가하였으나 최근에 와서 그 수가 감소하고 있으며, 지방공기업의 발전량은 미국 총발전량의 5% 정도이다. 교통사업은 뉴욕·시카고 등 대도시와 상당수의 도시가 지하철, 버스, 전차 등의 교통사업을 지방공기업으로 운영하고 있으나 경영상태는 양호하지 못하며, 교통사업의 광역화로 재정난에 빠져있는 교통사업체에 많은 어려움을 주고 있다. 기타 가스의 제조 및 공급, 공항 등을 운영하는 지방정부가 있다.

2. 일본의 지방공기업

일본의 지방공기업은 우리나라의 지방직영기업에 해당하는 지방공영기업과 지방공사로 나뉘어지며, 지방공사는 사법인인 지방공사와 공법인인 지방공사로 세분된다. 일본에서도 우리나라의 지방직영기업에 해당하는 지방공영기업만이 지방공영기업법(1952년 제정)의 적용을 받으며 지방공사는 별도의 법률의 적용을 받는다. 일본의 경우도 지방공영기업(地方公營企業)이 큰 비중을 차지하고 있으나, 지방공사의 비중이 훨씬 크며 특히 사법인인 지방공사가 빠른 속도로 늘어나고 있는 것이 우리나라와 다르다.

일본은 지역주민의 복지를 증진하기 위하여 지방공기업의 사업영역이 다양하고, 공익사업이라도 민간부문에서 공급되는 사례가 적지 않다. 〈표 7-2〉에서 보는 바와 같이 수도 및 공업용수도는 거의 대부분이 지방공영기업을 통하여 공급되고 있으나, 전기와 가스는 민간기업이 거의 대부분을 제공하고 지방공영기업은 아주 미미한 실정이다. 그러나 2003년 이후 지방자치단체가 재정건전화를 위해 수도, 전기, 가스 등 각 분야에 걸쳐 100여건이 민영화되고 있다.

표 7-2 주요 공익사업에 있어 지방공영기업의 비중

사업	단위	전사업(A)	공영기업(B)	지방공기업의 비중(B/A)
수도	현재급수인구	122,334천명	122,237천명	99.1%
공업용수도	연간총배수량	4,912백만m^3	4,905백만m^3	99.9%
지하철	연간수송인원	4,662백만명	2,621백만명	56.2%
자동차운송	연간수송인원	5,058백만명	1,346백만명	26.6%
전기	연간발전전력량	10,915억kwh	8,590백만kwh	0.8%
가스	연간가스판매량	1,047,235백만MJ	33,295백만MJ	3.2%
병원	병상수	1,648천상	237천상	14.4%

자료: 總務省, 『地方公營企業決算の槪要』(2002년도판)에서 정리.

지방자치단체가 경영하는 지방공영기업체는 〈표 7-3〉에서 보는 바와 같이 2000년 3월말 현재 12,574개로 이를 지방자치단체별로 보면, 도도부현(都道府縣)이 경영하는 지방공영기업이 433개(3.4%), 시정촌(市町村)이 경영하는 지방공영기업이 11,575개(92.1%), 일부사무조합이 경영하는 지방공영기업이 566개(4.5%)이다. 지방공영기업법의 적용을 받는 사업수는 3,537개(28.1%)이며, 법의 적용을 받지 않는 사업수는 8,175개(81.9%)이다.

표 7-3 경영주체별 지방공영기업

사업	도도부현	시정촌	사무조합	계		
				합계	법적용	법비적용
상수도사업	27	1,823	141	1,991	1,991	-
간이수도사업	1	1,661	8	1,670	34	1,636
공업용수사업	41	97	9	147	147	-
교통사업	6	114	5	125	75	50
전기사업	33	60	22	115	34	81
가스사업	2	63	3	68	68	-
병원사업	47	599	111	757	757	-
하수도사업	82	4,527	60	4,669	130	4,539
항만정비사업	37	81	5	123	8	115
시장사업	10	169	17	196	13	183
도축장사업	2	88	23	111	2	109
관광시설사업	20	602	11	633	129	504
택지조성사업	76	636	6	718	62	656
유료도로사업	4	4	-	8	3	5
주차장정비사업	14	242	-	256	13	243
계호서비스사업	18	790	141	949	35	914
기　타	13	21	4	38	38	-
계	433	11,575	566	12,574	3,539	9,035

자료: 總務省,『地方公營企業決算の概要』(2002년도판)에서 정리.

일본의 지방공영기업 경영상태를 살펴보면 〈표 7-4〉와 같다. 법적용기업과 법비적용기업을 합한 수지상황을 보면 흑자사업은 10,033개 사업으로 사업수 전체의 87.3%를 차지하고 있고, 1992년도의 흑자사업체수의 비율(85.4%)보다 약 2% 상승하여 불황 등 경제적 어려움 속에서도 지방공영기업이 다각적인 경영노력을 경주하여 왔음을 엿볼 수 있다.

표 7-4 지방공영기업의 경영상태

(단위: 억엔, %)

구분	1992년도			2000년도			증감상황		
	법 적용	법 비적용	합계	법적용	법 비적용	합계	법 적용	법 비적용	합계
흑자사업수	2,444 (71.7)	4,877 (98.0)	7,167 (85.4)	2,412 (69.1)	7,621 (95.3)	10,033 (87.3)	△32	2,744	2,866
흑자액	3,566	1,756	5,322	3,290	1,611	4,901	△276	△145	△421
적자사업수	963 (28.3)	4,723 (2.0)	1,255 (14.6)	1,080 (30.9)	373 (4.7)	1,453 (12.7)	117	△4,350	228
적자액	4,050	929	4,978	4,387	1,005	5,393	337	76	415
총사업수	3,407	4,985	8,392	3,492	7,994	11,486	85	3,009	3,094
수지	△484	827	343	△1,097	605	△492	△613	△222	△835

주: 1) 사업수는 결산대상사업수(건설중인 사업은 제외)이며, 연도말사업수와는 불일치할 수 있음.
2) 흑자액·적자액은 법적용의 경우는 순손익, 법비적용의 경우는 실질수지임.
3) ( )는 총사업수(건설중인 사업은 제외)에 대한 비율.

자료: 1) 自治省, 「地方財政白書」, 1995년판.
2) 總務省, 「地方公營企業年監」, 2002년판.

3. 영국의 지방공기업

영국의 지방공기업은 그 규모와 영역, 그리고 기능면에서 우리나라와 비교가 되지 않을 정도로 작다. 역사적으로 보면 영국의 지방공기업은 20세기를 전후하여 수도·가스·전기 등 공익사업을 중심으로 발달되었으나 차츰 국가 또는 준정부기관에 흡수되거나 민영화과정을 거치면서 그 규모와 기능이 위축되고 있다. 현재 지방공기업은 산업단지·시설개발, 항만사업 등을 수행하지만 그 규모나 기능은 매우 제한적이며 주로 시장, 시민회관, 극장운영 등에 치중하며 일부 소규모 공항, 교량 등을 운영하고 있다.

영국의 지방공기업정책은 지방정부가 민간개발업자와 유사한 경제활동을 할 수 없도록 하는 동시에 기업성과 영리를 목적으로 하는 투자사업에 대하여 지방정부가 개입하지 않도록 하는 방향으로 정책기조가 흐르고 있다. 현재 대규모 지역개발사업, 산업도시개발사업 등은 도시개발공사(UDC)와 같은 준정부기관들이 담당하고 있다(한국지방행정연구원, 2002: 302).

상수도사업의 경우 1970년대까지 지방정부에 의하여 제공되었으나 재정적자로 인하여 1978년부터 민간기업에게도 상수도사업에의 참여를 허용하였다. 그러다가 1989년 잉글랜드와 웨일즈의 상수도사업이 수질관리업무를 제외하고는 민영화되었다. 전국을 10개 지역으로 나누어 10개의 물관리회사가 상수도를 생산·공급하고 있는데 런던시의 경우 Thames Water International사가 1988년부터 테임즈강과 주변지역의 상수도업무를 전담하고 있다. 상수도요금은 신규투자비용을 회수할 수 있을 정도만 징수할 수 있도록 규제하고 있다. 운영결과에 따른 적자 또는 흑자분은 초기에 회사에 귀속되고 운영 5년 뒤에는 요금수준을 재조정할 수 있다.

제 3 절 지방공기업의 경영

Ⅰ. 지방공기업의 조직관리

1. 직영기업

(1) 관리자

(가) 관리자의 선임

관리자란 지방자치단체의 소속공무원이면서 지방직영기업의 경영에 대하여 독자적 권한을 가지면서 책임경영을 담당하는 자로 상수도사업본부장, 상·하수국장 등을 말한다. 지방자치단체의 공무원 중에서 공기업경영에 관하여 지식과 경험이 풍부한 자 중에서 지방자치단체장이 임명한다. 일반직공무원 외에 별정직 등으로 전문경영인을 임명할 수 있다. 원칙적으로 각 사업마다 1인을 두며, 조례가 정하는 바에 의하여 동일 또는 유사한 사업에 있어서는 2 이상의 사업에 걸쳐 1인을 둘 수 있다.

(나) 관리자의 지위와 권한

지방자치단체장이 지휘감독할 수 있는 사항은 ① 경영의 기본계획에 관한 사항, ② 업무의 집행에 관한 사항 중 당해 지방자치단체의 주민의 복리에 중대한 영향이 있다고 인정되는 사항, ③ 타업무와의 필요한 조정에 관한 사항 등이다. 또한 지방자치단체장의 권한으로 유보되어 있는 사항은 ① 예산안을 의회에 제출하는 사항, ② 결산을 의회의 승인에 붙이는 사항, ③ 의회의 의결을 요하는 사항으로서 그 의안을 의회에 제출하는 사항, ④ 지방자치법 제130조(사용료의 징수조례 등) 제2항의 규정에 의한 과태료를 부과하는 사항 등이다.

관리자의 권한으로 처리할 수 있는 업무는 ① 지방직영기업에 관한 조례안 및 규칙안을 작성하고 이를 지방자치단체의 장에게 제출하는 사항, ② 지방직영기업의 사업운영계획 및 예산안을 작성하고 이를 지방자치단체장에게 제출하는 사항, ③ 결산을 작성하고 이를 지방자치단체의 장에게 제출하는 사항, ④ 지방직영기업의 자산을 취득·관리·처분하는 사항, ⑤ 계약을 체결하는 사항, ⑥ 요금 기타 사용료 또는 수수료를 징수하는 사항, ⑦ 예산내의 지출에 있어서 현금이 부족할 때에 일시차입을 하는 사항 및 기타 예산집행에 관한 사항, ⑧ 출납 기타 회계사무를 행하는 사항, ⑨ 증빙서 및 공문서류를 보관하는 사항, ⑩ 지방직영기업의 조직 및 인사운영에 관한 사항, 기타 법령 또는 당해 지방자치단체의 조례와 규칙에 의하여 그 권한에 속하는 사항 등이다.

(2) 보조조직

기업출납원과 현금취급원, 기타 회계관계공무원을 둘 수 있으며 또한 지방직영기업의 경영의 전문화를 도모하기 위하여 전문직렬을 두고 있다. 일본의 경우에도 지방공영기업법, 지방공영기업노동관계법에 의해 일반직 공무원과는 신분·급여체계, 노동법적용 등을 달리하는 기업직 제도를 채택하고 있다. 지방직영기업의 직원은 공무원이므로 그 노무관계는 공무원의 경우와 같으며, 다만 헌법과 지방공무원법의 예외규정에 의하여 사실상 노무에 종사하는 공무원은 단결권과 단체교섭권은 가지되 단체행동권은 금지된다.

2. 지방공사·공단

(1) 임 원

(가) 임원의 선임

임원이란 사장(이사장), 정관이 정하는 수의 이사와 감사를 말한다. 사장(이사장)은 사장추천위원회의 추천에 의하여 지방자치단체의 장이 임면하며, 이사,

감사는 지방자치단체의 장의 승인을 얻어 사장(이사장)이 임면한다. 지방자치단체장은 경영성과계약의 이행실적, 경영평가결과, 사장의 업무성과평가 등 경영성과에 따라 사장을 임기중 해임하거나 임기종료에도 불구하고 연임시킬 수 있다. 사장(이사장)을 임명할 때에는 임기중 사장이 수행해야할 경영목표와 권한, 성과에 따른 보상 및 책임이 포함된 경영성과계약을 체결해야 한다. 임기는 사장, 이사, 감사 등 모두 3년이다.

(나) 임원의 결격사유

① 대한민국의 국민이 아닌 자, ② 금치산자・한정치산자와 파산의 선고를 받고 복권되지 아니한 자, ③ 금고 이상의 형을 받고 그 집행이 종료되거나 그 집행을 받지 아니하기로 확정된 후 2년이 경과되지 아니한 자, ④ 법률 또는 법원의 판결에 의하여 자격이 상실 또는 정지된 자, ⑤ 지방공기업법에 위반하여 벌금형을 받고 2년이 경과되지 아니한 자는 결격사유가 된다.

(2) 구성원

지방공사와 지방공단의 구성원은 공무원의 신분을 갖지 않는 것이 원칙이나 지방공기업의 적정하고 합리적인 운영을 도모하기 위하여 형법상 뇌물죄의 적용에 있어 지방공사・공단의 임원 및 정관상 과장 또는 팀장 이상의 직원은 공무원으로 본다.

Ⅱ. 지방공기업의 예산 및 회계관리

1. 지방공기업의 예산

(1) 지방공기업예산의 특징

예산의 편성에 있어서 일반행정예산은 양입제출(量入制出) 원칙을 적용하나, 지방공기업예산은 양출제입(量出制入) 원칙을 적용한다. 또한 일반행정예산에서는 현금수지를 기준으로 한 현금주의 방식에 의하여 예산을 편성하였으나, 지방공기업예산에서는 채권채무의 발생사실을 기준으로 한 발생주의 회계방식에 의하여 예산을 편성한다. 일반행정예산에서는 단일예산체제를 유지하고 있으나, 지방공기업예산은 사업예산과 자본예산의 복식예산체제를 유지한다. 수입과 지출이 밀접하게 관련되는 비용수익대응의 원칙이 적용되고, 원가통제를 요하는 예산, 즉 이용자부담에 의한 기업경영원칙상 원가관리, 원가통제가 불가피하다. 또한 예산집행에 상당한 탄력성이 유지되며, 예산편성과정상에서도 관리자의 예산원안 작성권 등 자주성이 인정된다.

(2) 지방공기업예산의 내용

(가) 예산총칙

업무예정량, 수익적 수지, 자본적 수지, 계속비, 채무부담행위 등에 관한 총괄적 규정과 지방채, 일시차입금, 예산전용금지과목 등 예산에 관한 필요한 사항을 규정한다.

(나) 사업예산

경영성과의 파악을 위한 예산으로 수익과 비용에 관한 수익적 수입 및 지출의 예산을 말한다. 당년도 예정손익계산서의 형식을 취한다.

(다) 자본예산

건설개량 등 투자계획과 기업채상환계획을 표시하는 자금예산으로 자본적 수입과 지출에 관한 예산을 말한다. 전년도말 대차대조표에 자본예산을 가산하면 예정대차대조표가 된다. 다만, 자본예산에는 현금수입·지출만을 예정하므로 비현금수입·지출은 이를 감안하여야 한다.

(라) 자금운용계획

사업예산 및 자본예산은 발생주의에 의한 것으로 현금지출유무와는 관계없이 자금운용상황을 정확히 파악할 수 없기 때문에 별도로 현금주의에 의하여 자금운용계획을 수립하는 것이다. 따라서 현금주의방식의 예산이라 할 수 있으며, 경영활동에 수반되는 건전한 상태로 유지하여 자금수요에 대하여 적정한 자금을 조달하려는데 그 뜻이 있다.

(3) 지방공기업예산의 과정

(가) 예산의 편성

지방직영기업의 예산편성기준은 행정안전부장관이 정한 공통기준에 따라 지방자치단체의 장이 정한다. 지방직영기업의 예산은 관리자가 작성한 예산안을 지방자치단체장이 조정하여 지방의회에 제출하고 의결을 얻어야 한다. 그러나 지방공사와 공단의 예산은 이사회의 의결을 얻어 확정된다. 확정된 예산은 지체없이 지방자치단체의 장에게 보고하여야 한다.

(나) 예산의 집행

① 현금지출예산의 집행

재고자산구매, 공사도급 등 자금의 지출에 관계되는 집행은 사업예산 및 자본예산을 기초로 하여 작성된 자금운영계획에 의하여 집행한다. 현금지출을 수반하는 경비의 지출은 예산통제계정을 설정하여 자금집행을 통제한다. 그러나 발생주의회계원칙에 의하여 재고재산구매와 일시차입 및 상환은 현금지출이 있어도 예산집행으로 보지 않는다.

② 예산의 전용

예산총칙에서 정하는 과목인 기본급, 업무추진비, 특수활동비 등을 제외한 세출예산의 각 세항 및 목의 경비는 전용이 가능하다.

③ 예산집행의 탄력성

사업량의 증가로 인하여 경비에 부족이 생긴 경우 관리자는 당해 사업량의 증가로 인한 증가수입에 상당한 금액을 그 증가수입과 관련된 업무의 직접비에 예산을 계상하지 않고 직접 사용이 가능하다. 이 경우 관리자는 미리 지방자치단체의 장의 승인을 얻어야 한다. 또한 현금의 지출을 수반하지 않는 경비(감가상각비 등)에 대하여는 예산없이 경비계상이 가능하다. 예산의 전용에 있어서도 관리자에게 상당한 권한을 부여하고 있는데 세항과 목의 예산은 관리자가 지방자치단체장의 승인을 얻어 전용이 가능하다.

④ 예산의 이월

건설개량비(자본예산) 중 연도내에 지출원인행위를 하지 않은 것은 지방자치단체장의 승인을 얻어 다음연도에 이월하여 사용이 가능하다(건설개량비 이월). 또한 사업연도내에 지출원인행위를 마치고 채무이행을 마치지 않은 경우 다음연도로 이월하여 사용이 가능하다(사고이월). 연도별 소요경비중 당해연도에 지출하지 못한 금액은 사업 완성년도까지 차례 차례로 이월하여 사용이 가능하다(계속비 이월).

(다) 지방공기업결산

① 결산절차

지방공기업은 사업연도 말일 현재로 모든 장부를 마감하고 사업연도 종료후 2월 이내에 결산서, 사업보고서, 재무제표 등을 공인회계사의 회계감사보고서와 함께 지방자치단체장에게 제출하여야 한다. 보고된 서류는 지방직영기업의 경우 지방자치단체장이 익년도 지방의회에 제출하여 승인을 얻어야 하며, 지방공사・공단의 경우는 지방자치단체장의 승인으로 종결된다.

② 잉여금의 처리

매 사업연도에 이익이 발생하였을 때는 i) 전사업연도로부터 이월한 결손금을 보전하고, ii) 결손금 보전 후 잔액의 1/10 이상을 이익적립금으로 적립하여야 하며, iii) 나머지 잔액은 감채적립금 또는 건설개량적립금으로 적립하거나 출자한 회계에의 납부금, 이익배당(공사의 경우) 등으로 처리한다.

③ 결손의 처리

매 사업연도에 결손이 발생하였을 경우에는 전사업연도로부터 이월된 이익으로 우선 보전한다. 그리고 부족이 있을 경우에는 이익적립금으로 보전하고, 그렇게 하여도 부족할 때는 다음 연도로 이월한다.

2. 지방공기업의 회계

(1) 발생주의회계

일반회계예산이 현금주의(cash basis)회계이었으나, 지방공기업회계는 발생주의(accrual basis)회계를 따르고 있다. 즉 현금의 수지와는 관계없이 경영활동의 발생이라는 사실을 바탕으로 하여 계리한다. 따라서 세입은 수입조정시점에서, 세출은 채무확정시점에서 기장한다. 따라서 미수・미지급에 대한 계리처리가 새로 추가되며, 결산시 출납정리기간과 조상충용이 없다.

(2) 기간계산과 비용배분

비용배분과 수익을 처리하면서 기간계산을 한다. 기간계산이 중시되어 현금지출이 있다고 하더라도 그것은 대개 그 연도의 비용으로 처리되지 않는다. 즉 원가 중에서 그 연도의 수익획득에 기여한 부분만이 그 연도의 비용으로 인정되고, 지출효과가 익년도 이후에 지속하는 것은 자산으로 이월된다. 이를 비용배분의 원칙, 비용・수익대응의 원칙이라 한다. 건물과 같은 고정자산을 시설개량할 경우 그 지출의 효과가 수연도에 걸쳐 지속되므로 익연도 이후의 기간계산의 비용인 감가상각비로 처리된다.

(3) 손익거래와 자본거래의 구분

예산은 수익적 수지와 자본적 수지의 두 가지로 구분하여 건설개량을 위하여 투하되는 자본(지출액)은 당해연도에 일단 자본수지로 구분하고, 익년도 이후는 수익적 수지의 비용(감가상각비)으로 배분한다. 예컨대, 비용지출의 경우 그 연도의 비용으로 처리하여야 할 것(인건비, 재료비, 물건비, 감가상각비, 지급이자 등)과 그 연도의 비용으로 하지 않고 익년도 이후 수년간의 비용으로 기간배분하여야 할 것으로 구분하여, 전자를 수익적 지출로 하여 손익계정의 비용으로 처리하고, 후자는 자본적 지출로 하여 자본계정에서 처리한다. 모든 비용과 수익이 발생한 원인이 손익계산서(P/L: profit and loss statement)에 나타나, 손익계산서를 통해 그 지방공기업의 경영성과를 알 수 있다.

그림 7-1 손익계산서의 구성

(차변)			(대변)
영업비용	비용	수익	영업수익
영업외비용			영업외수익
특별손실			특별이익
법인세등			(손실)
(이익)			

(4) 자산, 부채, 자본개념의 존재

자산, 부채, 자본이란 개념이 있어 자산=부채+자본이라는 등식에 의하여 상호관련하여 회계처리되고, 자산과 부채 및 자본은 항상 균등을 유지한다. 이것에 의하여 대차대조표(B/S: balance sheet)가 생성되며, 이는 일정한 시점에서

그림 7-2 대차대조표의 구성

(차 변)			(대 변)
유동자산	자산	부채	유동부채
투자자산			비유동부채
유형자산		자본	자본금
무형자산			자본잉여금
기타비유동자산			자본조정
			기타포괄손익누계액
			이익잉여금

의 지방공기업의 재무상태를 총괄적으로 표시한다. 차변은 경영자본의 운용상태를 표시하고, 대변은 경영자본의 도입원천을 표시한다.

(5) 복식예산제도

복식예산(dual budget)이란 경상예산과 자본예산을 두고, 인건비 등 경상적 지출은 전통적 균형예산의 원칙에 따라 요금수입 등 경상적 수입으로 충당되어야 하지만, 자본적 지출은 자본적 수입인 지방채에 의하여 부족분이 충당되므로 반드시 연차적으로 균형예산이 될 필요가 없다는 것이다.

따라서 지방도로와 지하철 등 각종 교통시설, 상·하수도시설, 공원시설, 각종 복지시설 등에 대한 주민욕구가 발생한 경우 복식예산제도를 통해 자신들의 욕구가 어떻게 예산에 반영되었는가를 쉽게 확인할 수가 있다.

Ⅲ. 지방공기업의 요금관리

1. 지방공기업 요금의 특성

요금은 지방공기업이 제공하는 재화나 용역에 대한 반대급부로 지방공기업의 계속성을 유지할 수 있는 재원이기도 하다. 일반기업의 제품이나 서비스의 가격과 달리 독점적 가격이고, 국가의 물가정책 등과 긴밀한 연관성을 갖고 요금수준이 결정되며, 극히 낮은 가격탄력성을 갖고, 가격수준에 따라 국민경제에 큰 영향을 미친다. 또한 차별가격제의 적용이 가능하고, 원가보상주의가 적용되며, 부과징수의 강제성이 있다.

2. 요금결정원칙

(1) 요금결정기준

공공성과 기업성의 조화속에 요금은 적정하여야 하며, 급부의 원가를 보상함과 아울러 기업으로서 계속성을 유지할 수 있어야 한다. 지방공기업법 제22조(요금)는 요금은 ① 적정하여야 하고, ② 지역간 요금수준의 형평을 기하여야 하며, ③ 당해 지방직영기업이 제공하는 급부의 원가를 보상하고, ④ 기업으로서의 계속성을 유지할 수 있어야 한다고 규정하고 있다.

(2) 요금결정시 고려요소

(가) 자원배분의 효율성

사회전체의 순효용이 극대화되도록 서비스를 제공하여야 한다. 파레토의 최적상태(Pareto's optimality)가 달성되도록 해야 한다.

(나) 소득배분의 공평성

이익을 받는 정도에 비례하여 요금을 부담하는 응익의 원칙(benefit principle)과 부담능력, 즉 응능의 원칙(ability-to-pay principle), 세대간 부담의 형평성 등이 고려되어야 한다.

(다) 수용가의 용인성

소비자가 요금고지서를 보면 이해하기 쉽고 받아들일 수 있도록 요금체계가 단순하고 도표화하는 등 다양한 시도가 바람직하다.

(라) 재원확보

원가를 보상하고, 시설을 유지하고 지속적으로 개선·확장할 수 있는 재원을 안정적으로 확보할 수 있는 수준이어야 한다.

(마) 보건·위생

주민건강상의 고려도 필요하다. 새로운 정수기법의 도입등 신기술을 적용하여 주민건강을 증진하는 방향으로 시설개선을 도모하여야 한다.

(3) 요금의 종류

(가) 정액요금제(flat fee)

소비량과는 관계없이 일정한 금액을 부과하는 방식으로 자원의 효율적인 배분을 저해할 우려가 있다.

(나) 단일요율제(uniform rate)

소비량의 크기와 관계없이 단위사용량에 대하여 똑같은 요율을 적용하는 방식으로 균일요율제, 종량제라고도 한다. 계산이 간편하여 이해하기 쉬우나 자원의 낭비가 초래되고 소득에 비례하여 역진적이 될 수 있다.

(다) 체증요율제(increasing block rate)

소비량이 증가할수록 단위당 요율이 상승하는 요금부과방식으로 소득재분배효과를 기대할 수 있어 사회정책차원에서 도입을 검토할 수 있다.

(라) 체감요율제(decreasing block rate)

체증요율제와는 정반대의 제도로 소비량이 증가할수록 단위당 요율이 하락하는 요금구조를 말한다. 소비촉진을 도모할 수 있는 제도이다.

(마) 기본요금제(minimum fee)

일정한 수준이 소비량까지는 똑같은 정액요금을 부과하는 방식으로 저소득층의 보호를 위하여 일정량까지는 기본요금을 부과한다.

(바) 공간변화요율제(spatial rate)

거리에 따라 요율을 달리 적용하는 방식이다. 지하철 요금을 거리에 따라 구간제로 구분하여 부과한다.

(4) 원가산정방법

원가의 산정은 서비스를 공급하는데 소요되는 원가인 영업비용과 기업의 계속성유지를 위한 비용인 자본비용을 가산한 총괄원가에 의하여 산정된다. 그러나 자본비용산출방법에 따라 사업수행에 필요한 각종원가를 합산하는 원가적상방식과 사업에 투자된 자기자본과 타인자본에 일정보수율을 적용하는 적정투자방식이 있다. 원가적상방식이란 지급이자, 감가상각비를 초과한 원금상환액, 시설확장유보금, 채무상환을 위한 적립금 등 사업의 계속성유지를 위한 비용을 합산한다. 현행 지방공기업법에서는 적정투자방식을 적용하도록 규정하고 있다.

적정투자방식에 의한 요금산출방법을 상수도사업의 경우를 예로 살펴보면 다음과 같다.

총괄원가=(영업비용+자본비용+영업외비용)−(기타영업수익-영업외수익)

(가) 영업비용

인건비, 동력비, 약품비, 재료비, 원・정수구입비, 수선유지비, 감가상각비, 일반관리비

(나) 자본비용

타인자본에 대한 지급이자+자기자본에 대한 적정투자보수

① 타인자본에 대한 지급이자: 손익계산서상 발생이자 비용

② 자기자본에 대한 적정투자 보수: 요금기저×자기자본비율×적정투자보수율

㉮ 요금기저(rate base): 총가동설비자산−(기부금+시설분담금+공사부담금+재평가적립금)+(영업비용−감가상각비-대손상각비)×2/12+건설중인 자산총액

i) 총가동설비 자산: 대차대조표상의 총가동설비 자산

ii) 기부금: 자본잉여금의 기부금 누계액 등 실질적인 기부채납자산 합계액

iii) 시설분담금 및 공사부담금: 대차대조표상 자본잉여금의 동금액×(1－감가상각누계액/가동설비자산 취득가액 총액)

iv) 재평가 적립금: 대차대조표상 재평가적립금 누계액×(1－감가상각누계액/가동설비자산 취득가액 총액)

vi) 건설중인 자산: 대차대조표상의 건설중인 자산총액

㉯ 자기자본비율(연말현재): 자기자본/총자본×100%

㉰ 적정투자보수율: 2007년도 상수도사업의 경우 6%를 적용한다. 공기업의 경우 공적통제로 호경기에 초과이윤을 획득할 수 있는 기회가 부여되지 않는다면 불경기시에도 일정한 이윤을 보장해주어야 하며, 정부의존에서 탈피하여 스스로 재투자재원을 확보하여 자립할 수 있도록 하기 위해서는 적정한 이윤이 보장되어야 하며, 공적사용에 투입된 자본에 대하여 적정한 보수를 인정하는 것이 사회정의구현차원에서 바람직하다.

(다) 영업외비용

지급이자를 제외한 영업외 비용

(라) 기타영업수익

수수료수입 등

(마) 영업외수익

수입이자 및 배당금, 타회계부담금수입 등

(5) 지방공기업 요금산정시 고려요소

(가) 요금과 소득재분배

요금의 산정에 있어서 부담능력이 없는 저소득층에 대해서 요금부담을 경감시키는 방법으로는 첫째, 요금을 낮게 책정하고 그 부족한 부분을 일반회계에서 보전하는 방법이 있다. 이와 같은 방법은 바람직하지 못하다. 왜냐하면, 지방공기업으로서 공공성과 아울러 기업성을 고려해야 하기 때문이다. 둘째로, 저소득층에게 감면혜택을 주는 방법으로 생활필수품적인 성격의 재화와 서비스에 대하여 최저생활에 필요한 사용량에 대해서는 비교적 저렴한 요금으로 공급하고 있다. 기본사용량에 대하여 낮은 요금을 부과하되, 그 이상에 대하여는 체증요금제를 채택하는 경우 등이다.

(나) 요금과 물가

지방공기업의 요금도 공공요금의 일종이므로 국가의 물가정책에 의하여 동결되거나 억제되는 경우가 많다. 공공요금의 인상은 민간기업의 생산비용을 증가시키게 되나 최종소비에 가까운 단계의 재화와 서비스가 대부분이므로 공공요금인상이 대폭적인 물가상승을 그대로 초래하지는 않는다. 요금을 동결할 경우 그 부족분을 일반회계에서 보전해야 하는 문제가 발생된다. 따라서 물가정책상 요금을 일시에 인상하기보다는 현실화계획을 세워 매년 단계적으로 인상·조정하는 전략이 필요하다.

Ⅳ. 지방공기업의 경영평가

1. 경영평가의 필요성

지방공기업의 경영평가는 지방공기업이 달성하여야 할 목표를 얼마만큼 효율적으로 달성했는가를 살펴보기 위해 사전에 평가기준을 설정하여 집행후의 결과와 비교하여 분석하는 사후관리방식이다. 경영평가는 주로 업무와 조직·인사 그리고 재무측면을 중심으로 이루어지는데 경영목표의 달성도, 업무의 능률성, 공익성 및 고객서비스 등에 관한 사항을 포함한다. 평가는 1년 단위로 이루어진다. 정책결정자가 좀더 합리적인 의사결정을 내릴 수 있는 정보를 제시하고, 관리자에 대하여는 운영결과에 대한 책임근거가 되므로 지방공기업 운영에 있어서 매우 중요하다.

2. 경영평가기구

경영평가는 행정안전부장관이 실시하되, 경영평가전문기관에 일괄적으로 위탁하여 평가할 수 있으며, 지방공기업경영평가단을 임명 또는 위촉하여 평가를 실시할 수 있다. 또한 지방공기업의 경영평가기준설정, 경영평가대상의 선정, 경영평가기관의 지정, 경영평가결과에 대한 조치사항 등을 심의하기 위하여 7인 이내의 위원으로 구성하는 지방공기업경영평가위원회를 설치·운영할 수 있다.

3. 평가지표와 평가방법

평가지표는 계량지표와 비계량지표가 있으며, 계량지표로는 안정성지표(유동비율 등), 성장성지표(매출액 증가율 등), 수익성지표(매출액순이익률 등), 활동성지표(총자본회전율 등), 수지지표(총수지비율 등) 등이 있다(권형신외, 2001: 641-647). 경영지표로서 최소한으로 갖추어야 할 조건으로는 측정가능성(measurability), 개선가능성(improvability), 관리가능성(controllability), 상대적 중요성(relative materiality), 충분성(sufficiency), 비교가능성(comparability) 등이 있다(송대희외, 1987: 58-61).

평가방법에는 서류평가와 현장확인 등을 토대로 합리적 · 객관적으로 평가하여야 한다. 절대적인 평가방법으로는 표준치 설정방법과 목표 대 실적비교방법이 있다. 상대적 평가방법으로는 전국평균치, 동급지방자치단체의 평균치(광역시별, 도별, 시별, 군별, 자치구별 등), 동일 지역내 동급지방자치단체의 평균치, 일정한 기준에 따라 유형화하여 유사지방자치단체의 비교기준으로 활용하는 방안 등이 있을 수 있다.

4. 경영평가의 결과조치

(1) 우수지방공기업에 대한 조치

지방직영기업에 대하여는 포상과 상급기관에의 발탁, 희망부서로의 전보, 우선승진 등 인사상 조치와 사기를 앙양할 수 있는 방안을 강구하여야 한다. 또한 지방공사와 공단에 대하여는 포상지급, 우선 승진 등 인사상 특전부여, 기관성과급의 차등지급 등 경제상의 우대조치를 강구하여야 한다.

(2) 부실지방공기업에 대한 조치

경영진단을 실시하고, 제도개선, 예산의 우선지원, 지방공사 · 공단의 임직원 징계처분 등 필요한 조치를 강구하여야 한다.

5. 경영진단

행정안전부장관은 경영평가보고서 등을 분석한 결과 특별한 대책이 필요하다고 인정되는 지방공기업에 대하여는 따로 경영진단을 실시하고 그 결과를 공개할 수 있다. 경영진단대상이 되는 지방공기업은 다음과 같다. ① 3년 이상 계속하여 당기순손실이 발생한 지방공기업, ② 특별한 사유없이 전년도에 비하여 영업수입이 현저하게 감소한 지방공기업, ③ 경영여건상 사업규모의 축소, 법인의 청산 또는 민영화 등 경영구조개편이 필요하다고 인정되는 지방공기업, ④ 경영목표 설정이 비합리적인 지방공기업, ⑤ 인력 및 조직관리가 비효율적인 지방공기업, ⑥ 재무구조가 불건전한 지방공기업, ⑦ 기타 행정안전부장관이 경영진단이 필요하다고 인정하는 지방공기업 등이다.

행정안전부장관은 경영진단결과 필요하다고 인정되는 경우에는 지방자치단체의 장, 공사의 장 또는 공단의 이사장에게 당해 지방공기업임원의 해임, 조직의 개편 등 경영개선을 위하여 필요한 조치를 명할 수 있다. 이 명을 받은 지방자치단체장이나 사장(이사장)은 특별한 사유가 없는 한 지체없이 이에 응하여야 한다. 행정안전부장관이 명령할 수 있는 경영개선조치로는 당해 지방공기업의 임·직원에 대한 감봉·해임 등의 인사조치, 사업규모의 축소, 조직개편 및 인력조정, 법인의 청산 및 민영화 등이 있다.

제 4 절 지방공기업의 실태

Ⅰ. 우리나라 지방공기업의 실태

1. 지방공기업의 역사

(1) 지방공기업법 제정이전

지방공기업법 제정 이전에는 상수도사업과 도립병원이 시마다 설립되어 산발적으로 운영되었다. 상수도사업은 1902년 부산에서 공급하기 시작한 이후 서울(1903), 인천(1910) 순으로 공급되었다. 도립병원은 부산(1876), 청주·진주(1909), 춘천(1910) 순으로 설립되어 의료서비스를 지역주민에게 제공하였다.

(2) 직접경영기(1970-1980)

1969년 우리나라 지방공기업의 모법이라고 할 수 있는 지방공기업법이 제정되었다. 이에 따라 1970년 7개의 지방상수도사업이 기업회계방식에 의한 지방직영기업형태로 전환되었다. 한편 서울특별시의 지하철건설사업도 1970년 사업

표 7-5 지방공기업법상 적용대상사업의 변천과정

구 분	적용대상사업	임의적용사업
법제정 이전	상수도: 부산(1902), 서울(1903), 인천(1910) 도립병원: 부산(1876), 청주·진주(1909), 춘천(1910)	
제정당시 (1969)	수도, 공업용수도, 궤도, 자동차운송, 가스사업(5개)	병원, 주택, 시장, 도축, 공익전당포, 택지조성, 기타 사업으로 경영하는 것이 적당한 사업
1차 개정 (1980)	5+지방도로, 하수도, 청소위생, 주택, 병원, 매장묘지사업(11개)	시장, 도축장, 토지개발, 통운, 증기관리, 관광, 계량기검정, 체육장, 문화·예술, 공원, 기타 주민복리증진에 기여할 수 있는 사업 중 그 경비를 주로 사업수입으로 충당하는 사업
3차 개정 (1992)	11+주차장, 토지개발, 시장, 관광사업(15개)	도축장, 통운, 자동차터미널, 체육장, 문화·예술, 공원, 기타 경상경비의 5할 이상을 경상수입으로 충당할 수 있는 사업중 주민복리증진, 지역개발, 지역경제활성화에 이바지할 수 있다고 인정되는 사업
5차 개정 (1999)	수도, 공업용수도, 궤도, 자동차운송, 지방도로, 하수도, 주택, 토지개발, 의료(9개)	경상경비의 5할 이상을 경상수입으로 충당할 수 있는 사업 중 민간인의 경영참여가 어려운 사업으로서 주민복리증진, 지역경제 활성화, 지역개발 촉진에 이바지 할 수 있다고 인정되는 사업
7차 개정 (2004)	〃	경상경비의 5할 이상을 경상수입으로 충당할 수 있는 사업 중 체육시설의설치·이용에관한 법률에 의한 체육시설업 및 관광진흥법에 의한 관광사업(여행업 및 카지노업 제외) 추가
10차 개정 (2005)	〃 (8개, 의료제외)	〃

본부형태의 직영기업으로 운영되어 오다가 1994년 지방공사로 전환하였다. 1974년 시·도립병원이 지방공기업법 적용대상으로 추가되어 1980년에는 59개로 발전하였다.

(3) 간접경영기(1981-1991)

1980년 지방공기업법이 개정되어 지방공사·공단에 관한 규정이 신설되었다. 이는 지방공기업이 종전의 직영체제에서 간접경영체제로 전환되었음을 의미한다. 1981년 서울지하철공사가 최초로 설립되었고, 1982년 시·도립병원이 지방공사 의료원으로 전환되었다. 그리고 1983년에는 최초의 지방공단인 서울시설관리공단이 설립되었다. 1988년부터는 정부의 주택 200만호 건설사업을 추진하고 지가상승에 따른 개발이익을 공유화하기 위하여 택지개발 및 주택건설사업이 지방공영개발사업의 형태로 급격히 팽창되어 1981년 63개에서 1986년 113개로, 1991년 202개 지방공기업으로 확대되었다.

(4) 직·간접 합동경영기(1992-)

지역경제활성화가 지방자치단체의 중요관심영역이 되면서 민간영역이라고 할 수 있는 농임산물가공유통분야에 최초의 지방공사형태의 제3섹터, 즉 민·관공동출자법인인 장흥표고유통공사가 설립되었다. 1992년 지방공기업법을 개정하여 민간이 1/2 이상 출자하는 사법인형태의 제3섹터를 제도화하는 규정을 신설하였다.

2005년에는 지방공사의료원이 개별법령에 의한 법인으로 전환되었으며, 관할부처도 행정안전부에서 보건복지가족부로 이관되었다.

지방공기업법의 개정에 따른 법적용사업의 변천과정을 정리하면 〈표 7-5〉와 같다.

2. 지방공기업법의 적용영역

(1) 법 당연적용사업

지방공기업법 제2조 제1항에 규정되고 있는 당연적용사업으로는 〈표 7-6〉에서 보는 바와 같이 수도사업 등 8종의 사업이 있으며, 사업규모가 지방공기업법시행령에서 정한 기준에 도달할 경우에는 6개월 이내에 의무적으로 지방공기업으로 전환하여야 하는데 해당 지방자치단체 조례의 제·개정이 필요하다. 그러나 일본의 지방공영기업법은 직영기업 수도, 공업용수도, 궤도, 자동차운송, 지방철도, 전기, 가스에만 적용하고, 기타 사업은 지방자치단체의 조례로 정하여 규모에 대해 제한이 없이 임의로 적용이 가능토록 하고 있다.

(2) 법 임의적용사업

경상경비의 5할 이상을 경상수입으로 충당할 수 있는 사업으로서, ① 민간인의 경영참여가 어려운 사업으로 주민복리 증진, 지역개발 촉진 또는 지역경제활성화에 이바지할 수 있다고 인정되는 사업 ② 체육시설의설치·이용에 관한 법률에 의한 체육시설업 및 관광진흥법에 의한 관광사업(여행업 및 카지노업 제외)에 대하여 조례가 정하는 바에 의하여 지방공기업법의 적용이 가능하다.

표 7-6 지방공기업법상 당연적용사업

사 업 명	적용기준
① 수도(간이상수도제외)사업	1일 생산능력 1만5천톤 이상
② 공업용수도사업	1일 생산능력 1만톤 이상
③ 궤도사업	보유차량 50량 이상
④ 자동차운송사업	보유차량 30대 이상
⑤ (유료)지방도로사업	도로관리연장 50km 이상 또는 유료터널·교량 3개소 이상
⑥ 하수도사업	1일 처리능력 1만5천톤 이상
⑦ 주택사업	주택관리연면적 또는 주택건설면적 10만m^2 이상
⑧ 토지개발사업	조성면적 10만m^2 이상

3. 지방공기업 발전추세

우리나라의 지방공기업은 수적인 면에서 꾸준히 증가하여 왔다. 〈표 7-7〉에서 보는 바와 같이 1970년 7개이던 지방공기업이 1980년 59개, 1990년 181개, 2008년에는 377개로 꾸준하게 증가하였다. 지방직영기업이 전체의 60% 정도를 차지하고 있으며, 지방자치시대가 도래하면서 지방공사·지방공단과 제3섹터 형태의 지방공기업이 꾸준히 증가하고 있다. 또한 사업영역도 IT, 농축수산물, 관광레저, 컨벤션, 무역, 토지개발, 유통판매서비스, 운동, 에너지 등 다양한 사업으로 확대되고 있다.

표 7-7 지방공기업 발전추세

구 분	1970	1975	1980	1985	1990	1995	2000	2005	2007	2008
합 계	7	46	59	104	181	237	306	351	370	377
지방직영기업	7	46	59	71	145	173	175	199	229	228
· 상수도	6	17	27	66	73	89	94	103	108	108
· 하수도	-	-	-	3	8	18	22	40	67	68
· 공영개발	-	-	-	-	33	50	44	41	38	36
· 지역개발기금	-	-	-	-	13	14	15	15	16	16
· 통합공과금	-	-	-	-	17	47	-	-	-	-
· 주택	-	-	2	2	1	-	-	-	-	-
· 지하철건설	1	1	1	-	-	2	-	-	-	-
· 병원	-	28	29	-	-	-	-	-	-	-
지방공사	-	-	-	33	36	51	63	67	44	48
· 의료원	-	-	-	32	33	34	34	34	-	-
· 도시개발	-	-	-	-	1	5	11	13	16	16
· 지하철	-	-	-	1	1	3	4	5	7	7
· 기타	-	-	-	-	1	2	6	11	18	21
· 지자체 50%이상출자	-	-	-	-	-	7	8	4	3	4
지방공단	-	-	-	-	-	8	33	54	71	74
제3섹터	-	-	-	-	-	5	35	31	26	27

자료: 행정안전부.

Ⅱ. 지방직영기업

1. 지방직영기업의 개념

지방자치단체가 직접 경영하는 방식으로 협의의 지방공기업이다. 본래 지방자치단체의 사무로 되어있는 사업을 지방자치단체의 조직 중 국·과 또는 본부의 사업소형태 즉 상수도사업본부, 수도국·과처럼 지방자치단체의 하부조직으로 운영되며, 직원은 지방공무원이고, 회계는 지방공기업특별회계를 설치하여 운영한다. 이 형태의 지방공기업은 가장 오랜 역사를 가진 경영형태로 매년 지방의회의 의결을 받아 확정되는 예산에 의하여 운영되며, 지방공기업법의 적용을 받고 동법에 규정한 것을 제외하고는 지방자치법, 지방재정법 및 기타 관계법령의 적용을 받는다.

지방직영기업의 장점으로 ① 지역주민의 의사반영이 용이하고, ② 저요금정책의 유지 등 직접적인 공공통제가 가능하고, ③ 선행투자비 등 재정지원 및 조달이 용이하여 채산성이 없는 경우에도 운영이 가능하고, ④ 일반행정과 일체적 · 종합적 추진이 가능하다.

그러나 단점으로는 ① 경영의 자주성과 관리자 능력과 직원의 전문성이 미흡하며 기업성의 도입에 한계가 있고, ② 경제적 채산성의 유지가 곤란(요금조정의 곤란 등)하며, ③ 행정구역을 초월한 광역적 사무수행을 하기에 한계가 있고, ④ 경영악화에 대한 위기의식이 결여(책임경영제 실시곤란)되는 문제가 있다.

2. 지방직영기업의 설립절차

(1) 조례제정

지방의회의 의결을 거쳐 지방공기업설치조례를 제정한다. 이 조례에는 사업범위, 관리자지정, 경비부담원칙, 재정운영 등이 포함되어야 한다.

(2) 예산편성

행정안전부장관이 정한 공통기준 내에서 지방자치단체의 장이 정한 지방공기업예산편성기준에 의하여 예산을 편성하는데, 예산총칙, 사업예산, 자본예산 등이 포함되어야 한다.

(3) 자산평가

지방공기업이 보유하는 자산에 대하여는 지방공기업 자산평가요령에 의한 자산평가를 실시한다.

(4) 규칙제정 및 장표준비

회계관직을 지정하고, 회계규칙을 제정하여 회계처리기준을 마련하고 각종 장표 및 서식을 마련한다.

3. 지방직영기업의 실태

2008년말 기준 지방직영기업의 운영현황을 살펴보면 〈표 7-8〉과 같다. 228개 지방직영기업 중 상수도가 108개로 제일 많아 전체의 47.4%를 차지하고 있

표 7-8 지방직영기업 현황

(2008년 6월 30일 기준)

사업별	단체수	단체별
계	228	
상수도	108 (특·광역시 7, 시 75, 군 26)	서울, 부산, 대구, 인천, 광주, 대전, 울산, 수원, 성남, 고양, 부천, 안양, 안산, 용인, 의정부, 남양주, 평택, 광명, 시흥, 군포, 화성, 파주, 이천, 구리, 포천군, 광주, 안성, 하남, 의왕, 양주군, 오산, 여주군, 양평군, 동두천, 과천, 가평, 김포, 연천군, 춘천, 원주, 강릉, 동해, 태백, 속초, 삼척, 홍천군, 정선군, 철원군, 영월군, 평창군, 인제군, 고성군, 청주, 충주, 제천, 옥천군, 청원군, 음성군, 천안, 공주, 보령, 아산, 서산, 논산, 예산군, 당진군, 홍성군, 전주, 군산, 익산, 정읍, 남원, 김제, 완주, 부안, 고창, 목포, 여수, 순천, 나주, 영암군, 광양, 포항, 경주, 김천, 안동, 구미, 영주, 영천, 상주, 문경, 울진군, 경산, 칠곡, 창원, 마산, 진주, 진해, 통영, 사천, 김해, 밀양, 거제, 양산, 창녕군, 거창군, 함안군, 제주특별자치도 수도사업
하수도	68	부산, 대구, 인천, 광주, 대전, 울산, 수원, 성남, 부천, 안산, 의정부, 광명, 구리, 과천, 시흥, 포천, 오산, 여주, 용인, 군포, 의왕, 남양주, 안성, 광주, 안양, 김포, 가평, 평택, 화성, 춘천, 속초, 강릉, 충주, 청주, 제천, 공주, 천안, 아산, 서산, 당진, 전주, 익산, 정읍, 완주, 나주, 목포, 순천, 영암, 경주, 상주, 구미, 영천, 경산, 안동, 영주, 진해, 창원, 김해, 진주, 사천, 마산, 통영, 밀양, 양산, 거제, 거창, 창녕, 제주
공영개발	36	대구달성군, 인천, 수원, 성남, 고양, 의정부, 남양주, 평택, 시흥, 구리, 안성, 의왕, 오산, 고양관광문화단지, 판교IT업무지구조성, 춘천, 원주, 강릉, 속초, 충주, 음성군, 계룡, 천안, 보령, 아산, 연기군, 익산, 목포, 순천, 광양, 창원, 마산, 진주, 김해, 양산, 밀양
지역개발기금	16	서울, 부산, 대구, 인천, 광주, 대전, 울산, 경기, 강원, 충북, 충남, 전북, 전남, 경북, 경남, 제주

자료: 행정안전부, 「2008 지방공사·공단 현황」, 2008.

으며, 다음으로 하수도 68개(29.8%), 이어서 공영개발이 36개(15.8%), 그리고 지역개발기금 순이다. 상수도는 시급 도시와 군에, 하수도와 공영개발은 시·군지역에 설치되어 있으며, 지역개발기금은 모든 광역자치단체에 설치되어 있다.

2006년말 현재 직영기업의 경영성과를 〈표 7-9〉를 통해 살펴보면 하수도를 제외한 모든 사업분야에서 이익이 발생하여 총 586억원의 당기순이익을 실현하였고 이에 따라 총수지비율도 101.1%를 기록하였다. 그러나 적자를 본 사업의 수도 전체의 55.0%에 달한다. 특히 상수도사업의 경우 53.3%, 하수도사업의 경우 88.9%가 적자상태에 있으면서 점차 악화되고 있다.

한편 2006년말 기준 지방직영기업의 재무상태를 〈표 7-10〉을 통해 살펴보면 자산은 50조 8,503억원, 부채는 13조 473억원, 자본은 37조 8,030억원으로서 부

표 7-9 지방직영기업의 경영성과(2006)

(단위: 억원, 개)

구분 사업	총수익 (A)	총비용 (B)	당기순이익 (A-B)	총수지비율(A/B)	당기순이익(사업수)		
					계	흑자	적자
전 체	53,508	52,922	586	101.1	222	100	122
상수도	30,861	29,870	991	103.3	105	49	56
하수도	9,423	11,592	△2,169	81.3	63	7	56
공영개발	10,191	8,962	1,229	113.7	38	29	9
지역개발기금	3,033	2,498	535	121.4	16	15	1

자료: 행정자치부, 「2006년도 지방공기업결산 및 경영분석」, 2007.

표 7-10 지방직영기업의 재무상태(2006)

(단위: 억원)

구분 사업	자 산 (A)	부 채 (B)	자 본 (A-B)	부채 비율 (A/B)	부채비율(사업수)		
					계	100% 미만	100% 이상
전 체	508,503	130,473	378,030	34.5	222	195	27
상수도	202,485	16,854	185,631	9.1	105	105	-
하수도	171,060	14,075	156,985	9.0	63	61	2
공영개발	47,806	25,734	22,072	116.6	38	29	9
지역개발기금	87,152	73,810	13,342	553.2	16	-	16

자료: 전게서.

채비율은 34.5%이다. 그러나 공영개발사업과 지역개발기금은 부채비율이 높아 공영개발사업이 116.6%, 지역개발기금이 553.2%이다. 지역개발기금은 지방채를 발행하여 조성된 재원을 지방공기업에 융자해주는 사업으로서 경영활동을 하는 지방공기업이 아닌 점을 감안하면 직영기업의 재무구조상의 문제는 주로 공영개발사업에 있다고 볼 수 있다.

Ⅲ. 지방공사 · 공단

1. 지방공사 · 공단의 개념

지방공사와 지방공단은 지방자치단체가 별도의 법인을 설립하여 간접적으로 경영하는 형태로 최근 가장 발전하고 있는 지방공기업분야이다. 지방공사는 민간영역에 가까운 사무이나 공공성을 확보하기 위하여 지방자치단체가 설립 · 운영하는 지방공기업이다. 지방자치단체가 전액 출자하는 것이 원칙이나

표 7-11 지방공기업형태의 비교

구분	직영기업	지방공사	지방공단
성격	행정기관	일종의 회사 (불하가능)	일종의 공공기관 (불하불가)
업무관계	지방자치단체업무의 일부	독립된 사업 (완전성)	특정업무의 위 · 수탁 (한정성)
경영비용	자본금＋판매수입	자본금＋판매수입	출연금＋수탁금＋수 수료
자본조달	지방채	공사채＋민간출자	공단채
경영자	지방자치단체장 (관리자)	사장, 이사	이사장, 이사
해산시 자본처리	설립단체에 귀속	출자자에 귀속	설립단체에 귀속
예 · 결산승인	지방의회	이사회 의결 지방자치단체장 사후보고	이사회 의결 지방자치단체장 사후보고

자료: 권형신외(2001: 607).

50%미만의 민간 출자도 가능하다. 지방공단이란 지방자치단체의 사무 중 주민복리와 직접적으로 관련되는 사무를 보다 효율적으로 처리하기 위하여 지방자치단체가 설립·운영하는 지방공기업으로 지방자치단체가 전액 출자하는 것이 원칙이다. 원래 이 제도는 대도시의 지하철 등 대규모 교통사업 등의 사업에 지방자치단체가 직접경영하기에는 여러 가지 행·재정적 제약으로 한계가 있고, 민간자본의 유치를 확대하면서 복잡·다양해지고 있는 현대행정에 선진민간부문의 기술과 경영방법을 도입하기 위하여 발전되었다.

유사한 지방공기업제도인 직영기업과 지방공사 그리고 지방공단을 비교하면 〈표 7-11〉과 같다.

2. 지방공사·공단 설립절차

(1) 설립타당성 검토 및 심의

지방공사·공단을 설립하고자 하는 경우와 기존사업에 새로운 사업을 추가할 경우에도 사전에 전문기관의 타당성검토를 거쳐야 한다. 이 타당성검토에는 사업의 적정성여부, 사업별 수지분석, 조직 및 인력의 수요판단, 주민의 복리증진에 미치는 영항, 지역경제와 지방재정에 미치는 영향을 포함하여야 한다.

지방자치단체장은 지방의회의원, 관계전문가 및 당해 지방자치단체의 관계공무원 등으로 심의위원회를 구성하여 전문기관의 타당성검토 결과를 기초로 지방공사·공단의 설립여부를 심의하여야 한다.

(2) 조례의 제정

지방자치단체가 지방공사·공단을 설립하고자 할 때에는 그 설립·업무 및 운영에 관한 기본적인 사항을 조례로 정하여야 한다. 조례에 포함되어야 할 주요내용으로는 사무소의 위치, 자본금 규모, 주식발행 방법, 정관에 기재하여야 할 사항, 임원 및 직원, 이사회, 사업, 재무회계, 감독 등이다.

복수의 지방자치단체가 공동으로 지방공사·공단을 설립하고자 할 때에는 규약을 정하여야 한다. 이 규약에는 공사(공단)의 명칭, 사무소의 위치, 설립지방자치단체, 사업내용, 공동처리사항, 의결기관 대표자의 선임방법, 출자방법, 기타 필요한 사항을 규정하여야 한다.

(3) 정관의 작성

지방공사·공단의 정관에는 목적, 명칭, 사무소의 소재지, 사업에 관한 사항, 임직원에 관한 사항, 이사회에 관한 사항, 재무회계에 관한 사항, 공고에 관한 사항, 자본금에 관한 사항, 사채발행에 관한 사항, 정관변경에 관한 사항 등이 기재되어야 한다. 정관은 지방공사·공단의 근본규정이므로 조례에 규정된 사항이라도 필요시 모두 규정하여야 한다.

(4) 사장(이사장)의 선임

지방공사의 사장과 지방공단의 이사장은 전문경영인이 영입될 수 있도록 공모를 원칙으로 하되 지방공기업의 경영에 관한 전문적인 식견과 능력이 있는 자중 사장추천위원회에서 추천된 자 중 지방자치단체의 장이 임면한다. 사장·이사장은 지방공사·공단의 설립등기의 신청자이므로 사장·이사장이 조기에 임명되는 것이 바람직하다.

또한 정원이 500인 이상이거나 최근 3년간 예산 및 매출액의 연평균액이 1,000억 이상인 지방공기업은 상임감사를 둘 수 있다.

(5) 자본금출자

지방공사·공단의 자본금은 현금 또는 현물로 출자한다. 지방자치단체가 출자할 경우에는 지방의회의 의결을 얻어야 한다. 공사의 운영을 위하여 필요한 경우 자본금의 2분의 1을 초과하지 않는 범위내에서 지방자치단체이외의 자(외국인 및 외국법인 포함)로 하여금 출자하게 할 수 있다.

(6) 설립등기

지방공사·공단은 그 주된 사무소의 소재지에서 설립등기를 함으로써 설립된다. 지방공사·공단은 자본금의 납입이 있은 날로부터 3주일 이내에 목적, 명칭, 주된 사무소의 소재지, 자본금, 출자의 방법을 정한 때는 그 방법, 임원의 성명과 주소, 공고의 방법을 등기하여야 한다.

3. 지방공사·공단에 대한 통제

(1) 통제의 중요성

통제란 상충되기 쉬운 경영이념에 있어서의 공공성과 기업성 그리고 지역성을 확보하기 위한 사전적 또는 사후적 제어장치를 말한다. 지방공기업이 결국 공적 소유이고, 지방자치단체가 출자한 것이므로 공공통제가 필요하다. 특히 지방공사와 공단은 경영의 자율성을 확보하고 책임경영체제를 강화하며 민간경영기법을 도입하기 위하여 설립되었으므로 통제의 적정성 정도가 지방직영기업보다 더욱 요구된다.

(2) 통제방법

(가) 조직 및 인사에 관한 통제

지방공사·공단이 정관을 제정 또는 변경하고자 할 때에는 지방자치단체장의 인가를 받아야 한다. 지방공사·공단의 조직 및 정원에 관한 사항은 정관기재사항이므로 직제변경시 지방자치단체장의 인가를 받아야 한다. 지방자치단체장은 지방공사·공단의 사장(이사장) 및 감사를 임면할 권한을 갖는다. 이사는 사장이 임면하되 지방자치단체장의 승인을 얻어야 한다.

(나) 업무에 관한 통제

지방자치단체장은 관련국·과장이 당연직이사로서 이사회에 참여하는 등 지방공사와 공단의 전반적인 업무에 대하여 감독한다. 또한 지방자치단체장은 지방공사·공단의 업무에 관한 사항을 검사할 수 있으며, 필요한 보고를 받을 수 있다.

(다) 재무회계에 관한 통제

지방공사와 공단은 사업계획 및 예산을 편성하여 이사회의 의결을 받은 때에는 지체없이 지방자치단체장에게 보고하여야 한다. 지방자치단체장은 제출된 사업계획 및 예산이 법령에 위반되거나 현저하게 부당하다고 인정되는 경우에는 그 시정을 명할 수 있다.

또한 결산완료후 결산서, 기타 서류 및 공인회계사의 회계감사보고서를 첨부하여 지체없이 지방자치단체장에게 보고하고 승인을 얻어야 한다. 그리고 사채를 발행하거나 외국차관을 할 경우 지방자치단체장의 승인을 얻어야 한다.

4. 지방공사·공단의 실태

간접경영형태인 지방공사와 지방공단형태의 지방공기업의 실태를 〈표 7-12〉에서 살펴보면 지방공사형태가 48개이고 지방공단의 형태가 74개이다. 지방공사형태의 경우는 도시개발분야로 16개(33.3%) 등이다. 지방공단의 경우는 시설과 환경, 경륜공단이 거의 대부분이다.

표 7-12 지방공사 · 공단(간접경영)의 현황(2008. 6. 30 기준)

형태별	사업별	단체수	단 체 별
계		122	
지방공사	소계	48	
	지하철	7	서울(2), 부산, 대구, 인천, 광주, 대전
	도시개발	16	SH, 부산, 대구, 인천, 광주, 대전, 울산, 경기, 강원, 충북, 충남, 전북, 전남, 경북, 경남, 제주
	기타	21	서울특별시농수산물공사, 인천교통공사, 인천광역시관광공사, 김대중컨벤션센터, 지방공사대전엑스포과학공원, 구리농수산물도매시장관리공사, 경기관광공사, 광주지방공사, 용인지방공사, 하남시도시개발공사, 김포시도시개발공사, 남양주시도시공사, 평택지방공사, 화성도시공사, 양평지방공사, 충청남도농축산물류센터관리공사, 구미원예수출공사, 영양고추유통공사, 청도공영사업공사, 통영관광개발공사, 창녕군개발공사
	지자체 50%이상 출자	4	경기평택항만공사, 태백관광개발공사, 정남진장흥유통공사, 제주관광공사
지방공단	소계	74	
	시설·환경·경륜공단	74	서울, 강남구, 강동구, 강북구, 강서구, 광진구, 구로구, 금천구, 도봉구, 동대문구, 동작구, 마포구, 서대문구, 성동구, 성북구, 송파구, 양천구, 영등포구, 용산구, 종로구, 중랑구, 은평구, 관악구, 중구, 노원구, 부산, 대구, 인천, 인천남구, 인천남동구, 인천부평구, 인천계양구, 인천서구, 대전, 울산, 울산남구, 수원시, 성남시, 부천시, 안양시, 용인시, 시흥시, 화성시, 김포시, 안성시, 의왕시, 오산시, 과천시, 고양시, 의정부시, 파주시, 양주시, 안산시, 군포시, 가평군, 연천군, 춘천시, 속초시, 동해시, 정선군, 청주시, 전주시, 구미시, 안동시, 문경관광진흥공단, 창원시, 김해시, 거제시, 부산환경, 대구환경, 인천환경, 광주환경, 부산경륜공단, 창원경륜공단

자료: 행정안전부, 「2008 지방공사 · 공단 현황」, 2008.

표 7-13 지방공사·공단의 경영성과(2006)

(단위: 억원)

구 분 사 업	총수익 (A)	총비용 (B)	당기 순이익 (A-B)	총 수지비율 (A/B)	당기순이익(사업수)		
					계	흑자	적자
합 계	51,448	58,652	△7,204	87.7	100	71	29
지하철	18,635	27,191	△8,556	68.5	7		7
도시개발	21,117	19,437	1,680	108.6	14	13	1
기타공사	2,261	2,410	△149	93.8	17	8	9
시설공단	9,435	9,614	△179	98.1	62	50	12

자료: 행정자치부, 「2006년도 지방공기업결산 및 경영분석」, 2007.

2006년의 지방공사·공단의 경영성과를 〈표 7-13〉을 통해 살펴보면 7,204억원의 손실을 보았고, 이에 따라 총수지비율도 87.7%에 불과하였다. 이것은 주로 지하철공사의 경영부진에서 비롯되었다.

한편 2006년말 기준 지방공사·공단의 재무상태를 〈표 7-14〉를 통해 살펴보면 자산 44조 4,991억원, 부채 22조 6,948억원, 자본 21조 8,043억원으로서 부채

표 7-14 지방공사·공단의 재무상태(2006)

(단위: 억원, %)

구 분 사 업	부채 (A)	자본 (B)	자산 (A+B)	부채비율 (A/B)	부채비율(사업수)		
					계	100% 미만	100% 이상
합 계	226,948	218,043	444,991	104.1	100	46	54
지하철	68,814	141,258	210,072	48.7	7	1	6
도시개발	150,204	59,331	209,535	253.2	14	6	8
기타공사	4,858	11,904	16,762	40.8	17	7	10
시설공단	3,072	5,550	8,622	55.4	62	32	30

자료: 전게서.

비율은 104.1%이다. 이것은 도시개발공사의 국민주택기금·지역개발기금·지방채 등 고정부채로써 사업추진을 위한 자금을 차입금으로 조달하는 사업특성에서 높은 부채비율을 보이는 것으로 볼 수 있다. 이 사업을 제외하면 대부분의 지방공사·공단은 비교적 건전한 재무구조를 갖고 있다고 할 수 있다.

Ⅳ. 민·관공동출자사업(제3섹터)

1. 민·관공동출자사업의 개념

민·관공동출자사업 또는 제3섹터란 자본·인력·기술·정보 등에 관해 공공부문과 민간부문이 협력함으로써 공공부문의 영역에 민간의 능력을 도입함과 동시에 공적지원의 강화를 통해 민간부문을 활성화시키는 사업을 말한다. 민간부문의 활용은 미국에서는 관민협력체제(PPP: Public-Private Partnership) 또는 제1섹터(연방정부, 주정부)도 아니고 제2섹터(민간기업)도 아닌 독립섹터로서의 제3섹터, 일본에서는 민활(민간능력의 활용)이라는 이름아래 발전하여 왔다(배용수, 2000: 191-200).

일본에서는 법인의 구성주체별로 섹터를 보다 세분하여 구성주체가 지방자치단체와 기업일 때는 제3섹터, 지방자치단체와 주민일 때는 제4섹터, 주민과 기업일 때는 제5섹터, 그리고 3주체가 공동처리체제를 이룰 때에는 연합섹터 또는 제6섹터로 부르기도 한다(公共投資: ヅャーナル社, 1989: 50).

오스본과 개블러(D. Osborne and T. Gaebler)는 “정부혁신의 길”(Reinventing Government)에서 1930-40년대 산업화시대에 발전된 중앙집권적 관료제가 지식집약적이고 정보가 풍부하고 급변하는 1990년대에는 기능을 수행하지 못하고 기업가적 정부, 성과지향적 정부가 필요하다고 주장하고 있다. 제1부문인 정부는 정책운영, 규제, 형평성 보장 등의 일을 수행하고, 제2의 부문인 민간기업은 경제적 과업의 수행, 혁신, 복잡하거나 기술적인 업무를 더 잘해내는 경향이 있다. 한편 독립부문인 제3부문은 적은 이윤을 내고 개인에 대한 동정과 혁신을 필요로 하며, 고객의 입장에서 큰 신뢰를 필요로 하고, 직접적이고도 개인적인 관심을 요하며, 도덕적 행동지침과 개별적 책임성을 준수해야 하는 업무에 적합하다(삼성경제연구소, 1994: 68-73).

민·관협력방식은 민간부문을 어떻게 활용하느냐에 따라 〔그림 7-3〕에서 보는 바와 같이 민간위탁, 민자유치, 민·관합동개발, 민·관공동출자의 형태로 이루어진다. 우측에 위치할수록 민관의 협력정도가 강함을 의미한다. 또한 좌측으로 가는 방식일수록 공공성이 강하고, 우측으로 갈수록 기업성이 강하게 요구된다(권형신외, 2001: 672).

2. 민·관공동출자사업의 필요성

(1) 공공부문에서의 필요성

첫째, 지방자치단체가 직면하고 있는 재정난의 타개이다. 지역주민의 욕구는 폭증하고 있으나 지방자치단체가 조달할 수 있는 재원은 한계가 있으므로 민간자본을 유치하여 사회간접자본을 확충할 수 있다.

그림 7-3 민·관협력방식의 유형

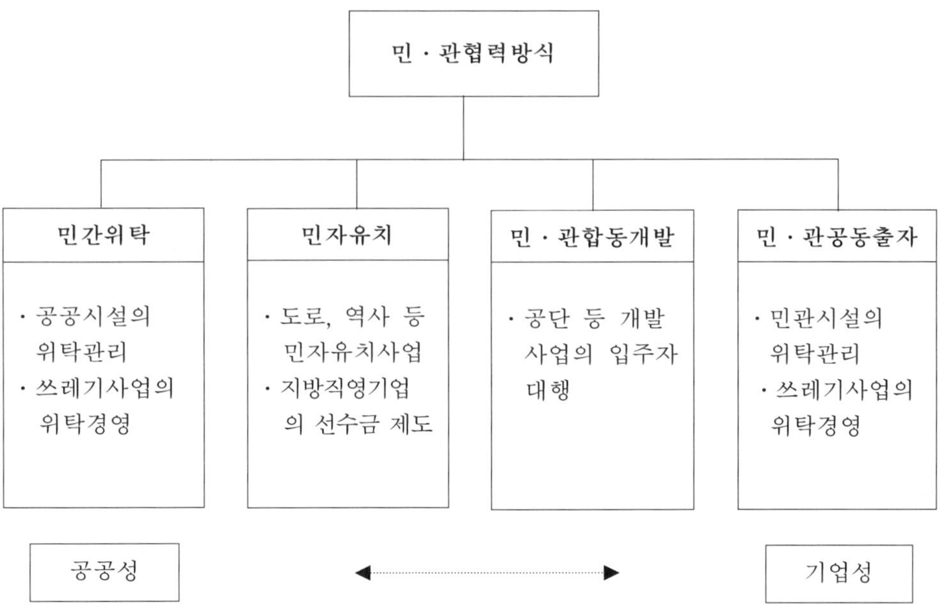

둘째, 지역경제의 활성화 도모이다. 관광사업 또는 지역의 부존자원을 개발하여 지역경제를 활성화시키고 고용의 증진을 도모할 수 있다.

셋째, 민간부문의 경영기법 도입과 활용이다. 민간부문에서 발전하고 있는 최신 경영기법을 도입하여 지방공기업분야의 경영혁신을 도모할 수 있다.

(2) 민간부문에서의 필요성

첫째, 적정이윤의 보장이다. 공공부문에 의한 경제정책적 차원에서 안정적인 이윤을 보장받을 수 있고 때로는 부대사업을 통하여 이득을 볼 수 있다.

둘째, 자본부족의 극복과 위험의 분산이다. 공공부문이 참여함으로써 기업에 대한 출자나 보조뿐만 아니라 저리의 융자도 기대할 수 있으므로 대규모사업과 위험부담이 있는 사업에도 투자할 수 있다.

셋째, 공급우선권, 중요정보를 쉽게 얻을 수 있다. 이 경우 수익성은 중요한 관심의 대상이 되지 않는다.

3. 민·관공동출자사업의 유형

(1) 사업목적에 의한 분류

(가) 지역개발형

공항·부두정비, 공업단지·철도건설 등에 관련된 공공시설의 정비, 리조트·관광개발 등을 개발하는 제3섹터의 경우이다. 지역개발형은 수익성이 낮아 민간기업이 참여하기 어렵기 때문에 재정적 지원이 이루어지는 경우가 많다.

(나) 기업경영형

재개발빌딩의 건설, 특정지구의 재개발, 특산품 개발·판매, 연구개발·육성, 정보시스템제공 등이 이에 해당한다.

(다) 시설운영형

재개발빌딩관리, 교통시설의 수탁·운영, 신체장애자 공장, 스포츠센터 등을 운영하는 경우가 이에 해당한다.

(2) 전달체계에 의한 분류

사바스는 서비스의 전달체계에 따라 정부공급방법으로서 정부공급, 정부간 협정, 계약, 영업권 허가, 보조금의 5가지 형태를, 민간공급방식으로 구매권(voucher) 지급, 시장공급, 자원봉사, 자구노력, 정부판매 등 5가지를 들고 있다(E.S. Savas, 1987: 62-82).

표 7-15 제3섹터의 유형

유 형	사업목적	경영주체	사업기능	사 례
지역개발형	지역개발 지역진흥	공공주도 민관공동	자금 조달 프로모터	공항, 도로, 부두건설 리조트, 관광개발
기업경영형	사업추진 기획개발	공공주도 민간주도	이해조정 노하우활용	재개발빌딩, 교통터미날 건설 특산품개발, 정보서비스산업
시설운영형	시설위탁 공익창출	민관공동 민간주도	경비절감 공사결합	시설관리, 철도경영 장애인공장, 체육·문화시설

자료: 高寄昇三(1991).

4. 민·관공동출자사업의 실태

민·관공동출자사업인 제3섹터는 〈표 7-16〉에서 보는 바와 같이 (주)경남무역 등 27개 사업체가 운영되고 있다. 지방자치단체가 25~50% 미만 출자형태가 전체의 59.3%(16개)를 차지하고 있으며, 지방자치단체가 25% 미만 출자형태는 40.7%(11개)에 불과하다.

표 7-16 제3섹터 현황

(2008년 6월 30일기준)

형태별	단체수	단 체 별
합 계	27	
지방 자치단체 25~50% 출자	16	서울관광마케팅(주), (주)벡스코, 부산관광개발(주), (주)대구전시컨벤션센터, (주)광주광역정보센터, 재단법인 대전컨벤션뷰로, 안산도시개발(주), (주)강원심층수, 청원레저(주), 와인코리아 주식회사 농업회사법인, (주)삽교호함상공원, (주)홍주미트, (주)무안황토랑유통공사, (주)경남무역, 가온소프트(주), (주)제주국제컨벤션센터
지방 자치단체 25% 미만 출자	11	강남모노레일(주), 인천대교(주), 한국씨이에스(주), (주)대전농산물유통센터, (주)케이알씨넷, (주)아름다운인제관광, (주)완도수산물유통, 경북통상(주), (주)케이씨피드, 농협대구경북유통(주), (주)제주에어

자료: 행정안전부, 「지방공사·공단 현황」, 2008.

표 7-17 제3섹터의 경영성과(2007)

(단위: 억원, %)

구분 / 사업	총수익 (A)	총비용 (B)	당기 순이익 (A-B)	총 수지비율 (A/B)	당기순이익(사업수)		
					계	흑자	적자
제3섹터	4,056	4,326	△270	93.8	25	11	14

자료: 행정자치부, 「지방공사 · 공단현황」, 2007.

표 7-18 제3섹터의 재무상태(2007)

(단위: 억원, %)

구분 / 사업	부채 (A)	자본 (B)	자산 (A+B)	부채비율 (A/B)	부채비율(사업수)		
					계	100% 미만	100% 이상
제3섹터	8,239	5,385	13,624	153.0	25	13	12

자료: 전게서.

2006년말 기준 제3섹터의 경영성과를 〈표 7-17〉을 통해 살펴보면 270억원의 당기순손실을 보였으며, 총수지비율은 93.8%이다.

한편 2006년말 기준 제3섹터의 재무상태를 살펴보면 자산이 1조 3,624억원, 부채는 8,239억원, 자본이 5,385억원이며, 부채비율은 153.0%이다. 부채비율이 100%가 초과되는 사업도 12개나 된다.

Ⅴ. 민간투자사업

1. 민간투자사업의 의의

(1) 민간투자사업의 의의

민간투자사업이란 민간사업자가 자기자금을 조달하여 도로 · 철도 · 항만 · 발전소 등 사회기반시설을 건설한 후 정부 · 지방자치단체와 합의된 사용기간 동안에 이용자로부터 시설사용료를 징수해 투자비를 회수하는 사업을 말한다. 사회기반시설은 국민의 일상생활에 필요한 시설이므로 국가나 지방자치단체가 조세를 비롯한 각종의 재정수입을 통하여 건설하고 운영하는 것이 전통적인 방식이었다. 그러나 국가와 지방자치단체가 재원이 부족하고 민간기업의 창의성과 효율성을 활용할 필요성이 있으며, 경기회복을 위해 경기진작효과가 큰 민간SOC투자의 확대가 필요하며, 마땅한 투자대상을 찾지 못한 기업에게는 사회기반시설의 건설과 운영에 일정한 수익을 보장함으로써 기업의 투자를 건전한 방향으로 유도할 수 있다. 전통적인 기업금융(Corporate Financing)과 달리 프로젝트 파이낸싱(PF: Project Financing)이라고도 한다(박동규, 2004; 3).

민간투자사업의 특색은 첫째, 민자유치 주체는 국가 또는 지방자치단체이다. 국가나 지방자치단체는 사회기반시설에 대한 관리감독권을 행사하며, 민간사업자는 국가 또는 지방자치단체의 관리・감독을 받으면서 법적인 한도안에서 일정한 소유・사용・수익을 할 수 있다(배득종 외: 140-142). 둘째, 민간투자사업의 대상은 국민의 생활의 질을 향상시키기 위한 사회기반시설로 다양하다. 현행법상 사회기반시설로 45개 유형을 규정하고 있으나 실제적으로는 도로・항만・철도등 대형교통시설위주이다. 셋째. 민간사업자로부터 재원의 전부 또는 일부를 조달한다. 사회기반시설을 건설하고 운영하는데 소요되는 재원은 국가나 지방자치단체가 원칙적으로 국가와 지방의 재원으로 건설하여 제공하는 것이 바람직하나 재원의 부족으로 이의 도입이 각국에서 활성화되고 있다.

(2) 민간투자사업의 유형

(가) 제안자에 의한 분류

① 정부고시사업

정부가 사회기반시설의 필요성을 인식하고 사업을 고시하는 경우로, 초기에는 정부고시사업이 대부분을 차지하였다.

② 민간제안사업

민간사업자가 사회기반시설의 설치를 제안하는 경우로 2000년 이후에는 민간제안사업이 대부분을 차지하고 있다.

(나) 사업분야별 분류

민간투자가 이루어질 수 있는 분야는 현행법상 도로 등 45개 사업으로 매우 다양하다. 그 내용은 〈표 7-19〉와 같다.

표 7-19 사회기반시설의 유형

분 야	유 형
도로분야(3)	도로 및 도로부속물, 노외주차장, 지능형 교통체계(국토해양부)
철도분야(3)	철도, 철도시설(철도청), 도시철도(국토해양부)
항만분야(3)	항만시설, 신항만건설사업대상시설, 어항시설(국토해양부)
공항분야(3)	공항시설(국토해양부)
수자원분야(4)	다목적 댐, 하천부속물(국토해양부), 수도, 중수도(환경부)
정보통신분야(4)	전기통신설비, 정보통신망, 초고속정보통신망(지식경제부) 지리정보체계(국토해양부)
에너지분야(3)	전원설비, 가스공급시설, 집단에너지시설(지식경제부)
환경분야(6)	폐기물처리시설, 오수·분뇨처리시설, 축산폐수공공처리시설, 폐수종말처리시설, 재활용시설, 하수도 및 하수종말처리시설(환경부)
유통분야(3)	유통단지, 화물터미널 및 창고, 여객자동차터미널(국토해양부)
문화관광분야(9)	관광지 및 관광단지, 청소년수련시설, 생활체육시설, 도서관, 박물관 및 미술관, 국제회의시설, 문화시설(문화체육관광부), 과학관(교육과학기술부), 도시공원(국토해양부)
교육분야(1)	학교(교육과학기술부)
주택분야(2)	공공임대주택(국토해양부), 군부대 주거시설(국방부)
보육분야(1)	보육시설(보건복지가족부)
의료분야(2)	노인의료복지시설, 공공보건의료시설(보건복지가족부)
산림분야(2)	자연휴양림, 수목원(산림청)

주: ( )내는 소관부처임.

2. 민간투자사업의 도입실태

서울시가 아시안게임에 대비하여 과천 서울대공원내에 부대시설로서 서울랜드를 건설하기로 하고 사업자를 선정하였으나 난항을 겪다가 공모가 아닌 개별적인 투자권유를 통하여 건설하여 1988년에 개장하였다. 제6공화국에서는 청와대에 사회간접자본투자기획단을 구성하고 지속적인 성장을 위하여 민간자본의 활용방안을 모색하게 되었다. 이의 일환으로 서울역이 1989년 처음으로 민자역사로 건립되는 등 많은 철도역사가 민간투자사업으로 건립되었으나 쇼핑 센터 분양에 있어 정경유착의 소용돌이에 휘말리게 되어 민자유치에 따른 부정적 여론이 제기되었다.1)

그 후 1994년 8월 사회간접자본시설에대한민자유치촉진법이 제정되면서 처음으로 도입된 이후 1998년 12월 사회간접자본시설에대한민간투자법으로 전면적으로 개편되어 행정・재정적 지원시스템이 마련되면서 본격적으로 활성화되고 있다. 2007년 말 현재 진행 중인 BTO 방식의 민간투자사업은 〈표 7-20〉에서 보는 바와 같이 국가관리사업이 79개 사업에 55.3조원이며, 지방자치단체가 관리하는 사업은 91개 사업에 4.6조원으로 총 170개 사업에 약정투자비가 59.9조원에 이르고 있다.

이 중에서 총사업비가 2천억원이 넘는 대규모사업은 민간투자사업심의위원회의 심의를 거쳐야 되며, 이 위원회의 심의를 거친 민간투자대상사업을 보면 〈표 7-21〉에서 보는 바와 같이 82개 사업(국가관리 48, 지방자치단체관리 34)에 이르고 있다.

이외에 BTL 방식으로 추진되는 사업도 288건에 16.5조원에 이른다.

표 7-20 민간투자사업 도입현황

(단위: 개, 조원)

구 분	국가관리사업	지방자치단체 관리사업	합 계
사업수	79	91	170
총투자비	55.3	4.6	59.9

출처: 「2008-2012 국가재정운용계획 민간투자분야 토론회 자료」.

1) 2008년 현재 서울・동인천・영등포・대구・부천・부평・안양・수원, 신촌, 용산의 10개 민자역사가 운영중이고, 왕십리, 평택, 창동, 의정부, 청량리, 노량진의 6개 민자역사가 건설중이며, 성북, 천안의 2개 민자역사가 인허가 협의중이다.

표 7-21 민간투자대상사업 지정현황(1995-2007)

년 도 별	국가관리사업	지방자치단체관리사업
1995 (10건: 국가8, 지방2)	· 인천국제공항 고속도로 · 인천국제공항 화물터미널 · 천안-논산 고속도로 · 대구-부산 고속도로 · 경인운하 · 서울-하남 경량전철 · 부산-김해 경량전철 · 목포신외항(1단계)	· 부산-거제 연결도로(부산) · 경인우회도로(부천)
1996 (6건: 국가4. 지방2)	· 서울외곽순환도로(일산-퇴계원) · 부산신항만 · 인천북항 · 포항영일신항	· 광주 제2순환도로 1구간터널 및 접속도로(광주) · 인천 남동-시흥도리 IC 도로(인천)
1997 (6건: 국가4, 지방2)	· 호남권 복합화물터미널 · 중부권 복합화물터미널 및 ICD · 영남권 복합화물터미널 및 ICD · 인천국제공항 철도	· 우면산터널(서울) · 초읍선 경량전철(부산)
1998(1건: 지방2)	-	· 일산대교(경기)
1999 (6건: 국가2, 지방4)	· 울산신항만 1단계 · 마산항 1단계	· 부산해안순환도로(북항대교) · 의정부경전철(의정부) · 용인경전철(용인) · 고촌-월곶도로(김포)
2000 (2건: 지방2)	-	· 마창대교(경남) · 서울강남순환도시고속도로(서울)
2001 (4건: 국가1, 지방3)	· 인천대교	· 용유 · 무의관광단지 조성 · 서울도시철도 9호선(1단계) · 전라북도환경기초시설(전북)
2002 (2건: 국가2)	· 서수원-오산-평택간 고속도로 · 서울-춘천간 고속도로	-
2003 (7건: 국가5, 지방2)	· 군포복합화물터미널 확장 · 영덕-양재간 도로 · 신분당선 전철 · 평택항 내항 동부두 · 인천북항 일반부두	· 용인시 하수처리시설(용인) · 명지대교(부산)
2004 (3건: 국가2, 지방1)	· 광양항 여천 일반부두 · 광양항-3단계 컨테이너부두	· 대구4차순환선 상인-범물간 도로(대구)

년 도 별	국가관리사업	지방자치단체관리사업
2005년 이후 (35건: 국가20, 지방15)	· 용인~서울간도로 · 서수원~평택고속도로 · 서울도시철도9호선 · 용인시 하수처리시설 · 부산~울산 고속도로 · 북항대교 · 부산신항 2-3단계 · 평택당진항 양곡부두 · 의정부 경전철 · 군포복합화물터미널확장 · 평택-시흥 고속도로 · 송현-불로(인천김포)고속도로 · 안양-성남 고속도로 · 창원-부산간 도로 · 광양항3-3 컨테이너부두 · 수도권북부내륙화물기지 · 포항시환경기초시설 · 안성시하수처리시설 · 대구 4차순환도로 · 광주-원주 고속도로	· 포천시 슬러지유동상 소각시설 · 김천시 환경기초시설 · 의왕부곡하수종말처리장 · 고양시 원능하수처리장 · 화순군 하수처리장 · 동대문구 환경자원센터 · 평내-토평간도로 · 수원하수슬러지처리시설 · 포천시 자원회수시설 · 문경시 생활폐기물소각시설 · 구의공원 및 지하주차장 · 여수시 음식물쓰레기자원화시설 · 울산 하수슬러지처리시설 · 도산공원노외주차장

3. 민간투자사업 추진절차

(1) 정부고시사업

정부에서 고시하여 추진하는 민간투자사업은 〔그림 7-4〕에서 보는 바와 같이 7단계를 거쳐 추진하게 된다. 1단계에서는 주무관청이 예비타당성조사와 본타당성조사를 거쳐 2천억원 미만 사업은 자체적으로 지정하고, 2천억원 이상 사업은 심의위원회심의를 거쳐 지정고시한다. 2단계로 주무관청은 사업시행자 지정방법 및 정부의 지원내용을 명시한 기본계획을 대상사업으로 지정된 후 1년 이내에 수립하여 공공투자관리센터(KDI PIMAC)의 자문을 거쳐 수립하여야 한다.[2] 기본계획에는 추정투자금액, 건설기간, 예정지역 및 규모, 사용료, 부대

2) 공공투자관리센터는 한국개발원(KDI)에 설치하며, 민간투자사업 관련 인·허가신청업무의 대행, 민간투자대상사업의 발굴 및 타당성분석, 민간투자사업기본계획의 수립지원, 민간부문의 사업제안 및 민간투자사업기본계획에 대한 검토, 사업계획의 검토·평가 및 실시협약체결 등 사업시행자 지정과 관련된 업무의 지원, 외국인 투자자를 위한 투자상담·외자유치활동 및 사업설명회 개최 등 민간투자사업 관련 대내외홍보활동, 민간투자사업추진관련 교육프로그램 개발 및 운

그림 7-4 정부고시사업의 추진절차

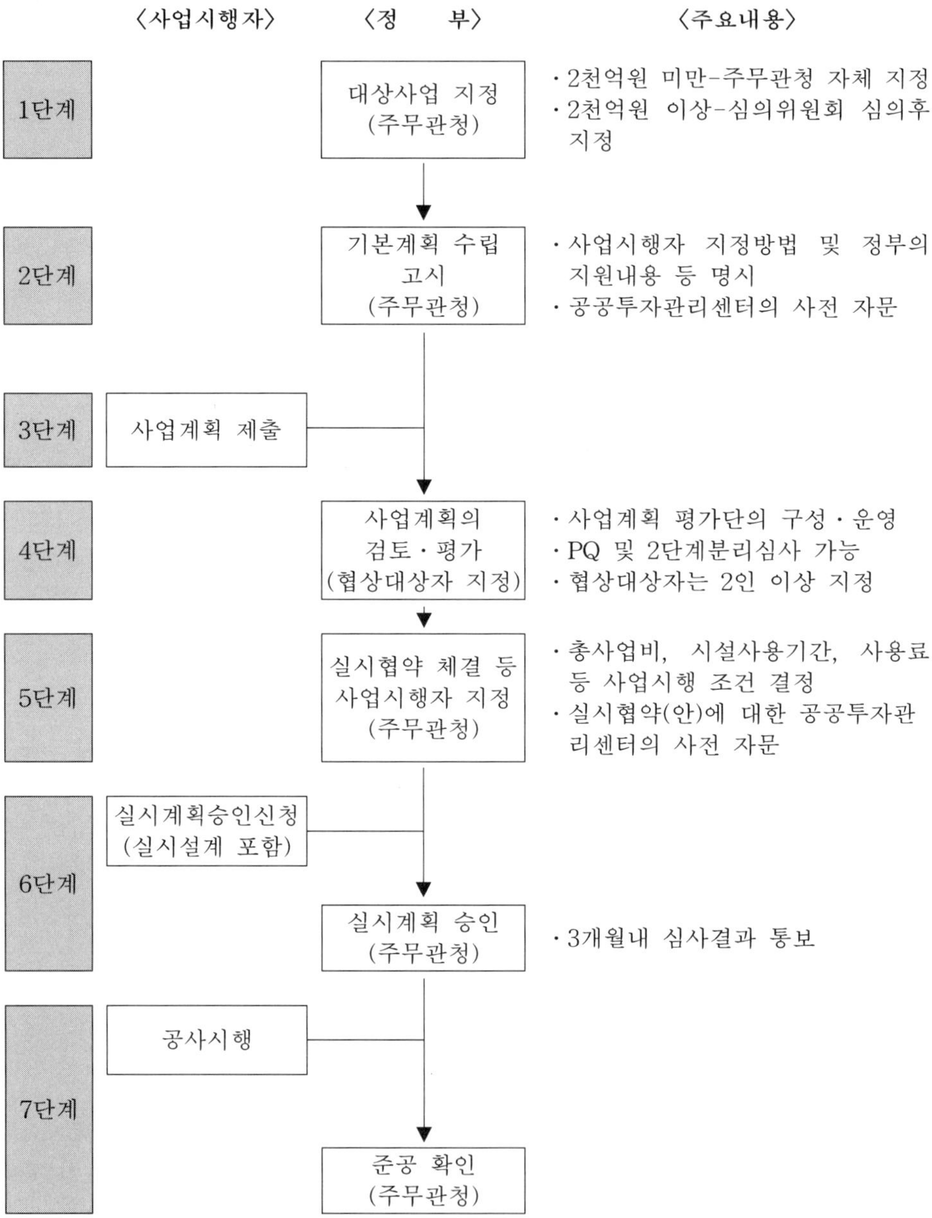

영, 민간투자제도의 개선 및 관련분야연구 등을 담당한다.

사업 등 수익과 재정지원규모 및 방식, 사업의 추진방식, 시설의 관리 및 운영 사업시행자의 자격요건 등이 포함된다. 3단계에서는 민간투자사업을 시행하고자 하는 자는 민간투자사업 관련법령 및 기본계획의 고시내용에 따라 사업계획을 작성하여 주무관청에 제출하여야 한다. 4단계에서는 주무관청이 사업계획을 검토하고 평가하는 단계이다. 사업계획평가단을 구성하여 운영하되, 사업계획 평가결과에 따라 2인 이상을 그 순위를 정하여 지정하여야 한다.

5단계에서는 주무관청은 실시협약을 체결하는 등 사업시행자를 지정한다. 민간투자사업은 민간법인 또는 민관합동법인에 의하여 추진이 가능하며, 협상대상자와 사업시행조건 등이 포함된 실시협약을 체결함으로써 사업시행자를 지정한다. 6단계에서는 실시계획의 승인신청 및 승인이다. 사업시행자로 지정받은 자는 지정받은 날로부터 1년 이내에 실시계획을 신청하여야 한다. 이에는 사업시행위치 및 면적, 공사의 시행방법 및 기술적 관련사항, 공정별 공사시행계획, 소요토지의 확보 및 이용계획, 부대사업이 수반되는 경우 그 사업내용 및 실시계획 등이 필요하다. 7단계에는 공사시행 및 준공확인이다. 사업시행자가 실시계획에 따라 공사를 완료한 때에는 15일 이내에 공사준공보고서를 주무관청에 제출하여야 하며, 이에는 준공조서, 지적측량성과도, 준공전후의 토지 및 시설 등의 도면과 토지 및 시설대비표, 기타 준공확인에 필요한 사항을 첨부하여야 한다.

(2) 민간제안사업

민간제안사업의 추진절차는 〔그림 7-5〕와 같다. 1단계로 민간부문이 제안서를 주무관청에 제출한다. 2단계에서는 제안내용을 검토하는 데 제안서를 접수한 날로부터 15일 이내에 공공투자관리센터의 장에게 당해제안서의 내용검토를 의뢰하고 공공투자관리센터의 장은 60일 이내에 검토하고 의견서를 제출하며, 이때 전문가의 자문과 공청회 등을 통하여 지역주민의 의견을 수렴할 수 있다. 3단계에서는 주무관청은 민간제안사업을 민간투자법에 의한 민간투자사업으로 추진하고자 하는 경우 최초제안자 이외의 제3자에 대한 제안이 가능하도록 당해 제안내용의 개요를 관보 및 3개 일간지에 공고하여야 한다. 4단계에서는 주무관청과 공공투자관리센터가 제안서를 검토·평가하는 단계이다. 제3자에 의한 제안서의 제출이 있는 경우 최초제안자의 제안서와 제3자의 제안서를

그림 7-5 민간제안사업의 추진절차

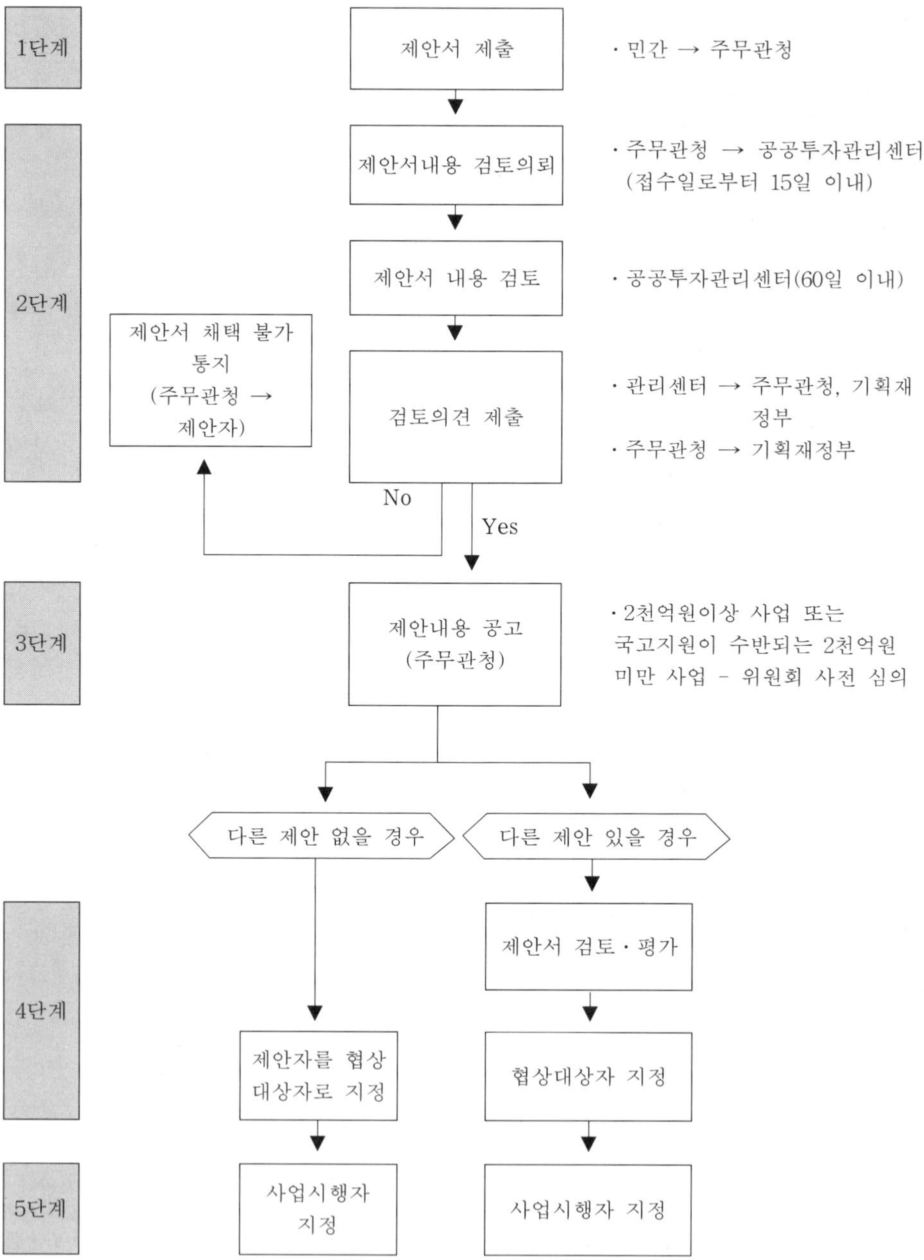

평가한 후 협상대상자를 지정한다. 이때 탈락한 차순위자에 대하여는 예산의 범위내에서 제안서 작성비용의 일부를 보상할 수 있다. 5단계에서는 실시협약 체결 등 사업시행자를 지정하고, 6단계에서는 실시계획의 승인신청과 승인을 거쳐 공사를 시행하고 준공을 확인하는데 정부고시사업과 동일하다.

4. 민간투자사업의 관리 · 운영

(1) 민간투자사업의 투자방식

민간투자사업은 아래와 같은 방식 중 하나의 방식을 선정하여 추진할 수 있으며 주무관청은 민간부문이 사전에 알 수 있도록 당해 사업에 대한 추진방식을 시설사업기본계획에 제시하여야 한다.

(가) BTO(Build-Transfer-Operate)방식: 사회기반시설의 준공과 동시에 당해 시설의 소유권이 국가 또는 지방자치단체에 귀속되며 사업시행자에게 일정기간의 시설관리운영권을 인정하는 방식이다.

(나) BOT(Build-Own-Transfer)방식: 사회기반시설의 준공 후 일정기간 동안 사업시행자에게 당해시설의 소유권이 인정되며 그 기간의 만료시 시설소유권이 국가 또는 지방자치단체에 귀속되는 방식이다.

(다) BOO(Build-Own-Operate)방식: 사회기반시설의 준공과 동시에 사업시행자에게 당해시설의 소유권이 인정되는 방식이다.

(라) BLT(Build-Lease-Transfer)방식: 사업시행자가 사회기반시설을 준공한 후 일정기간동안 운영권을 정부에 임대하고 임대기간 종료 후 시설물을 국가 또는 지방자치단체에게 이전하는 방식이다.

(마) BTL(Build-Transfer-Lease)방식: 사업시행자가 사회기반시설을 준공한 후 국가 · 지자체로 소유권을 이전하고, 국가 · 지자체에게 시설을 임대하여 투자비를 회수하는 사업방식이다.[3]

(바) ROT(Rehabilitate-Operate-Transfer)방식: 국가 또는 지방자치단체 소유의 기존시설을 정비한 사업시행자에게 일정기간 동안 시설에 대한 운영권을 인

3) 2005년 민간투자법을 개정하면서 새롭게 도입된 사업방식이다. 정부에서는 경제의 활성화를 위한 종합투자계획의 일환으로 국가 · 지자체가 국민에게 기초적 서비스 제공을 위해 의무적으로 건설해야 하는 국 · 공립시설, 최종이용자로부터 사용료 부과가 어렵거나, 사용료 부과만으로는 투자비 회수가 어려운 사업, 사업편익이 크고 시설의 조기확충이 시급하나, 재정여건상 투자가 더디게 이뤄지고 있는 선투자의 필요성이 높은 시설에 대해 민자유치를 추진하고 있다.

정하는 방식이다.

(사) ROO(Rehabilitate-Own-Operate)방식: 기존시설을 정비한 사업시행자에게 당해 시설의 소유권을 인정하는 방식이다.

(2) 민간투자사업의 투자조건

(가) 수익률 및 사용료의 결정

민간투자사업의 수익률과 사용료는 다음의 공식에 의하여 결정한다.

$$\sum_{i=0}^{n}\frac{CCi}{(1+r)^i}=\sum_{i=n+1}^{N}\frac{ORi-OCi}{(1+r)^i}+\sum_{i=0}^{N}\frac{ANRi}{(1+r)^i}$$

n : 시설의 준공시점

N : 무상사용기간 또는 소유·운영기간의 종료시점

CCi : 시설의 준공을 위해 매년도 투입되는 비용. 다만, 정부재정지원금액은 제외

ORi : 매년도 운영수입

OCi : 매년도 운영비용

$ANRi$: 부대사업으로 인한 매년도 순익(수입-비용)

r : 사업의 실질수익률(IRR)

(나) 총사업비 등의 산정

총사업비(ΣCCi)는 사회기반시설의 신설·증설 또는 개량에 소요되는 경비로서, 조사비, 설계비, 공사비, 보상비, 부대비, 운영설비비, 제세공과금, 영업준비금 등의 비용을 합산한 금액으로 실시협약에서 정한 총사업비는 원칙적으로 변경할 수 없다. 운영비용(ΣOCi)은 시설의 준공 이후 운영기간중 투입되는 보수·개량 및 대수선비, 법인세 등을 고려한 시설의 운용에 소요되는 비용을 합산한 금액을 말한다. 부대사업 순익(ΣANRi)은 부대사업으로 얻은 수입에서 비용을 차감한 순익으로 당해 부대사업시행에 따른 순익발생시점까지의 모든 수입과 비용을 포함한다.

(다) 최초사용료 및 매년도 사용료

운용 개시년도의 최초사용료는 건설기간중 소비자물가변동률 반영 등 실시협약에서 정해진 결정방법에 따라 사업시행자가 결정하여 주무관청에 신고하며, 사용료가 사용자의 편익을 현저히 저해할 우려가 있는 경우에는 협의하여 조정할 수 있다.

(3) 민간투자사업의 지원

(가) 조세 등 부담금 감면: 사회간접자본채권의 발행을 허용하며, BOT방식의 경우 부동산에 대한 취득세·등록세를 면제한다. 또한 농지조성비, 대체조림비는 시설별로 전액면제 또는 50% 감면한다.

(나) 귀속시설에 대한 재정지원: 예산의 범위안에서 사업시행자에게 보조금을 교부하거나 장기대부할 수 있다. 정부고시사업의 경우 최소운영수입을 10년간 보장하되, 운영개시후 5년간은 추정운영수입의 75%까지, 6-10년 동안은 65%를 한도로 하며, 민간제안사업의 경우는 2006년부터 최소 운영수입보장제도를 폐지하였다.

5. 민간투자사업의 전망과 과제

(1) 민간투자사업의 전망

국민에게 양질의 사회기반시설을 적기에 공급하기 위하여 지속적인 민간투자사업의 활성화가 필요하다.

우리나라 중장기 사회기반시설의 중장기 투자수요 및 정부가용재원을 감안하면 매년 2-4조원 규모의 민간투자유치가 불가피한 것으로 전망되고 있다. 매년 투자되는 민간투자금액은 〈표 7-22〉에서 보는 바와 같이 꾸준히 늘어나 사회기반투자에서 민간투자가 차지하는 비중이 2007년에는 16.3%로 증가하였다.

표 7-22 사회간접자본투자에서 민간투자비중 변화 추이

(단위: 조원, %)

구 분	1995-7	2000	2002	2004	2007
전체SOC투자	25.0	16.2	17.2	19.1	21.4
재정투자	24.7	15.2	16.0	17.4	18.4
민간투자	0.3	1.0	1.6	1.7	3.0
민간투자비중	1.2	6.6	7.5	9.8	16.3

출처: 「2008-2012 국가재정운용계획 민간투자분야 토론회 자료」.

(2) 민간투자사업의 과제

(가) 제안경쟁의 활성화

대규모 투자비 소요, 높은 사업위험 등으로 인하여 제안경쟁이 아직도 활성화되지 못하고 있다. 현재 사업제안서를 제출할 때 기본계획서를 제출하게 되어 있어 대형교통시설의 경우 제안비용이 과도하게 소요되므로 경쟁이 제한되고 있다. 따라서 사업제안서 제출시 설계요구수준을 현행 기본계획수준보다 낮추어야 한다.

(나) 투자주체와 대상사업의 다양화

민자사업은 대부분 건설회사가 주도하여 사업개발부터 설계·자금·조달·건설·운영까지 모든 기능을 수행하고 있다. 따라서 건설사 이외에 연기금 등 재무적 투자자, SOC시설운용사 등 전략적 투자자, 수익성에 치우치는 것을 방지하기 위해 사업에 대한 관리, 감독을 담당할 공익적 투자자 등이 서로 분화된 역할을 수행하면서 협력·경쟁하는 구조로 바뀌어야 한다. 또한 기관투자자이외에도 개인투자자가 용이하게 투자할 수 있도록 현행 사모방식의 펀드 이외에도 공모방식의 인프라펀드 설립의 활성화도 필요하다.

(다) 사업분야와 추진방식의 다양화

지금까지는 주로 도로·항만·철도 등 대형교통시설 위주로 사업이 추진되어 왔으나, 앞으로 사업안정성도 높고 국민생활에 밀접한 환경기초시설, 사회복지시설, 문화체육시설, 대체에너지발전, 도시공원분야 등으로 확대해야 한다. 사업추진방식도 지금까지는 주로 BTO(건설-이전-운영), BOT(건설-운영-이전), BOO(건설-소유-운영)방식이 운용되었으나 앞으로 BTL(건설-이전-리스), RTL(개량-이전-리스) 등으로 다양화해야 한다.

(라) 추진체계의 효율성제고

정부고시사업의 경우 추정운영수입을 초기 5년은 75%, 다음 5년은 65% 보장하고 있으나, 민간제안사업의 경우는 최소운영수입보장제도를 폐지하였다. 종전 민간사업자가 교통수요를 과다하게 예측하여 수익성이 의문시되는 불요불급한 사업까지 민자사업으로 제안하는 폐해가 있었다. 민자시설의 장래 수요량에 대한 정확한 추정을 위하여 도로·항만 등 교통시설의 통행량을 정확히 추정할 수 있는 국가교통통계가 필요하다.[4] 또한 민간사업자가 경영개선을 할

4) 감사원이 2004.10.25 발표한 "SOC민간투자제도운용실태" 감사결과보고서에 의하면 이미 완

수 있도록 인센티브제도의 도입이 필요하다.

제 5 절 지방공기업의 발전과제

Ⅰ. 지방공기업의 문제

1. 경영방식상의 문제

(1) 사업영역의 적정성문제

지방자치제가 실시되면서 지방자치단체가 앞 다투어 경영수익사업을 전개하면서 민간영역 분야를 침범하여 민간부문과의 마찰이 야기되고 있으며, 각종 부작용도 속출하고 있다. 골프장(실내골프장 포함)5) · 주유소 · 볼링장경영, 관광사업, 아스콘 · 레미콘사업, 상포 · 장의업 등 민간부문이 경영하고 있는 분야까지 참여함으로써 민간의 창의성을 저해하고 있다는 비판이 제기되어 왔다.6)

(2) 경영형태상의 문제

전체 지방공기업중 60%가 직접경영사업형태의 지방공기업이고, 그것도 상 · 하수도, 공영개발 등 몇 개의 분야에 한정되어 있을 뿐 자동차운송사업, 지방도로사업과 같이 아직도 지방공기업법이 적용되지 않는 사업이 많이 있다. 지방자치단체별 장래용수수요의 과다예측 및 지방상수도의 추가 개발로 상수도 시설이 과잉 중복 투자되어 이용률이 저하되고 있다.7)

공되어 운영중인 4개 민자고속도로의 경우 실제교통량이 수요교통량의 22-63%, 서울의 우면산터널도 21.7%에 불과해 주무관청은 막대한 최소운영수입보장금을 매년 민간사업자에게 지급하고 있는 실정이다.

5) 2008년 현재 지방자치단체가 건설하였거나 건설중인 골프장은 의령군에서 건설중에 있는 골프장이 있으며, 많은 지방자치단체가 지방재정확충과 지역경제형성화 차원에서 관심을 가지고 있다.

6) 표고버섯의 생산 · 가공 · 판매를 촉진하기 위해 1992년 설립된 "정남장홍유통공사"가 계속된 적자, 허위 회계처리, 생산농민 이탈로 2007. 4월 행정자치부가 청산명령을 내렸다.

7) 2005 감사원 감사결과 광역상수도의 이용율이 46.8%, 지방상수도가 56.4%에 그치고 있다.

2. 조직관리상의 문제

(1) 경영의 자율성 및 전문성 결여

지방직영기업의 경우 조직권・인사권이 없어 경영의 자율성과 독립성이 결여되어 있고, 일반행정기관에 적용되는 법령이 그대로 적용되고 있다. 경영성과와 인사관리와의 연계성이 미흡하고, 앞으로 받게 될 보직에만 신경을 쓰고 '사고 없는 현상유지가 최선책이고 다른 자리로의 이동이 영전'이라는 인식이 관리자에게 팽배해 있다.

지방공사・지방공단의 경우에도 자율성이 요구됨에도 불구하고, 지방공사・공단의 설립, 임원의 임면시 지방자치단체장의 승인권, 지방공사・공단의 사채 및 공단채 및 외국차관에 대한 국가와 시・도지사의 승인권 등으로 자율성이 제약되고 있다. 조직관리에 있어서도 감독기관인 지방자치단체와 지방의회가 지나치게 간섭하는 경우가 많다.

(2) 관리자 및 직원의 전문성 부족

지방직영기업이나 지방공사・공단의 최고경영자를 일반행정직이나 정치인 등 전문성이나 경영마인드가 없는 사람을 인사적체의 해소 또는 엽관(spoils system)적 차원에서 임명하는 경우가 많아 전문성이 부족한 경우가 많다. 2007년 현재 지방공사・공단의 CEO 중 전직공무원이 62%나 된다. 사장추천위원회에 주로 소속공무원이나 지방의원이 참여하여 민간경영전문가의 영입이 사실상 차단되고, 지방자치단체장이나 지방의회와 친분관계가 있는 인사가 임명되는 경우가 많다.

상수도사업의 경우 관리자가 일반행정직이나 시설・공업직으로 임명하는 경우도 있으며, 일반직원의 경우에도 승진을 위해 일시적으로 근무하는 경우가 많아 재직기간이 일반적으로 짧다. 따라서 전문적인 지식이나 기술을 습득하기가 곤란하다.

3. 경영・회계상의 문제

(1) 원가와 요금격차의 심화

지방공기업의 적자폭이 날로 늘어나고 있으며, 요금의 수입조달기능이 미약한 실정이다. 또한 일반회계가 부담하여야 할 비용도 지방자치단체장의 치적을 지역주민에게 조속히 가시적으로 보여주기 위하여 특별회계로 하여금 부담하게 하여 사업을 추진하는 경우도 있다.

지방공기업중 제일 큰 비중을 차지하고 있는 상・하수도사업의 2006년도 결산 및 경영분석을 〈표 7-23〉을 통하여 살펴보면, 상수도사업의 경우 판매단가와 총괄원가의 격차가 커 15.8%의 인상요인이 있고, 그 결손추정액도 계속 증가하여 4,264억원에 이르고 있다. 하수도사업의 경우는 요금인상요인이 더욱 커 110.1%, 결손추정액이 8,208억원에 이르고 있다. 만성적인 적자를 보이고 있는 6대 도시 지하철공사는 노인, 장애인, 유공자 등 무임수송비용이 2006년말 현재 2,635억원으로 운영적자의 30.7%를 차지하고 있다. 또한 현행요금체계가 사용자부담원리보다는 물가억제와 사회적 분배측면이 지나치게 강조되고 있어 요금체계의 비효율성과 비형평성이 초래되고 있다.

표 7-23 상・하수도 생산원가, 요금 및 결손액

구분	판매단가(톤당)	총괄원가(톤당)	요금인상요인	결손추정액
상수도(톤당)	570.3원	660.6원	15.8%	4,264억원
하수도(톤당)	238.6원	501.3원	110.1%	8,208억원

자료: 행정자치부, 「2006년도 지방공기업결산 및 경영분석」, 2007.

(2) 지역간 및 업종간 격차

생산원가가 지역간 업종간의 약 3~6배의 격차가 발생하여 지역적인 문제를 넘어 전국적인 문제가 되고 있다. 상수도사업의 경우 원가가 영월군이 2,894원/m^3으로 제일 비싸고 구미시가 412원/m^3으로 최저이나, 요금은 완주군이 301원/m^3인데 비해 정선군이 1,276원/m^3이다. 이와 같이 수도요금이 지역별로 차이가 나는 것은 광역상수도로부터의 원・정수구입여부, 강・댐 등 취수원으로부터의 거리, 정수처리비용 등이 지역별로 다르기 때문이다.

(3) 기업회계처리의 미비

지방공기업은 복식부기원리에 의하여 회계처리가 이루어져야 하나 아직도 기업회계방식의 정착이 안 되어 있는 경우가 많다. 특히 규모가 작은 지방공기업의 경우는 더 심각한 수준이다. 따라서 일반행정 회계방식과 기업회계방식이

혼재되어 사용되고 있는 경우가 많다.

특히 지방직영기업의 경우 지금까지 현금주의회계방식으로 운용되는 경우가 많았고 수익의 실현시기와 비용의 실현시기에 차이가 있고, 또한 감가상각, 자산감모 등이 자의적으로 처리되는 경우가 많다. 따라서 경영성과를 수시로 파악하기가 곤란하고, 사업장별 경영성과를 파악하는데 필요한 원가계산이 제대로 안 되는 경우가 많다.

Ⅱ. 지방공기업의 발전과제

1. 경영영역의 확대 · 발전

(1) 적정영역의 설정

지방자치제의 발전을 도모하고 민간부문의 사업영역을 둘러싼 갈등을 극복하기 위하여 적정한 사업영역의 설정이 중요하다. 지방공기업에 있어서 특히 공공성과 기업성의 조화가 요청된다. 사업내용과 관련하여 사업에 따른 기술적 · 경제적 · 재정적 타당성뿐만 아니라 정치적 · 사회적 타당성 등을 사전에 충분히 검토하여야 한다. 사업영역의 확대시에는 기업성뿐만 아니라 공공성이 충분히 반영될 수 있는 사업에 한정하는 것이 바람직하다.

지방공기업경영방식은 〔그림 7-6〕처럼 공공성이 강한 사업은 지방직영기업형태가, 기업성이 강하게 요구되는 사업분야에는 민 · 관공동출자사업과 민간투

그림 7-6 경영원칙에 의한 지방공기업경영방식

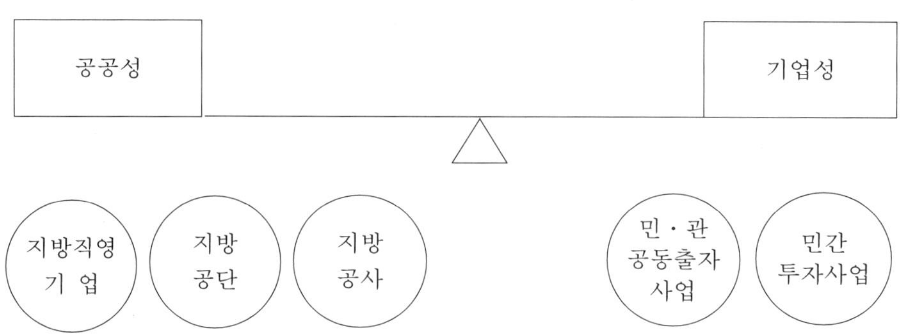

자사업이 바람직하다. 즉 ① 100% 전액 지방자치단체가 출자한 경우에는 지방직영기업방식을 적용하고, ② 50~100%를 지방자치단체가 출자한 경우는 지방공사·공단방식을 적용하며, ③ 50% 미만을 출자할 경우에는 민·관공동출자방식을 적용하는 것이 바람직하다(권형신외, 2001: 672-673). ④ 기업성이 강한 사업의 경우에는 민간투자사업을 적극적으로 도입할 수 있다.

(2) 광역적 처리방식의 도입

우리나라의 경우 지방자치단체단위별로 지방공기업을 고집하고 있어 적정경영규모로 확대하는 것이 불가능하고 많은 간접비용이 든다. 따라서 상·하수도사업의 경우 수계별로 광역화하는 것이 바람직하다. 영국의 경우 수계별로 10개의 지역물관리공사(regional water authority)를 설치하여 상수도사업뿐만 아니라 하수도사업, 오염방지, 어업, 운하 등 배수문제, 홍수방지, 관광사업까지 담당하는 다목적인 지방공기업을 설립하였다가 완전히 민영화하였다. 또한 광역상수도의 경우 취·정수는 수자원공사가, 배·급수는 지방자치단체가 담당하는 것이 기업성과 공공성의 조화측면에서 바람직하다.

동일지역에서 국가와 시·도, 시·군이 규모에서 차이는 있지만 유사한 사업을 규모의 차이는 있으나 경쟁적으로 사업을 전개하여 마찰을 빚는 경우가 자주 발생하고 있다. 공영개발사업의 경우 국가공기업과 지방자치단체간, 광역자치단체와 기초자치단체간의 갈등양상이 대표적이다.[8] 수도권 및 대도시의 인근지역에서 경쟁적으로 유사한 사업을 추진하여 난개발을 부채질하고 있다. 행정계층간 개발이익의 배분비율조정 등으로 적절한 조정이 필요하다.

(3) 간접경영방식의 확대

지방공기업의 경영방식이 아직도 직영경영방식의 형태가 지배적이다. 앞으로 지방공사와 공단, 민·관공동출자사업 등의 간접경영방식의 확대가 요청된다. 지방상수도의 경우도 수계별로 지방공사화하는 방안과 함께 검침업무 등 일부기능을 민간위탁하는 방안도 검토하여야 한다. 우리나라에서도 상수도의 수질을 개선하고 경영을 합리화하기 위하여 1980년에 수계별로 광역지방공사

8) 전남도청과 목포시청이 옥암지구택지개발사업의 시행권을 놓고 480억원-1,000억원 규모의 개발이익금 때문에 치열한 신경전으로 개발이 늦어지고 있으며(조선일보, 2000, 6, 29), 경기도와 수원시가 경기도청 등 행정타운을 비롯한 관광·위락·주거단지가 들어설 수원시 이의동 일대 340만평 규모의 종합개발사업의 주도권을 놓고 마찰을 빚고 있다(대한매일, 2002. 12. 24).

화하는 방안을 추진한 바가 있다.

간접경영방식을 도입함으로써 민간자본을 적기에 대량으로 조달할 수 있고, 경영자의 자주적 경영이 가능하고, 지방자치단체의 불필요한 관여 축소, 사회정세변화에 대응한 탄력적 운영 등 장점을 최대한 살릴 수 있다.

2. 조직 · 관리상의 전문성 제고

(1) 자율적 책임경영체제의 확립

책임경영체제를 확립하기 위하여 지방자치단체의 사전적 간섭은 최소한으로 하고 사후적으로 경영평가를 실시하여 그 결과에 따라 책임을 묻는 책임경영체제가 바람직하다. 즉 지방자치단체장과 지방의회는 주민의 복지증진차원에서 총괄적인 통제를 하고 지방공기업운영에 대해서는 전면적으로 경영자에게 일임해 그 재능을 충분히 발휘할 수 있도록 한다.

매년 경영평가를 실시하여 다른 지방자치단체의 공기업을 벤치마킹하는 기회로 활용하도록 하고 인사상 또는 경제적 인센티브를 부여하여 지방공기업의 경영합리화를 유도하여야 한다. 또한 경영이 부진할 경우에는 경영자에 대한 인사상의 불이익을 주고 경영지도를 실시하여 근본적인 문제점을 개선하도록 하여야 한다.

(2) 조직 · 인사의 전문성 향상

최고경영자의 자격을 직영기업의 경우 토목직, 화공직 분야의 공무원을 임명할 수 있게 하고, 지방공사와 지방공단의 경영자도 사업성격 등을 고려하여 전문성과 기업성을 고루 갖춘 민간경영자를 적극적으로 영입하는 것이 바람직하다. 지방직영기업의 경우 전문성과 기업성을 살리기 위하여 전문직렬제도를 적극 활용하여야 하며, 기업행정직, 수도토목직으로 들어와 최고경영자까지 승진할 수 있는 길도 터놓아야 한다.

순환보직형태의 잦은 인사이동을 지양하고 강력한 동기부여방식의 도입이 필요하다. 즉 성과급, 우수직원의 자체승진, 장기근속자 우대, 근속가점제, 전보제한제, 국내외 연수기회 확대, 민관 교환근무, 특별수당지급 등 기업성을 대폭 강화하여야 한다.

(3) 중장기 사업계획의 수립 추진

대부분의 지방공기업이 중·장기계획을 수립하고 있으나 대부분의 경우 상부의 지침에 의하여 타율적으로 추진하는 경우가 많다. 따라서 대내외적인 여건과 수요의 분석에 기초하여 국가적·지역적 개발목표에 따라 종합적인 비젼과 개발목표를 제시하고 개발전략과 사업을 망라한 중·장기계획을 수립하여 사업을 계획적으로 추진하여야 한다.

또한 지방공기업은 공공성이 강하게 요청되므로 환경보전, 소비자보호, 작업장의 안전·보건 등의 문제에 대해 민간기업을 선도해나가야 한다. 특히 상수도사업의 경우 수질문제가 중요시되는바, 입성활성탄법, 오존처리법 등 선진정화기술의 활용이 시급하며, 수원지 상류의 오폐수처리시설을 보강하고, 오수차집관로를 설치하는 등 오염원을 제거할 수 있는 근본적인 대책이 요구된다. 그리고 생산은 했으나 수입없이 수돗물이 유출되는 무수율(無收率)을 축소하기 위하여 노후관의 교체, 수압의 평준화, 도수과태료의 중과, 누수탐사장비의 보급 등으로 경영개선을 도모하여야 한다.9)

3. 재무회계관리의 강화

(1) 요금의 현실화 및 체계개선

수익자부담원칙의 철저한 적용으로 요금 현실화 및 경영개선을 통하여 자원배분의 왜곡현상을 시정하여야 한다. 단 지방공기업의 요금 현실화는 물가상승에 따른 부담을 최소화할 수 있도록 단계적으로 추진하는 것이 바람직하다. 또한 물가상승에 따른 원가상승분을 반영할 수 있도록 물가연동제(sliding system)의 도입이 필요하다.

사회정책적 효과를 고려하여 기본요금을 최소한으로 인상하고, 요금의 누진성이 확보될 수 있도록 구간요금을 조정하는 등 요금체계의 개선이 필요하다. 또한 성수기와 비수기의 요금차이 등 요금체계의 개선으로 자원의 절약을 유도하고 계절별 자원의 적정배분을 유도할 수 있다.

---

9) 우리나라 상수도사업의 경우 상수도는 생산하였으나 상수도요금을 받지 못하는 무수율이 19.8%(2006년말 기준)로 선진외국의 7-15% 무수율에 비하여 매우 높은 편이어서 상수도 사업의 경영개선을 위하여 이의 제고가 필요하다. 그러나 우리나라에서도 일부지역(경기도 의왕시, 군포시)의 경우 유수율이 90%를 상회하고 있다.

(2) 적절한 투자재원의 마련

안정적인 투자재원의 확보가 계속기업으로 발전하기 위하여 필요하다. 감가상각제도의 엄격한 적용으로 내부재원을 적극적으로 확보하는 한편, 선행투자수요 등 사업의 원활한 추진을 위하여 국가 및 지방자치단체의 자본금의 적기지원 등 조치가 이루어져야 한다. 신생 지방공기업이나 대규모의 시설확장이 필요한 경우 재정투융자특별회계에서 지방채를 인수하는 등 특별대책이 필요하다. 이율은 가급적 저리로, 거치기간은 가능한 당해시설의 건설기간과 일치되도록 하고, 상환기간은 가능한 한 당해 시설의 내용년수와 일치되도록 하며, 기간중 원리금 상환부담이 어느 정도 균일하도록 하는 것이 바람직하다.

각종 인허가, 등록을 받거나 신청하는 자와 각종 건설공사의 도급계약 체결시에 소정액의 지방채를 강제로 소화시키는 지역개발공채로 각 시·도에 설치되어 운용되고 있는 지역개발기금의 운영을 합리화하여 시·도별 전체차원에서 사업의 타당성 판단과 함께 금융지원이 이루어져야 한다. 또한 지방공기업의 성공적인 재원조달을 위하여 일본의 "공영기업금융공고"와 같은 지역개발금고의 설치가 바람직하다.[10)]

(3) 기업회계방식의 정착

기업회계원칙을 철저히 준수하여 손익계산서예산과 대차대조표예산을 구분하여 계리하고 그 결과를 차기 사업계획에 반영하는 시스템을 제도화한다. 또한 독립채산제를 강화하여 일반회계에서 부담할 부분은 이를 준수토록 하고, 사업별로 원가계산을 철저하게 하여 지급이자가 사업별 원가계산에 산입되도록 한다.

업무별로 표준모델을 설정하고 범용프로그램을 개발하여 전국에 확대보급하고 업무전산화 작업을 전개하며, 회계규칙이 회계관리의 전산화에 적합하도록 장부와 장표의 종류 및 체계에 대한 조정이 이루어져야 한다.

---

10) 일본의 "공영기업금융공고"는 지방자치단체에게 장기·저리·안정자금을 공급하기 위하여 1957년 6월 설립된 법인으로서 대부대상은 20개 공영사업(일반대부), 지방도로공사·토지개발공사(공사대부), 공유림정비사업, 초지개발사업(수탁대부)이며, 자금은 주로 공영기업채권을 발행하여 조달하고 있다. 대부이율은 공영기업채권의 발행비용에 기초한 기준금리에 의함이 원칙이다.

제 8 장

지방자치단체 자산 관리

제 1 절 국·공유재산의 관리

Ⅰ. 국·공유재산의 의의

1. 국·공유재산의 개념

국유재산이란 국가의 부담이나 기부의 채납 또는 법령이나 조약의 규정에 의하여 국유로 된 재산을 말하며, 공유재산이란 지방자치단체의 소유로 된 재산을 말한다. 국·공유재산은 소유주체에 따른 분류일 뿐 개념과 범위는 같다.

국·공유재산의 범위는 다음 〔그림 8-1〕과 같다.

2. 국·공유재산의 종류

(1) 행정재산

국가 또는 지방자치단체가 행정목적에 직접 사용하는 재산으로서 국·공유물 중 공공성과 공익성이 가장 큰 재산이다. 행정재산은 공용·공공용의 목적을 위하여 존재하기 때문에 원칙적으로 매각, 교환, 양여, 대부, 출자, 사권설정, 신탁이 불가능한 재산이다.

(가) 공용재산

국가나 지방자치단체가 직접 그 사무용·사업용 또는 공무원의 거주용으로 사용하거나 사용하기로 결정한 재산과 사용을 목적으로 건설중인 재산을 말한다. 청사, 학교 등이 대표적이다.

그림 8-1 국·공유재산의 범위

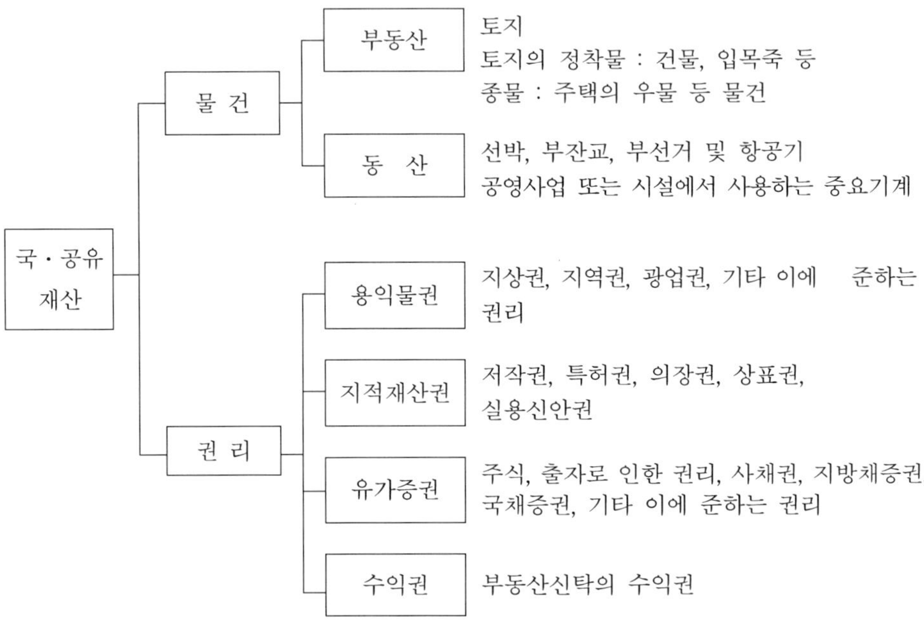

자료: 국가전문행정연수원, 「지방재정실무」, 2004.

(나) 공공용재산

국가 또는 지방자치단체가 직접 공공용에 사용하거나 사용하기로 결정한 재산과 사용을 목적으로 건설중인 재산을 말한다. 도로, 하천, 공원, 구거, 유지, 항만 등을 말한다.

(다) 기업용재산

국가의 정부기업(철도, 통신, 양곡, 조달 등)과 지방자치단체가 경영하는 기업 또는 그 기업에 종사하는 직원의 거주용으로서 사용하거나 사용하기로 결정한 재산과 사용을 목적으로 건설중인 재산을 말한다. 상·하수도, 지하철 등 공기업의 재산이 이에 해당한다.

(2) 보존재산

법령 또는 조례나 규칙의 규정에 의하거나 기타 필요에 의하여 지방자치단체가 보존하거나 보존하기로 결정한 재산을 말하며, 보존임야, 문화재 등이 이에 해당한다.

보존재산도 행정재산과 같이 매각, 교환, 양여, 대부, 신탁, 출자, 사권설정이 금지되는 재산으로서 제한된 범위내에서 사용과 공유재산의 양여 · 교환 등은 행정재산과 같다.

(3) 잡종재산

행정재산 및 보존재산 이외의 모든 국 · 공유재산을 말한다. 대지, 전, 답, 임야 및 행정재산과 보존재산 중에서 용도가 폐지된 재산이 모두 이에 포함된다. 그 내용에 있어서 경제성의 추구를 목적으로 하며, 여러 가지 목적과 성질을 가진 다양한 것들로 구성되어 있다.

이는 국가와 지방자치단체의 행정목적 수행에 직접 사용되는 재산이 아니기 때문에 필요에 따라 이를 대부, 매각, 교환, 양여하거나 사권을 설정할 수 있으며 법령이나 조례로 정하는 경우에는 현물출자를 할 수 있는 재산이다.

3. 국 · 공유재산의 특성

(1) 융통성의 제한

행정재산과 보존재산은 국가 또는 지방자치단체의 공공목적 수행에 사용되는 공물로서 원칙적으로 사권의 설정이 금지되고 처분도 제한되고 있다. 다만, 동 재산에 대한 사인의 사용 및 수익행위는 그 목적 또는 용도에 장애가 되지 아니하는 범위안에서 제한적으로 허용되고 있다.

(2) 강제집행의 제한

국 · 공유재산의 강제집행의 대상이 될 수 있는 지의 여부는 행정재산 · 보존재산의 불융통성을 고려할 때 강제집행이 제한된다고 하겠으나, 잡종재산은 강제집행이 가능하다. 다만, 국가에 대한 강제집행은 국고금의 환수에 의하도록 민사소송법에 규정되어 있다.

(3) 공용수용의 제한

공익사업을위한토지등의취득및보상에관한법률 제19조 제2항에 "공익사업에 수용 또는 사용되고 있는 토지 등은 특별히 필요한 경우가 아니면 이를 다른 공익사업을 위하여 수용 또는 사용할 수 없다"고 규정되어 있으므로 공용 또는 공공용으로 사용되고 있는 공유재산은 원칙적으로 수용대상이 되지 않는다.

그러나 도시재개발법에서는 사업시행자인 조합에서 용지를 보상하도록 하고 있으므로 국·공유 잡종재산을 협의 매입할 수 없는 경우에는 토지수용재결을 거쳐 토지수용이 가능하다.

4. 국·공유재산관리의 중요성

1975년전까지만 해도 정부수립초기 부족한 재정수입을 충당하고 5·16 이후 경제개발계획에 따른 필요한 재원을 조달하기 위하여 국·공유지의 매각을 확대해 왔다. 그 이후 1975년 국·공유재산관리계획을 도입하면서 매각을 가능한 제한하고 보존하는데 주력하였다. 이어 국·공유재산에 대한 실태조사를 실시하여 등기누락재산의 발굴과 불법형질변경과 전대, 목적외 사용 등을 근절하려는 노력을 경주하였다.

1994년에는 국유재산관리특별회계를 설치하고 국유지개발신탁제도를 도입하여 국유지공급증대, 국유지 관리를 통한 재정수입증대를 도모하는 등 적극적인 국유지관리를 도모하였다. 1999년에는 공유재산신탁제도와 대물변제의 허용 및 도시재개발 사업구역내 공유재산의 대부매각에 대한 특례를 허용하고, 2002년에는 정부연구기관의 유치허용, 분납 및 연체이자율 인하, 외국인투자기업에 대해 사권설정을 허용하는 등 국민의 경제활동을 과도하게 제약하는 규제를 완화하고 지역경제를 활성화하는 방향으로 관리방향을 전환하였다.

2006년 12월말 현재 공유재산은 246조 3,214억원으로 매년 증가하고 있다. 그 중 공유재산은 유형별로는 행정재산이 222조 4,934억원(90.3%), 보존재산 3조 6,304억원(1.5%), 잡종재산 20조 1,976억원(8.2%)이며, 용도별로는 토지가 205조 2,927억원(83.3%), 건물이 9.8%인 24조 980억원, 기타 6.9%인 16조 9,307억원 규모이다.

5. 국·공유재산관리계획 수립

국·공유재산관리계획이란 그 소관에 속하는 사업의 예정에 따라 발생하는 재산의 취득처분 등에 관하여 관리계획을 수립하여 집행해온 것으로서 1회계연도에 있어 국·공유재산관리 처분의 예정준칙을 말한다. 국유재산은 총괄청(기획재정부)이 다음 연도의 그 소관에 속하는 국유재산의 취득·관리환 및 처분에 관한 계획을 작성하여 국무회의 심의를 거쳐 대통령의 승인을 얻도록 하고 있

표 8-1 중요재산의 범위

(단위: 건당)

구분	취득		처분	
	기준가격기준	면적기준	기준가격기준	면적기준
서울특별시	10억원 이상	6천m^2 이상	10억원 이상	5천m^2 이상
광역시・도	10억원 이상	6천m^2 이상	5억원 이상	5천m^2 이상
시・군・자치구	5억원 이상	1천m^2 이상	5억원 이상	2천m^2 이상

주: 기준가격은 부동산 가격공시 및 감정평가에 관한 법률에 의한 개별공시지가.

다. 공유재산은 취득처분에 대하여 관리계획을 수립하여 예산편성전에 지방의회의 의결을 받도록 함으로써 재산의 취득처분을 엄격히 하고 있다.

공유재산관리계획의 수립절차는 중요재산의 취득・처분계획작성→공유재산심의회 심의→지방자치단체장의 결재→관리계획수립→지방의회 의결로 계획이 확정된다. 관리계획에 포함될 재산의 범위는 중요재산의 취득・처분에 한하는데 그 범위는 〈표 8-1〉과 같다. 그러나 법원의 판결, 법률에 의한 취득・처분이 의무화된 재산은 관리계획에서 제외된다.

Ⅱ. 국・공유재산의 취득

1. 취득의 의의

국가 또는 지방자치단체가 국가 또는 지방자치단체 이외의 자로부터 새로이 소유권을 이전받는 행위를 말한다. 국・공유재산을 취득하는 이유는 국가와 지방자치단체가 공용・공공용사업에 필요한 토지를 새로 확보하고 수익재산으로서 활용하는데 있다.

장래 행정수요에 필요한 토지를 미리 확보함으로써 적당한 시기에 이를 사용하거나 공공건물의 신축・개축, 도로, 공원, 항만, 하천 등 사회간접자본 시설의 확충 등에 토지를 이용하기 위함이다.

2. 취득의 원인

(1) 재산의 매입

국가 또는 지방자치단체가 예산을 미리 확보하여 당해 예산서상 자산취득비에 의하여 사법상 재산매매계약을 체결하고 그 계약에 의하여 금전적 대가를 지불한 후에 당해 재산권을 이전받는 취득형태로 가장 전형적이다.

매입시 주의하여야 할 사항은 사권이 설정된 재산은 사권이 소멸된 후가 아니면 이를 매입할 수 없으며 공유지분으로 된 재산과 사유지로 둘러싸인 맹지, 도시계획 등 공법상 토지이용이 제한된 토지 등은 재산의 가치하락과 토지이용의 제한이 따르게 되므로 신중한 검토가 필요하다.

(2) 건물의 신 · 증축 및 공사 등에 의한 취득

국가 또는 지방자치단체가 행정청사를 신・증축하거나 공작물의 신설, 증설 또는 입목의 식재 등에 의한 재산의 취득형태로서 반드시 국가・지방자치단체의 예산집행이 수반된다.

일본에서는 지방자치단체의 이와 같은 유형의 취득행위를 신영(新營)이라는 용어를 사용하고 있는데 민간기업에게 물건의 제작 등을 시켜 새로운 재산으로 취득하는 것을 말한다.

(3) 기부채납(寄附採納)

(가) 기부채납의 의의

사유재산을 기부의 방법으로 국가 또는 지방자치단체가 채납하는 행위는 민법 제554조의 규정에 의한 증여에 해당된다. 증여란 아무런 대가없이 당사자 일방이 무상으로 상대방에게 수여하는 의사를 표시하고 상대방이 이를 승낙함으로써 그 효력이 발생한다. 기부채납되는 재산은 토지, 건물신축에 의한 기부가 대부분이고, 물건상태에서 국・공유재산으로 새로 편입되는 것이다.

기부채납하는 경우는 지방자치단체가 민자유치수단으로 기부채납을 받는 경우, 지방자치단체가 인・허가조건으로 기부채납을 받는 경우, 기부자가 아무런 조건없이 기부채납하는 경우 등이 있다.

(나) 기부채납의 절차

① 기부서류 제출

기부자는 재산기부서(재산의 표시, 기부자의 주소, 성명, 주민등록번호, 기부목적,

기부시기 등의 기재)와 권리확보에 필요한 서류로 소유권 증명서류(부동산 권리증, 등기부등본 등), 토지대장 및 건축물관리대장, 토지이용계획확인서 및 기부재산의 사용계획서 등을 첨부하여 제출하여야 한다.

② 기부채납검토

기부채납 대상재산의 내구연한을 고려하되, 민자유치방법으로 민자를 유치하여 기부채납을 받는 경우에는 준공과 동시에 기부채납을 받아야 하고, 외국인투자촉진법, 벤처기업육성에관한특별조치법 등의 규정에 의한 국·공유지상의 지상물은 대부기간이 종료되면 기부채납을 받아야 한다.

③ 기부채납재산의 무상사용허가기간 산출

건물 등을 기부채납하는 경우에는 기부건물의 감정평가액÷(기부건물의 연간사용료+부지사용료)=0년 이하로 무상사용허가를 하되 최대 20년이다. 토지만 기부채납하는 경우에는 기부채납토지 가액(감정평가액 기준)÷기부토지의 연간사용료로 산정한다. 다만, 이 경우 사용료는 시중 임대료를 특히 참작하여 결정하여야 한다.

또한 기부채납의 무상사용허가 기간 산출시 국비, 지방비 등을 제외한 자부담분에 대하여 적용한다.

(4) 교환에 의한 취득

국·공유재산의 교환은 원칙적으로 잡종재산만 가능하다. 그러나 상호유사한 재산간에 국가 또는 지방자치단체가 공익사업을위한토지등의취득및보상에관한법률이 적용되지 아니하면서 직접 공용·공공용에 필요한 경우에 국·공유재산 상호간 또는 사유재산과도 교환을 할 수 있다. 교환은 취득과 처분이라는 양면성이 있어 교환의 방법으로 새로 국·공유재산에 편입되는 경우에는 교환취득에 해당된다.

공유재산인 행정보존재산을 국가 또는 다른 지방자치단체 등 다른 법인 또는 개인소유의 재산과 교환하여 받은 재산을 행정재산 또는 보존재산으로 관리하고자 하는 경우에는 서로 교환이 가능하다.

(5) 공공시설의 무상귀속

국토의계획및이용에관한법률 제65조 등 도시계획 실시계획인가 또는 각 개별법에서 인·허가시 사업시행자가 새로이 공공시설을 설치하거나 기존의 공공시설에 대체되는 공공시설을 설치한 경우에는 시설을 관리할 국가 또는 지방자치단체에 무상으로 귀속하는 것을 말한다.

여기에서 공공시설이란 도로·하천·제방 등과 같이 일반대중들이 직접 자유로이 사용 또는 이용할 수 있는 것을 말하며, 국토의계획및이용에관한법률 제2조 제13항에 규정된 공공시설이 대부분이고, 각 개별법에서도 공공시설이 구분되어 있으나 대부분 국토의계획및이용에관한법률상의 공공시설을 준용하여 무상귀속대상이 되고 있다.

(6) 기타의 취득

개별법률에 의하여 국가 또는 지방자치단체가 국·공유재산으로 취득하는 것으로서, 도시개발법에 의한 환지확정으로 취득하는 경우, 도시저소득주민의 주거환경개선을위한임시조치법 등과 같이 지방자치단체가 사업시행자의 주체로서 국·공유지를 양여받아 취득하는 경우, 하천법에 따라 국유폐천부지를 시·도지사가 양여받은 경우, 법원이 확정판결에 의하여 소유권을 취득한 경우 등이다.

3. 취득가격의 평가

(1) 협의매입시 가격평가

토지비축 등 주로 국가나 지방자치단체가 사경제주체로서 장래 필요에 따라 비축하고자 하는 재산이 이에 해당된다. 법령에 규정된 바는 없으나 공시지가 또는 인근지의 매매실례 등을 고려하거나 감정평가법인에게 의뢰하여 평가된 금액 등으로 매입한다.

(2) 공공사업의 가격보상

국가 또는 지방자치단체가 청사, 공원 등 공공시설과 도로, 하천, 철도, 상·하수도 등 법률에 의하여 시설하는 사업과 토지구획정리사업, 재개발사업 및 농지개량사업 등을 실시할 경우 계약체결당시의 가격을 기준으로 산정하는 것을 원칙으로 하되 2인 이상의 감정평가업자에게 의뢰하여 산술평균한 가격 이상으로 한다.

Ⅲ. 국 · 공유재산의 사용

1. 사용수익의 허가 및 취소철회

(1) 허가의 신청

행정재산 또는 보존재산을 사용하는 방법으로 허가관청에서 적극적으로 사용수익허가를 하는 방법과 사인의 신청에 의하여 사용수익허가를 하는 방법이 있으며, 사용희망자가 2인이상인 경우 반드시 일반경쟁입찰에 의하여 대상자를 선정하여야 하며, 제한적으로 수의계약방식으로 사용수익허가가 가능하다.

국 · 공유재산의 사용수익허가신청서는 신청인의 성명, 주민등록번호, 주소, 전화번호와 재산의 표시, 신청면적, 용도, 기간, 사용인 등 기타 필요한 사항을 기재하도록 되어 있다.

(2) 허가기간

국 · 공유재산 모두 3년 이내로 하며, 허가기간을 갱신하거나 다시 갱신할 때에는 이 기간을 초과할 수 없다. 이와 같이 3년으로 제한하는 것은 행정재산 또는 보존재산의 성질상 사용기간을 단기간으로 하고 필요한 경우에는 언제든지 국가나 지방자치단체가 사용할 수 있도록 하기 위함이다.

(3) 사용료의 징수

(가) 사용료의 요율

일반요율은 재산평가액의 1천분의 50을 적용하고, 공공용의 경우는 1천분의 25, 주거용 건물의 경우에는 1천분의 10을 적용한다.

(나) 재산가액의 평가

토지의 경우 가장 최근에 공시한 개별공시지가를 사용하여 산출한다. 토지외의 재산의 경우에는 감정평가법인에 의뢰하여 산출하되 1개 평가법인의 감정평가액만으로 할 수 있다.

(4) 사용료의 면제

국가 또는 지방자치단체가 직접 공용 · 공공용 또는 비영리공익사업용으로 사용하고자 하는 때, 행정재산 등으로 할 목적으로 기부채납한 재산을 기부자 또는 그 상속인 기타의 포괄승계인에게 사용·수익을 허가하는 때, 건물 등을 신축하여 기부채납하는 자가 신축기간동안 그 부지를 사용하는 때, 천재·지변 그 밖의 재난을 입은 지역주민에게 일정기간 사용·수익을 허가하는 경우 등 대통령령으로 정하는 경우로서 지방의회의 동의가 있는 때 등이다.

(5) 사용허가의 제한

행정재산이나 보존재산의 사용은 필요한 최소한도내에서 현상 그대로 사용하도록 하는 것이 원칙이다. 또 사용자에게 선량한 관리자로 하여금 유지·보존시키고 지정용도 이외의 사용을 금지시킬 필요가 있다. 행정재산을 용도폐지하여 매각하거나 사용으로 인하여 재산 가치를 손상시킬 우려가 있거나 구조변경이나 형질변경, 시설물 설치 등으로 행정재산으로서의 사용에 지장을 초래할 우려가 있는 경우에는 사용허가해서는 안된다.

(6) 사용수익허가의 취소

허가받은 자가 사용료를 납부기한내에 납부하지 아니한 때, 당해 재산의 관리를 태만히 하였거나 그 사용목적에 위반한 때, 허가받은 자가 직접 사용하지 않고 제3자에게 사용·수익하게 한 때, 허위의 진술, 부실한 증빙서류의 제시, 기타 부정한 방법에 의하여 허가를 받은 때, 지방자치단체장의 승인 없이 원상을 변경한 때 등의 경우에는 허가를 취소할 수 있다.

그리고 사용수익을 허가한 행정재산 등을 지방자치단체가 직접 공용 또는 공공용으로 사용하기 위하여 필요로 하는 때에는 그 허가를 취소할 수 있다. 다만, 이 경우에는 그 취소로 인하여 허가를 받은 자에게 손실이 발생한 때에는 이를 보상하여야 한다.

2. 공유재산의 관리위탁

(1) 위탁의 대상

지방자치단체의 장은 행정자산 등의 효율적인 관리를 위하여 필요하다고 인정되는 경우에는 대통령령이 정하는 바에 따라 지방자치단체 외의 자에게 당해 재산의 관리를 위탁할 수 있다.

(2) 위탁의 절차

관리위탁을 할 때에는 재산관리부서와 반드시 협의를 하고 재산관리부서는 지방재정법상의 행정재산 사용수익허가를 받은 것으로 간주되는 면적과 사용용도, 사용료 등을 미리 관리위탁부서에 통보하여 관리위탁 조건에 포함하여야 한다.

(3) 이용료와 경비지원

관리위탁을 받은 자는 미리 당해 지방자치단체의 장의 승인을 얻어 이용료를 징수하여 이를 관리에 소요되는 경비에 충당하거나 당해 행정재산 등의 효율적 관리 등으로 인하여 이용료수입이 증대되는 경우 그 증대된 수입의 일부 또는 전부를 관리위탁을 받은 자의 수입으로 할 수 있다. 또한 지방자치단체는 관리위탁을 받은 자에게 관리에 소요되는 경비(위탁보조금)를 지원할 수 있다.

3. 용도폐지 및 변경

(1) 대상재산

행정재산 또는 보존재산으로 계속 존치할 필요가 없는 재산은 용도를 폐지하거나 변경할 수 있다. 도로·하천·제방·구거 등 공공용재산이 사실상 공공용으로 사용되지 아니하게 된 때, 공용재산 또는 기업용재산이 해당 행정목적을 위하여 사용할 필요가 없게 된 때, 행정재산 또는 보존재산으로 관리하고 있는 재산이 앞으로 더 이상 보존할 필요가 없다고 판단하여 당해 지방의회의 동의를 얻은 때 등이다.

(2) 절 차

대상재산의 발생(생성·발굴) → 용도폐지변경 요청 → 공유재산심의회 심의 → 용도폐지결정 → 재산 인수·인계 및 공유재산관리대장 정리 등의 절차를 거친다.

4. 대부계약

(1) 대부기간

잡종재산을 대부하는 경우 토지와 정착물은 5년, 기타의 물건은 1년을 초과할 수 없다. 다만 대부받은 자가 천재·지변 그 밖의 재난으로 인하여 피해를

입은 경우, 대부받은 자가 당해 지방자치단체의 귀책사유로 인하여 당해 재산의 이용에 제한을 받은 경우 등에 대부기간을 갱신할 수 있다.

(2) 대부방법

대부신청자가 2인 이상일 때에는 경쟁입찰(일반경쟁 또는 지명경쟁입찰의 선택적용이 가능함)에 의하여야 하며, 대부재산이 발생한 경우에는 일반인에게 공개모집의 절차를 거쳐야 한다.

그러나 재산사용의 성질상 또는 재산의 위치·형태 등으로 수의계약 대부가 불가피한 경우에는 수의계약대부가 가능하고, 예외적으로 다른 법률에서 수의계약으로 대부를 허용하는 경우도 있다.

(3) 대부료의 산출

잡종재산의 대부료도 행정재산·보존재산의 사용료 산출방법과 동일하다. 또한 대부요율적용도 같고, 재산평가방법도 같다. 건물전체의 대부에 있어서는 건물평가액과 부지평가액을 합산한 금액을 재산의 평가액으로 한다.

(4) 대부료의 면제 또는 감면

대부계약을 체결함에 있어서 국가 또는 다른 지방자치단체가 당해 잡종재산을 직접 공용·공공용 또는 비영리공익사업용으로 사용하고자 하는 때, 지역경제의 활성화를 위하여 필요하다고 인정되는 경우 등 지방의회의 동의가 있는 때 대부료를 면제할 수 있다. 또한 지방자치단체의 조례가 정하는 외국인투자기업에 대부하는 경우에는 대부료의 전부 또는 일부를 감면할 수 있다.

(5) 대부계약의 해지

대부한 잡종재산을 국가 또는 지방자치단체가 직접 공용 또는 공공용으로 사용하기 위하여 필요하게 된 때, 대부받은 잡종재산의 관리를 태만히 하였거나 그 대부 목적에 위배하여 사용한 때, 대부받은 잡종재산을 전대하거나 대부받은 잡종재산의 원상을 지방자치단체의 장의 동의 없이 변경한 때, 허위진술이나 허위증빙서류의 제출 그 밖의 부정한 방법에 의하여 당해계약을 체결한 사실이 발견된 때, 납부기한내에 대부료를 납부하지 아니한 때에는 지방자치단체장은 그 대부계약을 해지 또는 해제할 수 있다.

5. 신 탁

(1) 신탁대상

토지와 정착물 등 잡종재산에 한하여 부동산신탁을 취급하는 신탁회사에 신탁할 수 있다. 또한 공유재산및물품관리법에 위반되는 무상대부 · 교환 또는 양여의 효과를 달성하기 위한 목적으로 신탁하거나 당해 지방자치단체 외의 자를 신탁의 수익자로 하여서는 아니 된다. 신탁의 신탁기간은 20년 이내로 하여야 하며 신탁기간은 갱신할 수 있다.

(2) 신탁보수

신탁으로 발생한 수익의 지방자치단체 귀속방법과 신탁회사의 신탁보수, 신탁회사의 선정범위 등에 관하여 필요한 사항은 대통령령으로 정한다.

Ⅳ. 국 · 공유재산의 처분

1. 재산의 매각

(1) 매각의 기준

(가) 법규에 의한 매각기준

지방재정법과 타법률의 규정에 의하여 당해사업의 시행자 또는 당해 법률에서 정한 자에게 매각하는 경우로, ① 국토의계획및이용에관한법률에 의한 도시기반시설에 필요한 토지로서 당해 도시계획으로 정하여진 사업목적을 위하여 매각이 불가피한 재산, ② 산업입지및개발에관한법률에 의한 산업단지개발사업 목적에 필요한 재산, ③ 택지개발촉진법에 의한 택지개발예정지구안의 재산 등이다.

(나) 공공목적의 매각기준

① 국가 및 다른 지방자치단체의 공용 및 공공용사업의 추진을 위하여 제공되는 토지를 매각하고자 하는 경우의 재산

- 국가 또는 지방자치단체가 직접 공용 또는 공공용으로 사용하기 위하여 필요한 재산
- 국토의계획및이용에관한법률에 의한 도시계획사업의 수행을 위하여 필요한 재산

· 지방자치단체가 특정목적을 위하여 조성한 재산을 그 재산의 용도에 맞도록 매각하는 경우의 재산 등

② 외국인투자기업이 필요로 하는 경우

③ 농업·주택·공업 등 공공사업 및 산업의 기본적인 육성을 위하여 필요한 경우

(다) 보존부적합재산의 매각기준

① 재산의 규모·형상 등으로 보아 당해 지방자치단체가 활용할 가치가 없는 경우

· 일단의 토지면적이 서울특별시 및 광역시의 동지역에 있어서는 300m^2 이하, 시의 동지역에서는 500m^2 이하, 광역시·시·군의 읍·면지역에서는 1,000m^2 이하인 영세규모의 토지

· 좁고 긴 모양으로 되어 있으며 최대 폭이 5m 이하로서 공유지 이외의 토지와의 합필이 불가피한 토지

· 좁고 긴 모양으로 되어 있는 폐지·폐하천·폐제방으로서 동일인 소유의 사유토지 사이에 위치하거나, 기존 산업단지 등 산업시설부지상에 위치한 토지

② 지방자치단체에 환수된 은닉재산을 그 재산의 최종 선의 취득자에게 매각하는 경우

③ 토지건물 이외의 재산으로서 용도가 폐지된 재산 등 지방자치단체가 보존·관리하는 것이 부적합하고 장래에 활용할 가치가 없는 재산 등이다.

(2) 매각의 방법

(가) 일반공개경쟁입찰

일반공개경쟁 입찰에 의한 매각이 원칙이다. 입찰에 의하여 매각되는 재산은 주로 택지개발조성지역의 토지나 일반잡종지이다.

(나) 수의계약

국가 또는 다른 지방자치단체가 공용 또는 공공용으로 사용하고자 할 때, 지방공기업, 정부투자기관 등이 그 목적사업을 위해 필요한 경우, 도시계획시설사업용 토지를 당해 사업자에게 매각할 때 등이다.

(다) 지명경쟁입찰

당해 재산에 인접한 토지의 소유자를 지명하여 경쟁에 붙일 필요가 있을 때,

재산의 용도에 따라 매수자의 범위를 지정하여 경쟁에 붙일 필요가 있을 때 등이다.

(3) 매각 절차

매각계획을 수립하여 공유재산심의회의 심의를 거치고, 관리계획에 반영하며, 매각방침(계약방법)을 결정하고, 2개 이상의 감정기관의 평가를 거쳐, 예정가격을 결정하며, 지명통지 또는 입찰(지명경쟁의 경우) 또는 공고 및 입찰(일반경쟁의 경우), 견적요구(수의계약의 경우)의 절차를 거쳐 계약을 체결한다.

(4) 매각가격의 결정

시가를 기준으로 하되, 감정평가법인 2 이상에게 평가를 의뢰하고 그 평가액을 산술평균하여 나온 금액 이상으로 한다. 감정평가액은 평가일로부터 1년 이내에 한하여 적용한다.

(5) 매각대금의 납부

매매계약체결일로부터 60일 이내에 일시에 전액을 납부하는 것이 원칙이다. 그러나 잡종재산의 매각대금을 일시에 전액 납부하는 것이 곤란하다고 인정되어 대통령령이 정하는 경우 분납에 대한 이자를 붙여 분할납부하게 할 수 있다.

2. 재산의 교환

(1) 법적 요건

국 · 공유재산의 교환이 성립되기 위하여는 국가 또는 다른 지방자치단체가 공용 · 공공용으로 사용하고자 하거나 토지의 집단화를 위하여 필요한 때, 당해 지방자치단체가 공용 · 공공용으로 사용하고자 하거나 토지의 집단화를 위하여 필요한 경우로서 공익사업을위한토지등의취득및보상등에관한법률이 적용되지 아니하는 때, 지역경제의 활성화 또는 지역주민의 복리증진을 위하여 필요하다고 인정되는 경우로서 지방의회의 동의가 있는 때이다.

(2) 교환가격의 평가

시가를 기준으로 하되 2개 이상의 감정평가법인에게 평가를 의뢰하여 그 평가액을 산술평균한 금액으로 교환한다. 다만 공유재산 중 지방자치단체 상호간에 토지를 교환하고자 하는 경우에는 감정평가를 생략하되 가장 최근에 공시한 개별공시지가를 기준으로 교환한다. 교환가격이 동일하지 않는 경우에는 그 차액은 금전으로 대납하여야 한다.

3. 재산의 양여

(1) 양여의 요건

(가) 행정재산 · 보존재산의 양여

양여 당시의 재산이 행정재산 · 보존재산으로서 당해 행정목적, 용도 등을 그대로 유지할 것을 조건(예: 지방도를 국도로 등)으로 국가 또는 다른 지방자치단체에 양여할 수 있다.

(나) 잡종재산의 양여

당해 특별 · 광역시 또는 도의 구역안에 있는 시 · 군 또는 구에서 공용 또는 공공용으로 사용하기 위하여 필요한 경우 용도가 지정된 국고보조금, 지방교부세 또는 기부금으로 조성된 잡종재산으로서 그 용도에 따라 이를 양여하는 때, 행정재산의 용도를 폐지한 경우에 있어서 그 용도에 갈음할 시설을 하여 제공한 자와 그 상속인 그 밖의 포괄승계인에게 양여할 때, 도시계획사업집행의 부담을 한 지방자치단체에 그 도시계획사업시행지구 안에 소재하는 토지를 양여하는 때, 그 밖에 자산가치가 하락하거나 보유할 필요가 없는 건물의 경우 등이다.

(2) 양여의 절차

시 · 군 · 자치구가 시 · 도에 양여를 신청한 때에는 시 · 도가 시 · 도의회에 관리계획의 의결을 요청하고 이 관리계획이 승인되면, 계약을 체결하고 소유권을 시 · 군 · 자치구에 이전한다.

지방자치단체가 대체시설제공자에게 양여할 때에는 지방자치단체 또는 사인 등 대체시설제공자가 기부의사를 표시하고 종전시설의 용도 폐지 및 양여를 신청하면, 지방자치단체는 관리계획의결을 지방의회에 요청하고 승인이 나면 채납의사를 대체시설제공자에게 통보하고 양여계약을 체결하고 등기절차를 거쳐 재산을 양여한다.

(3) 재산의 평가

양여시 2 이상 감정평가법인의 감정평가액을 산술평균한 금액으로 한다. 다만, 광역자치단체에서 기초자치단체로 양여할 경우는 예외로 할 수 있다.

제 2 절 채권 관리

Ⅰ. 채권의 의의

1. 채권의 개념

채권이란 채권자라는 특정인이 채무자라는 특정인에 대하여 일정한 행위를 할 것을 청구할 수 있는 권리로서 청구권의 전형이다.

지방자치단체의 채권이라 함은 금전(金錢)의 지급을 목적으로 하는 지방자치단체의 권리를 의미하고, 금전이외에 재화와 서비스를 급부의 목적으로 하는 채권은 제외된다.

2. 채권의 종류

지방자치단체 채권은 현행 지방재정법령, 중앙정부의 채권분류[1], 지방자치단체의 실제적인 채권관리현황, 발생주의 복식부기회계 개념 등을 종합적으로 고려하여 그 목적 및 성격을 기준으로 크게 4가지 유형으로 분류된다.

(1) 보증금채권

보증금채권은 계약상의 권리행사 등을 목적으로 자금을 예치함에 따른 채권을 말하며, 이에는 채권의 내용에 따라 청사건물 임차 보증금, 숙소전세보증금, 전화가입보증금, 기타 선수금 등이 해당된다.

지방자치단체가 소유하지 않고 타인의 재산을 임대하는 조건으로 일정한 금액을 주고 사용하다 계약기간 도래시 되돌려 받을 수 있는 채권이다.

(2) 융자금채권

융자금채권은 자금을 융자해 준 후 만기 도래시 융자원금 및 관련 이자를 회수하는 채권을 말하여 이에는 융자목적에 따라 주택사업융자금, 의료보호기

---

1) 중앙정부는 채권을 크게 세입금(歲入金)에 속하는 채권, 세입금에 속하지 않는 채권 및 조세관련채권으로 구분한다.

금융자금, 학자금융자금등이 해당된다.

지방자치단체가 법인, 개인, 기타 제3자에게 빌려주고 앞으로 받을 수 있는 채권이다.

(3) 미수금채권

상환기간이 도래되었는데도 회수하지 못한 채권과, 수년간에 걸쳐 받을 수 있는 채권으로, 지방자치단체 소유의 재산매각에 의한 대가로 발생하는 채권을 말하며 이에는 재산매각대금, 분양미수금, 환지청산금 등이 해당된다.

보증금·융자금채권 등에서 상환기간이 도래되었는데도 회수하지 못한 채권은 효율적인 관리를 위해 보증금·융자금채권 등에서 관리한다.

(4) 기타채권

기타 위에서 열거되지 아니한 채권으로 과불보상금, 의료보호 부당이득금, 소송공탁금, 행정소송의 승소금 등이 해당된다.

Ⅱ. 채권관리사무

채권관리사무는 지방자치단체의 채권에 대하여 채권자로서 행하여야 할 보전·추심·내용의 변경 및 소멸에 관한 일련의 사무를 말하며, 지방자치단체는 채권의 관리에 관한 사무를 채권의 발생원인 또는 내용에 따라 지방자치단체의 이익에 가장 적합하도록 처리하여야 한다.

지방자치단체 채권 가운데 ① 과태료 기타 이와 유사한 채권, ② 지방세와 그 가산금 및 체납처분에 관한 채권 ③ 증권으로 된 채권, ④ 지방자치단체의 금고에 대한 예금에 관한 채권, ⑤ 일상경비출납원 및 세입세출외현금출납원이 예탁한 예금에 관한 채권, ⑥ 보관금이 될 금전의 지급을 목적으로 하는 채권, ⑦ 보조금 또는 기부금에 관한 채권, ⑧ 외국이 채무자인 채권 등은 지방재정법령의 적용을 받지 않는다.

1. 채권관리사무의 종류

(1) 채권내용의 파악에 관한 사무

지방자치단체의 장이 법령 또는 조례·규칙의 규정 또는 계약 기타행위에 의하여 채권을 발생하게 하였거나 이를 지방자치단체에 귀속하게 한 직원으로부터 채권발생 등의 통지를 받거나, 스스로 알 수 있는 채권의 내용을 조사 확인하여 채권관리부에 등재하는 등의 사무이다.

(2) 채권의 보전에 관한 사무

채무이행을 확보하기 위하여 배당요구 등 채권의 신고, 담보 또는 보증의 요구, 가압류 또는 가처분, 채권자대위권 또는 사해행위 취소권의 행사, 시효중단 등에 관한 사무이다.

(3) 채권의 행사에 관한 사무

채무자에게 이행을 청구하기 위하여 하는 납부고지, 독촉, 담보의 처분, 경매 기타 담보권의 행사, 강제집행, 소송, 이행기전 징수 등에 관한 사무이다.

(4) 채권의 내용변경에 관한 사무

채권의 내용변경을 가져오는 이행연기의 특약, 화해 등에 관한 사무이다.

(5) 채권의 징수정지

이행기간이 경과된 후 상당한 기간을 경과하여도 이행되지 아니한 채권으로서 일정한 사유가 있고 이를 이행시키는 것이 부적당하다고 인정되는 때에 채권의 추심에 관한 사무를 정지한다.

(6) 채권의 소멸에 관한 사무

채권의 소멸원인이 되는 변제, 면제, 시효의 완성, 해제조건의 성취, 계약의 해제, 행정처분의 취소 등의 사유에 의하여 채권이 소멸되었을 때에 이를 정리하는 사무이다.

2. 채권관리사무범위의 제외

(1) 징수관이 행하는 사무

세입징수에 관한 사무는 징수관이 하도록 되어 있으므로 제외한다.

(2) 법령의 규정에 의하여 체납처분을 집행하는 자가 행하는 사무

체납처분을 집행하는 자가 행하는 사무는 일반채권에 있어서 민사소송의 절차에 의한 강제집행을 하는 집행관(執行官) 등에 상당하는 것으로서 특수한 신분을 가지고 행동할 뿐 아니라 그 사무내용은 특수한 집행행위에 해당하므로 이를 채권관리관이 하는 채권관리사무에서 제외한다.

(3) 채무이행(辨濟)의 수령에 관한 사무

상대방이 채무이행(변제)을 할 때, 즉 채무금액을 납입할 때에는 수입금출납원이나 금고가 이를 수납하도록 되어 있으므로 제외한다.

(4) 현금 또는 물품의 보관에 관한 사무

채권관리상의 담보목적으로 또는 압류한 결과로 채무자의 현금이나 물품을 보관하는 경우에는 별도 세입세출외현금출납원이나 물품출납원이 담당하는 것이 타당하므로 제외한다.

3. 채권관리의 중요성

지방자치단체의 채권은 꾸준히 증가하고 있다. 2006년 12월말 현재 지방자치단체의 채권은 29만 403건에 17조 714억원으로, 회계별로는 공기업특별회계가 8조 9,156억원(52%) 제일 많고, 다음이 기금으로 4조 7,097원(28%), 기타 특별회계가 1조 8,095억원(10%), 일반회계 1조 6,366억원(10%) 순이다. 종류별로는 융자금채권이 전체의 87%인 14조 8,734억원이고, 다음은 미수금채권 1조 7,894억(11%), 보증금채권 3,451억원(2%) 기타채권 635억원(1%), 순이다.

그러나 채무에 비해 자치단체장 뿐만 아니라 담당공무원도 상대적으로 관심이 저조하고 채권종류도 다양하고 채권관리부서가 많으며 채권관련 규정의 미비로 효율적인 관리가 이루어지지 못하고 있다.

국가의 경우 국가채권관리법, 국가채권관리법시행령 및 시행규칙 등 채권관리에 관한 규정이 잘 정비되어 있으나, 지방자치단체의 경우 지방재정법과 지방재정법시행령 등에 근거하여 관리되고 있으나 관리의 절차 등이 국가에 비해 상대적으로 미흡한 실정이다.

앞으로 지방재정법과 시행령 등 관련 규정을 정비하거나 지방재정법에서 별도의 채권관련 법령을 제정하여 지방자치단체 채권이 체계적으로 관리될 수 있는 토대를 마련할 필요가 있다.

Ⅲ. 채권의 관리기관

1. 지방자치단체의 장

지방자치단체의 장은 그 소관에 속하는 채권을 관리하고, 소속 공무원에게 위임하여 관리하게 할 수 있다. 지방재정법에서는 채권관리에 관한 기관의 설치를 의무화하지 않고 채권관리 업무를 모두 지방자치단체의 장의 책임으로 하고 있다.

2. 채권관리관

채권관리관은 지방자치단체의 장이 그 소관에 속하는 채권의 관리에 관한 사무를 위임한 소속 공무원이다. 채권관리관은 지방자치단체채권에 대하여 채권자로서 행할 채권의 보전, 행사, 내용변경 및 소멸 등 채권관리에 관한 사무를 담당한다. 채권관리관은 직원과소로 인하여 부득이한 사유가 있는 경우를 제외하고 현금수납의 직무를 겸할 수 없다.

3. 총괄채권관리관

지방자치단체의 장이 당해 지방자치단체의 채권의 관리에 관한 사무를 총괄하도록 임명한 채권관리관이다. 총괄채권관리관은 채권현재액보고서의 작성에 관한 사무와 당해 지방자치단체의 채권관리를 감독한다.

Ⅳ. 채권의 발생

1. 발생의 원인

일반적으로 채권이 발생하는 원인으로서는 계약, 불법행위, 사무관리, 부당이득, 법률의 규정에 의한 경우 및 행정상의 처분이 있다.

지방자치단체의 채권은 새로이 발생하는 것 외에도 기존의 채권이 지방자치단체에 귀속함에 따라 채권관리관이 관리하여야 할 지방자치단체의 채권이 되는 경우가 있다. 이 귀속의 원인은 지방자치단체 외의 자가 지방자치단체에의 채권양도, 지방자치단체의 채무자가 제3채무자에 대하여 갖는 압류채권에 대한 전부명령 등이 있다.

2. 채권의 발생 또는 귀속의 통지

채권의 발생 및 귀속을 통지하여야 할 경우 및 통지하여야 할 의무자는 다음과 같다.

① 법령 또는 조례·규칙의 규정에 의하여 지방자치단체의 채권이 발생하거나 채권이 지방자치단체에 귀속될 원인이 되는 계약 기타의 행위를 할 자가 당해 행위를 한 때이다.

다만, 채권의 발생 또는 귀속에 있어서 정지조건이나 시기가 있을 때에는 조건이 성취되었거나 기한이 도래함으로써 채권이 발생 또는 귀속하였을 때이다.

② 법령 또는 조례·규칙의 규정에 의하여 지방자치단체를 위하여 지출원인행위를 하는 자가 당해 지출원인행위의 결과 반납금에 관한 채권이 발생된 것을 안 때이다.

③ 앞의 두 가지 경우를 제외하고 법령 또는 조례·규칙의 규정에 의하여 지방자치단체를 위하여 계약을 하는 자가 당해 계약에 관하여 채권이 발생하였거나 지방자치단체에 귀속한 것을 안 때이다.

④ 앞의 세 가지 경우를 제외하고 현금 또는 물품의 출납원이나 공유재산에 관한 사무를 행하는 자가 그 취급에 속한 재산에 관하여 채권이 발생한 것을 안 때이다.

통지의무자가 채권발생통지시에는 채권발생의 내역과 관련된 사항을 증명하는 서류, 기타 물건이 있을 때에는 이의 첨부가 가능하다.

V. 장부의 등재

1. 장부의 비치

지방자치단체의 장은 그 소관에 속하는 채권이 생긴 때에는 지체없이 채무자·채권금액 및 이행기한, 기타 관련되는 모든 사실을 확인하여 장부에 기재하여야 한다. 채권관리관은 채권의 발생·변경·채권의 독촉, 이행기간의 연장 등의 경우에는 채권관리부에 그 상황을 기록하여야 한다.

2. 채권관리부에 기록하여야 할 채권

채권관리부에 기록하여야할 채권은 ① 계약에 의하여 발생된 채권으로서 그 이행기한이 경과하였으나 변제되지 아니한 채권, ② 계약에 의하여 발생한 채권으로서 그 이행기간이 60일을 초과하는 채권, ③ 법령 또는 조례의 규정에 의하여 발생한 채권으로서 그 이행기간이 경과한 채권. ④ 기타 지방자치단체의 장이 정하는 채권 등이다.

Ⅵ. 채권의 보전

채권관리관은 채무자의 채무이행을 확보하기 위하여 강제집행이라고 하는 비상수단을 취하기 전에 채권의 보전에 만전을 기하여야 하며, 법령 또는 조례에 의하지 아니하고는[2] 채권의 전부 또는 일부를 면제하거나 당해 지방자치단체에 불리하게 효력을 변경할 수 없다.

채권보전을 위하여 채권발생 원인이 되는 계약 또는 행정처분을 하기 전에 채무자의 자산상황, 신용상황 등을 충분히 조사하고 채권 발생후에도 채무자의 자산내용이나 담보상황, 일반적인 업무상황을 감시하는 등 일반적 조치방법이 있다.

채권을 위태롭게 하는 특정사태에 대비하여 취하여야 할 특정 보전조치 방법으로 채권의 교부청구(신고), 담보의 징구(徵求) 및 보전, 가압류 또는 가처분, 채권자대위권의 행사, 사해행위의 취소, 시효중단, 이행기전의 징수 등이 있다.

1. 채권의 교부청구(신고)

채무자가 강제집행을 받게 되어 그 책임재산이 위태롭게 되거나 총재산에 대하여 청산이 개시된 때에 채무자의 재산배분에 불이익이 되지 않도록 지방자치단체가 채권자로서 즉시 배당을 요구하거나 채권을 신고하여 채권을 보전하

2) 개개 특정채권의 감면에 관하여 각기 개별적 법령 또는 조례의 규정이 있음을 요하는 것이 아니고 감면 등의 조치를 취할 수 있는 법령이나 조례의 근거만 있으면 된다.

게 하는 조치를 말한다.

채권의 교부청구를 하는 경우는 ① 채무자가 강제집행을 받은 때, ② 채무자가 조세 기타 공과금에 대하여 체납처분을 받은 때, ③ 채무자의 재산에 대하여 경매의 개시가 있은 때, ④ 채무자가 파산의 선고를 받은 때, 채무자의 재산에 대하여 담보권행사에 관한 절차의 개시가 있은 때, ⑤ 채무자인 법인이 해산한 때, ⑥ 채무자에 대하여 상속의 개시가 있는 경우에 상속인이 한정승인을 한 때, ⑦ 파산선고, 담보권행사의 절차 개시, 법인의 해산 및 한정승인 이외의 경우로서 채무자의 총재산에 대한 청산이 개시된 때 등이다.

2. 담보의 징구 및 보전

지방자치단체의 장은 채권을 보전하기 위하여 필요한 때에는 법령·조례·규칙 또는 계약이 정하는 바에 따라 채무자에 대하여 담보의 제공 또는 보증인의 보증, 추가담보의 제공 또는 보증인의 변경 기타 필요한 요구를 하여야 한다.

지방자치단체의 장은 채권에 대하여 담보가 제공된 때에는 지체없이 그 담보권의 설정에 관하여 등기·등록 기타 제3자에 대항할 수 있는 요건을 갖추어야 한다.

지방자치단체의 장은 채권에 대하여 지방자치단체가 채권자로서 점유하여야 할 담보물(채무자에 속하는 권리를 대위하여 행함으로써 수령한 물건을 포함한다) 및 채권 또는 채권의 담보에 관한 사항의 입증에 필요한 서류, 기타의 물건을 선량한 관리자의 주의로 정비·보존하여야 한다.

3. 가압류 및 가처분

지방자치단체의 장은 채권을 보전하기 위하여 필요한 때에는 가압류 또는 가처분을 신청하여야 한다.

4. 채권자대위권의 행사

지방자치단체의 장은 채권을 보전하기 위하여 필요한 경우에 법령 또는 조례·규칙의 규정에 의하여 지방자치단체가 채권자로서 채무자가 가지는 권리를 행할 수 있는 때에는 채권자에 갈음하여 당해 권리의 행사에 필요한 조치를 하여야 한다.

5. 사해행위의 취소권 행사

지방자치단체의 장은 채권에 대하여 채무자가 당해 지방자치단체의 이익을 해하는 행위를 한 것을 안 경우에 법령 또는 조례·규칙의 규정에 의하여 지방자치단체가 채권자로서 당해 행위의 취소를 요구할 수 있는 때에는 지체없이 그 취소를 법원에 청구하여야 한다.

6. 시효중단의 조치

지방자치단체의 장은 채권이 시효로 인하여 소멸될 우려가 있는 때에는 시효를 중단시키기 위하여 필요한 조치를 하여야 한다.

자치단체의 금전채권에 대한 소멸시효의 중단과 정지에 관하여 적용할 다른 법률의 규정이 없을 때에는 민법의 규정이 준용된다. 또한 법령 또는 조례의 규정에 의하여 지방자치단체가 행하는 납입의 고지는 시효중단의 효력이 있다.

7. 이행기전의 징수

지방자치단체의 장은 채권에 대하여 이행기를 단축할 수 있는 사유가 발생한 때에는 지체 없이 납부의 고지를 하여야 한다.

Ⅶ. 채권의 행사에 관한 사무(이행의 청구)

1. 납부의 고지

지방자치단체의 장은 채무이행의 청구를 하기 위하여 납부의 고지를 하여야 한다. 다만, 신고납부에 의한 채권에 대하여는 그러하지 않다.

2. 독 촉

지방자치단체의 장은 채권에 대하여 그 전부 또는 일부가 납부의 고지로 지정하는 기한(납부의 고지를 요하지 아니하는 채권에 대하여는 이행기)을 경과하여도 이행되지 아니한 경우에는 독촉을 하여야 한다.

채권관리관은 법령, 조례, 계약, 기타 특별한 규정이 있는 경우를 제외하고 분기별로 채무자 또는 연대보증인의 소재를 파악하여 독촉장을 발부하고 채권

확보를 하여야 한다.

3. 강제이행의 청구

지방자치단체의 장은 이행기를 경과한 채권(지방세체납처분의 예에 의하여 징수할 수 있는 채권을 제외한다)에 대하여 그 전부 또는 일부가 독촉이 있은 후 상당한 기간이 경과하여도 이행되지 아니한 경우에는 강제이행의 조치를 하여야 한다.

(1) 담보권의 실행

(가) 물적담보의 처분

담보부채권에 대하여는 당해채권의 내용에 따라 그 담보의 처분 또는 경매, 기타 담보권행사에 관한 절차를 이행한다.

(나) 보증인에 대한 이행의 청구

보증인의 보증이 있는 채권에 대하여는 보증인에 대한 이행의 청구를 한다.

(2) 강제이행

채무명의가 있는 채권에 대하여는 강제집행청구의 절차를 이행한다.

(3) 소송절차에 의한 이행의 청구

담보가 없는 채권, 담보가 있는 채권이라 하더라도 물적담보를 처분하거나 보증인에게 이행의 청구를 하여도 전액 이행되지 않을 경우에는 그 부족된 부분의 금액에 대하여는 소송절차에 의한 이행의 청구를 한다.

Ⅷ. 징수정지

지방자치단체의 장은 이행기간이 경과된 후 상당한 기간을 경과하여도 이행되지 아니한 채권(지방세징수 또는 지방세체납처분의 예에 의하여 징수하는 채권을 제외한다)으로서 이를 이행시키는 것이 부적당하다고 인정되는 때에는 담보부채권을 제외하고는 당해 채권에 대한 추심에 관한 사무를 요하지 아니하는 것으로 정리할 수 있다.

지방자치단체의 장은 징수정지의 조치를 한 후 사정의 변경 등으로 인하여 그 조치를 계속 유지함이 부적당하다고 인정되는 경우에는 그 조치를 중지하여야 한다.

징수정지를 할 수 있는 경우는 다음 세 가지의 경우이다.

① 법인인 채무자가 그 사업을 휴지하여 장래 그 사업을 재개할 가망이 없으며 압류할 수 있는 재산의 가액이 강제집행의 비용을 초과하지 아니할 것으로 인정되는 경우(당해 법인의 채무에 대하여 이행의 책임을 질 자가 따로 있는 경우 제외)

② 채무자의 소재가 불명하고 압류할 수 있는 재산의 가액이 강제집행의 비용을 초과하지 아니할 것으로 인정되는 경우

③ 채권금액이 소액으로 추심에 요하는 비용에 미달할 것으로 인정되는 경우

Ⅸ. 채권의 내용변경

1. 이행연기의 특약

지방자치단체의 장은 채권에 대하여 일정한 경우에 그 이행기를 연장하는 특약 또는 처분을 할 수 있고, 이 경우 당해 채권의 금액을 분할하여 이행기를 정할 수 있다.

이행기 후에 있어서도 이행연기의 특약을 할 수 있으나 다만, 이행기 후에 있어서는 이미 발생한 연체금에 관한 채권은 징수하여야 한다.

채권으로서 분할하여 이행하도록 되어 있는 것에 대하여 이행연기의 특약을 하는 경우에 있어서 특히 필요하다고 인정되는 때에는 당해 이행기 후에 이행하기로 되어 있는 금액에 관한 이행기도 동시에 연장조치를 할 수 있다.

(1) 이행연기의 특약을 할 수 없는 채권

(가) 지방세징수 또는 지방세체납처분의 예에 의하여 징수하는 채권

(나) 다른 법률에 의한 경우

법령의 규정에 의하여 지방자치단체에 납입하는 이익금, 잉여금 또는 수입금, 공무원연금법의 규정에 의한 보험료

(2) 이행연기의 특약을 할 수 있는 채권

(가) 채무자가 무자력 또는 이에 가까운 상태에 있는 때

(나) 채무자가 당해 채무의 전부를 일시에 이행하기 곤란하고 현재 보유하고 있는 자산의 실정에 따라 이행기를 연장함이 징수상 유리하다고 인정되는 때

(다) 채무자가 재해, 기타의 사고로 인하여 당해 채무의 전부를 일시에 이행하기 곤란하여 이행기의 연장이 부득이하다고 인정되는 때

(라) 계약에 의한 채권으로서 채무자가 당해 채무의 전부를 일시에 이행하기 곤란하고 소정의 이행기에 의하는 것이 공익에 현저한 장애를 미칠 우려가 있는 때

(마) 손해배상금 또는 부당이득 반환금에 관한 채권으로서 채무자가 당해 채무의 전부를 일시에 이행하기 곤란하고 이행에 있어 특히 성의가 있다고 인정되는 때

(3) 이행기 연장의 기한

이행연기의 특약을 하는 경우에는 이행기로부터 5년 이내로 그 연장에 관한 이행기를 정하여야 하며(채무자가 무자력 또는 무자력에 가까운 상태에 있는 때에는 10년) 필요하다고 인정하는 때에는 이행의 재연기의 특약을 할 수 있다.

(4) 이행연기의 특약에 대한 조치

(가) 연납담보의 제공 및 이자

채권에 대하여 이행연기의 특약을 하는 경우에는 담보를 제공하게 하고 이자를 붙여야 한다.

(나) 채무명의[3]의 취득

채무명의가 없는 채권에 대하여 이행연기의 특약을 하는 때에는 채무명의의 취득을 위한 조치를 취하여야 하며, 채무명의의 취득을 위하여 필요한 때에는 채무자가 행하여야 할 행위 및 그 기한을 정하여 통지하여야 한다.

(다) 채무명의의 취득을 위한 조치가 필요 없는 경우

① 해당 채권에 확실한 담보가 있는 경우

② 채무자가 채무명의를 취득함에 필요한 비용을 부담할 수 없다고 인정되

3) 일정한 사법상(私法上) 청구권(請求權)의 존재 및 범위를 표시하고 이를 실현시키는 집행력을 인정하는 공적인 문서(예, 법원의 판결, 공증인이 작성한 공정증서 등)를 말한다.

는 경우

③ 기타 채무자의 무자력으로 인하여 채무명의의 취득이 사실상 실효성이 없다고 인정되는 경우

(5) 이행연기의 특약에 붙이는 조건

① 당해 채권의 보전상 필요한 때에는 채무자 또는 보증인에 대하여 그 업무 또는 자산의 상황에 관하여 질문하거나 장부·서류, 기타의 물건을 조사하거나 보고 또는 자료의 제출을 요구할 수 있게 하는 것

② 다음의 경우에 해당하는 때에는 당해 채권의 전부 또는 일부에 대하여 그 연장된 이행기를 단축할 수 있게 하는 것

i) 채무자가 지방자치단체에 불이익하게 그 재산을 은닉·손괴, 기타의 처분을 하였거나 그 우려가 있다고 인정되는 때

ii) 허위로 다른 채무를 부담하는 행위를 한 때

iii) 당해 채권의 금액을 분할하여 이행기를 연장한 경우에 채무자가 분할된 이행금액에 대한 이행을 태만히 한 때

iv) 채권의 교부청구를 할 수 있는 때

v) 채무자가 제1호의 조건, 기타 당해 이행연기의 특약의 조건을 이행하지 아니한 때

vi) 채무자의 자력상태, 기타 사정의 변화로 그 연장된 이행기에 의하는 것이 부적당하게 되었다고 인정되는 때

2. 화 해

채권으로서 법률상의 분쟁이 있는 때에는 그 분쟁을 해결하기 위하여 부득이하거나 지방자치단체로서 당해 채권의 징수상 유리하다고 인정되는 범위안에서 재판상의 화해를 할 수 있다.

Ⅹ. 채권의 소멸

1. 변 제

변제는 채권의 목적인 금전의 지급이 이루어져 채권본래의 목적을 달성하여

소멸하는 경우이다.

2. 면 제

면제는 채권의 일부 또는 전부를 소멸시키는 채권자의 단독행위이며, 이는 채권자의 권리포기로 채무자의 동의를 요하지 않는다.

면제의 대상은 이행연기의 특약을 한 채권 중 다음의 경우이다.

① 채무자가 무자력하거나 이에 가까운 상태에 있으므로 인하여 당초의 이행기로부터 10년을 경과한 후에도 채무자가 무자력하거나 이에 가까운 상태에 있고 이행할 수 있는 가망이 없다고 인정되는 경우에는 당해 채권과 이에 관한 연체금 및 이자를 면제할 수 있다.

② 연납이자를 붙인 경우에 채무자가 당해채권의 금액(연납이자를 제외한다)의 전부에 상당하는 금액을 그 연장된 이행기내에 납부하는 때에는 연납이자에 대하여는 채권자의 자력상태에 비추어 부득이하다고 인정되는 경우에 한하여 그 전부 또는 일부에 상당하는 금액을 면제할 수 있다.

3. 기타 원인에 의한 소멸

(1) 해제조건의 성취

해제조건부 법률행위는 그 조건성취시에 효력을 상실하므로 채권은 해제조건의 성취라고 하는 사실이 있을 때에 소멸한다.

(2) 계약의 해제 또는 행정처분의 취소

계약불이행 등의 사유로 계약의 해제나 행정처분이 취소되면 채권은 처음부터 없었던 것으로 되어 계약 또는 행정처분이 당초로 환급하여 소멸한다.

(3) 소멸시효의 완성

금전의 지급을 목적으로 하는 지방자치단체의 권리로서 시효에 관하여 다른 법률에 특별한 규정이 없는 것은 5년간 이를 행사하지 아니하면 시효가 완성된다.

(4) 상 계

지방자치단체의 장은 채권에 대하여 법령 또는 조례·규칙의 규정에 의하여 당해 채권과 상계하거나 이에 충당할 수 있는 지방자치단체의 채무가 있는 것을 안 때에는 즉시 당해 채무를 취급하는 지출원에 대하여 상계 또는 충당할 것을 명하여야 한다.

지출원은 그 소관지출금에 관한 채무에 대하여 지방자치단체장의 명령이 있는 때 또는 기타 법령 또는 조례·규칙의 규정에 의하여 당해 채무와 상계하거나 이를 충당할 수 있는 지방자치단체의 채권이 있는 것을 안 때에는 지체없이 상계 또는 충당을 함과 동시에 이를 지방자치단체의 장에게 보고하여야 한다.

(5) 기 타

(가) 혼동(混同)

혼동이라 함은 채권과 채무가 동일의 주체에게 귀속하는 것을 말하며 이 경우에는 채권은 당연히 소멸한다. 채무자가 채권자를 상속하고 채권자인 회사가 채무자인 회사와 합병하고, 채무자가 채권을 양수하는 경우 등이 그것이다.

(나) 경개(更改)

경개라 함은 신채무를 성립시킴으로써 구채무를 소멸시키는 계약이다. 즉 채권자, 채무자, 채권의 목적 등 채무의 요소를 변경하면 신채권이 성립하고 구채권은 소멸한다. 이는 본래의 급부와 다른 대가를 줌으로서 채권을 소멸시키는 점에 있어서 대물변제와 유사하지만 대가를 현실로 주지 않고 이를 주려고 하는 채무를 부담함에 그치는 점에서 이와 다르다.

(다) 공탁(供託)

공탁은 법령의 규정에 의하여 금전, 유가증권, 기타의 물건을 공탁소에 임치하는 것으로서 여기에서 공탁이라 함은 변제공탁 즉 채무소멸을 위한 공탁을 말한다. 이 경우 공탁원인으로는 채권자가 변제를 받지 아니하거나 받을 수 없는 경우 또는 변제자의 과실없이 채권자를 알 수 없는 경우로서 변제자는 채권자를 위하여 변제의 목적물을 공탁하여 그 채무를 면할 수 있다.

제 3 절 지방자치단체금고 및 자금관리

Ⅰ. 지방자치단체금고

1. 지방자치단체금고의 의의

지방자치단체금고란 지방자치단체의 장이 소관 현금과 지방자치단체의 소유 또는 보관하고 있는 유가증권의 출납 및 보관, 기타 그와 관련된 업무를 취급하기 위하여 특정의 금융기관을 지정하여 당해 지방자치단체의 금고업무를 처리하도록 하는 제도이다.

여기에서 금융기관이라 함은 은행법에 규정된 예금의 수입, 유가증권 또는 기타 채무증서의 발행에 의하여 불특정 다수인으로부터 채무를 부담함으로써 획득한 자금을 대출하는 업무를 규칙적·조직적으로 영위하는 한국은행 이외의 모든 법인을 말한다. 따라서 체신관서, 새마을금고, 신용협동조합, 상호신용금고, 신용카드 또는 신용사업을 하는 기관은 당해 금융기관에 포함되지 않는다.

지방자치단체금고는 각종 부담금, 교부금, 보조금 등을 교부하고 자금의 관리·운용·조달 기능뿐만 아니라 중소기업체 등에 대한 여신지원과 현금관리 등 지방자치단체와 연계하여 많은 사업을 추진하므로 지방자치제의 실시에 따라 그 역할이 더욱 커지고 있다.

2. 지방자치단체금고의 유형

(1) 지방자치단체금고

지방자치단체소관의 현금 및 유가증권을 출납·보관하는 총괄금융기관으로서, 일반회계는 1지방자치단체 1금고, 특별회계와 기금은 회계별, 기금별로 별도금고를 지정하여 운영할 수 있다. 그러나 경남에서 일반회계의 경우 다금고제로 운영중이나, 자금관리측면에서는 많은 문제가 있다.

(2) 지방자치단체금고 수납대행점

지방자치단체금고의 수납업무를 일부 대행하는 금융기관으로서, 은행법 제2

조에서 규정한 금융기관과 체신관서, 새마을금고법에 의한 새마을금고, 신용협동조합법에 의한 신용협동조합 등이 이에 해당한다.

(3) 지방자치단체금고 지출대행점

제1관서의 지출 및 보관업무를 일부 대행하는 금융기관 또는 체신관서를 말한다. 제1관서란 지방자치단체의 소속행정기관 또는 하부행정기관 중 지출원을 설치하는 기관을 말하며, 시·도공무원교육원, 소방본부 등이 이에 해당한다.

(4) 지방자치단체 공금지급대행점

지방자치단체의 일상경비에 대한 출납기관의 지급 및 보관업무를 일부 대행하는 금융기관 또는 체신관서가 이에 해당된다.

3. 지방자치단체금고 지정절차 및 고려사항

(1) 금고설치 절차

우리나라에서는 지금까지 자치단체의 금고지정이 대부분 공개경쟁입찰이 아닌 수의계약방식으로 이루어져 금고지정을 둘러싸고 각종 비리와 부작용이 빈발하였다. 이에 따라 행정안전부에서는 2006년에 자치단체금고지정기준(행정안전부예규)을 마련하여 경쟁을 원칙으로 하되, 예외적으로 자치단체구역 내에 금융기관이 1개인 경우, 경쟁을 실시하여도 1개 금융기관만 경쟁에 참여한 경우, 기초자치단체가 경쟁방법에 의하여 지정된 광역자치단체의 금고금융기관을 당해 금고로 지정하는 경우, 경쟁에 의하여 지정된 금융기관을 재지정하는 경우(1회), 금융기관이 지역경제에 미치는 영향 등을 고려하여 특정금융기관을 금고로 지정하는 것이 특히 필요하다고 인정하는 경우 등이다. 이때 수의방법으로 금고를 지정하더라도 민간전문가로 구성된 "금고지정심의위원회"에서 수의계약의 필요성을 심의·의결하도록 하였다.

미국, 영국, 일본 등 주요선진국의 지방자치단체는 금고선정을 거의 모두 공개경쟁방법에 의하여 하고 있다(심정근 외 2000: 373). 금고를 지정하거나 변경하는 경우에는 시·도 금고는 행정안전부장관에게, 시·군·자치구금고는 시·도지사에게 즉시 보고하여야 한다. 일본의 경우는 특히 지방자치단체의 자율성과 책임성을 높이기 위하여 중앙정부나 상급자치단체에 보고하는 대신 지방의회의 승인을 얻도록 하고 있다. 이는 공금취급의 특수성 및 중요성을 고려하여 지방의회가 관여하는 것이 바람직하다는 인식 때문이다(宮元義雄, 1985, 254-255).

(2) 금고선정시 고려사항

자치단체가 금고를 지정하는 경우 금융기관의 금고업무취급능력, 주민이용편의 및 금융기관의 재무구조 등을 고려하여야 한다. 세부적인 금고선정시 고려사항은 아래와 같다.

(가) 금융기관의 대내외적 신용도 및 재무구조의 안정성

해당 금융기관에 대한 외부기관의 신용조사 상태평가와 BIS자기자본비율, 자기자본이익율, 무수익여신비율 등 주요경제지표

(나) 자치단체에 대한 대출 및 예금금리

정기예금의 예치금리와 자치단체의 대출금리, 공금예금의 적용금리 등

(다) 주민이용 편의 및 지역사회 기여도

관내 지점현황 및 지역주민 이용현황과 편리성, 지방세입금 수납처리능력, 지역사회 기여실적 및 계획 등

(라) 금고업무 관리능력

세입세출업무 자금관리능력, 금고관리업무 수행능력, 전산시스템 보안관리 등 전산처리능력 등

(마) 자치단체와 금고간 협력사업 추진능력

자치단체와의 협력사업 추진실적 및 추진계획. 그러나 협력사업의 명목으로 금고선정의 대가로 해당자치단체에 거액을 기부·출연함에 따른 공정성시비가 있어 심도있는 검토가 필요하다.

(바) 기타 사항

지방자치단체가 추가하는 기타의 평가항목

4. 지방자치단체금고 지정실태

우리나라에서 지방자치단체금고지정은 1915년 서울시가, 1936년에는 부산시가 각각 조선상업은행(한국상업은행)을, 1954년에는 도가 제일은행을 각각 금고은행으로 지정하여 현금 및 유가증권을 보관 관리하게 하였다. 1964년부터는 시는 중소기업은행을, 군은 농협을 금고은행으로 지정하여 자금관리를 하여왔다. 그러나 1967년부터 지방은행의 발족으로 지역경제활성화차원에서 중소기업은

표 8-2 지방자치단체금고 현황

구 분	일반은행	지방은행	농협
시 · 도	서울(우리은행) 인천(신한은행) 대전(하나은행)	부산(부산은행) 대구(대구은행) 광주(광주은행) 울산(경남은행)	경기, 강원, 충북, 충남, 전북, 전남, 경북, 경남, 제주
시 · 군 · 자치구	40(2시,38자치구)	32(5시,2군,25자치구)	158(68시,84군,6자치구)

자료: 행정안전부.

행이 맡고 있었던 시단위금고에 대한 지정을 놓고 농협과 지방은행이 적극적으로 유치경쟁을 벌려 큰 변화가 있었다.

우리나라가 OECD회원국이 되면서 금융자율화와 금융시장의 개방확대로 국내금융기관간 경쟁은 물론 외국금융기관과의 경쟁심화로 은행이 도산될 우려가 있고 통폐합이 되고 있으며, 예금자보호장치의 일환으로 예금자보호법이 제정 · 시행되고 있으나 지방자치단체는 동법의 보호를 받을 수 없는 실정이다. 따라서 이에 대한 체계적인 관리가 요청된다.

2008년 1월 현재 지방자치단체의 금고지정현황은 〈표 8-2〉와 같다.

시 · 도의 광역지방자치단체는 일반은행과 지방은행 그리고 농협을 골고루 지정하여 운영하고 있으나, 일반시와 군은 전국적인 점포망을 갖추고 있으면서 읍 · 면지역의 경우 타은행지점이 없는 경우가 많아 접근성 등을 고려하여 농협을 주로 금고로 지정하여 운영하고 있다. 그러나 자치구는 광역자치단체인 광역시금고와 연계성을 고려하여 광역시금고와 동일은행으로 운영하고 있다.

Ⅱ. 지방자치단체의 자금관리

1. 자금관리의 의의

자금관리 또는 현금관리(cash management)란 공공기관의 현금흐름을 적절히 통제함으로써 지출수요에 필요한 자금(유동성)을 즉시 확보하는 동시에 유휴자금을 투자하여 수익을 얻는 일련의 과정을 의미한다(김재영, 1999: 96). 자금을 관리하는 목표는 ① 공공자금을 안전하게 보관하고, ② 필요시 유동성(liquidity)

을 유지할 수 있게 하며, ③ 투자가능한 자금을 최대한 확보하고, ④ 공공자금으로부터 수익을 극대화하는데 있다(J.L. Mikesell, 1986: 466). 그러나 적정수준의 유동성 유지와 수익의 극대화는 상충될 수도 있다. 지방자치단체의 입장에서는 일반기업과 달리 유동성의 유지가 우선적으로 고려되어야 하고, 그 다음이 수익의 극대화이다.

자금관리를 위해서는 현금수입의 시기와 지출시기를 신속히 파악할 수 있는 회계정보체계와 현금관리정보체계의 구축이 무엇보다 먼저 요청된다. 이를 위해 현금예산의 편성이 필요하다. 당해연도 예산과 과거의 경험을 중심으로 한 회계연도를 기준으로 현금의 수입과 지출만을 대상으로 편성한 후 자금의 실제 흐름에 따라 분기별, 월별, 그리고 주별로 재편성할 필요가 있다. 이를 위하여 최적보유현금수준(optimal cash balance)을 설정하는 것이 필요하며 집중계좌의 운영과 영계좌가 동시에 설치되어야 한다. 집중계좌(concentration account)란 모든 현금수입을 하나의 계좌로 집중하여 이 계좌를 중심으로 지출에 필요한 현금의 배정 및 투자가 이루어지도록 하는 것을 말한다. 영계좌(zero-balance account)란 이 계좌의 잔액이 매일 "0"을 유지함으로써 투자할 수 있는 여유자금이 한 곳에 모일 수 있도록 하여 규모를 극대화하는 방법을 말한다.

2. 투자전략

투자상품을 선택할 때 고려하여야 할 사항은 3가지 요소로 ① 위험은 투자원금의 손실뿐만 아니라 잠재적인 이자수입의 손실까지도 포함한다. ② 유동성으로 투자상품의 환금성이다. 유동성의 문제로 각 국에서는 일반적으로 주식 및 부동산에 대한 여유자금의 투자는 금지하고 있다. ③ 수익으로 민간기업과는 달리 안전성과 유동성이 확보된 상태에서 수익이 극대화되도록 만기와 규모를 고려하여 금융상품을 다원화하는 것이 바람직하다. 따라서 현금과 단기자산을 합쳐 여유자금을 투자함에 있어서 투자자산의 집합체인 포트폴리오(portfolio)를 구성하기 위하여 만기, 유동성, 위험, 수익률, 투자규모, 원금의 안정성 등을 종합적으로 고려하여야 한다(이문영 · 윤성식, 2003: 382-383).

투자는 분기별로 하는 것이 바람직한데 누가 담당할 것인가가 문제된다. 첫째, 지방공무원이 직접하는 방법이다. 미국의 주정부나 지방정부는 금고를 운영할 금융기관만을 지정하고 시금고의 여유자금운영은 재무관(treasurer)의 책임아래 투자국 또는 투자과에서 부동산이나 주식을 제외한 다양한 고금리상품에 투자하는 형식을 취한다. 둘째, 일정한 수준의 수익을 보장받는 조건으로 특정 금융기관으로 하여금 여유자금의 투자를 대행토록 하는 방법이다. 이 방법을 채택할 경우 지방공무원의 전문성과 경험의 부족문제를 극복할 수 있다. 우리나라의 경우 지방자치단체금고에 일정비율은 보통예금으로 하고, 여유자금은 일정기간 정기예금으로 투자하는 정도의 원시적인 수준에 머무르고 있으며, 투자라고 보기도 힘든 실정이다. 일본의 경우는 투자대행기관을 선정하여 이들 은행에 분산예치하는 방법을 취하고 있다.[4]

---

4) 서울시가 2002년 12월 시중은행 출신 펀드매니저를 계약직 공무원으로 채용하여 정기예금으로 예치하던 6,000억원 규모의 여유자금을 우량한 국·공채에 투자하는 방안을 마련하였다(대한매일, 2002. 12. 12).

제 9 장
지역경제 · 지역개발과 지방재정

제 1 절 지역경제와 지방재정

Ⅰ. 지역경제의 의의

1. 지역경제의 개념

지역경제(regional 또는 local economy)란 국민경제를 이루는 지역단위의 경제를 말한다. 따라서 시 · 도 또는 시 · 군 · 자치구의 자치구역과 일치하는데, 시 · 도의 경우는 regional economy, 시 · 군 · 자치구의 경우는 local economy의 용어를 통일하여 사용하는 것이 바람직하다. 지방자치시대에 있어서 지역경제는 일정한 자치구역에서 생산 · 유통 · 소비되는 일체의 경제활동을 말한다. 지역경제는 국가경제를 이루는 기본적 하위공간경제로서 국가경제와 여러 가지 측면에서 비교될 수 있다.

지역경제는 여러 가지 측면에서 특색을 갖는다.

첫째, 지역성을 띤다. 지역경제는 일정한 지역적인 범위를 갖는데 자치권역과 일치한다. 지역경제가 원시공동체와 같은 폐쇄체제(closed system)하에서는 자족적인 권역을 형성하는 것이 원칙이었으나, 오늘날 개방체제(open system)하에서는 인근의 다른 지방자치단체와 상하 또는 수평적인 유기적인 관계를 형성하고 국가경제와는 협력관계를 유지하면서 발전시켜야 한다. 따라서 지방자치제실시 이후 지방자치단체도 외국의 중앙정부 또는 지방자치단체를 상대로 활

표 9-1 지역경제와 국가경제의 비교

구분	국가경제	지역경제
목표	총량경제의 성장 · 효율추구	지역경제력 육성, 성장과 분배의 조화
주체	국가, 민간부문	지방정부, 민간부문
기능	국민복지증진	지역복지추구
정책중심	성장지역 및 성장부문집중투자	균형 및 분산투자

자료: 홍기용(1999: 27).

발한 해외세일즈 활동을 전개하고 있다.

둘째, 다양성을 갖는다. 각 지역경제는 지리적 위치, 부존자원 등의 자연적 · 역사적 환경과 함께, 인구구성, 산업구조 등 사회경제적 여건 등이 다양하다. 각 지역마다 특화된 경제구조를 갖고 발전시킴으로서 국가경제 전체적으로 균형되고 건전한 경제발전을 도모할 수 있다.

셋째, 자치성을 내포한다. 지역경제는 지방자치와 관련하여 자주적이고 자율적인 성격을 띠게 된다. 아직은 지방자치제의 역사가 일천하여 지역경제시책이 지방자치단체마다 비슷한 점이 많이 있으나 점차 다양화되고, 지방자치단체장과 지방공무원의 노력 여하에 따라 앞으로 지역경제의 발전정도가 큰 편차를 보이게 될 것으로 전망된다. 따라서 지역경제발전을 위하여 지역주민 · 행정기관 · 기업 · 금융기관 등의 유기적인 협조와 노력이 필요하다.

2. 지역경제와 지방재정과의 관계

지역경제와 지방재정은 상호 밀접한 관련이 있다. 지역경제는 생산 · 소비 · 분배간의 상호작용에 의하여 이루어진다. 즉 지역경제력의 확대는 〔그림 9-1〕에서 보는바와 같이 세입기반을 확대하고 이는 다시 세입능력을 증가케 하며 지방재정을 확충시킴으로써 지역경제와 지방재정은 선순환과정 내지 확대재생산과정으로 연결될 수 있다.

지역경제력 또는 세입잠재력(revenue potential)을 나타내는 지표로 소득, 인구, 제조업체, 고용인력, 예금액, 대출액, 주민세(소득할) 등이 있으나 가장 기초적인 것이 소득이다. 지역총소득(GRP: Gross Regional Product)이 가장 대표적인

그림 9-1 지역경제력과 지방재정과의 관계

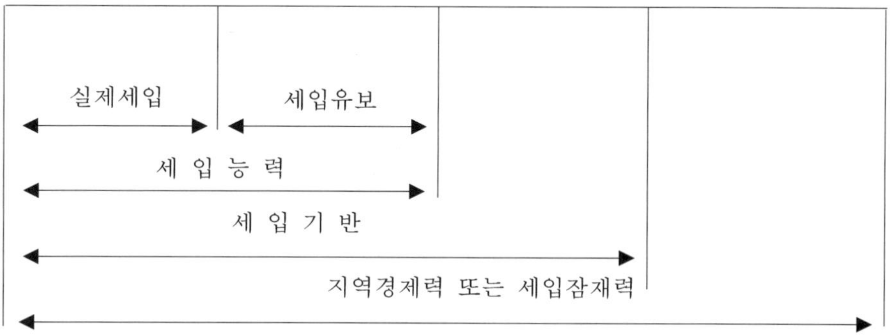

자료: 오연천(1987: 425).

개념이다. 특정지역의 GRP가 1%증가할 경우 세출은 0.97%상승하고, 1인당 세출 역시 1인당 GRP로부터 큰 영향을 받는다(김성태, 1991). 세입기반(revenue base)은 지방세입을 이루는 각종 지방세의 과세기초와 지방세외수입의 부과기초가 된다. 세입능력(revenue or fiscal capacity)은 지방자치단체가 확보할 수 있는 가상적인 적정세입상한선을 말한다. 이는 세입기반에 기초하여 추계한다. 또한 실제세입(actual revenue)은 실제로 지방자치단체가 수입한 세입을 말한다. 그러나 세입유보(revenue reserve)는 세입능력에서 실제세입을 차감한 규모이다.

Ⅱ. 지역경제의 실태

1. 선진국대비 규모 영세

경제사회발전 5개년 계획과 국토종합개발계획의 성공적 추진으로 지역경제 규모가 확대되고 절대빈곤의 수준에서 벗어났다. 또한 지방자치제의 실시로 지방자치단체가 지역단위로 지역발전계획을 적극적으로 추진한 결과 지역총생산이 증가하고 있다. 세계화시대를 맞이하여 지역특산품의 수출을 위한 해외시장을 개척하는 등 지역경제규모를 확대하기 위한 지방자치단체의 노력이 나타나고 있다. 1인당 지역총생산은 1985년 218만원에서 2006년 1,775만원으로 약 8.2배의 급속한 성장을 보이고 있다.

표 9-2 지역내총생산규모의 증가추이

(단위: 총액은 10억, 1인당은 만원, 경상가격)

구 분		1985	1990	1995	2000	2005	2006	2006/1985
GROP	총액	87,976	194,546	410,131	577,971	817,812	857,444	9.7
	1인당	218	448	919	1,253	1,730	1,775	8.2

주 : 1인당 = GRDP총액÷총인구(인구총조사).
자료: 통계청(KOSIS) 지역내총생산, 인구총조사, 추계인구.

표 9-3 주요국의 소득수준 비교(2006)

(단위: 달러)

한국	일본	대만	미국	영국	독일
18,372	35,095	16,471	43,877	39,922	35,451

자료: 통계청(KOSIS), 1인당 GNI.

표 9-4 지역내총생산의 구성비(2006)

(단위: %)

농림어업	광업·제조업	기타부문							합계
		전기가스	건설	도소매	금융·보험	부동산	기타업종	소계	
3.3	28.8	2.3	9.3	7.0	8.2	12.7	28.3	67.9	100

자료: 통계청(KOSIS), 지역내총생산.

이러한 성장추세에도 불구하고 1인당 소득수준은 주요 선진국가들에 비하여 현저하게 낮은 수준이다. 일본과 독일의 60%, 미국과 영국의 50%수준에도 못 미치고 있다. 따라서 지역의 가용자원을 효율적으로 활용하여 지역경제수준을 제고하려는 다각적인 노력이 요구되고 있다.

2. 서비스 부문의 비중이 큰 편

우리나라의 지역내총생산은 〈표 9-4〉에서 보는 바와 같이 2006년말 현재 광업 · 제조업이 28.8%, 농림어업이 3.3% 그리고 이를 제외한 기타부문(서비스 부문)이 67.9%를 차지하고 있다. 기타부문 중에서는 건설(9.3%), 금융 · 보험(8.2%),

표 9-5 시 · 도별 산업구조(2006)

(단위: %)

시 · 도	전국 구성비			산업별 구성비		
	농림어업	광업제조업	기타업종	농림어업	광업제조업	기타업종
전국	100.0	100.0	100.0	3.1	28.7	68.2
서울	1.1	4.7	31.4	0.2	5.9	93.9
부산	1.8	3.6	6.8	1.0	18.0	81.0
대구	0.6	2.4	3.8	0.5	20.8	78.7
인천	1.1	5.2	4.8	0.7	31.2	68.1
광주	0.9	2.2	2.4	1.2	27.6	71.2
대전	0.2	1.4	2.8	0.3	17.0	82.8
울산	0.6	9.5	2.0	0.5	66.4	33.1
경기	12.0	27.3	18.0	1.8	38.2	60.0
강원	5.3	1.1	3.4	5.9	11.4	82.7
충북	5.6	4.5	2.6	5.4	39.7	54.9
충남	13.5	9.4	4.0	7.2	46.2	46.5
전북	10.6	2.7	3.0	10.5	25.0	64.5
전남	15.3	5.3	3.7	10.5	33.8	55.7
경북	14.7	10.9	4.9	6.6	45.4	47.9
경남	12.8	9.8	5.4	5.8	40.9	53.3
제주	4.0	0.1	1.1	14.0	3.1	82.9

자료: 통계청(KOSIS), 지역내총생산.

부동산(12.7%) 업종의 비중이 큰 편이다.

전국 광업 · 제조업 생산 중 가장 많은 비중을 차지하는 지역은 〈표 9-5〉에서 보는 봐와 같이 경기(27.3%), 경북(10.9%), 경남(9.8%)의 순으로 나타났다. 농림어업의 경우는 경지면적이 넓은 전남(15.3%), 경북(14.7%), 충남(13.5%)의 순으로 나타났다. 기타부문의 경우는 서울(31.4%), 경기(18.0%), 부산(6.8%)의 순으로 나타났다.

지역별 생산구조를 보면 지역내총생산에서 광업 · 제조업이 차지하는 비중이 큰 지역을 울산(66.4%), 충남(46.2%), 경북(45.4%), 경남(40.9%), 충북(39.7%),

경기(38.2%) 등이다. 농림어업이 차지하는 비중이 큰 지역은 제주(14.0%), 전북(10.5%), 전남(10.5%) 등이다. 기타 부문이 차지하는 비중이 큰 지역은 서울(93.9%), 제주(82.9%), 대전(82.8%), 강원(82.7%) 등이다.

3. 지역간 불균형

지역경제의 규모가 영세할 뿐만 아니라 지역간 불균형이 심하다. 〈표 9-5〉에서 보는 바와 같이 생산측면의 지역내총생산과 분배측면의 예금액 증가율이 지역별로 심한 차이를 보이고 있다. 지역내 총생산에 있어서 충남과 경기가 큰

표 9-6 지역별 지역내총생산과 예금액규모

(단위: 십억원, %)

시도별	지역내총생산			예금액(예금은행 기준)		
	1995	2006	증가율	1995	2006	증가율
서울	102,171	193,108	189.0	76,029	299,425	393.8
부산	26,141	47,984	183.6	11,884	34,550	290.7
대구	15,782	27,928	177.0	7,821	23,366	298.7
인천	21,064	41,021	194.7	6,036	20,899	346.2
광주	9,486	19,150	201.9	3,362	10,919	324.7
대전	9,560	19,455	203.5	3,388	15,709	463.6
울산	–	41,501		–	8,031	
경기	72,569	175,163	241.4	17,739	87,037	490.7
강원	12,040	23,450	195.5	2,720	8,903	327.3
충북	14,038	27,495	195.9	2,306	8,314	360.5
충남	17,330	51,075	294.7	2,642	12,055	456.4
전북	14,112	26,297	186.3	3,375	11,213	332.2
전남	20,909	41,006	196.1	2,541	9,662	380.2
경북	25,931	57,446	221.5	4,675	15,583	333.3
경남	44,799	57,709	128.8	8,519	22,869	268.4
제주	4,197	7,566	180.3	1,099	4,187	380.9
합계	410,130	857,444	209.1	154,136	592,721	384.5

자료: 통계청(KOSIS), 지역내총생산, 한국은행(ECOS), 지역내 여수신.

표 9-7 국토개발정책과 지역성장격차

연 대	국토개발정책	격차의 성격
1950년대	남농북공정책	산업격차
1960년대	경제개발정책	공업격차
1970년대	거점개발정책	도시격차
1980년대	성장거점전략	공간격차
1990년대	국가경쟁력제고 남북통일개발전략	지역간·남북한간 격차

자료: 홍기용(1999: 149).

증가율을 보이고 있다. 예금액은 경기, 대전, 충남, 서울 등의 증가율이 상대적으로 높게 나타나고 있다.

1950년대 이후 국가가 개발성과의 집적화를 도모하기 위하여 차별적인 국토개발정책을 추진해온 결과, 1950년대는 산업격차, 1960년대는 공업격차, 1970년대는 도시격차, 1980년대는 공간격차, 1990년대는 지역간·남북한간 격차가 심화되었다. 따라서 앞으로 이들 격차를 축소하여 지역간 균형발전이 이룩될 수 있는 방안을 적극적으로 모색하여야 할 것이다.

4. 생산과 분배의 불일치

지역경제에 있어 생산과 분배가 지역적으로 일치되어야 성장과실이 지역에 귀착되고 확대재생산이 이루어질 수 있다. 그러나 우리나라의 지역경제에 있어 생산지와 분배지가 상이함에 따라 양자간의 괴리가 심한 편이다. 이와 같은 현상은 경제정의에 배치될 뿐만 아니라 지역간 경제력의 격차를 더욱 심화시키는 결과를 초래한다.

생산과 분배의 불일치는 지역생산의 누수에 의하여 야기된다. 누수율이 클수록 생산과 분배의 불일치가 심한 것으로 평가할 수 있다. 누수율은 〈표 9-8〉에서 보는 바와 같이 전국 평균(44.7%)을 기준으로 할 때 울산(416.8%), 전남(324.4%), 충남(323.7%), 경북(268.6%), 충북(230.7%) 등이 높아 지역생산의 역외유출이 심하다. 그러나 서울(35.5%), 대구(19.5%), 대전(23.8%), 부산(38.9%) 등 대도시들은 역외유입이 많을 뿐만 아니라 귀착도가 높다.

표 9-8 지역별 지역총생산의 누수율(2006)

(단위: %)

평균	서울	부산	대구	인천	광주	대전	울산	경기
44.7	35.5	38.9	19.5	96.3	75.4	23.8	416.8	101.2
	강원	충북	충남	전북	전남	경북	경남	제주
	164.4	230.7	323.7	134.5	324.4	268.6	152.3	80.7

주: 누수율 = (지역총생산 − 예금액)/예금액 × 100.

Ⅲ. 지역경제활성화를 위한 전략

1. 자금지원

(1) 지방중소기업육성자금지원

지방자치단체는 자금난을 겪고 있는 지역의 중소기업에게 장기 · 저리의 자금을 지원하여 자금난을 완화하고 지역특화산업을 육성해야 한다. 지방자치단체는 지방중소기업육성자금의 운용을 통하여 산업구조를 개편하고 지역특화산업화전략을 수립하여야 한다. 지방자치단체는 그 지역의 입지여건, 부존자원, 인적자원, 토양, 잠재력 등을 감안하여 가장 적합한 업종을 선정하고 지역특화산업으로 육성하고 각 지역별로 차별화해야 한다.

현재 지방자치단체에서 운용하고 있는 지방중소기업육성자금은 경영안정자금과 구조조정자금 2가지 종류가 있으며 그 구체적인 내용은 〈표 9-9〉와 같다.

그러나 지방중소기업육성자금을 신청하여 융자대상으로 추천되어도 담보능력이 없어 융자를 받지 못하는 경우가 매년 25-40% 수준이 되고 있다.

(2) 지역신용보증재단운영

담보능력이 미약한 유망한 중소기업의 채무를 신용보증하기 위하여 지역신용보증재단법에 의하여 국가와 지방자치단체 그리고 지역에 연고가 있는 대기업, 지역금융기관, 지역상공단체 등이 공동으로 출연하여 지역신용보증재단을 설립하여 운영하고 있다. 보증한도액은 4억원까지 신용보증하고 있다. 2003년 현재 16개 전시 · 도가 재단을 설립하여 운영하고 있으며, 기본재산은 1조 666억원에 이르고 있다.

표 9-9 지방중소기업육성자금 비교

구분	경영안정자금	구조조정자금 (시설투자자금, 벤처창업자금)
운영주체	자치단체	중소기업청 + 자치단체
지원자금	육성자금, 금융기관 자금	정부차입금(국비)+지방비(육성기금) (매칭펀드 방식)
금리	시중은행금리 (지자체 이차보전 연 2% 내외)	연 5.9%
융자기간	2년(2년거치 일시 상환)	8년(3년거치 5년상환)
융자한도	2-3억원	13억원 이하
융자대상	시 · 도에서 선정한 유망중소기업	창업, 자동화 · 정보화, 기술개발, 시설현대화 사업 등
융자절차	시 · 도공고→시 · 군신청→시도평가 · 추천→은행통보	경영안정자금과 유사, 다만 시 · 도에 직접 신청한다는 점이 다름

자료: 행정안전부.

2. 지방세의 감면

(1) 지방세법에 의한 감면

(가) 지방산업 육성을 지원하기 위한 지방세 감면

① 산업입지및개발에관한법률에 의하여 지정된 산업단지, 산업집적활성화및공장설립에관한법률에 의한 유치지역 및 산업기술단지지원에관한특례법에 의하여 조성된 산업기술단지 안에서 산업용 건축물 · 연구시설 및 시험생산용 건축물을 신축 또는 증축하고자 하는 자가 취득하는 부동산에 대해서는 취득세와 등록세를 면제하고 그 부동산에 대한 재산세는 5년간 50/100을 경감(수도권정비계획법 제2조제1호에 의한 수도권외의 지역소재 산업단지의 경우에는 면제)한다.

② 산업입지및개발에관한법률 제16조에 의한 산업단지개발사업 시행자 또는 산업기술단지지원에관한특례법에 의한 사업시행자가 산업단지 또는 산업기술단지를 조성한 후에 산업용 건축물 등을 신축 · 증축하면 다음과 같이 지방세를 감면한다.

㉮ 단지를 조성하기 위해 취득하는 m부동산, 단지조성공사가 완료된 후에

표 9-10 시 · 도지역신용보증재단 운영상황

(단위: 업체수/억원)

시 · 도	설 립 등기일	보증실적('96~'07. 12월말 현재)		출연현황('07. 12월말 현재)				기 금 조 성 목표액
		업 체	보증액	계	국 비	지방비	기 타	
계	16개소	464,292	142,910	15,043	3,324	8,924	2,795	14,500
서울	'99. 6.16	107,525	27,633	3,518	321	1,918	1,279	2,000
부산	'97. 6.16	44,074	13,995	872	250	509	113	1,000
대구	'96.11. 7	47,921	14,368	914	224	500	190	1,000
인천	'98. 2. 3	34,999	7,999	700	199	305	196	1,000
광주	'96. 6.24	12,866	3,941	356	85	164	107	1,000
대전	'97. 4. 1	15,724	4,030	379	119	184	76	300
울산	'00. 4.11	8,469	2,939	422	151	236	35	500
경기	'96. 3.19	92,706	38,920	3,191	521	2,404	266	3,000
강원	'99. 4.10	15,711	5,381	745	211	481	53	800
충북	'99. 4.15	12,570	2,994	494	132	297	65	350
충남	'98. 9.17	17,454	7,161	747	246	446	55	600
전북	'02.12. 6	5,725	1,214	417	125	230	62	500
전남	'01. 6.14	8,674	1,980	505	160	308	37	450
경북	'00. 3.22	11,629	3,185	686	235	402	49	1,000
경남	'96. 5.15	24,716	6,282	819	255	391	173	1,000
제주	'03. 8. 2	3,529	888	278	90	149	39	-

자료: 전국신용보증재단연합회.

산업용 건축물 등의 신축 · 증축으로 취득하는 부동산에 대하여는 취득세와 등록세를 면제한다.

㈏ 단지안에서 신축하거나 증축한 산업용 건축물 등에 대한 재산세는 5년간 50/100을 경감(수도권정비계획법 제2조제1호의 규정에 의한 수도권외의 지역에 소재하는 산업단지경우에는 면제)한다.

③ 산업입지및개발에관한법률 제16조에 의한 산업단지개발 사업시행자, 산업기술단지지원에관한특례법에 의한 사업시행자 및 벤처기업육성에관한특별조

치법에 의하여 지정된 벤처기업집적시설 사업시행자가 산업단지·산업기술단지 또는 벤처기업집적시설을 개발·조성하여 분양 또는 임대할 목적으로 취득하는 부동산에 대하여는 취득세·등록세를 면제하고, 재산세의 50/100을 경감(수도권정비계획법 제2조 제2호의 규정에 의한 수도권외의 지역에 소재하는 산업단지 경우에는 면제)한다.

④ 개발촉진지구로 지정된 지역안에서 사업시행자로 지정된 자가 고시된 개발사업을 시행하기 위해 취득하는 부동산에 대하여는 취득세·등록세를 면제하고 5년간 재산세의 50/100을 경감한다.

⑤ 직업능력개발훈련시설(숙박시설 포함)에 사용하기 위해 취득하는 토지와 건축물에 대하여는 취득세·등록세의 50/100을 경감하고 과세 기준일 현재 직업능력개발훈련시설에 직접 사용하는 부동산에 대하여는 재산세를 면제한다.

⑥ 근로복지공단이 산업재해보상보험법에 의한 사업에, (재)산재의료관리원이 의료사업 및 재활사업에 직접 사용하기 위해 취득하는 재산에 대하여는 취득세·등록세를 면제하고, 과세기준일 현재 산업재해보상법에 의한 사업중 근로복지공단은 당해사업에 대하여 재산세 50/100을 경감하고, 산재의료관리원은 의료사업 및 재활사업에 직접 사용하는 부동산에 대하여 재산세, 도시계획세, 공동시설세의 50/100을 경감한다.

직업재활사업·의료사업·근로자복지와 휴양용에 직접 사용하는 부동산에 대하여는 재산세를 면제하며 그 외의 부동산은 재산세의 50/100을 경감한다.

⑦ 한국산업안전공단이 한국산업안전공단법에 의한 사업에, 한국산업인력공단이 한국산업인력공단법에 의한 사업에 각각 사용하기 위해 취득하는 부동산에 대하여는 취득세·등록세를 면제하고, 과세기준일 현재 그 사업에 직접 사용하는 부동산에 대하여는 재산세의 50/100을 경감한다.

⑧ 신용보증기금이 신용보증기금법상의 업무에 직접 사용하기 위해 취득하는 부동산과 기술신용보증기금이 신용보증업무에 직접 사용하기 위해 취득하는 부동산에 대하여는 취득세·등록세의 50/100을 경감한다.

⑨ 중소기업진흥공단 또는 협동화실천계획의 승인을 얻은 자가 중소기업자에게 분양·임대할 목적으로 취득하는 부동산에 대하여는 취득세·등록세·재산세의 50/100을 경감하고, 지방자치단체의 장은 조례로 이 경감률을 초과하여 정할 수 있다.

⑩ 중소기업협동조합(연합회 · 중앙회 포함)이 제품의 생산 · 가공 · 수주 · 판매 · 보관 · 운송을 위하여 취득하는 공동시설용 부동산, 중소기업진흥공단이 중소기업제품의 판로지원사업을 위해 취득하는 중소기업종합유통시설용 부동산과 중소기업 전문기술인력양성을 위해 취득하는 교육시설용 부동산에 대하여는 취득세 · 등록세의 50/100을 경감한다.

⑪ 중소기업창업지원법상의 확인을 받은 자, 벤처기업육성에관한특별조치법에 의하여 지정된 벤처기업 집적시설, 산업기술단지지원에관한특례법에 의하여 조성된 산업기술단지에 입주하는 자에 대하여는 취득세 · 등록세 · 재산세의 중과세율을 적용하지 않는다.

⑫ 창업보육센터사업자 지정을 받은 자가 창업보육센터용에 직접 사용하기 위해 취득하는 부동산에 대하여는 취득세 · 등록세를 면제하고 재산세의 50/100을 경감한다.

⑬ 유통단지 안에서 취득하는 부동산에 대하여는 취득세 · 등록세 · 재산세를 감면한다.

⑭ 한국가스공사가 도시가스사업에 사용하기 위해 취득하는 가스관과 한국지역난방공사가 열공급에 사용하기 위하여 취득하는 열송수관에 대하여는 취득세 · 재산세의 50/100을 경감하고, 도시가스사업자가 도시가스사업에 사용하기 위해 취득하는 가스관과 지역난방업자가 열공급을 위해 취득하는 열송수관에 대하여는 취득세 및 재산세의 50/100을 경감한다.

⑮ 대통령령이 정하는 기업부설연구소용에 직접 사용하기 위해 취득하는 부동산에 대하여는 취득세 · 등록세를 면제하고 과세기준일 현재 기업부설연구소용에 직접 사용하는 부동산에 대하여는 재산세를 면제한다.

⑯ 법인의 경쟁력강화를 위한 합병에 따르는 법인등기와 합병으로 인하여 양수받은 재산에 관한 등기에 대하여는 등록세를 면제한다.

⑰ 건설산업기본법에 의하여 등록된 건설업자가 건설공사별 회계처리를 목적으로 설립한 별도법인이 그 공사를 수행하기 위해 출자한 건설업자로부터 취득하는 부동산에 대하여는 취득세 · 등록세를 면제한다.

(나) 농 · 어촌지역의 경제활성화를 지원하기 위한 지방세 감면

① 2년 이상 농업을 주업으로 해온 자 또는 자경농민이 직접 경작할 목적으로 취득하는 농지(전 · 답 · 과수원 · 목장용지)와 농지조성을 위하여 취득하는 임

야에 대하여는 취득세와 등록세의 50/100을 경감하고, 자경농민이 농업용으로 사용하기 위해 취득하는 양잠·버섯재배용 건축물, 축사, 고정식온실, 축산폐수 및 분뇨처리시설, 창고(저온·상온 및 농기계보관용창고) 및 농산물 선별처리시설에 대하여는 취득세와 등록세의 50/100을 경감한다.

② 농업용에 사용하기 위한 자동경운기 등 농기계류에 대하여는 취득세와 자동차세를 면제하고, 20톤 미만의 소형어선에 대하여는 취득세·등록세·재산세·공동시설세를 면제하며, 농업용수 공급을 위한 관정시설에 대하여는 취득세와 재산세를 면제한다.

③ 농업생산기반개량사업의 시행으로 취득하는 개간농지에 대하여는 취득세·등록세를 면제하고 농어촌정비법 등에 의하여 교환·분합하는 농지, 농업진흥지역에서 교환·분합하는 농지, 임업을 주업으로 하는 자 또는 임업후계자가 직접 임업을 하기 위해 교환·분합하는 임야에 대하여는 취득세와 등록세를 면제한다.

④ 농협조합, 수협조합(어촌계 포함) 등이 농·어업인에게 융자할 때 받는 담보물과 한국농촌공사가 농민에게 농지관리기금을 융자할 때 받는 담보물에 관한 등기·임차하는 토지의 등기에 대하여는 등록세를 면제한다.

⑤ 농수산물유통공사와 유통자회사가 농수산물종합직판장 등의 농수산물유통시설과 교육훈련시설에 직접 사용하기 위해 취득하는 부동산에 대하여는 취득세·등록세의 50/100을 경감하고, 과세기준일 현재 그 시설에 직접 사용하는 부동산에 대하여는 재산세의 50/100을 경감하며, 농협중앙회 등이 지방자치단체 조례가 정하는 사업에 직접 사용하기 위해 취득하는 부동산에 대하여는 취득세·등록세의 50/100을 경감하며 과세기준일 현재 그 사업에 직접 사용하는 부동산에 대하여는 재산세의 50/100을 경감한다.

⑥ 농협중앙회·수협중앙회 등이 취득하는 회원의 교육·지도·지원사업과 공동이용시설사업용 부동산에 대하여는 취득세와 등록세의 50/100을 경감하고, 신용사업용 부동산에 대하여는 취득세와 등록세의 25/100을 경감하며, 농협·수협 등이 고유업무에 직접 사용하기 위해 취득하는 부동산에 대하여는 취득세·등록세를 면제한다. 또한 과세 기준일 현재 고유업무에 직접 사용하는 부동산에 대하여는 재산세를 면제한다.

⑦ 농업법인(영농조합법인, 농업회사법인, 영어조합법인)이 영농·영어·유통·

가공에 직접 사용하기 위하여 취득하는 부동산에 대하여는 취득세 · 등록세의 50/100을(창업후 2년내 취득하는 부동산은 면제) 면제하고, 과세기준일 현재 이 용도에 사용하는 부동산에 대하여는 재산세의 50/100을 경감하며, 그 법인의 설립등기에 대하여는 등록세를 면제한다.

⑧ 어업을 주업으로 하는 자, 어업인 후계자가 직접 어업을 하기 위해 취득하는 어업권 및 어선에 대하여는 취득세 · 등록세의 50/100을 경감하고, 출원에 의하여 취득하는 어업권에 대하여는 취득세를 면제하고, 농업 · 임업 · 축산업 · 수산업에 대하여는 사업소세를 면제한다.

(2) 조세특례제한법에 의한 감면

주민세 소득할의 표준세율은 소득세할(법인세액의 10/100), 농업소득세할(농업소득세액의 10/100) 모두 국세부과액의 10%이므로, 지역경제의 활성화 내지 지역간의 균형발전을 도모하기 위해 정부가 조세특례제도를 두어 소득세 · 법인세를 감면해줄 때에는 주민세 소득할도 그 10%가 감소되며 지방재정수입은 줄어든다. 조세특례제한법은 다음의 조세특례규정을 두고 있다.

(가) 대도시 외 지역의 경제활성화를 위한 조세 감면

① 수도권 안에 공장시설과 주사무소를 가진 중소기업이 수도권 외의 지역으로 전부 이전한 때 이전 후에 발생하는 소득에 대하여는 5년간 소득세 또는 법인세를 전액 면제하고, 다음 2년간의 소득세 또는 법인세의 50/100을 감면한다.

② 법인의 공장과 본사를 수도권 외의 지역으로 이전한 때에는 임시특별세액감면으로 법인세 · 특별부가세를 감면한다.

③ 농공단지 입주기업 등에 대하여는 소득세 또는 법인세를 감면한다.

④ 영농조합법인에 대하여는 농업소득 전액과 그 외의 소득 중 일정한 범위 안에서 법인세를 면제하고, 농업인이 농지 또는 초지법(草地法)에 의한 초지를 영농조합법인에 현물출자하여 발생한 소득에 대하여는 양도소득세를 면제한다.

⑤ 영어조합법인(營漁組合法人)에 대하여는 법인세를 면제하고 영어조합법인의 조합원이 영어조합법인으로부터 지급받는 배당소득에 대하여는 소득세를 면제하며, 소득세가 면제되는 금액을 제외한 배당소득에 대하여는 소득세의 원천징수세율을 5/100로 하고 종합소득과세 표준에 합산하지 않는다. 어업인이 어업용 토지 등을 영어조합법인에 현물출자하여 발생한 소득에 대하여는 양도

소득세를 면제한다.

⑥ 농업회사법인의 농업소득에 대하여는 법인세를 면제하고, 농업소득 외의 소득에 대하여는 법인세를 감면한다. 농업인이 농지 또는 초지(草地)를 농업회사법인에 현물출자하여 발생한 소득에 대하여는 양도소득세를 면제한다.

⑦ 농지소재지 거주자가 8년 이상 또는 영농조합법인이 3년 이상 계속하여 경작한 자경농지(自耕農地)의 양도소득에 대하여는 양도소득세를 면제한다.

(나) 중소기업에 대한 조세감면

① 중소기업투자금액의 3/100을 소득세 또는 법인세에서 공제한다.

② 창업(創業) 벤처중소기업은 4년간 소득세 또는 법인세의 50/100을 감면한다.

③ 중소기업에 대하여는 소득세 또는 법인세의 일정비율을 감면한다.

(다) 기술 및 인력개발에 대한 조세감면

① 연구·인력개발비의 일정비율을 과세연도의 소득세 또는 법인세에서 공제하는 방법으로 세액공제를 받는다.

② 연구·인력개발을 위한 설비투자금액의 7/100를 소득세 또는 법인세에서 공제한다.

③ 특허권 및 특정기술기법 등을 취득한 경우, 취득금액의 일정비율을 소득세 또는 법인세에서 공제한다.

④ 중소기업창업투자회사가 벤처기업 등에 출자한 주식의 주식양도차익에는 법인세를 과세하지 않는다.

⑤ 중소기업창업투자회사 등에 출자하면 과세특례로서 소득세법을 적용하지 않는다.

⑥ 외국인기술자의 소득세를 5년간 면제한다.

(라) 투자촉진을 위한 조세감면

① 생산성향상을 위한 시설투자금액의 3/100(중소기업의 경우는 7/100)을 소득세 또는 법인세에서 공제한다.

② 에너지절약시설 투자금액의 10/100을 소득세 또는 법인세에서 공제한다.

(마) 외국인투자 등에 대한 조세감면

① 다음 사업을 하기 위한 외국인투자에 대하여는 법인세·소득세·취득세·등록세·재산세를 각각 감면하고, 외국인투자기업이 증자(增資)하는 경우

에도 그러하다.

- 국내산업의 국제경쟁력 강화에 긴요한 산업지원서비스업 및 고도의 기술을 수반하는 사업
- 외국인투자지역에 입주하는 외국인투자기업이 영위하는 사업
- 기타 외국인투자유치를 위하여 조세감면이 불가피한 사업.

② 외국인투자기업이 신고한 사업을 하기 위해 취득·보유하는 재산에 대하여는 취득세·등록세·재산세의 세액을 감면하고, 일정금액을 과세표준에서 공제한다. 다만, 지방자치단체가 조례로 감면기간 또는 공제기간을 15년까지 연장하거나 감면비율·공제비율을 높인 때에는 그 기간과 비율에 의한다.

- 취득세·등록세·재산세는 사업개시일부터 5년 이내에는 감면대상세액 전액을, 그 후 2년간은 감면대상세액의 50/100을 감면한다.

③ 외국인투자기업이 사업개시일 전에 사업에 사용할 목적으로 취득·보유하는 재산에 대하여는 취득세·등록세·재산세를 감면 또는 공제한다. 다만, 지방자치단체가 조례로 감면기간 또는 공제기간을 15년까지 연장하거나 감면 또는 공제비율을 높인 때에는 그 기간과 비율에 의한다.

④ 국내산업의 국제경쟁력 강화에 긴요한 고도의 기술을 도입하는 계약을 체결한 경우, 기술제공자가 받는 기술도입대가에 대하여는 5년간 법인세 또는 소득세를 5년 동안 면제한다.

(바) 기타의 조세감면

그밖에 축산업에 대한 소득공제, 산림개발소득에 대한 소득세 또는 법인세의 50/100 세액감면과 어업협정에 따른 어업인 지원금에 대한 소득세 또는 법인세 면제 등이 있다(정세욱, 2001: 12-18).

3. 사회간접자본의 확충

사회간접자본에 대한 투자는 지역의 생산유발과 고용창출에 큰 효과를 낳는다. 건설부문 중 사회간접자본투자의 생산유발계수는 1.891, 수입유발계수는 0.131로 지역경제에 미치는 영향이 크다(한국은행, 2001). 우리나라 제조업의 매출에서 물류비가 차지하는 비중은 17%로서 일본의 11%, 미국의 7%에 비하여 1.5-2.5배가 되어 경쟁력에 중대한 문제를 제기하고 있다. 도로·철도·항만·공항 등 사회간접자본시설은 자본집약적으로 막대한 재원이 일시에 소요되고,

자본투자에 대한 회임기간이 길기 때문에 이의 건설을 위하여 국가와 지방자치단체가 주도적으로 건설을 추진하여야 하며, 민자유치, 제3섹터의 도입 등 다각적인 대책이 필요하다.

4. 기타 분야별 전략

(1) 정보 및 생명산업 등 지역전략산업 육성지원

지역별로 IT산업(Information Technology: 정보기술), BT산업(Biology Technology: 생명기술), CT산업(Culture Technology: 문화기술), ET산업(Environment Technology: 환경기술), 나노산업(Nano Technology, 나노기술: 10억분의 1m 크기의 미세한 물질을 다루는 기술) 등 첨단업종에 속하는 분야 중에서 타 지역에 비하여 잠재적으로 비교우위가 높은 분야를 중심으로 발전시키는 차별화 전략이 필요하다.

지금까지의 지역발전정책이 국토균형발전을 명분으로 지역간 불균형을 해소하고 자립형 지방화를 촉진하기 위한 시책을 추진하여 왔으나 산술적・결과적 균형에 집착한 나머지 실질적인 지역발전과 국가경쟁력으로의 연계에는 한계가 있었다. 따라서 국가균형발전위원회에서는 전국토의 모든 지역이 상생・도약하고 성장잠재력을 극대화할 수 있도록 기초생활권, 광역생활권, 초광역개발권으로 나누어 개발할 계획이다. 기초생활권은 대도시를 제외한 162개 시・군을 중심으로 정주여건 개선과 소득과 일자리를 창출한다. 광역경제권은 16개 시・도를 7개로 묶어 수도권, 충청권, 호남권, 대경권(대구・경북), 동남권(부산・경남), 강원권, 제주권으로 구성하여 다양한 지역간 협력사업을 발굴하여 국가주도로 남해안선벨트, 서해안 신산업벨트, 동해안에너지관광벨트, 남북교류관광벨트의 4개 초광역권으로 나누어 개발을 추진하고 있다.

또한 기존의 전통산업을 보다 특화하여 발전시켜야 한다. 「가장 지방적인 것이 가장 세계적」이라는 인식아래 2001년부터 향토자원을 권리화하기 위한 법제정을 추진하고 있다. 충남 보령시의 천연머드활용 상품화사업, 전남 함평의 나비 브랜드 상품화사업 등이 성공을 거둬 지역경제발전에 큰 기여를 할 것으로 평가되고 있다.[1)]

---

1) 자치단체가 발굴한 향토자원은 2007년 현재 5,628품목으로 분야별로는 전통고유기술이 428개, 지역특산물이 1,561개, 관광문화상품이 2,646개, 지역특성과 결합된 포장 등이 993개이다.

그림 9-2 상생 · 도약을 위한 지역발전정책 기본구상

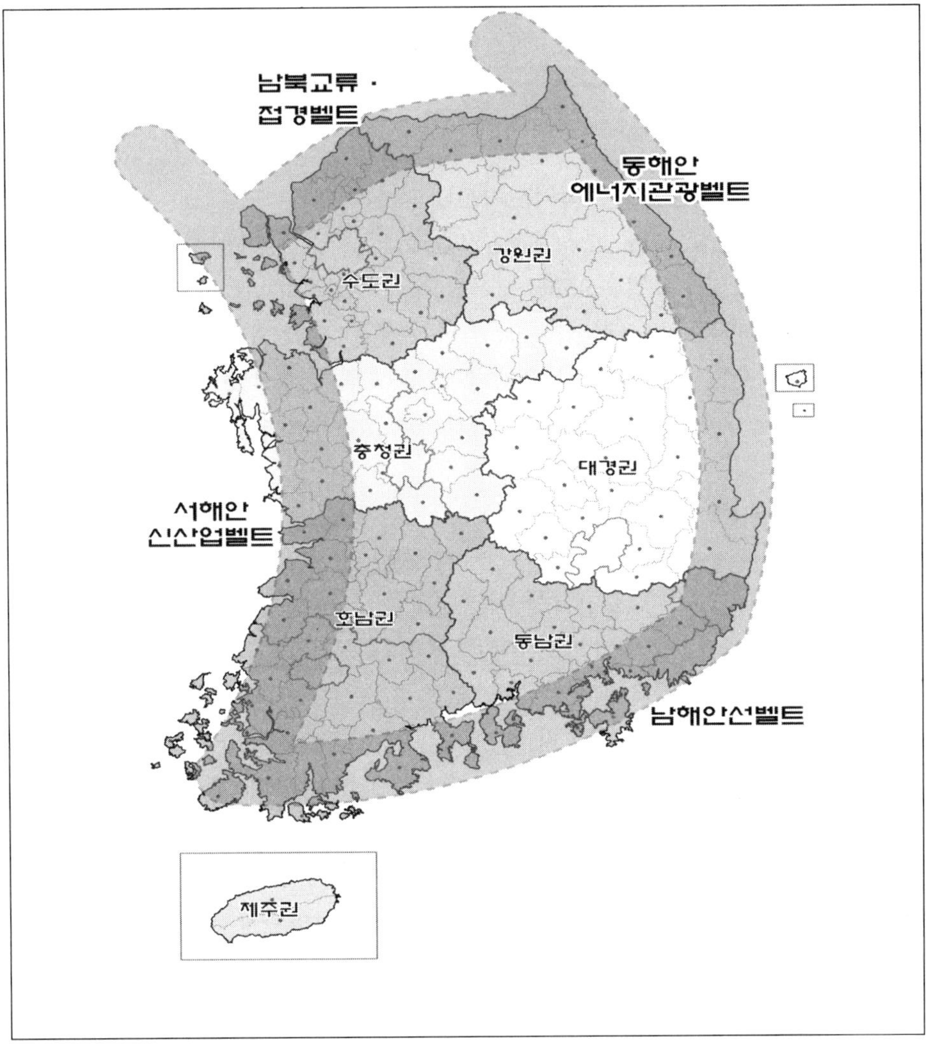

자료: 국가균형발전위원회.

(2) 지방건설업활성화를 위한 제도개선

건설업이 지역경제에서 차지하는 비중이 크므로 지역의무공동도급계약시 참여비율이 총계약금액기준 49% 이상 되도록 인상하고, 지방자치단체의 발주

표 9-11 초광역개발권 개발계획

초광역개발권	발전 비전
남해안 선벨트	수도권에 대응하는 대극(對極) 성장거점을 구축하여 환태평양을 지향하는 기간산업·물류·관광중심지 육성
서해안 신산업벨트	중국 환황해권에 대응하는 차세대 IT, 자동차, 철강, 물류 등 주력산업중심 융합산업 육성
동해안 에너지·관광벨트	신재생에너지 등 에너지클러스터 조성 및 환동해권 관광·레저거점으로 육성
남북교류·접경벨트	평화정착·교류활성화를 위해 남북교류 단지 개발 및 생태 환경자원 보존 등

자료: 국가균형발전위원회.

공사는 지역의무공동도급제도를 유지하도록 한다(공사금액 222억원 미만, 시·군·자치구는 무제한). 또한 지역업체만이 입찰할 수 있는 한도액을 실질적으로 확대하여 지방건설업체의 수주기회를 확대토록 한다. 그리고 중소건설업체의 자금난해소대책의 일환으로 하도급대금 직불제도를 적극적으로 활용하여 발주기관에서 직접 지급토록 확대한다. 또한 채권확보가 가능한 업체에 대해서는 착공 즉시 50-70%까지 선급금을 지급할 수 있도록 한다(이규환, 2001: 50-51).

(3) 지방재래시장 기반확충사업

1996년도 시장개방 이후 할인점 및 대형유통업체들이 지방에 입점하면서 재래시장이 위축되고 지역자금의 역외유출을 가속화시켜 지역경제의 침체요인으로 작용하고 있다. 따라서 우선 재래시장을 부산 자유시장, 대구 약령시장 등은 전문시장으로 특화하여 개발하고, 인천 차이나타운, 수원 팔달문시장 등은 관광과 연계하여 관광명소로 발전시키고, 청주 육거리시장 등은 지역의 대표시장으로 육성시켜야 한다. 이를 위하여 주차장, 화장실 등 핵심기반시설의 개·보수와 현대화를 통하여 틈새시장으로서의 경쟁력을 갖추도록 하여야 한다. 또한 카드결재시스템 도입, 전자상거래 활성화 등 경영현대화사업도 병행하여 구매자에게 불편함이 없도록 하여야 한다.

(4) 기업에 부담이 되는 규제의 개혁

기부금품에 의존하는 모든 행사를 금지시키고, 일반예산에서 지원토록 하며, 비자발적인 기부금품의 모집 및 접수를 금지하고, 불법적인 기부금품모집행위를 집중적으로 단속한다. 민원처리기간을 최소화하고 처리절차를 대폭 간소화하며, 다른 부서의 협의 · 경유 · 추천 등이 필요한 경우 일괄하여 합동으로 처리하는 one stop service체제를 구축한다. 인 · 허가 관련법령, 지방자치단체 규칙 등을 면밀히 검토하여 기업 활동에 부담이 되는 규제를 개선하거나 절차간소화를 지속적으로 추진한다.

제 2 절 특수지역개발과 지방재정

Ⅰ. 오지 · 도서종합개발

1. 오지 · 도서지역실태

(1) 오지 · 도서지역실태

(가) 오지 · 도서지역문제

우리나라의 경우도 선진외국과 마찬가지로 고도의 도시화현상(2006년 현재 도시화율 90.3%)을 경험하면서, 한편으로는 수도권지역을 비롯한 대도시지역의 과밀문제와 함께 과소지역 내지 낙후지역문제가 지역주민의 생활의 질(Quality of Life)을 향상시키기 위한 과제로 대두되고 있다.[2] 과소지역이란 인구의 급격한 감소로 인하여 지역사회의 기반이 변동하여 생활수준 및 생산기능의 유지가 곤란하게 된 지역을 말하며, 낙후지역이란 불리한 자연적 · 경제적 · 사회적 제반조건으로 인하여 경제성장과정에서 상대적으로 개발이 부진하고 산업 및 생활기반시설 등이 현저히 낙후된 지역을 말한다(유훈, 1995: 267).

이들 낙후지역은 극심한 인구유출과 고령화의 진전, 낮은 생활수준 등 구조적인 문제가 제기되고 있다. 또한 오지와 도서가 위치해 있는 지방자치단체는

---

2) 도시화율이란 전체인구대비 시와 읍의 인구를 합계한 비율을 말한다. 도농통합시의 면지역 인구는 계산상 문제가 있으므로 시 인구로 계산한다.

재정상태가 매우 취약하고 지리적 여건 등으로 민간자본의 유입이 매우 어려운 실정이므로 지방재정의 역할이 어느 지역보다 중요시되고 있다.

(나) 오지 · 도서의 실태

① 오지의 실태

오지개발촉진법에서 규정하고 있는 오지란 도시로부터 상당한 거리에 떨어져 있는 지역으로서 교통이 불편하고 주민의 소득수준과 생활수준이 현저히 낮은 지역을 말한다. 전국에는 1209개의 면이 있으나 오지종합개발계획의 대상지역은 361개 면으로 전체면의 29.8%에 해당하고 대상지역의 인구는 141만명(2004년 기준)으로 전국 면인구의 66.5%를 차지하고 있으며, 전국토면적의 27%에 해당되는 광활한 면적이다.

표 9-12 시 · 도별 오지면 지정현황

시 도 별	지 정 면 수	지정면 현황		
		인 구(명)	가 구(호)	면 적(km^2)
계	361	935,139	395,670	26,978.79
경 기	1	707	259	53.97
강 원	28	68,186	27,727	3,958.35
충 북	32	83,417	34,137	2,614.93
충 남	32	99,913	40,464	1660.6
전 북	46	117,821	49,569	2,736.29
전 남	69	181,756	80,224	3,999.12
경 북	96	251,113	107,076	8,772.02
경 남	57	130,226	56,214	3,185.48

자료: 행정자치부, 『제3차 오지종합개발 5개년 계획』, 2005.

② 도서의 실태

도서개발촉진법에서 규정하고 있는 개발대상도서란 제주도 본도 이외의 전도서 중 인구 10인 미만의 도서, 공항건설, 간척사업 등에 포함된 도서, 연육 후 10년 이상 경과된 도서를 제외한 전도서를 말한다. 오지와 같이 교통이 불편하고 주민의 소득수준과 생활수준이 현저히 낮은 지역이 대부분이다.

표 9-13 전국 도서현황

(단위: 개)

구 분	도서수
무인도서	2,719
유인도서	482
제외도서	72
- 인구10인 미만도서	35
- 공항건설, 간척사업 등에 포함된 도서	8
- 연육 10년이상 경과도서	29
개발대상도서	372
총 도서	3,201

자료: 행정안전부.

전국의 도서는 3,201개로 그 중 무인도는 2,719개이고, 유인도는 482개이다. 이 중 개발대상도서는 372개이며 개발대상도서에서 제외되는 도서는 110개이다.

2. 2차 오지 · 도서종합개발실적

(1) 오지개발사업

2차 오지개발 5개년 계획기간(2000-2004) 동안 추진한 주요사업은 〈표 9-14〉와 같다. ① 도로시설, 교량가설 등과 같은 생활기반시설에 6,552억원(46.1%),

표 9-14 2차 오지종합개발 실적

(단위: 억원, %)

부문별	세부사업	투자	
		투자액	구성비
생활기반시설	도로시설, 교량가설 등	6,552	46.1
산업기반시설	경지정리, 도수로 등	5,735	40.4
문화 · 복지시설	소공원조성, 마을회관 등	854	6.0
환경위생시설	상 · 하수도, 취락구조개선 등	275	1.9
생활안전시설	소하천정비, 석축 등	797	5.6
합계	7,293건	14,213	100.0

자료: 행정안전부.

② 경지정리, 도수로 등과 같은 산업기반시설에 5,735억원(40.4%), ③ 소공원조성, 마을회관 같은 문화·복지시설에 854억원(6.0%), ④ 상·하수도, 취락구조개선 등과 같은 환경위생시설에 275억원(1.9%) ⑤ 소하천정비, 석축사업과 같은 생활안전시설에 797억원(5.6%)을 투자하였다.

(2) 도서개발사업

2차 도서개발 10개년 계획기간(1998-2007) 동안 투자내역은 〈표 9-15〉와 같

표 9-15 1차 도서종합개발 실적

(단위: 억원, %)

부문별	세부사업	투자	
		투자액	구성비
생활기반시설	전기, 급수, 교통, 의료	5,310	54.3
생산기반시설	어항, 농어업저장시설 등	3,999	40.8
환경개선사업	하수·오수, 소하천 정비 등	484	4.9
합계	3,106건	9,793	100.0

자료: 행정안전부.

표 9-16 3차 오지종합개발계획과 투자재원

(단위: 억원, %)

부 처 별	사 업 명	사업량(건)	사 업 비(억원)				
			계	국 비	양여금	지방비	민 자
합 계	-	3,653	10,294 (100)	7,243 (70.39)	-	3,050 (29.6)	1 (0.1)
행정자치부	생활기반시설 등	3,382	9,204	6443	-	2,405	-
농림부	일반경지정리	289	6,670	5,336	-	39	-
산업자원부	농어촌전화사업	14	129	92	-	36	1
보건복지부	보건진료소	지원규모를 매년마다 심사확정					
해양수산부	어촌종합개발	13	35	28	-	7	0
산림청	산촌종합개발	48	730	523	-	207	-

주: 1) ( )내 수치는 구성비임.
자료: 행정자치부, 『제3차 오지개발종합계획』, 2005.

다. 주요 사업내용은 ① 전기, 급수, 교통, 의료 등을 포함한 생활기반시설에 전체투자액의 54.3%에 해당하는 5,310억원을 투자했으며, ② 물량장, 선착장 등 소규모어항시설, 농어업저장시설 같은 생산기반시설에 40.8%에 해당되는 3,999억원을 투자하였고, ③ 하수 · 오수처리시설, 소하천 정비 같은 환경개선사업 및 문화복지시설 등에도 4.9%에 해당하는 484억원을 투자하였다.

3. 3차 종합개발계획 및 투자재원

(1) 3차 개발사업계획과 재원

(가) 오지종합개발계획

3차 오지종합개발계획의 사업내용과 재원조달계획을 살펴보면 〈표 9-16〉과 같다. 총투자재원 중 국비가 70.39%에 해당되는 7,243억원을 부담하고, 지방비가 29.6%에 해당하는 3,050억원을 부담하며, 민간부담은 0.1%인 1억원에 달하고 있다.

(나) 도서개발종합계획

2차 도서종합개발계획기간(1998-2007) 동안 주요투자사업을 〈표 9-17〉을 통하여 살펴보면, 9,793억원의 투자소요재원 중 국비 부담이 6,855억원(70.0%)이고, 지방비 부담이 2,937억원(30.0%)에 이르고 있으며, 민간부담과 융자가 1억원을 차지하고 있다.

표 9-17 2차 도서종합개발사업과 투자실적

(단위: 억원, %)

부문별	국비	지방비	민간자금융자	합계
생활기반시설	3,720	1,590	-	5,310
생산기반시설	2,798	1,201		3,999
환경개선사업등	337	146	1	484
합계	6,855 (70.0)	2,937 (30.0)	1	9,793 (100.0)

자료: 행정안전부.

주: ( )내 수치는 구성비임.

(2) 투자전략

첫째, 오지·도서개발종합개발사업은 2차 계획기간 동안 집중적으로 투자한 결과 생활편의시설의 확충측면에서는 다소 기여하였으나 주민의 생활수준향상과 지역의 낙후성탈피에는 아직도 미흡한 실정이다. 앞으로 오지·도서의 특성을 살릴 수 있는 개발전략을 재정립하는 한편 관계부처와 긴밀하게 협조하여 국토의 균형있는 발전과 주민의 삶의 질 향상을 도모하여야 한다.

둘째, 대상지역별로 일률적인 지원방식을 지양하여 개발잠재력, 지방자치단체의 재정력지수 등을 고려하여 차등적으로 지원함으로써 지역간 균형발전을 촉진하는 한편, 대상지역별로 2-3년내 완료위주로 집중적으로 투자함으로써 사업의 보다 가시적인 성과를 도모하여야 한다.

셋째, 재정투자의 확대와 민간투자의 활성화이다. 타 지역수준의 종합적인 개발목표를 달성하기 위해서는 가급적 국비투자의 확대지원과 아울러 지방비 부담의 확대가 우선적으로 이루어져야 한다. 또한 민·융자 등 다각적인 재원 확보대책이 마련되어야 한다.

Ⅱ. 접경지역종합개발

1. 접경지역의 의의

접경지역은 남북분단으로 지난 50여년간 개발이 제한되고 국가정책적 목적에서 토지이용이 규제되어 지역개발이 낙후되어 주민들의 삶의 질이 상대적으로 낮아진 곳으로 접경지역지원법(2001.1.21제정)에 의해 규정된 인천·경기·강원 등 3개 시·도, 15개 시·군, 98개읍·면·동을 말한다. 접경지역의 2007년 현재인구는 753천명으로 전국인구의 1.5%이고, 면적은 8,102km^{2}로서 전국토면적의 8.1%를 차지한다.

2. 접경지역종합계획의 내용

접경지역종합계획은 2003-2012의 10개년 계획으로 하고 이에 소요되는 투자비는 총 5조 1,278억원으로 추정되며, 부문별로는 산업기반 및 관광개발이 가장 많은 42%를 차지하고 있고, 정주여건개선부문이 29%를 차지하는 등 초기단계에서 실천 가능한 부문의 사업에 역점을 두고 있다.

표 9-18 접경지역의 범위

구 분	시군	읍면동	면적(km^2)	인구(천명)
합 계	15시군	98	8,102	753
인천광역시	소계	17	503	76
	강화군	13	411	66
	옹진군	4	92	10
경기도	소계	46	3,412	510
	동두천시	4	92	41
	고양시	3	58	63
	파주시	13	632	184
	김포시	5	217	63
	양주시	5	224	70
	연천군	10	686	46
	포천시	6	494	43
강원도	소계	35	5,187	167
	춘천시	2	368	3
	철원군	11	899	51
	화천군	5	909	24
	양구군	5	701	23
	인제군	6	1,646	32
	고성군	6	664	34

자료: 행정안전부, 2009 보통교부세 산정을 위한 통계자료. 2007. 12월말 기준.

사업을 추진함에 있어서 시행계획수립, 예산확보, 사업집행단계마다 많은 변수가 상존하므로 남북관계, 국가계획, 시 · 도계획 등과 연계하여 단기계획, 중기계획, 장기계획으로 구분하여 단계적으로 개발을 추진하여야 한다. 우선적으로 시급한 현안사업부터 추진하였으며, 사업추진에 따른 각종 제약요소나 검토를 필요로 하는 사업은 중 · 장기사업으로 계획을 수립하여 추진함이 바람직하다.

표 9-19 접경지역종합계획 부문별 사업계획

(단위: 억원)

구 분	계	국비	시·도비	시·군비	기타
계	51,278	21,649	8,071	6,213	15,345
사회간접자본확충	2,135	1,514	136	280	205
산림·환경보전	5,521	2,057	2,468	919	77
산업기반 및 관광개발	21,731	6,073	2,781	3,203	9,674
정주생활환경개선	15,126	11,379	2,176	1,260	311
남북교류 및 통일기반조성	600	435	15	20	130
문화재발굴 및 문화유산 보존	167	66	45	56	–
지역별 전략산업	5,998	125	450	475	4,948

자료: 행정자치부 『접경지역종합계획』, 2003.

표 9-20 접경지역 단계별 개발전략

단계별	추진기간	추진전략
1단계 (단기사업)	2003-2006	· 접경지역주민들의 삶과 관련된 사업의 우선적 추진, 지역인프라 구축사업 중 중복성이나 환경적 측면에서 영향이 없는 사업 등 · 접경지역지원법에 의한 지원사업으로서의 합목적성이 있는 사업 등
2단계 (중기사업)	2007-2009	· 사업추진에 따른 타당성 검토 및 각종 법률적 제약성의 문제해결이 비교적 선행되어야 할 사업 중 2단계사업으로 추진하기에 적합한 사업 · 타 계획이나 법률로 지원되어 추진되고 있는 사업이나 추진가능한 사업중 국가보조금의 상향이 필요한 사업 등
3단계 (장기사업)	2010-2012	· 통일후를 대비한 사업은 남북한 관계를 보아가면서 점진적으로 추진하고, 타계획이나 법률로서 가능한 사업을 접경지역지원사업에 포함한 경우, 관광지나 위락단지 조성계획 등의 사업은 장기적 사업으로 추진하도록 유도 · 환경적으로 영향이 상당히 우려되는 사업으로 환경적인 영향을 해소하여 사업을 추진하는데 장기적인 기간을 요하는 사업 등

자료: 전게서.

3. 외국의 개발사례

(1) 독일의 접경지역개발

독일은 1971년 접경지역지원법(Zonenrandforderungsgesetz)을 제정하여 동서독일간 국경(1,393km), 체코와의 국경(358km), 북동해안선(384km)을 따라 서독지역으로 40km 범위내의 시 · 군지역 46,800km^2(전체의 20%), 주민 700만명(전국민의 12%)을 대상으로 투자지원, 세제혜택, 금융, 주택건설보조를 하였다. 지원사업은 지역개발을 촉진하기 위한 사회간접자본시설을 우선적으로 확충하고(기반시설 확충원칙), 투자보조금은 혜택요율에 따라 25%지원지역, 15%지원지

표 9-21 바이에른주 접경지역 개발재원

(단위: 백만마르크, %)

지원대상분야	총액	분야별 재원비율	주정부 비율	연방정부 비율	시 · 군 비율	여타재원 비율
자연 및 녹지	59	0.49	58.50	11.22	4.20	26.08
도시주택	2,021	16.96	20.36	4.32	5.11	70.21
농림업	917	7.70	36.95	12.20	1.67	49.18
광공업 및 지역경제	5,058	42.44	19.13	10.95	0.62	69.30
교육 및 문화사업	466	3.91	57.71	14.51	20.29	37.94
스포츠,휴양 및 관광시설구조	536	4.50	31.34	20.29	37.94	10.43
사회보장 및 보건	682	5.72	56.11	3.15	34.21	6.54
교통	1,060	8.90	36.34	56.81	5.93	0.91
에너지 공급	146	1.22	29.84	27.72	17.50	24.93
물경제	755	6.34	63.88	3.38	28.19	4.55
기술적 환경보호시설	217	1.82	52.84	5.90	25.79	15.47
총투입비용	11,917	100.00	30.19	13.75	8.74	47.31
이중 광역적 지위를 띤 사업에 대한 투자비용	665	5.58	24.42	72.20	1.15	2.23

자료: 전게서.

역, 기타 지역으로 구분하여 차등 지원하였다(기준적용유보원칙).

바이에른주 접경지역의 개발계획을 보면 〈표 9-21〉과 같다. 연방정부에서는 교통분야에 중점을 두어 광역교통시설의 계획과 확충에 대하여 집중적으로 지원하였으며, 주정부에서는 자연 및 녹지, 교육 및 문화사업, 사회보장 및 보건, 에너지 공급, 물경제 및 기술적 환경보호시설 등에 가장 많은 지원을 하였다. 시·군정부에서는 스포츠 및 휴양 및 관광시설 분야에 집중적인 지원을 하였다.

(2) 중국의 경제특구

중국은 개혁개방정책을 추진한 이후 1979년부터 심천, 주해, 산두, 하문, 해남도 의 5개 경제특구를 지정하여 중국을 사회주의 저개발 국가에서 공업국가로 성장할 수 있는 견인차역할을 수행해 왔다. 경제특구는 대외적으로 중국의 지식·기술·관리·대외정책의 창구로서 그리고 국내적으로는 선진기술 및 자본, 경영기법 등을 도입함으로써 중국경제체제의 개선에 큰 역할을 해왔으며, 홍콩, 대만, 마카오라는 배후지를 가지고 이를 적극적으로 활용함으로써 성공할 수 있었다.

심천경제특구가 가장 주목받고 있는 특구인데 지난 12년간에 걸쳐 1차산업 종사자가 상대적으로 감소하고, 공업부문과 서비스부문의 취업자가 현저하게 증가하였으며, 초기에는 섬유제품제조업, 식품가공업이 주축을 이루어 성장하였으나 최근에 와서는 전자 및 통신설비제조업이 공업총생산액의 37%이상을 차지하고 있다. 심천의 인건비는 홍콩의 1/5이고, 토지임차비는 홍콩의 2-3% 정도이다.

(3) 미국·멕시코간 접경 마낄라도라 프로그램

마낄라도라(Maquiladora)란 멕시코 이외의 지역에서 원부자재, 기계장비 등을 무관세로 수입하여 조립가공한 후 완제품 또는 반제품상태로 재수출하는 외국인 투자기업의 노동집약형태의 산업을 총칭하며, 보세산업(In-bound Industry) 또는 쌍둥이공장(Twin Plants)이라고도 부른다. 이 프로그램은 미국이 멕시코 노동자의 미국내 입국을 금지함에 따라 멕시코 북부의 국경지대는 기존의 높은 실업율이 더욱 가중되어 고용창출을 위한 실업문제가 현안과제가 되어 외국기업의 투자를 통한 고용확대와 장기적으로 북부 국경지대를 발전시키는 방안의

하나로 시작되어 멕시코 산업 및 지역사회발전에 크게 기여하였다.

1966년 시작된 이 프로그램은 2003년말 현재 마낄라도라의 총사업체는 2,838개로 이 중 65%가 국경지역에 집중되어 있으며, 고용인원은 106만명이고, 총수출액은 774억달러에 달한다. 마낄라도라 프로그램에 등록된 외국기업에 대해 수출용원자재, 부품, 기계, 장비류 등의 수입관세를 면제하며, 100% 외국인 투자가 허용된다. 분야별로는 섬유의류가 가장 많으며, 다음으로 전기, 전자제품 및 부품, 기타 제조품, 가구 및 철제부품의 순이다. 75%가 미국, 일본, 스웨덴, 프랑스, 캐나다, 대만, 한국 등의 외국 민간기업이고, 멕시코 수출의 47%를 차지하고 있다.

Ⅲ. 경제자유구역개발 및 소도읍육성

1. 경제자유구역개발

(1) 경제자유구역의 개념

경제자유구역이란 국내의 다른 지역과 차별화될 수 있는 제도를 특정지역에 적용함으로써 기업들이 선호하는 여건을 조성하기 위하여 설정된 지역을 말한다. 이 구역에서는 생산관련시설, 국제공항 · 항만, 국제물류센터, 국제업무단지, 교육기관 및 주거단지 등 다양한 기능을 수행하는 시설을 복합적으로 갖추어 자족성을 갖게 된다. 또한 영어민원서류의 접수, 외국전문인력의 출입국제도개선, 외국교육기관 · 병원 · 약국의 진출허용 등 외국인이 편리하게 생활할 수 있는 경영 · 생활여건을 조성하기 위한 행정서비스를 제공하게 된다. 경제자유구역의 체계적인 개발을 뒷받침하기위해 경제자유구역의지정및운영에관한법률을 2003. 5 .29 제정하여 시행하고 있다.[3)]

경제자유구역을 추진하게 된 배경은 대외적으로, 중국이 1979년부터 푸동 등을 경제특구로 지정하여 개방화를 적극적으로 추진하고 있고, 싱가폴도 1998년 지식기반산업의 세계허브를 달성하기 위해 "Industry 21"을 발표하여 추진

3) 이와 유사한 제도로 지역특화발전특구제도가 있다. 이는 일정지역을 특구로 지정해 전국에 걸쳐 획일적으로 적용되는 각종 규제를 그 지역의 특성에 맞게 완화 혹은 강화하거나 규제완화를 이양해 줌으로써 각 지역이 고르고 특색있게 발전할 수 있도록 제도적으로 뒷받침하는 제도이다. 2008년 4월말 현재 102개 지역이 지역특화발전특구로 지정되어 있으며, 분야별로는 교육 15, 산업&연구 10, 의료 3, 관광레포츠 20, 향토자원진흥 45, 유통/물류 9개 지역이다.

하고 있으며, 대만도 2002년 쌍성산업(디지털콘텐츠 + 첨단기술)을 육성한다는 계획을 수립하고 2011년까지 다국적 기업의 본사를 200개 유치할 전략이고, 일본도 2002년 경제특구를 설립하여 추진하고 있다. 국내적으로는 외국인투자기업의 경영활동과 외국인의 생활여건을 개선함으로써 외국인투자를 촉진하고 나아가 국가경쟁력을 강화하고 지역간 균형발전을 도모함에 있다.

(2) 경제자유구역개발 지정

경제자유구역을 지정할 때는 시·도지사의 지정요청 → 경제자유구역위원회 심의·의결 → 지식경제부장관 지정 → 관보고시, 관할 시·도지사 통지 → 시·도지사가 14일 이상 일반인 열람 등의 절차를 거쳐야 한다. 경제자유구역을 지정할 때 고려하여야 할 사항은 외국인의 투자유치 및 정주가능성, 지역경제 및 지역균형발전에 대한 파급효과, 필요한 부지확보의 용이성 및 개발비용, 국제공항·국제항만·광역교통망·정보통신망·용수·전력 등 기반시설, 환경적으로 건전하고 지속가능한 발전의 가능성, 지방자치단체의 지원체계 및 지원내용, 기타 등이다.

경제자유구역계획에는 명칭·위치 및 면적, 지정의 필요성, 개발사업의 시행자, 개발사업의 시행방법, 재원조달방법, 토지이용계획 및 주요기반시설계획, 인구수용계획 및 주거시설조성계획, 교통처리계획, 산업유치계획, 보건의료·교육·복지시설설치계획, 환경보전계획, 외국인의 투자유치 및 정주를 위한 환경조성계획, 기타 등의 사항이 포함되어야 한다. 개발사업을 시행하고자 하는 자는 고시일로부터 2년 이내에 실시계획을 작성하여 지식경제부장관의 승인을 얻어야 한다.

현재 지정된 경제자유구역은 2003년 지정된 인천, 부산, 진해, 광양만권의 3개 경제자유구역과 2008년 4월 25일 추가 지정된 황해, 새만금·군산, 대구·경북 등 6개 구역으로 〈표 9-22〉와 같다.

(3) 주요국의 경제특구

경제자유구역은 시대와 나라에 따라 자유무역지역, 자유수출지역, 수출가공지역, 경제특구 등 다양하게 불리고 있다. 1970년대 이후 다수의 개발도상국들이 경제자유구역을 설립하면서 수적으로 크게 확산되고 있으며, 최근에는 선진국들까지도 새로운 형태의 경제자유구역을 모색하고 있다. 이처럼 경제자유구

표 9-22 경제자유구역 현황

구분		경기·충남	대구·경북	전북	인천	부산·경남	전남·경남
명칭		황해	지식창조형	새만금 · 군산	인천	부산·진해	광양만권
위치		충남(당진 · 아산 · 서산), 경기(평택 · 화성)	대구, 경북 (경산 · 영천 · 구미, 포항)	전북 (군산 · 부안)	인천 (연수 · 중 · 서구)	부산(강서구), 경남 (진해시)	전남(여수 · 순천 · 광양), 경남(하동군)
면적		55.051㎢	39.546㎢	66.986㎢	209.4㎢	104.8㎢	90.48㎢
공항 항만		평택 · 당진항	대구 국제공항	군산 · 군장신항	인천공항 · 인천항	김해공항 · 부산신항	광양항
개발완료시기		2025	2020	2030	2020	2020	2020
재원		74,458억원	46,078억원	53,017억원	265,930억원	84,406억원	135,473억원
재원조달	국	475(0.6%)	5,210(11%)	4,529(8.5%)	16,775(6%)	21,901(26%)	56,030(42%)
	지방	4,779(6.4%)	11,656(26%)	4,790(9.0%)	70,600(27%)	27,695(33%)	38,365(28%)
	민·외	69,204(93.0%)	29,212(63%)	43,698(82.5%)	178,555(67%)	34,810(41%)	41,078(30%)
기본 구상		· 제조(자동차, IT, BT) · 부가가치 물류 · 바이오	· 서비스(교육, 의료, 패션) · 제조(IT, 부품소재)	· 제조(자동차, 항공, 조선) · 환경친화형 산업 · 대중국 관광레저	· 국제업무 · 물류 거점 · IT · BT 등 첨단산업 · 관광레저	· 국제물류 거점 · 첨단부품소재 및 R&D · 관광레저	· 국제물류 생산 기반 · 정밀화학, 신소재 · 관광레저

자료: 지식경제부 경제자유구역기획단.

역이 양적으로 성장하고 질적으로 팽창하고 있는 것은 많은 국가들이 경제자유구역을 단순한 무역정책의 수단이 아닌 경제개발전략의 한 수단으로 활용하고 있기 때문이다.

주요국의 경제자유구역 사례를 살펴보면 〈표 9-23〉과 같다.

(4) 경제자유구역의 개발과제

(가) 행·재정적 지원

실시계획의 수립이 고시되면 초지법에 의한 토지의 형질변경, 산림법에 의한 보안림의 지정해제, 농지법에 의한 농지의 전용허가 또는 협의, 공업배치및공장설립에관한법률에 의한 공장설립 등 34개의 법률에 의한 인·허가 등이 의제처리되어 절차가 대폭 간소화된다. 또한 외국인 투자기업에 대하여는 국가유공자의 의무고용률(3-8%), 장애인의 의무고용률(2%), 고령자의 의무고용률(2-6%) 등에 관한 7개 법률의 규정적용이 배제된다.

표 9-23 주요국의 경제특구 사례

국가	면적	성격	장점	인센티브	주관부처
중국 푸동	533km^2 (1.6억평)	물류, 금융	중국시장 잠재력	법인세 15%	경제특구관리위원회
싱가포르	싱가포르 전체(1.8억평)	물류, 금융	-배후 동남아시장 -물류인프라	-수출관련 소득세 90% 10년간 면제 -주요산업 법인세 5-10년간 면제	경제발전국(EDB)
네덜란드	네델란드 전체 (한국의 1/2)	항공, 항만, 물류	-배후유럽시장 -물류인프라(로테르담항구, 스키폴공항 보유)	우대조치 없음	투자진흥청 HIDC (물류)
아일랜드	아일랜드 전체 (한반도의 1/3)	IT, 금융	-유럽인접 -S/W인력풍부(미국IT분야 대유럽투자의 43%차지)	-외국인 기업의 법인세의 10%적용(2002년부터 국내외 모두 12.5%)	투자개발청(IDA)
U.A.E 두바이.	3,883km^2	금융, 물류	-중동지역중심 -외국인에게 자유로운 제도(외국인 투자기업은 영국법 적용)	-법인세·수입관세면제 -30년간 소득세 면제 -자본수익의 해외송금 자유화	-
인도	뭄바이 등 14개 물류특구 (Special Economic Zone)	물류	-IT강국 -연평균 8%대 경제성장률 -자유로운 영어구사능력	-인프라개발자 법인세 10년간 면제 -판매·부동산세 면제 -입주3년차까지 임대료 감면	상무부

자료: 재정경제부 경제자유구역기획단, 「주요국의 경제특구사례」, 2004. 4월.

그리고 경제자유구역의 개발사업을 원활하게 시행하기 위하여 필요한 경우 국가와 지방자치단체는 개발사업시행자에 대하여는 조세특례제한법. 관세법 및 지방세법이 정하는 바에 따라 법인세 · 소득세 · 관세 · 취득세 · 등록세 · 재산세가 감면되며, 개발부담금, 농지조성비, 대체초지조성비, 대체산림자원조성비, 산림전용부담금, 교통유발부담금, 생태계보전협력금, 공유수면 점 · 사용료 및 환경개선부담금을 감면받을 수 있다. 또한 외국인투자기업도 국세 및 지방세를 감면받을 수 있으며, 외국인투자기업에 임대하는 부지의 조성, 토지 등의 임대료 감면, 의료시설 · 교육시설 · 주택 등 각종 외국인 편의시설의 설치에 필요한 자금을 지원할 수 있다.

(나) 외자유치

경제자유구역의 성공적 추진을 위하여 투자효과의 불확실성과 거대한 소요자본 등으로 국내자본의 유치에 한계가 있으므로 외자유치가 필요하다. 따라서 세계 500대기업 또는 유수기업을 대상으로 아시아 · 태평양지역의 본부와 연구소 그리고 공장을 적극적으로 유치할 필요가 있다. 이를 위해 정기적으로 관련 중앙부처와 지방자치단체 등이 공동으로 참여하는 Task Force팀을 운영하여 대한무역진흥공사산하의 「Invest Korea」의 협조하에 해외시장에 대한 공격적인 세일을 하면서 외자를 적극적으로 유치할 필요가 있다.

외자는 보통 다음과 같은 여러 단계의 절차를 거쳐 이루어지며 이에는 많은 시간과 노력이 요구된다. 외자유치는 투자유치상담 → 투자의향서(LOI: Letter of Intent)제출 → 사업성분석 → 양해각서(MOU: Memorandum of Understanding)체결 → 외국인투자신고 → 투자유치계약(토지매매계약) → 외국자본도입 → 법인설립/외국인투자기업등록 → 공장설립의 절차를 거친다.[4)]

4) 투자의향서(LOI)란 국제거래에 관한 협상단계(정식계약체결의 이전단계)에서 당사자의 의도나 목적, 합의사항 등을 확인하기 위하여 문서로 작성하는 당사자간 예비적 합의의 일종으로 어느 한쪽의 입장 · 의도 · 결정 · 약속 등을 전달할 필요가 있는 경우, 최종협상에 앞서 회사내의 의사확인용(결재용), 당해 거래관련 본국 또는 상대국의 인가 · 허가 등을 위한 사전협의(내인가 등) 또는 조정용도로 사용하며, 정식의 계약서와 동일한 비중으로 다룰 필요가 있다. 양해각서(MOU)는 일반적으로 기존협정에서 합의된 내용을 명확하게 하거나 기존 협정의 후속조치와 관련된 내용을 규정하는 절차로, 당사자간의 교섭결과 서로 양해된 사항을 확인 · 기록하는 것이며, 이면적 합의의 의미로 사용되는 경우와 본계약에 앞선 예비적 합의로 필요한 경우가 있다. 본래 국가간의 문서형태로 된 합의이었으나 오늘날에는 확대되어 국가간, 정부간, 일반기관간, 일반기업간에 상호제휴와 협력 등을 위해 맺는 다양한 형태의 문서로 된 합의사항까지를 의미한다.

(다) 국가물류체계의 구축과 사회간접자본의 확충

경제자유구역이 동북아시아지역의 비즈니스와 물류의 거점지역으로 역할을 수행하기 위하여 도로, 철도, 공항, 항만, 복합화물터미날, 배후물류단지 등 대량운송연계망의 확립이 필요하다. 특히 최근의 물류동향이 항만화물과 항공화물의 연계처리가 요구되는 Sea & Air복합물류시스템을 구축하여 처리하고 있다. 아울러 물류전문기업의 육성과 물류시장의 선진화가 요청되며, 물류산업에 필요한 전문인력과 기능인력의 양성이 시급한 실정이다.

도시기반시설과 정보통신기술이 접목된 유비쿼터스형의 쾌적하고 수준 높은 첨단도시를 건설하기위하여 녹지공간, 공동구, 상·하수도, 폐기물처리시설 등 기반시설의 완벽한 정비가 필요하다. 이를 위한 건설비용의 50% 범위내에서 국고를 지원할 수 있도록 규정하고 있으나 실제로 공동구는 국고에서 50% 지원하고, 광역상수도는 환경특별회계에서 50% 융자하고 있어 도로, 공원녹지, 기타 시설까지의 지원확대가 요구된다.[5] 해당 자치단체들의 재정이 매우 열악한 상태이므로 사업추진에 차질이 우려되므로 기반시설의 확충을 위한 국고예산의 확대지원이 요청된다.

(라) 외국인생활환경의 개선과 경제자유구역행정의 조기정착

외국인이 생활에 불편함이 없도록 외국인학교와 같은 교육기관과 외국의료시설 등의 유치가 필요하다. 이를 위한 특별법의 제정과 외국병원유치를 위한 공공의료체계의 확충과 함께 법령개선이 필요하다. 내국인에게도 입학과 진료가 가능할 수 있도록 제도화해야 한다.

현재 부산·진해와 광양만권은 조합 형태로 되어있어 공무원이 파견됨에 따라 조직관리에 문제가 있으며, 민원인에게 편의를 제공하기 위하여 모든 민원을 경제자유구역청에서 처리할 수 있도록 "원스톱 서비스"체제를 갖추었으나, 주차단속, 청소, 불법건축물단속 등 투자유치와 직접관련이 없는 현장민원업무까지를 추진함으로써 경제자유구역청의 업무효율성을 저하시키고 있다.[6] 따라

5) 유비쿼터스 씨티(Ubiquitous City)란 실세계에 유·무선 인터넷과 근거리무선통신 등 최첨단 정보통신기술을 이용함으로써 생활이 편리해지고 공공시설에 대한 접근이 용이해지며 도시관리가 보다 효율적이며 기업이윤을 많이 낼 수 있는 도시를 말한다. 유비쿼터스(ubiquitous)란 어디에 있어도 아무런 제약이 없이 컴퓨터단말기를 자유롭게 이용할 수 있는(Computing access will be everywhere) 성숙된 지식정보사회를 말한다. 즉 모든 사물에 네트워크 교신능력을 가진 초소형컴퓨터가 내장되고, 모든 사람이 그 네트워크와 커뮤니케이션을 할 수 있는 정보단말기를 휴대할 수 있게 되는 사회를 말한다(이성국, 김완석: 2).

6) 경제자유구역청에서는 경제자유구역법의 자치사무특례에 따라 총 1,312개 사무(시·군·구

서 현장민원업무는 자치단체로 다시 환원해줄 필요성이 제기되고 있다. 경제자유구역청에 근무하는 근무공무원에 대하여 계약직 채용을 확대하고, 특수업무수당을 지급하며, 외국인의 임용도 적극적으로 검토되어야 한다. 또한 경제자유구역안에서 법령, 주요개발계획, 고시 · 문서 · 자료 등을 영문화하여 제공하는 등 외국어로 된 행정서비스의 제공이 요청된다.

2. 소도읍육성

(1) 소도읍의 의의

(가) 소도읍의 의의

소도읍은 학문적으로 정립된 개념이기보다는 정책적인 개념으로 읍지역과 대규모의 면중심지 그리고 기타 농촌중심지로, 보통 반경 1-1.5km 이내에 1만명 내외의 인구가 모여 사는 지역으로 도시와 농촌의 중간지대로서의 역할을 수행하면서 도시의 형태를 갖추고 자생력이 있는 정주생활권으로서의 거점기능을 수행하는 지역을 말한다.

소도읍은 전통적으로 도시계층에 있어서의 최하위에 위치하여 상위도시와 배후농촌지역을 연결하는 결절기능을 수행하고, 하나로 통합되고 유기적으로 구성되어 있는 농촌사회의 중심지이며, 농촌주민들에게는 사회활동의 중심기능을 수행하면서 농촌의 사회경제적 발전을 촉진시키는 거점(growth pole)기능을 수행해왔다. 그러나 산업구조가 2 · 3차 산업위주로 변화하고 교통 · 통신이 발달하여 대도시화하면서 소도읍이 새로운 전환기를 맞이하고 있다.

(나) 소도읍육성의 연혁

우리나라의 소도읍육성의 역사는 1956년 지역사회개발사업(Community Development Program)이 도입되면서 시범촌개발사업을 중심으로 시작되었다. 1972년 새마을운동의 일환으로 "도읍가꾸기"사업이 시작되면서 기초환경정비사업으로 도로, 하천, 불량건물, 간판, 주차장, 측구, 뒷골목, 전선, 전주의 정비 등 미관가꾸기사업을 전개하였다. 1978년부터는 소도읍가꾸기사업형태로 추진하면서 지역개발의 거점으로 준도시기능을 담당할 수 있도록 환경정비사업 이외에도 사회의 여러 기능을 포함한 자족적 · 생산적 전원도시로 개발한다는 목표아래 생산유통시설의 확충까지 망라하였으나 지원이 영세하고 효과가 적어

이관업무 494, 국가 및 시 · 도위임사무 818)를 처리하고 있다.

성과를 거두지 못하였다. 1990년 이후에는 소도읍개발정책으로 추진하면서 소도읍을 농어촌지역의 경제 · 문화 · 행정의 종합중심지로 개발하고 지역경제활성화를 도모하며 지방정주생활기반을 조성하여 도농간의 개발격차완화를 목표로 환경정비사업과 생산유통시설 이외에 도시기반시설(도로, 상하수도)을 확충하는데 중점을 두었다.

그러나 농어촌지역개발에 관련된 정책과 법률이 행정안전부, 국토해양부, 지식경제부 등 여러 부처에 걸쳐있고 관련법령도 10여개로 다양하고 복잡하여 통합조정이 요구되었다. 이에 따라 2001년 지방소도읍육성법이 제정되어 소도읍개발사업을 안정적이고 종합적으로 추진할 수 있는 제도적 토대를 마련하였다.

그림 9-3 소도읍육성종합계획의 수립과정

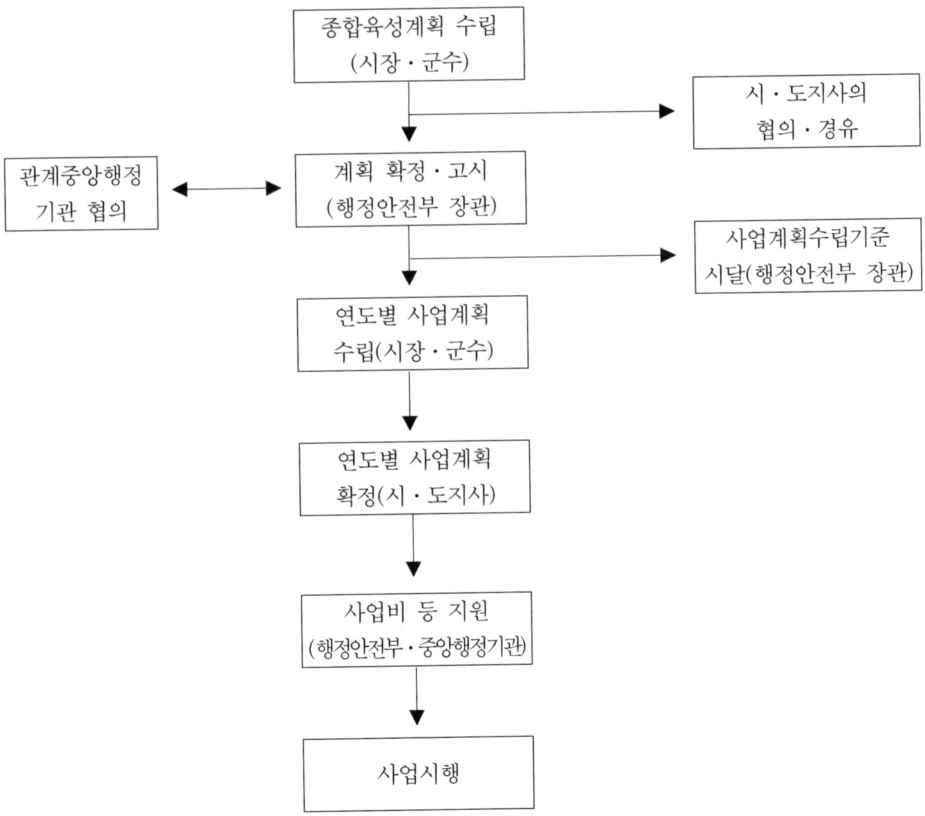

(2) 소도읍육성계획과 추진체계

(가) 소도읍육성계획 수립

소도읍육성계획의 목표는 지방소도읍이 농어촌지역개발의 거점기능, 농어촌지역의 중심지로서의 중심기능, 쾌적한 전원도시로서의 정주기능, 신산업체제하에서의 경쟁력있는 산업입지기능, 소도읍으로서 고유의 다양한 잠재자원의 활용과 개발에 두고 있다.

현행법상 소도읍육성종합계획의 수립과정을 보면 〔그림 9-3〕과 같다.

(나) 소도읍육성 추진체계

소도읍육성은 기초자치단체가 자율적으로 개발계획을 수립하고 집행함으로써 지역실정에 맞고 지방의 여러 정책과 조화되는 중장기적 계획이 되도록 하며, 지역의 상공인, 학자. 시민단체, 시민들의 의견과 아이디어를 존중하고 이들의 역량과 의지를 활용하는 "지방거버넌스(local governance)형"의 개발체계를 구축하며, 중앙정부와 광역자치단체는 일정기간동안 최대한 협력하여 행 · 재정적 지원을 대폭적으로 강화하여 추진체계를 구축하게 하였다.

소도읍육성사업의 구체적인 추진체계는 〔그림 9-4〕와 같다.

(3) 소도읍육성사업계획

(가) 사업계획

소도읍육성사업계획을 통하여 육성될 대상 소도읍은 194개 읍지역으로 시도별 분포는 〈표 9-24〉와 같다.

2003년부터 2012년까지 10개년에 걸쳐 12조원(국비 2, 지방비 2, 민자 등 8)을 투입하여 194개 전소도읍을 대상으로 하되 개발잠재력이 높은 소도읍을 우선적으로 선정하여 지원하게 된다. 첫해인 2003년에는 14개 소도읍이, 2004년에는 22개 소도읍이 신규로 선정되어 완료되었으며 2005년에는 7개 소도읍이, 2006년

표 9-24 육성대상 소도읍

계	부산	대구	인천	울산	경기	강원
194	1	2	1	4	23	24
충북	충남	전북	전남	경북	경남	제주
13	22	14	30	34	19	7

그림 9-4 소도읍육성사업 추진체계

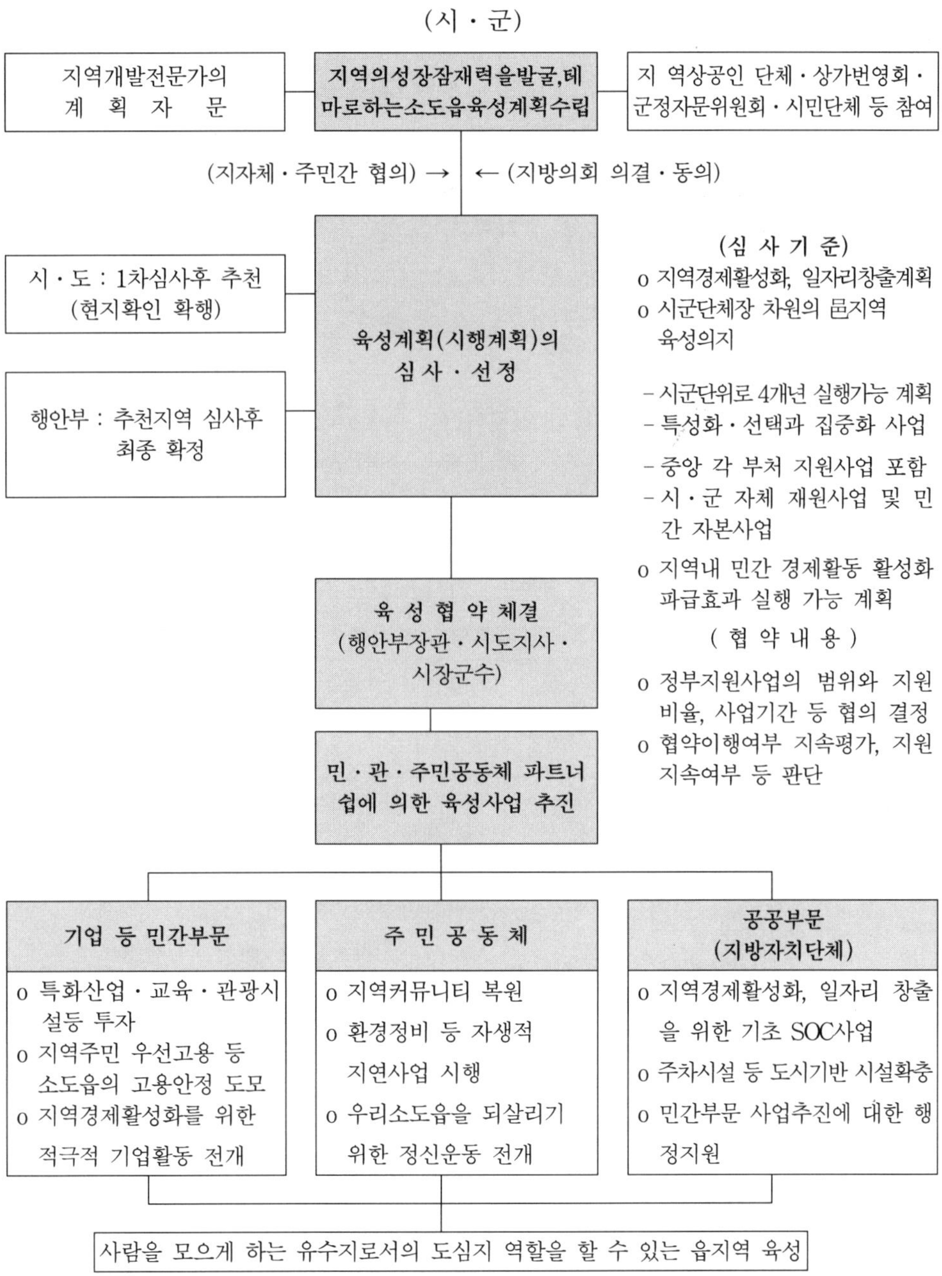

에는 23개 소도읍이, 2007년에는 6개 소도읍이 선정되어 육성되고 있다.

(나) 사업내용

① 지역특화산업의 진흥: 소량다품종의 가공품을 개발하고 패션산업 등 지역특화산업을 육성하고 재래시장의 활성화를 위해 편의시설 설치, 주차장 확보, 물류공동시설의 확충 등을 한다.

② 도시기반시설의 정비: 도시기반시설중에서 소도읍의 도시기능유지를 위해 필수적인 시설과 소도읍의 활성화를 선도할 수 있는 도로교통시설의 정비, 주차시설의 확충, 상하수도 등 환경기초시설의 정비, 인터넷 등 정보인프라의 확충 등이 포함된다.

표 9-25 소도읍의 입지여건에 따른 육성전략(예시)

유형	입지여건	육성방향
관광형	문화유적 · 온천 · 국립공원 등 관광자원이 풍부한 소도읍(예: 단양, 구례)	· 자연경관 등의 부존 관광자원 보존중점 · 교통 · 숙박 등 관광 인프라확충 및 위락시설 등 유치 · 양질의 서비스제공, 친절의식 함양사업 병행
광공업형	지하자원 매장 · 채굴 · 생산 등의 특수성이 있는 소도읍(예: 상동, 사북)	· 채굴된 광물의 저장, 수송, 인프라 확충 · 지역주민을 위한 보건위생 및 문화복지시설 확보
어업형	어항의 입지적 특성을 갖춘 소도읍(예: 구룡포, 주문진)	· 지역실정에 맞는 어항기반시설의 확충 · 수산물의 저장 · 판매시설 및 어가안정을 위한 냉동 · 가공시설 유치 · 입지여건에 맞는 육운 · 해운교통체계 구축
학원형	교육시설이 다수 위치한 대도시주변 소도읍(예: 안강, 조치원)	· 도서관 · 박물관 등 건전교육환경조성을 위한 문화교육시설 확충 · 외부지역 유학생 수용을 위한 주거시설 확충 · 위락시설 등 교육분위기 저해시설 입지제외
군사형	대규모군이 주둔하고 군사시설이 위치한 소도읍(예: 철원, 화천)	· 군가족지원생활지원을 위한 생활기반시설 및 보건위생시설 확충 · 외지 면회객 및 군인 등을 상대로 한 시장 유통시설 정비

자료: 행정자치부, 「지방소도읍육성방향 정립을 위한 연구」, 2002.

③ 생활환경의 개선 및 복지추진: 여유 있고 쾌적한 생활환경을 조성하기 위해 주거환경을 개선하고, 문화, 사회, 집회, 교육, 의료, 복지 등 공공시설을 확충하며, 청장년층의 정착을 유도하고 노년층의 생활복지를 향상시키기 위하여 노인전문병원, 레크리에이션 시설 등을 확충한다.

④ 개성과 매력의 창출: 근대건축물 등 역사·문화환경을 보존활용하며, 개성 있는 문화공간의 창출을 위해 도서관·문화원 등 대중이 이용할 수 있는 문화공간을 확보하며, 아름답고 쾌적한 도시공간을 창출한다.

소도읍의 입지여건에 따른 육성전략과 시책과제를 살펴보면 〈표 9-25〉와 같다.

Ⅳ. 신활력지역 사업

1. 신활력사업의 의의

지금까지의 낙후지역대책이 중앙부처 주도로 산발적으로 분산·시행됨으로써 지방자치단체차원에서 포괄적이고 체계적인 프로그램이 없이 추진되다 보니 지역주도의 자생적인 발전 동력을 만들어 가는데 미흡한 점이 많았다. 또한 주5일 근무제의 시행으로 국민들의 여가패턴이 바뀌고 환경가치와 삶의 질이 중시되면서 낙후지역이 새로운 기회를 맞이하고 있다.

따라서 국가균형발전위원회는 근대화·산업화·도시화과정에서 소외되고 낙후된 농산어촌지역을 자생적인 발전 동력을 찾아 활력이 넘치는 신활력지역으로 개편하기 위하여 지역혁신역량을 강화하고 1차, 2차, 3차 산업이 융합된 고부가가치산업을 창출하며 도시와 농촌이 서로 도움을 주는 농도상생(農都相生)관계로 전환하기 위하여 2005년부터 신활력(新活力)사업을 본격적으로 추진하고 있다.

2. 신활력지역의 선정

국가균형발전특별법 제2조 및 동법시행령 제2조에 의거 행정안전부장관이 매 3년마다 선정·고시하도록 되어있으며 2004년에 대상지역을 처음으로 선정하였다. 선정지역은 인구변화율, 인구밀도, 소득세할 주민세, 재정력지수 등 3개 분야, 4개 지표를 기준으로 산업쇠퇴, 인구감소 등으로 소외되고 경제기반이 부족하여 활력이 없을 뿐만 아니라 재정이 취약하여 발전지역에 비하여 경쟁력

표 9-26 신활력사업과 기존 낙후지역 개발사업과의 차이

구 분	신활력사업	기존 낙후사업
사업주체	· 민간참여 가능(산 · 학 · 연)	· 관주도(지자체)
사업내용	· S/W 분야(지역혁신역량 강화 지원)	· H/W 분야(SOC 건설, 생활 · 정주환경개선)
선정지역 범위	· 시 · 군 · 구 단위	· 지구단위 또는 읍 · 면 · 동 단위(사업별로 상이)
사업계획 수립 및 평가	· RIS(지역혁신체계) 구축+중기사업계획+연차별 시행계획 · 전문가 컨설팅 등을 통해 지자체 스스로 수립(상향식) · 사업계획에 대한 평가 및 컨설팅	· 단위사업계획 · 중앙부처가 계획수립(하향식) · 사업계획의 타당성에 대한 평가절차 부재
다른 사업과의 관계	· 기존 낙후사업과 합리적 연계 · 차별 강조 · 장기적으로 통합 유도	· 다른 사업과 별도 추진되고 있어 중복여부 확인 불가
재정지원	· 낙후도에 따라 차등지원 · 신활력사업 전체에 대한 포괄 지원	· 사업량에 따라 지원 · 세부사업단위 지원
사업실적 평가	· 평가결과의 환류	· 예산심의 외에 별도 평가절차 부재

이 떨어지는 낙후지역 기초자치단체를 대상으로 하였다. 선정된 결과는 〈표 9-27〉과 같다.

3. 신활력지역 지원

2005년부터 매년 국가재정범위내에서 가능한 최대한 지원하되, 1차 지정시 3년간 지원하고 최대 3차 9년까지 지원하며, 3년마다 평가하여 대상지역을 재조정하되 단계적으로 축소한다. 또한 낙후도를 감안하여 차등지원하고, 낙후지역 졸업제도를 도입하여 조기 졸업지역에 대한 인센티브의 부여도 검토할 계획이다.

2007년도에는 국가균형발전특별회계의 지역개발사업 계정에서 총 1,882억원을 지원하되 낙후정도에 따라 지방자치단체별로 20~30억원씩 지원하였다. 지원사업은 농산어촌형 지역혁신체계구축 및 지역혁신역량 강화, 생산 및 소득기

표 9-27 신활력지역 선정 현황

시·도	시·군수	시·군 현황
계	70개 시·군	
인 천	2	옹진군, 강화군
강 원	12	화천군, 양구군, 인제군, 영월군, 정선군, 양양군, 고성군, 홍천군, 태백시, 횡성군, 평창군, 철원군
충 북	5	보은군, 괴산군, 영동군, 증평군, 단양군
충 남	3	청양군, 금산군, 부여군
전 북	9	진안군, 임실군, 순창군, 무주군, 장수군, 고창군, 부안군, 남원시, 김제시
전 남	17	곡성군, 신안군, 구례군, 보성군, 장흥군, 강진군, 진도군, 고흥군, 완도군, 담양군, 해남군, 함평군, 화순군, 무안군, 장성군, 나주시, 영암군
경 북	13	군위군, 청송군, 영양군, 봉화군, 울릉군, 영덕군, 예천군, 의성군, 청도군, 성주군, 상주시, 문경시, 고령군
경 남	9	의령군, 함양군, 산청군, 합천군, 남해군, 거창군, 하동군, 창녕군, 고성군

반 조성, 공공서비스 개선과 삶의 질 향상, 홍보·마케팅 강화, 신활력사업계획 및 관리 등이다.

사업추진은 당해 지방자치단체가 지역혁신협의회를 구성하여 중기 및 연차별 사업계획을 수립하여 행정안전부와 국가균형발전위원회에 제출하면, 사업계획에 대하여 별도의 자문위원회를 구성하여 자문·평가와 수정보완을 거쳐 사업계획을 확정하여 시행하고, 사업별로 연차별 및 종합평가를 실시하며 원활하게 사업추진이 될 수 있도록 피드백(feed-back)과 컨설팅을 지속적으로 실시한다.

제 3 절 환경관리와 지방재정

Ⅰ. 환경문제

1. 환경문제의 중요성

고도의 도시화 · 산업화경향으로 환경과 도시문제가 심각해지면서, 환경문제가 국가차원에서 뿐만 아니라 지방자치단체가 해결해야 할 중요한 현안사항이 되고 있다. 환경문제가 거시적으로 문제가 되는 것은 지역경제차원에서 외부불경제(external diseconomy)를 유발하여 자원의 비효율적 배분을 초래하므로 이의 시정이 요구되고 또한 지속가능한 개발(sustainable development)을 통한 개발과 자연과의 조화를 위해서도 필요하다. 2005년 2월 16일부터 교토의정서가 발효되어 38개 선진국과 동구권국가는 2008년부터 2012년까지 이산화탄소(CO_2), 메탄(CH_4), 이산화질소(N_2O), 수소불화탄소(HFCs), 불화탄소(PFCs), 불화유황(SF_6)의 6종류의 온실가스를 1990년 대비 평균 5.2%로 감축하여야 한다. 이에 따라 우라나라도 앞으로 가입할 수밖에 없어 대체에너지(풍력, 조력, 태양열발전 등)를 개발하고 에너지효율을 높이는 기술을 개발하여야 한다.[7)]

공해(public nuisance)란 대기오염과 수질오염, 고형폐기물로 나누어진다.

① 대기오염이란 공해물질이 공기 중에 방출되어 대기를 오염시키는 것으로 자동차배기가스와 공장의 연소시설이나 산업생산품의 공정에 의해서 발생된다. 대기오염물질에는 아황산가스(SO_2), 질소가스(NO_2), 일산화탄소(CO) 등이 있다.

② 수질오염은 자연수역에 방출되는 폐기물의 양이 물의 자정능력을 초과하여 물이 사용목적에 부적합해지는 것을 말한다. 수질오염원은 일반가정과 공공시설 등의 생활부문과 공장 및 사업장 등의 산업부문으로 나누어지는데, 우리나라의 경우 생활하수가 70% 정도를 차지하고 있다. 수질환경기준으로는 pH

---

7) 우리나라는 연간 이산화탄소 배출량이 2000년 기준 4억 3,400만톤으로 세계전체 배출량의 1.8%를 차지하여 세계9위의 CO_2배출국이다. 교토의정서의 발효로 환경문제는 경제문제, 정치문제로 발전하고 있으므로 한국경제와 지역경제의 발전을 위하여 에너지 문제에 대한 국민적 관심과 대대적인 개혁이 요구된다.

(수소이온농도), BOD(생물화학적산소요구량), COD(화학적산소요구량), DO(용존산소량), SS(부유물질량), T-P(총인), T-N(총질소) 등이 있다.

③ 고형폐기물은 일반가정과 공공시설 등의 생활환경에서 배출하는 일반폐기물과 공장 및 사업장 등의 산업체에서 배출하는 산업폐기물이 있다. 인구 1인당 쓰레기배출량은 우리나라가 1.01kg, 독일이 0.7kg, 일본의 1.0kg에 비하여 많은 편이다.

2. 적정공해수준

개발과 환경은 서로 상반된 방향의 갈등관계에 있다. 지역개발이 일반적으로 생산증대를 위해 환경을 파괴하므로 이를 복구하거나 관리하기 위하여 비용을 다시 지불하여야 한다. 〔그림 9-5〕에서 보는바와 같이 공해(파괴)곡선(D)과 환경관리비용곡선(M)을 합하면 환경파괴에 따른 총환경(처리)비용은 D+M이 될 것이다. Q_2가 적정공해수준이고 비용은 M_2이다. 지역정책에서 다루어지는 환경문제는 환경파괴를 복구함으로써 얻은 이익과 이에 소요되는 지출비용과의 차이로 극대화하는 선에서 이루어져야 한다.

그림 9-5 환경관리 적정수준

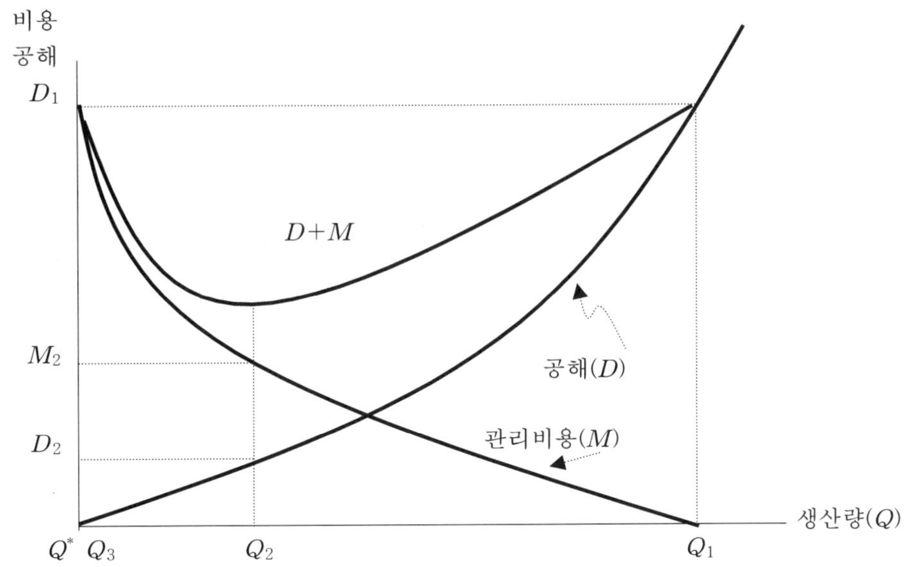

이에는 ① 환경복구를 함으로써 얻어지는 이익이 환경복구에 지불되는 비용을 능가해야 하는 능률성을 지녀야 한다. ② 환경관리면에서 얻은 것과 잃은 것과의 형평성이 유지되는 파레토 적정(Pareto's Optimality)조건을 충족시켜야 한다(홍기용, 1999: 286-287).

Ⅱ. 환경정책

1. 당사자간 교섭의 조장

공해를 배출하였거나 또는 배출할 가능성이 있는 기업과 그 피해자 또는 그 피해를 입을 가능성이 있는 자와의 사이에서 직접 교섭에 의하여 기업이 공해방제설비를 설치토록 하든가 보상금을 지급하는 경우이다. 공해가 발생하기 전에 하는 경우와 공해가 발생한 사후에 이루어지는 경우가 있으나 환경보전측면에서 사전에 이루어지는 것이 바람직하다.

일반적으로 오염자부담의 원칙(PPP: Pollutants Pay Principle)에 의하여 부담케 하여야 한다. 이것이 잘 되지 않는 경우에는 공적기관에 의한 중재 내지 재판이 이루어진다. 환경분쟁조정위원회의 조정, 민사 · 행정소송 등이 있으며, 북유럽에서 발전하고 있는 옴브즈만(Ombudsman)제도 등의 적극적인 도입이 모색되어야 한다.

2. 과세 및 부과금징수

공해배출적정기준을 미리 정해놓고 환경세 또는 공해세를 과세하는 나라가 많다. 공해배출량에 의하여 과세하는 경우와 생산량에 비례하여 부과하는 경우가 있다. 그러나 공해량을 측정하는데 많은 문제가 있고, 실행하는데 많은 예산이 소요되므로 생산량에 의하여 부과하는 방법이 차선책이라고 할 수 있다.

배출부과금은 공해배출적정기준을 미리 정해놓고 이를 초과하는 기업에 대하여 벌과금을 부과함으로써 공해배출을 줄이도록 하는 제도이다. 즉 공해배출기준을 지키지 못하면 벌금을 부과하게 되므로 벌금수준에 따라 기업의 공해배출량도 결정된다. 공해배출금 지불에 따라 투입요소의 변화가 생겨 물질투입량은 감소하고 노동투입량이 증가하게 되는 효과도 있다.

산이나 강으로부터 토석채취를 하는 경우 기업으로부터 복구예치금을 받아 복구를 추진하고 있으나 지리적 여건 등으로 실제로 복구에 예치비 이상의 많은 사업비가 소요되어 복구가 형식적으로 이루어지고 자연경관을 훼손하는 경우가 많다. 따라서 백두대간, 경관이 수려한 곳, 고속도로 등 주민의 통행이 많은 가시적인 지역 등에는 허가를 내주지 않는 보존위주의 국토관리정책이 필요하다.

3. 공해방지를 위한 보조금지급

보조금이란 일정한 공해수준을 정하여 이보다 낮은 공해배출업소에 대하여 보조금을 지불하는 제도이다. 즉 정부에서 보조금을 지불함으로써 기업의 사적 한계비용을 낮게 하여 자발적인 공해배출을 억제토록 유도하는 제도이다.

또한 공해방지시설비용에 대하여 감세하거나 융자 또는 출자하여 지원할 수 있다. 기업이 이들 시설에 투자하는 경우 융자알선, 부지제공 등 행정적 편의도 제공할 수 있다.

4. 공해배출에 대한 규제

직접규제방법으로는 시설개선 및 이전, 조업제한 및 정지, 허가취소와 같은 강력한 방법과 함께 특정상품 사용규제, 특정 공정 규제, 배출기준규제 등이 있다. 공해를 방지하기 위한 환경정책은 법적 제재를 통한 직접규제의 형태를 취하는 경우가 많다.

간접규제방법에는 경제적 수단으로 배출부과금 및 환경개선부담금, 폐기물예치금, 폐기물부담제도, 환경영향평가, 공해배출권 등이 있다.8) 지역경제활성화와 산업발전 그리고 환경보존과 관리라는 목표를 동시에 달성하기 위하여 탄력적인 정책믹스(policy mix)가 필요하다.

Ⅲ. 환경기초시설과 재원대책

생활폐기물 매립시설 · 소각시설, 하수종말처리시설, 음식물쓰레기 처리시설,

8) 공해배출권이란 국가에서 경제주체에게 적절한 공해유발수준을 정하고 일정량의 공해배출을 허가하는 제도를 말한다. 이 제도는 1997년부터 미국에서 실시되고 있는 제도로 공해허가권을 매매할 수 있는 제도이다. 2005년부터는 EU가 유럽연합 1만 5,000여개 발전소 및 공장을 대상으로 이산화탄소 배출권을 거래하는 국제시장의 시행에 들어갔다.

축산폐수공공처리시설 등 환경기초시설은 사회 전체적으로 필수불가결한 사업이나 특정지역에 입지하려고 할 경우 지역주민의 반대로 어려움을 겪게 되는 님비시설(NIMBY: Not In My Back Yard)이다. 이를 건설하기 위해 직접건설비용뿐만 아니라 지역과 인근주민들이 요구하는 지역개발사업비 등의 부담은 앞으로 지방재정이 해결해야 할 과제이다.

주요환경기초시설의 건설에 소요되는 투자재원을 살펴보면 〈표 9-28〉과 같다. 시·군과 인구규모에 따라 국고보조금의 지원비율이 다르다. 그러나 환경에 대한 국민적 관심이 제고되고 있고, 국민의 생활의 질을 향상시키기 위하여 시설의 지속적인 확충과 개선이 요구된다. 따라서 시설의 인근지역주민들의 지역개발사업에 대한 요구가 점점 증가하고 있으므로 국고보조비율을 상향조정하여 지방비의 부담을 완화해 주어야 한다.

아울러 사용기간 중 이들 시설에 관한 위생적인 관리와 함께 지역주민에 대한 시설공개와 편의시설을 설치하여 이용하도록 하고 시설사용이 완료된 후 이용계획을 수립하고 주민에게 공표하며 시설에 대한 부정적인 이미지를 불식하는 노력이 필요하다.[9]

표 9-28 환경기초시설 투자재원

(단위: %)

시설명	국고보조금	지방비
생활폐기물 매립시설	30	70
소각시설	30-50	50-70
하수종말처리시설	10-53	47-90
음식물 쓰레기 처리시설	30	70
축산폐수공공처리시설	60-80	20-40

자료: 환경부.

9) 수원시·구리시 쓰레기 소각장에는 수영장, 헬스장, 영화관, 전망대를 갖춘 환경·휴식공간을 설치하였으며, 지하화된 서울 강서구 소재 서남하수종말처리장에도 산책로와 운동시설이 마련되어 많은 주민들이 이용하고 있다. 전남 무안군에서는 수 개의 마을이 쓰레기 소각장 건립을 둘러싸고 유치경쟁을 벌여 부지가 선정된 바 있다(대한매일, 2002. 12. 12).

참 고 문 헌

〔국내문헌〕

국가균형발전위원회, 「국가균형발전의 비전과 전략」, 동도원, 2004

국회 예산결산특별위원회, 「예산·결산심사편람」, 1992

국가전문행정연수원, 「지방재정실무(Ⅰ, Ⅱ)」, 2004

———, 「지방세실무(Ⅰ, Ⅱ)」, 2004

건설교통부, 「장기미집행 도시계획시설의 해소대책연구」, 2001

권강웅, 「지방세강론」, 조세총람사, 2000

권강웅, 권태형, 「축조지방세법 해설」 (주)광교 이택스, 2007

권오상, 「창조구매론」, 법문사, 1989

권형신·이상룡·이재성, 「한국의 지방재정-이론과 실무」, 해남, 2006

기획예산처, 「예산개요」, 각 연도

김대원·이영조, 「지방재정 이론과 제도」, 대명출판사, 1999

김동기, 「광역자치단체의 재정력평가에 관한 연구」, 성균관대학교 박사학위논문, 1998

김복규, 「법인조사 지방세해설」, 보문출판사, 1990

김상헌·배병돈, "특별교부세 배분에 관한 실증적 연구", 한국행정학보 제36권 제1호 (2002봄)

김성봉, "지방채발행을 위한 신용평가모형: 광역자치단체에서의 적용", 춘계학술대회 발표논문, 한국지방재정학회, 1998

김성순, "지방재정의 투자효율성 제고방안", 한국재정학회 발표논문, 1997

김성태, "경제력의 지역분포와 지방재정실태", 「지방재정」, 제10권 제2호, 한국지방재정공제회, 1991

김안제외, 「한국의 지방자치와 지역개발」, 박문각, 1993

김원, 「도시행정론」, 박영사, 1994

김의섭, "한국의 재정지출팽창과 전위효과 가설", 한국재정학회 추계학술대회 발표논문, 1996

김재영, "지방정부의 자금관리방안: 인천광역시를 중심으로", 한국지방재정학회 발표논문, 1999

김재환역, 「지방의 논리」, 민지사, 1991

김준영, "정부부문과 민간부문의 생산성 및 정부부문의 외부성: 자본생산성접근", 한국재정학회 추계학술대회 발표논문, 1996

김종순, "외국의 지방재정위기와 재정진단제도", 「지방재정」, 1995년 제3호, 한국지방재정공제회, 1995

———, “지방재정정보공개의 활용”, 「지방재정」, 제4호(통권 117호), 한국지방재정공제회, 2002
김철·신해룡, 「지방재정학」, 세명서관, 1990
김홍래, 「지방재정법해설」, 조세총람사, 2000
———, 「지방재정의 이론과 실제」, 박영사, 2004
김홍래외, 「지방자치단체 복식부기회계이론과 실무」, 행정자치부·한국지방행정연구원, 2004
김형식, 「지방재정의 이해」, 도서출판 그린북, 1997
남창우, “국가균형발전특별회계의 이상과 현실”, 「지방자치」, 2004. 7월호
노근호, 「지방소득세·지방소비세의 도입방안과 효과분석」, 충북개발원, 2001
노종천, 「채권법론」, 형설, 2004
라휘문, “지방채의 기능 및 역할제고를 위한 쟁점과 방향”, 「지방재정」,2007 제7호(통권148호),한국지방재정공제회, 2007
류한성, 「재정학」, 박영사, 1993
문명수, “2002 지역경제정책의 기본방향”, 「지방재정」 2002 제1호(통권 114호), 한국지방재정공제회, 2002
박동규, 「프로젝트 파이낸싱의 개념과 실제」, 명경사, 2004
박동서, 「한국행정론」, 법문사, 2004
박정수, “공교육비교분석과 교육재정정책과제”, 한국행정학회 정기학술발표대회 발표논문, 1999
배득종·김성수·유평준, 「민자유치론」, 박영사, 1995
배용수, 「지방자치경영론」, 법문사, 2000
배인명, “미국 주지방정부의 재정분권화와 세입세출유형”, 「정책학회보」 통권 제2호, 1993
백완기, 「행정학」, 박영사, 2000
법제처, 「지방재정법 해설」, 2004
산동회계법인·한국지방행정연구원·삼성SDS(주), “발생주의 복식부기도입을 위한 공청회-지방자치단체 회계기준 및 회계규정(안)에 대한 의견 수렴”, 2000
삼성경제연구소역, 「정부혁신의 길」, 1994
———, 「고령화시대도래의 경제적 의미와 대책」, 2002
서강경제인포럼, 「지방재정조정제도 개선방안 연구」, 2000
소진광외, 「지방분권과 공공재정」, 경원대학교 출판부, 2003
손희준, “지방재정지출의 변화와 결정요인분석-도시정부를 중심으로”, 충북행정학회추계학술대회 발표논문, 1996
송대희외, 「공기업경영평가의 이론적 배경·기법」, 한국개발연구원, 1987
신무섭, 「재무행정학」, 대영문화사, 1994

심영택, “2008 지방세제의 운영방향”, 「지방재정과 지방세」, 2008창간호(통권 제1호), 한국지방재정공제회, 2008
심정근, 「도시재정론」, 법문사, 1993
심정근역편, 「유럽의 지방재정 -이상과 현실-」, 형설출판사, 1993
———, 「지방재정연구방법론」, 한국지방재정학회, 1997
심정근외, 「지방재정학-이론과 실제」, 박영사, 2000
안도걸, “SOC민간투자사업의 내실화”, 「나라경제」, 2004 7월호, 한국개발연구원
오연천, 「한국지방재정론」, 박영사, 1987
오희환, “자치시대의 중앙·지방간 재정기능배분”, 「지방재정」 1994 제6호, 한국지방재정공제회, 1994
유경문, “교육·경찰행정의 지방이양에 따른 중앙정부와 지방정부의 재정분담방안”, 한국지방재정학회 정기학술대회 발표논문, 1999
유 훈, 「지방재정론」, 법문사, 1995
윤석완. “신정부의 지방재정 전략과 과제”, 「지방재정」, 2007 제6호(통권149호), 한국지방재정공제회, 2007
윤성식, 「예산론」, 나남출판사, 2003
윤종진, “2008 지방예산·회계의 운용방향”, 「지방재정과 지방세」, 2008창간호(통권 제1호), 한국지방재정공제회, 2008
이달곤, “지방행정교과서 분석과 지방정부론을 위한 제언”, 한국행정학보 제34권 제3호, 2000
이계식외, 「지역발전과 지방재정」, 한국개발연구원, 1990
이계식·박완규편, 「지방재정개혁론」, 박영사, 1998
이규환, “지역경제의 활성화방안”, 「지방재정」, 2001 제3호(통권 11호), 한국지방재정공제회, 2001
이문영·윤성식, 「재무행정론」, 법문사, 2003
이성국·김완석, 「세계 각국의 유비쿼터스 컴퓨팅전략」, 전자신문사, 2003
이수범, “지방재정의 투명성과 정보공개-정보공개제도의 공공성과 당위적 투명성 접근”, 「지방재정」, 2002 제4호(통권 117호), 한국지방재정공제회, 2002
이상희, 「지방재정론」, 계명사, 1992
———, 「지방세개론」, 보문출판사, 1979
이영조, 「지방재정론」, 대명출판사, 1995
이재은, “분권화시대 지방재정연구의 과제와 방법”, 한국지방재정학회 정기학술대회 발표논문, 1996
———, “자치단체 자주재원 확충성과와 발전과제”, 한국지방재정학회 정기학술대회 발표논문, 2002
이진순, “재정적 분권화론과 지방재원 확충”, 「지방재정연구」, 창간호, 한국지방재정학

회, 1997
이창균, "자금관리와 금고운영에 관한 연구", 「재정논집」, 14(1)
———, 「지방자치단체의 금고운영 개선방안」, 한국지방행정연구원, 1998
이황우, "바람직한 자치경찰제의 도입방안", 「지방자치」, 2004 12월호
이현우, "일본 지방채발행제도의 최근동향과 시사, 「지방재정」, 2007 제5호, 한국지방재정공제회, 2007
임성일, "외국의 지방재정조정제도", 「지방재정」, 1996 제3호, 한국지방재정공제회, 1996
———, "프로그램예산제도의 도입방안: 지방자치단체예산을 중심으로", 한국지방재정학회 · 한국정부회계학회 발표논문, 2004
———, "지방재정과 지방교육재정간의 관계재정립", 「지방재정」, 2007 제6호, 한국지방재정공제회, 2007
임성일 · 최영순, 「영국의 지방정부와 공공개혁」, 법경사, 2001
장형태, 「개정 지방재정법 해설」, 보문출판사, 1970
장훈기, 「최신 정부계약제도」, 범신사, 1996
재정경제부, 「조세개요」, 각 연도
———, 「정부재정통계편람」, 2001
재정경제원예산실, 「97년 한국의 재정」, 매일경제신문사, 1997
전상경, 「현대지방재정론」, 박영사, 2003
정부혁신지방분권위원회, 「정부혁신지방분권 로드맵」, 2003
정세욱, "지방교부세율조정의 내용과 효과", 「지방재정」, 2000 제2호(통권 103호), 한국지방재정공제회, 2000
———, "지역경제활성화와 지방재정", 「지방재정」, 2001 제3호(통권 110호), 한국지방재정공제회, 2001
조기현, 「지방자치단체의 관리기금의 개선방안」, 1997
지방재정발전기획단, 「지방재정발전계획」, 1996
총무처, 「중앙 · 지방사무총람」, 1994
차병권, 「재정학개론」, 박영사, 1994
최봉기, 「지방자치론」, 법문사, 2006
채원호 번역, 「일본의 지방분권」, 한국지방자치국제화재단, 2004
최양식, 「영국을 바꾼 정부개혁」, 매일경제신문사, 1998
최창호, 「한국행정학」, 삼영사, 1997
통계청, 「지역통계연보」, 각 연도
———, 「지역내총생산」, 각 연도
———, 「국제통계」 제3권 제1호, 2001
한국지방재정학회, 「2002 지방재정세미나 발표자료」, 2002

한국지방재정공제회, 「지방재정의 과제」, 1997
한국지방행정연구원, 「지방재정운영평가의 지표개발 및 활용방안」, 1993
———, 「재정격차완화를 위한 합리적인 재정조정제도연구」, 1995
———, 「주요국의 지방재정」, 1996
———, 「지방재정진단제도의 효율적 운용방안」, 1996
———, 「일본의 지방재정분석 지침」, 1997
———, 「미국도시재정위기의 발생과 대응사례」, 1997a
———, 「지방재정진단의 실용적 실시방안」, 1997b
———, 「도시자치단체의 재정격차결정요인 분석과 개선방안」, 1997c
———, 「외국지방자치단체의 행정개혁사례분석」, 1997d
———, 「지방교부세제도의 합리적 개선방안」, 1997e
———, 「지방재정투융자심사제도의 개선방안」, 1997f
———, 「지방재정지출수요의 측정모델」, 1999
———, 「주요선진국 지방재정제도 비교연구」, 2002
———, 「자율과 성과지향의 지방예산제도의 개편방안」, 2004a
———, 「지방채발행 총액한도제 도입방안」, 2004b
———, 「사업별 예산과 복식부기제도 도입에 따른 지방자치단체의 결산제도연구」, 2007
한국행정연구원, 「정부생산성의 개념체계와 측정지표」, 1997
한상진역, 「제3의 길」, 생각의 나무사, 1998
한표환, "제1차 국가균형발전5개년계획", 「나라경제」, 2004 8월호, 한국개발연구원
행정자치부, 「선진외국의 지방자치제도 (Ⅰ, Ⅱ)」, 2000
———, 「접경지역종합계획」, 2003
———, 「제2차 도서개발종합계획」, 1998
———, 「제2차 오지종합개발5개년계획」, 2000
———, 「제2차 오지개발종합계획」, 2000
———, 「주요국가의 지방재정제도」, 2001
———, 「지방자치단체기금운용개요」, 각 연도
———, 「지방세정연감」, 각 연도
———, 「지방세외수입연감」, 각 연도
———, 「지방소도읍육성방향 정립을 위한 연구」, 2002
———, 「지방재정연감」, 각 연도
———, 「지방통합재정분석기준 설정 및 전산시스템개발」, 2002
———, 「지방채의 이론과 실무」, 각 연도
———, 「2003년도 지방공기업결산 및 경영분석」, 2004
———, 「2004년도 지방자치단체 예산개요」, 2004

———, 「2004년도 지방자치단체예산편성기본지침」, 2004
———, 「FY2002 지방자치단체 재정분석종합보고서」, 2004
———, 「지방행정·재정·세제분야 주요업무편람」, 2004
———, 「2007년도 지방자치단체 사업예산 시범운영 메뉴얼」, 2006
———, 「지방자치단체 발생주의 복식부기 회계처리지침」, 2007
———, 「2006년도 지방공기업결산 및 경영분석」, 2007
행정안전부, 「지방재정조정제도현황」, 2008
———, 「지방공사·공단 현황」, 2008
———, 「지방자치단체 예산개요」, 2008
홍기용, 「지역경제론」, 박영사, 1999

〔외국문헌〕

Akin, John S., 1973, "Fiscal capacity and Estimation Method of the Advisory Commission on Intergovernmental Relations", National Tax Journal XVI. NO. 2

Al Gore, 1993, 「Creating A Government that works better & cost less」, Report of the National Performance Review

Anderson, J. R., 1994, 「Fiscal Equalization for State and Local Government Finance」, Westport: National Tax Association

Anderson, J. R. & Schwarts E. 1987, 「Management of Policies in Local Government Finance」, Washington D. C.: ICMA

Axelrod Donald, 1988, 「Budgeting for Modern Government」, New York: St. Martins Press Inc.

Bahl, R. W. and J. F. Linn, 1992, 「Urban Public Finance in Developing Countries」, Oxford: Oxford University Press

Barro, Stephan, 1986, 「The Urban Impacts of Federal Policies Fiscal Conditions」, Santa Monica California: Rand Corporation

Berne, Robert & Richard Schramm, 1986, 「The Financial Analysis of Governments」, Englewood Cliffs, New Jersey: Prentice-Hall

Bradbury, Katharine L., 1982, "Fiscal Distress in Large U. S. Cities", New England Economic Review Nov/Dec.

Dunleavy Patrick & O'Leary Brendan, 1987, 「The Theories of the State: The Politics of Liberal Democracy」, London: Macmillan Education LCD.

Fisher, Ronald C. State and Local Public Finance. 2nd. ed. Scott. Foreman & Co., 1996

Groves, Sanford M. & Maureen Godsey Valente, 1986, 「Evaluating Financial Condition」, A Handbook For Local Government NO. 1. Washington D. C.: ICMA.

Henrry J. Johansson & Patrick Mchugh & A. John Pendlebury & William A. Wheeler Ⅲ, 1993, 「Business Process Reengineering」, West Sussex: John Wiley & Sons

Hoover E. M. 1975, 「An Introduction to Regional Economics」, New York: Alfred A. Knopf, Inc.

International City Management Association, 1981, 「Management Policies in Local Government Finance」

Joseph & Susan Berk, 1993, 「Total Quality Management-Implementing continuous Improvement」, New York: Sterling Publishing Co., Inc.

Kaufman George, 1981, "Debt Management", in Richard J. Aronson & Eli Schwartz (eds.), Management in Local Government Finance, Washington D.C.: ICMA

Kelly, Rita Mae(ed.), 1988, 「Promoting Productivity in the Public Sector」, New York: Macmillian Press

Kenneth, Howard, 1968, "Budget Execution VS. Flexibility", Midwest Review of Public Administration, Vol. (Feb.)

Kuhn, T. S., 1970, 「The Structure of Scientific Revolutions」, 2nd. ed., Chicago: University of Chicago Press

Ladd, Mellen I. & R. John Yinger, 1989, 「America's Ailing Cities」, Baltimore, Maryland: The Johns Hopkins University

Levine, Chales H., 1980, 「Managing Fiscal Stress」, Chatham, New York: Chatham House Publshers, Inc.

Mikesell J. L., 1986, 「Fiscal Administration-Analysis and Applications for the Public Sector」, Chicago: The Dorsey Press

Niskannen W., 1971, 「A Bureaucracy and Representative Government」, Chicago and New York: Aldine, Atherton

Norbert Vanhove & Lee H. Klassen, 1980, 「Regional Policy: A European Approach」, England: Saxon Cambridge House

Oates, Wallace E., 1972, 「Fiscal Federalism」, New York: Harcourt Brace Jovanovich

OECD, 「Revenue Statistics」, 1993, 2007.

Rabin, J. & W. Bartley Hildreth & Gerald J. Miller, 1983, 「Budget Management; A Reader in Local Government Financial Management」, The University of

Georgia, Carl Vinson Institute of Government

Savas, E. S., 1987, 「Privatization: The Key to Better Government」, Chatham, New York: Chatham House Publishers, Inc.

The Advisory Commission on Intergovernmental Relations(ACIR), 1974, "Governmental Functions and Processes: Local and Areawide", Substate Regionalism and Federal System, Vol. IV, Washington, D. C.

Tiebout, Charles, 1970, "A Pure Theory of Local Expenditures," in Mitchell and Ingo(ed.), Readings in State and Local Finance, St. Louis: Ronald Press

Wagner, A., 1968, "Three Extracts on Public Finance", in Classics in the Theory of Public Finance, ed. R. A. Musgrave and A.T. Allen

Wildavsky, A., 1988, 「The New Politics of the Budgetary Process」, Glenview: Scott, Foresman and Company

Will, Roberts E., 1962, "Scale Economies and Urban Services Requirements", Yale Economic Essays, Yale University

高寄昇三, 「外廓團體의 經營」, 東京: 學陽書房, 1981

———, 「自治體財政 破綻か再生か」, 東京: 學陽書房, 2001

自治省, 「地方財政白書」, 1995

———, 「地方財政狀況」, 1995

總務省, 「地方公營企業決算の概要」, 2002

———, 「地方公營企業年鑑」, 2002

公共投資ヅャーナル社, 「第三セクター: 設立・運營の指針」, 東京: 公共投資ヅャーナル社, 1989

찾아보기

ㄱ

ㄴ

ㅅ

ㅈ

ㅍ

ㅎ

〔著者略曆〕

청주고등학교 졸업
고려대학교 상과대학 경영학과 졸업(경영학사)
서울대학교 행정대학원 졸업(행정학석사)
미국 Wisconsin University at Madison MRA(도시계획학석사)
성균관대학교 대학원 졸업(행정학박사)
행정고등고시 합격(제17회)
충북 보은군수
충북 기획관리실장, 지역경제국장, 공무원교육원장
대통령비서실(민정)행정관
행정자치부 재정경제과장, 지역경제과장
충북 청주시·충주시 부시장
행정자치부 지방재정경제국장
인천광역시 행정부시장
인천대학교 행정대학원 석좌교수
충북대학교 행정대학원 겸임교수
현, 인천광역시도시개발공사 사장(CEO)
　인천대학교 행정대학원 겸임교수

〔주요저서 및 논문〕

「조사방법론」(대왕사, 1975)
「지방분권시대의 한국지방재정학」(2003)
「한국공무원의 여가행태에 관한 연구」(1993)
「읍면동 일선행정기관개편에 관한 연구」(1993)
「광역자치단체의 지방재정력 평가에 관한 연구」(1998)
「기초자치단체의 지방재정력 평가에 관한 연구」(1998) 외 논문 다수

지방분권시대의 한국지방재정학〔제2전정판〕

2003년 2월 25일 초판 발행
2005년 2월 5일 전정판 발행
2009년 1월 8일 제2전정판 2쇄 발행

저 자 金 東 琦
발행인 裵 孝 善
발 행 처 도서출판 法 文 社

413-756 경기도 파주시 교하읍 문발리 526-3
등 록 1957년 12월 12일 제2-76호(윤)
전 화 031-955-6500~6, 팩 스 031-955-6525
e-mail(영업) : bms@bobmunsa.co.kr
(편집) : edit66@bobmunsa.co.kr
홈페이지 http://www.bobmunsa.co.kr
조 판 광 암 문 화 사

정가 30,000원 ISBN 978-89-18-02314-4